JAHRBUCH
DES BUNDESINSTITUTS FÜR KULTUR UND GESCHICHTE DER DEUTSCHEN IM ÖSTLICHEN EUROPA

24/2016

JAHRBUCH DES BUNDESINSTITUTS FÜR KULTUR UND GESCHICHTE DER DEUTSCHEN IM ÖSTLICHEN EUROPA

BAND 24

MIGRATION

DE GRUYTER
OLDENBOURG

Herausgeber:
Hans-Christian Petersen, BKGE, Oldenburg
Matthias Weber, BKGE, Oldenburg

in Verbindung mit:
Mirosława Czarnecka, Wrocław
Ladislau Gyémánt, Cluj-Napoca
Reinhard Johler, Tübingen
Christopher Long, Austin/Texas
Ágnes Tóth, Budapest

Redaktion:
Detlef Haberland, BKGE, Oldenburg
Jens Stüben, BKGE, Oldenburg

Bibliographische Information der Deutschen Nationalbibliothek
Die Deutsche Nationalbibliothek verzeichnet diese Publikation in der Deutschen Nationalbibliographie; detaillierte bibliographische Daten sind im Internet über http://dnb.d-nb.de abrufbar.

Library of Congress Cataloging-in-Publication Data
A CIP catalog record for this book has been applied for at the Library of Congress.

Veröffentlicht durch Verlag De Gruyter Oldenbourg, München 2016

Umschlaggestaltung: NRDesign AGD, Oldenburg

Satz, Layout und Druck: TZ-Verlag & Print GmbH, Roßdorf, www.tz-verlag.de

ISBN 978-3-11-047672-9
ISSN 1865-5696

Inhalt

Hans-Christian Petersen

Migration als Kontinuum deutscher Geschichte im östlichen Europa

1. Einleitung

Die Erzählung dessen, was klassischerweise als „Deutsche Geschichte im östlichen Europa“ bezeichnet wird, ist von ihren Anfängen im Kontext des mittelalterlichen Landesausbaus bis hin zu Flucht und Vertreibung infolge des Zweiten Weltkriegs und der Emigration der (Spät-)Aussiedlerinnen und (Spät-)Aussiedler am Ende des 20. Jahrhunderts eine Geschichte der Wanderungsbewegungen von Menschen – Migrationen, die aus sozialen, ökonomischen, politischen, religiösen und kulturellen Gründen erfolgten. Dies festzustellen, kommt im Grunde einem Gemeinplatz gleich und könnte die berechtigte Frage aufwerfen, welcher Erkenntnisgewinn von einem Jahrbuch des Bundesinstituts für Kultur und Geschichte der Deutschen im östlichen Europa zu erwarten ist, dessen Schwerpunktthema „Migration“ lautet. Die reine Benennung der vielfältigen historischen Prozesse, die unter dem Oberbegriff der „Deutschen Geschichte im östlichen Europa“ verhandelt werden, als „Migrationen“ würde hierauf sicherlich keine befriedigende Antwort darstellen, sondern sich vielmehr dem Verdacht des Konjunkturrittertums aussetzen, war in der deutschsprachigen Forschungslandschaft doch vermutlich nie zuvor so viel „Migration“ wie derzeit. Aufgabe der folgenden konzeptionellen Überlegungen ist es dementsprechend, die Erkenntnispotentiale zu skizzieren, die mit einer Einordnung des Themenfeldes „Deutsche Geschichte im östlichen Europa“ in die Zusammenhänge der modernen Migrationsforschung verbunden sind. Eine solche Perspektive zu entwickeln bedeutet zugleich, die Frage zu beantworten, warum eine ‚deutsche‘ Migrationsgeschichte im östlichen Europa bisher nur sehr partiell geschrieben ist und der diesbezügliche Forschungsstand noch zahlreiche Desiderate aufweist. Auch dies wird Thema meiner Ausführungen sein, die sich in drei Schritte gliedern: Zunächst soll, am Beispiel einer für die deutsche Geschichtspolitik zentralen Karte, ein knapper Überblick über die räumliche und zeitliche Dimension der Thematik gegeben werden, um dann auf die bisherige Forschungsgeschichte und ihre Spezifika einzugehen. Abschließend wird der Blick auf Gegenwart und Zukunft des Forschungsfeldes gerichtet, indem vier Kategorien skizziert werden, die für eine zukünftige Weiterung des Blickfeldes in Gestalt einer migrationsgeschichtlichen Kontextualisierung wichtig sind.

2. „Deutsche Geschichte im östlichen Europa“ – ein Überblick

Die Karte der „Deutschen Siedlungsgebiete“ (Karte 1) stammt aus dem Jahr 1959. Sie ist vom Statistischen Bundesamt im Kontext einer Publikation angefertigt wor-

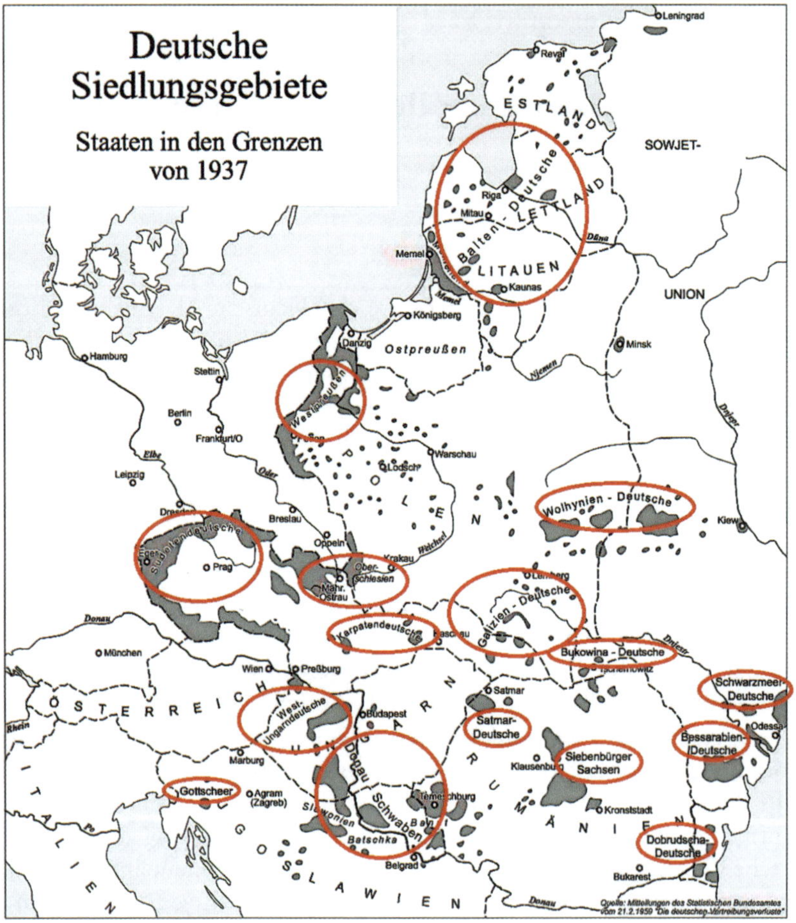

Karte 1: „Deutsche Siedlungsgebiete“, Statistisches Bundesamt (1959)

den, die das Bundesamt ein Jahr zuvor veröffentlicht hatte und die den Titel *Die deutschen Vertreibungsverluste*[1] trug. Karte wie Buch entstanden im Auftrag des Bundesministeriums für Angelegenheiten der Vertriebenen, das damit wiederum eine Entschließung des Deutschen Bundestags vom März 1953 umsetzte, in der „eine Klärung des Schicksals der Vertriebenen, insbesondere eine Feststellung der deutschen Bevölkerungsverluste in den Vertreibungsgebieten“[2] gefordert wurde. Gemeinsam mit der von Theodor Schieder geleiteten „Dokumentation der Vertreibung der Deutschen aus Ost-Mitteleuropa“[3] stellen sie eines der „beiden grundlegenden staat-

1 Die deutschen Vertreibungsverluste. Bevölkerungsbilanzen für die deutschen Vertreibungsgebiete 1939/50. Hg. v. Statistischen Bundesamt Wiesbaden. Stuttgart 1958.

2 Ebd., S. 5.

3 Dokumentation der Vertreibung der Deutschen aus Ost-Mitteleuropa. In Verbindung mit Werner Conze, Adolf Diestelkamp, Rudolf Laun, Peter Rassow u. Hans Rothfels bearb. v. Theodor Schieder.

lich geförderten Werke der Vertreibungsliteratur"[4] der Bundesrepublik der 1950er Jahre dar. Bis heute findet die Karte vielfache Verwendung, zuletzt im Rahmen der im Mai 2016 eröffneten Sonderausstellung „Flucht. Flüchtlinge und ihre Habseligkeiten" des Museums Jexhof in Fürstenfeldbruck.[5]

Thema der Karte sind die, wie es heißt, „deutschen Siedlungsgebiete" in den Grenzen der Staaten des östlichen Europa von 1937. Auch wenn die Darstellung nicht weit genug nach Osten reicht (es fehlt die Autonome Sowjetrepublik der Wolgadeutschen, die seit 1924 bestand), so lässt sich doch leicht erkennen, dass das, was hier als „deutsche Siedlungsgebiete" reklamiert wird, weit ausgreift. Es umfasst Gebiete im gesamten östlichen Europa, vom Baltikum bis nach Rumänien und Jugoslawien. Zu dieser Breite kommt, auch wenn sich dies nicht der Karte entnehmen lässt, eine historische Tiefe, die bis ins Hochmittelalter zurückreicht.[6]

Bereits zu jener Zeit nämlich warben die Fürsten von Pommern, Polen, Schlesien, Böhmen und Mähren bäuerliche Familien aus dem deutschsprachigen Teil Europas an, um die wirtschaftliche Leistungskraft ihrer Staaten zu erhöhen. Ab Mitte des 12. Jahrhunderts sandten weltliche und geistliche Herrscher Adlige und Missionare ostwärts, um mittels bäuerlicher Siedlungen und Stadtgründungen ihren machtpolitischen Einflussbereich auszudehnen – ein Vorgang, der in der älteren Historiographie als „Deutsche Ostsiedlung" bezeichnet wurde und für den heute zumeist der Begriff des „Hochmittelalterlichen Landesausbaus" in der „Germania Slavica" verwandt wird.[7] Im 13. Jahrhundert erfolgte die Kolonisation Altlivlands durch

---

Hg. v. Bundesministerium für Vertriebene, Flüchtlingen und Kriegsgeschädigte. 5 Teile in 8 Bdn. Bonn 1953–1962. Vgl. zur Genese und Bedeutung der Edition: Mathias Beer: Im Spannungsfeld von Politik und Zeitgeschichte. Das Großforschungsprojekt „Dokumentation der Vertreibung der Deutschen aus Ost-Mitteleuropa". In: Vierteljahreshefte für Zeitgeschichte 46 (1998), H. 3, S. 345–389.

4 Eva Hahn, Hans Henning Hahn: Die Vertreibung im deutschen Erinnern. Legenden, Mythos, Geschichte. Paderborn u. a. 2010, S. 715.

5 Reinhard Jakob im Auftrag des Landkreises Fürstenfeldbruck (Hg.): Flucht. Flüchtlinge und ihre Habseligkeiten: Von 1945 bis heute. Fürstenfeldbruck 2016 (Jexhof-Heft 32), S. 16.

6 Als grundlegende Werke für den folgenden historischen Abriss seien einerseits genannt: Deutsche Geschichte im Osten Europas. 10 Bde. Begründet v. Werner Conze. Hg. v. Hartmut Boockmann u. a. Berlin 1992–1999; Online-Lexikon zur Kultur und Geschichte der Deutschen im östlichen Europa. Hg. v. der Carl von Ossietzky Universität Oldenburg, Institut für Germanistik, sowie dem Bundesinstitut für Kultur und Geschichte der Deutschen im östlichen Europa, <http://ome-lexikon.uni-oldenburg.de/>, sowie andererseits, aus dem Bereich der Migrationsforschung, Klaus J. Bade (Hg.): Deutsche im Ausland – Fremde in Deutschland. Migration in Geschichte und Gegenwart. München 1992; Klaus J. Bade, Pieter C. Emmer, Leo Lucassen, Jochen Oltmer (Hg.): Enzyklopädie Migration in Europa. Vom 17. Jahrhundert bis zur Gegenwart. Paderborn 2007; Dirk Hoerder: Geschichte der deutschen Migration. Vom Mittelalter bis heute. München 2010 (C. H. Beck Wissen). Auf die im Siedler-Verlag erschienene *Deutsche Geschichte im Osten Europas* werde ich im Folgenden noch eingehen.

7 Vgl. exemplarisch für die ältere Literatur Walter Kuhn: Geschichte der deutschen Ostsiedlung in der Neuzeit. 2 Bde. Köln, Graz 1955–1957 (Ostmitteleuropa in Vergangenheit und Gegenwart 1, 2); zum Konzept der „Germania Slavica" unter anderem den Überblick über die Aktivitäten und Publikationen der gleichnamigen Projektgruppe am Geisteswissenschaftlichen Zentrum Geschichte und Kultur Ostmitteleuropas (GWZO) an der Universität Leipzig: <http://research.uni-leipzig.de/gwzo/index.php?Itemid=1088> (Stand: 20.09.2016).

Missionare und niederdeutsche Kaufleute unter dem militärischen Schutz des deutschen Ritterordens – der Beginn einer bis zu den nationalsozialistischen „Heim ins Reich"-Umsiedlungen andauernden Präsenz deutschsprachiger Händler und Adliger in der ab der Neuzeit als „Baltikum" bezeichneten Region, die auf der Karte mit dem Begriff „Balten-Deutsche" als „deutsches Siedlungsgebiet" bezeichnet ist.

Im Südosten Europas sind, in einer chronologischen Ordnung, an erster Stelle die adligen Zuwanderer zu nennen, die ab der Mitte des 12. Jahrhunderts in die Woiwodschaft Siebenbürgen kamen. Sie wurden in der lateinischen Kanzleisprache der ungarischen Könige als „Saxones" bezeichnet, woraus später der Begriff „Siebenbürger Sachsen" entstand, wie er auch auf der Karte verzeichnet ist. Ab Mitte des 13. Jahrhunderts folgten die „Zipser Sachsen" – deutschsprachige Familien, die sich in den slowakischen Karpaten ansiedelten –, auf der Karte als „Karpatendeutsche" benannt.

Infolge einer intoleranten Religionspolitik kam es in der Frühen Neuzeit im Heiligen Römischen Reich Deutscher Nation zu zahlreichen Glaubensmigrationen von „Untertanen", die dem konfessionellen Druck ihrer Landesherrschaft auswichen und in andere Territorien flohen und übersiedelten. Hinzu kamen später Migrationen im Zuge der merkantilistischen, auf Anwerbung von Menschen ausgerichteten Peuplierungspolitik. Veranlasst durch kriegerische Zerstörungen (hier ist vor allem der Dreißigjährige Krieg zu nennen) und ökonomische Krisen (in den Kategorien der klassischen Migrationsforschung die sogenannten Push-Faktoren) und motiviert durch in Aussicht gestellte herrscherliche Privilegien wie freie Religionsausübung und die Befreiung von staatlichen Abgaben (Pull-Faktoren) folgten ab den 1740er Jahren rund 150.000 Männer, Frauen und Kinder dem Lauf der Donau und ließen sich im Habsburgerreich, in den Gebieten der heutigen Staaten Kroatien, Ungarn, Serbien und Rumänien, nieder („Donauschwaben"). Auch Preußen warb Siedlerfamilien an, unter ihnen die Mennoniten, die jedoch, als ihnen im Königlichen Preußen die Befreiung vom Militärdienst wieder entzogen wurde, ins Russländische Reich weiterwanderten. Ihre dortige Immigration steht am Anfang der später vereinheitlichend als „russlanddeutsch" bezeichneten Geschichte deutschsprachiger Zuwanderer in den Herrschaftsbereich der russischen Zaren. Als Schwerpunkte ihrer Ansiedlung bildeten sich einerseits das Gebiet der mittleren Wolga und andererseits, nach dem Ende des Russisch-Osmanischen Krieges, das sogenannte „Neurussland" (*Novorossija*) am Schwarzen Meer heraus.

Das 19. Jahrhundert brachte, blickt man auf die deutschsprachige Migration insgesamt, ab den 1830er Jahren eine Umkehr der Migrationsrichtung: Der Weg über den Atlantik, vornehmlich in die USA und nach Kanada, wurde zur dominierenden Emigrationsroute. Ein erheblicher Teil dieser Transitwanderer, die zumeist von Bremerhaven aus nach Castle Garden in New York und später in das berühmtere Ellis Island übersetzten, stammte aus dem östlichen Europa[8] – unter ihnen auch die bereits erwähnten Mennoniten, die nach der Einführung der allgemeinen Wehrpflicht

---

8 Vgl. hierzu jetzt: Nach Übersee. Deutschsprachige Auswanderer aus dem östlichen Europa um 1900. Hg. v. Deutschen Kulturforum östliches Europa. Potsdam 2015 (Potsdamer Bibliothek östliches Europa. Geschichte).

im Zuge der „Großen Reformen" des Zaren Alexander II. Russland wieder verließen und sich nach Nordamerika begaben.

Eine zweite fundamentale Veränderung stellte, im gesamten Europa, die mit der Industrialisierung einhergehende Arbeitsmigration vom Land in die Städte dar. Dörfer wie das im sogenannten „Kongresspolen" gelegene Lodz/Łódź, das 1820 gerade einmal 799 Einwohner zählte, entwickelten sich zu Zentren der Industrie, der Arbeiterbewegung und der Streiks. Die deutschsprachige Bevölkerung des östlichen Europa war Teil dieses rasanten Urbanisierungsprozesses – allein in Lodz gaben 1897 knapp 15 % der insgesamt rund 314.000 Einwohner Deutsch als ihre Muttersprache an.[9]

Wenn sich das 19. Jahrhundert aus europäischer Sicht als „Jahrhundert der Emigration" bezeichnen ließe, so ist vom 20. Jahrhundert, in einem spezifisch deutschen Kontext, häufig als dem „Jahrhundert der Vertreibungen" die Rede, während international die Charakterisierung als „Jahrhundert der Flüchtlinge" (*Century of Refugees*) überwiegt. Auch die deutsche Geschichte im östlichen Europa ist Teil dieser gewaltsamen Prozesse von Zwangsmigrationen – zunächst und kausal in Form der Instrumentalisierung und Mittäterschaft eines großen Teils der sogenannten „Volksdeutschen" an der deutschen Besatzungs- und Vernichtungspolitik im östlichen Europa[10] und dann in Gestalt von Flucht und Vertreibung der deutschsprachigen Bevölkerung aus Ostmittel- und Südosteuropa.

Anders verhielt es sich mit der deutschsprachigen Bevölkerung in der Sowjetunion: Während ein kleinerer Teil dieser Gruppe, in der westlichen Ukraine und im unter rumänischer Verwaltung stehenden Transnistrien, in das deutsche Heeresgebiet kam und sich hier in hohem Maße an der Besatzungs- und Vernichtungspolitik beteiligte,[11] wurde der Großteil der „Russlanddeutschen", rund 905.000 Menschen, nach Kasachstan und Sibirien zwangsumgesiedelt. Rund 350.000 von ihnen kamen in die sogenannte „Arbeitsarmee" (*Trudarmija*), d. h. in Arbeitslager, und wurden zur Zwangsarbeit herangezogen. Eine verlässliche Zahl der Opfer lässt sich bisher nicht angeben, die Sterblichkeitsrate lag in einzelnen Lagern jedoch bei bis zu 20%.[12]

Nur wenigen „Russlanddeutschen" oder „Sowjetdeutschen" wurde nach 1945 die Ausreise in den Westen gestattet. Erst mit dem Beginn von *Glasnost'* und *Perestrojka*

---

9 Vgl. Winson Chu: Lodz/Łódź. In: Online-Lexikon zur Kultur und Geschichte der Deutschen im östlichen Europa, 2013 <ome-lexikon.uni-oldenburg.de/54312.html> (Stand: 12.05.2015).

10 Vgl. unter anderem Jerzy Kochanowski, Maike Sach (Hg.): Die „Volksdeutschen" in Polen, Frankreich, Ungarn und der Tschechoslowakei. Mythos und Realität. Osnabrück 2006 (Einzelveröffentlichungen des Deutschen Historischen Instituts Warschau 12).

11 Vgl. hierzu jetzt die grundlegende Studie von Eric C. Steinhart: The Holocaust and the Germanization of Ukraine. New York, Cambridge 2015 (Publications of the German Historical Institute).

12 Vgl. unter anderem die entsprechenden Artikel in: Nemcy Rossii. Ėnciklopedija [Die Deutschen Russlands. Enzyklopädie]. 3 toma [Bde.]. Moskva 1999–2006; Detlef Brandes, Holm Sundhaussen, Stefan Troebst (Hg.): Lexikon der Vertreibungen. Deportationen, Zwangsaussiedlungen und ethnische Säuberung im Europa des 20. Jahrhunderts. Wien u. a. 2010, sowie: Deportationen in Stalins Sowjetunion. Das Schicksal der Russlanddeutschen und anderer Nationalitäten (Nordost-Archiv, N. F. 21 [2012]). Lüneburg 2013.

unter Michail Gorbačëv setzte die große Emigration ein, infolge derer bis heute rund 2,4 Millionen (Spät-)Aussiedlerinnen und (Spät-)Aussiedler in die Bundesrepublik Deutschland gekommen sind.

3. Forschungstraditionen

Bereits dieser sehr kursorische und nur auf die Eckpfeiler der gängigen Darstellungen ‚deutscher' Geschichte im östlichen Europa beschränkte Überblick macht deutlich, wie vielfältig die Thematik ist. Vieles, etwa die transeuropäische Elitenmobilität oder die zünftigen Wanderungen deutschsprachiger Handwerksgesellen in baltische, polnische oder böhmische Territorien, wäre zu ergänzen. Eines haben jedoch alle genannten und ungenannten Prozesse gemeinsam: Es handelt sich um Migrationen. Migration, nach Jochen Oltmer verstanden als die „auf einen längerfristigen Aufenthalt angelegte Verlagerung des Lebensmittelpunktes von Individuen, Familien, Gruppen oder auch ganzen Bevölkerungen",[13] bildet die begriffliche und konzeptionelle Klammer, die so unterschiedliche Phänomene wie den hochmittelalterlichen Landesausbau, die frühneuzeitliche Glaubensmigration, die Peuplierungspolitik, die Amerika-Auswanderung, die „Heim ins Reich"-Umsiedlungen sowie die Flucht, Vertreibung und Aussiedlung der deutschsprachigen Bevölkerung am Ende des und nach dem Zweiten Weltkrieg zusammenhält.

Dies festzustellen, bedeutet zugleich, die Frage zu stellen, warum die ‚deutsche' Geschichte im östlichen Europa denn dann bisher nur sehr partiell als Migrationsgeschichte geschrieben wurde. Zwei miteinander verwobene forschungsgeschichtliche Stränge scheinen mir hierfür maßgeblich – zum einen die Entwicklung der deutschsprachigen historischen Migrationsforschung und zum anderen das, was Mathias Beer einmal als „völkische Hypothek"[14] der Beschreibung ‚deutscher' Geschichte im östlichen Europa bezeichnet hat.

Blickt man zunächst auf die deutschsprachige historische Wanderungs- bzw. seit den 1980er Jahren zunehmend so genannte Migrationsforschung, so lässt sich konstatieren, dass ihr Gegenstand seit ihrer Begründung im 19. Jahrhundert nicht ausschließlich, aber doch zu großen Teilen die etwa 5,5 Millionen deutschsprachigen Emigrantinnen und Emigranten waren, die zwischen dem Wiener Kongress und dem Ersten Weltkrieg nach Übersee auswanderten. Diese Fokussierung auf die transatlantische, „nasse Auswanderung" ging mit einer weitgehenden zeitlichen Beschränkung auf das 19. und 20. Jahrhundert einher.[15] Beide Perspektivierungen führten dazu,

---

13 Jochen Oltmer: Globale Migration. Geschichte und Gegenwart. München 2012 (C. H. Beck Wissen), S. 17.

14 Mathias Beer: Die „trockene Auswanderung". Eine thematische und forschungsgeschichtliche Einordnung. In: Ders., Dittmar Dahlmann (Hg.): Migration nach Ost- und Südosteuropa vom 18. bis zum Beginn des 19. Jahrhunderts. Ursachen – Formen – Verlauf – Ergebnis. Stuttgart 1999 (Schriftenreihe des Instituts für donauschwäbische Geschichte und Landeskunde 4), S. 9–25, hier S. 15.

15 Vgl. ebd., S. 13; Dirk Hoerder: Cultures in Contact. World Migrations in the Second Millenium. Durham, London 2002 (Comparative and International Working-Class History), S. 8.

dass die „trockene Auswanderung" zwischen West- und Osteuropa lange Zeit außerhalb des Blickfelds verblieb, liegen maßgebliche Phasen der deutschsprachigen Migrationsgeschichte im östlichen Europa doch, wie gezeigt, vor oder am Rande der von Reinhart Koselleck als Begriff geprägten Sattelzeit von 1750 bis 1850.

Hinzu kommt die spezifische Entwicklung des Forschungsfeldes „Deutsche Geschichte im östlichen Europa" – und damit sind wir bei der „völkischen Hypothek". Während die ersten Untersuchungen zur deutschsprachigen Auswanderung ins östliche Europa noch im Rahmen der Heimat-, Lokal- und Regionalgeschichte durchgeführt wurden und zumeist von vor Ort tätigen Geistlichen und Lehrern stammten, gewann gegen Ende des 19. Jahrhunderts eine Interpretation an Gewicht, die diese Wanderungsvorgänge in ein alldeutsch-völkisches Narrativ einordnete. Die deutsche Reichsgründung 1871 und der Kolonialismus boten den Rahmen, um aus Württembergern, Pfälzern oder Franken „Auslanddeutsche" werden zu lassen, die „im Osten" als „deutsche Kulturträger" vermeintlich ‚leere' oder unzivilisierte Steppen vorfanden, um sie in blühende Landschaften zu verwandeln. Paul Langhans, deutscher Geograph und Kartograph und Mitglied des „Alldeutschen Verbandes", formulierte dies in der Einführung des von ihm herausgegebenen *Deutschen Kolonialatlas* 1897 wie folgt: „Deutscher Fleiß und deutsche Tüchtigkeit lassen die deutschen Ackerbausiedlungen Süd-Rußlands trotz slawischer Gegenarbeit immer weiter um sich greifen; bis an die Hänge des Kaukasus und in die Steppen Innerasiens ziehen fortwährend deutsche Kolonialistenscharen, Serben und Rumänen müssen im Banat und in Slawonien deutscher Betriebsamkeit weichen, und das neu erschlossene Bosnien bietet deutschen Ackerbauern ein lohnendes Arbeitsfeld."[16]

Während des Ersten Weltkriegs und aufgrund der daraus resultierenden Gebietsverluste des Deutschen Reichs infolge des Vertrags von Versailles erhielt auch die deutsche Auswanderungsforschung eine zunehmend völkische Ausrichtung. Auswanderungsforschung wurde zur Erforschung des „Auslanddeutschtums"; bereits während des Krieges begann mit der Eröffnung des Deutschen Ausland-Instituts (DAI) in Stuttgart 1917[17] die Konstituierung einer Reihe von Einrichtungen, die sich eigens der Erforschung der „Auslanddeutschen" widmeten.

---

16 [Paul Langhans]: Zur Einführung. In: Deutscher Kolonialatlas. 30 Karten mit 300 Nebenkarten, entworfen, bearbeitet und hg. v. Paul Langhans. Gotha 1897.

17 Vgl. zur Geschichte des DAI: Katja Geschke: Kultur als Instrument der Außenpolitik totalitärer Staaten. Das Deutsche Ausland-Institut 1933–1945. Köln u. a. 2006; Ernst Ritter: Das Deutsche Ausland-Institut in Stuttgart 1917–1945. Ein Beispiel deutscher Volkstumsarbeit zwischen den Weltkriegen. Wiesbaden 1976 (Frankfurter historische Abhandlungen 14); Martin Seckendorf: Deutsches Ausland-Institut. In: Ingo Haar, Michael Fahlbusch (Hg.): Handbuch der völkischen Wissenschaften. Personen – Institutionen – Forschungsprogramme – Stiftungen. München 2008, S. 140–149; Berit Pleitner: Deutsches Ausland-Institut (DAI), Stuttgart. In: Online-Lexikon zur Kultur und Geschichte der Deutschen im östlichen Europa, 2012 <http://ome-lexikon.uni-oldenburg.de/54021.html> (Stand: 13.05.2015). Eine Gesamtgeschichte des 1945 als „Institut für Auslandsbeziehungen" wiederbegründeten Instituts, das 2017 einhundert Jahre alt wird, steht nach wie vor aus.

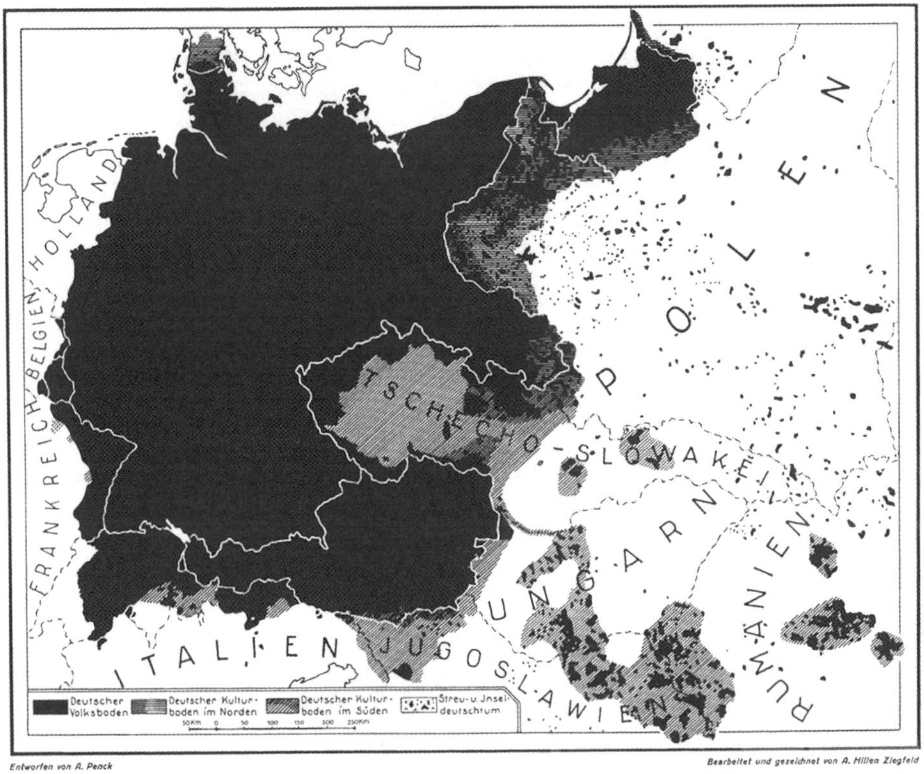

Karte 2: Albrecht Pencks „Karte des deutschen Volks- und Kulturbodens" (1925)

Die einflussreichste diesbezügliche Konzeption zur Erforschung eines vermeintlich „deutschen Ostens" lieferte hierbei der Geograph Albrecht Penck in seinem 1925 erschienenen programmatischen Aufsatz *Deutscher Volks- und Kulturboden* (Karte 2). Nach Penck stellte das „Volk" die zentrale Größe des geschichtlichen Prozesses dar, aus der sich entsprechend auch die zukünftigen deutschen Gebietsansprüche ableiteten; Staaten betrachtete er demgegenüber nur als untergeordnete Verwaltungseinheiten. Penck unterschied hierbei zwischen dem „Volksboden", den er überall dort erblickte, „wo deutsches Volk siedelt",[18] und dem „Kulturboden", der so weit reich-

18 Albrecht Penck: Deutscher Volks- und Kulturboden. In: K[arl] C[hristian] von Loesch (Hg.) in Zusammenarbeit m. A[rnold] Hillen Ziegfeld: Volk unter Völkern. Breslau 1925 (Bücher des Deutschtums 1), S. 62–73, hier S. 62. Pencks Konzept des „Deutschen Volks- und Kulturbodens" war einer der zentralen Punkte in der Diskussion um die Aufarbeitung der Geschichte der deutschen ‚Ostforschung'. Vgl. zu Penck unter anderem Michael Fahlbusch: „Wo der deutsche ... ist, ist Deutschland!": Die Stiftung für Deutsche Volks- und Kulturbodenforschung in Leipzig 1920–1933. Bochum 1994 (Abhandlungen zur Geschichte der Geowissenschaften und Religion-Umwelt-Forschung 6); Alexander Pinwinkler: „Hier war die große Kulturgrenze, die die deutschen Soldaten nur zu deutlich fühlten ...". Albrecht Penck (1858–1945) und die deutsche „Volks- und Kulturbodenforschung". In: Österreich in Geschichte und Literatur 55 (2011), S. 180–191.

Karte 3: Albrecht Penck, „Deutscher Volks- und Kulturboden“, Putzgers historischer Schulatlas (1936)

te, wie sich Spuren „deutscher Kultur“ nachweisen ließen: „Der deutsche Kulturboden ist die größte Leistung des deutschen Volkes. [...] Die Inseln deutschen Volksbodens, die weitab von dessen mitteleuropäischem Hauptgebiete liegen, sind ebenso wie letztes von deutschem Kulturboden begleitet.“[19]

Der expansive Charakter, der einer solchen Konzeption inhärent war, zeigte sich dann nach 1933. Für die Person Pencks lässt sich diese Entgrenzung des „deutschen Ostens“[20] am Beispiel einer zweiten Karte zum „Deutschen Volks- und Kulturboden“ (Karte 3) nachvollziehen, die ebenfalls auf ihn zurückging und 1936 in *Putzgers*

---

19 Penck: Deutscher Volks- und Kulturboden (Anm. 18), S. 69.

20 Vgl. hierzu auch Tobias Weger: Wie weit reichte der „Deutsche Osten“? Kartographische Entgrenzungsstrategien. In: Andrew Demshuk, Tobias Weger (Hg.): Cultural Landscapes. Transatlantische Perspektiven auf Wirkungen und Auswirkungen deutscher Kultur und Geschichte im östlichen Europa. München 2015 (Schriften des Bundesinstituts für Kultur und Geschichte der Deutschen im östlichen Europa 52), S. 99–123.

historischem Schulatlas erschien: Was 1925 noch auf das Gebiet (Ost-)Mitteleuropas beschränkt war, erstreckte sich nun weit bis in die Sowjetunion hinein.

Weitere Beispiele ließen sich nennen, etwas das Großprojekt eines *Handwörterbuchs des Grenz- und Auslanddeutschtums*, mit dem das Ziel verfolgt wurde, das ‚Deutschtum' weltweit zu erfassen.[21] Und für die Zeit nach dem deutschen Überfall auf Polen am 1. September 1939 bedarf die Frage nach der Rolle der völkischen ‚Experten' im Kontext der deutschen Besatzungs- und Vernichtungspolitik im östlichen Europa noch weiterer Untersuchung, auch wenn sich der diesbezügliche Forschungsstand inzwischen zweifellos verbessert hat.[22]

Nach 1945 gab es, um es summarisch zu sagen, viel personelle und konzeptionelle Kontinuität und nur wenig kritische Selbstreflexion. Erst mit der Änderung der politischen Rahmenbedingungen ab Ende der 1960er Jahre setzte eine schrittweise Ablösung von den Paradigmen der deutschen „Ostforschung" ein. Als Beispiel sei noch einmal der eingangs erwähnte Band *Die deutschen Vertreibungsverluste* herangezogen: Auftraggeber war, in seiner Funktion als Bundesminister für Angelegenheiten der Vertriebenen, Theodor Oberländer, Teilnehmer am Hitlerputsch 1923, ab 1933 vielseitig eingebunden in die Institutionen und Netzwerke der deutschen „Ostforschung" und nach 1945 eine der zentralen Figuren bei den Bemühungen um den Wiederaufbau eben dieses Forschungsverbundes.[23] Ebenso einschlägig sind die Biographien der an dem Band beteiligten Wissenschaftler, Werner Krallert (SS-Hauptsturmführer, Mitglied des „Sonderkommandos Künsberg" und ab 1943 Leiter des für Volkstumspolitik zuständigen Amtes VI G des Reichssicherheitshauptamts),[24] Walter Kuhn (Begründer der deutschen „Sprachinselforschung"),[25] Alfred Bohmann (Mitglied der Sudetendeutschen Partei, SS-Scharführer und führender Statistiker im „Reichsgau Sudetenland")[26] und anderer.

---

21 Carl Petersen, Otto Scheel, Paul Hermann Ruth, Hans Schwalm (Hg.): Handwörterbuch des Grenz- und Auslandsdeutschtums. 3 Bde. Breslau 1933–1938. Vgl. hierzu Willi Oberkrome: Geschichte, Volk und Theorie. Das „Handwörterbuch des Grenz- und Auslandsdeutschtums". In: Peter Schöttler (Hg.): Geschichtsschreibung als Legitimationswissenschaft 1918–1945. Frankfurt a. M. 1997, S. 104–127.

22 Vgl. Haar, Fahlbusch (Hg.): Handbuch der völkischen Wissenschaften (Anm. 17). Ein zweiter Band des Handbuchs ist in Vorbereitung. Initiale Bedeutung kam hierbei der Pionierstudie des britischen Historikers Michael Burleigh zu: Michael Burleigh: Germany Turns Eastwards. A Study of Ostforschung in the Third Reich. Cambridge u. a. 1988.

23 Vgl. Philipp-Christian Wachs: Der Fall Theodor Oberländer (1905–1998). Ein Lehrstück deutscher Geschichte. Frankfurt a. M. 2000.

24 Vgl. Michael Fahlbusch: Winfried Krallert. In: Haar, Fahlbusch (Hg.): Handbuch der völkischen Wissenschaften (Anm. 17), S. 335–338.

25 Vgl. Wilhelm Fielitz: Walter Kuhn. In: Haar, Fahlbusch (Hg.): Handbuch der völkischen Wissenschaften (Anm. 17), S. 350–353; Heinke M. Kalinke: Sprachinselforschung. In: Online-Lexikon zur Kultur und Geschichte der Deutschen im östlichen Europa, 2015 <ome-lexikon.uni-oldenburg.de/p32772> (Stand: 02.07.2015).

26 Vgl. Tobias Weger: „Volkstumskampf" ohne Ende? Sudetendeutsche Organisationen, 1945–1955. Frankfurt a. M. u. a. 2008 (Die Deutschen und das östliche Europa. Studien und Quellen 2).

Knapp 40 Jahre später, 1992, erschien im Siedler Verlag der erste Band der Reihe *Deutsche Geschichte im Osten Europas.*[27] Diese insgesamt 10-bändige Publikation stellt bis heute ein Grundlagenwerk zum Bereich „Deutsche Geschichte im östlichen Europa“ dar; mit ihrer Herausgabe verband sich der Anspruch, nach der ‚Wende‘ von 1989 „Bilanz“[28] zu ziehen. Aus heutiger Sicht dokumentiert die *Deutsche Geschichte im Osten Europas* die damalige Übergangssituation der Geschichtswissenschaft zwischen Tradition und Neuinterpretation, zwischen ‚Volkstumsparadigma‘ und „interethnischer Beziehungsgeschichte“. Einige der Bände verfolgen einen dezidiert begriffs- und traditionskritischen Ansatz, sie können auch heute, nach allen transnationalen, transregionalen und transkulturellen Wendungen, noch bestehen. Andere Teile hingegen sind noch deutlich einer deutschtumszentrierten Tradition verhaftet, so etwa Richard Breyers Darstellung der Geschichte des „Königreichs Polen“ zwischen 1815 und 1914, in der er sich weitgehend auf die Geschichte des „Deutschtums“ beschränkt, während die polnische Bevölkerung vor allem in Zusammenhang mit der von Breyer als Gefahr wahrgenommenen Möglichkeit der „Assimilierung“[29] Erwähnung findet. Am augenscheinlichsten tritt die Verbindung zur früheren „Volksgeschichte“ aber in der Person des konzeptionellen Begründers der Reihe zutage: Werner Conze. Conze, maßgeblicher Wegbereiter der bundesdeutschen Sozialgeschichte, war zugleich Vertreter des Modells eines von ‚deutscher Hand‘ geordneten Ostmitteleuropas. Hieran hatte sich auch nach 1945 nichts Grundlegendes geändert, wie Thomas Etzemüller gezeigt hat, der in seiner biographischen Studie zu Werner Conze mit Blick auf dessen Publikationen zur deutsch-osteuropäischen Beziehungsgeschichte von der jeweils „neueste[n] Auflage immer derselben Karte“[30] spricht.

All dies führte dazu, dass die Erforschung ‚deutscher‘ Geschichte im östlichen Europa lange Zeit isoliert blieb. Sie partizipierte auch nicht am Aufschwung, den die deutsche Wanderungsforschung nahm, indem diese seit den 1960er Jahren sukzessive Paradigmen der Sozialgeschichte sowie der internationalen Migrationsforschung rezipierte und sich damit von der „völkischen Hypothek“ zu lösen begann.[31] Bis auf wenige Ausnahmen werden die zahlreichen weißen Flecken einer ‚deutschen‘ Migra-

27 Hartmut Boockmann: Ostpreußen und Westpreußen. Berlin 1992 (Deutsche Geschichte im Osten Europas [1]) (Anm. 6).

28 Klaus Bednarz: Einfach untergegangen. In: Die Zeit, 11.12.1992, <http://www.zeit.de/1992/51/einfach-untergegangen> (Stand: 20.09.2016).

29 Vgl. unter anderem die von Richard Breyer geschriebenen Kapitel „Die Deutschen im Lodzer Industriegebiet“ und „Das kirchliche und kulturelle Leben der Deutschen“ in: Joachim Rogall (Hg.): Land der großen Ströme. Von Polen nach Litauen. Berlin 1996 (Deutsche Geschichte im Osten Europas [6]) (Anm. 6), S. 305–324.

30 Thomas Etzemüller: Sozialgeschichte als politische Geschichte. Werner Conze und die Neuorientierung der westdeutschen Geschichtswissenschaft nach 1945. München 2001 (Ordnungssysteme. Studien zur Ideengeschichte der Neuzeit 9), S. 277.

31 Vgl. hierzu Sylvia Hahn: Historische Migrationsforschung. Frankfurt a. M., New York 2012 (Historische Einführungen 11), S. 59–71; Hoerder: Geschichte der deutschen Migration (Anm. 6), S. 15–18.

tionsgeschichte im östlichen Europa erst in neuerer Zeit überschrieben[32] – weshalb ich abschließend vier Kategorien skizzieren möchte, die meines Erachtens für eine zukünftige Weiterung des Blickfeldes wichtig sind.

4. Forschungsperspektiven

4.1 Sprache

Genuines Anliegen der Migrationsforschung ist die Untersuchung individueller oder gruppenspezifischer Mobilität. Migrantinnen und Migranten überschreiten politisch-territoriale, ökonomische und kulturelle Grenzen – und entziehen sich damit retrospektiven nationalstaatlichen oder alldeutschen Zuschreibungen. Ein Beispiel hierfür ist die Karte des Statistischen Bundesamtes aus dem Jahr 1959: Die „Siebenbürger Sachsen" haben mit „Sachsen" in unserem heutigen Verständnis nichts zu tun – *Saxones* war eine adlige Standesbezeichnung, unter die zudem keineswegs nur deutschsprachige Immigranten gefasst wurden, sondern etwa auch Altfranzösisch sprechende Wallonen. Bei den „Donauschwaben" handelte es sich ebenso wie bei den „Russlanddeutschen" um bäuerliche Einwanderer unterschiedlichster Herkunft, Sprache, Religion und Tradition, die sich aufgrund der Vielfalt der Dialekte untereinander teilweise gar nicht verständigen konnten. Die auf der Karte suggerierte Eindeutigkeit (die, dies nur am Rande bemerkt, noch durch die Art der Darstellung verstärkt wird – derart große und geschlossene „Siedlungsgebiete", wie sie etwa bei den Bessarabiendeutschen oder den Wolhyniendeutschen skizziert sind, hat es nie gegeben) basiert auf politisch motivierten Neologismen der Zwischenkriegszeit, mit denen Vielfalt durch Homogenität ersetzt wurde.[33]

---

32 Zu den wenigen Ausnahmen zählen Detlef Brandes: Von den Zaren adoptiert. Die deutschen Kolonisten und die Balkansiedler in Neurußland und Bessarabien 1751–1914. München 1993 (Schriften des Bundesinstituts für ostdeutsche Kultur und Geschichte 2); Beer, Dahlmann (Hg.): Migration nach Ost- und Südosteuropa (Anm. 14). Als aktuelle Beispiele seien exemplarisch das von der Beauftragten der Bundesregierung für Kultur und Medien (BKM) geförderte Forschungsprojekt „Migrationsgeschichte Oberschlesiens. Globale Migration in regionaler Perspektive", das von der Professur für Europäische Zeitgeschichte an der Universität Siegen (Prof. Dr. Claudia Kraft) in Kooperation mit der Ruhr-Universität Bochum und dem Schlesischen Institut (Instytut Śląski) in Oppeln/Opole durchgeführt wird (<http://www.uni-siegen.de/phil/geschichte/lehrstuehle/zeitgeschichte/projekte.html>, Stand: 21.09.2016), sowie die am Institut für Migrationsforschung und Interkulturelle Studien (IMIS) der Universität Osnabrück angesiedelte, ebenfalls von der BKM finanzierte Juniorprofessur „Migration und Integration der Russlanddeutschen" (Jun. Prof. Dr. Jannis Panagiotidis) genannt (<https://www.imis-cms.uni-osnabrueck.de/forschung/juniorprofessur_migration_und_integration_der_russlanddeutschen/profil.html>, Stand: 21.09.2016).

33 Vgl. etwa für den Begriff der „Sudetendeutschen" Weger: „Volkstumskampf" (Anm. 26), S. 30–53; für den vor 1918 nicht existenten Begriff „Russlanddeutsche" in Kürze Hans-Christian Petersen: *The Making of Russlanddeutschtum.* Karl Stumpp oder die Mobilisierung einer ‚Volksgruppe' in der Zwischenkriegszeit. In: Cornelia Eisler, Silke Göttsch-Elten (Hg.): Minderheiten im Europa der Zwischenkriegszeit. Wissenschaftliche Konzeptionen, mediale Vermittlung, politische Funktion (erscheint Ende 2016).

Eine zentrale Aufgabe einer heutigen Kontextualisierung dieser Geschichte muss es sein, diese Zuschreibungen zu historisieren und sie durch differenziertere und neutralere Begrifflichkeiten zu ersetzen. Ethnologie und Geschichtswissenschaft haben auf diesem Weg bereits vieles geleistet,[34] auch wenn die vermeintlich eindeutigen Begriffe nach wie vor dominieren. Umso wichtiger erscheint die Fortführung und Intensivierung der bereits existierenden interdisziplinären Zusammenarbeit, um die verschiedenen Erkenntnisse und Zugänge unter einem migrationsgeschichtlichen Dach zusammenzuführen.

4.2 Kontextualisierung

Eng verbunden mit der Frage neuer Begrifflichkeiten ist die Notwendigkeit einer stärkeren Kontextualisierung des Forschungsfeldes „Deutsche Geschichte im östlichen Europa". Die Migrationsbiographie einer russlanddeutschen Familie, die von Hessen an die Wolga und von dort in die USA und dann nach Paraguay führt, macht deutlich, in welch hohem Maße diese vermeintlich ‚deutsche' Geschichte immer auch eine europäische und globale Geschichte ist. Die Erfassung des globalen Ausmaßes allein ist hierbei allerdings noch nicht hinreichend – auch Karl Stumpp, der „Patriarch"[35] des ethnischen russlanddeutschen Selbstverständnisses, widmete sein Grundlagenwerk über die Auswanderung nach Russland der „russlanddeutschen Volksgruppe in der Sowjetunion, in Übersee und Deutschland".[36] Notwendig ist darüber hinaus ein klarer Bruch mit dem essentialistischen Narrativ der „Volksgruppe"[37] und mit der Vorstellung eines deutschen ‚Identitätscontainers', dessen Inhalt über Jahrhunderte und Kontinente hinweg immer gleich bleibt. Vergleichende und verflechtungsgeschichtliche transkulturelle Ansätze, wie sie in der Migrations-

34 Als wegweisende, die nationalen Begrenzungen aufbrechende Konzepte erwiesen sich die *Entangled History*, die *histoire croisée* sowie das Konzept der Erinnerungsorte (*Lieux de mémoire*). Stellvertretend für eine ganze Reihe hieraus hervorgegangener Arbeiten seien genannt: Matthias Weber, Burkhard Olschowsky, Ivan A. Petranský, Attila Pók, Andrzej Przewoźnik † (Hg.): Erinnerungsorte in Ostmitteleuropa. Erfahrungen der Vergangenheit und Perspektiven. München 2011 (Schriften des Bundesinstituts für Kultur und Geschichte der Deutschen im östlichen Europa 42, Schriften des Europäischen Netzwerks Erinnerung und Solidarität 1); Hans-Henning Hahn, Robert Traba, Peter Oliver Loew (Hg.): Deutsch-Polnische Erinnerungsorte. 5 Bde. Paderborn 2012–2015.

35 Die Charakterisierung Stumpps als „Patriarch" der Russlanddeutschen ist von Arthur E. Flegel geprägt worden. Vgl. Life Story of Dr. Karl Stumpp. As told to Arthur E. Flegel. O. O. [Menlo Park, Calif.] 2005. Der autobiographische Text beruht auf einem Interview, das Flegel 1979 mit Stumpp führte. Auf dem Titelblatt findet sich die Widmung „Patriarch of Germans from Russia Ethnic Studies". Vgl. ebenso Arthur E. Flegel: Memories of Dr. Karl Stumpp. In: Journal of the American Historical Society of Germans from Russia 5 (1982), No. 1, S. 4–7, hier S. 5.

36 Karl Stumpp: Die Auswanderung aus Deutschland nach Russland in den Jahren 1763 bis 1862. Tübingen [1972], Widmung.

37 Vgl. hierzu grundlegend Samuel Salzborn: Ethnisierung der Politik. Theorie und Geschichte des Volksgruppenrechts in Europa. Frankfurt a. M., New York 2005 (Campus Forschung 880), sowie Ingo Haar: Vom „Volksgruppen-Paradigma" bis zum „Recht auf Heimat": Exklusion und Inklusion als Deutungsmuster in den Diskursen über Zwangsmigrationen vor und nach 1945. In: Kochanowski, Sach (Hg.): Die „Volksdeutschen" (Anm. 10), S. 17–41.

forschung Brasiliens und Kubas im Übrigen bereits in den 1930er Jahren entwickelt wurden,[38] bieten die Möglichkeit, die völkische Engführung aufzubrechen und vermeintliche Alleinstellungsmerkmale ‚deutscher' Geschichte im östlichen Europa neu zu bewerten. So ließe sich etwa das, von der Forschung für einzelne Gruppen bereits historisierte,[39] Selbstbild der ‚deutschen Pioniere' in einen breiteren Kontext einordnen, findet sich doch der Topos des vermeintlich „leeren Landes" in den historischen Narrativen zahlreicher Einwanderergesellschaften.[40] Oder, um ein anderes Beispiel zu nennen: In welchem Verhältnis stehen eigentlich ‚deutsche' und ‚jüdische' Geschichte im östlichen Europa? ‚Das Deutsche' und ‚das Jüdische' als diskursive Bezugs- und Identifikationspunkte waren oft keine Gegensätze, sondern sich in weiten Teilen überschneidende Phänomene,[41] und dies gilt nicht nur für die Sprache der ostjüdischen Bevölkerung, das Jiddische. Bisher wurden hauptsächlich einzelne, oft sehr scharf voneinander abgegrenzte Gruppen in den Blick genommen und interethnische und interkulturelle Wechselbeziehungen wenig berücksichtigt. Die zeitgenössische Abgrenzung gegen die ‚Ostjuden' wirkte in der Forschung lange nach – dabei genügt schon ein Blick auf die Schiffe, die Ende des 19. Jahrhunderts von Bremerhaven aus nach Nordamerika ausliefen, um die Verflechtungen dieser Geschichten zu sehen.[42]

4.3 *Agency*

Ein entscheidender Schritt in der Entwicklung der neueren Migrationsforschung war die Hinwendung zum Alltagsleben, in dem die wanderungsbestimmenden Umstände konkret nachvollziehbar werden. Dies ging mit einer Abkehr von kollektiven Zuschreibungen einher – die einzelnen Migrantinnen und Migranten wurden als Individuen in den Blick genommen, die über Handlungsmacht (*agency*) verfügen und deren Agieren sich nicht durch eine rein strukturalistische Analyse von Push- und

38 Vgl. Christiane Harzig, Dirk Hoerder with Donna Gabaccia: What is Migration History? Cambridge, Malden 2009, S. 64–66.

39 Vgl. unter anderem Harald Roth: Kleine Geschichte Siebenbürgens. Köln u. a. 1996; Konrad Gündisch, Wolfgang Höpken, Michael Markel (Hg.): Das Bild des anderen in Siebenbürgen. Stereotype in einer multiethnischen Region. Köln u. a. 1998 (Siebenbürgisches Archiv, Folge 3, 33); Eduard Mühle: Breslau. Geschichte einer europäischen Metropole. Köln u. a. 2015.

40 Vgl. hierzu jetzt Matthias Asche, Ulrich Niggemann (Hg.): Das leere Land. Historische Narrative von Einwanderergesellschaften. Stuttgart 2015 (Historische Mitteilungen – Beihefte 92).

41 Vgl. etwa Andreas Bremer, Arno Herzig, Krzysztof Ruchniewicz (Hg.): Jüdisches Leben zwischen Ost und West. Neue Beiträge zur jüdischen Geschichte in Schlesien. Göttingen 2014 (Hamburger Beiträge zur Geschichte der deutschen Juden 44).

42 Vgl. als aktuelle Beispiele im Sinne einer deutsch-jüdischen Verflechtungsgeschichte im östlichen Europa jetzt die Berichte zu der Konferenz „Jews and Germans in Eastern Europe. Shared and Comparative Histories" (München, 22.–24.06.2015), <http://www.hsozkult.de/conferencereport/id/tagungsberichte-6249> (Stand: 21.09.2016), sowie zur Tagung „Deutsch-jüdische Geschichte im Donau-Karpaten-Raum. Bestandsaufnahme und Potentiale" (München, 22.–23.01.2016), <http://www.hsozkult.de/conferencereport/id/tagungsberichte-6487> (Stand: 21.09.2016).

Pull-Faktoren erfassen lässt.[43] Vermeintlich ‚weiche' Faktoren wie personelle Netzwerke werden verstärkt untersucht, und statt der lange Zeit nationalstaatlich und eindirektional gedachten Begriffe von *Aus*- oder *Ein*wanderung finden nun Prozesse von *Re*- und *Trans*migration verstärktes Interesse – und mit ihnen Menschen, die durch ihr Handeln die Gesellschaften ihrer Herkunftsländer mit denen ihrer Aufenthaltsländer verbinden und die nicht mehr, wie in der früheren Historiographie, als „entwurzelt" oder „heimatlos" gekennzeichnet werden. Dies ist keineswegs nur ein gegenwärtiges Thema, man denke nur an die namhaften deutschsprachigen Gelehrten, die im 18. Jahrhundert nach St. Petersburg und Moskau gingen und einen Kultur- und Wissen(schaft)stransfer zwischen Ost und West ermöglichten.[44]

Nimmt man Migrantinnen und Migranten als Individuen in den Blick, dann beinhaltet dies auch die Analyse zeitgenössischer Konzepte von „Identität" in all ihrer Komplexität und zeitlichen Entwicklung. Die Forschung hat hierbei in zahlreichen Studien herausgearbeitet, dass Akkulturation ein langwährender, beidseitiger Aushandlungsprozess ist, der in Assimilation münden kann, aber nicht muss, da er nicht linear verläuft. Zudem verändert dieser Prozess auch die Aufnahmegesellschaft, die ebenfalls weder monolithisch noch statisch ist. Konzepte hybrider Identitäten wie etwa Homi Bhabhas Begriff des „Dritten Raums"[45] scheinen mir auch für den Bereich der ‚deutschen' Geschichte im östlichen Europa vielversprechend, sei es für die Beschreibung einer polnisch-jüdisch-deutsch-russischen Stadt wie Lodz an der Wende vom 19. zum 20. Jahrhundert, oder sei es für ein Verständnis der brüchigen Zugehörigkeiten ‚russlanddeutscher' (Spät-)Aussiedlerinnen und (Spät-)Aussiedler, die heute in der Bundesrepublik Deutschland leben.[46]

4.4 *Femina migrans*

In der Wanderungsforschung war der *Homo migrans* lange Zeit ein Mann. Genderstereotypen des mobilen, wanderungsbereiten Mannes und der dem Haus und Heim verbundenen, immobilen Frau wurden unreflektiert übernommen; Frauen fanden

---

43 Vgl. hierzu unter anderem Harzig, Hoerder: What is Migration History? (Anm. 38), S. 89–92; Jochen Oltmer: Staat im Prozess der Aushandlung von Migration. In: Handbuch Staat und Migration in Deutschland seit dem 17. Jahrhundert. Berlin, Boston 2016, S. 1–45, hier S. 23–26.

44 Vgl. als Einblicke in den diesbezüglichen Forschungsstand Alexander Kaplunovskiy (Hg.): „Auch in Moskwa habe ich Ursache zufrieden zu sein." Christian von Schlözers Privatkorrespondenz mit der Familie. Akademische Lebenswelten, Wissens- und Kulturtransfer in Russland am Beginn des 19. Jahrhunderts. Münster 2014 (Mainzer Beiträge zur Geschichte Osteuropas 5); Dittmar Dahlmann, Galina Smagina (Hg.): Nemcy v Rossii. Nemeckij mir Sankt-Peterburga [Deutsche in Russland. Die deutsche Welt Sankt-Petersburgs]. Sankt-Peterburg 2015.

45 Homi K. Bhabha: The Location of Culture. London 1994.

46 Vgl. hierzu unter anderem Gabriele Rosenthal, Viola Stephan, Niklas Radenbach: Brüchige Zugehörigkeiten. Wie sich Familien von „Russlanddeutschen" ihre Geschichte erzählen. Frankfurt a. M. 2011; Sabine Ipsen Peitzmeier, Markus Kaiser (Hg.): Zuhause fremd. Russlanddeutsche zwischen Russland und Deutschland. Bielefeld 2006 (Biblioteca Eurasica 3); Markus Kaiser, Michael Schönhuth (Hg.): Zuhause? Fremd? Migrations- und Beheimatungsstrategien zwischen Deutschland und Eurasien. Bielefeld 2015 (Biblioteca Eurasica 8).

in der Migrationsforschung wenig Beachtung, und wenn, dann als ‚Mitwandernde' im Zuge der vom Ehemann vorangetriebenen Familienmigration.[47]

Inzwischen hat sich das Bild ein Stück weit gewandelt. Es liegen Publikationen vor, die das Verhältnis von Migration und Gender grundsätzlich in den Blick nehmen,[48] wie auch Studien, die bestimmte Aspekte, wie etwa die transatlantische Migration von Frauen im 19. Jahrhundert oder die weibliche Arbeitsmigration, beleuchten. Fragt man jedoch nach der Präsens der *Femina migrans* in der „Deutschen Geschichte im östlichen Europa", so käme schon die Charakterisierung der diesbezüglichen Forschungslandschaft als „verinselt" einem Euphemismus gleich. Die Reihe „Deutsche Geschichte im Osten Europas" bietet, in Teilen, einen validen faktographischen Überblick – aber dieser ist unter Gendergesichtspunkten von Band 1 bis 10 konsequent als eine Geschichte ‚großer' (und passagenweise auch ‚kleiner', in Gestalt der Bauern und Arbeiter) Männer geschrieben. Frauen haben hier, so sie denn Erwähnung finden, keine eigene *agency*. Und auch jenseits dieser Reihe mangelt es bis heute, von wenigen Ausnahmen abgesehen, an allen Ecken und Enden an Studien, die „Geschlecht" als eine Differenzkategorie in den Blick nehmen und ihre Bedeutung und Interdependenzen mit nationalen und sozialen Positionierungen und Zuschreibungen beleuchten würden. Dabei stellen doch gerade die multiethnischen und multikonfessionellen Gesellschaften des östlichen Europa ein sicherlich komplexes, aber zugleich auch lohnenswertes Feld für diese Fragestellungen dar. Stefanie Schüler-Springorums Buch *Geschlecht und Differenz*, in welchem sie die deutsch-jüdische Geschichte des 19. und 20. Jahrhunderts konsequent geschlechtergeschichtlich analysiert, könnte hierfür als instruktives Beispiel dienen.[49]

5. Zum vorliegenden Jahrbuch

Die im vorliegenden Jahrbuch versammelten Beiträge gliedern sich in vier Sektionen: „Peuplierung und Kolonisation", „Zwangsmigration", „Zugehörigkeiten: Selbstwahrnehmungen und Fremdzuschreibungen" sowie „Nationale Kontinuitäten und transnationale Perspektiven". Unter diesen Oberbegriffen werden Schlaglichter auf das Rahmenthema „Migration" geworfen und zugleich Fragestellungen aufgegriffen, wie sie unter den obigen vier Kategorien skizziert worden sind. Diese Verschränkungen zeigen, dass sich migrationsgeschichtliche Themen nicht auf einen vermeintlich klar zu umreißenden Nenner bringen lassen, sondern dass das Über-

---

47 Vgl. hierzu ausführlich Hahn: Historische Migrationsforschung (Anm. 31); Harzig, Hoerder: What is Migration History? (Anm. 38).

48 Genannt seien exemplarisch: Eva Hausbacher, Elisabeth Klaus, Ralph Poole, Ulrike Brandl, Ingrid Schmutzhart (Hg.): Migration und Geschlechterverhältnisse. Kann die Migrantin sprechen? Wiesbaden 2012; Dirk Hoerder, Amarjit Kaur (Hg.): Proletarian and Gendered Mass Migrations. A Global Perspective on Continuities and Discontinuities from the 19th to the 21st Centuries. Leiden 2013.

49 Stefanie Schüler-Springorum: Geschlecht und Differenz. Paderborn 2014 (Perspektiven deutsch-jüdischer Geschichte).

schreiten von Grenzen nicht nur dem Gegenstand inhärent, sondern stets auch Teil seiner Erforschung ist.

Die zeitliche, räumliche und thematische Breite der Beiträge verdeutlicht das Potential, das mit einer Einordnung des Themenfeldes „Deutsche Geschichte im östlichen Europa“ in die Zusammenhänge der modernen Migrationsforschung verbunden ist. Mit der Herausgabe dieses Jahrbuchs verbindet sich die Hoffnung dass die Thematik für ein erweitertes Migrations-Narrativ geöffnet werden und in der Migrationsforschung eine zusätzliche Kontextualisierung finden kann. Der Zugang über die Klammer „Migration“ als einer „conditio humana“ (Klaus J. Bade) scheint geeignet, um in der Gegenwart noch bestehende nationale Begrenzungen bei der Beschreibung einer gemeinsamen Vergangenheit aufzulösen und zu überwinden.

Matthias Asche

Migrantenmilieus und die Persistenz von Geschichtsbildern. Die Salzburger Emigranten, die Russlanddeutschen und deren Nachkommen

Kriege haben nicht nur Entvölkerungen von Räumen ausgelöst, sondern auch deren Wiederbesiedlung bedingt. Da nach Kriegen vielfach demographisch kompensatorische Migrationsbewegungen zumeist in entvölkerte und dünnbesiedelte Gebiete stattfanden, gehört die Vorstellung vom ‚leeren' Raum als narrative Konstante zu den Identitätskonstruktionen insbesondere kriegsbedingter Einwanderungsgruppen.[1] Im Folgenden sollen zwei Beispiele solcher kriegsbedingten Einwanderergesellschaften des 18. Jahrhunderts vorgestellt werden: zum einen die rund 17.000 Salzburger Protestanten, welche 1731/32 aus ihrer Heimat ausgewiesen und verteilt über die noch immer von der Pest im Nordischen Krieg betroffene Landschaft Preußisch-Litauen angesiedelt wurden;[2] zum anderen die deutschen Kolonisten, welche zu Zehntausenden nach den siegreichen Türkenkriegen der russischen Zaren seit der Mitte der 1760er Jahre in mehreren, bis weit ins 19. Jahrhundert hinein anhaltenden Wellen – zunächst vor allem an der unteren Wolga und dann entlang des Schwarzen Meeres – Aufnahme fanden.[3] Beide Ansiedlungsvorgänge gehören in den

---

1 Zahlreiche einschlägige Einzelstudien sind jetzt vereinigt im Sammelband von Matthias Asche, Ulrich Niggemann (Hg.): Das leere Land. Historische Narrative von Einwanderergesellschaften. Stuttgart 2015 (Historische Mitteilungen der Ranke-Gesellschaft, Beihefte 92), darin vgl. vor allem den einleitenden Beitrag von Dens.: Migrationen und Mythen, Identitäten und Raumbilder. Historische Narrative von Einwanderergesellschaften, S. 9–30.

2 Neuere Gesamtdarstellungen zu den Salzburger Emigranten stammen von Friederike Zaisberger (Hg.): Reformation – Emigration – Protestanten in Salzburg. Ausstellungskatalog. Salzburg 1981; Gerhard Florey: Geschichte der Salzburger Protestanten und ihrer Emigration 1731/32. 2. Aufl. Wien 1986; Mack Walker: The Salzburg Transaction. Expulsion and Redemption in eighteenth-Century Germany. New York 1992, in deutscher Übersetzung unter dem etwas missverständlichen Titel: Der Salzburger Handel. Vertreibung und Errettung der Salzburger Protestanten im 18. Jahrhundert. Göttingen, Zürich 1997 (Veröffentlichungen des Max-Planck-Instituts für Geschichte 131); Gabriele Emrich: Die Emigration der Salzburger Protestanten 1731–1732. Reichsrechtliche und konfessionspolitische Aspekte. Münster, Hamburg, London 2002 (Historia profana et ecclesiastica 7); zuletzt noch Matthias Asche: Das Retablissement und die Repeuplierung Preußisch-Litauens. Zur Migrationspolitik der Hohenzollern in Kleinlitauen nach der Großen Pest. Demnächst in: Christine Absmeier, Matthias Asche, Márta Fata, Annemarie Röder, Anton Schindling (Hg.): Religiös motivierte Migrationen zwischen dem östlichen Europa und dem deutschen Südwesten vom 16. bis zum 19. Jahrhundert. Stuttgart 2016.

3 Neuere Gesamtdarstellungen zu den deutschen Kolonisten im Russischen Reich stammen von Detlef Brandes: Von den Zaren adoptiert. Die deutschen Kolonisten und die Balkansiedler in Neurußland und Bessarabien 1751–1914. München 1993 (Schriften des Bundesinstituts für ostdeutsche Kultur und Geschichte 2); Gerd Stricker (Hg.): Deutsche Geschichte im Osten Europas. Rußland. Berlin 1997; Hans Hecker: Die Deutschen im Russischen Reich, in der Sowjetunion und ihren

Jahrbuch des BKGE 24 (2016), S. 25–40

Kontext staatlicher Peuplierungspolitik, die im Zeichen von Staatsräson und Utilitarismus aus Mensch und Natur ökonomisch berechenbare Ressourcen gemacht hat.[4] Gemeinsam sind beiden Einwanderergruppen ihre starke Prägung durch ländlich-bäuerliche Elemente, die zwar nicht alle illiterat waren, zweifellos aber fern jedweder Form publizistischer oder gar gelehrter Öffentlichkeit standen.

Ungeachtet der hier nur knapp angedeuteten Gemeinsamkeiten beider Einwanderungsvorgänge gab es einen für die Identitätskonstruktionen dieser Siedlergruppen und ihrer Nachkommen ganz wesentlichen Unterschied: Während nur bei einigen deutschen Kolonistengruppen in Russland religiöse Gründe für die Auswanderung eine Rolle gespielt hatten, gehörten die Salzburger zu den letzten konfessionell bedingten Migrantengruppen in Europa.[5] Die Ausweisung der evangelischen Untertanen aus dem Fürsterzstift Salzburg wurde von der aufgeklärten protestantischen Öffentlichkeit im Heiligen Römischen Reich als ein Rückfall in die Zeit der konfessionellen Intoleranz kritisiert und entsprechend publizistisch begleitet.[6] Deshalb wurden auch die Züge der Salzburger durch die evangelischen Territorien und Städte des Reiches mit großen Sympathiebekundungen und Kollektengeldern sowie einer regelrechten Medienkampagne bedacht. Es entstand eine Flut von Druckschrif-

---

Nachfolgestaaten. 2. Aufl. Köln 1998 (Historische Landeskunde. Deutsche Geschichte im Osten 2); Idmar Biereigel, Christian Böttger, Günter Dittrich, Wolfgang Förster, Werner Fischer: Die Deutschen in Rußland. Der leidvolle Schicksalsweg einer ethnischen Minderheit. 4 Bde. Berlin 1998; Alfred Eisfeld: Die Rußlanddeutschen. 2., erweit. Aufl. München 1999 (Vertreibungsgebiete und vertriebene Deutsche 2); Ingeborg Fleischhauer: Die Deutschen im Zarenreich. Zwei Jahrhunderte deutsch-russische Kulturgemeinschaft. Erftstadt 2005; György Dalos: Geschichte der Russlanddeutschen. Von Katharina der Großen bis zur Gegenwart. 2. Aufl. München 2015; Viktor Krieger: Kolonisten, Sowjetdeutsche, Aussiedler. Eine Geschichte der Russlanddeutschen. Bonn 2015 (Bundeszentrale für Politische Bildung, Schriftenreihe 1631).

4 Zur Peuplierungspolitik vgl. neuerdings Justus Nipperdey: Die Erfindung der Bevölkerungspolitik. Staat, politische Theorie und Population in der Frühen Neuzeit. Göttingen 2012 (Veröffentlichungen des Instituts für Europäische Geschichte Mainz 229); vgl. auch Ulrich Niggemann: „Peuplierung" als merkantilistisches Instrument. Privilegierung von Immigranten und staatlich gelenkte Ansiedlungen. In: Jochen Oltmer (Hg.): Handbuch Staat und Migration in Deutschland seit dem 17. Jahrhundert. Berlin, Boston 2016, S. 171–218; dazu auch knapp Matthias Asche: [Art.] Peuplierung. In: Friedrich Jaeger (Hg.): Enzyklopädie der Neuzeit. Bd. 9. Stuttgart u. a. 2009, Sp. 1042–1045.

5 Zum Zusammenhang zwischen Migration und Glaubensflucht vgl. zuletzt Ulrich Niggemann: Glaubensflucht als Migrationstyp? Charakteristika konfessionsbedingter Migration in der Frühen Neuzeit. In: Historisches Jahrbuch 135 (2015), S. 46–68, und Alexander Schunka: Konfession, Staat und Migration in der Frühen Neuzeit. In: Oltmer (Hg.): Handbuch Staat und Migration (Anm. 4), S. 117–170.

6 Die Salzburger Emigrantenzüge durch die lutherischen Städte wurden publizistisch begleitet, vgl. die reichen Abbildungen bei Angelika Marsch: Die Salzburger Emigration in Bildern. 3. Aufl. Weißenhorn 1986, und Gerhild H. M. Komander: Der Wandel des „Sehepuncktes". Die Geschichte Brandenburg-Preußens in der Graphik 1648–1810. Münster, Hamburg 1995, S. 127–134; vgl. auch Karl Roll: Die Schaumünzen auf die Salzburger Emigration. Halle 1925. Nachdruck Salzburg 1989 (Salzburg-Archiv 7); Astrid Pellengahr: Kollektive Erinnerung auf Papier. Die Emigration der Salzburger Protestanten als Motiv der Populärgrafik. In: Werner Altmann (Hg.): Jakob Brucker. Philosoph – Pfarrer – Pädagoge (1696–1770). Biessenhofen [2012], S. 67–71.

ten,[7] darunter auch erste Geschichtswerke, die freilich nicht aus der Feder Salzburger Emigranten selbst stammten.[8]

Die enorm wirkmächtig verbreitete protestantische Publizistik bediente sich dabei ein weiteres Mal der seit der Mitte des 16. Jahrhunderts für konfessionelle Minderheiten und Migrantengruppen gängigen biblischen Semantik von Pilgerschaft und Exil: Die Geschichte der Salzburger Emigration wurde als Wiederholung der alttestamentarischen Geschichte des von Gott auserwählten, aber hart geprüften Volkes Israel gedeutet.[9] Die Emigranten befanden sich demnach auf einem ‚Exodus' in das ‚Gelobte Land' – wahlweise aus ‚ägyptischer Knechtschaft', aus ‚babylonischer Gefangenschaft' oder als Wanderer in abrahamitischer Tradition nach Kanaan. Die Gleichsetzung mit dem biblischen Volk Israel stattete die Salzburger mit einem heilsgeschichtlich wirksamen Auftrag aus, welcher ihre moralische Vorbildfunktion herausstrich, die Andere zu einem Nacheifern ihrer Glaubenstreue und Standhaftigkeit ermuntern sollte. Diese sich durch die gesamte protestantische Publizistik ziehende Idee der Auserwähltheit findet ihren Ausdruck aber auch in der Vorstellung, dass diesem Volk von Gott ein Land vorherbestimmt sei. Im ersten großen Geschichtswerk zur Emigration der Salzburger formulierte Gerhard Gottlieb Günther Göcking 1734/37 diese göttliche Vorsehung ganz explizit: König Friedrich Wilhelm I. habe die Salzburger „in ein Land führen lassen, worin GOtt schon vor einigen zwantzig Jahren für sie, durch eine schröckliche Pest Raum gemacht" habe.[10] Um die Emigration von 1731/32 schon im Vorweg wissend habe also Gott in seinem Heilsplan für sein auserwähltes Volk der Salzburger im verheißenen Land Preußen den nötigen Platz geschaffen und somit die Landnahme legitimiert. Die auf diese Weise Erwählten könnten, sofern sie ein gottgefälliges Leben führten, Anderen ein Vorbild sein, wodurch auch moralisch eine Rechtfertigung für eine klare Hierarchisierung der Bewohner Preußisch-Litauens geliefert wurde – und zwar im

---

7 Allein für die Jahre 1732/33 sind über 300 Titel aus 67 Druckorten nachgewiesen, besonders Flugschriften, theologische und juristische Traktate, fiktive Dialoge und Gelegenheitsgedichte, vor allem aber Predigt- und Liedtexte, vgl. Walker: The Salzburg Transaction (Anm. 2), S. 197.

8 Die reiche ältere Literatur zu den Salzburgern, auch die frühen Geschichtswerke – ca. 800 Einzeltitel! –, ist verzeichnet bei Artur Ehmer: Das Schrifttum zur Salzburger Emigration 1731/33. Hamburg 1975 (Sonderschriften des Vereins für Familienforschung in Ost- und Westpreußen e. V. 30).

9 Zum Gesamtzusammenhang vgl. Matthias Asche: Erwähltheit und Bewährung im Protestantismus. Elitebewußtsein und Exulantentheologie bei konfessionell motivierten Migrantengruppen in der Frühen Neuzeit. Demnächst in: Volkhard Huth (Hg.): Erwähltheit und Bewährung. Religiöse Eliten und sozialer Führungsanspruch. Frankfurt a. M. 2016, mit weiterführender Literatur; vgl. auch Alois Mosser (Hg.): „Gottes auserwählte Völker." Erwählungsvorstellungen und kollektive Selbstfindung in der Geschichte. Frankfurt a. M., Berlin u. a. 2001 (Pro Oriente 1), darin besonders den Beitrag von Gottfried Vanoni: „Gott hat uns erwählt." Die biblische Theorie und die christliche Praxis, S. 39–56, sowie Heinz Schilling: Peregrini und Schiffchen Gottes. Flüchtlingserfahrung und Exulantentheologie des frühneuzeitlichen Calvinismus. In: Ansgar Reiss, Sabine Witt (Hg.): Calvinismus. Die Reformierten in Deutschland und Europa. Katalog zur Ausstellung des Deutschen Historischen Museums Berlin. Dresden 2009, S. 160–168.

10 Gerhard Gottlieb Günther Göcking: Der vollkommenen Emigrations-Geschichte von denen aus dem Ertz-Bißthum Saltzburg vertriebenen und in dem Königreich Preussen grössesten Theils aufgenommenen Lutheranern. Bd. 2. Frankfurt, Leipzig 1737, S. 362f.

Sinne einer Unterordnung der mehrheitlich litauischen Bauern unter die Salzburger Zuwanderer. Belege hierfür nennt Göcking zuhauf, beispielsweise diese Episode vom Dorfpfarrer Breuer, der angeblich geklagt habe:

> Und so dieneten sie [= die Salzburger] denn mit solchen ihren guten Exempeln den Teutschen und Litthauern in Preußen zur Erbauung. Insonderheit wurden die Litthauer durch die Andacht unserer Saltzburger sehr erwecket und aufgemuntert. Herr Breuer schreibt deshalb von ihnen also: „Es jammert mich sehr der armen Litthauer. Viele unter denselben haben ein recht gutes Gemüth. Mercklich ist es, wenn ich in der Kirche catechisire oder predige, finden sie sich häuffig dabey, und weinen mit, wenn sie sehen, wie die Saltzburger weinen. [...] Einsmahls geschahe es, daß ein gewisser Mann zu ihnen sagte: Wornach kommt ihr in die Saltzburgische Predigt? Ihr verstehet doch nichts, was da geprediget wird. Darauf antworteten einige mit Thränen: Freylich verstehen wirs nicht; das ist unser Unglück. Wir werden doch aber durch das Anblicken der Saltzburger erwecket, weil dieselben so andächtig sind, und so sehr weinen.“[11]

Auch wenn die Historiographiegeschichte zu den Salzburger Emigranten hier nicht im Detail nachgezeichnet werden kann, ist dennoch festzuhalten, dass es jedenfalls im 18. Jahrhundert überhaupt keine und im 19. Jahrhundert nur wenige Geschichtswerke gab, welche von katholischer Seite den von Göcking historiographisch begründeten, vor allem aber durch das Werk von Karl Panse[12] sowie nochmals mit dem Einsetzen einer belletristischen Bearbeitung des historischen Stoffes an der Wende vom 19. zum 20. Jahrhundert[13] ungemein popularisierten protestantischen Geschichtsbildern entgegenwirkten.[14] Unter dem Signum der seit dem Reformationsjubiläum 1817 enorm stimulierten evangelischen Kirchengeschichtsschreibung wurden jedoch die Konturen der Identität der Salzburger und ihrer schicksalhaften Geschichte nochmals im konfessionalistischen Sinne aufgeschärft: Aus dem verheißenen „Land, da Milch und Honig innen fleußt“ – so noch Göcking[15] – wurde die „durch Krieg und Pest menschenleer gewordene“ preußische Provinz Litauen, wie Panse in seinem sehr wirkmächtigen historischen Prosa-Epos schrieb.[16] Die noch bei Göcking durch-

---

11 Ebd., S. 308.

12 Karl Panse: Geschichte der Auswanderung der evangelischen Salzburger im Jahre 1732. Ein Beitrag zur Kirchengeschichte. Leipzig 1827. Dieses Werk wurde später als gekürzte Volksausgabe herausgegeben. Es erschien noch in der achten Auflage: Bernhard Czerwenka: Geschichte der evangelischen Salzburger. Für das Volk bearbeitet nach K. Panses Werk über die Auswanderung der evangelischen Salzburger. Nürnberg 1871. Künftig wird aus folgender Ausgabe zitiert: Ders.: Geschichte der evangelischen Salzburger in den Jahren 1731, 32, 33. Für das Volk bearbeitet nach dem gelehrten Werk. 3. Aufl. Nürnberg 1832.

13 Unter den frühen dramatischen Bearbeitungen ist insbesondere hinzuweisen auf Friedrich Grädler: Die Salzburger. National-Schauspiel in fünf Aufzügen aus dem 18. Jahrhundert. Hamburg 1903, oder das auf der Erzählung von Theodolinde [von] Paschwitz: Die Salzburger, Konstanz [1900], beruhende gleichnamige Schauspiel in vier Aufzügen, Leipzig 1907.

14 Hinzuweisen ist hier insbesondere auf die dezidiert katholische Interpretation der Salzburger Emigration bei Ludwig Clarus: Die Auswanderung der protestantisch gesinnten Salzburger in den Jahren 1731 und 1732. Innsbruck 1864.

15 Göcking: Der vollkommenen Emigrations-Geschichte (Anm. 10), S. 308.

16 Panse: Geschichte der evangelischen Salzburger (Anm. 12), S. 39.

aus anklingende Widerständigkeit und mangelnde Integrationsbereitschaft der Salzburger – etwa die Verweigerung des Huldigungseides gegenüber dem König, die Weiterverwendung der mitgebrachten Rosenkränze als magische Instrumente oder die schroffen Umgangsformen im Alltag[17] – wurden in Geschichtswerken des 19. Jahrhunderts entweder gänzlich ausgeblendet oder aber zu spezifischen Charaktereigenschaften dieser Gruppe erklärt: Unabhängigkeit, Standhaftigkeit und Freiheitsliebe. Darüber hinaus wurden den Salzburgern weitere Tugenden zugeschrieben, die sie als Vorbilder für ihre litauischen Nachbarn auszeichneten: Frömmigkeit, Sparsamkeit, Redlichkeit und Fleiß. So schreibt etwa Panse:

> Man wieß Vielen schon in der Stadt Häuser und Aecker an und den nöthigen Besatz dazu, und ermahnte sie fleißig zu wirtschaften, worin sie auch bald Andern ein Muster wurden. Man fand sie als die ordentlichsten Wirthe, als stille und fleißige Hausväter.[18]

Ausgestattet mit diesen Charaktereigenschaften, die fast inhaltsgleich auch der anderen großen preußischen Einwanderergruppe, den Hugenotten, attestiert wurden, wurden die Salzburger Ende des 19. Jahrhunderts in die Staatslegende vom unaufhaltsamen Aufstieg und der geschichtlichen Mission der Hohenzollern integriert. In den borussischen Geschichtswerken wurden Salzburger und Hugenotten gewissermaßen zu den Paradebeispielen einer gelungenen Integration,[19] dienten mithin als Beweis der preußischen Toleranz und der Bewahrung Deutschlands vor den fanatischen Mächten des intoleranten Katholizismus.[20] Als Beleg dafür wurden Autoritäten zitiert, etwa Leopold von Ranke, der behauptete, die Salzburger hätten dem *Retablissement* Preußisch-Litauens „erst recht Charakter" gegeben,[21] oder – bereits zwei Generationen früher – der liberale Regierungspräsident des Bezirks Gumbinnen (in den Akten auch „Provinz Litauen" genannt) Theodor von Schön:

> Die Provinz Litauen hat ihren jetzigen Kulturstand größtenteils den eingewanderten Salzburgern zu verdanken. Sie haben dem Eingeborenen erst gezeigt, was ihm von der Vorse-

17 Göcking: Der vollkommenen Emigrations-Geschichte (Anm. 10), S. 283–301, 331–333, 344f., 618–647 u. ö.

18 Panse: Geschichte der evangelischen Salzburger (Anm. 12), S. 89.

19 In diesem Sinne vgl. exemplarisch die Ausführungen von Hans-Georg Tautorat: Um des Glaubens willen. Toleranz in Preußen. Hugenotten und Salzburger. Hamburg 1985 (Dokumente, Analysen, Kommentare 24). Zu den ‚Hugenotten-Legenden' vgl. zuletzt Ulrich Niggemann: Inventing Immigrant Traditions in seventeenth- and eighteenth-Century Germany. The Huguenots in Context. Demnächst in: Jason Coy, Jared Poley, Alexander Schunka (Hg.): Migrations in the German Lands 1500–2000. New York, Oxford 2016, mit weiterführender Literatur.

20 Zum Mythos von der hohenzollernschen Toleranz vgl. zuletzt etwa Heinz-Dieter Heimann: Brandenburger Toleranz zwischen Anspruch, Mythos und Dementi. Historisch-politische Annäherungen an das „Edikt von Potsdam". In: Zeitschrift für Religions- und Geistesgeschichte 52 (2000), S. 115–125; auch Gerd Heinrich: Religionstoleranz in Brandenburg-Preußen. Idee und Wirklichkeit. In: Manfred Schlenke (Hg.): Preußen. Beiträge zu einer politischen Kultur. Katalog. Bd. 2. Reinbek 1981 (Preußen. Versuch einer Bilanz 2), S. 61–88.

21 Leopold [von] Ranke: Neun Bücher Preußischer Geschichte. Bd. 1. Berlin 1847, S. 476.

hung gegeben ist und wie er es eines vernünftigen Wesens würdig benutzen kann; sie sind die Gründer der jetzigen Geistes- und Gewerbekultur.[22]

Auch Ernst Moritz Arndt lobte das „prächtige deutsche Volk, die Preußen, besonders die Ostpreußen und was dort von den Salzburgern stammt."[23]

Wie hingegen das Selbstbild der ersten Salzburger in Preußen tatsächlich aussah, kann nur vermutet werden, zumal praktisch keine Selbstzeugnisse der ersten Einwandergeneration vorhanden sind. Sicher gab es eine diffuse Exulanten-Identität, wie sich zumindest aus den wenigen, tatsächlich von ihnen gesungenen Liedern ableiten lässt. Abgesehen vom bekanntesten Lied „Ich bin ein armer Exulant" von Joseph Schaitberger[24] sind die meisten Exulanten-Lieder als Propagandawerke von engagierten Protestanten anlässlich des Durchzugs für die Emigranten verfasst, aber von den Salzburgern selbst nicht gesungen worden.[25] Die in ihrer Salzburger Heimat abgeschieden lebenden Emigranten mussten jedoch zweifellos von der Anteilnahme der Zeitgenossen an ihrem Durchzug überrascht und nachhaltig beeindruckt gewesen sein. Unter den ersten Salzburgern in Preußen gab es wohl keine spezifischen Kolonisten- oder Pionier-Identitäten – alle bislang genannten Zitate stammen nicht von ihnen oder ihren Nachkommen, sondern sind Äußerungen Dritter über sie. Eine aus dem Kreis der Salzburger-Nachkommen selbst getragene Geschichtsschreibung ist erst um 1900 entstanden und schrieb dankbar die älteren Geschichtsbilder fort. Stimulierend hierfür war die Gründung des „Salzburger-Vereins" in Gumbinnen im Jahre 1911, der bis heute – auch nach seiner Wiederbegründung 1954 in Bielefeld – die populäre historiographische Deutungshoheit über die organisierten

---

22 Aus den Papieren des Ministers und Burggrafen von Marienburg Theodor von Schön. Bd. 1. Halle 1875, S. 103.

23 Ernst Moritz Arndt: Erinnerungen aus dem äußeren Leben. Leipzig 1908, S. 161.

24 Zu Schaitberger vgl. zuletzt Arno Herzig: Joseph Schaitberger (1658–1733) und die Konfessionsmigration im 18. Jahrhundert. In: Prague Papers on the History of international Relations. Praha 2009, S. 57–63; Ders.: Joseph Schaitberger (1658–1733) als Konfessionsmigrant in der Reichsstadt Nürnberg. In: Archiv für schlesische Kirchengeschichte 67 (2009), S. 33–40; Martina Bauernfeind: „I bin ein armer Exulant." Die Migration des Glaubensflüchtlings Joseph Schaitberger. In: Brigitte Korn, Michael Diefenbacher, Steven M. Zahlaus (Hg.): Von nah und fern. Zuwanderer in die Reichsstadt Nürnberg. Begleitband zur gleichnamigen Ausstellung. Nürnberg 2014 (Schriftenreihe der Museen der Stadt Nürnberg 4), S. 199–204.

25 Zu den Salzburger Exulanten-Liedern vgl. jetzt die Edition von Raymond Dittrich: Die Lieder der Salzburger Emigranten von 1731/32. Edition nach zeitgenössischen Textdrucken. Tübingen 2008 (Mainzer hymnologische Studien 22), dazu Ders.: Die Liederdrucke der Salzburger Emigration von 1732. In: Joachim Bahlcke, Rainer Bendel (Hg.): Migration und kirchliche Praxis. Das religiöse Leben frühneuzeitlicher Glaubensflüchtlinge in alltagsgeschichtlicher Perspektive. Köln, Weimar, Wien 2008 (Forschungen und Quellen zur Kirchen- und Kulturgeschichte Ostdeutschlands 40), S. 145–180; zudem Werner Wilhelm Schnabel: Exulantenlieder. Über Konstituierung und Verfestigung von Selbst- und Fremdbildern mit literarischen Mitteln. In: Mirosława Czarnecka, Thomas Borgstedt, Tomasz Jabłecki (Hg.): Frühneuzeitliche Stereotype. Zur Produktivität und Restriktivität sozialer Vorstellungsmuster. V. Jahrestagung der Internationalen Andreas Gryphius Gesellschaft Wrocław 8. bis 11. Oktober 2008. Bern, Berlin u. a. 2010 (Jahrbuch für internationale Germanistik, Reihe A 99), S. 317–353. Eine systematische Analyse dieses Liedgutes stellt ein Forschungsdesiderat dar.

Salzburger-Nachkommen besitzt.[26] Unter den Mitgliedern dieses Vereins spielt noch immer die vermeintlich vornehme Abstammung von den ersten Pionieren und Kolonisten in Preußisch-Litauen eine wichtige Rolle.[27] So hat etwa Agnes Miegel, die in ihren literarischen Werken gelegentlich die Salzburger Wurzeln ihrer Familie betonte,[28] die Annexion des Memellandes durch die Republik Litauen und die spätere Eroberung Ostpreußens durch die Rote Armee sowie die anschließende Vertreibung der Deutschen als Wiederholung der Geschichte gedeutet – als „Schicksal der Ahnen, nur in viel schrecklicherer Weise", wie etwa noch im Werk des evangelischen Pfarrers Gerhard Florey in Salzburg zu lesen ist.[29] Gerade dieses Beispiel zeigt, dass noch immer Versuche unternommen werden, jüngere historische Entwicklungen in die Traditions- und Kontinuitätslinien der ‚Salzburger-Legende' einzubinden, die außer in Preußen auch unter den Nachkommen der Salzburger in Nordamerika verbreitet ist.[30]

Die skizzierten Beobachtungen zum postulierten Kulturgefälle und dem Selbstbild der Salzburger als ‚Vorbild' und ‚Lehrmeister' finden eine weit ausgeprägtere Entsprechung in den Geschichtswerken über die und von den deutschen Kolonisten

26 Zum „Salzburger-Verein. Verein der Nachkommen salzburgischer Emigranten" vgl. Joachim Rebuschat: Zeittafel zur Geschichte und Vorgeschichte der Salzburger Vereinigungen. 5. Aufl. Bielefeld 2000, zudem auch die Homepage <http://salzburgerverein.de/>.

27 Exemplarisch sei verwiesen auf das primär genealogische Werk von George Turner: Die Heimat nehmen wir mit. Ein Beitrag zur Auswanderung Salzburger Protestanten im Jahr 1732, ihrer Ansiedlung in Ostpreußen und der Vertreibung 1944/45 am Beispiel der Familie Hofer aus Filzmoos. 4., überarb. u. erweit. Aufl. Berlin 2014 (1. Aufl. 2008). Bezeichnenderweise wird auch hier die Idee einer doppelten Vertreibung der Salzburger konstruiert – 1732 durch den Salzburger Fürsterzbischof und 1944/45 durch die Sowjettruppen.

28 Explizit etwa in ihrem kurzen frühen Gedicht *Meinen Salzburger Ahnen*. In: Agnes Miegel: Ostland. Gedichte. Jena 1940, S. 17. Wiederveröffentlicht in: Dies.: Es war ein Land. Gedichte und Geschichten aus Ostpreußen. Köln 1983, S. 45. Zu den familiären Wurzeln Miegels vgl. Horst-Günter Benkmann: Wege und Wirken. Salzburger Emigranten und ihre Nachkommen. Bielefeld 1988, S. 120–122; Matthias Hofer, Horst Kenkel: Die Salzburger Vorfahren von Agnes Miegel. In: Altpreußische Geschlechterkunde 20 (1972), S. 65–78, Ergänzungen und Korrekturen in: Altpreußische Geschlechterkunde 21 (1973), S. 341–346; 24 (1976), S. 330–332.

29 Florey: Geschichte der Salzburger Protestanten (Anm. 2), S. 181.

30 Eine kleine Gruppe von etwa 200 Salzburgern hatte sich 1734 in der noch jungen neuenglischen Kolonie Georgia niedergelassen und gründete dort gemeinsam mit einigen schwäbischen Familien die Siedlung Ebenezer, vgl. dazu insbesondere die Gesamtdarstellungen von George Fenwick Jones: The Salzburger Saga. Religious Exiles and other Germans along the Savannah. Athens [Ga.] 1984. Mehrere Nachdrucke, zuletzt Athens [Ga.] 2012; Ders.: The Georgia Dutch. From the Rhine and Danube to the Savannah 1733–1783. Athens [Ga.] 1984; neuerdings auch Charlotte E. Haver: Von Salzburg nach Amerika. Mobilität und Kultur einer Gruppe religiöser Emigranten im 18. Jahrhundert. Paderborn, München u. a. 2011 (Studien zur historischen Migrationsforschung 21). Die Reise und Ansiedlung wurde – wie in Preußen – von pietistischen Kreisen finanziell und logistisch unterstützt, vgl. explizit George Fenwick Jones: Urlsperger und Eben-Ezer. In: Reinhard Schwarz (Hg.): Samuel Urlsperger (1665–1772). Augsburger Pietismus zwischen Außenwirkungen und Binnenwelt. Berlin 1996 (Colloquia Augustana 4), S. 191–199. Von diesem stammt auch eine Edition der übersetzten einschlägigen Schriften des Augsburger Pietisten Samuel Urlsperger: Detailed Reports on the Salzburger Emigrants who settled in America. Hg. v. George Fenwick Jones. 18 Bde. Athens [Ga.] 1968–1995.

im Russischen Reich. Auch hier gibt es von der ersten Siedlergeneration nur wenige literarische Selbstzeugnisse. Ausführliche Äußerungen der deutschen Kolonisten sind wohl auch deshalb nicht überliefert, weil deren Extremerfahrungen im agrarischen Alltag bei der von allerlei Rückschlägen bestimmten Etablierung und bei der Kultivierung des Landes die erste Siedlergeneration vor ganz andere, wesentlich existentiellere Probleme stellten – Krankheit, Hunger, Missernten und Überfälle durch die „Reitervölker" –, mithin ihnen ganz andere Prioritäten abverlangten, als Reflexionen über Identitätsfragen anzustellen.

Anders als bei den Salzburgern muss allerdings die Heterogenität der Zusammensetzung der deutschen Kolonisten in Russland betont werden. Deren Ansiedlungen verteilten sich auf mehrere Regionen und waren Ergebnis mehrerer Einwanderungswellen[31] – die letzten Immigranten erreichten Russland rund achtzig Jahre nach dem *Manifest* der Kaiserin Katharina II. von 1763.[32] Mit der ersten Auswan-

31 Knappe Übersichten über die einzelnen Einwanderungswellen finden sich bei Karl Stumpp: Die Auswanderung aus Deutschland nach Rußland in den Jahren 1763 bis 1862. In: Jahrbuch für ostdeutsche Volkskunde 22 (1979), S. 210–217; vgl. auch die Überblicksdarstellungen von Detlef Brandes: A Success Story. The German Colonists in New Russia and Bessarabia, 1787–1914. In: Acta Slavica Japonica 9 (1991), S. 32–46; Ders.: Die Deutschen in Rußland und der Sowjetunion. In: Klaus J. Bade (Hg.): Deutsche im Ausland – Fremde in Deutschland. Migration in Geschichte und Gegenwart. 3. Aufl. München 1993, S. 85–134; Ders.: Deutsche auf dem Dorf und in der Stadt von der Ansiedlung bis zur Aufhebung des Kolonialstatuts. In: Eisfeld: Die Rußlanddeutschen (Anm. 3), S. 17–29; Ders.: Einwanderung und Entwicklung der Kolonien. In: Stricker (Hg.): Deutsche Geschichte im Osten Europas (Anm. 3), S. 35–111; Dietmar Neutatz: Deutsche Bauern in den Steppen Rußlands. Die Wolga- und Schwarzmeerdeutschen von der Ansiedlung bis zur Deportation. Mit einem vergleichenden Blick auf die Donauschwaben. In: Wolfgang Schulz (Red.): Deutsche im Osten. Geschichte, Kultur, Erinnerungen. Ausstellungskatalog. Berlin, München 1994, S. 129–148.

32 Die Manifeste der Kaiserin Katharina der Großen vom 4. Dezember 1762 und vom 22. Juli 1763 bildeten den Auftakt zur Einwanderung deutscher Kolonisten in das Russische Reich. Vgl. die Edition des zweiten, wichtigeren Manifests von 1763 bei Michael Schippan, Sonja Striegnitz: Wolgadeutsche. Geschichte und Gegenwart. Berlin 1992, S. 216–220. Zu den Hintergründen der Peuplierungspolitik vgl. Detlef Brandes: Die Ansiedlung von Ausländern im Zarenreich unter Katharina II., Paul I. und Alexander I. In: Jahrbücher für Geschichte Osteuropas 34 (1986), S. 161–187; Ders.: Die Ansiedlung von Ausländergruppen an der unteren Wolga und in Neurußland unter Katharina II. Plan und Wirklichkeit. In: Eckhard Hübner, Jan Kusber, Peter Nitsche (Hg.): Rußland zur Zeit Katharinas II. Absolutismus – Aufklärung – Pragmatismus. Köln 1998 (Beiträge zur Geschichte Osteuropas 26), S. 303–315; Roger P. Bartlett: Die Einwanderung von Ausländern und die staatlichen Urbanisierungspläne in Rußland im 18. und frühen 19. Jahrhundert. In: Ingeborg Fleischhauer, Hugo H. Jedig (Hg.): Die Deutschen in der UdSSR in Geschichte und Gegenwart. Ein internationaler Beitrag zur deutsch-sowjetischen Verständigung. Baden-Baden 1990, S. 45–69; Michael Schippan: Der Beginn der deutschen Rußlandauswanderung im 18. Jahrhundert. In: Mathias Beer, Dittmar Dahlmann (Hg.): Migration nach Ost- und Südosteuropa vom 18. bis zum Beginn des 19. Jahrhunderts. Ursachen – Formen – Verlauf – Ergebnis. Stuttgart 1999 (Schriftenreihe des Instituts für Donauschwäbische Geschichte und Landeskunde 4), S. 47–70; Olga V. Konovalova: Bereitstellung von Ländereien zwischen Bug und Dnestr für ausländische Kolonisten und Gründung deutscher Kolonien im ersten Jahrzehnt des 19. Jahrhunderts. In: Alfred Eisfeld (Hg.): Deutsche im Schwarzmeergebiet, auf der Krim und im Kaukasus vom 19. Jahrhundert bis 1941. Hamburg 2016 (Schriftenreihe Studien zur Geschichtsforschung der Neuzeit 88), S. 55–93.

derungswelle bis zur Mitte der 1770er Jahre kamen zwischen 25.000 und 30.000 Personen – meist Hessen, Rheinländer, Südwestdeutsche und Schweizer – aller drei großen im Heiligen Römischen Reich zugelassenen Bekenntnisse an die untere Wolga.[33] Eine zweite Welle von Siedlern folgte in den 1780er Jahren in das Schwarzmeergebiet:[34] zunächst Mennoniten aus Brandenburg-Preußen (1789/90),[35] dann seit etwa 1803 bis in die 1840er Jahre Katholiken und Protestanten vornehmlich aus Südwestdeutschland und den Oberrheinlanden – in der Summe rund 18.000 Personen, darunter auch etwa 9.000 radikalpietistische Separatisten, die sich in sogenannten „Harmonien" vor allem in Bessarabien und im Südkaukasus niederließen.[36] Entsprechend differierten auch die Auswanderungsmotive der in Bezug auf

---

33 Neuere Gesamtdarstellungen zu den später so genannten „Wolgadeutschen" vgl. James W. Long: From Privileged to Dispossessed. The Volga Germans 1860–1917. Lincoln 1988; Jean-François Bonnot: Les Allemands de la Volga. Histoire culturelle d'une minorité 1763–1941. Lyon 1989; Schippan, Striegnitz: Wolgadeutsche (Anm. 32).

34 Neuere Gesamtdarstellungen zu den später so genannten „Schwarzmeerdeutschen" vgl. John Philipps: The Germans by the Black Sea between the Bug and Dniester Rivers. Fargo [ND] 2000; und Dmytro Myeshkov: Die Schwarzmeerdeutschen und ihre Welten 1781–1871. Essen 2008 (Veröffentlichungen zur Kultur und Geschichte im östlichen Europa 30).

35 Neuere Gesamtdarstellungen zur Geschichte der Mennoniten im Russischen Reich vgl. John B. Toews: Czars, Soviets and Mennonites. Newton [Ks.] 1982; George K. Epp: Geschichte der Mennoniten in Rußland. 3 Bde. Lage 1997–2003; Horst Gerlach: Die Rußlandmennoniten. Ein Volk unterwegs. 4. Aufl. Kirchheimbolanden 2002; James Urry: None but Saints. The Transformation of mennonite Life in Russia 1789–1889. 2. Aufl. Kitchener 2007 (Windflower Communications 4), auch in deutscher Übersetzung unter dem Titel: Nur Heilige. Mennoniten in Rußland 1789–1889. Steinbach (Manitoba) 2004. Zur Auswanderung selbst vgl. auch die Beiträge von Lawrence Klippstein: The Mennonite Migration to Russia 1786–1806. In: John Friesen (Hg.): Mennonites in Russia 1788–1888. Essays in Honour of Gerhard Lohrenz. Winnipeg 1989, S. 13–43; Horst Gerlach: Auswanderung aus Preußen und Ansiedlung der Mennoniten in Rußland. In: Gerhard Hildebrandt, Julia Hildebrandt (Red.): 200 Jahre Mennoniten in Rußland. Kirchheimbolanden 2000, S. 11–23.

36 Diese – überwiegend aus Südwestdeutschland stammenden – Gruppen kamen erst unter Kaiser Alexander I. im ersten Viertel des 19. Jahrhunderts, vgl. Renate Föll: Sehnsucht nach Jerusalem. Zur Ostwanderung schwäbischer Pietisten. Tübingen 2002 (Studien & Materialien des Ludwig-Uhland-Instituts der Universität Tübingen 23); zudem Fritz Kalmbach: „Von Osten scheint die Sonne. Da ist der Zufluchtsort." Auswanderung aus Württemberg 1817/18 nach Georgien, Kolonistenschicksale und ein bislang unbekanntes Gedicht. In: Blätter für württembergische Kirchengeschichte 95 (1995), S. 208–231, wiederabgedruckt in: Einst & Heute. Beiträge aus dem Kreis-Geschichtsverein Calw 8 (1997), S. 19–27; zuletzt noch die Beiträge von Annemarie Röder: Ararat – Die Sehnsucht nach dem Bergungsort. Schwäbische Auswanderung unter den Kaukasus. In: Michael Prosser-Schell (Hg.): Symbolhaltige Naturlandschaften und Naturwahrzeichen in historischen Siedlungsregionen mit Deutschen im östlichen Europa. Münster 2014 (Schriftenreihe des Instituts für Volkskunde der Deutschen des östlichen Europa 14), S. 195–231; Dies.: Religiöse Aspekte bei der Migration württembergischer Pietisten in Richtung Kaukasus 1817. Demnächst in: Absmeier, Asche, Fata, Röder, Schindling (Hg.): Religiös motivierte Migrationen (Anm. 2); Dietmar Neutatz: Protestantische Kolonisten aus dem deutschen Südwesten im Russischen Reich. Zur Frage religiöser Aspekte der Migration. Demnächst in: ebd., jeweils mit weiterführender Literatur; vgl. auch Heiko Haumann: „Das Land des Friedens und des Heils". Rußland zur Zeit Alexanders I. als Utopie der Erweckungsbewegung am Oberrhein. In: Pietismus und Neuzeit 18 (1992), S. 132–154, und Sergei I. Zhuk: Russia's Lost Reformation. Peasants, Millennia-

ihre geografische Herkunft ganz uneinheitlich zusammengesetzten Immigranten:[37] Sie reichten auf einer breiten Palette von sozio-ökonomischen Aufstiegserwartungen unversorgter nachgeborener Bauern- und Handwerkersöhne über die Hoffnung der Mennoniten auf eine weniger restriktive Obrigkeit bis hin zu chiliastischen Endzeiterwartungen der Radikalpietisten. Eine zumindest einigermaßen einheitlich konturierte ‚russlanddeutsche' Identität ist unter diesen Voraussetzungen frühestens am Ende des 19. Jahrhunderts – getragen und propagiert von einem deutschen Vereins- und Pressewesen – entstanden, wobei die gemeinsame deutsche Sprache den wesentlichen Identitätsfaktor darstellte.[38] Der Identitätsbildungsprozess war nämlich die Konsequenz aus der sukzessiven Einschränkung der Autonomierechte der deutschen Kolonisten im Gefolge der liberalen Reformpolitik Kaiser Alexanders II. und der Russifizierungspolitik Kaiser Alexanders III.[39] Hierin sowie in den Repressionen

lism, and Radical Sects in Southern Russia and Ukraine, 1830–1917. Washington DC 2004. Zum größeren Zusammenhang vgl. Ralph Tuchtenhagen: Religiöser Dissenz, Staat und Auswanderung nach Osteuropa im 18. und frühen 19. Jahrhundert. In: Beer, Dahlmann (Hg.): Migration nach Ost- und Südosteuropa (Anm. 32), S. 145–162, und Andreas Gestrich: German religious Emigration to Russia in the eighteenth and early nineteenth Centuries. Three Case Studies. In: Hartmut Lehmann, Hermann Wellenreuther, Renate Wilson (Hg.): In Search of Peace and Prosperity. New German Settlements in eighteenth-Century Europe and America. University Park [Pa.] 2000, S. 75–98.

37 Vladimir M. Kabuzan: Die deutsche Bevölkerung im Russischen Reich (1796–1917). Zusammensetzung, Verteilung, Bevölkerungsanteil. In: Fleischhauer, Jedig (Hg.): Die Deutschen in der UdSSR (Anm. 32), S. 63–82.

38 Larissa Naiditsch: Die deutsche Sprache als identitätsstiftender Faktor der Rußlanddeutschen. Ein historischer Überblick. In: Hans-Werner Retterath (Hg.): Russlanddeutsche Kultur – eine Fiktion? Referate der Tagung vom 22./23. September 2003. Freiburg 2006 (Schriftenreihe des Johannes-Künzig-Instituts 7), S. 159–188; vgl. auch Ute Richter-Eberl: Lutherisch, katholisch oder deutsch? Aspekte der kulturellen Identität der Deutschen an der Wolga. In: Dittmar Dahlmann, Ralph Tuchtenhagen (Hg.): Zwischen Reform und Revolution. Die Deutschen an der Wolga 1860–1917. Essen 1994 (Veröffentlichungen des Instituts für Kultur und Geschichte der Deutschen im Östlichen Europa 4), S. 160–171. Wichtig ist in diesem Zusammenhang auch das russlanddeutsche Volkslied, das als Reaktion auf die restriktive Russifizierungspolitik entstanden ist, vgl. hierzu insbesondere Eckhard John: Russlanddeutsches „Volkslied". Geschichte und Analyse einer Konstruktion. In: Lied und populäre Kultur/Song and popular Culture 48 (2003), S. 133–161; Ders.: „Da amüsiert der Nemez sich." Die „kolonistischen Lieder" der Russlanddeutschen. In: ebd., S. 163–205; Ingrid Bertleff, Eckhard John: Vexierbilder der Erinnerung. Lieder der russlanddeutschen Brasilien-Auswanderung. In: Jahrbuch für deutsche und osteuropäische Volkskunde 54 (2013), S. 66–84; vgl. bereits Timothy J. Kloberdanz: „We sing our History." Oral Tradition and the Germans from Russia. In: Sidney Heitman (Hg.): Germans from Russia in Colorado. Fort Collins 1978, S. 145–159. Zentrale identitätsstiftende Texte der Russlanddeutschen wurden zusammengetragen und ediert von Annelore Engel-Braunschmidt (Hg.): Siedlernot und Dorfidyll. Kanonische Texte der Russlanddeutschen. Berlin, Bonn 1994. Eine systematische Analyse dieses Textkorpus stellt ein Forschungsdesiderat dar – ebenso wie die russlanddeutsche Historiographiegeschichte überhaupt. Lediglich die Literatur russlanddeutscher Autoren ist mehrfach thematisiert worden, vgl. etwa den knappen Überblick bei Ders.: Rußlanddeutsche Literatur. Konsolidierung und Auflösung. In: Hans Rothe (Hg.): Deutsche in Rußland. Köln, Weimar, Wien 1996 (Studien zum Deutschtum im Osten 27), S. 49–60.

39 Grundlegend vgl. Dietmar Neutatz: Die „deutsche Frage" im Schwarzmeergebiet und in Wolhynien. Politik, Wirtschaft, Mentalitäten und Alltag im Spannungsfeld von Nationalismus und Moder-

der Stalin-Zeit, deren Höhepunkt die traumatischen Deportationen bildeten,[40] liegen auch die Gründe dafür, weshalb sich in der russlanddeutschen Historiographie kein den Salzburgern oder den Hugenotten in Preußen vergleichbares, ungebrochen positives Bild vom Aufnahmeland Russland entwickelt hat.[41]

Zu den bis heute wirkmächtigsten Geschichtsbildern der Russlanddeutschen gehört das Selbstbild als erfolgreiche und vorbildliche „Musterwirte". Nach Dietmar Neutatz liegen die Ursprünge des Terminus „Musterwirt" nicht in einer Fremdzuschreibung für die Gesamtheit aller deutschen Kolonisten in Russland.[42] Explizit wird 1800 im *Gnadenpatent* Kaiser Pauls bezogen auf die Mennoniten formuliert, dass diese „nach dem Zeugnis ihrer Aufseher wegen ihrer vorbildlichen Arbeitsamkeit und ihres anständigen Lebenswandels den übrigen dort angesiedelten Kolo-

---

nisierung (1856–1914). Stuttgart 1993 (Quellen und Studien zur Geschichte des östlichen Europa 37), neuerdings auch in englischer Übersetzung unter dem Titel: The "German Question" in the Black Sea Region and in Volhynia. Politics, Economics, and everyday Life amid the Tension generated by Nationalism and Modernization (1856–1914). Lincoln 2013; Victor Dönninghaus: Revolution, Reform und Krieg. Die Deutschen an der Wolga im ausgehenden Zarenreich. Essen 2002 (Veröffentlichungen zur Kultur und Geschichte im östlichen Europa 23).

40 Zu den Deportationen vgl. zuletzt J. Otto Pohl: Soviet Apartheid. Stalin's ethnic Deportations, special Settlement Restrictions, and the Labor Army. The Case of the ethnic Germans in the USSR. In: Human Rights Review 13 (2012), S. 205–224. Die jüngste Gesamtdarstellung zur Geschichte der deutschen Minderheit in der Sowjetunion stammt von Irina Mikhina: The Germans of the Soviet Union. London, New York 2007 (BASEES/Routledge series on Russian and East European studies 32); vgl. aber noch immer Benjamin Pinkus, Ingeborg Fleischhauer: Die Deutschen in der Sowjetunion. Geschichte einer nationalen Minderheit im 20. Jahrhundert. Baden-Baden 1987 (Osteuropa und der internationale Kommunismus 17), und neuerdings auch Otto Luchterhandt (Red.): Deportationen in Stalins Sowjetunion. Das Schicksal der Russlanddeutschen und anderer Nationalitäten. Lüneburg 2012 (Nordost-Archiv. Zeitschrift für Regionalgeschichte 21).

41 Neuerdings wird darauf hingewiesen, dass bereits in der Zwischenkriegszeit unter den politisch aktiven Russlanddeutschen – allen voran durch den über seine Schriften bis heute sehr einflussreichen Karl Stumpp – ein stark völkisch geprägtes Narrativ konstruiert wurde, vgl. Hans-Christian Petersen: The Making of Russlanddeutschtum. Karl Stumpp oder die Mobilisierung einer „Volksgruppe" in der Zwischenkriegszeit. Demnächst in: Cornelia Eisler, Silke Göttsch-Elten (Hg.): Minderheiten im Europa der Zwischenkriegszeit. Wissenschaftliche Konzeptionen, mediale Vermittlung, politische Funktion. Kiel 2016 [d. Verf. dankt Hans-Christian Petersen (Oldenburg) herzlich für die Überlassung des Druckmanuskriptes]. Insgesamt ist jedoch an dieser Stelle festzuhalten, dass bislang weder Studien zur Historiographie noch zur Ausbildung einer spezifisch ‚russlanddeutschen' Identität in einer historischen Dimension vorliegen. Lediglich für die heute in Deutschland lebenden Russlanddeutschen wurden in jüngerer Zeit solche Fragestellungen behandelt, vgl. exemplarisch Gabriele Rosenthal, Viola Stephan, Niklas Radenbach: Brüchige Zugehörigkeiten. Wie sich Familien von „Rußlanddeutschen" ihre Geschichte erzählen. Frankfurt a. M., New York 2011, oder Niklas Radenbach, Gabriele Rosenthal: „Ich versteh das immer noch nicht." Belastende Vergangenheit und brüchige Zugehörigkeiten von Deutschen aus der ehemaligen Sowjetunion. In: Markus Kaiser, Michael Schönhuth (Hg.): Zuhause? Fremd? Migrations- und Beheimatungsstrategien zwischen Deutschland und Eurasien. Bielefeld 2015 (Bibliotheca Eurasica 8), S. 27–52.

42 Dietmar Neutatz: „Musterwirte". Zum Selbstbildnis der Schwarzmeerdeutschen, insbesondere der Mennoniten. In: El'vira Barbašina, Detlev Brandes, Dietmar Neutatz (Hg.): Die Rußlanddeutschen in Rußland und Deutschland. Selbstbilder, Fremdbilder, Aspekte der Wirklichkeit. Essen 1999 (Forschungen zur Geschichte und Kultur der Rußlanddeutschen 9), S. 73–83.

nisten als Vorbild dienen können und dadurch Unsere besondere Aufmerksamkeit verdienen" sollten.[43] Die Zuschreibung der Mennoniten als vorbildliche Landwirte hatte um 1800 bereits eine längere Tradition, die sich auf die Ansiedlung niederländischer Täufer in den 1530er Jahren zur Kultivierung der Sümpfe des Weichsel-Nogat-Deltas bei Danzig bezogen hatte.[44] Nach den Vorstellungen des Kaisers sollten die – trotz ihrer Verweigerung von Wehrdienst[45] und Eiden[46] – als loyal und fleißig geltenden ‚stillen' Mennoniten jedoch nicht den russischen Bauern, sondern anderen ausländischen Neusiedlern als Vorbild dienen. Diese Forderung dehnte 1804 Kaiser Alexander I. dann auf alle anzuwerbenden Neusiedler für die beginnende

---

43 Das Gnadenpatent Kaiser Pauls vom 6. September 1800 ist abgedruckt bei Epp: Geschichte der Mennoniten (Anm. 32), Bd. 1, S. 223–225.

44 Neuere Gesamtdarstellungen zur Geschichte der Täufer in West- und Ostpreußen vgl. Horst Penner: Die ost- und westpreußischen Mennoniten in ihrem religiösen und sozialen Leben, in ihren kulturellen und wirtschaftlichen Leistungen. Bd. 1. Weiherhof 1978. Nachdruck Weiherhof 2000; Edmund Kizik: Mennonici w Gdańsku, Elblągu i na Żuławach Wiślanych w drugiej połowie XVII i w XVIII wieku. Studium z dziejów małej społeczności wyznaniowej [Die Mennoniten in Danzig, Elbing und im Weichselwerder in der zweiten Hälfte des 17. und im 18. Jahrhundert. Studie zur Geschichte einer kleinen Religionsgemeinschaft]. Gdańsk 1994 (Gdańskie Towarzystwo Naukowe. Wydział Nauk Społecznych i Humanistycznych, Seria monografii 95); Peter J. Klassen: Mennonites in early modern Poland and Prussia. Baltimore 2009; zudem die neueren Beiträge von John Friesen: Mennonites in Poland. An expanded historical View. In: Journal of Mennonite Studies 4 (1986), S. 94–108; Edmund Kizik: Religious Freedom and the Limits of social Assimilation. The History of the Mennonites in Danzig and the Vistula Delta until their tragic End after World War II. In: Alastair Hamilton, Sjouke Voolstra, Piet Visser (Hg.): From Martyr to Muppy. A historical Introduction to cultural Assimilation Processes of a religious Minority in the Netherlands: The Mennonites. Amsterdam 1994, S. 48–64; Stefan Samerski: „Die Stillen im Lande". Mennonitische Glaubensflüchtlinge in Danzig im 16. und 17. Jahrhundert. In: Joachim Bahlcke (Hg.): Glaubensflüchtlinge. Ursachen, Formen und Auswirkungen frühneuzeitlicher Konfessionsmigration in Europa. Berlin 2008 (Religions- und Kulturgeschichte in Ostmittel- und Südosteuropa 4), S. 71–94; Roland Gehrke: Religiöse Praxis und Alltagskultur mennonitischer Glaubensflüchtlinge im Weichseldelta in der Frühen Neuzeit. Kontinuität und Wandel. In: Bahlcke, Bendel (Hg.): Migration und kirchliche Praxis (Anm. 25), S. 55–68.

45 Gerhard Hildebrandt: Die Wehrlosigkeit der Mennoniten in Rußland. In: Mennonitische Geschichtsblätter 51 (1994), S. 113–130, wiederabgedruckt in: Ders., Hildebrandt (Hg.): 200 Jahre Mennoniten (Anm. 35), S. 169–190; Ders.: Der Selbstschutz unter den Mennoniten in Rußland. In: ebd., S. 191–204. Zu den Traditionen der Wehrlosigkeit bei den altpreußischen Mennoniten vgl. Peter Brock: Freedom from Violence. Sectarian Nonresistance from the Middle Ages to the Great War. Toronto 1991, S. 131ff.; James Jakob Fehr: Conscientious Objection in the Militarist State. The mennonite Refusal of Military Service in Brandenburg-Prussia. In: Günther Lottes (Hg.): Vom Kurfürstentum zum „Königreich der Landstriche". Preußen im Zeitalter von Absolutismus und Aufklärung. Berlin 2004 (Aufklärung und Europa 10), S. 193–218; Ders.: Kriegsdienstverweigerungen im Militärstaat Preußen. Ein Bericht über neue Forschungen. In: Mennonitische Geschichtsblätter 59 (2002), S. 173–179.

46 Grundlegend Heinold Fast: Die Eidesverweigerung bei den Mennoniten. In: Mennonitische Geschichtsblätter 17 (1965), S. 18–32, wiederabgedruckt in: Hildburg Bethke (Hg.): Eid, Gewissen, Treuepflicht. Frankfurt a. M. 1965, S. 136–151, und Hans Adolf Hertzler: Die Verweigerung des Eides. In: Hans-Jürgen Goertz (Hg.): Die Mennoniten. Stuttgart 1971 (Die Kirchen der Welt. Reihe A: Selbstdarstellungen der Kirchen 8), S. 100–108.

Kaukasus- und Bessarabien-Kolonisation aus.[47] Da die organisatorischen und logistischen Mängel der ersten Siedlungsphase unter Kaiserin Katharina II. offenkundig waren, sollten sich die russischen Kolonistenwerber im Ausland fortan weniger um Quantität als um Qualität und Auslese bemühen.

Da sich die hohen Erwartungen an die deutschen Kolonisten – trotz wachsender Prosperität gerade der Schwarzmeer-Kolonien – nicht erfüllten, sondern sich ein signifikantes sozio-ökonomisches Gefälle zwischen den zunehmend wohlhabenden Siedlungen der Deutschen und der armen russisch-ukrainischen Bevölkerung abzeichnete,[48] war bereits in der mit einer beginnenden Russifizierung verbundenen Reformzeit Kaiser Alexanders II. eine Debatte über das vermeintliche Versagen der deutschen „Musterwirte" entstanden. Diese wurde mit scharfen nationalistischen Tönen ideologisch aufgeladen und führte in den 1870er Jahren schließlich auch zum Ende des privilegierten Status der Deutschen im Russischen Reich.[49] Für die russischen und ukrainischen Bauern hatten sich freilich auch nach der Aufhebung der Leibeigenschaft die Verhältnisse kaum geändert. Denn vor allem wegen der ausbleibenden Bodenreform sahen sich viele der nunmehr befreiten Bauern gezwungen, als Knechte und Tagelöhner bei den reichen deutschen Landwirten zu arbeiten.[50] Dies weckte nicht nur Neidgefühle, sondern verfestigte auch das lange obrigkeitlich gehegte Selbstbild von der kulturellen Überlegenheit der Deutschen. Dies alles fand einen Niederschlag in Geschichtswerken, die seit dem Ende des 19. Jahrhunderts zunehmend auch aus der Feder von deutschen Kolonisten-Nachkommen stammten. Dabei war nicht nur die Fremdzuschreibung als „Musterwirte" bereits zu

47 Der *Ukas* Kaiser Alexanders I. vom 20. Februar 1804 ist abgedruckt bei Friedrich Bienemann: Geschichte der evangelisch-lutherischen Gemeinde zu Odessa. Odessa 1893, S. 387–391.

48 Exemplarisch vgl. Detlef Brandes: Wirtschaftliche Entwicklung und soziale Differenzierung in den deutschen Kolonien Neurußlands und Bessarabiens bis zur Aufhebung des Kolonialstatuts. In: Boris Meissner, Helmut Neubauer, Alfred Eisfeld (Hg.): Die Rußlanddeutschen. Gestern und heute. Köln 1992 (Nationalitäten- und Regionalprobleme in Osteuropa 6), S. 69–78, und Guido Birkner: Die ökonomische Entwicklung der deutschen Wolga-Kolonien von 1764 bis zum Beginn des 19. Jahrhunderts. In: Beer, Dahlmann (Hg.): Migration nach Ost- und Südosteuropa (Anm. 32), S. 367–384; zudem die einschlägigen Beiträge in den Sammelbänden von Alfred Eisfeld, Boris Meissner (Hg.): Der Beitrag der Deutschbalten und der städtischen Rußlanddeutschen zur Modernisierung und Europäisierung des Russischen Reiches im 18. und in der ersten Hälfte des 19. Jahrhunderts. Köln 1996 (Göttinger Arbeitskreis, Veröffentlichung 452), und Dittmar Dahlmann, Carmen Scheide (Hg.): „... das einzige Land in Europa, das eine große Zukunft vor sich hat." Deutsche Unternehmen und Unternehmer im Russischen Reich im 19. und frühen 20. Jahrhundert. Essen 1998 (Veröffentlichungen des Instituts für Kultur und Geschichte der Deutschen im Östlichen Europa 8).

49 Zusammenfassend vgl. Otto Luchterhandt: Die Rechtsstellung der Deutschen vor und nach der Aufhebung der Privilegien. In: Dahlmann, Tuchtenhagen (Hg.): Zwischen Reform und Revolution (Anm. 38), S. 98–114. Zum Gesamtzusammenhang vgl. jetzt den Sammelband von Zaur Gasimov (Hg.): Kampf um Wort und Schrift. Russifizierung in Osteuropa im 19.–20. Jahrhundert. Göttingen 2012 (Veröffentlichungen des Instituts für Europäische Geschichte, Mainz, Supplement 90, Abteilung für Universalgeschichte).

50 Lev Malinovskij: Die Eigentumsformen bei den rußlanddeutschen Bauern im 18. und 19. Jahrhundert und ihre Bedeutung für die wirtschaftliche Entwicklung der deutschen Siedlungen. In: Dahlmann, Tuchtenhagen (Hg.): Zwischen Reform und Revolution (Anm. 38), S. 48–60.

diesem Zeitpunkt – zumindest unter den wohlhabenden Schwarzmeerdeutschen – als zentrales Identitätsmerkmal fest internalisiert, sondern den Deutschen wurden auch weitere Charaktereigenschaften zugeordnet: Fleiß, Enthaltsamkeit und Frömmigkeit, die – quasi dichotomisch – der Unbildung, Trägheit, Faulheit und dem Alkoholismus der Russen gegenübergestellt und später auch mit rasseideologischen Vorstellungen eines Herrenmenschentums angereichert wurden.[51] Dementsprechend konstruierten die Nachfahren der Russlanddeutschen „eine Art ‚frontier-Mythos'",[52] mithin – ganz analog zu anderen Siedlergruppen[53] – die Idee eines spezifischen Schöpfungs-, Leistungs- und Bewährungsauftrages.[54] Folglich wurden in der zeitgenössischen russlanddeutschen Historiographie und Literatur unter dem Eindruck der aufziehenden stalinistischen Repressionen die – bei der Einwanderergeneration so noch nicht vorhandenen – Gegensätze zu den russischen Bauern auch auf die Einwanderungszeit zurückprojiziert und die Rolle der Deutschen als ‚Pioniere' und ‚Kulturbringer' im vermeintlich ‚rückständigen' Russischen Reich Kaiserin Katharinas II. überbetont. Exemplarisch sei verwiesen auf eine kleine, „Unserer deutschen Jugend" gewidmete Schrift, welche der bessarabiendeutsche Lehrer Gottlieb Hahn 1934 aus sicherer Position in Rumänien publiziert hatte:

> Deutscher Fleiß und deutsche Ausdauer, dazu eine wohlwollende Staatsregierung und eine gute, geschulte Selbstverwaltung haben hier im Tatarenland „Unübertreffliches" geleistet. In dieses große Brachland mußte ja der Deutsche kommen, und erst die Samenkörner westeuropäischer Kultur gaben dieser Steppe Leben und Fruchtbarkeit.[55]

Die hier mitschwingenden völkisch-biologistischen Deutungsmuster waren das Ergebnis einer Synthese des älteren Narrativs von der Vorbildlichkeit der Deutschen und eines jüngeren nationalistischen Geschichtskonstrukts einer dichotomischen Stereotypisierung zwischen Russlanddeutschen und Slawen.

Das von Hahn verwendete Bild der „Steppe" für den Raum, in welchem die Deutschen siedelten, griff dabei übrigens auf ältere Topoi zurück.[56] Bereits Christian Gott-

---

51 Dies korrespondierte mit generellen russischen Stereotypen, vgl. Hans-Henning Schröder: „Tiefste Barbarei", „höchste Civilisation". Stereotypen im deutschen Rußlandbild. In: Osteuropa 60 (2010), S. 83–100.

52 So pointiert bei Sebastian Rogga: Zwischen Kolchose, Kapitalismus und kultureller Autonomie. Wandel und Persistenzen im Transformationsprozess des Deutschen Nationalen Rayons (Altai). Potsdam 2011 (Praxis Kultur- und Sozialgeographie 53), S. 31.

53 Exemplarisch vgl. Lynette Russell (Hg.): Colonial Frontiers. Indigenous-European Encounters in Settler Societies. Studies in Imperialism. Manchester 2001, und William H. McNeil: Europe's Steppe Frontier 1500–1800. Chicago 1964. Nachdruck Chicago 2011.

54 Tatjana Damer: Identitätsdeutung als „kreative Antwort". Zur Historiographie des Jakob Dietz „Geschichte der wolgadeutschen Kolonisten" (verfaßt 1914–1917). In: Retterath (Hg.): Russlanddeutsche Kultur (Anm. 38), S. 43–65, hier S. 61f.

55 Gottlieb Hahn: Die deutschen Bauernsiedlungen am Schwarzen Meere. Unserer deutschen Jugend gewidmet. Hermannstadt 1934. Nachdruck Stuttgart, Mühlacker 1969 (Heimatmuseum der Deutschen aus Bessarabien e. V., Schriftenreihe, Reihe A, Geschichtliche Abhandlungen 5), S. 40.

56 Und es nahm übrigens auch russische Narrative auf: Im 18. Jahrhundert wurde mit dem Steppen-Bild ein konkreter Zivilisationsauftrag verbunden, vgl. zuletzt David R. Jones: Muscovite-Nomad Relations on the Steppe Frontier before 1800 and the Development of Russia's "Inclusive"

lob Züge beschrieb 1802 rückblickend seine Enttäuschung bei seiner Ankunft in der Gegend bei Saratow an der Wolga:

> Erschrocken blickten wir einander an, uns hier in einer Wildniß zu sehen, welche, so weit das Auge reichte, außer einem kleinen Walde, nichts als fast drei Schuh hohes Gras zeigte. [...] Das ist also das Paradies, das uns die russischen Werber in Lübeck verhießen! [...] Es war freilich eine Torheit von uns gewesen, daß wir uns in Rußlands unbewohnten Gegenden einen Garten Eden dachten; die Täuschung war aber dagegen auch allzu groß, dafür eine Steppe zu finden, die auch nicht einmal den mäßigsten Forderungen entsprach.[57]

Das Narrativ von der „Steppe", welche erst von deutscher Kolonistenhand als Pionierleistung zu einem fruchtbaren Paradies wurde, entwickelte sich zu einem feststehenden Bild der russlanddeutschen Historiographie und wurde konsequent weiter ausgeschmückt, wie etwa durch den Lehrer Hahn:

> In der menschenleeren, uferlosen Steppe, wo noch Wölfe und ganze Haufen heimtückischer Schlangen hausten, kamen sich die Einwanderer sehr verlassen vor. Reisemüde und heimwehkrank, zum großen Teil arm und mittellos, lagerten sie im mannshohen Steppengrase, schlugen ihre Zelte auf oder machten sich Erdhütten. [...] Trotz der großen Schwierigkeiten, die sich den Einwanderern in den Weg stellten, gelang es ihnen doch, in der Steppe Fuß zu fassen. Der jungfräuliche Boden erwies sich als sehr fruchtbar und gab reichlich Brot.[58]

Diese Schilderungen erinnern an die Berichte über die Erschließung Nordamerikas.[59] Gerade das Bild der unwirtlichen „Steppe" erwies sich als politisch unverdächtig, sodass es über alle politischen Brüche hinweg zu einem festen Topos der russlanddeutschen Historiographie wurde – nicht nur bis in die jüngsten Publikationen aus dem Umfeld der „Landsmannschaft der Deutschen aus Russland" und anderer Verbände der Russlanddeutschen, sondern auch in der sowjetpatriotischen Historiographietradition, welche in der Kultivierung der „Steppe" die Bändigung der Naturgewalten durch die menschliche Zivilisation sah.

Imperialism. In: Wayne E. Lee (Hg.): Empires and Indigenes. Intercultural Alliance, imperial Expansion, and Warfare in the early modern World. New York, London 2011, S. 109–140; Ricarda Vulpius: The Russian Empire's civilizing Mission in the eighteenth Century. A comparative Perspective. In: Uyama Tomohiko (Hg.): Asiatic Russia. Imperial Power in regional and international Contexts. London, New York 2012, S. 13–31, und Larisa Strese-Gassiev: Siberian Barbarians and Savages in the Concept of Russian civilizing Mission. In: Daniel Brauer, Iwan-Michelangelo D'Aprile, Günther Lottes, Concha Roldán (Hg.): New Perspectives in Global History. Hannover 2013 (The Formation of Europe 6), S. 241–250; vgl. auch Michael Khodarkovsky: Russia's Steppe Frontier. The Making of a colonial Empire 1500–1800. 4. Aufl. Bloomington, Indianapolis 2010; David Moon: The Plough that broke the Steppes. Agriculture and Environment on Russia's Grasslands 1700–1914. Oxford 2013.

57 Der russische Colonist oder Christian Gottlob Züge's Leben in Rußland. Nebst einer Schilderung der Sitten und Gebräuche der Russen, vornehmlich in den asiatischen Provinzen. Hg. v. Gert Robel. Bremen 1988 (Sammlung denkwürdiger Reisen 1), S. 89f.

58 Hahn: Die deutschen Bauernsiedlungen (Anm. 55), S. 43.

59 Exemplarisch Ulrich Niggemann: „Desert", „Wilderness", „End of the Earth". Konzepte von Wildnis in der puritanischen Geschichtsschreibung Neuenglands 1653–1702. In: Asche, Niggemann (Hg.): Das leere Land (Anm. 1), S. 103–117, mit weiterführender Literatur.

Narrative über Einwanderergesellschaften beinhalten im Kern stets eine Summe von meist wenigen Geschichtsbildern, die aus konstruierten „Ursprungsmythen" neue „Traditionen erfunden" haben.[60] Noch heute sind solche Geschichtsbilder in der gruppenspezifischen Memorialkultur der Nachkommen der Kolonisten fest verankert. So zeigt das zuletzt skizzierte Bild von der „Steppe" bei den Nachkommen der deutschen Kolonisten in Russland ebenso wie das Narrativ vom ‚leeren Land' bei den Salzburger-Nachfahren exemplarisch die bemerkenswerte Beharrungskraft, aber auch die Anpassungsfähigkeit von Geschichtsbildern aus der Einwanderungszeit.

---

60 Begriff nach Eric Hobsbawm, Terence Ranger (Hg.): The Invention of Tradition. Cambridge 1983. Zahlreiche Nachdrucke.

Martin Wünsche

Die Kolonisation der Wolgaregion bei Saratow als Element des Ausbaus frühmoderner Staatlichkeit

1. Einleitung

Migration in der Epoche der Frühen Neuzeit begann mit der Anwerbung und endete mit der (staatlichen) Integration bzw. Eingliederung.[1] In Bezug auf die sogenannten Wolgadeutschen wird diese zeitliche Periode von den Jahren 1762, der ersten Veröffentlichung eines Anwerbepatentes, und 1782, der Aufhebung der lokalen Kolonistenbehörde, des Vormundschaftskontors in Saratow (Saratov), begrenzt.

Für diese Zeitspanne ist eine über einhundertvierzigjährige Forschungsgeschichte zu konstatieren. Die Anfänge liegen gleichwohl in einer nationalgeschichtlichen Betrachtung und wurden überwiegend von Wolgadeutschen selbst verfasst, indem sie lokale Archive oder die Aussagen von Zeitzeugen nutzten.[2] Ein späteres Interesse der deutschen Forschung der Zwischenkriegszeit fokussierte eine künstliche Verbindung zwischen den „Reichsdeutschen" und dem „Auslandsdeutschtum", um eine nationale Homogenität zu erreichen. Der Terminus „Russlanddeutsche" manifestierte diese Intention. Die Sekundärliteratur nach dem Zweiten Weltkrieg stellte dabei keinen Bruch dar, da hier ebenfalls nur aufgrund national- oder regionalgeschichtlicher Interessen geforscht wurde.[3] So wurden die meisten Publikationen im Rahmen der Heimatbücher der Landsmannschaft der Deutschen aus Russland oder der lokalen

1 Vgl. Andreas Demuth: Some Conceptual Thoughts on Migration Research, Theoretical and Methodological Issues. In: Biko Agozino (Hg.): Migration Research. Interdisciplinary, intergenerational and international perspectives. Aldershot u. a. 2000, S. 21–58, hier S. 30–33. – Das hier thematisierte „Four-Phase Model" wurde auf die Frühe Neuzeit übertragen. Im weiteren Verlauf wird darauf zurückgegriffen werden.

2 Besonders hervorzuheben: Gottlieb Beratz: Die deutschen Kolonien an der unteren Wolga in ihrer Entstehung und ersten Entwickelung. Gedenkblätter zur hundertfünfzigsten Jahreswende der Ankunft der ersten deutschen Ansiedler an der Wolga 29. Juni 1764–29. Juni 1914. 2. Aufl. Berlin 1923 (1. Aufl. Saratow 1915); Alexander Klaus: Unsere Kolonien. Studien und Materialien zur Geschichte und Statistik der ausländischen Kolonisation in Rußland. Übers. v. Jurij Töws. 2. Aufl. Hildesheim u. a. 2009 (Rara zum deutschen Kulturerbe des Ostens) (1. Aufl. Odessa 1887); Johannes Kufeld: Die deutschen Kolonien an der Wolga. Hg. v. Historischen Forschungsverein der Deutschen aus Rußland e. V. zum 90-jährigen Todestag von Johannes Kufeld. Nürnberg 2000. – Alle diese Werke entstanden im wolgadeutschen Umfeld und haben weiterhin einen sehr großen Stellenwert in der aktuellen Forschung über die Wolgakolonien.

3 Die wenigen kritischen Publikationen sind folgende: Alexandra Kronberg: Lübeck als Sammelplatz deutscher Siedlerzüge nach Rußland zu Ausgang des 18. Jahrhunderts. Inaugural-Diss. Wien 1944; Roger P. Bartlett: Human Capital. The Settlement of Foreigners in Russia 1762–1804. Cambridge 1979.

Jahrbuch des BKGE 24 (2016), S. 41–65

Geschichtsblätter veröffentlicht.[4] Eine Wende wurde in den 1990er Jahren eingeleitet, die im Zuge der Öffnung der Archive Russlands voranschritt und so zu einigen auf diesen Akten basierenden Publikationen auf russischer Seite führte. Die Grundlagen dieser Forschung waren aber vorwiegend die Veröffentlichungen seit dem späten 19. Jahrhundert.[5] Die methodische Arbeitsweise bot keine kritische Analyse, sondern eine narrative Nacherzählung der additiv aneinandergereihten Quellen.[6] Eine historische Kontextualisierung der frühneuzeitlichen Migration wurde außerhalb der konfessionellen und vor allem in Bezug auf „Kolonisation“ in der Forschungsliteratur nur oberflächlich vorgenommen.

Publikationen zu anderen Siedlungsgebieten weisen, wenn auch in geringer Quantität, so doch einen kritischeren Umgang mit den Quellen auf und konnten damit zum allgemeinen Verständnis von Migration in der Frühen Neuzeit beitragen.[7] Anhand derer soll im Hinblick auf den Ablauf von Migration in der Frühen Neuzeit die Migrationsgeschichte der Wolgadeutschen komparativ diskutiert werden. Der Vergleich mit anderen Siedlungsprojekten ist für die historische Kontextualisierung eminent. Brandenburg-Preußen, die Habsburgermonarchie, aber auch das Russische Reich selbst weisen eine zeitlich weit zurückreichende Migrationsgeschichte auf, die Epochen prägte. Migration war ein zentrales Element zur Durchsetzung der Interessen des frühmodernen Staates, wobei sich der Migrant zwischenstaatlichen Ambivalenzen ausgesetzt sah. Innerhalb der Kontextualisierung dürfen somit nicht die Staatsidee der russischen Kaiserin Katharina II. sowie die regionalhistorischen Ent-

4 Vgl. zur Problematik der Heimatbücher: Mathias Beer (Hg.): Das Heimatbuch. Geschichte, Methodik, Wirkung. Göttingen 2010.

5 Vor allem sind hier die vielen Publikationen zur „Geschichte der Wolgadeutschen“ zu nennen, die auf der ältesten Forschungsgeschichte (siehe Anm. 2) basieren: Ingeborg Fleischhauer: Die Deutschen im Zarenreich. Zwei Jahrhunderte deutsch-russische Kulturgemeinschaft. 2. Aufl. Stuttgart 1991; Robert Korn: Der Lohn für die Treue. Geschichte der Wolgadeutschen. Augsburg 2012; Ingo-Rudolf Pauli: Lübeck – Kronstadt – Saratow. Schicksalsweg der „Wolgadeutschen“ 1763–1921. Flensburg 1985; Michael Schippan, Sonja Striegnitz: Wolgadeutsche. Geschichte und Gegenwart. Berlin 1992.

6 Beispiele dafür, dass mit Quellen nicht ausreichend kritisch umgegangen wurde und diese stattdessen additiv nacherzählt wurden, sind: Alfred Eisfeld: Etappen eines langen Weges. Beitrag zur Geschichte und Gegenwart der Deutschen aus Russland. Bonn 2010; Ders.: Zur Siedlungsgeschichte der Deutschen an der Wolga 1764–1997. In: Alfred Eisfeld (Hg.): Karta ASSR nemcev Povolž'ja. Karte der ASSR der Wolgadeutschen. Beiheft. Göttingen 1997; Igor' R. Pleve: Nemeckie kolonii na Volge vo vtoroj polovine XVIII veka [Die deutschen Kolonien an der Wolga in der zweiten Hälfte des 18. Jahrhunderts]. 3. Aufl. Saratov 2011; Ders.: Priem inostrannych kolonistov v Rossii i otpravka k mesty poselenija v 60-ch godach XVIII v. [Ankunft der ausländischen Kolonisten in Russland und Abtransport zu den Siedlungsplätzen in den 60er Jahren des 18. Jahrhunderts]. In: Arkadij A. German (Hg.): Migracionnye processy sredi rossijskich nemcev. Istoričeskij aspekt. Materialy meždunarodnoj naučnoj konferencii Anapa 26–30 sentjabrja 1997 g. Moskva 1998, S. 13–26.

7 Karl-Peter Krauss: Deutsche Auswanderer in Ungarn. Ansiedlung in der Herrschaft Bóly im 18. Jahrhundert. Stuttgart 2003 (Schriftenreihe des Instituts für donauschwäbische Geschichte und Landeskunde 11); Dmytro Myeshkov: Die Schwarzmeerdeutschen und ihre Welten. 1781–1871. Phil. Diss. Essen 2008; Ursula Wolf: Preußische Anwerbung von süddeutschen Kolonisten nach dem Siebenjährigen Krieg unter dem Gesandten von Pfeil. Ihre Ansetzung in der Neumark, Schlesien, Berlin und Potsdam. Hamburg 2013 (Studien zur Geschichtsforschung der Neuzeit 78).

wicklungen in der Wolgaregion und in der südrussischen Grenzregion außer Acht gelassen werden.

Soziologische Theorien zur Migration existieren bereits seit dem 19. Jahrhundert; angefangen bei Ernst Ravensteins *Laws of Migration*,[8] der mit diesem Werk die zeitgenössischen Migrationsprozesse zu gliedern versuchte. Andere Theorien, Modelle und Typologien zielen ebenfalls auf eine zeitgenössische Erörterung ab und sind somit ausschließlich der Moderne zugewendet. Die *Enzyklopädie Migration in Europa* geht zwar auf die „Migrationsregime" ein,[9] allerdings werden keine Merkmale anhand der frühneuzeitlichen Projekte erörtert oder anhand von historischen Phasen differenziert. Die soziologischen Theorien werden auch nicht mit ausreichenden frühneuzeitlichen Beispielen im Band erprobt. Das klassische Modell mit „Pull-" und „Push-Faktoren" gilt in der soziologischen Migrationsforschung als umstritten, da „Modellannahmen, die Entscheidungsmuster aus der Perspektive wandernder Individuen formulieren, in Vielem nicht realitätsnah sind. Entscheidungen werden sehr häufig nicht von Einzelnen, sondern von Haushalten oder Familien getroffen. Sie werden zudem durch die selektiven und restriktiven Aufnahmekriterien der bevorzugten Länder [...] vorstrukturiert"[10] – Verhältnisse, die auch für die Frühe Neuzeit und die Russlandauswanderer zutreffend sind.[11] Das Hauptaugenmerk der Soziologie gilt der Ergründung der Ursachen der Migration. Dadurch, dass für die Frühe Neuzeit jedoch nicht dieselben kohärenten Daten wie für moderne Migrationsprozesse erhoben werden können, ist eine empirische Beschäftigung mit den gängigen Theorien schwierig. Einzig das „*Four-Phase Model*"[12] lässt sich an die Frühe Neuzeit adaptieren: begonnen mit „*Leave*" (hier Anwerbung), darauf folgend „*Journey*" (hier Transport/Anreise), dann „*Arrive*" und schließlich „*Remain*" (hier die Ankunft und Ansiedlung mit [staatlicher] Eingliederung). Im Aufsatz soll, um eine historische Kontextualisierung und Definition der Migration der Wolgadeutschen zu ermöglichen, auf die historischen Theoreme zurückgegriffen werden.

Die wichtigste Erkenntnis der Bevölkerungstheorien der Gelehrtenwelt nach ca. 1670 war, dass die Anzahl der Untertanen mit der wirtschaftlichen Entwicklung

---

8 Ernst Ravenstein: The Laws of Migration I. In: Journal of the Statistical Society (1885), S. 167–235; II. In: Journal of the Statistical Society (1889), S. 241–305.

9 Dirk Hoerder, Jan Lucassen, Leo Lucassen: Terminologien und Konzepte in der Migrationsforschung. In: Klaus J. Bade (Hg.): Enzyklopädie Migration in Europa. Vom 17. Jahrhundert bis zur Gegenwart. 2., unv. Aufl. Paderborn, München 2008, S. 28–52, hier S. 39–42.

10 Ingrid Oswald: Migrationssoziologie. Konstanz 2007, S. 72.

11 Frühmoderne Staaten wie z.B. das Russische Reich bevorzugten Familien, indem ihnen deutlich mehr Land als Ledigen zugeteilt wurde. Ebenso war ihre Grundausstattung in den Kolonien mit Geld und Waren prozentual höher. Das Interesse des Staates lag dabei in den sichereren familiären Strukturen, die den Start in einer fremden Umgebung vereinfachen sollten. Die Beschränkungen der Ein- und Auswanderung werden weiter unten erörtert. Vysočajše utverždennyj doklad' Senata. O razmeževanii zemel', naznačennych dlja poselenija vyezžajuščich inostrancev [Rapport an den Senat. Über die Vermessung der für die eintreffenden Ausländer vorgesehenen Ländereien], 19. März 1764. In: PSZ 16, Nr. 12095; Igor' R. Pleve: Einwanderung in das Wolgagebiet. Bd. 1–4. Göttingen 1999–2008.

12 Demuth: Some Conceptual Thoughts on Migration Research (Anm. 1), S. 30–33.

und dem Wohl des Staates gleichzusetzen sei. Damit wurde das Kredo der unbedingten Erhöhung der Bevölkerung gefasst und eine wechselseitige Abhängigkeit von Bevölkerungszunahme und Wirtschaftswachstum proklamiert. Hierbei gab es allerdings unterschiedliche Auslegungsintensitäten. Die gemäßigte Gruppe sprach sich für eine Bevölkerungserhöhung in Korrelation zu den proportional steigenden Subsistenzmitteln aus. Die radikalere Gruppe plädierte für einen unkontrollierten Bevölkerungszuwachs, der zwangsläufig zu mehr Produktivität, Nahrung und fiskalischen Einnahmen führen würde.[13]

Als eine Maßnahme dafür wurde die „Peuplierung", die planmäßige An- und Umsiedlung von Menschen, durchgeführt. Hierbei wurden verschiedene Methoden und Konzepte entwickelt, die sich im Laufe der Zeit den sich verändernden Intentionen der Staaten anpassten und für das 18. Jahrhundert in „Impopulation" und „Kolonisation" unterschieden werden können.[14]

„Impopulation" bezeichnete die reine Vermehrung der Bevölkerungszahl, z. B. durch Anwerbung von Personen durch den Staat oder Grundherrn, und zielte auf direkten fiskalischen Nutzen ab. Im Gegensatz dazu fokussierte die „Kolonisation" durch die Bevölkerungsvermehrung langfristig die Erhöhung der Produktivität und die Kultivierung von brachen Bodenflächen. Beim Vergleich der beiden Methoden ist nicht nur eine unterschiedliche Intention, sondern auch eine differenzierte Durchführung festzustellen. Die Kolonisation wurde im 19. Jahrhundert neu bewertet und divergent konzipiert.[15]

Quellengrundlage der vorliegenden Arbeit werden Akten aus dem Landesarchiv Sachsen-Anhalt, Abteilung Dessau,[16] und russische gedruckte Quellen[17] sein. Die Archivquellen setzen sich vor allem aus behördlichen Korrespondenzen des 18. Jahrhunderts zusammen, die sich in fürstliche Anweisungen und entsprechende Antworten der Beamten gliedern. Dabei wird ein Einblick in den Umgang mit den

---

13 Martin Fuhrmann: Volksvermehrung als Staatsaufgabe? Bevölkerungs- und Ehepolitik in der deutschen politischen und ökonomischen Theorie des 18. und 19. Jahrhunderts. München u. a. 2002 (Phil. Diss. Bayreuth 2000), S. 27–29; Justus Nipperdey: Die Erfindung der Bevölkerungspolitik. Staat, politische Theorie und Population in der Frühen Neuzeit. Göttingen 2012 (Veröffentlichungen des Instituts für Europäische Geschichte Mainz 229), S. 299.

14 Fuhrmann: Volksvermehrung (Anm. 13), S. 23–26.

15 Oskar Feldtänzer: Donauschwäbische Geschichte. Bd. 1. Das Jahrhundert der Ansiedlung 1689–1805. München 2006 (Donauschwäbisches Archiv. Beiträge zur donauschwäbischen Volks- und Heimatforschung 3), S. 327–329; Guido Hausmann: Kolonisation. In: Thomas N. Bohn, Dietmar Neutatz (Hg.): Studienhandbuch östliches Europa. Bd. 2: Russisches Reich und Sowjetunion. 2. Aufl. Köln u. a. 2009, S. 237–245.

16 Landesarchiv Sachsen-Anhalt, Abteilung Dessau: LHASA, DE, Z 90, I C Nr. 164; LHASA, DE, Z 90, I R Nr. 241a; LHASA, DE, Z 44, C 1c Nr. 5, Bd. 1–3.

17 Zum einen sind die russischen Auswanderungslisten der Jahre 1764–1767 zu nennen: Pleve: Einwanderung in das Wolgagebiet. Bd. 1–4 (Anm. 11); zum anderen die Gesetze in russischer Originalform: Polnoe Sobranie Zakonov Rossijskoj Imperii [Vollständige Sammlung der Gesetze des Russischen Reiches]. 1. Sammlung 1649–1825. Sanktpeterburg 1830. Nachfolgend mit „PSZ" abgekürzt.

Migranten gegeben. Gleichzeitig wird über die regionale Situation im Herkunftsland der Migranten und über die Migrierenden berichtet.

2. Frühneuzeitliche Siedlungsprojekte und ihre Rezeption durch Katharina II. von Russland

Die Durchführung der Peuplierung im Russischen Reich unter Katharina II. lässt Rückschlüsse auf die Rezeption frühneuzeitlicher Siedlungsprojekte anderer Staaten und des Russischen Reiches selbst zu. Katharina II. galt als eine aufgeklärte Herrscherin, die nachweislich in Kontakt mit bedeutenden Gelehrten ihrer Zeit stand oder ihre Werke gelesen hat.[18] So geben beispielsweise die Briefkontakte zu Voltaire (1694–1778) einen Einblick in das Denken und Handeln Katharinas II.[19] Grundlegend waren ihre aufgeklärten und rationalen Ansichten, die sich beispielsweise in ihrer Ansicht zur Ökonomiepolitik widerspiegeln. Sie proklamierte, dass es „nichts Gefährlicheres [gibt] als für alles Reglemente aufstellen zu wollen",[20] und weiter war sie der Meinung, dass man „den Überfluß an Fabriken nicht zu befürchten [braucht], da die ungenügende Nachfrage die Entwicklung stoppen wird".[21] Durch Aussagen wie diese ist zu erkennen, dass die Kaiserin ein Verständnis für die Wechselwirkung von Ökonomie und Politik hatte.

Ihre Politik wurde nach rationalen Gesichtspunkten ausgerichtet und umgesetzt, um optimale Erfolge mit geringem Aufwand erzielen zu können. Diese Vorgehensweise wurde auch auf die Kolonisation selbst sowie die Anwerbungsmethodik übertragen. Die liberalen Ideen wie Religionsfreiheit und Selbstverwaltung mussten aus Rationalismus in den Anwerbepatenten verortet werden, da sie auch von anderen europäischen Staaten gewährt wurden.

---

18 Hedwig Fleischhacker: Mit Feder und Zepter. Katharina II. als Autorin. Stuttgart 1961; Arthur Kleinschmidt: Russland's Geschichte und Politik. Dargestellt in der Geschichte des russischen hohen Adels. Cassel 1877, S. 448–463; S[ergej] V[iktorovič] Korolev: Ekaterina II – čitatel'nica nemeckoj knigi [Katharina II. – Leserin von deutschen Büchern]. In: Dittmar Dahlmann (Hg.): Nemcy v Rossii. Vstreči na perekrestke kul'tur. Sankt-Peterburg 2011, S. 80–104; Victor Leontovič: Geschichte des Liberalismus in Russland. Frankfurt a. M. 1957 (Frankfurter Wissenschaftliche Beiträge. Kulturwissenschaftliche Reihe 10), S. 21; Isabel De Madariaga: Katharina die Große. Das Leben der russischen Kaiserin. Aus dem Engl. v. Karl A. Klewer. Ungekürzte Ausg. München 1996.

19 Katharina II./Voltaire: Monsieur – Madame. Der Briefwechsel zwischen der Zarin und dem Philosophen. Übers. v. Hans Schumann. Zürich 1991. – Katharina II. nimmt hierin auch Bezug auf die Kolonien: Am 3./14. Juli 1769 schrieb die Kaiserin an Voltaire, nachdem er die „Ansiedlung" erwähnt hatte und mehr über Katharinas Fortschritte wissen wollte (ebd., S. 71f.), dass „meine schöne Kolonie Saratow jetzt 27000 Seelen zählt und daß sie trotz der Kölnischen Zeitung von Tatareneinfällen nichts zu befürchten hat. Jeder Kreis hat Kirchen seines Glaubens, man bebaut die Felder in Frieden, und dreißig Jahre leisten die Bauern keine Abgaben." Ebd., S. 76.

20 Katharina II. zit. n. Leontovič: Geschichte des Liberalismus in Russland (Anm. 18), S. 22.

21 Katharina II. zit. n. ebd., S. 23.

Katharina II. rezipierte sowohl erfolgreiche als auch fehlgeschlagene Projekte und konnte dadurch Lehren für das Russische Reich ziehen. Sie konnte möglichen Fehlern vorbeugen, sich auf Probleme vorbereiten oder erfolgreiche Modelle übernehmen. Somit wurde eine Methodik für ihr eigenes Kolonisationsmodell generiert. Neben der russischen Kaiserin beschäftigte sich die europäische Staatenwelt im Allgemeinen intensiv mit Peuplierung, wodurch in der Zeit nach dem Siebenjährigen Krieg (1756–1763) ein starker Wettbewerb um Kolonisten entstand.[22]

Die Realisierung der Peuplierung in Brandenburg-Preußen erwies sich für viele frühmoderne Staaten als ein erfolgreiches Vorbild. Der Beginn lässt sich mit der Aufnahme der französischen Glaubensflüchtlinge, der Hugenotten, die auch von anderen Staaten aufgenommen wurden, skizzieren. Das Edikt von Potsdam vom 29. Oktober 1685[23] war ein Angebot des „Großen Kurfürsten" Friedrich Wilhelm (1620–1688) an die Hugenotten, ihnen Privilegien und Sicherheit zu gewähren. Die befristete Befreiung von Steuern und Abgaben wurde – auch für andere frühmoderne Staaten – zu einer gängigen Privilegierung. Die Hugenotten wurden für 15 Jahre von allen direkten Abgaben entbunden. Bauern wurden finanzielle und materielle Mittel zur Erschließung des Grunds und Bodens in Aussicht gestellt. Die freie Religionsausübung wurde gestattet, und Kirchen wurden für sie errichtet.[24] Im selben Jahr des Edikts wurde ein exklusiver Minister des Geheimen Rates für die Angelegenheiten der Kolonisten etabliert. Im Jahr 1702 wurden die Hugenotten de jure staatsbürgerlich gleichgestellt und somit staatlich eingegliedert, wodurch ihnen die Möglichkeit gegeben wurde, bei Ämtern und am Hof tätig zu werden.[25]

König Friedrich II. „der Große" (1712–1786) baute bei seinen Siedlungsprojekten auf zwei Elemente: die Institutionalisierung und Kontrolle durch ihn persönlich sowie durch seine Vertrauenspersonen. Für die Siedlungsprojekte investierte er, wenn nötig, viel Geld, war aber gleichzeitig darauf bedacht, die Ausgaben durch die betreffenden Beamten rechtfertigen zu lassen. Die Politik und die Finanzwirtschaft sollten gemeinsam agieren. Zudem fokussierte er die Harmonie zwischen Ökono-

---

22 Roger P. Bartlett, Bruce Mitchell: The German Lands and Eastern Europe. In: Roger P. Bartlett, Karen Schönwälder (Hg.): The German Lands and Eastern Europe. Essays on the History of their Social, Cultural and Political Relations. New York 1999 (Studies in Russia and East Europe), S. 91–114.

23 Das Edikt von Potsdam wurde abgedruckt in: Dieter Mempel (Hg.): Gewissensfreiheit und Wirtschaftspolitik. Hugenotten- und Waldenserprivilegien 1681–1699. Trier 1986 (Wissenschaftlich-didaktische Arbeitshefte zur Geschichte des Mittelalters und der Neuzeit 3), S. 39–46. – Weiterführende Literatur zum Thema Hugenotten: Susanne Lachenicht: Hugenotten in Europa und Nordamerika. Migration und Integration in der Frühen Neuzeit. Frankfurt a. M. u. a. 2010.

24 Susanne Lachenicht: Migration, Migrationspolitik und Integration. Hugenotten in Brandenburg-Preußen, Irland und Großbritannien. In: Manuela Böhm, Jens Häseler, Robert Violet (Hg.): Hugenotten zwischen Migration und Integration. Neue Forschungen zum Refuge in Berlin und Brandenburg. Berlin 2005, S. 37–58, hier S. 42f.

25 Barbara Dölemeyer: Rechtliche Aspekte konfessioneller Migration im frühneuzeitlichen Europa am Beispiel der Hugenottenaufnahme. In: Joachim Bahlcke (Hg.): Glaubensflüchtlinge. Ursachen, Formen und Auswirkungen frühneuzeitlicher Konfessionsmigration in Europa. Münster, Berlin 2008 (Religions- und Kulturgeschichte in Ostmittel- und Südosteuropa 4), S. 1–25, hier S. 8–11.

mie und Politik, aber nicht wie früher zu fiskalischen Zwecken, sondern um den Ertrag des Landes steigern zu können. Somit war die Erschließung und Kultivierung der brachliegenden und kaum besiedelten Landstriche seine Hauptintention. Diese Resultate waren in den vorherigen Jahrhunderten wohlgefällige Nebeneffekte, ohne dass sie zielgerichtet geplant waren. Unter Friedrich II. wurden Brüche entwässert und brachliegende Gebiete wiederbelebt sowie Manufaktursiedlungen errichtet.[26]

Friedrich II. richtete kurz nach seinem Regierungsantritt das 5. Departement für wirtschaftliche und die Kolonisten betreffende Angelegenheiten sowie Kriegs- und Domänenkammern für die untere Verwaltung ein. Sie waren die institutionellen Träger der Kolonisation und arbeiteten Pläne sowie die praktische Umsetzung aus, die auf den Vorgaben und Richtlinien des Königs fußten. Vor der Ansiedlung wurden Vermessungen und Inspizierungen des zu kultivierenden Landes vollzogen. Danach waren sie für die Betreuung der Kolonien sowie die Überwachung der Bauvorhaben verantwortlich. Dadurch konnte effektiv gearbeitet und gegebenenfalls reagiert werden. Gleichzeitig kontrollierte Friedrich II., wenn nötig persönlich, die Aktivitäten und begutachtete die Ansiedlungsmethodik der Behörden und deren Finanzausgaben. Somit entstanden die Siedlungen unter den Augen des Herrschers.[27]

Zur Durchführung der Kolonisation gründete Katharina II. am 22. Juli 1763 die Vormundschaftskanzlei für Ausländer (*Kanceljarija opekunstva inostrannych*), auch „Tutelkanzlei" genannt, in St. Petersburg.[28] Als Präsident wurde eine ihr äußerst eng verbundene Vertrauensperson, Grigorij Grigor'evič Orlov (1734–1783), ernannt. Die Institution erhielt breite Machtbefugnisse und wurde in den Rang eines eigenständigen Ministeriums erhoben. Sie kümmerte sich um alle Belange, die die Anwerbung, Transportierung, Ansiedlung und Eingliederung der Kolonisten betrafen. Die Gesandten, aber auch die Agenten korrespondierten mit Orlov, wenn Probleme auftraten wie Konflikte zwischen Einheimischen und Kolonisten oder wenn die anwerbenden Kommissare ihre Aufgaben vernachlässigten. Gleichzeitig musste er Rechnungen und Quittungen begutachten und neue Gelder bereitstellen. Orlov verließ sich hierbei allerdings auf die Meinungen und Eindrücke seiner Beamten, da er nicht selbst vor Ort die Leitung und Inspektion übernahm. Die Kaiserin agierte zurückhaltend, im Unterschied zu Friedrich II. kontrollierte sie nicht dauernd

---

26 Gotthard Arndt: Grundsätze der Siedlungspolitik und Siedlungsmethode Friedrichs des Großen. Phil. Diss. Leipzig 1933, S. 47–49; Walter Kuhn: Die preußische Kolonisation unter Friedrich dem Großen. In: Deutsche Ostsiedlung in Mittelalter und Neuzeit. Hg. v. d. Kommission zum Studium der Deutschen Geschichte und Kultur im Osten an der Rheinischen Friedrich-Wilhelms-Universität. Köln u. a. 1971 (Studien zum Deutschtum im Osten 8), S. 182–196; Zygmunt Szultka: Die friderizianische Kolonisation Preußisch-Pommerns 1740–1786. In: Zeitschrift für Ostmitteleuropa-Forschung 55 (2006), S. 159–193.

27 Ebd.

28 Instrukcija Kanceljarii opekunstva inostrannych. Ob objazannostjach eja pri vychode v Rossiju i poselenii inostrancev [Instruktion zur Vormundschaftskanzlei für Ausländer. Betreffs den Weg nach Russland und die Ansiedlung der Ausländer]. In: PSZ 16, Nr. 11881. – Im Ukaz wurden die Aufgabenfelder der Tutelkanzlei abgesteckt und auch auf das erste Manifest vom 4. Dezember 1762 und die damit begonnene Kolonisation Bezug genommen.

persönlich die Entwicklung. Als zahlreiche Kolonisten in der Wolgaregion bei Saratow ankamen, wurde 1766 eine Außenstelle der Kanzlei, das Vormundschaftskontor (*Opekunstvennaja kontora*), auch „Deutsches Kontor" genannt, in Saratow eingerichtet.

Wie in Preußen wurden auch unter Katharina II. genaue Pläne zur Bebauung und Besiedlung erstellt. Dafür wurde Anfang des Jahres 1764 ein 24-köpfiger Stab, der sich aus Ingenieuren und Offizieren zusammensetzte, unter der Führung von Ivan Reis in das zu besiedelnde Gebiet gesandt. Dieser war ein erfahrener Militäringenieur und wurde in den Rang eines Kollegienassessors erhoben. Für seine Aufgaben erhielt er ein Jahresgehalt von 600 Rubel. Es wurde ein exakter Lagebericht erstellt, der zusammen mit eigenen Besiedlungsvorschlägen bei der Tutelkanzlei eingereicht wurde. Zudem wurden Lagepläne des zur Besiedlung bereitstehenden Landes und der Kolonien selbst, die den geografischen Bedingungen entsprechend verschiedene Formen und Größen aufwiesen, angefertigt. Des Weiteren wurden Kalkulationen über den Umfang der Kolonien, deren Aufnahmemöglichkeiten, das zur Besiedlung vorhandene Land sowie die dafür nötigen finanziellen Mittel ausgearbeitet. Die Auswanderer sollten dann selbstständig auswählen, in welchen Kolonien sie sich niederlassen wollten, hatten dabei aber die Pläne zu berücksichtigen. Diese Tätigkeit für zivile Bauvorhaben war für das Russische Reich ein Novum und nachfolgenden Siedlungsprojekten galt sie als Vorbild.[29]

Für die Anwerbung der Kolonisten waren vielversprechende Privilegien notwendig, die unabdingbar mit dem Erfolg des Siedlungsprojekts zusammenhingen. Friedrich II. ließ nach dem Siebenjährigen Krieg sein bereits 1747 veröffentlichtes Ansiedlungspatent als „Renoviertes Edikt" am 8. April 1764 erneut veröffentlichen. Es sprach „bemittelte" sowie „Professionalisten, Manufacturiers und Handarbeiter" an.[30] Geboten wurden eine bis zu 15-jährige Abgabenfreiheit und eingeschränkte Zuschüsse zum Häuserbau in Form von Baumaterialien und Geld. Die Patente wurden nach Ansiedlungsregionen unterschiedlich ausgestellt, sodass für das Gebiet der Neumark, auf dem die Spinnereien gegründet wurden, auch Nichtvermögende angeworben werden sollten. Für die Netze- und Warthebrüche wurde hingegen von den Kolonisten erwartet, ein gewisses Kapital mitzubringen. Entsprechend der Höhe desselben wurden zwischen zehn und vierzig Morgen Land als Eigentum vergeben. Die Abgabenfreiheit richtete sich wiederum nach der Selbstbeteiligung, sodass sie bei Selbstrodung und eigenem Hausbau bis sechs Jahre betrug und bei gänzlicher Nichtbeteiligung die Kolonisten sogar einen jährlichen Zins pro Morgen zu entrichten hatten.[31]

---

29 Sergej O. Terëchin: Poselenija nemcev v Rossii. Architekturnyj fenomen [Die deutschen Siedlungen in Russland. Ein architektonisches Phänomen]. Saratov 1999, S. 104–106; Ders.: Tradicija v architekture nemeckich kolonij Povolž'ja [Architekturtraditionen der deutschen Kolonien in der Wolgaregion]. In: Evgenija A. Servud (Hg.): Rossijskie nemcy na Donu, Kavkaze i Volge. Materialy Rossijsko-Germanskoj naučnoj konferencii. Anapa 22–26 sentjabrja 1994 g. Moskva 1995, S. 245–251, hier S. 245f.

30 Wolf: Preußische Anwerbung (Anm. 7), S. 63.

31 Ebd., S. 63f.

Katharina II. veröffentliche zwei Manifeste. Das erste Manifest war nicht darauf ausgelegt, eine größere Immigration ins Russische Reich auszulösen, wenngleich es in der Sekundärliteratur weiterhin eine gegenteilige Meinung gibt.[32] Stattdessen wurde die Absicht des russischen Staates zur Kolonisation bekundet, mit dem Ziel, ein Bewusstsein für die Einwanderungsmöglichkeit zu schaffen. Daran anschließend sollten mit einem weiteren Traktat den Kolonisten konkrete Informationen und Privilegien geliefert werden.[33] Somit war erstmals seit Peter I. von Russland (1672–1725) Ausländern die uneingeschränkte Einwanderung gestattet.

Das zweite Manifest[34] zeichnete sich durch besonders umfassende Privilegierung und ein breites Profil der potentiellen Einwanderer aus, wodurch sich die russische Kaiserin gegenüber den anderen Staaten abzugrenzen vermochte. Den Kolonisten wurden eine bis zu 30-jährige Abgabenfreiheit, Befreiung vom Militärdienst, Religionsfreiheit und der Bau von Kirchen gewährt. Eine eigene innere Verfassung und Jurisdiktion der Kolonie war vorgesehen, was als Privileg in dieser Art und Weise nicht einmal den Hugenotten in Brandenburg-Preußen zugestanden worden war. Die Privilegierung umfasste auch Zusagen zur Schaffung von Grundvoraussetzungen für den Aufbau der Siedlung in Form von zinslosen Krediten über zehn Jahre. Zudem sollte jeder Auswanderer Reisegeld erhalten und ein halbes Jahr kostenfrei ein Quartier zur Verfügung gestellt bekommen.[35]

Bei der Privilegienvergabe wurde wie unter Friedrich II. entsprechend einem rationalen Schema eine Differenzierung nach den Ansiedlungsgebieten vorgenommen. Diejenigen Personen, die sich in Städten niederlassen, sich in Zünften oder unter die Kaufmannschaft einschreiben würden, sollten fünf abgabenfreie Jahre genießen, und denjenigen, welche in den kaum bevölkerten Gegenden siedeln würden, sollten 30 Freijahre gewährt werden.[36]

Neben den Hohenzollern waren die Habsburger und deren Siedlungspolitik im Königreich Ungarn eine Orientierung für das Zarenreich. Die Ansiedlungen unter Kaiser Leopold I. (1640–1705) und Karl VI. (1685–1740) waren im Vergleich zu den bislang skizzierten differenziert intendiert und praktiziert worden. Es wurde

---

32 Vgl. Schippan, Striegnitz: Wolgadeutsche (Anm. 5), S. 25.

33 Zitat aus der Veröffentlichung des ersten Manifests in den *Leipziger Zeitungen*: „Wo und an welchen Orten aber Unsers weiten Reichs sich diese Angekommende niederlassen sollen, und was etwa noch weiter zu Veranstaltung dieses Umstandes gehöret, darüber haben Wir Unserm Senat das nöthige zu beschliessen und zu publiciren befohlen." Leipziger Zeitungen, 21. Februar 1763, I. Stück, IX. Woche, S. 116. – In Anhang 1 befindet sich diese von der Forschung bislang unberücksichtigte Publikation.

34 Originalquelle: LHASA, DE, Z 90, I C Nr. 164, Bl. 5r–6v. – Deutsche Drucke u. a. Schippan, Striegnitz: Wolgadeutsche (Anm. 5), S. 216–220; John Philipps: The Germans under the Tsars, Lenin, and Stalin. Hg. v. Stephen M. Herzog. Fargo, ND 2006, Anhang. – Russischer Druck: Manifest. O dozvolenii vsem inostrancam, v Rossiju v''ezžajuščim, poseljat'sja v komorych Gubernijach oni poželajut i o darovnnych im' pravach [Manifest. Über die Erlaubnis aller Ausländer, nach Russland einzureisen, sich im Gouvernement ihrer Wahl anzusiedeln, und über die Privilegien und Rechte], 22. Juli 1763. In: PSZ 16, Nr. 11880.

35 6. Abschnitt des 2. Manifests. In: LHASA, DE, Z 90, I C Nr. 164, Bl. 5v.

36 Ebd.

nach dem Schema *ubi populus, ibi obolus* verfahren. Die (schnelle) Vermehrung der Steuereinnahmen durch die Bevölkerungszunahme war zum Kredo erklärt worden. Die Förderung der Ökonomie war peripher beabsichtigt, wodurch keine langfristige Besiedlung und keine Aufwertung des Landes erzielt wurden. Die Steuerzunahme war auch für Maria Theresia (1717–1780) die treibende Kraft, sodass erst in der Spätphase ihrer Ansiedlungsprojekte ein Wandel zutage trat, der auf die wirtschaftliche Kultivierung und Kolonisation abzielte.[37]

Die Peuplierung in der Habsburgermonarchie war mit Blick auf die Durchführung und erfolgreiche Aufwertung des Landes für Katharina II. eher ein Negativbeispiel. Zum ersten widersetzten sich lokale Beamte den Weisungen der Regierung. Zum zweiten wurde kaum auf die Qualität der Siedler und ihre der Profession entsprechende Verteilung auf die Kolonien geachtet. Zum dritten wurden durch Sparmaßnahmen unzureichende Konditionen im Siedlungsgebiet Ungarn geschaffen, weshalb endlich erst in der Periode, nachdem Katharina II. ihre Kolonisation begonnen hatte, unter Maria Theresia eine Wende weg von der reinen Vermehrung der Bevölkerung hin zur Aufwertung des Landes eingeleitet werden konnte.

Nicht nur die rivalisierenden Großmächte Preußen und Österreich betrieben Peuplierung, sondern auch weitere europäische Staaten wie Dänemark in Jütland[38] oder Frankreich in seinen Kolonien.[39] Durch die Rezeption der verschiedenen Projekte konnte die russische Kaiserin aus diesen folgende Lehren für ihr eigenes Vorhaben ziehen: Siedlungsprojekte bringen positive Erträge und sind lohnenswert; ihre Durchführung bedarf sorgsamer Vorbereitung und Planung; ein Privilegienkatalog muss gewährt werden, und dieser muss mit denen anderer Staaten konkurrieren können; Kolonisation in Russland bewirkt Modernisierung im Inneren und Europäisierung nach außen.

---

37 Maria Theresia veränderte (langsam) ihre Ansiedlungsstrategie nach dem Siebenjährigen Krieg hin zum preußischen Vorbild. Zum einen wurden nun gut ausgebildete und eigenständige Siedler mit einem großen Privilegienkatalog, wobei Religionsfreiheit de jure erst unter Joseph II. (1741–1790) gewährt wurde, angeworben. Zum anderen sollten optimale Rahmenbedingungen für die Kolonisten geschaffen werden. Die Reise- und Verpflegungskosten wurden bezahlt, und bei der Ankunft sollten Häuser, Geräte und Felder unentgeltlich zur Verfügung stehen. Bei Bedarf sollten zusätzliche Materialien und Hilfskräfte bereitgestellt werden. Das Saatgut und die Erstverpflegung mussten auf Kredit beschafft werden. Vgl. Feldtänzer: Donauschwäbische Geschichte, Bd. 1 (Anm. 15), S. 277–318; Ernst Schimscha: Technik und Methoden der theresianischen Besiedlung des Banats. Baden bei Wien 1939 (Veröffentlichungen des Wiener Hofkammerarchivs 4), S. 181–190.

38 Alexander Eichhorn, Jacob Eichhorn, Mary Eichhorn: Die Einwanderung deutscher Kolonisten nach Dänemark und deren weitere Auswanderung nach Russland in den Jahren 1759–1766. Bonn u. a. 2012, S. 153.

39 Gerald Vogt: „Catharinenlehen" und „Cajenne". Migration aus dem Hochstift Bamberg unter Adam Friedrich von Seinsheim. In: Mark Häberlein (Hg.): Bamberg in der Frühen Neuzeit. Neue Beiträge zur Geschichte von Stadt und Hochstift. Bamberg 2008 (Bamberger historische Studien 1; Veröffentlichungen des Stadtarchivs Bamberg 11), S. 199–221. – Des Weiteren ein Exkurs bei Robert Selig: Räutige Schafe und geizige Hirten. Studien zur Auswanderung aus dem Hochstift Würzburg im 18. Jahrhundert und ihre Ursachen. Würzburg 1988 (Mainfränkische Studien 43), S. 194–206.

Der Blick nach Westeuropa und die Rezeption der dortigen Entwicklung gründen sich auf dem petrinischen Dogma der Europäisierung, sodass das Russische Reich selbst als Vorbild für die katharinäische Kolonisation fungierte. Hierbei ist neben der Anwerbung von Fachkräften auch die Binnenkolonisation zu nennen. Katharina II. setzte letztlich eine eigene, kombinierte Strategie zur Realisierung ihrer Intentionen um.

3. Siedlungspolitische Traditionen im Russischen Reich

Spezialisten aus anderen europäischen Ländern wurden erstmals von Großfürst Iwan III. (1440–1505) und Zar Iwan IV. „dem Schrecklichen" (Grozny, 1530–1584) systematisch angeworben. Es war vor allem Letzterer, welcher Hunderte von Deutschen in Moskau ansiedelte, wo die „*nemeckaja sloboda*" (deutsche Vorstadt) entstand. Unter ihnen waren Architekten, Handwerker, Händler, Wissenschaftler, Beamte und verschiedene andere Spezialisten. Diese Anwerbetendenzen setzten sich in unterschiedlicher Stärke, aber kontinuierlich, unter seinen Deszenten fort.[40]

Kaiser Peter I. „der Große" (1672–1725) leitete eine neue Ära ein, indem er systematisch das Russische Reich zu europäisieren versuchte und seine Vorhaben stets in Kongruenz mit denjenigen in Europa setzte. So wurden Hugenotten aufgenommen, was auf die Initiative von Kurfürst Friedrich III. von Brandenburg (1657–1713) zurückzuführen ist und zu einem 1689 formulierten, kurz gehaltenen Schutzbrief führte. Dabei lassen sich vor allem die ökonomische Zielsetzung und das Ziel der Fachkräfteanwerbung anhand der brandenburgisch-russischen Verhandlungen erkennen.[41]

Drei Jahre darauf wurden Werbemaßnahmen begonnen, die im ersten Anwerbungs- und Toleranzedikt des Russischen Reiches vom 16. April 1702[42] gipfelten. Das Manifest versprach unter anderem Religionsfreiheit, wobei die Juden ausgeschlossen wurden, und die Resonanz war groß. Es wurden unter anderem Handwerker und Fachkräfte beim Aufbau der neuen Hauptstadt St. Petersburg gebraucht. Sie waren jedoch nicht für die Landerschließung oder Trockenlegung vorgesehen, sondern sollten qualitativ anspruchsvolle Arbeiten leisten, für die Ingenieure, Bildhauer, Zimmerleute und Schiffskonstrukteure oder Ärzte und Lehrer usw. benötigt wurden. Somit wurde es bereits in den Anfängen St. Petersburgs nötig, evangelische Kirchen zu errichten.[43]

Resümierend ist festzustellen, dass Ausländer seit Iwan III. und intensiv unter Peter I. in Gestalt von ausgewählten Fachkräften für qualifizierte Tätigkeiten in den

40 Philipps: The Germans under the Tsars (Anm. 34), S. 2–8.

41 Dölemeyer: Rechtliche Aspekte (Anm. 25), S. 19f.

42 Manifest. O vyzove inostrancev' v Rossiju, c obeščaiem im svobody veroispovedanija [Manifest. Über die Einladung von Ausländern nach Russland mit dem Versprechen der Religionsfreiheit], 16. April 1702. In: PSZ 4, Nr. 1910.

43 Fleischhauer: Die Deutschen im Zarenreich (Anm. 5), S. 43–60; Philipps: The Germans under the Tsars (Anm. 34), S. 2–8.

Städten angeworben wurden. Katharina II. agierte auch in dieser Tradition der Modernisierung als Innenwirkung und der Europäisierung als Außenwirkung. Ebenso wie ihr großes Vorbild Peter I. Hugenotten angeworben und Deutsche angesiedelt hatte, verfolgte sie das Ziel, Ausländer anzuwerben, aber in quantitativ bedeutenderer Zahl anzusiedeln. Ebenso wie er hatte sie die europäischen Projekte rezipiert.

Daneben wurde im Russischen Reich Binnenkolonisation durchgeführt. Hierfür wurden die Kronsbauern umgesiedelt und Kosakendörfer angelegt. In der Wolgaregion war besonders die Anwesenheit der Nomadenvölker problematisch, da sie militärische Aufgebote stets aufrieben und für die russische Seite undurchsichtige Machtstrukturen hatten. Unter der Regentschaft der Kaiserin Anna von Russland (1693–1740) sollte 1732 durch eine Binnenkolonisation an der unteren Wolga zwischen Kamyšin und Zarizyn (Caricyn) die Grenze befestigt werden. Sie siedelte 1.057 Familien an, die sich aus Russen, Ukrainern und Kosaken zusammensetzten. Eine zentrale Rolle nahmen die Kosaken ein, die als eine Art Grenzsoldaten fungieren sollten, allerdings blieb das Projekt erfolglos.[44]

Auch in der Region am Uralfluss, nicht weit entfernt von dem späteren Siedlungsgebiet der Wolgadeutschen, wurde mehrfach versucht, mit Festungsstädten und Binnenkolonisation von Kronsbauern und Flüchtlingen aus unterschiedlichen Gebieten des Zarenreiches Stabilisierung und wirtschaftliche Stärkung zu bewirken. Den Siedlern wurden allerdings keine Privilegien gewährt oder Häuser zur Verfügung gestellt. Die Möglichkeit, sich längerfristig zu etablieren, die den späteren Wolgasiedlern gegeben wurde, wurde im Sinne der ‚Impopulation' nicht zugestanden. Im Jahr 1732 wurde die Festung Orenburg (später in Orsk umbenannt) als zentrale Administrative, mit dem Ziel einen Handelsposten gen Osten und ein Wirtschaftszentrum zu etablieren, gegründet. Sieben Jahre nach der Gründung wurden ortsfremde Russen, Ukrainer und Kosaken angesiedelt, die allerdings 1744 zum größten Teil in ihre alten Siedlungsgebiete zurückkehrten. Mit einer weiteren Stadtgründung, mit demselben Namen (Orenburg), im Jahr 1742, ca. 250 km westlich, wurde erneut versucht, gegen die Nomadenvölker, in diesem Fall die Baschkiren, die 1735–1740 revoltiert hatten, vorzugehen. Auch dieses Siedlungsprojekt scheiterte letztlich. Zurück blieben nur punktuelle Kosakensiedlungen, ohne dass das Hinterland mit Bauern gefüllt und die Region stabilisiert werden konnte.[45]

Die russische Kaiserin konnte hieraus die Lehre ziehen, dass die Gründung von Festungsstädten ohne die langfristige Ansiedlung einer großen Anzahl von Bauern keine Grenzsicherung ermöglichte. Gleichzeitig mussten gute Konditionen in Form von Privilegien und Baumaterialien oder Finanzmitteln[46] geschaffen werden. Die späteren Wolgasiedlungen waren zudem nicht weit entfernt von russischen Siedlun-

44 The Center for Volga German Studies at Concordia University: Why did the Germans move to Russia? In: <http://cvgs.cu-portland.edu/history/why_to_russia.cfm> (07.03.2016).

45 Bartlett: Human Capital (Anm. 4), S. 5–13.

46 Katharina II. gewährte den Siedlern auf zehn Jahre befristete zinslose Kredite für Materialien und Werkzeuge zum Hausbau, zur Ausübung des Ackerbaus und des Handwerks sowie zur Anschaffung von Vieh (6. Abschnitt, 4. Unterpunkt des 2. Manifests. In: LHASA, DE, Z 90, I C Nr. 164, Bl. 5v).

gen etabliert worden, wodurch ein Binnenhandel ermöglicht wurde. Somit waren die Grundvoraussetzungen insgesamt solider.

4. Die Wolgaregion bei Saratow in regionalhistorischer Perspektive

Die vorgesehenen Kolonisationsgebiete können mit einem Blick in das zweite Manifest gut umrissen werden. Dort steht im ersten Punkt, dass sich die Ausländer in „allen Gouvernements, wo es einem jeden gefällig ist",[47] niederlassen könnten. Diese Wahlmöglichkeit wurde allerdings limitiert und reguliert, was zeitgenössisch gesehen die Regel war, denn schließlich verfolgten die Staaten ein bestimmtes Ziel mit den angeworbenen Menschen. Im „beifolgenden Register[48] [ist] zu ersehen, wo und

47 1. Abschnitt des 2. Manifests. In: LHASA, DE, Z 90, I C Nr. 164, Bl. 5r.

48 Das „Register derer noch unbesetzten und zur Besiedlung bequemen Ländereyen in Rußland" des zweiten Manifests wurde unter folgender Signatur gefunden: LHASA, DE, Z 90, I C Nr. 164, Bl. 6v. Dieses Register wurde in der Forschung kaum thematisiert, obwohl bereits Gerhard Bonwetsch darauf hingewiesen hat: Gerhard Bonwetsch: Geschichte der deutschen Kolonien an der Wolga. Stuttgart 1919, S. 15f. Aus dem Register geht hervor, dass Kolonien in fünf Regionen in vier verschiedenen Gouvernements, namentlich zweimal im „Tobolskischen" östlich des Uralgebirges, im „Astrachanschen" an der unteren Wolga (u. a. bei Saratow), im „Orenburgischen" nordöstlich des eben genannten Gebietes und im „Belgorodschen" Gouvernement an der Westgrenze nahe des Flusses Severskij Donec und der Belgorod-Linija, angelegt werden sollten. Bei den Ausführungen fällt auf, dass die Gewichtung auf das Wolgagebiet bei Saratow gelegt ist, da hier die meisten Regionen zur Ansiedlung mit einer sehr ausführlichen Beschreibung der Ausdehnung und Beschaffenheit des vorhandenen Landes aufgeführt werden. – In der absatzstarken *Staats- und Gelehrten Zeitung Des Hamburgischen unparteyischen Correspondenten* wurde das vollständige Manifest mitsamt dem Register am 13. September 1763 veröffentlicht. Das bestätigen die *Leipziger Zeitungen* vom 21. Sept. 1763, III. Stück, XXXIX. Woche: „[S]o ist nun mehro ein weit umständlichers, nebst einem Register derer noch unbesetzten und zur Bevölkerung bequemen Ländereyen in Rußland d. d. 05. Aug. 1763 bekannt gemacht worden. [...] Man lieset dieses [...] Manifest seinem vollständigen Inhalte nach in dem Hamburgischen Correspondenten No. 145." Mit Bezug auf den *Hamburgischen unparteyischen Correspondenten* wurde das zweite Manifest in dem zeitgenössischen Reisebericht des ehemaligen Kolonisten Christian Gottlob Züge abgedruckt: Der russische Colonist oder Christian Gottlob Züge's Leben in Rußland. Nebst einer Schilderung der Sitten und Gebräuche der Russen, vornehmlich in den asiatischen Provinzen. Erläutert v. Gert Robel. Bremen 1988 [Nachdruck der Ausgabe Zeitz, Naumburg 1802] (Sammlung denkwürdiger Reisen 1), S. 284–287. Allerdings hatte Züge – versehentlich oder mit Absicht – das Register fortgelassen. Die Narrative des Abenteurers Züge wurden in der Sekundärliteratur lange als authentisch angesehen und demzufolge auch die Manifestveröffentlichung ohne Register. Die Proklamation der Sekundärliteratur, dass den Kolonisten ihre Siedlungsgebiete unbekannt gewesen seien, ist aber mit Betrachtung des Registers nicht haltbar. Es kann sogar von einer bewussten Irreführung gesprochen werden, denn z. B. war Gerhard Bonwetsch, wie oben erwähnt, das Register bekannt. Die Siedler hatten sich für die Wolgaregion entschieden, weil nur für Kolonisten in unbebauten Regionen alle Konditionen des Patents gewährt wurden. Anhand des Registers waren ganz eindeutige Siedlungsplätze für Letzteres ausgeschrieben und somit die Auswahlmöglichkeiten unverschleiert offenbart. – Das Register wurde bereits auf Russisch publiziert: Manifest (Anm. 34), S. 316; und auch auf Deutsch wurde es auf der Basis eines im Landesarchiv Schleswig-Holstein gefundenen Druckes veröffentlicht: Eichhorn: Die Einwanderung deutscher Kolonisten (Anm. 38), S. 153. – Das Register ist auch im Anhang 2 abgedruckt.

an welchen Gegenden Unseres Reiches nahmentlich freye und zur häuslichen Niederlassung bequeme Ländereyen vorhanden sind".[49] Die späteren Siedlungsgebiete an der Wolga wurden im Register des Manifests bereits 1763 umfassend aufgeführt. Vor der ersten Koloniegründung in der Wolgaregion bei Saratow war eine sehr wichtige und für die Kolonisation entscheidende Instruktion am 19. März 1764[50] erlassen worden. Dort wurden die Siedlungsplätze als nur auf der westlichen Wolgaseite befindlich definiert, da sie sicher vor Nomadenüberfällen seien und sich bereits andere Siedlungen in der Nähe befinden würden.

Vor der Besiedlung der Region wurde durch eine Expedition von Ivan Reis das Land begutachtet und vermessen. Es wurden Stellen ausgewählt, an denen die Kolonien gegründet werden sollten.[51] Bis 1765 war geplant, dass nur auf der rechten, westlichen Uferseite, der „Bergseite", Siedlungen gegründet werden, aber aufgrund der hohen Migrantenzahlen, besonders durch den Einsatz zusätzlicher „Entrepreneure"[52] hervorgerufen, wurden auch auf der weniger vorteilhaften linken, östlichen Wolgaseite, der „Wiesenseite", das Gebiet erschlossen und Kolonien verzeichnet. Diese Seite war weniger geeignet, da das weite Steppenland nicht durch die Wolga vor den umherziehenden Nomadenstämmen geschützt war.

Das spätere Siedlungsgebiet ist durch gute wirtschaftliche Konditionen gekennzeichnet. Es wird von vielen kleineren Flüssen durchzogen, wodurch die Wasserversorgung zum Teil gewährleistet wurde. Die klimatischen Verhältnisse sind durchaus sehr variabel, wodurch es zum Teil Hügel-, Waldsteppen-, Steppen- und Halbwüstenzonen gibt. Aber gleichzeitig sind Böden in der Waldsteppe, die sehr humusreich und in der Steppe reich an Mineralien und somit fruchtbar sind, vorhanden. In der heutigen Oblast wird teilweise weiterhin intensive Landwirtschaft betrieben.[53] Die

49 1. Abschnitt des 2. Manifests. In: LHASA, DE, Z 90, I C Nr. 164, Bl. 5r–5v.

50 Vysočajše utverždennyj doklad' Senata. O razmeževanii zemel', naznačennych dlja poselenija vyezžajuščich inostrancev [Rapport an den Senat. Über die Vermessung der für die eintreffenden Ausländer vorgesehenen Ländereien], 19. März 1764. In: PSZ 16, Nr. 12095. – Ingeborg Fleischhauer bezeichnet diesen Rapport als „drittes Manifest". Fleischhauer: Die Deutschen im Zarenreich (Anm. 5), S. 99. Das ist jedoch nicht mit dem Inhalt vereinbar. Die Manifeste oder Anwerbepatente waren inhaltlich divergent und zielten auf die Veröffentlichung unter den Kolonisten und deren Mobilisierung ab.

51 Terëchin: Poselenija nemcev v Rossii (Anm. 29), S. 104–106; Ders.: Tradicija v architekture (Anm. 29), hier S. 245f.

52 Ab 1765 wurde mit nicht staatlich gesteuerten, aber durch den Staat vertraglich gebundenen privaten Entrepreneuren zusammengearbeitet. Jean de Boffe, Baron Ferdinand de Canneau de Beauregard, Le Roy und Pictet waren die Leiter der Werbungen und später Direktoren der Kolonien. Die Bezeichnung „Entrepreneur" wurde beispielsweise im Kontrakt vom 19. Mai 1765 zwischen der russischen Krone (in Gestalt von Orlov) und de Beauregard verwendet (Kontrakt kanceljarii opekunsta inostrannych s baronoi Kano de Boregardom [Kontrakt zwischen der Vormundschaftskanzlei für Ausländer und dem Baron Canneau de Beauregard]. In: Grigorij G. Pisarevskij: Iz istorii innostrannoj kolonizacii v Rossii v XVIII v. Po neizdannym archivnym dokumentam [Aus der Geschichte der ausländischen Kolonien in Russland im 18. Jh. Aus unerforschten Archivdokumenten]. Moskva 1909, Anhang Nr. 1).

53 Projekt „Sicherheitsdiagramme". Fallstudienregion III. Volgograd und Saratov in Russland. In: <http://secdiag.cesr.de/frame01.html> (07.03.2016).

Kolonien waren so geplant, dass einerseits ein ebener Baugrund vorhanden und andererseits genügend Wasser in der Nähe waren, weshalb sie traubenförmig in den Tälern, an den Nebenflussarmen der Wolga sowie in der Nähe des Wolgastroms selbst ausgewiesen wurden. Die Bodenqualität war ebenda hoch, und die klimatischen Hemmungen des Kontinentalklimas wurden gemindert.[54]

Die Besiedlung vor der Wolgakolonisation fand besonders in der Nähe der wenigen (Zentral-)Städte, Saratow und Kamyšin, und deren Hinterland statt. Die Bevölkerungsdichte war bis dato sehr gering und die Bevölkerung häufig bäuerlich geprägt. Laut des Zensus von 1762 bis 1764 lebten drei Viertel der Bauern Russlands nicht auf Kronland, sie waren mithin leibeigen und schollengebunden. Dadurch hatten sie nicht die Möglichkeit, sich frei zu bewegen und in einer anderen Grundherrschaft ihre Dienste zu verrichten, wodurch ihnen auch eine Umsiedlung in ein anderes Territorium verwehrt blieb. Die übrige Bauernschaft war für den Landesausbau, die Stärkung von Handel und Gewerbe, die Besiedlung des Hinterlandes und der Grenzregion in zu geringem Maße vorhanden.[55] Gleichzeitig waren in dieser Gegend bedeutende adlige Güter und Grundbesitzer situiert, darunter die einflussreiche Familie Orlov.[56] Sie wie auch die Krone suchten mit den Kolonisten einen Puf fer zu den eigenen Bauern und somit einen Schutz für den adligen Besitz zu bilden.

Daneben waren in dieser Region turksprachige Nomaden- und Halbnomadenvölker wie die Kirgisen, Wolgatataren, Kalmyken und Baschkiren beheimatet. Sie durchzogen die weite und offene Grassteppe, die eine ungesicherte Gefahrenquelle für das Reich darstellte, weshalb stetig Versuche zur Sesshaftmachung unternommen wurden.[57] Des Weiteren wurde ein typisches Grenzsicherungs- und -verwaltungssystem aufgebaut, die „*linija*". Eine wichtige Rolle nahmen dabei die Kosaken ein, die in Grenzregionen in verschiedenen Regimentern angesiedelt wurden und dort Militärdienst leisteten. Ihrer Aufgabe, das Inland vor Überfällen und militärischen Aktionen zu schützen, wurden sie teilweise in unzureichendem Ausmaß gerecht, da sie immer wieder autark agierten.[58] Zur Verteidigung, für die Administration und für militärische Präsenz wurden zentrale Festungsstädte erbaut, die in einer Kettenformation, meistens an strategisch wichtigen Punkten, aneinandergereiht waren. Ebenso war im Kaukasusvorland, südlich von Zarizyn, eine *linija* gegen die Kauka-

---

54 Joseph Schnurr: Siedlung, Hof und Haus der Rußlanddeutschen. Eine geographisch-volkskundliche Betrachtung. In: Heimatbuch der Deutschen aus Rußland 1965, S. 1–65, hier S. 3–5; Terёchin: Poselenija nemcev v Rossii (Anm. 29), S. 106–108.

55 Detlef Brandes: Einwanderung und Entwicklung der Kolonien. In: Gerd Stricker (Hg.): Deutsche Geschichte im Osten Europas. Rußland. Berlin 1997, S. 35–110, hier S. 50f.

56 Vladimir A. Osipov: Saratovskij kraj v XVIII veke [Der Saratower Kreis im 18. Jahrhundert]. Saratov 1985.

57 Bartlett: Human Capital (Anm. 4), S. 11. – Beispielsweise wurden konvertierte Kalmyken in verschiedenen Regionen des Zarenreiches, so auch an der Wolga, angesiedelt. Im Jahr 1738 wurde die neue Festung Stavropol' im Kaukasusvorland erbaut, in deren Nähe sich die Ansiedlung von Kalmyken als Erfolg gestaltete.

58 Hans Auerbach: Neurußland. Die kolonisatorische Erschließung der südukrainischen Steppen unter Potemkin. Diss. Leipzig 1942.

susvölker und die Krimtataren errichtet worden, da die Südgrenze und die Schwarzmeerküste erst nach dem Russisch-Türkischen Krieg der Jahre 1768–1774 gesichert war.[59]

Hauptprobleme der Region waren zum einen die zu geringe Besiedlung mit loyalen Untertanen, die auch eine Folge der ständigen militärischen Bereitschaft war, und zum anderen die wirtschaftlich kaum genutzten und brachliegenden Flächen auf Gebieten, die durchaus ertragreich sein konnten. Somit wurde eine Peuplierung mit Kolonisation durch ausländische qualifizierte Siedler notwendig, um das Hinterland zu füllen und Grundvoraussetzungen in Binnenhandel und Landwirtschaft langfristig zu etablieren.

5. Kolonisation als zentraler Bestandteil der Staatsidee Katharinas II.

„Kolonisation", welche als Ziel die Aufwertung des Landes und die Förderung der Ökonomie verfolgte, beschreibt eine der wichtigsten Intentionen der Kaiserin Katharina II. Zugleich sollte damit die weitere Expansion des Russischen Reiches gesichert werden.

Katharina II. wurde am 9. Juli 1762 zur Kaiserin des Russischen Reiches ausgerufen und am 22. September gekrönt. Am 14. Oktober 1762,[60] also bereits wenige Wochen später, stellte sie erstmals in einem Ukaz an den Senat fest, dass Immigranten im Russischen Reich aufgenommen werden müssen. Diese Verlautbarung wurde inhaltlich zum ersten Manifest vom 4. Dezember 1762[61] weitergeführt. Das zweite Manifest wurde am 22. Juli 1763 veröffentlicht. Auch hier wird wieder die Bedeutung des Sied-

---

59 Erik Amburger: Geschichte der Behördenorganisation Rußlands von Peter dem Großen bis 1917. Leiden 1966 (Studien zur Geschichte Osteuropas 10), S. 338–347; Bartlett: Human Capital (Anm. 4), S. 5–25.

60 Basilius A. Bilbassoff hat im Archiv des russischen Senats das Dokument vom 14. Oktober 1762 gefunden. Alfred Eisfeld bestätigt die Instruktion an den Senat, indem er eine betreffende Akte im Russischen Staatlichen Archiv für alte Akten (Rossijskij gosudarstvennyj archiv drevnich aktov) in Moskau als Quelle angibt. Basilius A. Bilbassoff: Geschichte Katharina II. Bd. 2/1. Vom Regierungsantritt Katharinas 1762–1764. Berlin 1893, Beilagen, S. 126, 129; Eisfeld: Zur Siedlungsgeschichte der Deutschen (Anm. 6), S. 5.

61 Manifest. O pozvolenii inostrancam, krome Žibov, vychodit' i selit'sja v Rossii i o svobodnom vozvraščenii v svoe otečestvo Russkich ljudej, bežavšich za granicu [Manifest. Über die Einladung von Ausländern, außer Juden, aufzubrechen und sich in Russland anzusiedeln und über die freie Rückkehr von Russen ins eigene Land, die geflohen waren], 4. Dezember 1762. In: PSZ 16, Nr. 11720. – Zu diesem Datum wurde das eigentliche erste Manifest unterschrieben und veröffentlicht. Das Manifest ist allerdings nicht mit dem Ukaz, dem Befehl an den Senat, vom 14. Oktober 1762 gleichzusetzten. Anderer Meinung war beispielsweise Al'bert A. Obgol'c, vgl. Ders.: Die Kolonie Mariental an der Wolga. Übers. aus dem Russ. v. Johannes Herzog. Nürnberg 2011, S. 11. Das kann jedoch nicht stimmen. Lediglich das Patent vom Dezember wurde in die PSZ aufgenommen. Das Oktober-Dokument zeigte den Entwicklungsprozess zum fertigen ersten und endlich präzisierten zweiten Anwerbepatent auf. Das erste Manifest ist in den *Leipziger Zeitungen* vom 21. Februar 1763 publiziert worden. Beim Vergleich mit dem Ukaz vom 14. Oktober 1762 fallen eindeutige Unterschiede in der Formulierung auf. Die Zeitung ist in der Leipziger Universitätsbibliothek verfügbar. In Anhang 1 ist der gesamte Wortlaut zu lesen.

lungsprojekts klar, da mit hohem Ressourceneinsatz gearbeitet werden musste, damit diese umfassenden Patente schnell ausgearbeitet werden konnten. Die Kolonisation sollte von Beginn an einen wichtigen Baustein der Machtpolitik der Zarin darstellen.

Katharina II. verfolgte ein weiterreichendes Ziel, welches bereits unter dem russischen Vorbild der letzten Jahrzehnte, Peter I., angestrebt worden war: die Expansion nach Süden gegen das Osmanische Reich, um Zugang zum Schwarzen Meer und zu lukrativen Handelsrouten zu erlangen. Peter I. eroberte 1696 die wichtige Festung Asow und errichtete einen Hafen am Schwarzen Meer in Taganrog. Der Friede vom Pruth (1711) egalisierte die Position des Alleinherrschers. Die Kaiserin Elisabeth von Russland (1709–1762) erkor wieder die Eroberung Konstantinopels zum Kriegsziel. Katharina II. agierte in dieser Tradition und verfolgte mit ihrem militärischen und diplomatischen Vorgehen das „griechische Projekt", die Eroberung Konstantinopels und den uneingeschränkten Zugang zum Schwarzen Meer.[62]

Die Kolonisation spielte dabei die Rolle der Stabilisierung des Hinterlandes der Grenzregionen in Südrussland und der Erhöhung der Repräsentation der Staatsautorität gegen das vorherrschende Machtvakuum. Das Kolonisationsgebiet befand sich nicht direkt an der *linija*, weshalb keine bedeutenden militärischen Auseinandersetzungen zu erwarten waren und auch keine Bewaffnung erfolgte.

Katharina II. führte ab 1768 mehrfach Krieg gegen das Osmanische Reich sowie die Krimtataren und konnte das Gebiet der heutigen Ukraine, das als „Neurussland" bezeichnet wurde, erobern. Nach dieser Expansion wurden die Wolgakolonien kaum mehr von Katharina II. beachtet. Die staatliche Eingliederung wurde eingeleitet, indem die Kolonisten beginnen sollten, die Kredite für Häuserbau und Erstausstattung zurückzuzahlen, und die regionale Separatverwaltung der Wolgasiedler, das „Deutsche Kontor", im Jahr 1782 aufgehoben wurde. Im Gegensatz dazu wurde es in Neurussland notwendig, das militärisch stark beanspruchte Land mit loyalen Untertanen zu füllen, die Region zu stabilisieren und wirtschaftliche Grundstrukturen aufzubauen. Eine neue Kolonisation wurde durch Grigorij Aleksandrovič Potëmkin (1739–1791), eine weitere äußerst wichtige Vertrauensperson der russischen Kaiserin, durchgeführt.[63]

Im Wolgagebiet mussten Siedlungen aufgebaut werden, die sich mittel- und langfristig stabil entwickeln sollten. Im Anwerbepatent war das Profil der Einwanderer verlautbart: „zum Kornbau" und für andere „Handarbeit" oder zur Errichtung von „Manufacturen, Fabriken und Anlagen".[64] Sie sollten somit zum einen zum Aufbau

---

62 Edgar Hösch: Das sogenannte „griechische Projekt" Katharinas II. Ideologie und Wirklichkeit der russischen Orientpolitik in der zweiten Hälfte des 18. Jahrhunderts. In: Jahrbücher für Geschichte Osteuropas, Neue Folge 12 (1964), S. 168–206.

63 Auerbach: Neurußland (Anm. 58).

64 6. Abschnitt, 3. Unterpunkt des 2. Manifests, LHASA, DE, Z 90, I C Nr. 164, Bl. 5v. – Auch bei der Anwerbung der Kolonisten wurde darauf geachtet, dass „Allzubetagte, oder sonst zum Ackerbau und zur Handarbeit untaugliche Leute [...] nicht aufgenommen, sondern gleich abgewiesen" wurden. Instruktion für die Russisch-Kaiserlichen Commissarium in Ulm (Carl Friedrich Meixner) und Frankfurt am Main (Iohann Facius). In: Pisarevskij: Iz istorii innostrannoj kolonizacii (Anm. 52), Anhang Nr. 4, S. 11–14.

von grundsätzlichen Strukturen eingesetzt werden, wofür keine Spezialisten wie Ingenieure oder Steinmetze wie unter Peter I. benötigt wurden. Zum anderen waren ausländische Siedler erforderlich, da die rechtlichen Strukturen im Zarenreich eine Umsiedlung einer großen Anzahl an Bauern nur um den Preis einer Auseinandersetzung mit den Adligen, den Großgrundbesitzern, möglich war und Kronsbauern in zu geringem Ausmaß vorhanden waren.[65]

Mit Blick auf die schwierigen Machtverhältnisse und die Grenznähe war die Loyalität der Siedler von zentraler Bedeutung. Im Manifest wird verlautbart, dass die Einwanderer sofort nach der Ankunft und der Wahl des Bestimmungsortes den Treueeid religionsspezifisch leisten mussten.[66] Die Durchführung wurde von den Behörden streng kontrolliert.[67] Außerdem wurde die Missionierung der dem „Mahometanischen Glauben zugethane[n] Nationen" zur christlichen Religion begrüßt. Hierbei wird das Motiv der Kaiserin ersichtlich, dass diese Völker „unterthänig"[68] werden sollten, und zwar unter Mithilfe der Kolonisten sowie ab 1765 der sogenannten Brüdergemeinde in Sarepta. Diese Politik war im Hinblick auf die Auseinandersetzung mit dem muslimischen Osmanischen Reich und seinem Vasallen, den Krimtataren, aber auch gegen Völker wie die Baschkiren, Kirgisen oder Kalmyken, die in unmittelbarer Nähe zu den späteren Siedlungsgebieten ansässig waren, gerichtet.

Entsprechend ihrer Profession sollten sich die Einwanderer an verschiedenen Orten des Reiches niederlassen können.[69] Das Register des zweiten Manifests gibt hierbei allerdings ganz genau Aufschluss darüber, dass die bevorzugten Siedlungsgebiete im Süden des Reiches lagen, besonders in der Wolgaregion bei Saratow. Die Wolgaregion wurde bewusst und rational gewählt. Die Kolonisten hätten zweifelsohne

65 Die Kolonisation Katharinas II. wurde häufig hinsichtlich der angeworbenen Siedler kritisiert. Bereits Johannes von Keußler schrieb, dass das Manifest zwar „Handwerker und Gewerbetreibende aller Art" heranziehen sollte, aber die Siedler „zum großen Theil [...] überhaupt keine Ackerbauern" waren. Johannes von Keußler: Das Grundbesitzrecht in den Deutschen Kolonien Südrußlands. In: Russische Revue 23 (1883), S. 385–436, hier S. 385f., 388. Für diese Mutmaßung gibt er jedoch keine Quelle an. – Eine beliebte narrative Quelle war der Abenteurer und Lebemann Christian Gottlob Züge, der seinen Reisebericht zu vermarkten gedachte. Er berichtete, dass die Auswanderer „zum größten Teil Handwerker, verunglückte Künstler, Kaufleute und Gelehrte und einige Taugenichtsen" seien. Züge: Der russische Colonist (Anm. 48), S. 100. Seine Narrative wurden auch in der aktuellen Fachliteratur unkritisch übernommen, z. B.: Brandes: Einwanderung und Entwicklung der Kolonien (Anm. 55), S. 57f. – Heinz-Dietrich Löwe gibt an, dass unter den ersten Kolonisten 61,5 % Bauern, 35,5 % Handwerker und bemerkenswerterweise nur 3 % andere Berufsgruppen waren, sodass die eigentliche Intention durchaus als verwirklicht gelten kann. Heinz-Dietrich Löwe: Deutsche Migration nach Ost- und Südosteuropa im 18. Jahrhundert. In: Mathias Beer, Dittmar Dahlmann (Hg.): Migration nach Ost- und Südosteuropa vom 18. bis zum Beginn des 19. Jahrhunderts. Ursachen – Formen – Verlauf – Ergebnis. Stuttgart 1999 (Schriftenreihe des Instituts für Donauschwäbische Geschichte und Landeskunde 4), S. 427–444, hier S. 440. – Im Vergleich mit den Schwarzmeerdeutschen waren dies zwar 15 % weniger Bauern, aber das war den divergenten dortigen Verhältnissen geschuldet. Myeshkov: Die Schwarzmeerdeutschen (Anm. 7), S. 133.

66 5. Abschnitt des 2. Manifests, LHASA, DE, Z 90, I C Nr. 164, Bl. 5r.

67 Eisfeld: Zur Siedlungsgeschichte der Deutschen (Anm. 6), S. 16f.

68 6. Abschnitt des 2. Manifests, 1. Unterpunkt, LHASA, DE, Z 90, I C Nr. 164, Bl. 5r.

69 6. Abschnitt des 2. Manifests, 3. Unterpunkt, LHASA, DE, Z 90, I C Nr. 164, Bl. 5r.

auch in St. Petersburg bei der Trockenlegung der Sümpfe oder in anderen Regionen beim Erzabbau mithelfen können, wodurch sie sich schneller vermehrt hätten und kräftige Steuerzahler hätten werden können.[70] Aber nicht die fiskalischen Erfolge standen im Fokus, sondern die Stabilisierung und Kultivierung unweit der Grenze. Es wurden sogar nicht staatlich unterstellte Kolonien[71] gegründet, um so mit einer höheren Anzahl die Intentionen der Kaiserin verwirklichen zu können. Ab 1772 wurden die privaten zu Kronkolonien, wodurch sich keine parastaatlichen Strukturen entwickeln konnten.

6. Der Migrant inmitten zwischenstaatlicher Interessensambivalenzen

Katharina II. verfolgte aus verschiedenen Intentionen das Interesse, Migranten anzuwerben. Mit ihr konkurrierten allerdings mehrere andere europäische Staaten. Das waren neben den traditionellen Anwerbeländern, Brandenburg-Preußen und der Habsburgermonarchie,[72] auch Frankreich oder Dänemark. Aber nicht nur ausländische Konkurrenten, sondern auch die Heimatstaaten der Migranten selbst hatten Interesse, ihre Untertanen nicht ziehen zu lassen und sogar weitere anzuwerben.[73] Maßnahmen gegen die Migration wären jedoch sicherlich nicht unternommen worden, wenn, wie es sich in Teilen der aktuellen Forschungsliteratur, beispielsweise bei Eisfeld, immer noch hartnäckig hält, die Auswandernden nur „Faulpelze und Arbeitsunwillige“[74] gewesen wären.

Der Kolonist war das begehrte Objekt der Migrationsregime. Ohne dass er sich selbst von den Verhältnissen im Einwanderungsland überzeugen konnte, wurde versucht, ihn anzuwerben und von einer Auswanderung zu überzeugen. Das Anwerbungsverfahren des Russischen Reiches erfolgte auf zwei Ebenen. Zuerst wurden

70 Michael Schippan: Der Beginn der deutschen Rußlandauswanderung im 18. Jahrhundert. In: Beer, Dahlmann (Hg.): Migration nach Ost- und Südosteuropa (Anm. 65), S. 47–70, hier S. 53.

71 In der Wolgaregion wurden zwei Drittel der Kolonien nicht von Staatsseite gegründet. Sergej O. Terëchin: Deutsche Architektur an der Wolga. Berlin, Bonn 1993, S. 12f.

72 Es kam häufig zu direkter Konkurrenz zwischen der Habsburgermonarchie und dem Russischen Reich. Süddeutschland war seit dem 17. Jahrhundert Werbegebiet der Habsburger. Dennoch versuchten die russischen Werber die Kolonisten zu überzeugen oder ließen „Ungarn“ in deren Pässen als Auswanderungsgebiet niederschreiben, um die Migration zu legitimieren. Karl Beck: Regensburg, Sammelstelle der Auswanderer nach Südosteuropa und Rußland im 18. und frühen 19. Jahrhundert. Ereignisse, Fremde und Durchwanderer in Regensburg. Regensburg 1996; Selig: Räutige Schafe (Anm. 39), S. 21–23, 28f.; Sascha Weber: Migration als Herrschaftsproblem. Die Maßnahmen der kurmainzischen Landesregierung gegen die Emigration von Untertanen 1763–1774. In: Innsbrucker historische Studien 28 (2012), S. 309–322, hier S. 318.

73 Beispielsweise verfolgte der Fürstbischof von Würzburg und Bamberg, Adam Friedrich von Seinsheim (1708–1779), die Strategie der Peuplierung. Selig: Räutige Schafe (Anm. 39), S. 36–39. – Weiterführend für das Heilige Römische Reich ist zu nennen: Inge Auerbach: Die Auswanderung an die Wolga als Problem der Verfassung des Heiligen Römischen Reiches. 250 Jahre Auswanderung aus Hessen (1765–1767). In: Jahrbücher für Geschichte Osteuropas 63, Heft 2 (2015), S. 177–206.

74 Eisfeld: Etappen eines langen Weges (Anm. 6), S. 13.

Periodika und Flugblätter zur Verbreitung der Manifeste verwendet, die natürlich einen gewissen Alphabetisierungsgrad der Bevölkerung voraussetzten. Russische Gesandte in verschiedenen Städten waren die Initiatoren und Leiter dieser frühen Werbung und für die Verbreitung der Drucke verantwortlich. Ein zweites Standbein des Anwerbeverfahrens war der persönliche Kontakt. Es wurden mehrere Werbebüros, die Koordinationsstellen, über das Heilige Römische Reich verteilt aufgebaut, die durch Kommissare geleitet wurden. In dieser Manier operierten auch die Hohenzollern.[75] Die Habsburgermonarchie setzte ebenfalls auf die persönliche Anwerbung durch Agenten, die allerdings nur in einigen wenigen süddeutschen Fürstentümern, die ihnen das Anwerben von Untertanen gestattet hatten, agierten.

Auch Katharina II. war gezwungen, Kooperationen mit den Anwerbungsländern einzugehen, um einerseits die Anwerbung überhaupt und andererseits die Reise zum Bestimmungsort durchführen zu können. Die Resonanz der Obrigkeiten fiel unterschiedlich aus. Ihnen waren die Ambitionen der Kaiserin meist nur marginal bekannt, oder sie interessierten sich erst dafür, als die Anwerbungsmaschinerie bereits auf Hochtouren lief und die als Menschenmaterial aufgefassten Untertanen schon in beträchtlicher Zahl angeworben oder entschwunden waren.

Katharina II. baute in diesem Kontext auf ihren Bruder Friedrich August (1734–1793), Fürst von Anhalt-Zerbst. Im Jahr 1765 wurden zwei Sammelplätze für die Kolonisten in Anhalt eingerichtet. Zuvor hatte der Fürst sich nicht um die wichtige Veröffentlichung der Anwerbepatente gekümmert. Das erste Manifest war den Behörden gar nicht bekannt gemacht worden, und das sich anschließende vom 22. Juli 1763 sollte sie erst am 17. Mai 1765, als bereits ein Sammelplatz zu Roßlau beschlossen worden war, erreichen.[76]

Der Fürst von Anhalt-Zerbst stimmte 1765, gezwungenermaßen, der Errichtung und somit der Kooperation mit seiner Schwester zu. Zum einen stellten ihn Ivan Matve'evič Simolin, russischer Gesandter in Regensburg, und Karl Heinrich von Pfau, Anhaltiner Abgesandter für den Reichstag zu Regensburg, vor vollendete Tatsachen, denn es seien „300 Seelen schon hier[77] vorhanden welche nach Coßwik[78] transportiert werden sollen".[79] Zum anderen würde er seine Schwester, die russische Kaiserin, nicht brüskieren wollen, sodass gewiss war, dass er einverstanden sein würde.

Seine eigentliche Intention ist an einer Verordnung, die am 8. Oktober desselben Jahres erschien, ersichtlich. Der Fürst war um den Abzug seiner Untertanen besorgt, sodass die Behörden darauf achten sollten, dass „keine Leute aus Unserem Lande er-

75 Wolf: Preußische Anwerbung (Anm. 7).

76 LHASA, DE, Z 90, I C Nr. 164, Bl. 1. – Zerbst, den 17. Mai 1765 (Befehl des Fürsten Friedrich August).

77 Ein anderer Sammelplatz entstand in Regensburg, wo Ivan Matve'evič Simolin und Karl Heinrich von Pfau die Einrichtung eines weiteren Sammelplatzes in Anhalt beschlossen hatten.

78 Coswig an der Elbe war von den Gesandten als Sammelplatz präferiert worden, weswegen sie dorthin bereits Kolonisten sandten, ohne vorher mit dem Landesherrn detaillierte Korrespondenz zu führen. Deshalb musste dort ebenfalls vorübergehend ein Sammelplatz errichtet werden.

79 LHASA, DE, Z 90, I C Nr. 164, Bl. 4v. – Regensburg, den 2. Mai 1765 (Karl Heinrich von Pfau).

eget zu gehen, verleitet werden [sollen], und dahin angewandt sejn, daß zu dieser Vermeidung bequehme Maasregeln genommen werden".[80] Ein Beamter namens von Meussbach hat diese Anweisung befolgt, indem er die Kolonistenzüge darauf überprüfte, ob Personen „ohne besondere Erlaubniß" aus Anhalt auszuwandern versuchten. Das blieb jedoch im Oktober 1765 erfolglos.[81] Auch im darauffolgenden Jahr hielt der Fürst an seiner Strategie fest und proklamierte, Amtsmann Hannemann zu Coswig hätte getreu dem „beyliegende[n] befehl genau acht zu haben, daß keine Unterthanen aus hiesigen Fürstl. Lande mit wegzugehen verleitet werden."[82]

Dem Fürsten von Anhalt-Zerbst missfiel augenscheinlich das Vorgehen seiner Schwester. Ihm war es allerdings nicht möglich, selbst aktiv dagegen vorzugehen. Hinweise auf umfassende Gegenmaßnahmen lassen sich nicht finden. Auch ein Auswanderungsverbot wurde nicht erlassen. Dieses wäre womöglich zu offensiv gewesen und hätte der russischen Kaiserin missfallen können.

Die Nebenlinie Anhalt-Dessau, welche dieselbe Außenrepräsentation wie Anhalt-Zerbst hatte, führte hingegen härtere Maßnahmen durch. Zum einen wurden seit 1766 Listen über die auswandernden Untertanen erstellt. Zum anderen wurden Arretierungen vorgenommen. Im März 1766 versuchten Zacharias Otto, der Schulmeister von Sollnitz, und Christoph Frantz, der Schulmeister aus Qualendorf, über Coswig auszuwandern. Bei ihrer Flucht wurden beide gefasst, „in arrest" genommen und angeklagt. Sie sollten dort bleiben, bis sie ihre Schulden getilgt hätten.[83] Aber auch danach wurde ihnen die Auswanderung nicht gestattet. Die anhaltinischen Behörden wollten damit verhindern, dass das qualifizierte Personal das Land verlässt. Deshalb wurden auch Personen, die allein unter Verdacht standen auszuwandern, durch Wachen beaufsichtigt.[84]

Eine öffentliche Verkündigung eines Auswanderungsverbotes war allerdings auch hier nicht in den Akten zu finden. Die einzigen belegbaren Veröffentlichungen waren in den *Fürstlich Anhalt-Dessauer wöchentlichen öffentlichen Nachrichten* vom 7. Juni 1766 bis 26. Juli 1766 verzeichnet.[85] Es wurde mit dem Verkauf des Hab und Guts der Auswandernden gedroht. Die „verlassenen Immobilia" wären „von den Gerichten sofortgewöhnlicher und rechtlicher maßen zu subhastieren" und „dem Meistbiethenden nach erfolgreicher gnädigster Genehmigung zu adjudiciren".[86] Die

80 LHASA, DE, Z 90, I C Nr. 164, Bl. 14r. – Zerbst, den 8. Oktober 1765 (Befehl des Fürsten Friedrich August). LHASA, DE, Z 90, I R Nr. 241a, Bl. 24. – Eingangsschreiben vom 12. Oktober 1765 desselben Inhalts.

81 LHASA, DE, Z 90, I R Nr. 241a, Bl. 25–26. – Schreiben des von Meussbach, in dem er erklärt und auflistet, dass er zwischen 17. und 22. Oktober 1765 die Kolonistenzüge überprüft hat.

82 LHASA, DE, Z 90, I C Nr. 164, Bl. 19r. – Zerbst, den 4. März 1766 (Befehl des Fürsten Friedrich August).

83 LHASA, DE, Z 44, C 1c Nr. 5, Bd. 1, Bl. 2. – Zwei Berichte vom 18. März 1766.

84 LHASA, DE, Z 44, C 1c Nr. 5, Bd. 3, Bl. 25r. – Bericht vom 25. März 1766. – Hier wurde ein Herr Wandel verdächtigt, auszuwandern, weshalb „sogleich Wachen ausgestellet" wurden.

85 LHASA, DE, Z 44, C 1c Nr. 5, Bd. 2, Bl. 12–19. – Fürstlich Anhalt-Dessauer wöchentliche öffentlichen Nachrichten vom 7. Juni 1766 bis 26. Juli 1766.

86 LHASA, DE, Z 44, C 1c Nr. 5, Bd. 2, Bl. 31. – Oranienbaum, 7. September 1766.

Veröffentlichungen im Juni und Juli beinhalteten Anzeigen von zurückgelassenen Immobilien und Grundstücken, die zum Verkauf stehen würden. Außerdem wurden in den Akten Auktionen und die gebotenen Preise für die Häuser und Grundstücke verzeichnet.[87] Damit sollte Geld für die Schuldentilgung und für den Staat generiert werden. Wichtiger war jedoch, dass durch die rechtliche Übertragung der Besitzungen den Auswanderern angezeigt wurde, dass eine Rückkehr in ihre Heimat unmöglich würde.

Der Fürst von Anhalt-Zerbst versuchte die Auswanderung heimlich unter Kontrolle zu bringen, aber Untertanen wanderten dennoch aus. Darüber sind allerdings keine offiziellen anhaltinischen Listen geführt worden.[88] Er konnte nicht wie Anhalt-Dessau gegen die Auswanderung vorgehen, wo freilich ebenfalls Auswanderungen verzeichnet wurden.[89] Über eine Kooperation der beiden Fürstentümer lässt sich in den Quellen nichts finden. Dennoch werden auch die Inhalte der *Fürstlich Anhalt-Dessauer wöchentlichen öffentlichen Nachrichten* und damit auch die Androhung der negativen Folgen einer Auswanderung die Untertanen von Anhalt-Zerbst erreicht haben.

Die Auswanderungen wurden dadurch begünstigt, dass viele Kolonistenzüge Anhalt durchstreiften und in Roßlau und Coswig längere Zeit einquartiert waren, wodurch sie die Untertanen direkt oder indirekt bewogen, sich ihnen anzuschließen. Die ausgedehntere Anwesenheit war hierbei entscheidend. Für die Stadt Roßlau wird die Dauer mit „ein[em] gantze[n] Monath" angegeben.[90] Michael Schippan benannte die Kolonistenzüge im Allgemeinen als Mobilisatoren,[91] damit wäre jedoch nicht erklärt, weshalb aus Weimar, Hannover oder Hildesheim, durch die ebenfalls Kolonistenzüge geleitet wurden,[92] nur sehr wenige Auswandernde bekannt sind.[93]

7. Resümee

Das Russische Reich konnte innerhalb der Jahre 1764–1768 ca. 28.000 Siedler anwerben, obwohl es eine große Konkurrenz um Immigranten gab. Die Kolonisation der Wolgadeutschen wurde von Beginn an durch die verschiedenen Interessen frühmoderner Staaten dirigiert. Katharina II. versuchte über sichere Verhältnisse in Gestalt familiärer Strukturen, die Anwerbung und die Sammlung von Auswanderern ohne große Hindernisse aufzubauen. Ihr Bruder Friedrich August Fürst von An-

87 LHASA, DE, Z 44, C 1c Nr. 5, Bd. 2, Bl. 20–26.

88 Einzig die Listen, die von den russischen Behörden über die Einwanderer zwischen 1764 und 1767 geführt wurden, zeigen auf, dass auch Auswanderer aus Anhalt-Zerbst stammten: Vgl. Pleve: Einwanderung in das Wolgagebiet. Bd. 1–4 (Anm. 11). – In den Listen wurden insgesamt ca. 20.000 Siedler der Wolgakolonien erfasst.

89 LHASA, DE, Z 44, C 1c Nr. 5, Bd. 1–3. – Vgl. Pleve: Einwanderung in das Wolgagebiet. Bd. 1–4 (Anm. 11).

90 LHASA, DE, Z 90, I C Nr. 164, Bl. 22v. – Roßlau, den 18. März 1766.

91 Schippan: Beginn der deutschen Rußlandauswanderung (Anm. 70), S. 57.

92 Kronberg: Lübeck als Sammelplatz (Anm. 4), S. 59.

93 Vgl. Pleve: Einwanderung in das Wolgagebiet. Bd. 1–4 (Anm. 11).

halt-Zerbst war allerdings bestrebt, seine eigenen Interessen gegen die seiner Schwester durchzusetzen und gegen die Konkurrentin auszuspielen. Der Kolonist sah sich somit divergenten Interessen der Anwerbung und Arretierung gegenübergestellt, wobei seine eigenen peripher waren. Diese Gründe der Auswanderung wurden bislang nicht für die Frühe Neuzeit empirisch erforscht und müssen individuell erörtert werden. Zum Beispiel kann der Siebenjährige Krieg als Auswanderungsgrund fungieren, allerdings weist Kursachsen, eines der am stärksten betroffenen Kriegsgebiete, nur eine sehr geringe Anzahl an Auswanderern auf. Der letztendliche Erfolg des Siedlungsprojekts war dem rational durchdachten Plan der russischen Kaiserin geschuldet, die in der Tradition Peters I. andere europäische und russische Konzepte rezipierte. Dadurch weckte sie bei den Auswanderern Begehrlichkeit für das Russische Reich.

Das Projekt der Zarin und somit die Migrationsgeschichte der sogenannten Wolgadeutschen kann im Rahmen der frühneuzeitlichen Peuplierungspolitik am besten als „Kolonisation" begriffen werden. Zum einen sollte das Land wirtschaftlich erschlossen und intensiv genutzt werden. Zum anderen fokussierte sie die Beseitigung des Machtvakuums und somit die Sicherung der Grenze, um eine weitere Expansion voranzutreiben. Die nötigen qualifizierten Kolonisten mussten mit reichen Privilegien aus dem Ausland angeworben werden, da Binnenkolonisation aufgrund der Bindung des Großteils der Bauern an die gutsherrschaftliche Scholle nur eine begrenzte Alternative darstellte. Zudem war eine sorgfältige Vorbereitung, wie der Aufbau einer neuen Kanzlei, die Entsendung von Spezialisten zur erstmaligen Landvermessung und finanzielle Investitionen, unabdingbar. Der schnelle fiskalische Erfolg und die reine Bevölkerungserhöhung in Form von z. B. Grenzkriegern stellten im Unterschied zur „Impopulation" nicht die primären Ziele dar. Das katharinäische Kolonisationsprojekt erwies sich letztlich als ein Mittel zur Verwirklichung des Ausbaus frühmoderner Staatlichkeit, welches in dieser Konsequenz nur von wenigen anderen europäischen Staaten zeitgleich durchgesetzt wurde.

Anhang

1. Das erste Manifest Katharinas II., veröffentlicht am 21. Februar 1763 in den *Leipziger Zeitungen* (I. Stück, IX. Woche, S. 116):

> Wir Catharina die Zweyte, von Gottes Gnaden Kaiserin und Selbstherrscherin von allen Reussen rc. rc.
>
> Nachdem Wir Unsern Kaiserl(ichen) Thron von allen Reussen bestiegen, haben Wir es Uns zur vornehmsten Regel gemacht, nicht allein Unsere landesmütterliche Sorgfalt und Bemühung auf die Wiederherstellung des Friedens und Wohlfarth dieses so grossen und weiten Uns von Gott anvertrauten Reiches, sondern auch die Vermehrung der Einwohner desselben zu wenden. Da Uns nun viele Fremde, als auch Unsere eigene Unterthanen, welche Unser Rußisches Reich verlassen, allerunterthänigst gebeten, ihnen zu erlauben, sich in Unserm Reiche seßhaft niederzulassen; als erklären Wir hierdurch allergnädigst, daß Wir nicht nur Ausländer von allerley Nationen, die Juden ausgenommen, nach Un-

serer bekannten Kaiserl(ichen) Huld und Gnade, so sich in Unserm Rußischen Reiche wohnhaft zu machen gedenken, in Rußland auf- und annehmen wollen; sondern Wir versichern auch feyerlichst alle und iede, die sich in dieser Absicht künftig nach Rußland begeben werden, Unserer Kaiserlichen Huld und Gnade; Unsern Unterthanen aber, die aus Unserm Reiche entwichen sind, zurück zu kehren; mit der Versicherung, daß, ob sie gleich nach den Gesetzen strafbar sind, Wir ihnen dennoch alle Verbrechen voriger Zeiten vergeben, in der Hofnung nehmlich, daß, nachdem sie sich wieder in Rußland ansäßig gemacht, sie diese Unsere ihnen hierunter erwiesene Landesmütterliche Gnade dankbar erkennen, und sich bestreben werden, zu ihrer eigenen und der gemeinen Wohlfarth, ein geruhiges und glückliches Leben zu führen. Wo und an welchen Orten aber Unsers weiten Reichs sich diese Angekommende niederlassen sollen, und was etwa noch weiter zu Veranstaltung dieses Umstandes gehöret, darüber haben Wir Unserm Senat das nöthige zu beschliessen und zu publiciren befohlen. Gegeben den 4ten Dec(ember) 1762.

Das Original ist mit Allerhöchst Ihro Kaiserl(ichen) Majestät Hand unterzeichnet:

(L.S.)

Catharina.

2. „Register derer noch unbesetzten und zur Besiedlung bequemen Ländereyen in Rußland" (22. Juli 1764), LHASA, DE, Z 90, I C Nr. 164, Bl. 6v.

1) Im Tobolskischen Gouvernement unweit Tobolsk auf der Barabinischen Heide, wo einige hundert tausend Dässätinen[94] (*) fruchtbaren mit Waldungen, Flüssen und Fischereyen reichlich versehenden Landes vorhanden.

2) In den gedachtem Gouvernement die zur Ust-Kümenogorschen Vestung gehörigen Gegenden an den Ströhmen Uba, Ulba, Bersowka, Gluboka und an anderen sowohl in die jetzt benannten als auch in den Irtisch-Strohm sich ergiessenden Flüssen, welches alles zur Bevölkerung fürtreflich nutzbare Gegenden sind.

3) Im Astrachanschen Gouvernement von Saratow an, aufwärts dem Wolga-Strohm, nachfolgende Gegenden:

Im Rasdorschen Gebiet, wo sich der Fluss Karaman in zwey Scheidungen theilet am Flusse Teläusika, finden sich nebst sattsamen Ackerlande an Heuschlägen 5478 und an Waldungen, die alle mit gutem Bau- und Brennholze versehen sind, 4467 Dessätinen Landes.

Bey dem Gebiete Saumorskoy Rwoyk an Heuschlägen 810 und an Holzungen 1131 Dässätinen Landes.

An dem kleinen Flusse Tischan 469 Dessätinen Heuschläge, und 496 Dessätinen Waldung.

Am Flüßgen Wertubany 2979 Dessätinen Heuschläge, und 3607 Dessätinen Wald, mit brauchbaren Bauholze.

Am Flüßgen Irgis 5418 Dessätinen an Heuschlägen, und 2575 Dessätinen Waldung.

Am Flüßgen Sansalea 1789 Dessätinen Heuschläge, und 1711 Dessätinen Wald.

---

94 Desjatina war das gängige russische Flächenmaß. 1 Desjatina ≈ 1,09 Hektar.

Am Flüßgen Beresowka 1325 Dessätinen Heuschläge, und 1606 Dessätinen Wald.

Am Flüßgen Klein-Irgis 731 Dessätinen Heuschläge [...][95] Dessätinen Holzung.

Und von Saratow den Wolga-Strohm niederwärts, unter dem Flüßgen Muchar-Tarlyk, sind nebst zureichlichem Ackerlande noch 6366 Dessätinen Landes zu Heuschlägen, und in die 943 Dessätinen Landes Wald mit brauchbarem Bau- und Brennholze: wie nicht weniger neben dem kleinen Flusse Besimänna 962 Dessätinen Heuschläge, und 609 Dessätinen Waldung.

Am Flüßgen Klein-Tarlik 3509 Dessätinen Heuschlag und 840 Dessätinen Holzung.

Am Flüßgen Groß-Tarlik 4122 Dessätinen Heuschlag und 2118 Dessätinen Wald.

Zwischen den beyden Flüßgen Groß-Tarlick und Kamyschew Bujarak 3433 Dessätinen Heuschlag und 1828 Dessätinen Wald.

Am Flüßgen Kamyschew Bujarak 1751 Dessätinen Heuschlag und 2254 Dessätinen Wald.

Am Flüßgen Jeruslan 1744 Dessätinen Wiesenland und 523 Dessätinen Wald.

An der Mündung des Flüßgen Nieder-Jeruslan 1770 Dessätinen Heuschlag und 1104 Dessätinen Wald.

Am Flüßgen Jablonnoy-Bujarak 4003 Dessätinen Landes an Heuschlägen und Holzungen.

Ueberhaupt aber erstrecken sich sothane zur Bevölkerung bequeme und vortheilhafte Gegenden in mehr als 70000 Dessätinen Landes.

4) Im Orenburgischen Gouvernement am Sakmara-Strohme vierzig Werste von Orenburg, und den Sakmara-Strohm abwärts 300 Werste von Orenburg bis an den Fluß Kanela, ingleichen unterhalb der Stadt Samara am Wolga-Strohme bis an die Mündung des Flüßgen Irgis, und den Irgis aufwärts, sind überaus fruchtbare und vortheilhafte Ländereyen für einige tausend Familien.

5) Im Belgorodschen Gouvernement im Waluyschen Districte an den kleinen Flüßgen Schurawka, Derkul, Bitka und Oskol, sind zu einigen hundert Höfen gleichfalls freye Ländereyen nebst genugsamen Heuschlägen, die alle gleichergestalt für Colonisten sehr ansehnliche Vortheile darbieten.

(*) Eine Dessätine ist ein gewisser Theil Landes oder Feld, ungefähr wie man in Deutschland in Morgen eintheilt, und enthält eine Dessätina 210 Fuß Rheinländisch in der Breite und 560 Fuß in der Länge.

95 Diese Stelle ist aufgrund eines Druckfehlers unleserlich.

Monika E. Adamska

The Frederician Colonisation of Silesia (1740–1806). Rules, Migration Experience and Contemporary Results*

1. Introduction

Since the 18th century, the Frederician period, encompassing colonisation issues, has repeatedly attracted the interest of researchers. These include not only economists, geographers, historians, and linguists, but also architects and art historians. Numerous studies on the history of Silesia pay some attention to the Frederician colonisation as a part of the history of the region under Prussian rule. Being only a small fragment of a larger whole, attention is usually limited to general information on the amount, location and typology of the colonies. In contrast, the history of Silesia under Prussian rule has been analysed in the comprehensive two-volume study by Grünhagen (1890, 1892)[1] with separate chapters devoted to the colonies. There are also various studies which explore selected aspects of the colonisation program. Broadly speaking, Helmigk's significant work from the 1930s focuses on Upper Silesia's rural craftsmanship.[2] Other post-war monograph studies on Silesian art also refer to the Frederician legacy (e.g. Chrzanowski and Kornecki, 1974; Chojecka et al., 2009),[3] while the issues of Lower Silesian rural housing in the Sudeten region were revealed by Trocka-Leszczyńska (1995).[4] Silesian industry of the Frederician period has also caught the attention of many researchers, both pre-war (Bimler, Fechner,

---

* This research was partially supported by the Herder Institute's Scholarship carried out in July 2015 on the basis of cartographic, iconographic and library collections of the Institute. Moreover, I would like to thank PD Dr. Beate Störtkuhl from the Federal Institute for Culture and History of the Germans in Eastern Europe (BKGE), who encouraged me to continue my studies on the Frederician colonisation in Silesia.

1 C[olmar] Grünhagen: Schlesien unter Friedrich dem Grossen [Silesia under Frederick the Great]. Vol. 1: 1740–1756. Breslau 1890. Vol. 2: 1756–1786. Breslau 1892. Colmar Grünhagen (1828–1911) was a German archivist and historian, professor at the University of Breslau/Wrocław

2 Hans Joachim Helmigk: Oberschlesische Landbaukunst um 1800 [Upper Silesian rural building craftsmanship around 1800]. Berlin 1937. This comprises detailed analyses of architectural, structural and spatial solutions of the colonies' development in this part of the region. Additionally, its illustrations, based on the original 18th and 19th century plans and projects, enhance the book's exceptional value.

3 Tadeusz Chrzanowski, Marian Kornecki: Sztuka Śląska Opolskiego od średniowiecza do końca w. XIX. Kraków 1974 [The Art of Opole Silesia from the Middle Ages to the end of the 19th century]; Ewa Chojecka (ed.): Sztuka Górnego Śląska od średniowiecza do końca XX wieku [The Art of Upper Silesia from the Middle Ages to the end of the 20th century]. Katowice 2009.

4 Elżbieta Trocka-Leszczyńska: Wiejska zabudowa mieszkaniowa w regionie sudeckim [Rural housing in the Sudeten region]. Wrocław 1995.

Wachler)[5] and present-day (Rajman).[6] Research on morphogenesis and typology of rural settlements in Poland was carried out by Szulc (1968, 1995).[7] Moreover, the Frederician place names and their later transformations are the subject of linguists' and historians' complex analyses (e.g. Borek, 1989; Schlenger, 1930).[8] Finally, some descriptions on the history of individual colonies (e.g. Juros, 2014)[9] are valuable sources for detailed information on the colonisation, as are the written memories of their pre-war inhabitants.

The main objective of this paper is an attempt to build a multidisciplinary image of the Frederician colonisation in Silesia, not simply limited to technical or spatial aspects but also connecting the past with the present. Evaluation of the program, which clearly results from the studies, does not constitute a primary aim of the research. At the beginning of this paper the scale, time period and the colonies' locations are investigated in relation to the entirety of Silesia. One of the paper's fundamental objectives is to analyse the spatial, organisational and economic rules of the program, with general reference to certain other parts of the Kingdom of Prussia. Model examples of the colonies' layouts, together with their typical development, are described and illustrated. Furthermore, the paper's aim is to determine the colonists' origins and professional contributions to the colonisation, both in the form of an overview and through selected case studies. The strengths and weaknesses of the program as relevant issues are also framed in the article. Finally, the paper attempts to answer the critical question regarding contemporary results of the colonisation.

---

5 Kurt Bimler: Die neuklassische Bauschule in Schlesien [The neoclassical building school in Silesia]. Heft 3: Die Industrieanlagen in Oberschlesien [Industrial equipment in Upper Silesia]. Breslau 1931; Hermann Fechner: Geschichte des Schlesischen Berg- und Hüttenwesens in der Zeit Friedrich's des Grossen, Friedrich Wilhelm's II. und Friedrich Wilhelm's III. 1741 bis 1806 [History of Silesian Mining and Metallurgy in the time of Frederick the Great, Frederick William II and Frederick William III 1741–1806]. Th. 1: Berg- und Hüttenpolitik [Mining and metallurgy politics]. Berlin 1903; Ludwig Wachler: Geschichte des ersten Jahrhunderts der Kgl. Eisenhüttenwerke zu Malapane 1753–1854 [History of the first century of the Royal Ironworks in Malapane 1753–1854]. Glogau 1856.

6 Jan Rajman: Rozwój ośrodków przemysłowych nad Małą Panwią [The development of industrial centres on the Mała Panew river]. Katowice 1962.

7 Halina Szulc: Typy wsi Śląska Opolskiego na początku XIX wieku i ich geneza [Types of villages in Opole Silesia at the beginning of the 19th century and their origin]. Warszawa 1968 (Instytut Geografii Polskiej Akademii Nauk, Prace Geograficzne 66); Halina Szulc: Morfogeneza osiedli wiejskich w Polsce [Morphogenesis of rural settlements in Poland]. Wrocław 1995 (Prace geograficzne 163).

8 Henryk Borek: Kolonizacja fryderycjańska na Śląsku w odbiciu nazewnictwa miejscowego [The Frederician colonisation in Silesia in the reflection of the local naming]. In: Studia Śląskie 47 (1989), pp. 21–52. Henryk Borek (1929–1986) was a Polish philologist and linguist specializing in onomastics and history of culture. Herbert Schlenger: Formen ländlicher Siedlungen in Schlesien. Beiträge zur Morphologie der schlesischen Kulturlandschaft [Forms of rural settlements in Silesia. Contributions to the morphology of the Silesian cultural landscape]. Breslau 1930 (Veröffentlichungen der Schlesischen Gesellschaft für Erdkunde e. V. und des Geographischen Instituts der Universität Breslau 10). Herbert Schlenger (1904–1968) was a German geographer and historian who specialised in Silesian studies.

9 Józef Tomasz Juros: Zagwiździe. Historia Królewskiej Kluczborskiej Huty i kolonii Friedrichstahl [Friedrichsthal. History of the Royal Kreuzburg Ironworks and colony]. Ozimek 2014.

Finally, the original naming of the colonies and their typology are presented, along with post-war transitions. Formulated conclusions sum up the issues discussed in the paper with reference to the history of migration in Silesia.

It seems that, despite a variety of studies regarding the Frederician colonisation in Silesia, there are still many gaps to be filled and questions to be answered. One of these voids is the issue of Silesian industry, which formed the basis of the Frederician colonisation; however, due to its complexity, this aspect has deliberately not been analysed in this paper. Plants such as ironworks, glassworks, mines, require further studies in terms of their architecture, technologies applied, staff and management. In addition, noteworthy public buildings and their designers will not be covered by this paper. Among the existing holes in the studies on Frederician colonisation, one should mention the issue of the contemporary contribution of the colonies founded at that time to the population, economy and settlement network of the region. Moreover, an analysis of the colonies' histories and stages of their development would permit the identification of factors (i. e. geographical, economic, social, demographic), which have enabled progress and those that constituted barriers. Furthermore, the aspects of broken and preserved traditions, inherited legacy and new narratives caused by the political changes after 1945 still leave ample room for research across a wide range of disciplines.

2. Methodology

The classical method of examination of urban layouts and architectural structures was used in this study. The desk research carried out was based on an analysis of available iconographic and cartographic sources, both historical and contemporary, accompanied by examination of the literature of the subject and written sources (in English, German and Polish). Furthermore, extensive archive and library research was conducted. The desk research was followed by several field trips, covering selected colonies. The outcome of these trips, carried out in 2015, can be seen in photographic records, sketches and descriptions. In order to investigate the issue of the colonisation program's contemporary results, comparative studies were conducted using internet-based technologies (program Google Earth, application Street View). In addition, analysis of the selected statistical data referring to demographic and economic aspects of the paper was performed.

3. A short history of Silesia

Silesia/Śląsk is a historical region in Central Europe, now located mostly in Poland. It has a complex and multicultural history because its borders and national affiliations have changed over the centuries. In the Middle Ages, the region was divided into many independent duchies that were mostly ruled by Silesian dukes. The lands became the property of the Crown of Bohemia in the 15th century and subsequently passed to the

1 Prussian Silesia in the 18th century superimposed on the present national borders (elaborated by M. Adamska)

Habsburg Monarchy in the 16th century. As a result of the Silesian Wars in the 18th century, most of the region, including the County of Kladsko (Grafschaft Glatz, Hrabstwo Kłodzkie, ill. 1), was annexed to the Kingdom of Prussia, which, became one of the greatest powers in Europe under the rule of King Frederick II (1740–1786). Silesia later became part of the German Empire, then the Weimar Republic and, finally, the Third Reich. Since 1945, as a consequence of the Yalta Conference's decisions, the vast majority of the region lies within the borders of Poland, in the south-western part of the country, with smaller parts in the Czech Republic and Germany.

The region, spread along the Oder/Odra River, largely consists of agricultural and forested lowland, with a mountainous southern border. It includes several industrial areas based on its rich mineral resources. At present, under the current administrative division of Poland, it is located in the territory of four administrative subdivisions: Lubusz Voivodeship (województwo lubuskie), Lower Silesian Voivodeship (województwo dolnośląskie), Opole Voivodeship (województwo opolskie) and Silesian Voivodeship (województwo śląskie). Wrocław (Breslau), with more than 600,000 inhabitants, is the largest city in the region. It is the historical capital of Silesia and the current capital of Lower Silesia Voivodeship. Czech Silesia forms part of the Moravian-Silesian and Olomouc Regions in the Czech Republic, while the Silesia-Lusatia region is a part of the federal state of Saxony, in Germany. Apart from the administrative division there is also a historical-geographical division of Silesia into the north-western part of the region called Lower Silesia (Dolny Śląsk) and its south-eastern part called Upper Silesia (Górny Śląsk). There is also the term Opole Silesia (Śląsk Opolski), which refers to a part of the region located by the upper and middle course of the Oder river.[10]

4. Scale, intensity and stages of the colonisation program in Silesia

As soon as the majority of Silesia was incorporated into the Kingdom of Prussia, the policy of the new province was changed to consolidate annexed lands within the system of the Prussian state. The region was divided into two parts, governed by the Chambers of War and Domains. Upper Silesia came under the Chamber of Breslau/Wrocław, and Lower Silesia came under the Chamber of Glogau/Głogów. Furthermore, the entire region was divided into 48 districts, each governed by a "Landrat" (a district administrator).[11] King Frederick II began implementing a new system of administration, management and taxes in the Silesian province, and he reformed the judicial system and developed the military system. There were two concentrated programs undertaken during the Frederician period. The first was an attempt to disseminate the German language in the region by issuing numerous edicts. The second was the program of colonisation, a tool of great importance in the policy of King Frederick II, as a means of increasing the population and boosting the economy of the kingdom within its new borders.[12] The province of Silesia, which retained significant autonomy in the Prussian Kingdom until the beginning of the 19th century, was governed by the Minister of Silesia, reporting directly to the king. Four Ministers of Silesia held office in the period from 1742 to 1806. The first, Ludwig Wilhelm von Münchow, acceded in 1742 and remained in the role until his death in 1753. His successor, Joachim Ewald von Massow, was dismissed in 1755 after only 2 years of service. The third Minister of Silesia, Ernst Wilhelm von Schlabrendorf, carried out his duties until his death in 1769. Karl Georg von Hoym held the position of Minister for the longest, remaining in office from 1770 to 1806. The Minister's scope of responsibilities covered most of the province's affairs, primarily administration, excluding only the judiciary.[13]

---

10 The term Opole Silesia appeared in Polish literature in the inter-war period, meaning at that time a German administrative unit ("Regierungsbezirk Oppeln") comprising almost the entirety of Upper Silesia. Generally, it signifies the western part of Upper Silesia, which, as a result of historical processes, has acquired a character distinct from the highly industrialised eastern part of the region. Nowadays, the term is often used alternatively with the name of the administrative unit of Opole Voivodeship, also covering a part of Lower Silesia.

11 Franciszek Hawranek: Historyczne uwarunkowania odrębności regionu Górnego Śląska [Historical premises of the Upper Silesian district identity]. In: Dorota Simonides (ed.): Folklor Górnego Śląska [Upper Silesian folklore]. Katowice 1989, pp. 17–48, here p. 27.

12 Ibid., pp. 28–30.

13 Gabriela Wąs: Dzieje Śląska od 1526 do 1806 roku [History of Silesia from 1526 to 1806]. In: Marek Czapliński (ed.): Historia Śląska [History of Silesia]. Wrocław 2002 (Acta Universitatis Vratislaviensis 2364), pp. 187–247, here pp. 204f.

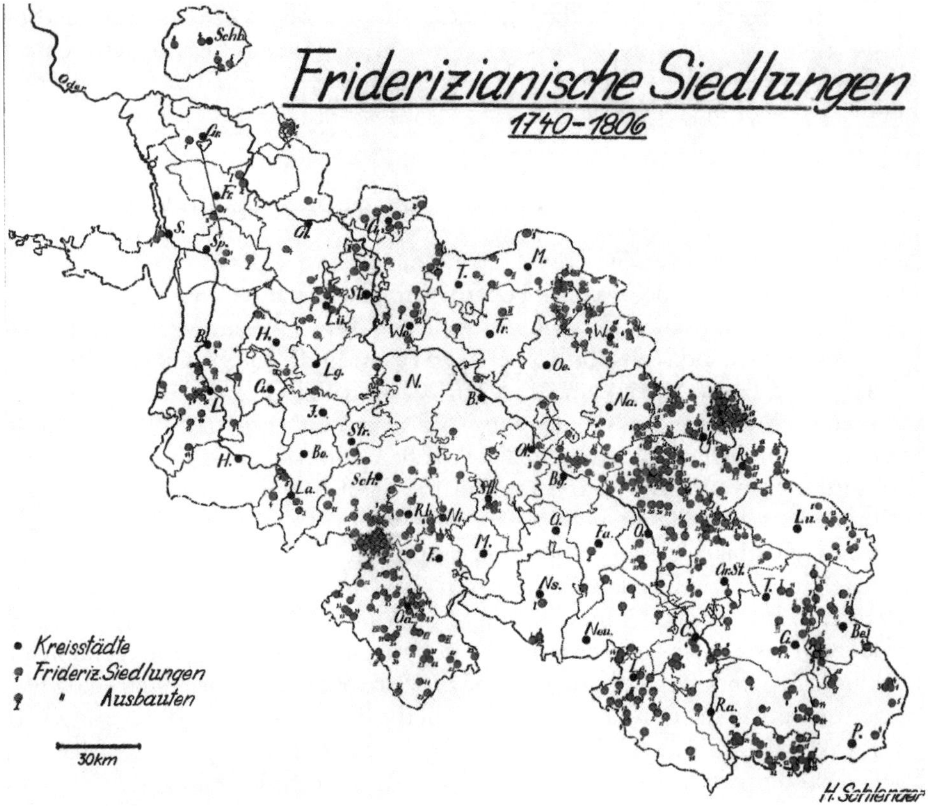

2 Location of the Frederician colonies on the map of Silesia (source: Herbert Schlenger: Friederizianische Siedlung in Schlesien [footnote 15], between pp. 336 and 337)

The number of the Frederician colonies established in Silesia, which totals nearly 450 and can be identified in studies of the subject, is substantially convergent. However, some data refers only to a single part of the region, such as Upper Silesia or Opole Silesia, while other sources only take those colonies established during the reign of Frederick II into consideration, which makes comparison difficult. According to some total calculations, there were 446 new settlements established in the region and some 60,000 colonists settled within the years 1740–1806.[14] According to Schlenger's research of the 1930s, there were 476 settlements founded within the same period (ill. 2), consisting of 444 separate colonies and 32 more adjacent to existing villages.[15] In earlier records, at the end of the 19th century, Colmar Grünhagen also wrote of about 61,000 colonists who settled in Silesia through the program.[16]

14 Ibid., pp. 241f.
15 Herbert Schlenger: Friederizianische Siedlung in Schlesien [The Frederician settlement in Silesia]. In: Der Oberschlesier 18 (1936), H. 6/7, pp. 336–352, here pp. 347–352.
16 Grünhagen: Schlesien, vol. 2 (footnote 1), p. 548.

There was a pronounced concentration of colonies in certain parts of the region. In Opole Silesia, about 100 colonies were founded in the Kreuzburg, Rosenberg and Oppeln districts (currently Kluczbork, Olesno, and Opole), with most of them connected to the development of the minerals industry based on local, natural resources such as wood, water energy and iron ore. With respect to the development of Upper Silesian industry, about 60 colonies were founded in the south-eastern part of Silesia. The other region with a significant share in the colonisation process was the County of Kladsko and surrounding districts in Lower Silesia, where about 90 colonies emerged; some located in the mountainous area, others connected with the mining, textile and glass industries.[17] The Frederician colonisation in Silesia, as indicated above, took place within the years 1740–1806. Initial colonies were established as early as the 1740s, among them were: Gnadenfrei (currently a part of Piława Górna) and Hussinetz (currently Gęsiniec) in Lower Silesia, Friedrichsgrätz (currently Grodziec) in Opole Silesia and Neu Repten (currently a part of Tarnowskie Góry) in Upper Silesia. The operation reached its height in the years 1763–1786 and was continued after the king's death, albeit mainly in the sector of privately founded colonies, until 1806 and the Napoleonic Wars.[18] According to Hans Joachim Helmigk, Upper Silesia was the epicentre of the Frederician colonisation in Silesia where, in the second part of the 18th century, about 200 colonies were established, the majority between 1770 and 1780.[19] Furthermore, analysis of the founding dates of the colonies indicates that the process intensified significantly in the 1770s, which may also be linked to the edicts issued by Frederick II containing privileges and reductions for the settlers.

King Frederick II's colonisation program was not limited to the Silesia region, but was also carried out in other territories of the Kingdom of Prussia: in the sparsely populated and poorly developed lands, including both newly annexed and centrally located, domestic lands. The governing rules were only coherent to a varying extent. For instance, the process developed in four phases of varying intensity in Prussian Pomerania within the years 1740–1786 with about 36,000 persons settled. The first phase, encompassing the years 1747 to 1754/56, was connected with investments concerning the regulation of the Oder marshes.[20] The program was also implemented on the peat lands and polders of East Frisia ceded to Prussia in 1744, and in the Western Prussia Province established after the First Partition of Poland in 1772. Furthermore, colonists also settled in the vicinity of Berlin and Potsdam. There was a difference between the majority of colonies founded in Silesia and those in Pomerania, the Oderbruch or the Netze district in terms of the main occupation

---

17 Schlenger: Friederizianische Siedlung (footnote 15), pp. 347–352. The analysis was carried out by the author on the basis of Schlenger's list and map.

18 Ibid., p. 339.

19 Helmigk: Oberschlesische Landbaukunst (footnote 2), p. 184.

20 Zygmunt Szultka: Die friederizianische Kolonisation Preußisch-Pommerns (1740–1786) [The Frederician colonisation of Prussian Pomerania (1740–1786)]. In: Zeitschrift für Ostmitteleuropa-Forschung 55 (2006), Heft 2, pp. 159–193, here p. 193.

of the colonists. Most Silesian colonies were intended for settlers associated with industry, craftsmanship or forestry work, while the colonies founded in other parts of the Kingdom of Prussia were primarily inhabited by farmers.[21]

5. General rules of the Frederician colonisation in Silesia

The colonisation program in Silesia was carried out through the development of existing villages and by the founding of new colonies. The Silesian nobility played a leading role in this process; more than 80 percent of new settlements were founded by way of private initiatives, and only 14 percent were founded by the state. This proportion resulted from the domination of private ownership in Silesia – only a small percentage of the lands actually belonged to the state at the time.[22] Powerful families, such as Schaffgotsch, Hochberg and Stillfried, supported the colonisation program within their lands, which resulted in increased manpower and consequent prosperity in agriculture, leading to the multiplication of their fortunes.[23] Some colonies were founded by monasteries, resulting in the formation of the villages Grabczok and Horst (currently Świerkle) in the Oppeln district.

The settlements can be divided into four types, depending on the location of the colonies and the occupation of the colonists: agricultural (relatively few), handicrafts (mainly for the weavers – Czech immigrants), the so-called metallurgical and mining (for workers in heavy industry) and forestry (usually the smallest ones) incorporating charcoal-makers, lumberjacks and rafters.[24] Some settlements were founded for religious immigrants, Bohemian and Moravian Brethren, who came to Silesia, taking advantage of the freedom of conscience proclaimed by Frederick II. This group includes such colonies as Hussinetz in the Strehlen district (currently Strzelin), Gnadenfrei in the Reichenbach district (currently Dzierżoniów) and Sacken (currently Lubienia) in the Oppeln district.

The rules governing spatial and architectural standards for the new colonies were specified in a royal edict issued on 28 August, 1773, which recommended the use of a linear layout for settlements and the development of a simple form and a half-timbered structure. The king's edict also specified a group of six farms to be the minimum to create a new colony. In general, a farm would comprise a house and two outbuildings: a barn and a cowshed.[25] At the end of the 18th century, half of the colonies in Opole Silesia contained from 11 to 20 farms, about one third had less than 10 farms. The remaining colonies consisted of more than 20 farms.[26] There were no fundamental differences between private and state colonies in terms of form, social

21 Schlenger: Friederizianische Siedlung (footnote 15), p. 343.
22 Wąs: Dzieje Śląska (footnote 13), p. 241.
23 Piotr Pregiel, Tomasz Przerwa: Dzieje Śląska [History of Silesia]. Wrocław 2005, p. 100.
24 Szulc: Typy wsi Śląska Opolskiego (footnote 7), p. 29. Also Wąs: Dzieje Śląska (footnote 13), p. 241.
25 Schlenger: Friederizianische Siedlung (footnote 15), p. 341.
26 Szulc: Typy wsi Śląska Opolskiego (footnote 7), p. 38.

and economic structure. This was the result of some typification, complying with the main principles of the colonisation program, based on economy, practical sense and rationalism. A state system of financial support and a number of building regulations primarily resulted in the coherent and pre-planned erection of colonies that were typical in form and function. As a consequence, most of the colonies were characterised by a regular, linear, geometrical scheme, based on the right angle with two rows of farms located on both sides of an inner road or an elongated square.[27] Over time, schools and churches came to be erected in selected colonies.

The colonists were also assigned an acreage of agricultural land, a garden plot, a meadow and pasture on an individual basis, depending on the main function of the colony and the ownership scheme. Grünhagen mentions 12–20 acres of land and meadow and one acre of garden plot. Furthermore, each family received a cow.[28]

The design of the colony in Derschau (currently Suchy Bór) in the Oppeln district, founded for 20 families in 1773, was described as an ideal layout, fulfilling the rules of symmetry and regularity recommended in the royal edict (ill. 3). In some colonies, houses were situated on one side of the inner road with the outbuildings on the other. As a result of these typical designs, a uniform scheme of roofs was generally established within one village, comprising either front-gabled or side-gabled buildings. The front gabled buildings resulted from local building traditions (i.e. of Upper Silesia). Side gabled buildings were used more frequently, and were linked with typically implemented designs; they were also more advantageous as far as layout in relation to the various aspects to the immediate environment. Both layouts were marked by a rigid pattern and regularity and, where possible, symmetry as well – the most important architectural requirements of that time and program.[29] In all colonies, development was undertaken in a complex way, on the basis on the contract between landowners/the Chamber of Wars and Domains and local entrepreneurs/building contractors. In some cases construction works were carried out in two stages: first the houses, then the outbuildings. That was the case for the colony of Kupferberg (currently Miedziana) in the Oppeln district, where a house cost 98 Reichstaler.[30] As previously mentioned, the Chamber of Wars and Domains recommended the half-timbered structure as the most economic and wood-efficient solution for all types of buildings erected within colonies. However, the log structure was already firmly established in the area of the forested Upper Silesia, where local construction traditions were strong (ill. 4). Furthermore, local carpenters, not trained in the new technologies, used the log structure solutions as their generations-old default, thus additionally preserving local building traditions. Moreover, carpenters

---

27 Schlenger: Friederizianische Siedlung (footnote 15), p. 341. There were also a few colonies which didn't comply with the linear scheme; their central compositions were based on the geometry of a circle and a radius. See Monika Ewa Adamska: Johann Martin Pohlmann (1726–1800). Architect of the period of Frederick the Great. In: Architectus 1 (41) (2015), pp. 3–20, here pp. 8–15.

28 Grünhagen: Schlesien, vol. 2 (footnote 1), pp. 548.

29 Helmigk: Oberschlesische Landbaukunst (footnote 2), pp. 191f.

30 Schlenger: Friederizianische Siedlung (footnote 15), p. 342.

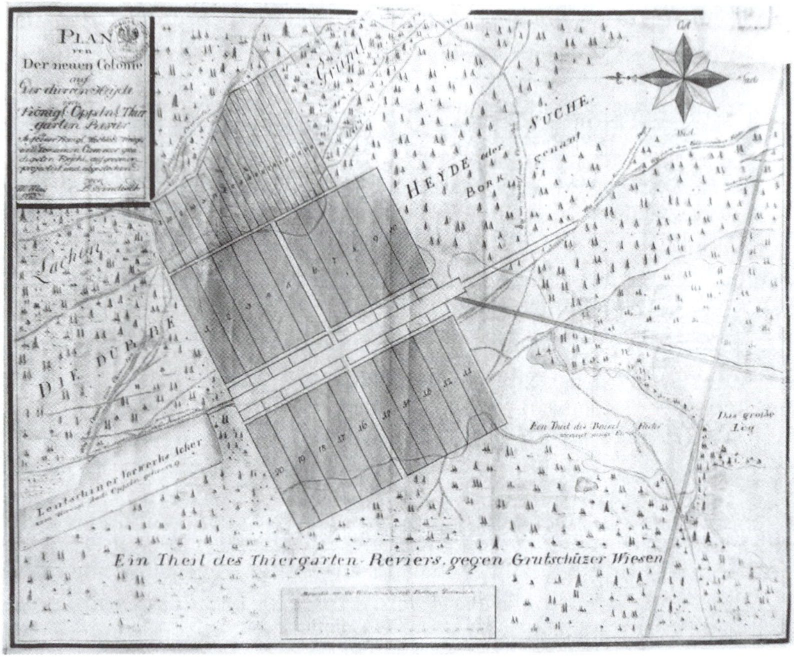

3 Site plan of the colony Derschau (presently Suchy Bór) founded in 1773 in the Oppeln district (source: Hans Joachim Helmigk: Oberschlesische Landbaukunst um 1800 [footnote 2], ill. 238, p. 190)

4 Example of an 18th century log-structured thatched house from the Opole Silesia region forming part of the collection of the Opole Open-Air Museum of Rural Architecture (photo by M. Adamska, 2013)

considered log houses to be warmer and more durable than a half-timbered house with wattle and daub infill.[31] Meanwhile, a different process took place in the Sudeten region in Lower Silesia and other, less forested parts of Silesia. In these areas, the log construction from the second half of 18th century, started to give way to both masonry structures and half-timber structures with a brick infill, as a consequence of the shortage of timber, along with Prussian building and fire regulations.[32] There were also rare examples of masonry structure houses among the Frederician developments, such as the metallurgical colony and ironworks Jedlitze (currently Jedlice) in the Oppeln district designed by Johann Martin Pohlmann.[33]

An example of a typical Frederician house is described in a contract from the middle of March 1773 between the forestry master Burich and four builders for the development of a new colony Carmerau (currently Spórok) in the Groß Strehlitz district (currently Strzelce Opolskie). Every house of a planned group of 20 farms should have a rectangular plan of the following dimensions: 21 x 13 ells (about 14 x 8.5 m). The ground floor was to be composed of a room, two chambers and a cowshed. The building materials, such as timber, boards, laths and shingles, were to be delivered on site free of charge. Furthermore, the contract precisely specified the range of works to be done until the end of July 1773, and the payment of 42 Reichstaler for each of 20 typical houses. Apart from the carpentry works, there were also much shorter contracts signed with a glazier, a blacksmith and a potter.[34] A design of a house for the Schwarzwasser colony (currently Czarna Woda) in the Oppeln district, inhabited by charcoal-makers and lumberjacks, represents a typical Frederician half-timbered and side-gabled house. The ground floor is divided by a hallway, which runs along the centre; on the right hand-side are the chamber and the heated main room with two windows, on the left-hand side the cowshed is accessible from the outside through a separate door and another chamber. The vast attic space, hidden under a high half-hip roof, is lit by a window and connected to the ground floor by the stairs located in the hall (ill. 5).

---

31 Helmigk: Oberschlesische Landbaukunst (footnote 2), pp. 189–191. Although the cost calculation for the planned colony Carmerau (currently Spórok) indicated lower costs for a log house (94 Reichstaler) and higher costs for a half-timbered house (110 Reichstaler) the officials of the Chamber ordered the new developments in accordance with the edict.

32 Trocka-Leszczyńska: Wiejska zabudowa mieszkaniowa (footnote 4), pp. 118f. Archaeological and historical research has shown that various types of building structures in the Sudeten region had coexisted in some villages' development as early as in 16th and 17th century.

33 Monika Ewa Adamska: XVIII-wieczny zespół mieszkaniowy w Jedlicach jako przykład fryderycjańskiego osadnictwa hutniczego w dolinie rzeki Mała Panew [18th century housing estate in Jedlice as an example of a metal industry settlement in the valley of the Mała Panew river]. In: Architectus 1 (15) (2004), pp. 35–42. Adamska: Johann Martin Pohlmann (footnote 27), here pp. 8–11.

34 Helmigk: Oberschlesische Landbaukunst (footnote 2), p. 188. Helmigk uses the place name "Karmerau", but as the colony was named after the Prussian minister Johann Heinrich von Carmer (1720–1801) the most frequent spelling is Carmerau.

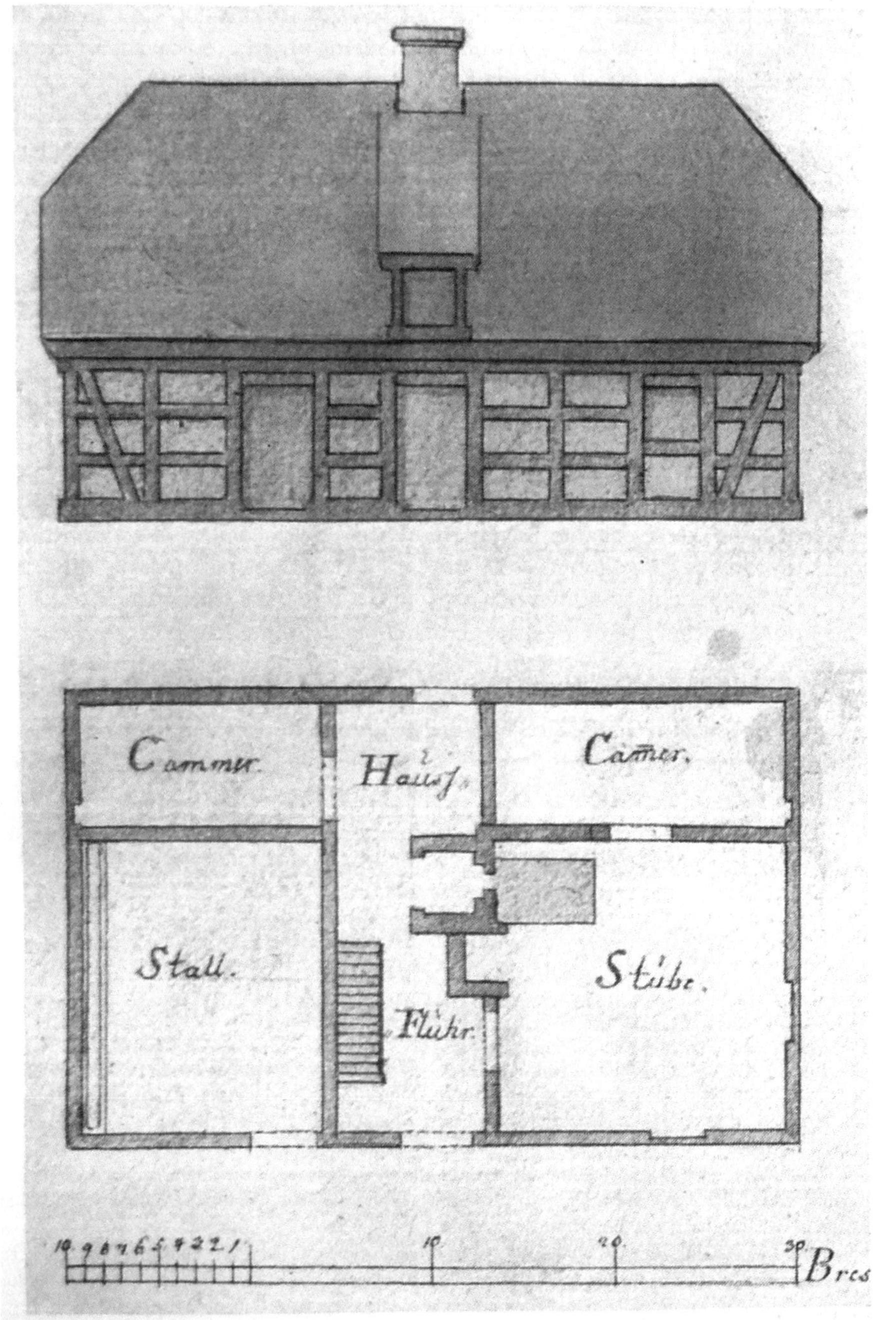

5 Example of a typical Frederician house. A project of a house for the Schwarzwasser colony (presently Czarna Woda) in the Oppeln district (source: Hans Joachim Helmigk: Oberschlesische Landbaukunst um 1800 [footnote 2], ill. 225, p. 183)

6. The colonists, their origin and experience

As the power and strength of a country also depends on the number of its inhabitants, King Frederick made efforts to increase the population in the newly annexed region. Silesia, which was sparsely populated compared to western parts of Europe and, in addition, weakened after the Silesian Wars, underwent a program of re-population through the means of colonisation, described by the king as "a creation of a new population" ("Peuplierung"). Irrespective of nationality, the monarch justly considered every working man to be a part of the real wealth of the kingdom, although the king only had use for diligent and efficient people.[35] Foreign colonists, according to his plan, were to raise the level of the local economy through their professional experience.[36] General historical information about the origin of settlers was first introduced by Colmar Grünhagen, in his two-volume work on Silesia under Frederick II. According to the historian, colonists mainly came to Silesia from Saxony, Poland and Austria, but also from other parts of Prussia. The colonies in Lower Silesia were inhabited by Saxons and, to some extent, by Germans from Poland. The County of Kladsko, a former administrative unit within Bohemia and a part of the Kingdom of Bohemia, was dominated by immigrants from this region, who had come to Silesia thanks to the freedom of conscience proclaimed by the king. Settlers in Upper Silesia came from various parts of Prussia and also from Moravia.[37] Although Grünhagen estimated that during the reign of Frederick II some 12,000 Czechs settled in the Silesia region,[38] which would constitute more than one sixth of all colonists, other researchers assess that the number was, in fact, clearly lower.[39] The 1773 royal edict concerning the new colonies in Silesia also included the rule that only German colonists should be settled in Polish-speaking parts of the region, generally on the lands to the east of the Oder River.[40] This rule also applied to the other lands annexed at a later date by the Kingdom of Prussia, such as the Western Prussia Province which was established after the First Partition of Poland in 1772. In the Netze District, a part of the new province, new areas for settlement purposes were created as a result of the Netze/Noteć River's regulations and the cultivation of previously marshy and boggy lands. In order to re-populate the region, King Frederick II called in peasants from Mecklenburg and Saxony, which lay closer, and from Hesse

35 Hans Jakob Schmitz: The colonization of the Grenzmark Posen-West Prussia. Schneidemühl 1938, pp. 47–52, here p. 49.

36 Grünhagen: Schlesien, vol. 2 (footnote 1), pp. 546, 548.

37 Ibid., pp. 547f.

38 Grünhagen: Schlesien, vol. 1 (footnote 1), p. 518.

39 Wąs: Dzieje Śląska (footnote 13), p. 241, considers that the colonies founded for the religious immigrants: Bohemian and Moravian Brethren constituted only a small percentage of all colonies. Kazimierz Piwarski: Historia Śląska [History of Silesia]. Katowice, Wrocław 1947, pp. 266f., writes that 3,000 Czechs settled in Silesia during the reign of Frederick II. At the same time, he estimates the total number of colonists to be about 62,000, which is more or less concurrent with data found in other research.

40 Grünhagen: Schlesien, vol. 2 (footnote 1), pp. 546f.

and the Palatinate, which were further away. In the beginning, foreign colonists were settled together with the Poles. Later on, new villages were colonised exclusively by German settlers, in response to the order that foreign families should not be isolated among local families, but should instead create an entirely German colony.[41]

The recruitment of specialists required for work in various branches of the Prussian economy was regulated by edicts issued separately for each province. One of the documents regarding the province of Silesia, issued as early as November 1742, included a statement that all foreign specialists, craftsmen, miners, ironmasters, weavers and many others, regardless of their religion, who would like to settle in Silesia were to be exempt from all civic duties, such as taxes, military service and contribution, for several years. Documents were also issued for particular enterprises, such as the one published in March 1755 regarding the workers of the Kreuzburg and Malapane ironworks. This also guaranteed that all workers would be exempt from all civic duties, including military service.[42]

In calculations relating to the area of the former Duchy of Opole and Ratibor/ Racibórz, which constitutes a part of Upper Silesia, 171 colonies were founded in this region. Of these, 120 settlements were inhabited by local Polish population, while foreign German populations lived in 27 colonies. 19 colonies had a mixed Polish-German character, two villages were inhabited by Czech immigrants, and the remaining three settlements had a mixed Czech-German population.[43] In another study, it is estimated that among the colonies founded in Silesia up to 1786, there were 240 settlements inhabited exclusively by Germans, which would be consistent with the previously cited royal edict from 1773.[44]

It should be emphasised here that, within the framework of the Frederician colonisation, the local population of Silesia undoubtedly came into contact with not just the professional experience of the immigrants, but also with their language, culture and customs. In some parts of Silesia, there was a harsh confrontation between the two folk cultures: German and Polish, leading to both populations becoming critically aware and protective of their individuality. Some researchers estimate that a process of Polonisation of German-speaking colonists took place, especially in Upper Silesia.[45] However, others consider that generalisations should not be made in this respect, as it was not the case for all colonies.[46]

41 Schmitz: The colonization (footnote 35), pp. 49f.
42 Juros: Zagwiździe (footnote 9), pp. 58f.
43 Hawranek: Historyczne uwarunkowania (footnote 11), p. 29.
44 Dorota Simonides: Rozwój i znaczenie folkloru na Górnym Śląsku [The evolution and significance of Upper Silesian folkore]. In: D. S. (ed.): Folklor Górnego Śląska (footnote 11), pp. 49–94, here pp. 62–66.
45 Ibid., pp. 63f.
46 Piwarski: Historia Śląska (footnote 39), pp. 268f.

7. Selected examples of the colonies and their inhabitants

Details of two colonies founded in Opole Silesia and three in Lower Silesia allow a comparison of the rules governing their establishment and their implementation. The first, in the Opole Silesia region, is the metallurgical colony of Friedrichsthal (currently Zagwiździe), located some 30 km north of Opole. This colony is typical of the early phase of the colonisation program. Inhabitants moved into the settlement, founded in the vicinity of the Kreuzburg ironworks, in 1755. There were 24 side-gabled houses located on both sides of the road. Most of the inhabitants, comprising 17 families, came from the local population. The group of foreign settlers was composed of four families of Czech Hussites, two from Saxony and one from the Austrian part of Silesia. Each family received about three acres of agricultural field, five acres of meadow and two acres of garden plot. This was much less than allocations in agricultural colonies, as the basic source of the colonists' income was employment within the Kreuzburg ironworks. In addition, colonists were required to clear the forest, and to pay rental.[47] Specialised workers for the metal industry were often recruited individually for particular ironworks. This was the case in the Jedlitze ironworks, completed in tandem with the colony in 1773, where the military adviser, Moritz Plümicke, brought newly established industrial plant workers who specialised in wire production from Austria and Saxony. A few years later, he was awaiting four new workers from Moravia.[48] Foreign specialists were also recruited for the Kreuzburg ironworks; one of them was Johann Martin Wolff, a producer of metal sheet from Saxony, who settled in the ironworking colony of Friedrichsthal in 1756 with his wife and children.[49]

The forest colony of Plümkenau (currently Radomierowice) in Opole Silesia forms a second example. This colony was founded in the wooded area about 30 km northeast of Opole in 1772, in the colonisation program's period of the greatest activity. Its linear layout comprised 15 farms; houses were located on one side of the main road and their respective barns on the other (ill. 6). Most colonists originated from Hesse, with some from Saxony and Bohemia.[50] Despite the difficult financial situation, where part of the lands assigned required clearing first, the colonists of Plümkenau, together with the settlers from four adjacent colonies, succeeded in erecting a church, which was completed in 1789. The Protestant church, built as a half-timbered structure with a brick infill, is preserved in very good condition and serves the local Catholic community nowadays. It serves as a leading example of the complex history of the Silesia region and its 18th century building craftsmanship (ill. 7).

47 Juros: Zagwiździe (footnote 9), pp. 63f.

48 Hermann Fechner: Die Königlichen Eisenhüttenwerke Malapane und Kreuzburgerhütte bis zu ihrer Uebernahme durch das Schlesische Oberbergamt. 1753 bis 1780 [The royal Malapane and Kreuzburg ironworks until their taking over by the Higher Mining Office. 1753 to 1780]. In: Zeitschrift für das Berg-, Hütten- und Salinenwesen im Deutschen Reich 43 (Breslau 1895), pp. 75–102, here pp. 84f.

49 Ibid., pp. 82f.

50 Juros: Zagwiździe (footnote 9), pp. 67f.

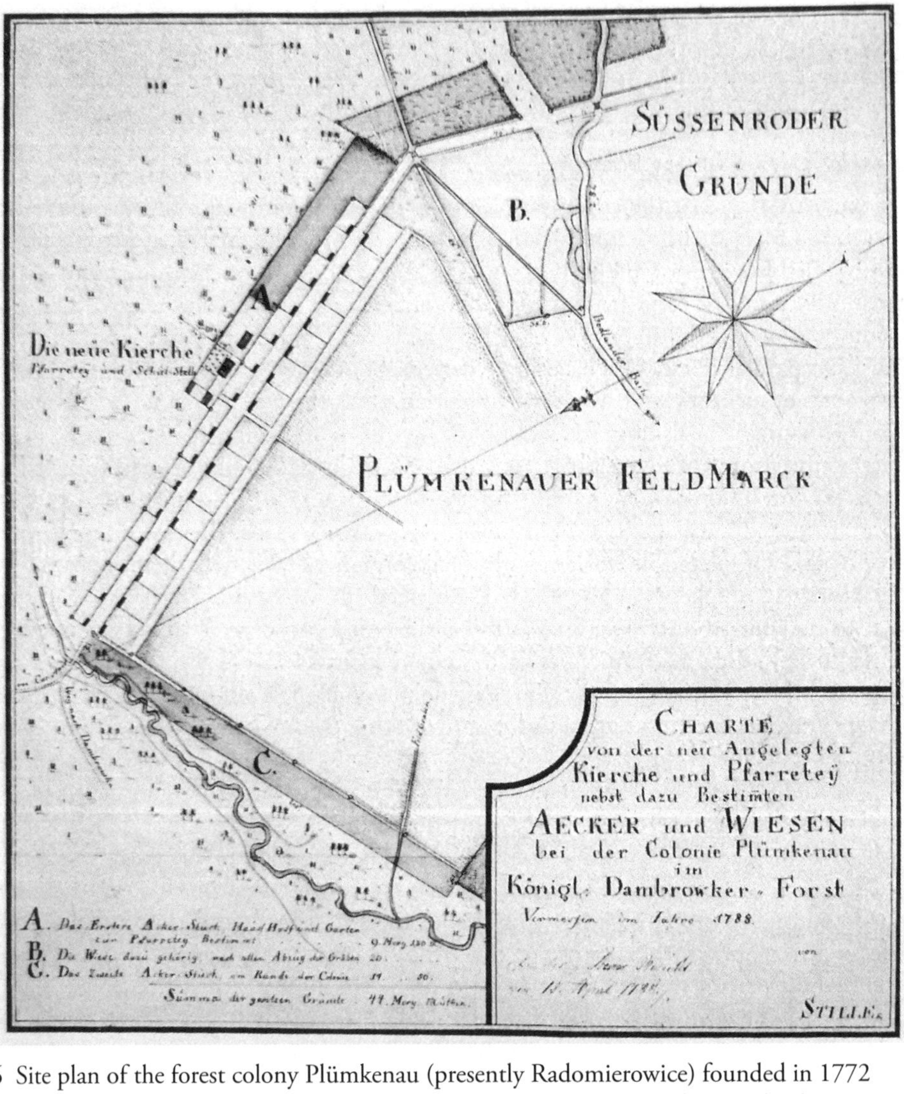

6 Site plan of the forest colony Plümkenau (presently Radomierowice) founded in 1772 in the Oppeln district (source: Hans Joachim Helmigk: Oberschlesische Landbaukunst um 1800 [footnote 2], ill. 172, p. 144)

The colony Neu-Podiebrad in Lower Silesia was founded in 1764 for 70 Czech families, religious immigrants from the Habsburg monarchy, in the grange Mehltheuer (currently Gościęcice) near Strehlen. The colonists signed a contract and received in total around 1,013 acres of land including 818 acres of agricultural fields (about 12 acres per family), 113 acres of meadow pasture, 20 acres of gardening plots and 61 acres of infertile lands. Furthermore, they received stock allocations and cattle worth 1,241 Reichstaler. In the beginning, as compensation, the settlers were as-

7 Half-timbered church in Radomierowice in the Opole district erected in 1789 (photo by M. Adamska, 2014)

signed some barley, oat, rye and wheat, as well as agricultural tools. Moreover, each family received 20 pieces of timber free of charge to construct a house and accompanying outbuildings. Soon afterward, the large colony was divided into three smaller communities, named Nieder-, Mittel-, and Ober-Podiebrad for, respectively, 24, 22 and 24 families. All the colonists were free farmers, and they were to be exempt from the obligations of serfdom, but not from royal duties. Furthermore, colonists had to pay quarterly instalments. All lands assigned were divided into 70 parts and a draw took place. In the case of less favourable parts drawn, a family was assigned an additional area of infertile land. The first house erected was a thatched, log-structured building. As the lands were mostly insufficient to feed a family, the colonists engaged in weaving, especially during the winter months. As the Czech immigrants were already skilled in this craft, home-based weaving prospered and generated much-needed income.[51]

51 Gerhard Matzel: Die Gründung von Nieder-, Mittel- und Oberpodiebrad [The founding of Nieder-, Mittel-, and Ober-Podiebrad], based on: Strehlener Heimat Buch, vol. 4. Strehlen 1928, <http://petertscherny.bplaced.net/strehlen/podiebrad/schulchronik-podiebrad1.pdf> (accessed 15 March 2016).

8. The original naming of the colonies

One of the characteristic and meaningful features of the Frederician colonisation of Silesia was the process of naming the colonies. It was initiated and stimulated by the new Prussian authorities, and the official local names were consequently predominantly of German origin. This issue is a theme for complex etymological and linguistic analysis and it has only been presented in the form of a general overview in previous work. According to Herbert Schlenger's general typology, referring to all of Silesia, the names of colonies can be classified into three groups.[52] In many cases, the colonies were named according to the surname of the founder and his or his wife's first name. The colony of Collonowska, for example, in the Mała Panew river valley was named after Count Filip Colonna, a landowner and initiator of the local steel industry's development. Numerous colonies were named according to various first names, covering such female names as Agnes, Amalie, Charlotte, Dorothee, Henriette, Louise and Sophie, or male names such as Erdmann, Friedrich, Georg and Wilhelm, which were then combined with structural parts: -berg, -dorf, -feld, -grund, -hain and others. The colonies of Agnesfeld, Amaliengrund, Charlottenberg, Ernstdorf, and Friedrichsthal follow this principle. The second group consists of names commemorating King Frederick II, his generals and officers. In this group, colonies with names such as Königsbruch and Königsdorf come to light, or others that glorify the king's policy such as Königshuld and Königswille. Among the king's associates the following were distinguished when their names were given to colonies in Opole Silesia: Minister of Silesia, J. E. von Massow (Massow), Prussian Cavalry General, F. W. von Seydlitz (Seidlitz), and Prussian Minister, J. H. von Carmer (Carmerau) and other Ministers: Derschau, Finkenstein, Horst and Schulenburg. The last group, according to Schlenger, also incorporates indicators as to the origin of colonists. The colonies of Ober-Podiebrad, Mittel-Podiebrad, Nieder-Podiebrad, and Hussinetz in the Strehlen district were founded for the Bohemian Brethren, religious immigrants from the Habsburg Monarchy. Neu Moselache and Neu Limburg in the Brieg district (currently Brzeg) and Kupferberg in the Oppeln district, are names transferred from other German speaking areas, in some cases also indicative of the place of origin of the colonists.

Henryk Borek analysed the names of around 200 colonies founded in Upper Silesia within the years 1741–1805.[53] The results of his thorough research showed that 60 percent of new Upper Silesian colonies (about 130), received names derived from typical German models. Borek, similar to Schlenger, points towards colony names derived from the names of Prussian economic and political elites. Borek further analysed the names of differentiated structures. When considering the names of 15 colonies, 15 percent were based on the older indigenous forms, phonetically modified to a certain extent (Brzezina → Bresina, Kopalina → Kopaline, Odrowąż → Odrowanz). The remaining 25 percent of place names were derived from earlier Slavonic transfor-

52 Schlenger: Friederizianische Siedlung (footnote 15), pp. 343f.

53 Borek: Kolonizacja fryderycjańska (footnote 8), pp. 21–52, here pp. 44–50.

mations, with distinguishing parts added (Mokre → Mokrau → Klein Mokrau). The main reason for some 40 percent of colony names in the Upper Silesia region having direct or indirect Slavonic origin may be ascribed to the fact that Poles constituted the majority of the colonists in some parts of the region. This fact has been reiterated by many historians. Furthermore, many Upper Silesian colonies were established in the vicinity of villages that were already established with Slavonic names, which consequently influenced the new names. A general overview of place names in the Lower Silesia region indicates that the percentage of the colony names with Slavonic origin was considerably less. Apart from these various classifications, it is worth mentioning that some place names, such as Rosenhain and Neu Welt, were typical "Wunschnamen", or aspirational names, aiming to attract colonists to desired characteristics.[54] In the cases where Polish-speaking Silesians dominated in the ethnic composition of the new colonies, indigenous equivalents of the German place names were frequently created or, alternately, names derived from local, regional names, which reflected the growing process of assimilation.[55] After 1933, all place names of Slavonic origin in Silesia were replaced with German-sounding alternatives; as a result, the village Grabczok became Buchendorf, Odrowanz became Oderhöh, and Bresina became Nieder-Birken.

9. The contemporary naming of the colonies

After 1945, the majority of Silesia formed part of the so-called Recovered Territories ("Ziemie Odzyskane") within the Polish administration system. The act of renaming towns and villages was a fundamental part of the 'Polonisation' process, regarded as a national undertaking of the greatest importance. Initially, there was a lack of consistent guiding principles and several patterns were utilised until, finally, clearer general rules were established.[56] An analysis of the new names for former Frederician colonies confirms the different approaches: in the Opole Voivodeship, Schulenburg changed its name to Walidrogi, Massow to Masów, Königshuld became Osowiec and Kupferberg is now Miedziana (a part of this Polish name derives from the word copper). Some place names were simply translated directly from German to Polish,

---

54 Ibid., p. 26.

55 Ibid., p. 49.

56 Jun Yoshioka: Imagining their lands as ours: place name changes on ex-German territories in Poland after World War II. In: Hayashi Tadayuki, Hiroshi Fukuda (eds.): Regions in Central and Eastern Europe. Past and present. 21st Century COE Program Slavic Eurasian Studies 15, Slavic Research Center, Hokkaido University. Sapporo 2007, pp. 273–288, here p. 281. One of the rules set up for deciding new place names was to avoid direct translation of German place names into Polish, the other referred to the situation when a place name had several different forms. If there were only German names, either a Slavic name from the neighbouring area could be adopted or the name deriving from the former address of settlers. The 19th century Dictionary of geographical names of the Kingdom of Poland and other Slavic lands (*Słownik geograficzny Królestwa Polskiego i innych krajów słowiańskich*) was approved as a principal, substantial source in the process of renaming.

8 Bilingual name plate in Walidrogi/Schulenburg in the Opole district (photo by M. Adamska, 2016)

for instance Kreutzthal became Krzyżowa Dolina. Decisions were not always accepted by the local population, especially in Upper Silesia, where the so-called autochthons, or local community, had been living in the area for many generations with the former place names.[57]

Today, according to the Polish Act of 6 January, 2005, on national and ethnic minorities[58] and on regional languages, it is possible to introduce a traditional place name alongside the official place name in the minority's language.[59] Among the approximately 1,200 place names established in Poland up to July 2015, some 359 German place names have been re-introduced in 28 communes of Opole Voivodeship (346 place names) and in three communes of Silesian Voivodeship (13 place names). The list consists mostly of the names of villages, parts of the villages and hamlets, along with less numerous names of towns that were originally founded in the time of medieval settlement. As a result, travelling through the Voivodeship, one can now find bilingual name plates in many former Frederician colonies such as:

57 Yoshioka: Imagining (footnote 56), p. 285.

58 According to this Act there are nine national minorities (Armenians, Byelorussians, Czechs, Germans, Jews, Lithuanians, Russians, Slovaks, Ukrainians) and four ethnic minorities (the Karaim, the Lemko, the Roma, the Tatar) in Poland.

59 The place names in the minorities' languages can be introduced in the area of the whole commune or its part, the names cannot be used alone and always have to be placed after an official Polish name. Furthermore, the names in German minority's language cannot link to the place names given by the Third Reich's authorities within the years 1933–1945.

Miedziana/Kupferberg, Niwki/Tempelhof, Walidrogi/Schulenburg (ill. 8).[60] This is testament to the fact that Poland supports and respects its citizens of other nationalities. Furthermore, it is also witness to the complex and multicultural history of the Silesia region, a part of which reaches back to Frederician colonisation.

10. Strengths and weaknesses of the program

At the end of the 19th century, Colmar Grünhagen started to doubt whether the colonisation program had actually brought about significant advantages. He identifies four agricultural villages that were founded in the Wohlau district (currently Wołów) in Lower Silesia, in the area of Herrnstadt (currently Wąsosz), as being the most successful colonies; the largest of them being Königsbruch (currently Ługi). The village, composed of 40 farms, was inhabited by Dutch settlers engaged in breeding cattle and dairying. In 1781, there were 240 inhabitants living in Königsbruch.[61] Herbert Schlenger also mentioned these villages, calling them "Viehzüchtersiedlungen" ("Holländereien") ["cattle-breeder settlements", and "in the manner of the Dutch"]. The settlers there received a much bigger acreage of agricultural land in comparison to most Frederician colonists: in Königsbruch about 100–115 acres, in Bartschdorf (now Bartków) and Wilhelmsbruch (now Unisławice) about 50 acres.[62] At the opposite end of the spectrum, the previously mentioned forest colony Plümkenau stands out. Plümkenau was founded in 1772 in the Opole district, where the colonists, upon arrival, found that the houses were not all completed and the agricultural lands required clearing, which resulted in famine and diseases.

Many researchers primarily evaluate the Frederician colonisation in Silesia in terms of results. They calculate that the program, although carried out under strict schedules and controls, resulted in limited benefits when compared to the considerable resources invested (e.g. Grünhagen, 1892; Helmigk, 1937; Salmonowicz, 1985; Hawranek, 1989).[63] An analysis of the colonisation rules and implemented actions allows an evaluation of the numerous positive aspects of the program and also to assess the negative aspects. The colonisation's pre-planned character covering the entirety of Silesia was undoubtedly a significant advantage of the program. The complex regulations, establishing the economic, organisational and technical aspects of the colonisation allowed the foundation of colonies to be replicable to some extent. The idea of model plans for the houses and outbuildings to be erected, which creates an entire complex within a single colony, can be compared to contemporary real estate development processes. In addition, the recruitment of architects and engineers

60 In some cases both names are similar to each other (Masów/Massow, Chorula/Chorulla, Dębowa/Dembowa) or sound the same in case of the villages Biadacz or Turawa.

61 Grünhagen: Schlesien, vol. 2 (footnote 1), pp. 548f.

62 Schlenger: Friederizianische Siedlung (footnote 15), p. 341.

63 Grünhagen: Schlesien, vol. 2 (footnote 1); Helmigk: Oberschlesische Landbaukunst (footnote 2); Stanisław Salmonowicz: Fryderyk II [Frederick II]. Wrocław 1985; Hawranek: Historyczne uwarunkowania (footnote 11).

employed by the state for the specific purpose of colonisation was an innovative idea. It is also worth mentioning that Frederick II introduced several innovative solutions for social assistance. In rural areas of Silesia, in the case of a fire, local bad crops, or cattle plague, inhabitants of neighbouring villages were obliged to support and help those negatively affected. What is more, the new state-owned stores for agricultural products were established to control prices in both periods of good and bad harvests.[64] Moreover, the king visited Silesia twice a year, not only to inspect the fortresses, but also to exert control over the administrative system and to assess the state of the Silesian economy. These visits illustrated the king's personal involvement and his direct rule, which was manifested in constantly issued edicts and regulations, as well as demands for detailed reports and statistics on the state of the country. The king's successors, Frederick Wilhelm II and Frederick Wilhelm III, continued to visit Silesia. The Prussian monarchs' efforts to maintain personal contact with the lords differed considerably from the politics of the Habsburg rulers of Silesia who, from the beginning of the 17th century until 1740, had not appeared once in their lands.[65]

The colonisation program also had many weaknesses. Unfortunately, as a result of cost-saving building rules, the construction work in the colonies was often of poor technical quality and frequently required repairs just after erection. The houses usually had no proper foundations, or mere field stones or oak logs at best. Furthermore, the half-timbered structure with daub and wattle infill did not guarantee lasting durability.[66] Only at a later stage of the program, from 1771 onward, did it become a standard rule to erect houses before the arrival of colonists. This was Minister Karl Georg von Hoym's initiative, resulting from the difficulties incurred in recruiting foreign colonists. In reality, building work was not always completed before colonists' arrival, and some houses were left unfinished.[67] It is well known that the Frederician colonisation was mostly carried out on the less fertile and even barren lands. Moreover, in the case of forest colonies, there was, often as not, a need to clear the forest first, even if only in part. As a consequence, in some cases, a small additional remuneration in the form of grain and hay was subsidised.[68] The small acreage of lands assigned to the colonists was an additional weakness. The lands were often insufficient to feed a family, especially when located in forests or remote areas. When this resulted in famine and diseases, despairing colonists from several settlements in the Opole district issued complaints to the Chamber of War and Domains, asking for financial support, even though these requests were usually rejected due to the king's cost-saving policy.[69] Colmar Grünhagen described how some colonists returned to their original villages or, in the case of better qualified individuals, searched

---

64 Wąs: Dzieje Śląska (footnote 13), p. 240.

65 Ibid., pp. 243f.

66 Helmigk: Oberschlesische Landbaukunst (footnote 2), pp. 188f.

67 Juros: Zagwiździe (footnote 9), pp. 58f.

68 Ibid., p. 65.

69 Helmigk: Oberschlesische Landbaukunst (footnote 2), p. 208. Those were colonists from Georgenwerk, Neuwedell, Plümkenau, Süsenrode, Zedlitz in the Opole district, the requests were written within the years 1773–1775.

for other employment opportunities. Some even opted for theft or poaching, simply to survive.[70] In the County of Kladsko in Lower Silesia, many colonies were founded in highland areas at altitudes of up to 800 m above sea level. The severe climate conditions and steep slopes did not favour agriculture, and when weaving, the colonists' second significant source of income, suffered a loss of relative importance and demand in the 19th century, gradual depopulation of many colonies in this part of Silesia followed, as exemplified by the village of Neissbach (currently Potoczek).

11. The contemporary results

One significant result of the Frederician colonisation in Silesia is undoubtedly the expansion of the region's settlement network. The colonies founded in the forested or highland areas, in less fertile and even barren lands, extended the system of villages which had mostly been established in the Middle Ages. Although some settlements, such as in the former County of Kladsko, were depopulated and no longer exist, many contemporary villages in the region originate from the 18th century colonies. Some developed intensively, others stagnated and depopulated.[71] Case studies of two typical colonies founded in 1773, Derschau and Neuwedell in the Opole district, which numbered 20 farms each at that time, illustrate these processes. The former colony Derschau, mentioned above as an ideal layout fulfilling the rules of symmetry and regularity, is now the dynamically developing village Suchy Bór. The village has more than 900 inhabitants and is well connected to the road and railway network. The former colony of Neuwedell (ill. 9), located in the vast forest region far from most other towns, is now the hard-to-reach village of Święciny, which is continuing to depopulate with a current total of about 50 inhabitants (ill. 10). Spatial analyses of the former colonies, based on the contemporary maps and satellite images, demonstrate that the original linear layouts and ownership patterns determined the directions of their later spatial development. These layouts are still readable in the villages' present plans.

As far as the technical and physical aspects of development are concerned, the Frederician colonisation introduced the half-timber structure to the Upper Silesian rural building craftsmanship. Although it had to compete with the traditionally used log structure, it did ultimately become established, albeit by the imposition of edicts. Unfortunately, due to their limited durability, especially in case of the wattle and daub infill, not many examples have been preserved to the modern day (ill. 11). It would appear that a greater number of various rural development types have been preserved in Lower Silesia, although some require immediate repairs and conservation.

---

70 Grünhagen: Schlesien, vol. 2 (footnote 1), p. 549.

71 A separate analysis of colonies' histories and stages of their development would allow an indication of the factors (i.e. geographical, economic, social, demographic), which have resulted in progress and the others constituting its barriers.

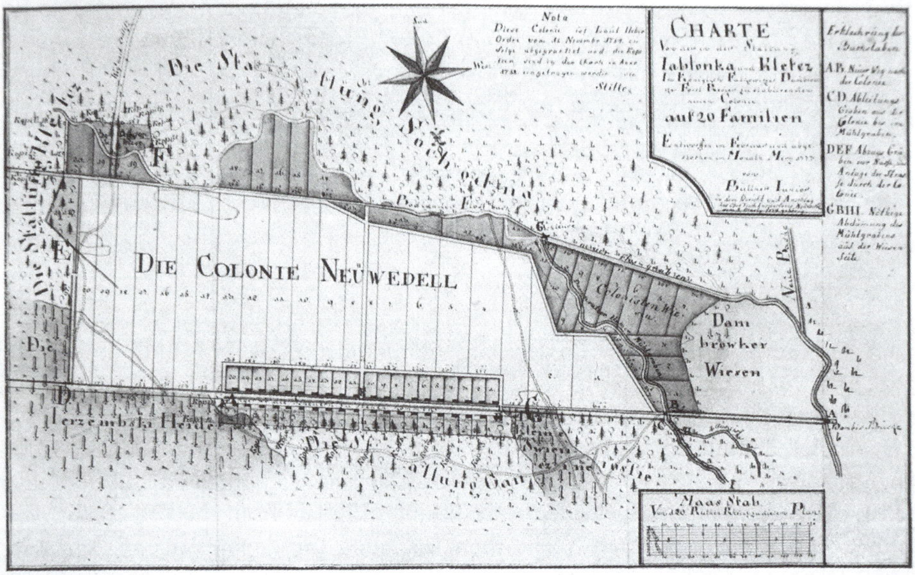

9 Site plan of the colony Neuwedell (presently Święciny) founded in 1773 in the Oppeln district (source: Hans Joachim Helmigk: Oberschlesische Landbaukunst um 1800 [footnote 2], ill. 245, p. 197)

10 A general view of the village Święciny/Neuwedell in the Opole district (photo by M. Adamska, 2014)

11 Example of an 18th century log-structured house preserved in the village Pokój (formerly Carlsruhe) founded by the Duke of Württemberg-Oels Karl Christian Erdmann (photo by M. Adamska, 2016)

The colonisation process that initially started in the 18th century was markedly interrupted after World War II. Following the Yalta Conference's decisions, the vast majority of Silesia was incorporated into Poland. This resulted in the extensive resettlement of German Silesians, followed by the displacement of Poles from the former eastern territories of Poland – the Kresy region and other parts of the country. The operation, which generally lasted until 1950, had a greater impact in the rural areas of Lower Silesia than in Upper Silesia, where the indigenous population was more numerous and claimed Polish ethnicity. Most descendants of Czech immigrants were also expelled from their villages. This occurred in Hussinetz in Lower Silesia and in Friedrichgrätz in Opole Silesia. In the first village, renamed Gęsiniec, a small community of Protestants still remains – descendants of the Czech immigrants. The second village, called Grodziec, is fully inhabited by repatriated citizens from the Kresy region, originating from Biłka Szlachecka. These communities cultivate customs and ceremonies brought by their parents and grandparents from their homeland in the east.

Although some policies for the economic development of Silesia proved to be good ideas and resulted in relative financial prosperity for a few decades, the achievements and advancements resulting from the industrial revolution at the end of 18th century saw some branches of Silesian industry and craftsmanship start to fall into stagnation. The metal industry in the Mała Panew river valley in Opole Silesia deserves particular note as a starting point. The rapid development of steelmaking technologies at the end of the 18th century reduced the importance of and demand for the erstwhile most advanced ironworks, which affected the main source of colonists' income in this area. Currently, only the ironworks in Zawadzkie and the forge in Osowiec remain as a testimony to this one time significant hub of the metal industry in Opole Silesia.

12. Conclusions

King Frederick the Great's innovative project for colonisation in Silesia proved to be a far-reaching strategy in many aspects, especially for the economic development of Upper Silesia in the 18th and 19th century. In fact, the concept only became noticeably outdated towards the end of the 20th century, when new socio-economic conditions and a genuine need to restructure Polish heavy industry became apparent.[72] The complex and modern character of the king's detailed planned program covering the entire Silesia region is particularly noteworthy. Its economic, organisational and technical regulations established most of colonisation's elements, such as recruitment rules, colony construction, the building of industrial plants and resource management.

Under the program, about 60,000 colonists settled in Silesia, reinforcing, to some extent, the region's sparse population, although numbers decreased markedly as a result of the Silesian Wars[73] and the Great Famine from the years 1771–1772.[74] However, despite these adversities, the population of Silesia itself grew dynamically in the 18th century, from about 1,136,000 inhabitants in 1748 to 1,716,000 in 1787.[75] By comparison, the number of people settling in Silesia on the basis of the colonisation program constitutes only approximately three percent of the region's entire population in 1787. The main reasons behind the program's limited success in its demographic aspects cannot be limited simply to the difficult living and economic conditions for the colonists, but the harsh reality of the insufficient area and fertility of their allocated lands. In addition, the limited durability and low technical quality of the buildings did not constitute incentives for settling down. In a report on his visit to Silesia in 1783, Minister von Hoym wrote about the poor physical state of the colonies' development, the numerous abandoned farms and the widespread hunger.[76]

---

72 Irma Kozina: Wczesna architektura przemysłowa [The early industrial architecture]. In: Chojecka (ed.): Sztuka Górnego Śląska (footnote 3), pp. 173–183, here p. 174.

73 It is estimated that the Wars cost the lives of around 150,000 victims. Piwarski: Historia Śląska (footnote 39), p. 267.

74 About 112,000 people starved to death in the entire Kingdom of Prussia. Wąs: Dzieje Śląska (footnote 13), p. 238.

75 Ibid.

76 Hermann Fechner: Wirtschaftsgeschichte der preussischen Provinz Schlesien in der Zeit ihrer provinziellen Selbständigkeit 1741–1806 [Economic history of the Prussian Province Silesia in the time of its provincial independence 1741–1806]. Breslau 1907, p. 152.

King Frederick II justly considered every working man to be a part of the Kingdom's wealth, valuing the most diligent and efficient people.[77] However, the most desirable individuals were the settlers specialising in such sectors as the metal industry, mining, weaving, breeding and various types of craftsmanship in order to implement the king's vision for the economic development of Silesia. The colonists' experiences from regions such as Bohemia, Moravia, Saxony, Austria and Poland, were used not only to revive Silesian economy, but also to steer it in new directions. Gradually and steadily, some local workers were also trained and the migration experience radiated out. Case studies show that, with the exception of those colonies inhabited entirely by Czech or German immigrants, there were settlements that were successfully created from multinational groups. Even today, this last idea sounds very innovative, and can be compared to the coexistence of multicultural communities in contemporary Europe.

It should also be remembered that, after the Middle Ages, the Frederician colonisation was the second regular and planned program of establishing new villages in Silesia. Once started, its processes were ongoing on a smaller scale in the less attractive and under populated areas of the region.

Through the ages, Silesia has been an area of migration, both voluntary and compulsory. The earliest migration dates back to medieval colonisation, during which settlers from the west came to the area to found new towns and villages, based first on Flemish law, and later on German law. They brought western cultural experiences which were implemented in the new territory. According to Hawranek, a notable number of German settlers, accompanied by more numerous Flemish citizens and Walloons, came into Opole Silesia at that time.[78] The Frederician colonisation initiated the second migration, which continued into the 19th century. Many new colonies were inhabited not just by foreigners, but also by local people from neighbouring towns and villages. This must have resulted in some flow of multicultural inspiration, knowledge and experiences. Detailed case studies of selected colonies might help to formulate an answer to questions on this issue. The biggest migrations in Silesia took place in the 20th century. First in 1920s, after the partition of Upper Silesia, next after 1945, when significant and extensive resettlement of the German population was conducted, followed by the displacement of Poles from the Kresy region. Although they tried to establish themselves in a new environment, it is known nowadays that this process was accompanied by a definitive sense of uprooting, as well as by a lack of bonding with the new environment, which was fundamentally perceived as alien. And yet, at the same time, the Germans displaced from Silesia still cherish nostalgic memories of their lost homeland.

---

77 Schmitz: The colonization (footnote 35), p. 47.

78 Hawranek: Historyczne uwarunkowania (footnote 11), p. 23.

João Claudio Arendt, Gerson Roberto Neumann

Brasilien als Ziel der deutschen Auswanderung

> „Wer noch einmal glücklich will leben, der muss sich auf die Reise nach Brasilien begeben."
> Anonym[1]

1. Einleitung

Migrationen, Wanderungen, sind mit der Geschichte der Menschheit verbunden. Laut Ottmar Ette und seinem Buch *Konvivenz. Literatur und Leben nach dem Paradies* ist die Vertreibung von Adam und Eva aus dem Paradies eine schon in der Bibel erzählte Wanderung.[2] Nach einem großen Sprung in der Geschichte gelangen wir in das 18. Jahrhundert und blicken auf die deutsche Auswanderung nach Übersee, in die Vereinigten Staaten. Bis zum Anfang des 19. Jahrhunderts ist von einer möglichen Auswanderung nach Brasilien in Deutschland[3] noch kaum die Rede. Der junge unabhängige südamerikanische Staat ist im 19. Jahrhundert von großen politischen und wirtschaftlichen Umwälzungen geprägt. Es fehlen Arbeiter und Menschen zur Besiedlung. Der Sklavenhandel wird offiziell, auf internationaler Ebene, verboten (obwohl er noch lange trotz Verbots betrieben wird); dies führt zu einem Mangel an ‚kräftigen Armen' im Land.

Im dicht bevölkerten deutschsprachigen Raum mangelt es an Arbeit, und auf dem Lande herrscht Armut. Eigentlich hätte die Möglichkeit zur Auswanderung eine gute Kombination der Interessen der arbeitslosen und armen Deutschen und der Ziele der brasilianischen Besiedlungspolitik bilden sollen, aber die brasilianischen Großgrundbesitzer mit ihrem Interesse am Sklavengeschäft stehen der Einwanderungspolitik des Staates lange Zeit als Gegner gegenüber.

Der vorliegende Beitrag zielt darauf, das Thema der Auswanderung aus dem deutschsprachigen Raum nach Brasilien besonders im 19. Jahrhundert zu beleuch-

---

1 Ferdinand Schröder: Die deutsche Einwanderung nach Südbrasilien bis zum Jahre 1859. Berlin (Verlag Ev. Hauptverein für Deutsche Ansiedler und Auswanderer) 1930, S. 41.

2 Ottmar Ette: Konvivenz. Literatur und Leben nach dem Paradies. Berlin 2012 (Reihe Ableger 13), S. 9ff.

3 Wegen der vielen Grenzänderungen im 19. Jahrhundert wird gegenüber dem Ländernamen „Deutschland" meist dem Begriff „deutschsprachiger Raum" der Vorzug gegeben. Wie bei Peter Marschalck wird hier unter „Deutschland" das kleindeutsche Reichsgebiet, also ohne Österreich, verstanden. Vgl. Peter Marschalck: Deutsche Überseewanderung im 19. Jahrhundert. Ein Beitrag zur soziologischen Theorie der Bevölkerung. Stuttgart 1973 (Industrielle Welt. Schriftenreihe des Arbeitskreises für moderne Sozialgeschichte 14), S. 50; Reinhard Rürup: Deutsche Geschichte. Bd. 8: Deutschland im 19. Jahrhundert: 1815–1871. Göttingen 1984.

ten. Das Thema Migration gehörte schon immer zum Leben vieler Gesellschaften. Heute begeben sich Tausende Menschen vom Norden des afrikanischen Kontinents und von Vorderasien nach Europa, viele von ihnen nach Deutschland. Im 19. Jahrhundert hat dagegen eine große Menschenbewegung aus dem deutschsprachigen Raum nach allen Richtungen stattgefunden, besonders in beide Teile Amerikas, und Brasilien wurde das Ziel vieler Deutschen.[4] Dies hat Spuren hinterlassen, was bis heute ohne Schwierigkeiten zu bemerken ist. In diesem Beitrag sollen ein kurzer Überblick über die historischen Hintergründe der deutschen Auswanderung nach Brasilien geboten und daran anschließend Aspekte der deutschen Präsenz in der brasilianischen Literatur diskutiert werden.

2. Brasilien und die deutsche Einwanderung

Im 19. Jahrhundert führen viele Faktoren zur Forderung nach einer europäischen Einwanderung in Brasilien: 1808 muss das portugiesische Königshaus Bragança wegen Napoleons Marsch Richtung Portugal nach Brasilien fliehen. Damit erlebt Brasilien einen Wendepunkt in seiner Geschichte, denn von einem Augenblick zum anderen wird die Kolonie zum Sitz der königlichen Familie. Das ist der Anfang der Unabhängigkeit des Landes. In Rio de Janeiro öffnet der König Johann, kurz nach seiner Niederlassung im Lande, den Schiffen aller befreundeten Nationen die brasilianischen Häfen. Das bedeutet die Öffnung des brasilianischen Landes zur Welt. Zu dieser Zeit ist England die erste Macht auf dem Meer und beschützt Portugal vor möglichen Angriffen, hauptsächlich der Franzosen, die den Spaniern beistehen. So ist England Portugals wichtigster Verbündeter und hat freien Zugang zum portugiesischen Territorium. Im Jahre 1810 übernimmt Portugal die Vereinbarung zur Abschaffung des Sklavenhandels. Um die Sklavenarbeitskraft zu ersetzen, sollen Europäer einwandern. Im Jahre 1817 heiratet der Kronprinz Dom Pedro I. die Großherzogin Leopoldina von Österreich.[5] Dadurch wird eine kulturelle Brücke zum deutschsprachigen Raum geschlagen und der deutschsprachigen Einwanderung der Weg geebnet.

Von Anfang an bilden sich im brasilianischen Einwanderungskontext verschiedene Kolonisationssysteme. Bei der Untersuchung der Einwanderungsgeschichte in Brasilien müssen die kulturellen, geografischen und klimatischen usw. Eigenheiten der einzelnen Regionen beachtet werden. Die Arten der Besiedlung, die zum Beispiel

4 Siehe dazu Dirk Hoerder: Geschichte der deutschen Migration vom Mittelalter bis heute. München 2010; Friedrich Burgdörfer: Die Wanderungen über die deutschen Reichsgrenzen im letzten Jahrhundert. In: Wolfgang Köllmann, Peter Marschalck (Hg.): Bevölkerungsgeschichte. Köln 1972 (Neue wissenschaftliche Bibliothek 54), S. 282–322; Klaus J. Bade (Hg.): Auswanderer – Wanderarbeiter – Gastarbeiter. Bevölkerung, Arbeitsmarkt und Wanderung in Deutschland seit der Mitte des 19. Jahrhunderts. 2 Bde. Ostfildern 1984; Hansheinz Keller: Die Brasilienauswanderung aus dem Hunsrück – Symptom einer geistigen Strömung. In: Zeitschrift für Kulturaustausch 16 (1966), Heft 4, S. 228–232.

5 Schröder: Die deutsche Einwanderung (Anm. 1), S. 27–29.

in São Paulo und Rio de Janeiro als Modell dienen, unterscheiden sich von denen in den südlichen Bundesstaaten. Vier Arten der Kolonisation bildet die deutsche Einwanderungsbewegung in Brasilien heraus: die Regierungskolonien, die Gesellschaftskolonien, die Privatkolonien und die Parcerie-Kolonien oder Halbpachtkolonien.

Bevor diese Kolonisationsformen näher erläutert werden, hier zunächst eine knappe Beschreibung jeder dieser Arten: Die kaiserlichen Regierungskolonien waren von der Zentral- oder Bundesstaatsregierung gesteuert; die Regierung gab den Einwanderern Land und Werkzeug und stand offiziell für erste Hilfsmaßnahmen zur Verfügung. Die Gesellschaftskolonien funktionierten etwas anders: Eine brasilianische oder ausländische Gesellschaft kaufte oder bekam von Brasilien Land, das zwischen den Einwanderern aufgeteilt werden sollte und später abbezahlt werden musste oder nicht, je nach den brasilianischen Gesetzen zur Zeit der Anfertigung des Vertrages. Die Privatkolonien funktionierten fast genauso; der Unterschied zu den Gesellschaftskolonien bestand darin, dass eine Privatperson das Land von der brasilianischen Regierung bekam oder erwarb. Die Parcerie-Kolonien oder Halbpachtkolonien waren etwas anders geregelt: Der arme Auswanderer, der die Kosten der Überfahrt nicht übernehmen konnte, bekam die Schiffsreise und die Einrichtung in Brasilien von einem Grundbesitzer bezahlt; der Einwanderer musste jedoch alle Schulden durch seine Arbeit für den Grundbesitzer, der oft ein Großgrundbesitzer war, abbezahlen.[6]

Mit den Einwanderern wurden Verträge über das Land, alle Arbeitsmaterialien, Vieh und Saaten abgeschlossen. Ferdinand Schröder zitiert im Buch *Die deutsche Einwanderung nach Südbrasilien bis zum Jahre 1859* das älteste Muster für derartige Verträge, die noch vom König unterschrieben wurden:

> Freie See- und Ueberlandreise [nach und] in Brasilien; ein freies Stück Land mit vorläufigem Haus; für eine Familie mit 3–4 Köpfen ein Ochse oder Pferd zum Zug, zwei Milchkühe, vier Schafe, zwei Ziegen, zwei Schweine, Samen von Weizen, Bohnen, Reis, Mais, Lein, Hanf, Ricinusöl (zu Brennöl), Größere Familien entsprechend mehr. Zum Unterhalt im ersten Jahr pro Kopf und Tag 160 Reis,[7] im zweiten Jahr 80 Reis; die Einwanderer sollten einen Wundarzt und Apotheker mitbringen, ferner 2–4 Geistliche, die wie die brasilianischen gestellt werden sollten. Für den Bau und die Ausstattung der Hauptkapelle am Stadtplatz wollte der König sorgen.[8]

Viele dieser Versprechungen wurden jedoch nicht erfüllt; das unterbrach aber nicht den Schwung der in den 1820er Jahren einsetzenden deutschen Auswanderungsbe-

6 Zum Thema siehe weiter Hundert Jahre Deutschtum in Rio Grande do Sul. Hg. vom Verband Deutscher Vereine. Porto Alegre 1924, S. 41–48; Joseph Hörmeyer: Südbrasilien. Ein Handbuch zur Belehrung für Jedermann, insbesondere für Auswanderer. Hamburg 1857, S. 273–282; Débora Bendocchi Alves: Das Brasilienbild der deutschen Auswanderungswerbung im 19. Jahrhundert. Berlin 2000, S. 45ff.

7 Real – Réis: Währung der Kaiserzeit.

8 Schröder: Die deutsche Einwanderung (Anm. 1), S. 32; siehe auch Paul Aldinger: Deutsche Mitarbeit in Brasilien. Kurze Uebersicht über die Geschichte des Deutschtums in Brasilien. Curityba 1923, S. 48.

wegung. Da Dom Pedros Wunsch die Ansiedlung deutscher Bauern war, erließ er am 16. März 1820 eine „Verordnung über Kolonisation“:

1. S. M. bewilligt den fremden Kolonisten, welche nach Brasilien kommen, um sich dort niederzulassen, zu ihrer Ansiedlung unentgeltlich gewisse Strecken des Landes. Diese Strecken werden eine Quadratlegua enthalten, etwas mehr oder weniger nach der Anzahl der Familien und Personen, aus welchen die Kolonie besteht.

2. Wenn die Kolonie aus verschiedenen Familien besteht, welche sich zur Bildung derselben vereinigt haben, so wird das ihnen bestimmte Land in Stücke von ungefähr 400 Brassen ins Geviert (160000 Quadr. Br.) für jede Familie abgeteilt und dieselben nach dem Los unter die Familien verteilt werden. Zu gleicher Zeit wird man der Kolonie hinreichendes Gemeindeland und Land zur Anlage einer Stadt anweisen, sobald nämlich diese gebildet werden kann.

3. Wenn die Kolonie aus Arbeitern oder anderen Personen besteht, die ein Unternehmer versammelt und auf seine Kosten nach Brasilien führt, so wird das für die Kolonie bestimmte Land in zwei Teile geteilt, wovon der eine dem Unternehmer zufallen, der andere unter die von ihm hergeführten Familien oder Personen verteilt werden soll. Die Kgl. Regierung wird die Kontrakte und Kapitulationen der Unternehmer mit den von ihnen hergeführten Familien oder Personen für gültig anerkennen und auf Erfüllung derselben achten.

4. Die Kolonien, welche auf die eine oder andere der beiden erwähnten Arten angelegt werden, sollen 10 Jahre lang von dem Zehnten und von allen Abgaben auf den ihnen bewilligten Ländereien frei sein. Sollten aber die Kolonisten schon angebaute Ländereien kaufen, so werden sie von denselben die nämlichen Abgaben zahlen müssen, welchen die Eingeborenen in diesem Fall unterworfen sind. Auch werden sie gleich den portugiesischen Untertanen den Fünften von dem gefundenen Golde, sowie die gebräuchliche Zölle von Waren, mit denen sie etwa handeln wollen, zu entrichten haben.

5. Den Familien oder Personen, welche vor Ablauf von zehn Jahren nach Europa zurückkehren wollen, steht solches frei; sie können aber in dem Fall keineswegs über die ihnen verliehenen Ländereien verfügen, da solche alsdann wieder an die Krone fallen, welche dieselben entweder anderen Familien verleihen oder sonst nach Gutdünken damit verfahren wird. Wenn sie aber nach Ablauf von zehn Jahren in ihr Vaterland zurückkehren wollen, so ist es ihnen erlaubt, über die Ländereien nach Belieben zu verfügen.

6. Die Kolonisten, welche sich in Brasilien auf den ihnen unentgeltlich bewilligten Ländereien ansiedeln, sollen von der Zeit als Untertanen S. M. betrachtet werden und den Gesetzen und Gebräuchen des Landes unterworfen sein; sie sollen aber zugleich alle Vorteile und Vorrechte genießen, zu welchen die portugiesischen Untertanen berechtigt sind.

7. Jeder Koloniebezirk wird einstweilen von einem von S. M. zu ernennenden Direktor verwaltet werden, bis die Bevölkerung zahlreich genug ist, um ein Städtchen zu errichten und darin örtliche Verwaltungsbehörden nach portugiesischem Muster zu ernennen.

8. Alle Kolonisten müssen, um die vorerwähnten Rechte und Vergünstigungen genießen zu können, römisch-katholischer Religion und als Personen von guten Sitten und Grundsätzen bekannt sein. Beides haben sie durch gehörige Zertifikate darzutun, welche von den Ministern oder von den Beamten S. M. im Auslande beglaubigt werden müssen.[9]

9 Schröder: Die deutsche Einwanderung (Anm. 1), S. 33f.; Hundert Jahre (Anm. 6), S. 548; Vgl. Heinrich Handelmann: Geschichte von Brasilien. Berlin 1860, S. 955ff.

Nach den ersten vier privaten Kolonisationsinitiativen mit deutschen Einwanderern im kolonialen Brasilien begann eine neue Einwanderungsphase mit Unterstützung der brasilianischen Regierung. Im Jahre 1824 wurden die ersten deutschen Einwanderer auf Regierungskolonien angesiedelt. Regierungskolonien waren hierbei alle Kolonien, „die durch die Regierung, sei es durch die Zentralregierung oder durch die Staatsregierung oder auch durch die Munizipalverwaltungen, angelegt wurden.“[10]

Ständig war der Kaiser Dom Pedro mit der Opposition konfrontiert, also mit den Landeigentümern (Pflanzeraristokratie), die ihre großen Ländereien weiterhin mit Sklavenarbeit sichern wollten und sich folglich vehement einer europäischen Einwanderung entgegenstellten. Zudem herrschte auch Angst vor einer Überfremdung durch massenhafte Ansiedlung von Einwanderern und vor einer Gefahr für die politische Suprematie Brasiliens („Deutsche Gefahr“).[11]

Zu Beginn konnte Dom Pedro sich jedoch noch gut durchsetzen. Durch einen Erlass vom 20. April 1824 konnten fortan auch evangelische Kolonisten in Brasilien einwandern, denen durch den Artikel 5 der Verfassung vom 25. März 1824 Religionsfreiheit gewährt wurde. Die Religion des Reiches blieb aber die katholische; allen anderen Religionen wurde nur der häusliche Gottesdienst in bestimmten Häusern, jedoch ohne äußere Kirchenform (d.h. ohne Türme und Glocken) gestattet. Bis 1863 waren die evangelisch geschlossenen Ehen gerichtlich ungültig, und die katholischen Pfarrer brauchten auf die Ehen der Nicht-Katholiken keine Rücksicht zu nehmen.[12] Aber „entgegen häufigen Behauptungen der damaligen deutschen Presse fand keine allgemeine Unterdrückung der protestantischen [...] Einwanderer statt.“[13]

Aus den ersten noch vor der Unabhängigkeit zwischen der kaiserlichen Regierung und den deutschen Einwanderern im Februar und März 1824 geschlossenen Verträgen ist eine Verbesserung – und nicht, wie häufig behauptet: eine Verschlechterung – in Konfessionsfragen ablesbar. Die Regierung versprach den Einwanderern darin:

1. Die Reise derjenigen Deutschen zu bezahlen, welche als Kolonisten nach Brasilien kamen, die Kosten ihnen nicht in Rechung zu stellen, sondern der Staatskasse aufzuerlegen;

2. mit der Ankunft ihnen das brasilianische Bürgerrecht zu verleihen und sie sofort in den Genuss desselben eintreten zu lassen;

10 Hundert Jahre (Anm. 6), S. 41.

11 Ferdinand Schröder: Brasilien und Wittenberg. Ursprung und Gestaltung deutschen evangelischen Kirchentums in Brasilien. Berlin, Leipzig 1936, S. 32.

12 Aldinger: Deutsche Mitarbeit (Anm. 8), S. 50; Hundert Jahre (Anm. 6), S. 469; Schröder: Die deutsche Einwanderung (Anm. 1), S. 36.

13 Dietrich von Delhaes-Guenther: Die europäische Kolonisation in Rio Grande do Sul 1824–1914. Erfolgsgründe und Grenzen. In: Staden Jahrbuch. Beiträge zur Brasilkunde und zum brasilianisch-deutschen Kulturaustausch, São Paulo, Instituto Hans-Staden, Bd. 21/22, 1973–1974, S. 35–50, hier S. 41. Vgl. u. a. Hermann von Ihering: Rio Grande do Sul. Gera 1885 (Ueber's Meer. Taschenbibliothek für deutsche Auswanderer 11/12), S. 82f. und 192.

3. keinem Kultus, zu dem die Kolonisten sich bekennen, er sei wie er wolle, ein Hindernis in den Weg zu legen, eine Freiheit, die durch die Verfassung des Kaiserreiches garantiert ist;

4. jedem Kolonisten und jedem Familienvater ein abgabefreies und zugängliches Stück Land zuzuweisen, vermessen und abgesteckt, mit einem Flächeninhalt von 160.000 Quadratbrassen, teils Kamp (unbewaldetes Land), zum Ackerbau, teils Urwald;

5. jedem Kolonisten umsonst als freies Eigentum je nach der Größe der Familie zu geben: Pferde, Ochsen, Kühe, Schafe, Schweine usw.;

6. jedem Kolonisten täglich einen Franken (160 Réis) zu bezahlen und im zweiten Jahr die Hälfte, unterschiedslos pro Kopf der Familie;

7. die Kolonisten die ersten zehn Jahre von allen Steuern und Abgaben frei zu lassen, ebenfalls von allen Diensten dem Staat gegenüber;

8. den Kolonisten alles oben erwähnte umsonst und als freies Eigentum zu geben, allerdings unter der Bedingung, dass diese in den ersten zehn Jahren nichts veräußern dürfen. Erst nach Ablauf dieser Frist können sie nach Belieben mit ihrem Eigentum schalten, müssen dann allerdings auch Abgaben von ihren Produkten und ihrem Lande bezahlen.[14]

Die deutsche Einwanderung in Brasilien erhielt dadurch jedoch nicht die gewünschte Dynamik. Im Gegenteil: Während international Druck auf Brasilien zur Abschaffung der Sklaverei ausgeübt wurde, mehrten sich hingegen in der politischen Opposition Brasiliens die ablehnenden Stimmen gegen die deutsche Einwanderung. Nach der Konvention vom 23. November 1826 musste das neue Reich die Bestimmungen über den Sklavenhandel, die England mit Portugal ausgehandelt hatte,[15] anerkennen. Außerdem musste man sich zu dem Zugeständnis bequemen, dass drei Jahre nach der Ratifikation der afrikanische Sklavenhandel überhaupt abgeschafft und dem Seeraub gleichgestellt werden sollte. Diese Ratifikation erfolgte am 23. März 1827; demgemäß wurde am gleichen Datum 1830 der Sklavenhandel verboten.[16]

Im Bericht des Ministers Pedro de Araújo Lima an die Allgemeine Gesetzversammlung 1828 wird folgende Situation dargestellt:

> Die Bevölkerung des Kaiserreiches mehrt sich von Tag zu Tag; bei einem angenehmen Klima, bei fruchtbarem Boden, muss Brasilien die Zahl seiner Söhne wachsen sehen wenigstens in gleichem Maße wie die Vereinigten Staaten von Nordamerika [...]. Der Sklavenhandel lässt nach und wir stehen vor der Notwendigkeit, diese Lücke ausfüllen zu müssen. Wir müssen Person und Eigentum sicherstellen, Freiheiten für Ackerbau und Gewerbe schaffen, die Kontrakte zwischen Besitzern und Pächtern garantieren, besonders bei Ausländern, die Beschaffung von Subsistenzmitteln erleichtern: das wird Arme (braços), Geld und Industrie herbeiziehen [...]. Brasilien braucht Arme, fleißig und arbeitsam.[17]

14 Schröder: Brasilien und Wittenberg (Anm. 11), S. 31.

15 Seit der Parlamentsakte vom 25. Mai 1807 hatte der von England ausgehende Druck Brasilien bereits 1810 veranlasst, im Handelsvertrag mit England den Sklavenhandel grundsätzlich zu verdammen. Einen Schritt weiter gingen die Konventionen vom 22. Januar 1815 und 28. Juli 1817 mit Additionalartikel vom 11. September 1817, welche das gegenseitige Untersuchungsrecht, die Einsetzung gemischter Kommissionen zur Aburteilung der Preise usw. feststellte.

16 Handelmann: Geschichte (Anm. 9), S. 935ff.

17 Coll. das Leis e Decretos, Bd. III, S. 29, zit. n. Schröder: Brasilien und Wittenberg (Anm. 11), S. 32f.

Im Jahre 1829 äußerte sich der Kaiser in einer Thronrede über eine Erleichterung der Überfahrt deutscher Kolonisten:

> Es ist nötig, der Entwicklung der Landwirtschaft hilfreich zur Seite zu stehen, es ist absolut nötig, die Überfahrt zu erleichtern und die Erwerbung guter Kolonisten zu fördern, welche die Zahl der „Arme" mehren, die wir brauchen.[18]

Den Bestrebungen des Herrschers stand jedoch die von der Opposition betriebene Politik der Sparsamkeit entgegen.

Lange Zeit hielt der politische Streit um die europäische Einwanderung an. In der ersten Einwanderungsphase behielt die Opposition zumeist die Oberhand, sodass im Jahre 1830 das Budget gekürzt, die fremden Truppen entlassen und die Ausgaben für fremde Kolonisten verboten wurden. Im Jahre 1832 wurden noch genaue Bedingungen für die Naturalisation festgestellt, nachdem die Kolonisten diese zuvor automatisch mit der Einwanderung durch Angebot des brasilianischen Kaiserreichs erhalten hatten.[19]

Hauptsächlich in den Bundesstaaten nördlich von São Paulo, in denen sich die politische Macht der großen Landeigentümer konzentrierte, stieß die Einwanderungspolitik auf wenig Interesse, und so kamen dort die Besiedlungsideen des Kaisers nicht zum Zuge. Das spiegelt sich in der Zahl der Einwanderer wider: Bis 1829 waren lediglich ca. 4.000 Menschen in den Bundesstaat Rio Grande do Sul, den südlichsten Bundesstaat Brasiliens, eingewandert.[20] In den südlichen Bundesstaaten, in denen die europäische Einwanderung schon lange zur Realität gehörte, versuchten die Präsidenten der Staaten Santa Catarina und Rio Grande do Sul ein Kolonisationsgesetz[21] zu verfassen. Santa Catarina schaffte dies im Jahre 1836. In Rio Grande do Sul gelang es erst nach dem Farrapenkrieg[22] im Jahre 1851. Dies ist kein Zufall, denn während in den nördlichen und mittleren Staaten, Pernambuco, Bah-

---

18 Schröder: Brasilien und Wittenberg (Anm. 11), S. 55.

19 Schröder: Die deutsche Einwanderung (Anm. 1), S. 56; Jean Roche: A colonização alemã e o Rio Grande do Sul – I e II. Trad. Emery Ruas. Porto Alegre 1969, S. 99.

20 Schröder: Die deutsche Einwanderung (Anm. 1), S. 47.

21 Schröder zitiert die Gesetze von Santa Catarina (S. 62f.) und von Rio Grande do Sul (S. 70f.). In der Allgemeinen Auswanderungszeitung, Nr. 27, 1854, S. 107, werden die Gesetze erwähnt: Gesetze für eine geregelte Einwanderung für jeden Bundesstaat. Diese Gesetzgebung erleichterte die europäische Einwanderung in die Bundesstaaten. Für das ganze Land Brasilien hingegen erschwerten die großen Landbesitzer die Einwanderungsregelungen, da sie weiter mit Sklaven arbeiten wollten. Das Kolonisationsgesetz wurde von der Zentralregierung anerkannt, und so hatte der Bundesstaat mehr Autonomie für die Regelung einer eigenen Einwanderung, unabhängig von den Interessen der Sklavenbesitzer aus dem Norden.

22 Ein zehnjähriger Krieg (1835–1845) zwischen den zentralistischen Republikanern und den Föderalisten der Provinz Rio Grande do Sul. Die Farrapen-Revolution (Portugiesisch „Guerra dos Farrapos" oder „Revolução Farroupilha", wörtlich: Krieg der Zerlumpten) war ein Krieg zwischen Aufständischen der damaligen südbrasilianischen Provinz São Pedro do Rio Grande do Sul (heute Rio Grande do Sul) und dem Kaiserreich Brasilien. Die Revolution dauerte vom 19. September 1835 bis zum 1. März 1845. In dem Krieg ging es um politische und wirtschaftliche Differenzen. Das Hauptziel der Aufständischen war die Unabhängigkeitserklärung des südlichsten Bundesstaates.

ia und Rio de Janeiro, die freie Bevölkerung und die Sklaven sich die Waage hielten, lagen die Verhältnisse in Santa Catarina anders: Hier machten 1840 die Sklaven nur 20 Prozent der Bevölkerung aus. Danach, in der zweiten Einwanderungsphase in der zweiten Hälfte des 19. Jahrhunderts, nahm die deutsche Einwanderung zudem bedeutend zu.[23]

Die erfolgreichste und auch bekannteste Privatkolonie in Brasilien war die von Dr. Hermann Blumenau. Heute ist die Stadt, in der die Siedlung ihren Anfang genommen hat, nach ihrem Gründervater benannt. 1850 wurde die Kolonie am Itajaí-Fluss gegründet. Nach einer zweijährigen Reise durch Südbrasilien übermittelte Blumenau dem brasilianischen Kaiser sein Kolonisationsprojekt. Im damaligen Deutschland[24] warb er Menschen an, die an einem Neuanfang in Brasilien interessiert waren. Blumenau war der Verwalter der Kolonie, die sich aus eigenen Ressourcen finanzierte. Nach zehn Jahren erhielt die Siedlung Unterstützung seitens der brasilianischen Regierung. Dennoch blieb Blumenau weiterhin ihr Verwalter.[25]

Von der kaiserlichen Regierung bekam oder kaufte der Verantwortliche eine Landfläche, die den deutschen Familien verkauft werden musste. Außerdem hatte der Verwalter für die Organisation der Siedlung zur Verfügung zu stehen.

In ähnlicher Weise wurde die Kolonisation durch Gesellschaften bewerkstelligt. Ein deutsches Unternehmen oder ein Unternehmen mit Sitz in Brasilien kaufte oder erhielt Land von der brasilianischen Regierung und musste es in einer bestimmten Zeit mit Einwanderern besiedeln. Zwischen 1833 und 1850 bildeten sich in Deutschland dreißig private Auswanderungs- und Kolonisationsvereine, die die Auswanderungswilligen über die Möglichkeiten der Auswanderung informierten und dafür warben sowie anschließend ihre Überfahrt organisierten.[26] Die bekannteste Gesellschaft im Kontext der Auswanderung nach Brasilien wurde der 1849 von dem Kaufmann Christian Matthias Schröder (1778–1860) gegründete „Hamburger Kolonisationsverein für Südbrasilien“. In einem Vertrag der Gesellschaft mit dem Prinzen von Joinville und seiner Ehefrau Dona Francisca, der Schwester des Kaisers Dom Pedro II., wurde vereinbart, „dass der Prinz von Joinville Schröder anfangs 14.400 Hektar zur Verfügung stellen und später noch 19.200 Hektar dazugeben sollte. Schröder seinerseits musste innerhalb von fünf Jahren 1.500 Einwanderer in die Kolonie bringen.“[27]

Ähnlich wie Hermann Blumenau erging es auch dem Hamburger Kolonisationsverein. Wegen Mangels an Kapital war das Unternehmen ebenfalls auf eine von der

---

23 Schröder: Brasilien und Wittenberg (Anm. 11), S. 35ff.; Handelmann: Geschichte (Anm. 9), S. 38.

24 Zum Begriff Deutschland siehe Anm. 3.

25 Alves: Brasilienbild (Anm. 6), S. 59.

26 Zum Thema siehe die Arbeit von Agnes Bretting, Hartmut Bickelmann: Auswanderungsagenturen und Auswanderungsvereine im 19. und 20. Jahrhundert. Stuttgart 1991 (Von Deutschland nach Amerika 4).

27 Alves: Brasilienbild (Anm. 6), S. 61. Siehe Traugott Bromme: Hand- und Reisebuch für Auswanderer und Reisende nach Nord-, Mittel- und Süd-Amerika. Bamberg 1853, sowie die *Allgemeine Auswanderungs-Zeitung*.

brasilianischen Regierung gewährte finanzielle Unterstützung angewiesen. Ab 1855 erhielt die Gesellschaft pro Einwanderer einen Geldbetrag.

Noch kurz vor der Gründung der Kolonie Blumenau, im Jahre 1844, wurde ein kaiserliches Dekret über die Pachtarbeit der Einwanderer erlassen. Es zeigt die Absicht der Regierung, Menschen zur Arbeit heranzuziehen,

> setzt aber die drückendsten Bedingungen für die Einwanderer fest. Handwerkern und Ackerbauern soll von der Reichsregierung freie Überfahrt gewährt werden, doch dürfen dieselben drei Jahre lang die Provinz nicht verlassen, in der sie angekommen sind, ebenso lange keinen Landbesitz erwerben und keinen Handel treiben oder in ein Handelshaus eintreten.[28]

Meistens übernahmen die Grundherren die Kosten der Überfahrt der Arbeiterfamilie. Außerdem wurden die erste Einrichtung und die Mittel für den Grundlebensbedarf der Familie zur Verfügung gestellt. Nach Joseph Hörmeyer beruhten die Halbpachtkolonien

> auf dem Grundsatze, freie Arbeiter, Ackerbauern, welche gänzlich mittellos in Europa nur die Aussicht ewiger Armuth und Knechtschaft vor sich haben, speziell zur Betrauung der großen Kaffeepflanzungen der Centralprovinzen, in ein mehrjähriges Dienstverhältniß bei brasilianischen Grundbesitzern zu bringen.[29]

Die Neusiedler bekamen eine bestimmte Menge Kaffeebäume, die sie pflegen mussten. Von den Bohnen, die sie ernteten, erhielten sie jedoch lediglich die Hälfte. Die eine Hälfte mussten sie abgeben und mit der anderen mussten sie ihre Schulden abbezahlen. Auf diese Weise sollten sie allmählich ein neues selbstständiges Leben im Lande aufbauen. Dieses System brachte große Probleme mit sich, sogar politische Differenzen zwischen der brasilianischen und der preußischen Regierung, weil viele Einwanderer sich niemals vom Joch des Grundherrn befreien konnten.[30]

Die Kritik an der Einwanderungspolitik der Zentralregierung wurde immer stärker, weil es keine klare Stellungnahme gab. In einem Bericht vom 9. Juli 1846 lehnte der Hamburgische Konsul Hermann Schröder die Auswanderung nach Brasilien ab. In einem weiteren Bericht vom 24. März 1847 schrieb er Folgendes:

> [...] seit dem Schluss der Kammern beschäftigt man sich dafür [Kolonisations- und Landverkaufsgesetz] wenig oder gar nicht, und es scheint, als ob die Regierung kein Freund eines geregelten Kolonisationssystems ist, sondern aus Furcht oder Verletzung von privaten Interessen oder aus politischen Gründen die Sache ganz liegen lässt.[31]

---

28 Schröder: Brasilien und Wittenberg (Anm. 11), S. 37.

29 Hörmeyer: Südbrasilien (Anm. 6), S. 276.

30 Zum Thema siehe u. a. Thomas Davatz: Die Behandlung der Kolonisten in der Provinz St. Paulo und deren Erhebung gegen ihre Bedrücker. Chur 1858; Reinhardt W. Wagner: Deutsche als Ersatz. Arbeitsmigranten aus Deutschland in der brasilianischen Provinz São Paulo 1847–1914. Frankfurt a. M. 1995 (Berliner Lateinamerika-Forschungen 5); Béatrice Ziegler: Schweizer statt Sklaven. Schweizerische Auswanderer in den Kaffee-Plantagen von São Paulo (1852–1866). Stuttgart 1985 (Beiträge zur Kolonial- und Überseegeschichte 29).

31 Konsulatsbericht des hamburgischen Konsuls Hermann Schröder (Commerzbibliothek Hamburg), zit. n. Schröder: Brasilien und Wittenberg (Anm. 11), S. 37f.

Im Jahre 1848 wurde den Brasilianern der Sklavenhandel durch das Bill-Aberdeens-Gesetz (8. August 1848) untersagt. Der Sklavenhandel war „zwar noch unter dem Schutz der Regierung lebhaft betrieben“ worden, hatte jedoch „nicht mehr die nötigen Arbeitskräfte“ gebracht.[32] Diese mussten nun auf andere Weise herbeigeschafft werden, was wiederum eine intensivere europäische Einwanderung zur Folge hatte. In diesem Kontext begann die Pachtarbeit in den Kaffeeplantagen im Südwesten Brasiliens.[33]

In den 1850er Jahren änderte sich die Situation drastisch, vor allem wegen des Sklavenhandelsverbotes. Davon war auch in Deutschland bzw. Europa in den Zeitungen zu lesen, wie z. B. in der *Allgemeinen Auswanderungs-Zeitung* des Jahres 1852: „Die Thronrede des Kaisers zur am 3. dies. Stattgehabten Eröffnung der Kammern erklärte unter andern, dass mit energischer Unterdrückung der Sklaverei fortgefahren werden würde.“[34] Im Jahre 1853 konnte man folgende Nachricht in der *Allgemeinen Auswanderungs-Zeitung* lesen:

> Die Kolonisationsfrage ist [...] nicht mehr von der zufälligen Politik dieses oder jenes Ministeriums oder den zufällig herrschenden Ansichten dieser oder jener Partei abhängig. Sie ist vielmehr eine Angelegenheit aller Parteien und wird bis auf völlig verschwindende Ausnahmen allseitig als eines der dringendsten Lebensbedürfnisse, als die eigentliche Lebensfrage Brasiliens anerkannt.[35]

Im Jahre 1855 brach eine Choleraepidemie aus, die besonders unter den Sklaven zahlreiche Opfer forderte. Dies war ein weiteres Motiv, die europäische Einwanderung zu fördern. Aus dem *Jornal do Commercio* aus Rio de Janeiro erschien im Jahre 1855 folgende Nachricht in der *Hamburger Zeitung für Auswanderungs- und Kolonisationsangelegenheiten*, hier zitiert nach Ferdinand Schröder:

> Der Tod rafft die Sklaven hin, und da dem Ackerbauer die früher so leichten Mittel entzogen sind, die fehlenden Arme zu ersetzen, so leidet darunter notwendigerweise der Feldbau, die Lebensmittel werden teurer, und jedermann sieht eine trübe Zukunft voraus, weil er die Schwierigkeiten, welche sie bringen wird, nach jenen zu bemessen vermag, gegen welche er jetzt schon anzukämpfen hat. Und für diese Lebensfrage, zur Lösung dieses ernsten, schwierigen Problems gibt es nur einen Weg! Das heroische, das alleinige Mittel, auf welchem die ganze Hoffnung des Landes beruht, zu dem alle Staatsmänner, alle Freunde des Vaterlandes ihre Zuflucht nehmen – ist die europäische Kolonisation.[36]

Der Kaiser hielt eine Rede, in der er „die gesteigerten Mängel an Arbeitskräften“[37] betonte sowie die dringende Notwendigkeit, in eine organisierte Einwanderung zu investieren. So wurden für das Jahr 1856 folgende Summen für die Kolonisation

---

32 Handelmann: Geschichte (Anm. 9), S. 935f.

33 Ebd. Vgl. Schröder: Brasilien und Wittenberg (Anm. 11), S. 19.

34 Allgemeine Auswanderungs-Zeitung, Nr. 73, 1852, S. 291.

35 Allgemeine Auswanderungs-Zeitung, Nr. 136, 1853, S. 501.

36 Siehe Hamburger Zeitung für Auswanderungs- und Kolonisationsangelegenheiten. Nr. 7, 1858. Aus dem Jornal do Commercio in Rio de Janeiro, hier zit. n. Schröder: Brasilien und Wittenberg (Anm. 11), S. 40.

37 Allgemeine Auswanderungs-Zeitung, Nr. 54, 1856, S. 215.

oder verwandte Zwecke bereitgestellt: „962.000 Milréis für Kolonisation, 105.000 für Verwaltung der Reichsländereien, 545.000 für Vermessung und Parzellierung derselben, 307.000 für Unterstützung an Kolonisten.“[38] Ein Jahr danach, 1857, wurde die Zentral-Kolonisations-Gesellschaft in Hamburg unter den Auspizien der Regierung gegründet. Sie sollte binnen fünf Jahren 50.000 Einwanderer nach Brasilien bringen. Ein Darlehen von 1.000 Contos de Réis erhielt sie auf fünf Jahre und für jeden Einwanderer je nach seinen Arbeitsfähigkeiten 30 bzw. 20 Milréis. Die Reisekosten sollte die Gesellschaft zinslos vorstrecken.[39]

Sieht man von der Einwanderung aus der iberischen Halbinsel ab, war die deutsche die erste europäische Einwanderung nach Brasilien, das später ein Zielland vieler Einwanderer aus Europa, hauptsächlich aus Italien, wurde. Mit der deutschen Einwanderung waren alle Anfangsschwierigkeiten verbunden, die dazu gehören: finanzielle, kulturelle und klimatische Schwierigkeiten; sie war unterschiedlichen politischen und persönlichen Interessen unterworfen.

3. Phasen der deutschen Einwanderung in Brasilien im Überblick

Die deutschsprachige Einwanderung in Brasilien bis 1871 lässt sich in zwei Hauptphasen einteilen. Die erste begann zu Anfang des 19. Jahrhunderts, noch im kolonialen Brasilien, 1818 in Bahia, und dauerte bis 1830. Dieser erste Einwanderungsschub könnte „die kleine deutsche Einwanderung in Brasilien“ genannt werden. Zunächst wurden private Versuche unternommen, die jedoch nicht den gewünschten Erfolg erzielten; hiernach setzten systematische kleinere Einwanderungswellen ein mit Unterstützung der brasilianischen Monarchie. Nach Ernesto Pellandas Untersuchungen sollen vor der Unabhängigkeit Brasiliens 4.500 deutschsprachige Einwanderer in Brasilien immigriert sein, nachdem 500 Einwanderungswillige schon auf dem Schiff während der Reise umkamen.[40] 1.500 Einwanderer zogen als Bauern nach Petrópolis im Bundesstaat Rio de Janeiro, ungefähr 500 zogen zu den Kolonien in Bahia, und 2.000 bis 3.000 wurden als Soldaten für das Corps d’Étrangers angeworben. Das macht ca. 4.500 deutsche Einwanderer noch im kolonialen Brasilien.[41] Pellanda kann als eine der sichersten Referenzen angesehen werden, wenn es um die Einwandererzahlen geht, denn er hat die Einreisendenlisten eingesehen und sogar einige Fehler in Hillebrands[42] Registern und Berichten korrigiert.

---

38 Allgemeine Auswanderungs-Zeitung, Nr. 3, 1857, S. 10.

39 Siehe Schröder: Brasilien und Wittenberg (Anm. 11), S. 41.

40 Nach Schröder, ebd., S. 29, sind 321 Personen auf der Überfahrt gestorben und in den ersten neun Monaten nach der Überfahrt weitere 146. Im Jahr 1822 zählte man noch 289 Waisen.

41 Ernesto Pellanda: A Colonização Germânica no Rio Grande do Sul. Porto Alegre 1925.

42 Dr. Johann Daniel Hillebrand (1795–1880), von Beruf Arzt, kam mit den ersten Einwanderern und spielte eine wichtige Rolle in den ersten deutschen Gemeinden in Brasilien. Er wurde später Kolonialdirektor und Bürgermeister in São Leopoldo.

Bis 1830 präsentieren sich folgende Einwandererzahlen:[43]

Jahr	Hillebrand (Register)	Hillebrand (Bericht)	Pellanda
1824	124	126	198
1825	903	909	1.331
1826	827	828	828
1827	1.019	1.088	1.088
1828	99	99	99
1829	1.656	1.689	1.689
1830	173	117	117
Total	4.810	4.856	5.350

Insgesamt wanderten in der ersten Einwanderungsphase 9.850 Deutsche in Brasilien ein. Nach Heinrich Handelmann fanden sich im Jahre 1855 in ganz Brasilien etwa „achtzig Kolonien eingewanderter Ackerbauern, deren Bevölkerung zusammen wohl noch kaum 40.000 Seelen betragen mag".[44] In der zweiten Phase, von 1844 bis 1871, wanderten nach José Fernando Carneiro ungefähr 40.000 weitere Deutschsprachige in Brasilien ein.[45]

Karl H. Hunsche[46] bietet eine interessante Einteilung der deutschen Brasilieneinwanderung bis in das 20. Jahrhundert in sechs Phasen, wobei er die wichtigsten zeitgenössischen Ereignisse jeder Phase benennt:

1. 1824–1830, die erste Einwanderungsphase mit Unterstützung der brasilianischen Regierung bringt nicht viele Deutsche nach Brasilien;
2. 1845–1859, die Farrapen-Revolution (1835–1845)[47] unterbricht die deutsche Einwanderung in das Haupteinwanderungsziel der Zeit, den Bundesstaat Rio Grande do Sul, aber danach beginnt die Einwanderung wieder;
3. 1859–1889, die Phase zwischen dem Heydt-Reskript[48] (1859) und der Ausrufung der

43 Pellanda: Colonização (Anm. 41), S. 21.

44 Handelmann: Geschichte (Anm. 9), S. 944.

45 Nach J[osé] Fernando Carneiro: Imigração e Colonização no Brasil. Rio de Janeiro 1950 (Universidade do Brasil, Cadeira de Geografia do Brasil, Publicação avulsa 2).

46 Carlos Henrique Hunsche: História da imigração alemã no Brasil. São Paulo 1978. Vgl. Cléo Vilson Altenhofen: Hunsrückisch in Rio Grande do Sul. Ein Beitrag zur Beschreibung einer deutschbrasilianischen Dialektvarietät im Kontakt mit dem Portugiesischen. Stuttgart 1996 (Mainzer Studien zur Sprach- und Volksforschung 21), S. 58; dort wird die deutsche Einwanderung in Generationen eingeteilt.

47 Siehe Anm. 22.

48 „Nachdem schon Bayern 1852 ein vorübergehendes Auswanderungsverbot nach Brasilien erlassen hatte, griff auch die preußische Regierung ein und unterband durch das Heydtsche Reskript vom 3. November 1859 die Auswanderung nach Brasilien." Hans Gehse: Die deutsche Presse in Brasilien von 1852 bis zur Gegenwart. Ein Beitrag zur Geschichte und zum Aufgabenkreis auslanddeutschen Zeitungswesens. Münster 1931 (Deutschtum und Ausland. Studien zum Auslanddeutschtum und zur Auslandkultur 43), S. 132. Es war allerdings kein Verbot, der Erlass war aber ein Instrument zur Beschränkung der Einwanderung, das jedoch erfolglos blieb, denn die Zahlen stiegen dennoch.

brasilianischen Republik (1889); innerhalb dieses Zeitraums führt Brasilien Krieg gegen Paraguay (1864–1870) und Deutschland gegen Frankreich (1870/71);

4. 1889–1914, die Phase der deutschen Einwanderung in die Republik (ab 1889) bis zum Beginn des Ersten Weltkriegs;
5. 1919–1939, nach dem Ersten Weltkrieg bis zum Zweiten Weltkrieg;
6. 1945–1976, nach dem Zweiten Weltkrieg.

Brasilien war, in Zahlen, nach den USA und Kanada das dritte Land, wohin sich die deutschsprachige Auswanderung richtete. Die Untersuchung des sozialgeschichtlichen Kontextes Deutschlands ermöglicht Einsichten in die Phasen der Auswanderung und der Einwanderung in das südamerikanische Land.

Nach den religiös motivierten Auswanderungen vor Beginn des 19. Jahrhunderts begann eine neue Auswanderungsbewegung als Folge der Missernten und des strengen Winters von 1816/1817 und dem hieraus resultierenden schnellen Anstieg aller Lebensmittel- und Futtermittelpreise. Die ersten großen Wanderungen im 19. Jahrhundert aufgrund der Notjahre 1816 und 1817 wandten sich aber weniger nach Übersee als vielmehr in andere Länder Europas; zu dieser Zeit zogen viele Deutsche nach Russland. Die Zahl der Überseeauswanderer in den ersten beiden Dekaden des 19. Jahrhunderts war noch relativ gering. In den Jahren 1816 und 1817 wanderten ca. 20.000 Menschen aus; in den 1820er Jahren waren es insgesamt 22.500. Ende der 1840er Jahre stiegen die Auswanderungszahlen deutlich auf 177.800 und in den 1850er Jahren auf 566.000.[49]

Fragt man, aus welchen Regionen des deutschsprachigen Raumes die Einwanderer stammten, so ist zu betonen, dass die deutschsprachige Auswanderung nicht als einheitliche Migration betrachtet werden darf, weil der damalige deutschsprachige Raum politisch, dialektal und kulturell sehr unterschiedlich war.

Die Auswanderung aus Baden kann als die früheste nach Brasilien gerichtete betrachtet werden, denn laut Wolfram Förster führten die Krisenjahre 1816/1817 zur „Verarmung breiter Bevölkerungsschichten“ in dieser Region und daraufhin zur Massenauswanderung.[50] Aus dem deutschen Norden wurden die ersten Auswanderer von Kaiserin Leopoldinas Vertrautem Georg Anton von Schaeffer angeworben. Diese bildeten die ersten im Süden Brasiliens angekommenen deutschsprachigen Einwanderer. Caroline von Mühlen untersuchte unter anderem die Strategien einer Gruppe Auswanderer aus den Zucht- und Arbeitshäusern und den Gefängnissen des

---

Außer dem Versuch entzog der Erlass den Auswanderungsagenten die Konzession zur Anwerbung preußischer Untertanen nach Brasilien. Vgl. Fritz Sudhaus: Deutschland und die Auswanderung nach Brasilien im 19. Jahrhundert. Hamburg 1940 (Übersee-Geschichte 11), S. 107ff.; Karl Fouquet: Der von der Heydt'sche Erlass vom Jahre 1859. In: Egon Schaden: Staden-Jahrbuch. Beiträge zur Brasilkunde und zum brasilianisch-deutschen Kulturaustausch, São Paulo, Instituto Hans-Staden, Bd. 14, 1966, S. 71–81.

49 Siehe Rürup: Deutsche Geschichte, Bd. 8 (Anm. 3), S. 30; vgl. Marschalck: Deutsche Überseewanderung (Anm. 3), S. 50; Wilhelm Mönckmeier: Die deutsche überseeische Auswanderung. Ein Beitrag zur deutschen Wanderungsgeschichte. Jena 1912.

50 Siehe Wolfram Förster: Wirtschaft, Gesellschaft und Verkehr in Nordostbaden 1806–1914. Diss. Mannheim 1990, S. 50ff.

Großherzogtums Mecklenburg-Schwerin, die sich unter anderem vor 1824 in Santa Catarina niederließen.[51]

In den 1830er Jahren war die Armut in vielen Teilen Deutschlands, besonders in den unteren Bevölkerungsschichten, sehr groß. Die Verhältnisse verschlechterten sich noch im Laufe der 1840er Jahre, die Lebensmittelpreise stiegen weiter; die Ernährungslage der Bevölkerung wurde immer mangelhafter. Die Kartoffel bildete in vielen Gegenden bald die einzige Nahrung für die unteren Klassen;[52] der Notstand vergrößerte sich teilweise noch durch eine Kartoffelkrankheit. Die Jahre 1846 und 1847 brachten überall Missernten.[53] In diesen Jahren begann die deutsche Massenauswanderung. Die Verarmung der Bevölkerung wurde derart extrem, dass die Auswanderung aufgrund von Hilfsgeldern der Staaten und Gemeinden eine wirtschaftliche Notwendigkeit wurde. In den Jahren „1840 und 1849 wurden z. B. in Baden allein 299.376 fl. an öffentlichen Geldern für die Unterstützung der Auswanderung verausgabt."[54]

Die wirtschaftliche Lage erfuhr mit dem Rückgang gewerblicher Nebenbeschäftigungen ebenfalls eine Abwärtsbewegung. Durch die Wirkung der Kontinentalsperre[55] hatte die deutsche ländliche Hausindustrie, besonders die Spinnerei und die Weberei, zu Anfang des 19. Jahrhunderts eine blühende Zeit erlebt, welche vielen Familien einen lohnenden Nebenerwerb ermöglichte. Aber „die Wiedereröffnung des deutschen Marktes, verbunden mit schlechtem Geschäftsgang", rief schon in den 1820er Jahren „unter den Spinnern und Webern große Arbeitslosigkeit und Elend" hervor.[56] Die Lage verschärfend kamen die Konkurrenz der deutschen Fabriken, die schnelle Senkung der Preise für die Produkte und die Erhöhung der Produktionskosten hinzu. Dies alles vernichtete eine wichtige Einnahmequelle vieler Familien auf dem Lande; diese gerieten in Not und erblickten in der Auswanderung die Möglichkeit eines Neuanfangs.

Laut Lúcio Kreutz, der über das Schulwesen und die deutsche Einwanderung forschte, stammten die ersten deutschen Einwanderer in Rio Grande do Sul aus dem Nordosten des deutschsprachigen Raumes, aus Hamburg, Holstein, Mecklenburg und Hannover, und waren mehrheitlich evangelisch. Ab 1826 kam die große Mehr-

51 Caroline von Mühlen: Da exclusão à inclusão social Trajetórias de ex-prisioneiros de Mecklenburg-Schwerin no Rio Grande de São Pedro Oitocentista. São Leopoldo 2010.

52 Mönckmeier: Die deutsche überseeische Auswanderung (Anm. 49), S. 42.

53 Sigmund Fleischmann. Die Agrarkrisis von 1845–1855 mit besonderer Berücksichtigung von Baden. Heidelberg 1902, S. 9ff.

54 Eugen von Philippovich: Die Auswanderung als Gegenstand der Reichspolitik. In: Ders. (Hg.): Auswanderung und Auswanderungspolitik in Deutschland. Berichte über die Entwicklung und den gegenwärtigen Zustand des Auswanderungswesens in den Einzelstaaten und im Reich. Leipzig 1892 (Schriften des Vereins für Sozialpolitik 52), S. VII–XXXIII.

55 Siehe Brockhaus – Die Enzyklopädie. Bd. 20, S. 329: „Die Maßnahmen Napoleons I. zur wirtschaftlichen Abschließung des europäischen Festlandes gegen Großbritannien, eingeleitet durch das Dekret von Berlin (21.11.1806), das den Handel mit Großbritannien und mit britischen Waren verbot."

56 Mönckmeier. Die deutsche überseeische Auswanderung (Anm. 49), S. 45.

heit von beiden Seiten der Mosel und der linken Rheinseite, also aus dem Hunsrückgebiet.[57]

Auch aus Pommern kamen viele Auswanderer im 19. Jahrhundert nach Brasilien. Sie ließen sich besonders im nördlichen Bundesstaat Espírito Santo nieder, aber auch im südlichen Santa Catarina, wo es heute eine Stadt mit dem Namen Pomerode gibt. Cilmar Franceschetto zufolge wanderten zwischen 1846 und 1900 circa 4.000 deutschstämmige Einwanderer in den Bundesstaat Espírito Santo ein, von denen ungefähr 56 % aus Pommern, besonders in den Jahren 1872 und 1873, kamen.[58] Auch im südlichsten Teil Brasiliens, im Bundesstaat Rio Grande do Sul, ließen sich Auswanderer pommerscher Herkunft nieder und gründeten 1858 an der großen Lagune Lagoa dos Patos die Kolonie São Lourenço do Sul.

In allen Niederlassungen sorgten die Einwanderer zuerst für den eigenen Haushalt; danach aber begann allmählich die Entwicklung der Familienverbände und der Aufschwung in den einzelnen Orten.

Nach der Betrachtung Brasiliens als Einwanderungsland, besonders hinsichtlich der Einwanderungspolitik, wollen wir den Blick nun auf die literarische Ebene richten. Dabei sollen einige Texte aus der brasilianischen Literatur untersucht werden, in denen Aspekte der deutschen Kultur vorkommen.

4. Die deutsche Einwanderung in der brasilianischen Literatur

In der ersten Hälfte des 19. Jahrhunderts wird die deutsche Einwanderung offiziell von der brasilianischen Regierung finanziert. Wie im vorigen Abschnitt dargestellt, war die Einwanderung der Deutschen ein historisches Ereignis, das verschiedene Bereiche der brasilianischen Gesellschaft hinsichtlich der Sprache, der Wirtschaft sowie der Kultur im Allgemeinen betroffen hat. Auch deshalb konnte diese soziale Bewegung dem Fokus der Autoren nicht entgehen und wurde so zu einem wichtigen und fruchtbaren Thema in der Literatur.

Ein sehr bedeutender Gegenstand der literarischen Darstellung war die deutsche Einwanderung allerdings im 19. Jahrhundert noch nicht, nur kurz wurde sie zum Objekt in der brasilianischen Prosa oder Lyrik. Obwohl viele Romane der Romantik, des Realismus und Naturalismus wichtige Ereignisse der nationalen Geschichte in der Literatur aufgriffen, wurde die Teilnahme der deutschen Einwanderer an der brasilianischen Gesellschaft nicht sofort anerkannt. Zum Beispiel werden in zwei Romanen der Romantik, *O gaúcho* [Der Gaucho] (1870) von José de Alencar[59] und

57 Siehe Lúcio Kreutz: O professor paroquial – magistério e imigração alemã. Porto Alegre, Caxias do Sul, Florianópolis 1991, S. 17ff.

58 Siehe Cilmar Franceschetto: Imigrantes no Espírito Santo. Vitória 2003, S. 29.

59 José de Alencar wurde 1829 im Bundesstaat Ceará geboren. Er studierte Jura und wurde Politiker, Journalist und Schriftsteller. Er gehört zu den größten Romanciers der brasilianischen Romantik und veröffentlichte städtische und historische Romane sowie zum Thema Indianer und Regionalismus. Er starb 1877 im Alter von 48 Jahren in Rio de Janeiro an Tuberkulose.

O vaqueano [Der Viehtreiber] (1872) von Apolinário Porto-Alegre,[60] deren Handlung sich im Bundesstaat Rio Grande do Sul abspielt und die die Farrapen-Revolution[61] als historischen Hintergrund haben, die deutschen Einwanderer nicht erwähnt, obwohl sie zu dieser Zeit schon in dem Bundesstaat lebten und viele von ihnen in die Armeen der imperialen Regierung sowie der Rebellen gewaltsam eingezogen wurden.

Dagegen ist zu betonen, dass bereits einige Jahrzehnte vor den erwähnten Werken der Romancier José Antônio do Vale Caldre e Fião[62] in seinem Roman *A divina pastora*[63] [Göttliche Hirtin] (1847) eine aus Deutschland eingewanderte Familie als Akteure auftreten lässt. In der Geschichte, die sich während der Farrapen-Revolution in São Leopoldo und Porto Alegre abspielt, fühlt der Militärsoldat Almênio sich von Clarinda, Tochter des deutschen Einwanderers Hendrichs, angezogen und gibt so seine Liebe zu der Hirtin Edélia auf. Dazu schreibt Ivânia Aquino:

> Außer der Tatsache, dass Clarinda eine entscheidende Rolle in der Beziehung zwischen den Hauptfiguren, Edelia und Almênio, spielt, denn sie übernimmt die Stelle als Protagonistin im Herzen des Militärs, legt der Autor überhaupt Wert auf die deutschen Einwanderer, indem er die Familie des alten Hendrichs mit Achtung darstellt, sowie durch die Erwähnung von Werner, dem Metzger in São Leopoldo, und von Rosinha, die in São Leopoldo lebt und ebenfalls den Wunsch hat, Almênio zu heiraten.[64]

Luís Augusto Fischer zufolge waren drei Faktoren der schwierigen kulturellen Integration in die brasilianische Gesellschaft dafür verantwortlich, dass die aus Deutschland Eingewanderten nur eingeschränkt in literarischen Darstellungen zu finden sind: erstens die geographische Situation – die große Mehrheit der deutschen Einwanderer lebte in Rio Grande do Sul, dem südlichsten Bundesstaat, der historisch immer schon politische Schwierigkeiten mit der Zentralregierung hatte; zweitens die sprachlichen Unterschiede zwischen dem brasilianischen Portugiesisch und den in

60 Apolinário Porto-Alegre wurde 1844 im Bundesstaat Rio Grande do Sul geboren und starb 1904. Er war Schriftsteller, Dramatiker, Philologe, Biograf, Kritiker und Historiker. Er nahm sehr aktiv am politischen Geschehen des Bundesstaates teil und war Mitglied der literarischen Gesellschaft „Parthenon Literário", einer Intellektuellengruppe, die Impulse für die Literatur in Rio Grande do Sul gab.

61 Siehe Anmerkung 20.

62 José Antônio do Vale Caldre e Fião wurde 1824 im Bundesstaat Rio Grande do Sul geboren und starb 1876. Er arbeitete als Lehrer für Französisch, Italienisch, Latein, Philosophie und Naturwissenschaften. Er war Mitglied der Gesellschaft gegen afrikanischen Sklavenhandel und für die Förderung der Kolonisation und Kultur der indigenen Bevölkerung sowie Gründer der Gesellschaft „Parthenon Literário" (siehe Anm. 60), 1868.

63 José Antonio do Vale Caldre e Fião: A divina pastora. Porto Alegre 1992.

64 Ivânia Campigotto Aquino: A representação do imigrante alemão no romance sul-rio-grandense: A divina pastora, Frida Meyer, Um rio imita o Reno, O tempo e o vento e A ferro e fogo. Tese de doutorado. Porto Alegre 2007, S. 73: "Além de Clarinda atuar na história como definidora do rumo da relação amorosa entre as personagens principais, Edélia e Almênio, ocupando ela mesma o lugar da protagonista no coração do militar, o autor ainda atribui importância aos imigrantes alemães pela apresentação que faz da família do velho Hendrichs, das menções a Werner, açougueiro em São Leopoldo, e a Rosinha, moradora de São Leopoldo, que também vem a desejar casar-se com Almênio." Freie Übersetzung der Autoren.

Brasilien gesprochenen deutschen Dialekten; und drittens die evangelische Religion der Mehrzahl der Einwanderer im Gegensatz zum historisch offiziellen Katholizismus.[65]

Im 20. Jahrhundert änderte sich dieses Szenarium. Das erste bedeutende Beispiel, in dem die deutsche Einwanderung zum literarischen Thema wird, stammt aus dem Jahr 1902, nachdem der Schriftsteller Graça Aranha[66] eine Stelle als Stadtrichter in Porto Cachoeiro im Bundesstaat Espírito Santo übernommen hatte, wo es eine Siedlung deutscher Einwanderer gab, deren Lebensweisen von großer Bedeutung für ihn werden sollten. Sein erster Roman, *Canaã*,[67] entstand aus der direkten Betrachtung dieser Siedlung, die nach Aranhas evolutionistischem Blick durch „Gegensätze zwischen Wald und Kultur, Tropen und deutschem Geist"[68] gekennzeichnet war.

In dem Roman geraten die Deutschen Milkau und Lentz in eine Konfliktsituation, weil sie unterschiedliche Ansichten in Bezug auf die Anpassung der deutschen Einwanderer an das neue Land vertreten. Der Einwanderer Lentz glaubt aus einer deterministischen Perspektive daran, dass die „Arier" den Wald und die schwachen und faulen Mestizen besiegen: „Es wird immer eine minderwertige Kultur sein, Mulattenzivilisation, ewige Sklaven in Aufständen und Niederlagen".[69] Unter dem Einfluss der Evolutionstheorie denkt Milkau seinerseits, dass „die Wesen unterschiedlich sind; damit aber eine Einheit zustande kommt, muss jeder etwas Liebe beitragen. Das Böse ist an der Macht; es ist deshalb wichtig, auf jede Form von Autorität, der Herrschaft von Besitz und Gewalt zu verzichten".[70] Milkau sucht letztlich nach „dem gelobten Land, dem leuchtenden Canaã, wo das Leben nicht ein Rennen des Hasses, sondern eine Eroberung der Liebe" ist.[71]

Das zweite erwähnenswerte Beispiel fällt in das Jahr 1939, das gleiche Jahr, in dem der Zweite Weltkrieg ausbricht und Adolf Hitler seine Eroberungspläne verwirklicht, indem er ethnische Gruppen, die das Regime für minderwertig oder verantwortlich für die Probleme der deutschen Nation hält, verfolgt, vertreibt und vernichtet. Der Roman *Um rio imita o Reno*[72] [Ein Fluss ahmt den Rhein nach] des Autors Vianna Moog[73] wird also in einem historischen Kontext veröffentlicht, in

---

65 Luís Augusto Fischer: Apresentação. In: Vianna Moog: Um rio imita o Reno. Porto Alegre 2005, S. 6.

66 José Pereira da Graça Aranha wurde 1868 im Bundesstaat Maranhão geboren und starb 1931. Er war Schriftsteller, Diplomat und Mitgründer der Academia Brasileira de Letras. Der ausgebildete Jurist arbeitete als Richter im Bundesstaat Espírito Santo und wurde später Diplomat. Er war bei der Organisation der „Semana de Arte Moderna" (1922), einem Ereignis, das den Anfang des Modernismus in Brasilien markiert, aktiv beteiligt.

67 Graça Aranha: Canaã. Rio de Janeiro 1982.

68 Alfredo Bosi: História concisa da literatura brasileira. 41. ed. São Paulo 1994, S. 326.

69 Aranha: Canaã (Anm. 67), S. 43.

70 Ebd., S. 62.

71 Bosi: História (Anm. 68), S. 327.

72 Moog: Um rio (Anm. 65).

73 Clodomir Vianna Moog wurde 1906 in São Leopoldo, Rio Grande do Sul, geboren und starb 1988. Er war Rechtsanwalt, Journalist, Romanautor und Essayist. Er vertrat die brasilianische Regierung in der Organisation Amerikanischer Staaten (OAS) und den Vereinten Nationen.

dem viele „Deutsch-Brasilianer“ an die deutsche ethnische Überlegenheit glaubten und die Worte und Taten des „Führers“ verehrten. Die politischen Entwicklungen blieben durchaus nicht ohne Wirkung auf die bedeutenderen Zentren der deutschen Einwanderung; aus Deutschland gab es eine nationalsozialistische Propaganda, denen nicht wenige folgten. Dies ließ sich jedoch eher in den urbanen Kontexten merken. Eine Art „Angst vor der deutschen Gefahr“ („Perigo alemão“) auf der brasilianischen nationalistisch orientierten Seite, besonders nachdem das Land Deutschland den Krieg erklärt hatte, existierte andererseits auch. Die Wirkung des Werkes war derartig groß, dass es noch im Erscheinungsjahr eine zweite Auflage erlebte, woraufhin das nationalsozialistische deutsche Konsulat alle Exemplare aufzukaufen versuchte, um es so aus dem Handel zu nehmen. Bayard de Toledo Mércio schrieb 1940 als Replik einen Roman unter dem Titel *Longe do Reno: uma resposta a Vianna Moog* [Entfernt vom Rhein: eine Antwort an Vianna Moog].

Im Roman *Um rio imita o Reno* treten die Themen der ethnischen Mischung und des Rassismus auf. Die Handlung spielt in São Leopoldo im Bundesstaat Rio Grande do Sul, dem Ort der ersten deutschen Einwanderung in Brasilien, als ein junger Sanitäringenieur aus dem Bundesstaat Amazonas in die fiktive Stadt Blumenthal kommt, um dort eine Wasserleitung zu bauen, und sich in ein deutschstämmiges Mädchen verliebt. Die Liebesbeziehung zwischen Lore Wolff und Geraldo Torres wird von der Familie des Mädchens missbilligt und untersagt. Die Familie folgt den traditionellen deutschen Werten, hat gegenüber den Nicht-Deutschen viele Vorurteile und verhält sich autoritär in Bezug auf die Erziehung ihrer Kinder:

> Und eine letzte Warnung an die Tochter, die Mutter erklärt das Hauptmotiv des Neins: – Ich ertrage nicht den Gedanken, dich mit einem Mann einer minderwertigen Rasse verheiratet zu sehen. Das fehlte ja noch![74]

Aus der Sicht von Ivânia Aquino ist der Roman *Um rio imita o Reno*

> auch ein Versuch des Autors Vianna Moog, sich mit dem Sinn der menschlichen Beziehungen, in denen er sich befand, auseinanderzusetzen. Und im Allgemeinen ein Versuch, die Bedeutung der Deutsch-Gaucho-Gesellschaft im Gegensatz zur lokalen Gesellschaft vor dem Hintergrund des Problems der ethnischen Mischung zu beschreiben. [...] In diesem deutschen Sozialkontext war die Mischung unerwünscht.[75]

Das dritte Beispiel im Rahmen dieses Überblicks über die Fiktionalisierung von Aspekten der deutschen Einwanderung wurde zwischen 1949 und 1962 in Form einer Trilogie, die 200 Jahre der Geschichte des Bundesstaates Rio Grande do Sul umfasst,

---

74 Moog: Um rio (Anm. 65), S. 103.

75 Aquino: A representação (Anm. 64), S. 129: “Um rio imita o Reno é também uma narrativa da preocupação de Vianna Moog com o sentido das relações humanas que o cercavam e, de maneira geral, com o significado da sociedade teuto-gaúcha quando em contraposição à local, tendo a miscigenação como referência maior. [...] naquele contexto social germânico, a miscigenação era algo indesejado.” Freie Übersetzung der Autoren.

veröffentlicht. Es handelt sich um den historischen Roman *O tempo e o vento*[76] [Die Zeit und der Wind] von Erico Veríssimo,[77] in dem die Geschichte zweier Familien, Terra und Cambará, erzählt wird – von 1745, als die von den Jesuiten errichteten „Sieben Missionen"[78] der indigenen Guarani-Ethnie im heutigen Rio Grande do Sul politisch schwächer zu werden begannen, bis 1945, dem Ende des Estado-Novo-Regimes des brasilianischen Diktators Getúlio Vargas sowie dem Ende des Zweiten Weltkriegs.

Obwohl die Trilogie die deutsche Einwanderung nicht als Thema hat, fügt Erico Veríssimo Einwandererfamilien und andere Figuren deutscher Herkunft in die Handlung ein, um zu zeigen, dass die Grundlage der Kultur von Rio Grande do Sul heterogen und multiethnisch ist und z. B. aus Portugiesen, Spaniern, Italienern, Polen, Afrikanern und Guaranis besteht. Unter den vielen Episoden des Romans erzählt der Autor die Ankunft der deutschen Familien im Jahre 1824 und beschreibt die Lebensbedingungen, an die sie sich anpassen mussten, wie etwa den von wilden Tieren bewohnten Dschungel, die Angriffe der indigenen Bevölkerung und, teilweise, die soziale Isolierung, die ihre Sprache und Kultur mit sich brachten. Dieser durch die Romanfiktion dargestellte Kontext unterscheidet sich wenig vom historischen Diskurs, der die Einwanderer mythifizierte und die Verhältnisse zur Zeit der Einwanderung romantisch färbte.

Unterdessen gibt es in der Trilogie eine Figur, die aus der Gruppe der deutschen Einwanderer herausragt. Es handelt sich um Carl Winter, einen an der Universität Heidelberg ausgebildeten Arzt, der 1851 in der fiktiven Stadt Santa Fé ankommt. Seine Einwanderung erfolgt nicht aus den gleichen Ursachen wie bei den meisten Einwanderern des 19. Jahrhunderts, die in der Mehrzahl arme Handwerker und Bauern waren. Auf die Frage nach den Motiven seiner Auswanderung antwortet er meistens, dass seine Geliebte Gertrude Weil ihm den Sohn des Bürgermeisters vorzog. Sein Plan war, zu Geld zu kommen und, nachdem Fräulein Weil vergessen sein würde, nach Deutschland zurückzukehren. Die Bedeutung der Figur Carl Winter in der Geschichte und in der Struktur des ersten Bandes des Romans ist so groß, dass sie als Alter Ego von Erico Veríssimo betrachtet wird. Márcio Miranda Alves sagt, dass Winter der einzige

> einer breiten Galerie von Typen ist, der in der Lage ist, deutlich über die Vergangenheit, die Gegenwart und die Zukunft der Gesellschaft von Rio Grande do Sul und Brasiliens zu reflektieren. Mit dem klinischen Blick eines Arztes, der die Schwächen und Stärken der Menschen kennt, selbst seine eigenen, urteilt Winter nicht nur über die moralischen und ethischen Aspekte, die in seiner Umgebung eine Rolle spielen, sondern sieht auch

76 Erico Veríssimo: O tempo e o vento. Parte I: O continente. 3. ed. São Paulo 2004.

77 Erico Veríssimo wurde 1905 in Cruz Alta, Rio Grande do Sul, geboren und starb 1975. Er war Designer, Illustrator, Autor, Herausgeber und Professor für brasilianische Literatur in den Vereinigten Staaten.

78 Die „Sieben Missionen", Missionsstationen für sieben Indianerbevölkerungen im Bundesstaat Rio Grande do Sul, wurden von spanischen Jesuiten gegründet und 1767 durch einen Krieg von Spaniern und Portugiesen zerstört.

> den Lauf der Geschichte voraus. Er ist die Stimme des Autors bei der Aufgabe, das Wesentliche der Kultur der Gauchos in seinen unterschiedlichsten Aspekten darzustellen.[79]

Das vierte Beispiel in diesem Zusammenhang ist die unvollendete Trilogie *A ferro e fogo*[80] [Durch Eisen und Feuer], die 1972 und 1975 veröffentlicht wurde. Der Autor, Josué Guimarães,[81] konzentriert sich auf die deutsche Einwanderung in Rio Grande do Sul vom Moment der Ankunft in São Leopoldo im Jahre 1824 bis zum Ende des Paraguayischen Krieges im Jahre 1870. Er stellt zahlreiche Fragen zum Thema Einwanderung zur Diskussion, wie die Gewinnung von Einwanderern, die Verteilung von Land für den Anbau landwirtschaftlicher Produkte, die Konflikte zwischen den Einwanderern und den Behörden sowie den Einheimischen, die Revolutionen und Kriege, an denen die Einwanderer teilnahmen, die Sprachprobleme, den Rassismus, die Sklaverei, die Religion usw. Die zwei Bände von *A ferro e fogo* beschreiben schließlich die ersten fünfzig Jahre der Einwanderung. Dem Autor gelingt es, die sozialen Auswirkungen des Ereignisses der Einwanderung für den Bundesstaat Rio Grande do Sul und für Brasilien insgesamt umfassend darzustellen.

Catarina und Daniel Abraão Schneider spielen in *A ferro e fogo* die Hauptrollen. Inmitten des Argentinisch-Brasilianischen Krieges (1825–1828) wird Familie Schneider durch einen Herrn Gründling in die Chui-Region an der Grenze zu Uruguay geschickt. Mit dem Versprechen von Arbeit und etwas Gewinn zieht die Familie in die Konfliktregion, erlebt aber schreckliche Augenblicke, als sie von einer Truppe argentinischer Soldaten angegriffen wird und dadurch auch die von Herrn Gründling geschmuggelten Waffen entdeckt werden. Während des Angriffs versteckt sich Daniel in einem Brunnen und Catarina wird vergewaltigt. Nach einer Zeit schafft es die Familie, nach São Leopoldo zurückzukehren, und Catarina verspricht sich an Herrn Gründling wegen der Gefahren, denen er sie ausgesetzt hat, zu rächen.

Nachdem sie wieder in São Leopoldo Fuß gefasst haben, übernimmt Catarina das Geschäft, während Daniel Abraão isoliert vom sozialen Leben in einem Loch unter dem Haus lebt, aus dem er nur herauskommt, um in der Werkstatt als Tischler zu arbeiten. Unter der Leitung von Catarina prosperiert die Familie und nimmt einen Ehrenplatz im Ort ein, wobei sie sich auch für politische Angelegenheiten engagiert und an Kriegen und Revolutionen, an denen die Gesellschaft von Rio Grande do Sul beteiligt ist, teilnimmt. Therezinha Barbieri führt dazu aus:

---

79 Márcio Miranda Alves: A imprensa como fonte de pesquisa e representação em O tempo e o vento, de Erico Verissimo: técnica de narrativa e implicações estéticas. Tese de doutorado. São Paulo 2013, S. 333: "[...] de uma extensa galeria de tipos, capaz de refletir com lucidez sobre o passado, o presente e o futuro da sociedade gaúcha e brasileira. Com o olhar clínico de um sujeito que conhece bem os pontos fortes e fracos dos homens, inclusive os seus próprios, Winter não faz apenas um julgamento dos aspectos morais e éticos que se apresentam a sua volta, como também antecipa os rumos da História. Ele é a própria voz do autor em sua tarefa de construir sob os mais diversos aspectos a essência cultural do gaúcho." Freie Übersetzung der Autoren.

80 Josué Guimarães: A ferro e fogo: tempo de solidão. 2. ed. Rio de Janeiro 1973, Ders.: A ferro e fogo: tempo de guerra. 2. ed. Rio de Janeiro 1973.

81 Josué Guimarães wurde 1921 in São Jerônimo, Rio Grande do Sul, geboren und starb 1986. Er war Journalist, Politiker und Schriftsteller.

> [...] indem der Autor die historischen Fakten untersucht, taucht er in den Alltag der Familie Schneider ein und richtet seinen Blick auf das breite Spektrum der Gefühle, Wünsche, Glaubensfragen, Sitten und anderer Bereiche an der Schwelle zwischen dem Individuum und dem Kollektiv.[82]

Unter den Werken, die die deutsche Einwanderung zum Thema haben, ist *A ferro e fogo* sicherlich ein wichtiger Meilenstein in der Literatur Brasiliens, vor allem weil Josué Guimarães die Geschichte der Einwanderer aus einer zu jener Zeit neuen Perspektive beschreibt, ohne Nationalstolz, Verklärungen oder einen Opferdiskurs. Die Einwanderung selbst und die Anfänge des Lebens in Rio Grande do Sul bilden den roten Faden der Romanhandlung. Der Autor entwickelt eine Reihe von Bildern, die noch nie zuvor in der brasilianischen Literatur zu sehen waren.

Das fünfte Beispiel, das aus der Literatur Brasiliens hervorzuheben ist, erschien im Jahre 1984 unter dem Titel *O pêndulo do relógio*[83] [Das Uhrpendel]. Es ist das erste Buch einer Reihe von Werken, die sich mit deutsch-brasilianischen Themen befassen. In diesem Roman schreibt Charles Kiefer[84] über die Transformationen, die die deutschen Siedlungen in Rio Grande do Sul in den Jahren 1970–1980 erlebten. Kleinbauern wie Alfredo Müller gelingt es nicht, sich den technologischen Neuerungen in der Landwirtschaft anzupassen; sie machen Schulden wegen der Kredite bei der Banco do Brasil. Bevor sein Land verpfändet wird, begeht Alfredo Müller Selbstmord durch Erhängen, wodurch er das Uhrpendel nachahmt, das die gefräßige Zeit und die irreversiblen Veränderungen kennzeichnet.

In seinem nächsten Roman, *Valsa para Bruno Stein*[85] [Walzer für Bruno Stein] (1986), wiederholt Charles Kiefer indirekt das deutsch-brasilianische Thema, indem er den Töpfer Bruno in den Mittelpunkt der Handlung stellt, einen religiösen Puritaner, der mit seiner Familie isoliert in einer deutsch-brasilianischen Siedlung und in Konflikt mit der Moderne lebt. Das Buch stellt wichtige Themen zur Diskussion: das Problem des Rassismus und die Konflikte wegen des Verbotes der deutschen Sprache in Brasilien während des Zweiten Weltkrieges. Auch Bruno wurde verhaftet und verhört. Doch neben dem historischen Thema entwickelt sich zwischen dem alten Bruno und der Schwiegertochter Valeria eine Liebesgeschichte, die im Leben des Töpfers zu Veränderungen seiner sozialen und affektiven Beziehungen führt.

Ein dritter Roman Kiefers, *A face do abismo*[86] [Das Gesicht der Tiefe] (1988), konzentriert sich unmittelbarer auf den deutsch-brasilianischen Kontext, indem die Kolonisierung durch die Bauern aus São Leopoldo an der Grenze zu Argentinien,

---

82 Therezinha Barbieri: Colonização a ferro e fogo. In: Maria Luíza Ritzel Remédios (Org.): Josué Guimarães: o autor e sua ficção. Porto Alegre 1997 (Engenho e arte 5), S. 27–37, hier S. 31: "[...] ao abordar os fatos históricos, o autor mergulha no cotidiano da família Schneider, voltando-se para o vasto campo dos sentimentos, desejos, crenças, costumes e outras situações localizadas na fronteira entre o individual e o coletivo." Freie Übersetzung der Autoren.

83 Charles Kiefer: O pêndulo do relógio. Porto Alegre 1984.

84 Charles Kiefer wurde 1958 in Três de Maio im Bundesstaat Rio Grande do Sul geboren. Er ist Journalist, Schriftsteller und Professor für Kreatives Schreiben.

85 Charles Kiefer: Valsa para Bruno Stein. Porto Alegre 1986.

86 Charles Kiefer: A face do abismo. Porto Alegre 1988.

am Ufer des Flusses Uruguay, dargestellt wird. Wie in anderen Werken zum gleichen Thema wird auch hier der Konflikt mit der feindlichen Natur, der Tierwelt und der indigenen Bevölkerung geschildert. Zwölf Familien deutscher Herkunft – Müller, Kiefer, Zeller, Walter, Könning, Schmidt, Schiller, Fischer, Strauss, Becker, Hauser und Sauer – erleben diese Realität. Während sie um ihre Existenz kämpfen, zeigen sich Elemente der Kultur wie Religion, Sprache, Handel, Arbeit und Freizeitverhalten, aber auch Formen der Gewalt, und es geht um ethnische Mischungen. Am Ende behaupten sich einige Familien, andere stürzen in die Tiefe.

Auch die Einwanderung aus Pommern wird in literarischer Form dargestellt, und zwar im Roman *O pescador de Arenques* [Der Heringfischer] (2007)[87] von Jairo Scholl Costa.[88] So kann dieser Autor als sechstes und abschließendes Beispiel hier betrachtet werden. Im Buch geht es um die Auswanderung von Peter Kampke von Pommern nach São Lourenço do Sul. Die epische Handlung beginnt an der Ostsee im Jahre 1824 und endet mit Peters Leben im Süden Brasiliens. Es wird die Geschichte der Familie Kreitlow erzählt, von der Arbeit der Bauern in einem noch sehr stark vom Feudalismus beeinflussten System, von schlechten Ernten und der Kartoffelpest sowie von der Armut und der fehlenden Zukunftsperspektive. Die Familie Kampke lebt vom Meer und bezieht aus der Ostsee ihren Lebensunterhalt. Martin Kampke und Maria Kreitlow bekommen den Sohn Peter, und mit ihm erleben der Leser und die Leserin viele Abenteuer: Konflikte und politische Unruhen, den Krieg in Dänemark und den Deutsch-Französischen Krieg, schließlich die Auswanderung von Pommern über das Rheinland bis nach São Lourenço do Sul. Im Süden Brasiliens wird Peter eine neue Existenz beginnen und sich in eine andere Kultur einleben. Seine ruhelose Suche nach Gerechtigkeit und sein ständiges Beobachten der Gesellschaft bringen ihn oft in bedrückende Situationen in der Gesellschaft der Pampas und der Gauchos, mit denen er umgehen muss. Letztendlich ruft das Meer ihn wieder, und er arbeitet wie schon immer als Fischer. *O pescador de Arenques* ist kein kanonisches Werk der brasilianischen Literatur; der Autor Jairo Scholl Costa hat jedoch ein wichtiges Zeichen bezüglich der pommerschen Einwanderungsgeschichte in Brasilien, in diesem Fall der pommerschen Einwanderung in die Lagunenstadt São Lourenço do Sul, gesetzt.

5. Fazit

Die Fiktionalisierung der deutschsprachigen Einwanderung in Brasilien, besonders in den Bundesstaat Rio Grande do Sul, ermöglicht uns heute – nach fast zweihundert Jahren des Beginns dieser Migrationen – das Verständnis dieser bedeutsamen historischen Vorgänge in ihren vielfältigen wirtschaftlichen, sprachlichen, religiösen, literarischen und kulturellen Implikationen. Neben dem offenkundigen Erfolg

87 Jairo Scholl Costa: O pescador de Arenques. Pelotas 2007.

88 Jairo Scholl Costa ist Anwalt und Historiker. Er lebt in São Lourenço do Sul, dem Ort mit pommerscher Präsenz im Bundesstaat Rio Gande do Sul.

der Einwanderung dürfen die Traumen, die negativen Folgen des Anpassungsprozesses in dem Zielland nicht vergessen werden. Die Einwanderer gaben ihre Heimat auf, weil sie oft keine weitere Möglichkeit zum Überleben hatten. Sie mussten eine neue Identität aufbauen, um mit den Vorurteilen, denen sie im Exilzustand ausgesetzt waren, fertig zu werden und sich mit den oftmals widerstreitenden politischen und sozialen Kräften Brasiliens zu arrangieren. Obwohl die brasilianische Literatur sich nur spät mit der deutschen Einwanderung auseinandergesetzt und ihre Beiträge lange ignoriert hat, hat sie sich, wie dies die betrachteten Werke erkennen lassen, vor allem im 20. Jahrhundert des Themas in seinen unterschiedlichen Dimensionen angenommen und die Geschichte weder verklärt noch die Betroffenen als bloße Opfer dargestellt. Selbst wenn die deutschen Protagonisten in die Zeit des Ersten oder Zweiten Weltkriegs hineingestellt werden, baut die Literatur ein positives Bild der Einwanderer auf und zeigt, wie sie in das soziale Leben Brasiliens aufgenommen werden. Unter den hier erwähnten Werken versuchen lediglich zwei – die unabgeschlossene Trilogie *A ferro e fogo*, 150 Jahre nach dem Beginn der Einwanderung verfasst, und das zuletzt erwähnte *O Pescador de Arenques* – etwas wie eine Geschichte der Einwanderung zwischen 1824 und 1880 zu schreiben. Die anderen Werke sprechen nur verschiedene Aspekte an, die aber zusammen ein breites Spektrum bieten; sie tragen somit in ihrer Gesamtheit dazu bei, dass die Probleme der deutschen Einwanderung in Brasilien im 19. und 20. Jahrhundert im kulturellen Gedächtnis des Landes erhalten bleiben.

Krystyna Radziszewska

Lodz als Zentrum der Zwangsmigrationen 1939–1945

Die Migrationen nach Lodz/Łódź im 19. sowie am Anfang des 20. Jahrhunderts waren ökonomisch motiviert. Die Stadt wurde 1820 zur „Fabrikstadt" erhoben und sollte zum Standort der Textilindustrie werden. Handwerker und Unternehmer aus dem Ausland wurden gezielt angeworben. Die Migranten, vor allem Deutsche und Juden, wurden durch attraktive Angebote (unter anderem steuerliche Vergünstigungen, kostenlose Baugrundstücke, Kredite und Baumaterialien zu günstigen Konditionen) von Kongresspolen angelockt und haben gemeinsam mit der polnischen Bevölkerung die Lodzer Textilindustrie, Infrastruktur, Bildungs- und Kulturstätten aufgebaut. Im heutigen Stadtbild sind überall Spuren der deutschen und jüdischen Präsenz sichtbar.

Die Stadt war vor dem Ausbruch des Zweiten Weltkrieges eine multikulturelle Stadt. Hier lebten im Jahre 1939 ca. 680.000 Menschen. Die größte Bevölkerungsgruppe bildeten die Polen mit ca. 388.000 Personen. Ca. 230.000 Menschen waren Juden. Die Zahl der Deutschen betrug ca. 60.000.[1] Nach der Besetzung der Stadt durch die Wehrmacht im September 1939 wurde Lodz an den Reichsgau Wartheland, die neue östliche Provinz des Deutschen Reiches, angeschlossen.

Bei den Migrationsbewegungen während des Zweiten Weltkrieges handelt es sich um die Aussiedlung der einheimischen Bevölkerung, hauptsächlich der Polen und der Juden, und die Ansiedlung der „volksdeutschen" Bevölkerungsgruppen aus Ost- und Südosteuropa sowie von Deutschen aus dem „Altreich". Adolf Hitler konkretisierte seine Pläne bezüglich der polnischen Gebiete am 28. September 1939. Er kündigte tiefgreifende Veränderungen in der Bevölkerungsstruktur in den westlichen Gebieten Polens an, die mithilfe von Aussiedlungsaktionen erreicht werden sollten.[2] Dieser Plan war ein wichtiger Bestandteil der radikalen Germanisierung von Lodz, die unter anderem große Bevölkerungsverschiebungen bedeutete. Er fand schon zu Beginn seiner Verwirklichung sowohl in den Taten als auch den Erklärungen der nationalsozialistischen Behörden seine Bestätigung.

Gauleiter des Warthegaus wurde der vormalige Danziger Senatspräsident Arthur Greiser, der von Haus aus fanatisch antipolnisch und antisemitisch erzogen worden war. Er gab am 9. November 1939 den Eingliederungsakt der Stadt Lodz in das Reich bekannt, in dem es heißt, dass er von Adolf Hitler zum Vertrauten der deut-

1 Nach Urząd Miasta Łodzi: Straty wojenne w Łodzi [Kriegsverluste in Lodz]. Bearb. v. Julian Baranowski, Krzysztof Baranowski, Lechosław Berliński, Andrzej Lech, Franciszek Sitkiewicz. Łódź 2006, S. 29. Vgl. auch Dorota Siepracka, Janusz Wróbel: Litzmannstadt – nazistowski eksperyment narodowościowy na ziemiach polskich [Litzmannstadt – ein Volksexperiment der Nazis auf den polnischen Gebieten]. In: Pamięć i Sprawiedliwość 7/1 (2008), S. 229–253, hier S. 229.

2 Martin Broszat: Nationalsozialistische Polenpolitik 1939–1945. Stuttgart 1961 (Schriftenreihe der Vierteljahrshefte für Zeitgeschichte 2), S. 18f.

Jahrbuch des BKGE 24 (2016), S. 119–132

schen Interessen dort ernannt worden sei und das Land wieder germanisieren sollte. Deshalb sei sein Auftrag, jegliche Spuren hiesigen Polentums zu beseitigen.[3] Greiser wollte den Reichsgau Wartheland zu einem Mustergau entwickeln, wie er bei mehreren Gelegenheiten betonte. Nach Ansicht des Gauleiters sollten im Warthegau nur Deutsche wohnen; das bedeutete, dass es dort keinen Platz für andere Nationen geben sollte.[4]

Die Mittelinstanz im Gau verkörperten die Regierungsbezirke mit den Regierungspräsidenten an der Spitze. Leiter des Regierungsbezirks Lodz, später Litzmannstadt,[5] war Friedrich Uebelhoer, ebenso ein antipolnischer und antisemitischer Agitator, der ähnliche Ziele wie Greiser verfolgte.

Da die deutsche Minderheit in Lodz zu schwach war, um als entscheidender Faktor bei der Germanisierung der Stadt zu wirken, und in den Augen der NS-Ideologen als zu wenig zuverlässig galt, erforderten die groß angelegten Pläne der Eindeutschung von Lodz die Ausschaltung der polnischen Eliten und den Transfer von „Volks-" oder „Reichsdeutschen" in die neu angegliederten Gebiete und damit einhergehend die Vertreibung der dort lebenden Polen und Juden.

Es gab zwei Strategien der Ausschaltung der einheimischen Bevölkerung von Lodz: Vertreibungen und Vernichtung. In der ersten Phase handelte es sich um Zwangsaussiedlungen.

Die Vertreibung der Polen und Juden hatte 1939/1940 zwei Formen: Aussiedlungen aus der Stadt, hauptsächlich in das Generalgouvernement, und Vertreibungen aus besseren in kleine und schlecht eingerichtete Wohnungen. Im Verlauf der sogenannten „wilden Aussiedlungen", die von lokalen deutschen Behörden initiiert wurden und im September und Oktober 1939 stattfanden, wurden in erster Linie Polen, denen die Nationalsozialisten eine deutschfeindliche Haltung zugeschrieben hatten, sowie Vertreter der polnischen Intelligenz in das Generalgouvernement vertrieben. Bei der Erfassung der Polen durch Listen stellten sich erhebliche Schwierigkeiten in den Weg, unter anderem deshalb, weil es sich herausstellte, dass sogar „Volksdeutsche" in führender Stellung in den Listen als verdächtige Personen enthalten waren. Um die vorgeschriebene Zahl von 15.000 Personen aufzufüllen, wurde auf Juden zurückgegriffen. Am 14. Dezember 1939 wurden nachts die Häuser jüdischer Bürger

---

3 Vgl. Mirosław Cygański: Z dziejów okupacji hitlerowskiej w Łodzi 1939–1945 [Aus der Geschichte der Okkupation Lodz' durch Hitler 1939–1945]. Łódź 1965, S. 50.

4 Vgl. ebd.

5 Es gibt verschiedene Versionen, auf wessen Idee Lodz in Litzmannstadt umbenannt wurde. Die Tochter von A. Greiser betonte die Rolle von Frau Uebelhoer, indem sie über die Rede des Gauleiters am 12. April 1940 Folgendes schrieb: „Er [Greiser] taufte während dieser Rede Lodz in Litzmannstadt um, dieser neue Name stammt von Frau Uebelhoer und der Führer hat ihn gleich genehmigt, das ist doch schön für sie, nicht wahr?" Zit. n. Hans Jürgen Bömelburg, Marlene Klatt (Hg.): Lodz im Zweiten Weltkrieg. Deutsche Selbstzeugnisse über Alltag, Lebenswelten und NS-Germanisierungspolitik in einer multiethnischen Stadt. Osnabrück 2015 (Polono-Germanica 9), S. 93. Goebbels schrieb dagegen in seinem Tagebuch: „Beim Führer. [...] Für Lodz setzt der Führer auf Vorschlag Greisers den Namen ‚Litzmannstadt' fest." Joseph Goebbels: Tagebücher. Hg. v. Elke Fröhlich. München 1998. Bd. 7, S. 346.

umstellt und geräumt. Infolge dieser Aktion wurden ca. 7.000 Juden verhaftet und in das Lager Radegast/Radogoszcz befördert. Am folgenden Tage wurden sie mit Güterzügen in das Generalgouvernement abtransportiert. Im Falle der Deportationen der Polen wurden die Menschen an verschiedenartigen Sammelpunkten untergebracht. Darunter befanden sich Kirchen, Schulen, Fabrikhallen, Gefängnisse, in denen die Ausgesiedelten solange warten mussten, bis eine entsprechende Anzahl an Personen zusammenkam, bevor sie in das Generalgouvernement oder in ein anderes Lager transportiert wurden.

Bald aber nahmen die Aussiedlungen eine organisierte Form an. Eine sehr wichtige Rolle bei den Deportationen von Polen und Juden in der Zeit von Herbst 1939 bis Frühjahr 1941 spielte der „Reichskommissar für die Festigung deutschen Volkstums" Heinrich Himmler. Er konnte sich nicht nur seiner eigenen SS- und Polizeidienststellen, sondern auch anderer ziviler Institutionen bedienen. Im Zusammenhang mit Himmlers Beauftragung wurden in den annektierten polnischen Gebieten „Umwanderer-" und „Einwandererzentralen" errichtet. Erstere waren für die Aus- und Umsiedlung der Polen und Juden, Letztere für die Durchschleusung und Ansiedlung der „rückgeholten" „Volksdeutschen" zuständig. Am 11. November 1939 wurde in Posen/Poznań der „Sonderstab für die Umsiedlung der Polen und Juden" gegründet, der kurze Zeit später in „Amt für Umsiedlung der Polen und Juden", am 9. Februar 1940 in „Umwandererzentrale" umbenannt wurde. Ihren Sitz hatte die Zentrale in Posen, und bereits nach einigen Wochen wurde eine Nebenstelle in Lodz eröffnet, wohin einige Monate später der gesamte Führungsstab verlegt wurde. Am 15. Januar 1940 erhielt sie den Status einer Hauptdienststelle. Ihr Sitz befand sich in der ul. Piotrkowska 133 (Petrikauer Straße, damals Adolf-Hitler-Straße). Sie wurde von dem SS-Obersturmbannführer Hermann Krumey geleitet. Die Bedeutung der Lodzer Dienststelle stieg sehr schnell. Lodz, seit dem 12. April 1940 Litzmannstadt, wurde offizielles Zentrum der organisierten Zwangsvölkerwanderung aus und in den Warthegau[6] und zu einem der größten Menschenumschlagplätze in den neu besetzten Gebieten des Reiches. Die Stadt lag in der Nähe des Generalgouvernements, war eine Wirtschaftsmetropole sowie ein wichtiger Verkehrsknotenpunkt, was die Organisation der Massentransporte der Ausgesiedelten erheblich erleichterte.

Zuerst wurden Polen und Juden aus der Innenstadt zwangsausgesiedelt. Es ging um die Räumung der besten Wohnungen. Die Aktionen fanden meistens am frühen Morgen oder in der Nacht statt. Die Häuser wurden von Polizeieinheiten umstellt, sodass niemand entkommen konnte. Dann wurden die Polen aus den Wohnvierteln Montwiłł Mirecki, Julianów, Karolew und Radegast ausgesiedelt. In der Silvesternacht 1939 und in der Nacht vom 14. auf den 15. Januar 1940 kam es zu Massenaussiedlungen aus Montwiłł Mirecki, einer modernen Siedlung mit 22 vierstöckigen Gebäuden, Geschäften, einer Schule und einem Kindergarten. Sie war in den

---

6 Gerda Zorn: „Nach Ostland geht unser Ritt". Deutsche Eroberungspolitik und die Folgen. Das Beispiel Lodz. 2., verb. u. erw. Aufl. Köln 1988, S. 7.

Jahren 1928 bis 1931 erbaut worden und vor allem von Angehörigen der Bildungsschicht bewohnt, unter anderem von bekannten Künstlern. In der Nacht kamen Polizeieinheiten ohne Vorankündigung und räumten mit großer Brutalität die Häuser und Wohnungen der einheimischen Bevölkerung. Die Bewohner bekamen nur wenig Zeit zum Packen. Sie mussten den Großteil ihres Hab und Gutes zurücklassen. Mitnehmen durften sie lediglich 30 Kilogramm Gepäck inklusive Verpflegung für 14 Tage sowie 20 Złoty Bargeld. Alle sonstigen Wertgegenstände wurden von den zuständigen deutschen Behörden beschlagnahmt; die Vertriebenen verloren somit ihr gesamtes Vermögen. Über 4.000 Menschen wurden in den zwei Nächten in das Durchgangslager I der „Umwandererzentrale" Posen, Dienststelle Lodz, gebracht. Das Lager war in den Gebäuden der alten Textilfabrik von Boruch Anszel Gliksman in der ul. Łąkowa 4 (damals: Flottwellstraße) untergebracht. Es war das größte Lager seiner Art in ganz Lodz. Das Gebäude war für die Aufnahme von Menschen gänzlich ungeeignet. In den Fabrikhallen gab es keine Öfen, die Menschen schliefen auf dem Betonboden, nur auf Packpapier. Warmes Wasser gab es nicht, kaltes nur in bescheidenen Mengen. Zeugen berichteten, dass die neugeborenen Kinder mit Kaffee gewaschen wurden. In diesem Lager fand die erste „Rassen"-Selektion und Selektion für die Zwangsarbeit im Dritten Reich statt. Sämtliche nicht „eindeutschungsfähige" Personen sollten ins Generalgouvernement abgeschoben werden.

Die Deportierten wurden in Güterwagen transportiert. Die Züge blieben im Winter bei starkem Frost oft auf offener Strecke stehen, sodass die Fahrt ins Generalgouvernement bis zu zwei Tagen dauern konnte und zahlreiche Vertriebene unterwegs erfroren. Im Sommer bei Hitze erlitten sie entweder einen Hitzschlag oder verdursteten. Die Todesopfer waren in der Regel Kleinkinder oder alte Menschen.

Weitere Umsiedlungslager in Lodz befanden sich in der ul. Żeligowskiego 41–43 (Luisenstraße, damals: Gneisenaustraße), der ul. Kopernika 53–55 (damals: Friedrich-Goßler-Straße) und der ul. Hutora 32 (damals: Tauentzienstraße).

Im Januar und Februar 1940 kam von verschiedenen Seiten heftige Kritik an den Deportationsplänen der SS auf. Der Generalgouverneur Hans Frank lehnte eine weitere Aufnahme von Polen und Juden kategorisch ab. Im Jahre 1941 wurden die Deportationen der Polen in das Generalgouvernement wegen des Krieges gegen die Sowjetunion und immer größeren Bedarfs der Lodzer Industrie an Arbeitskräften unterbrochen. Nicht alle Polen konnten abgeschoben werden, deshalb wurden ihnen schlechtere Wohnungen in der Stadt, in Dachböden oder Kellern, zugewiesen. Das Ziel dieser Maßnahme war die Konzentration der Polen im südlichen Teil der Stadt, in Wohnvierteln wie Chojny, Rokicie, Zarzew und Widzew. 1943 begannen Deportationen ins „Altreich", auch in das besetzte Frankreich, zum Zweck der Zwangsarbeit.

Die in der Stadt lebenden Juden wurden – entgegen anfänglichen Plänen einer Deportation in das Generalgouvernement oder an einen anderen Ort außerhalb des Reiches – nicht aus Lodz ausgesiedelt, sondern in einem Getto eingesperrt. Am 30. April 1940 wurde das Getto vom restlichen Teil der Stadt hermetisch abgeriegelt. 160.000 jüdische Menschen wurden dort auf engstem Raum unter äußerst schlechten hygienischen Bedingungen eingepfercht. Die Tochter des Reichsstatthalters

Greiser, die in Lodz zu Besuch war, schrieb an ihren Verlobten über die Bedingungen im Getto Folgendes:

> Anschließend fuhren wir durch das Getto. [...] Ein ganzer Stadtteil völlig abgesperrt durch einen Stacheldrahtzaun, da dürfen die Juden nicht heraus, nur ganz wenige, die einen Ausweis besitzen. Es ist meist nur Gesindel, was Du da siehst, alles lungert herum. Jeder muß hinten und vorn einen gelben Judenstern auf den Kleidern haben (Vatis Erfindung, er spricht vom Lodzer-Sternenhimmel). Das Viertel ist an sich zu klein für alle die Leute, es gibt 300.000 Juden, und in jeder Stube sind sicher 10–20 Leute, man sah so ganz viele Köpfe an den Fenstern.[7]

Joseph Goebbels unterstrich nach dem Besuch in Lodz, dass das „Judenproblem wohl am schwierigsten zu lösen sein“ werde: „Diese Juden sind gar keine Menschen mehr. Mit einem kalten Intellekt ausgestattete Raubtiere, die man unschädlich machen muss.“[8]

Die Abschiebung der Juden ins Getto war aber keine Dauerlösung. Der Leiter der „Volksdeutschen Mittelstelle“, Zweigstelle Lodz, Baron Dr. Cecil von Hahn, teilte seine kritischen Ansichten zu den Bevölkerungsverschiebungen, besonders hinsichtlich der Juden, mit:

> Die Juden werden erstmal aus den Wohnungen geräumt, die für die Balten bestimmt sind. Das nächstemal werden sie erfaßt und ins Ghetto gebracht. Im Ghetto sitzen sie eng zusammenge[p]fercht und der Ausbruch von Seuchen wird gefürchtet. [...]
>
> Es ist klar, daß die Juden im Ghetto weder Platz haben, noch auch dort bleiben sollen. Sie sollen also nochmals und zwar ein drittes Mal umgesiedelt werden. Diesmal nach Lublin oder sonst ins Generalgouvernement. Auch das ist nicht endgültig. [...]
>
> Es entsteht der Eindruck, daß nicht planmäßig gehandelt wird und zwar auf Kosten der deutschen Volkswirtschaft.[9]

Goebbels forderte für die Juden „keine humanitäre, sondern eine chirurgische“ ‚Lösung‘: „Man muss hier Schnitte tuen, und zwar ganz radikale. Sonst geht Europa an der jüdischen Krankheit zugrunde“.[10]

Diese ‚Lösung‘ wurde, wie bekannt, auf der Wannseekonferenz formuliert. Inzwischen aber, im Herbst 1941, kam es zu einer weiteren Welle von Zwangsmigrationen. Das Lodzer Getto wurde zum Zielort der Verschleppungen von Juden aus dem „Altreich“ sowie von Sinti und Roma aus dem Burgenland. Die Entscheidung über die Deportation der Westjuden nach Lodz wurde wahrscheinlich Mitte September 1941 im Reichssicherheitshauptamt getroffen, ohne dass die Besatzungsbehörden von Lodz vorher darüber informiert wurden. Sie stieß auf Proteste, denn die Aufnahme einer solch großen Zahl von Menschen verlangte eine immense organisatorische Anstrengung und vor allem Unterkünfte in dem ohnehin überfüllten Getto. Ursprünglich sollten 60.000 Menschen deportiert werden. Es kam auch zu Kont-

---

7 Zit. n. Bömelburg, Klatt (Hg.): Lodz im Zweiten Weltkrieg (Anm. 5), S. 91f.
8 Goebbels: Tagebücher (Anm. 5), S. 141.
9 Zit. n. Bömelburg, Klatt (Hg.): Lodz im Zweiten Weltkrieg (Anm. 5), S. 159f.
10 Goebbels: Tagebücher (Anm. 5), S. 177.

roversen zwischen dem Oberbürgermeister Werner Ventzki wie dem Regierungspräsidenten Friedrich Uebelhoer und Heinrich Himmler. Beide Funktionäre äußerten starke Bedenken gegen die Ansiedlung der deutschen Juden. Die geplanten Deportationen sollten gesundheitliche, ernährungswirtschaftliche und administrative Probleme sowie die Zerstörung der gesamten Gettostruktur mit sich bringen. Uebelhoer zufolge werde durch die Ankunft der Westjuden ein „äußerst empfindliches Wehrwirtschaftsgebiet" zusammenbrechen.[11] Trotz dieser Proteste wurde der Plan in kurzer Zeit umgesetzt. Im Herbst 1941 kamen in zwanzig Transporten 20.000 Juden aus Wien, Prag, Köln, Frankfurt, Düsseldorf, Hamburg, Trier, Emden und Luxemburg sowie 5.000 Sinti und Roma aus dem Burgenland nach Lodz. Die unerwarteten Transporte sorgten vor allem wegen der Unterbringung dieser Menschen für viel Aufregung im Getto, da die Wohnverhältnisse bereits katastrophal waren. Die zu diesem Zeitpunkt noch funktionierenden Schulen wurden geschlossen und als Massenquartiere den Ankömmlingen zur Verfügung gestellt. Diese Unterkünfte waren in meist trostlosem Zustand. Zimmer von einigen Quadratmetern mussten für einige Dutzend Menschen ausreichen. Sie „hausten schlimmer als Troglodyten",[12] heißt es bei dem aus Prag deportierten Schriftsteller und Journalisten Oskar Singer. Die Bevölkerung des Gettos war nun sehr heterogen. Auch die Ankömmlinge waren keine homogene Gruppe. Aus dem Reich kamen neben den assimilierten auch sehr viele aus dem Osten stammende Juden, die nicht ganz eine Generation lang im Deutschen Reich gewohnt hatten. Unter den aus Wien stammenden Juden war der Prozentsatz der in Wien Geborenen sehr klein, denn die meisten von ihnen kamen aus Galizien. Die deutschen und die Wiener Juden waren weder des Polnischen noch des Jiddischen mächtig. Für die Prager war die Sprache der Stadt nicht so fremd.

Man muss betonen, dass die Westjuden weniger abgehärtet und widerstandsfähig als die Lodzer Juden waren, die schon seit anderthalb Jahren im Getto leben mussten.[13] Ihr Leben im Getto dauerte nur ein paar Monate. Diejenigen von ihnen, die nicht vor Hunger gestorben waren, waren die ersten Opfer, die ins Vernichtungslager Kulmhof deportiert wurden. Von Januar bis Mitte Mai 1942 wurde dort die Hälfte dieser Juden ermordet.

Insgesamt wurden in der Zeit von 1939 bis 1944 ca. 160.000 Juden im Getto eingeschlossen und in unterschiedlichen Phasen aus dem Getto in den Tod geschickt. 33.369 Polen wurden aus Lodz vertrieben, um Platz und Erwerbsmöglichkeiten für die Deutschen aus dem Reich sowie die „Volksdeutschen" aus dem Baltikum,

---

11 Zu den Kontroversen über die Deportation der Westjuden vgl. Peter Klein: Die „Gettoverwaltung Litzmannstadt" 1940 bis 1944. Eine Dienststelle im Spannungsfeld von Kommunalbürokratie und staatlicher Verfolgungspolitik. Hamburg 2009, S. 353–371.

12 Oskar Singer: „Im Eilschritt durch den Gettotag ...". Reportagen und Essays aus dem Getto Lodz. Hg. v. Sascha Feuchert, Erwin Leibfried, Jörg Riecke sowie Julian Baranowski, Krystyna Radziszewska, Krzysztof Wozniak. Berlin 2002 (Schriftenreihe zur Lodzer Getto-Chronik 1), S. 192.

13 Vgl. Krystyna Radziszewska: Deutschsprachige Juden im Getto Lodz/Litzmannstadt. In: Stefan Dyroff, Krystyna Radziszewska, Isabel Röskau-Rydel (Hg.): Lodz jenseits von „Fabriken, Wildwest und Provinz". Kulturwissenschaftliche Studien über die Deutschen in und aus den polnischen Gebieten. München 2009 (Polono-Germanica 4), S. 129–150, hier S. 142.

Wolhynien, der Bukowina und Bessarabien zu schaffen, die „heim ins Reich“ geholt werden sollten.

Aus dem „Altreich“ kamen vor allem Beamte, die die Verwaltungsstrukturen in der besetzten Stadt aufbauen sollten. Den stärksten Zustrom von ihnen verzeichnete man in der ersten Phase der Besetzung der Stadt. Wenige kamen samt ihren Familien mit der Absicht länger zu bleiben, die meisten behielten ihre Wohnungen im Reich, obwohl sie in Lodz die besten Wohnungen der Polen und Juden zugeteilt bekamen. Außer sehr guten Wohnungen bekamen sie Lohnzuschläge, die die Unterschiede zu ihrem Status im Reich ausgleichen sollten. Trotz der Lohnzuschläge, diverser Sonderzulagen und anderer Privilegien fühlten sie sich in Lodz meist nicht wohl. Ein kommissarischer Verwalter der Kunstwollfabrik schrieb seinem Geschäftspartner im März 1940 Folgendes über die Stadt:

> Meine Frau ist gleichfalls seit Anfang Januar hier. Wir haben eine Wohnung gemietet, eine nette und moderne Etage, so ziemlich das beste, was es hier in dieser asiatischen Stadt gibt. [...] Das Leben hier ist einstweilen noch recht primitiv, bessert sich aber langsam. Es sind jetzt schon Deutsche hier in den verschiedensten Stellungen und Funktionen.[14]

Um die Deutschen aus dem Reich zur Ansiedlung in Lodz sowie im übrigen Warthegau anzulocken, organisierte man Exkursionen für Journalisten sowie Ausstellungen. Die größte von ihnen, „Der Osten des Warthelandes“, wurde in vielen deutschen Städten gezeigt.[15]

Darüber hinaus kam eine Anzahl von Vertretern deutscher Firmen und von Fachleuten. Ihnen wurden alle Klein- und Mittelbetriebe übergeben, die man ihren jüdischen Besitzern weggenommen hatte.[16]

Die Lodzer Deutschen spielten in der Verwaltung eine untergeordnete Rolle. Der Inhaber der Seidenbandfabrik Robert Weyrauch schrieb in einem Brief an den Lodzer Aktivisten Adolf Eichler,

> daß die maßgebenden Stellen hier von Herren aus dem Altreich besetzt sind und der Einfluß der Lodscher noch gering ist, sie haben höchstens beratende Stimmen. [...] In der Treuhandstelle Ost, Nebenstelle Lodsch, sind anscheinend nur Herren aus dem Altreich tätig.[17]

Ein ehemaliger Lodzer Deutscher schrieb nach Jahren aus subjektiver Sicht über die Benachteiligung der „Volksdeutschen“ gegenüber den einwandernden „Reichsdeutschen“:

> Unsere volksdeutschen Vertreter in Führungspositionen wurden nach und nach in Schule, Verwaltung und anderswo verdrängt und schließlich ganz abgelöst. Sie wurden von

14 Zit. n. Bömelburg, Klatt (Hg.): Lodz im Zweiten Weltkrieg (Anm. 5), S. 201.

15 Vgl. Paweł Dzieciński: Łódź w cieniu swastyki [Lodz unter dem Hakenkreuz]. Łódź 1988 (Biblioteka Łódzka), S. 51.

16 Zorn: Nach Ostland (Anm. 6), S. 67.

17 Zit. n. Bömelburg, Klatt (Hg.): Lodz im Zweiten Weltkrieg (Anm. 5), S. 95.

> den Nazis in ihren Stellungen, in den Krankenhäusern, wo sie bislang gearbeitet hatten, und überall, wo sie nur konnten, bekämpft.[18]

In den Augen der prominenten Nationalsozialisten sah die Stadt hässlich aus. Joseph Goebbels war nicht dafür, dass „Lodz eine deutsche Stadt werden soll". „Das ist ja nur ein Dreckhaufen, in dem fast ausschließlich Ausschuß aus Polen und Juden wohnt",[19] schrieb der Propagandaminister in sein Tagebuch. An einer anderen Stelle bekräftigte er noch einmal seine Abneigung gegen Lodz und fragte: „Warum muss dieser Dreckhaufen eine deutsche Stadt werden! Es ist ja eine Sisiphusarbeit, Lodz germanisieren zu wollen. Und wir hätten diese Stadt so gut als Abladeplatz benutzen können."[20] Von den „Reichsdeutschen" wurde ihr neuer Aufenthaltsort als eine „selten häßliche und schmutzige Stadt ohne jede Anlage und schöne Bauten, in der das Judentum in erschreckendem Maß überhand genommen hat",[21] sowie als eine „unkultivierte Stadt"[22] wahrgenommen. Dieser schlechte Ruf der Stadt kann eine Erklärung dafür sein, dass die Deutschen aus dem Reich nur ungern nach Lodz kamen.

Die größte Masse der Siedler in Lodz bildeten aber nicht die „Reichsdeutschen", sondern die sogenannten „Volksdeutschen"[23] aus Ost- und Südosteuropa, die im Rahmen der Aktion „Heim ins Reich" umgesiedelt wurden. Bereits im Dezember 1939 trafen infolge der Vereinbarungen des Hitler-Stalin-Paktes die ersten „Baltendeutschen" aus Lettland und Estland ein. Die meisten von ihnen waren städtisch geprägt.

Der Leiter des Amtes für Balteneinsatz, SS-Hauptsturmführer Kurt Scheve, schätzte die Möglichkeiten der Ansiedlung der „Baltendeutschen" in der Stadt und ihren Einsatz durch die Industrie- und Handelskammer in einem Aktenvermerk folgendermaßen ein:

> Nachdem ich die wirtschaftlichen Möglichkeiten in Lodsch kennen gelernt habe, glaube ich, daß es nicht nur möglich sein wird, sondern daß es sogar zwecks Festigung des Deutschtums unbedingt notwendig ist, eine recht große Zahl von Baltendeutschen hier anzusiedeln, und zwar fachlich und charakterlich gutes Material.[24]

Er hob aber hervor, dass die „Voraussetzung für die Ansiedlung der Baltendeutschen in Lodsch [...] eine sehr großzügige und zweckentsprechende Behandlung der Woh-

18 Eugen Graudus: Erinnerungen an Lodz. Manuskript, im Besitz von Krystyna Radziszewska.

19 Goebbels: Tagebücher (Anm. 5), S. 186.

20 Ebd., S. 199.

21 Zit. n. Bömelburg, Klatt (Hg.): Lodz im Zweiten Weltkrieg (Anm. 5), S. 58.

22 Zit. n. ebd., S.183.

23 Hierbei handelt es sich um einen NS-Begriff. Vgl. u. a. Jerzy Kochanowski: Losy Niemców w Polsce Centralnej w latach 1945–1950. Na przykładzie województwa łódzkiego, warszawskiego i krakowskiego (powiat Biała) [Das Schicksal der Deutschen in Zentralpolen in den Jahren 1945–1950. Am Beispiel der Woiwodschaften Lodz, Warschau und Krakau (Kreis Biała)]. In: Włodzimierz Borodziej, Hans Lemberg (Hg.): Niemcy w Polsce 1945–1950. Wybór dokumentów [Deutsche in Polen 1945–1950. Eine Dokumentenauswahl]. Bd. 2: Polska Centralna, województwo śląskie [Zentralpolen, Woiwodschaft Schlesien]. Warszawa 2000, S. 7–72.

24 Zit. n. Bömelburg, Klatt (Hg.): Lodz im Zweiten Weltkrieg (Anm. 5), S. 145.

nungs- und Lohnfragen“ sei.[25] Seine Dienststelle sollte für gute und geeignete Wohnungen sorgen sowie die Industrie- und Handelskammer in der Schaffung von angemessener und dauernder Beschäftigung für „Baltendeutsche“ unterstützen.

Dem Bericht der Sekretärin im Umsiedlungslager, Marietta von Kesselring, zufolge bewohnten die „Baltendeutschen“, bevor sie ihre Wohnungen zugewiesen bekamen, „eine verhältnismäßig gut ausgestattete Separatbaracke, sie erhielten durch die Nachsicht der Ärzte Zubuße.“[26] Sie nahmen eine Ausnahmestellung unter den Umsiedlern ein. Die „Baltendeutschen“ waren laut Kesselring „vermöge ihrer Bildung und ihres Besitzes die wirklichen Herren des Landes, die Spitzen der Intelligenz, die Beherrscher der Wirtschaftsmaschine, die Großeigentümer von Mustergütern.“[27] Sie waren den Deutschen nur gefolgt, „weil sie vor dem großen Fragezeichen des Bolschewismus noch mehr erzitterten, als vor dem Säbel des Nazismus.“[28]

Die meisten „Baltendeutschen“ wurden in 2- oder 3-Zimmer-Wohnungen in der Montwill-Mirecki-Siedlung untergebracht. Das Problem ihrer Ernährung wurde für sie durch eine Spezial-Lebensmittelhandlung gelöst. Von Posen aus wurde unter anderem der Import von frischem Gemüse organisiert. Ein Mitarbeiter der „Volksdeutschen Mittelstelle“ erläuterte in einer Aktennotiz am 4. Februar 1940, warum ein angemessener Anteil von Großunternehmen „baltendeutschen“ Rückwanderern gesichert werden musste. Dafür sprach ein politischer Grund, das heißt, die „Baltendeutschen“ durften nicht ohne Einfluss in der Wirtschaft bleiben, um ihrer Aufgabe im besetzten Polen gerecht zu werden. Außerdem konnten die Fähigkeiten der besten Wirtschaftler nur bei Großbetrieben genutzt werden. In Lettland waren „Baltendeutsche“ in der Leitung vieler führender Manufakturen. Ein großer Teil der Vermögen der „Baltendeutschen“ bestand in Immobilien und Wertpapieren. In Lodz sollten für diese Kapitalien Anlagemöglichkeiten gefunden werden, unter anderem durch Übernahme größerer Betriebe. Diese Personen wurden in den besten Wohnungen untergebracht. Erika Seidel-Carlhoff, die 1940 mit ihren Eltern aus Kurland nach Lodz umgesiedelt worden war, berichtete in ihrem Tagebuch über die phantastische Ausstattung der 5-Zimmer-Wohnung, die ihrer Familie zugeteilt wurde. Die Wohnung gehörte einem wohlhabenden jüdischen Kaufmann; in ihr gab es unter anderem Möbel aus Eichenholz, lederbezogene Stühle, Kristallspiegel etc.[29] Diese Sonderbehandlung der „Baltendeutschen“ war ein wichtiger Grund für Auseinandersetzungen zwischen den verschiedenen Gruppen, hier zwischen den „Baltendeutschen“ auf der einen Seite und den „Reichs-“ und „Volksdeutschen“ auf der anderen Seite. Baron von Hahn berichtete im März 1940 über eine Mitteilung des Oberregierungsrats Dr. Moser, in der es heißt,

---

25 Zit. n. ebd.

26 Marietta von Kesselring: Erlebnisse einer zur SS-Sekretärin Gezwungenen. Tatsachenbericht. Zürich 1945, S. 75.

27 Ebd., S. 77.

28 Ebd., S. 78.

29 Vgl. Bömelburg, Klatt (Hg.): Lodz im Zweiten Weltkrieg (Anm. 5), S. 176.

> daß eine weitere Unterbringung von Baltendeutschen in Lodsch nicht mehr gewünscht wird, da der Wohnraum nunmehr sehr eng sei. Es hatten sich Unzuträglichkeiten zwischen den Baltendeutschen auf der einen Seite und den Reichs- und Volksdeutschen auf der anderen Seite ergeben. Die Volks- und Reichsdeutschen sind darüber erbittert, daß fast alle guten Wohnungen in den Besitz der Baltendeutschen übergegangen sind und für sie selbst keine guten Wohnungen mehr in Zukunft vorhanden seien.[30]

Der Regierungspräsident bat den Reichsstatthalter, einen weiteren Zuzug von „Baltendeutschen" nicht mehr zu gestatten, da sonst die Gefahr bestünde, dass „Volks-" und „Reichsdeutsche" niemals zu einer brauchbaren Wohnung kämen.

Auf weitere Probleme machte Erika Carlhoff in ihrem Tagebuch aufmerksam, nämlich auf Mangel an Vertrauen zwischen den Bevölkerungsgruppen. Sie schrieb im März 1940:

> Hier stellt kein Balte, der ein Geschäft hat, einen Volksdeutschen an, weil die dann mit den Polen gleich unter einer Decke stecken. Entweder stellt ein Balte seine eigenen Mitgekommenen an oder Polen. [...] [Die Volksdeutschen] tragen als Erkennungszeichen ein Hakenkreuz im Ring. Bei uns Balten heissen sie die Deutschen mit dem Aushängeschild [...].[31]

Der statistischen Auswertung der ostdeutschen Rückwanderer vom 1. August 1940 zufolge notierte man 2.831 Haushalte der „Baltendeutschen", in denen 5.330 Erwachsene und 1.202 Kinder lebten. Es gab 766 Selbständige und 1.934 Unselbständige.[32]

Die nächste Gruppe der Umsiedler bildeten Wolhynien- und Galiziendeutsche. Da die meisten von ihnen Landwirte waren, wurden sie aufs Land geschickt. Nur wenige siedelten sich in Lodz selbst an. Der Amtskommissar von Widzew, einem Stadtteil von Lodz, klagte in einem Bericht über das Verhalten der Wolhyniendeutschen:

> Den Polen hat sich eine größere Angst bemächtigt als bisher, da sich die Wolhyniendeutschen Sachen erlauben, die nicht geduldet werden können; so kommt es z. B. vor, daß polnische Wirtschaften durchstöbert und ausgeplündert werden. Auch vor den eigenen Wirtschaften wird nicht Halt gemacht. [...]
>
> [...] Durch die Trunksucht kommen [...] diese Leute moralisch so weit herunter, daß Schlägereien oder Gemeinheiten an der Tagesordnung sind.[33]

Die bereits erwähnte Tochter des Gauleiters Greiser besuchte während ihres Aufenthaltes in Lodz die Baracken der Wolhyniendeutschen und wies auf eine Besonderheit dort hin, nämlich das moderne fahrbare Rot-Kreuz-Lazarett, in dem die Kranken, besonders viele Kinder, behandelt wurden. Diese wolhyniendeutschen Kinder seien nach Lodz „völlig entkräftet und halbtot [...] eingeliefert worden".[34]

---

30 Zit. n. ebd., S. 160.

31 Zit. n. ebd., S. 177f.

32 Archiwum Państwowe w Łodzi (Staatsarchiv Lodz), Akta Miasta Łodzi, Wydział Statystyczny, Sign. 29 012, Bl. 1.

33 Zit. n. Bömelburg, Klatt (Hg.): Lodz im Zweiten Weltkrieg (Anm. 5), S. 162.

34 Zit. n. ebd., S. 94.

Am 26. Oktober 1940 notierte das Statistische Amt 1.723 Haushalte von Wolhynien- und Galiziendeutschen sowie Deutschen aus dem Narewgebiet, 3.096 Erwachsene und 1.138 Kinder.[35]

Bald darauf kam nach Lodz die nächste Gruppe von Deutschen aus Lettland und Estland. Diese Menschen hatten zunächst damit gerechnet, dass sie nach der Ausreise ihrer Landsleute die von diesen verlassenen Betriebe übernehmen würden. Als das nicht der Fall war, bewarben sie sich um die Ausreise ins Reich. Sie wurden aber durch die Behörden als politisch unsicher angesehen und nicht als Umsiedler, sondern als Flüchtlinge betrachtet.

Im Zeitraum von 1941 und 1942 kamen die Umsiedler aus Bessarabien, der Nordbukowina, Litauen, der Dobrudscha und der Südbukowina. Diese Umsiedlungsaktion ging nicht so schnell vor sich wie die Umsiedlung der „Baltendeutschen“. Es gab kaum brauchbare Wohnungen und viel weniger Vorräte, die nach der Vertreibung der Polen übrig geblieben waren.

Am 4. Oktober 1941 wurden 12.728 Umsiedler in Lodz erfasst. Die größte Gruppe bildeten die „Baltendeutschen“ mit 6.750 Personen. Ferner verzeichnete man 3.405 Galiziendeutsche, 1.115 Deutsche aus dem Narewgebiet, 642 Wolhyniendeutsche und 538 Bukowinadeutsche (sog. „Buchenlanddeutsche“). Die Einwohnerzahl von Lodz nach dem Stand vom Dezember 1942 belief sich auf 568.917 Personen, davon 343.786 Polen, 87.352 Juden und 133.216 Deutsche.[36]

Im Jahre 1944 kam es erneut zu Umsiedlungen von „Volksdeutschen“ aus den besetzten Gebieten der Sowjetunion. Am 14. März 1944 gab es in Lodz eine große Kundgebung im Zusammenhang mit der Ansiedlung des millionsten Deutschen im Warthegau, worüber die *Litzmannstädter Zeitung* sehr umfangreich berichtete. Der Gauleiter Greiser sprach in leidenschaftlichen Worten über die Deutschen, die „jetzt aus fremden Ländern heimkehren, um das deutsche Blut unseres Reichsgaus Wartheland auszufüllen.“[37]

Marietta von Kesselring nannte verschiedene Gründe, die die „Volksdeutschen“ zu der Umsiedlung bewogen hätten:

> Die Balten meist reiche und geistig vorgeschrittene Leute waren aus Bolschewikenangst geflohen, die Letten aus politischen Ursachen, weil sie teils wegen ihres schmächtigen Besitzes, teils wegen ihrer inneren Haltung sich mit dem Kommunismus nicht befreunden konnten; die Ukrainer, weil sie die persönliche Rachsucht unterer Volksteile nicht schlafen ließ; die Beßarabier, weil sie durch große Versprechungen geangelt wurden. In den zehn Baracken, in denen ungefähr fünfzehntausend dieser rückgewanderten Volksdeutschen untergebracht waren, fand sich kaum einer, der dem Nationalsozialismus ergeben war und der dauernd unter Deutschen leben wollte.[38]

35 Archiwum Państwowe w Łodzi (Anm. 32), Bl. 9.

36 Nach Urząd Miasta Łodzi: Straty wojenne (Anm. 1), S. 29.

37 Der millionste Deutsche im Wartheland angesiedelt. In: Litzmannstädter Zeitung, 15.03.1944, S. 1.

38 Kesselring: Erlebnisse (Anm. 26), S. 73.

Einige Monate später, im Januar 1945, begann die Migrationsbewegung in eine andere Richtung. Bereits im Sommer 1944 hatte sich die Lage in der Stadt merklich zugespitzt. Immer häufiger wurde nachts Fliegeralarm gegeben. Die Behörden sprachen aber nicht über Evakuationsmaßnahmen. Im August 1944, als die Rote Armee an der Weichsel, ca. 130 km vor Lodz, stand, verurteilte der Gauleiter Greiser während einer Kundgebung in der Sporthalle das Verhalten der Personen, die die Stadt verlassen wollten. Er versicherte in seiner Rede, dass es in Lodz keine der „Warschauer Situationen", wie er den Warschauer Aufstand verhüllend nannte, ähnlichen Zustand gebe. Um die Deutschen zu beruhigen, teilte er ihnen mit, dass schon neue Divisionen gebildet worden seien und bald mit der neuen Waffe ausgerüstet würden. Zum Schluss sagte er, dass die Einwohner die Nerven behalten und an den Sieg glauben sollten.[39] Vier Tage vor dem Einmarsch der sowjetischen Armee, am 15. Januar 1945, bezeichnete Greiser die Lage im Drahtfunk als noch nicht beunruhigend. Selbst die katastrophale militärische Lage veranlasste ihn nicht, die Räumung der Stadt Lodz und des Warthegaus anzuordnen. Dies wurde erst am 17. Januar 1945, viel zu spät, angeordnet. Die Lodzer Deutschen verließen die Stadt auf eigene Faust. Weder eine Sammelstelle noch ein Termin waren bekannt gemacht worden. Angesichts der heranrückenden Roten Armee flüchteten sie auf verschneiten und vereisten Wegen und in schneidender Kälte panikartig in das „Altreich". Es fehlte an Transportmitteln, deshalb machten sich viele zu Fuß auf den Weg. Auch das Fehlen der zum Kriegsdienst eingezogenen Männer machte sich für die Zivilbevölkerung sehr erschwerend bemerkbar.

Die Umsiedler von den „Baltendeutschen" bis zu den erst 1944 im Warthegau untergebrachten Schwarzmeerdeutschen schlossen sich so gut wie ausnahmslos den Flüchtlingstrecks an. Sie waren in Lodz und Umgebung noch nicht völlig heimisch geworden und das Trecken bereits gewohnt. Sie kannten auch das Sowjetsystem teilweise noch aus eigener Erfahrung und fürchteten die Eroberung durch die Rote Armee.

Viele „Volksdeutsche" dagegen blieben in Lodz. Sie waren aber in einer äußerst schwierigen Lage. Ein großer Teil von ihnen kam in das Arbeitslager im Lodzer Stadtteil Sikawa, bevor sie nach Deutschland abgeschoben wurden. Das Lager war 1943 von Deutschen für polnische Gefangene errichtet worden. Nach der Befreiung der Stadt wurden in diesem Lager die Deutschen selbst eingesperrt. Zu Beginn wurde das Lager wahrscheinlich von NKWD-Funktionären geleitet.[40] In Sikawa wurde die 3. schwere Maschinengewehr-Kompanie des 3. Bataillons des 15. Infanterieregiments (IR) stationiert. In einer Meldung des Stabes des 15. IR vom 9. Februar 1945 infor-

39 Vgl. Tadeusz Bojanowski: Łódź pod okupacją niemiecką w latach II wojny światowej 1939–1945 [Lodz unter deutscher Besatzung im Zweiten Weltkrieg 1939–1945]. Łódź 1992 (Acta Universitatis Lodziensis), S. 208.

40 Sławomir Abramowicz: Obóz pracy Sikawa w roku 1945 i w latach późniejszych [Das Arbeitslager Sikawa im Jahre 1945 und danach]. In: Joanna Żelazko (Hg.): Rok 1945 w Łódzi. Studia i szkice [Das Jahr 1945 in Lodz. Studien und Skizzen]. Łódź 2008, S. 159–169, hier S. 156.

mierten Oberstleutnant Wasyl Humeniuk und Stabschef Major Donin, dass sie beim Stab der I. Belorussischen Front den Kampfauftrag bekommen hätten,

> gemäß einer Entscheidung der Sowjetregierung die Bewachung der Konzentrationslager für die deutschen [sic], die auf dem hiesigen Gebiet wohnen, zu übernehmen. Im Ergebnis sollen sie auf Polnisches [sic] und Sowjetisches [sic] Gebiet verbracht werden zur Ausführung von Arbeiten, die mit dem Wiederaufbau der Städte und Industrieanlagen einher gingen, die von den Deutschen [sic] Okkupanten zerstört worden sind. [...] Das Konzentrationslager wird in der Stadt Lodz eingerichtet. Dessen Schutz übernimmt das 3. Bataillon des 15. IR. [...].[41]

Einer der ehemaligen Soldaten bekannte, dass von Mitte März bis zum 15. April 1945 Soldaten dieser Kompanie die Wachen des Lagers stellten. Die erwähnte Kompanie wurde jedoch schon am 15. April an die Front geschickt. Das Lager bestand von 1945 bis 1950. Nach längerer oder kürzerer Zeit wurden die Gefangenen in das besetzte Deutschland geschickt. Vorher wurden sie gewaschen und desinfiziert. Jeder bekam Verpflegung für einige Tage. Die Reisenden begleitete ein Arzt, der sich um ihre Gesundheit sorgen sollte. Aus Sikawa wurden bis 1949 10.758 Personen nach Deutschland deportiert; 1946 waren es 71, 1947 10.035 und 1948 652 Personen. Sie wurden vor allem in die Sowjetische Besatzungszone geschickt.[42]

Ungefähr 78.000 Juden aus dem Getto, die noch zu Beginn des Sommers 1944 am Leben waren, wurden bis Mitte Juni nach Kulmhof, dann im Juli und August 1944 nach Auschwitz deportiert, wo die meisten ermordet wurden. Nach der Befreiung von Lodz durch die Rote Armee kamen 18.633 Juden in die Stadt, Überlebende aus den Gettos und Lagern, die sich außerhalb der Getto- und Lagerstrukturen oder in Wäldern hatten verstecken können. In der zweiten Jahreshälfte 1945 lebten in Lodz bereits wieder etwa 30.000 Juden.[43] Die Stadt wurde zwischen 1945 und 1949 zum kulturellen und gesellschaftlichen Zentrum des jüdischen Lebens in Polen. Hier hatten zentrale jüdische Organisationen ihren Sitz.[44] Lodz zog wie ein Magnet Ankömmlinge aus ganz Polen an. Die Stadt war im Gegensatz zu Warschau nicht zerstört und erfüllte in den ersten Jahren die Rolle der informellen Hauptstadt von Polen. Viele Ministerien hatten dort ihren Sitz. Nach dem Pogrom in Kielce im Juli 1946 verließen viele Juden Polen und Lodz. In den nächsten drei Jahren setzten

41 Kochanowski: Losy Niemców (Anm. 23), Dokument Nr. 55, S. 133.

42 Krystyna Radziszewska: Die Deutschen in Lodz nach dem Ende der Okkupation und das Lager Sikawa in den Jahren 1945–1950. In: Monika Kucner, Krystyna Radziszewska (Hg.): Fremde im gelobten Land. Zur Geschichte der Deutschen in Lodz nach dem Zweiten Weltkrieg. Łódź 2014 (Polono-Germanica 8), S. 45–73.

43 Leszek Olejnik: Łódź wielonarodowa w pierwszych latach po II wojnie światowej [Das multinationale Lodz in den ersten Jahren nach dem Zweiten Weltkrieg]. In: Rocznik Łódzki 45 (1998), S. 185–210.

44 Vgl. dazu Ewa Wiatr: Życie kulturalne Żydów w Łodzi w latach 1945–1950 [Das kulturelle Leben der Juden in Lodz 1945–1950]. In: Andrzej Lech, Krystyna Radziszewska, Andrzej Rykała (Hg.): Społeczność żydowska i niemiecka w Łodzi po 1945 roku [Die jüdische und die deutsche Gemeinschaft in Lodz nach 1945]. Łódź 2010, S. 163–194.

sie die Emigration nach Israel und in andere Länder fort. Dies war das Ende der großen Migrationsbewegungen aus und nach Lodz.

Die erzwungenen Migrationen während des Zweiten Weltkrieges waren vor allem ideologisch bedingt. Sie brachten der polnischen und teils auch der deutschen Bevölkerung großes Leid und bedeuteten für die jüdischen Bürger Vernichtung. Im kollektiven Gedächtnis der Lodzer werden sie erinnert als die Zeit des Terrors, der Erniedrigung und der Vernichtung.

Isabel Röskau-Rydel

Migrationserfahrungen der Deutschen in Galizien im Zweiten Weltkrieg und der Nachkriegszeit: Umsiedlung, Neuansiedlung, Flucht

1. Einleitung

Die im geheimen Zusatzprotokoll des Nichtangriffsvertrages zwischen dem Deutschen Reich und der Sowjetunion vom 23. August 1939 (Hitler-Stalin- bzw. Ribbentrop-Molotov-Pakt) vereinbarte Zwangsumsiedlung der Deutschen aus dem Osten Europas betraf ebenfalls die Deutschen im ehemaligen österreichischen Kronland Galizien, das seit Ende des 18. Jahrhunderts für sie als Auswanderer, die vorwiegend aus Südwestdeutschland stammten, zur Heimat geworden war. Nach dem deutschen Angriff auf Polen am 1. September 1939 und der Besetzung Ostpolens durch die Rote Armee am 17. September 1939 befanden sich die Galiziendeutschen, die im früheren Ostgalizien lebten, zumeist unter sowjetischer Herrschaft. Die Umsiedlung der Galiziendeutschen seit Ende 1939, Anfang 1940 fand zwar im Rahmen der „Heim ins Reich"-Propaganda statt,[1] führte die 55.400 (1941) bzw. 57.568 (1943) Angehörigen dieser Minderheit nach einem Zwangsaufenthalt in Durchgangslagern bei Lodz/Łódź und in den sogenannten Beobachtungslagern in Sachsen und im Sudetenland mehrheitlich in die deutsch besetzten, dem Reich angegliederten polnischen Gebiete im sogenannten Wartheland, aus denen zuvor die ansässige polnische Bevölkerung vertrieben und ins Generalgouvernement abgeschoben wurde. Der kleinere Teil der Galiziendeutschen, die ihre Siedlungsgebiete im ehemaligen Westgalizien hatten und die sich nun zumeist in den Grenzen des Generalgouvernements befanden, blieben von der Umsiedlung ausgenommen. Nur sehr wenige aus Ostgalizien stammende Galiziendeutsche erhielten, je nach beruflicher Ausbildung, eine Anstellung in Krakau bzw. im Generalgouvernement. Nach knapp fünf Jahren erfolgte die nächste größere Migration der Galiziendeutschen, als seit dem Sommer 1944 Vorbereitungen zur Flucht in den Westen angesichts der immer näher rückenden Roten Armee getroffen wurden. Nach Kriegsende fand der größere Teil der Galiziendeutschen Zuflucht in den westlichen Besatzungszonen, manche von ihnen wanderten in den 1940er Jahren nach Nord- und Südamerika sowie nach Kanada aus.

In diesem Beitrag sollen die verschiedenen Migrationserfahrungen der Galiziendeutschen beschrieben und einige ausgewählte Beispiele anhand von Ego-Dokumenten analysiert werden.

1 Ortfried Kotzian: Die Umsiedler. Die Deutschen aus West-Wolhynien, Galizien, der Bukowina, Bessarabien, der Dobrudscha und in der Karpatenukraine. München 2015 (Studienbuchreihe der Stiftung Ostdeutscher Kulturrat 11), S. 21–24.

Jahrbuch des BKGE 24 (2016), S. 133–156

2. Die Umsiedlung der Deutschen aus Galizien in „Erlebnisberichten" vor 1945

Um die gelungene Umsiedlung der „Auslandsdeutschen" oder „Volksdeutschen" – wie man die im Ausland lebenden und dort seit Jahrzehnten oder Jahrhunderten ansässigen Deutschen bezeichnete – für einen größeren Personenkreis und für die politische Schulung der NSDAP festhalten zu können, wurden seit 1940 Bücher mit Berichten über die Umsiedlungsaktionen, die meist unter dem Motto „Heim ins Reich" standen, veröffentlicht. Die Aufzeichnungen entstanden als Tagebuchnotizen oder als kurz nach der Umsiedlung verfasste Niederschriften auf Bitten der Redakteure. Mit diesen Büchern wollten die verantwortlichen Stellen die Leser von der Notwendigkeit und Richtigkeit der Umsiedlung der „Volksdeutschen" in die deutsch besetzten Gebiete überzeugen und auch eine gewisse Empathie für diesen Personenkreis hervorrufen. Natürlich muss bei den als „Tagebücher" oder „Erlebnisberichte" bezeichneten Publikationen berücksichtigt werden, dass es sich meist um Auftragsarbeiten handelte, die durch die NS-Zensur gingen und dementsprechend keine kritischen Anmerkungen über politische Geschehnisse oder über die Art und Weise der Umsiedlung enthalten konnten. Im Folgenden sollen einige Berichte über den Ablauf der Maßnahmen, über die die Umsiedlungswilligen erst mit Eintreffen der Umsiedlungskommission Mitte Dezember 1939 unterrichtet wurden, vorgestellt werden. Im Rundfunk hatten sie zuvor nur wenige konkrete Informationen erhalten, sodass sie von den dann mitgeteilten Umsiedlungsbedingungen völlig überrascht wurden. Ebenso wenig bekannt und bewusst war ihnen, dass für ihre Neuansiedlung eine entsprechende Anzahl von Personen in diesen Gebieten, insbesondere im sogenannten Warthegau, ausgesiedelt werden musste, um den Neuankömmlingen Platz zu machen.

Über die Volksdeutsche Mittelstelle in Berlin, die mit der Vorbereitung und der Durchführung der Umsiedlung der Deutschen aus den sowjetisch besetzten ostpolnischen Gebieten beauftragt worden war, wussten sie kaum etwas, zumal hier nun keine deutschen Zeitungen mehr erschienen. Daher war ihnen sicherlich auch nicht die Anordnung des Reichsführers SS und Reichskommissars für die Festigung deutschen Volkstums, Heinrich Himmler, vom 30. Oktober 1939 bekannt, dass „in den Monaten November und Dezember 1939 sowie in den Monaten Januar und Februar 1940" alle Juden „aus den ehemals polnischen, jetzt reichsdeutschen Provinzen und Gebieten", alle „Kongresspolen" aus der Provinz Danzig-Westpreußen sowie „eine noch vorzuschlagende Anzahl besonders feindlicher polnischer Bevölkerung" aus den Provinzen Posen und Ostpreußen sowie Ostoberschlesien in das Generalgouvernement umgesiedelt werden solle.[2]

Als am 4. November 1939 im Rundfunk die bevorstehende Umsiedlung der Deutschen im ehemaligen Galizien, dessen östlicher Teil am 17. September gemäß dem geheimen Zusatzprotokoll des Nichtangriffsvertrages zwischen dem Deutschen

2 Bundesarchiv Berlin-Lichterfelde, R 186/7, Anordnung 1/II, Berlin, 30. Oktober 1939, Bl. 1.

Reich und der Sowjetunion vom 23. August 1939 von sowjetischen Truppen besetzt worden war, angekündigt wurde, war dies für die in diesem Gebiet Polens lebenden Deutschen die erste offizielle Nachricht über die Umsiedlung. In den Wochen zuvor hatte es häufig Gerüchte gegeben, denen zufolge sich schon Umsiedlungskommissare in Lemberg/Lwów/Ľviv befänden, die sich dann jedoch als unrichtig erwiesen und die zu einer großen Unruhe unter den Galiziendeutschen beitrugen. Schon einen Monat zuvor hatte man auch in Galizien auf eine schnelle Vereinbarung mit der Sowjetunion gehofft, als am 9. Oktober im Rundfunk die bevorstehende Umsiedlung der Deutschen aus Estland und aus Lettland innerhalb einer Woche angekündigt worden war, wie den zwischen dem 18. September und 8. Dezember verfassten Aufzeichnungen Dorothea Zöcklers in Stanislau/Stanisławów/Ivano-Frankivs'k zu entnehmen ist.[3] Als Familie Zöckler am 4. November im Radio von der Vereinbarung zwischen Deutschland und der Sowjetunion über die Aussiedlung der Deutschen in den sowjetisch besetzten Gebieten hörte, war die Erleichterung bei Dorothea und der ganzen Familie Zöckler groß:

> Ach, wir sind alle so glücklich, man kann es gar nicht fassen, daß wir es jetzt auch von authentischer deutscher Seite gehört haben. Wir wissen zwar noch nicht, wann und wie und unter welchen Bedingungen es vor sich gehen wird, aber das haben wir gehört, daß Rußland darauf eingegangen ist. Und das war wohl eines jeden hier geheime Furcht, daß die Russen uns nicht rauslassen werden.[4]

Allerdings mussten sich die Galiziendeutschen auch weiterhin mit Geduld wappnen, denn trotz gegenteiliger Gerüchte ließ die Umsiedlung auf sich warten. Der evangelische Pfarrer und Superintendent der evangelischen Gemeinden Augsburgischer und Helvetischer Konfession im ehemaligen Galizien, Theodor Zöckler (1867–1949), der Schwiegervater Dorothea Zöcklers, die mit seinem Sohn Martin verheiratet war, und seine Familienangehörigen verfolgten weiterhin aufmerksam die Rundfunksendungen, in denen vorerst nur über die Ankunft der ausgesiedel-

---

3 Dorothea Zöckler: Bitteres Warten. In: Der Führer ruft. Erlebnisberichte aus den Tagen der Großen Umsiedlung im Osten. Zusammengest. v. Heinrich Bosse. Berlin 1942, S. 178–182. Der Herausgeber betonte in seinem in Posen/Poznań im März 1941 verfassten Vorwort, dass „die meisten der Berichte [...] niemals für den Druck bestimmt gewesen" seien, dass aber schließlich einige „Berichte von der Umsiedlung der Deutschen aus Wolhynien und Galizien" mit Unterstützung von „Karl Götz, Ratsherrn der Stadt der Auslandsdeutschen" (Stuttgart) zusammengestellt werden konnten, um so „die Echtheit des Erlebnisses zu wahren" (S. 5f.). Die Drucklegung selbst schien aber recht lange gedauert zu haben, denn das Manuskript wurde schon am 25. Oktober 1940 (S. 4) als Schrift „in der NS-Bibliographie geführt", aber erst 1942 herausgegeben.

4 Ebd., S. 179f. Dieser vom 18. September bis 8. Dezember 1939 reichende Auszug aus dem Tagebuch Dorothea Zöcklers wurde unter dem Titel „Warten auf die Umsiedlung" wiederabgedruckt in: Aufbruch und Neubeginn. Heimatbuch der Galiziendeutschen. Tl. II. Redigiert v. Julius Krämer in Zusammenarbeit mit Rudolf Mohr u. Ernst Hobler, Stuttgart-Bad Cannstatt 1977, S. 88–94. Ebd., S. 46–52, wurden die Tagebuchauszüge, die die Zeit vom 26. August bis zum 17. September 1939 umfassten, unter dem Titel „Im Widerschein von Krieg und Internierung in Stanislau" veröffentlicht. Eine Fortsetzung von Dorothea Zöcklers Tagebuchaufzeichnungen vom 11. Dezember 1939 bis April 1940 erschien in dem Band „Der Führer ruft" (Anm. 3) unter dem Titel „Wir siedeln um!", S. 230–240.

ten Baltendeutschen in Posen/Poznań berichtet wurde. Familie Zöckler machte sich ebenfalls Gedanken darüber, ob die Deutschen aus Galizien nach Posen oder doch eher nach Lodz gebracht werden würden. Erst am 7. Dezember, also über einen Monat später, wurde Dorothea Zöckler zufolge dann im Radio berichtet, dass die für die Deutschen in Galizien und Wolhynien zuständige Umsiedlungskommission in Krakau/Kraków eingetroffen sei und am 8. Dezember die Grenze zur Sowjetunion überschreiten werde.[5]

Dorothea Zöckler bezieht sich in ihren Aufzeichnungen auf das „Abkommen über die Umsiedlung der deutschstämmigen Bevölkerung aus dem zur Interessenzone der UdSSR und der ukrainischen und weißrussischen Bevölkerung aus dem zur Interessensphäre des Deutschen Reiches gehörenden Gebiet des früheren polnischen Staates", das am 3. November 1939 paraphiert und am 16. November in Moskau von den Vorsitzenden der deutschen und der sowjetischen Regierungsdelegation in der Gemischten Deutsch-Sowjetischen Umsiedlungskommission unterzeichnet wurde.[6] In diesem Abkommen wurde festgehalten, dass die Umsiedlung freiwillig erfolge, mit dem 16. November 1939 beginne und bis zum 1. März 1940 abgeschlossen werden solle.[7] Darüber hinaus wurde festgelegt, wie viel Gepäck (50 Kilogramm je Familienoberhaupt, 25 Kilogramm jedes Familienmitglied) in der Eisenbahn oder im Auto mitgenommen werden durfte. In einem mit zwei Pferden bespannten Fuhrwerk sollte das ausgeführt werden können, was man auf dem Fuhrwerk unterbringen konnte. Nicht ausgeführt werden durften, bis auf 50 Złoty pro Person, Geld jeglicher Art sowie Silbergegenstände über 500 Gramm. Darüber hinaus gab es weitere Einschränkungen bei der Ausfuhr, denn es war nur erlaubt, persönliche Dokumente und Fotografien mitzunehmen, jedoch keine Bücher, Pläne, Urkunden und Kirchenbücher der deutschen Gemeinden. Das von den Aussiedlern zurückgelassene Vermögen sollte von den Bevollmächtigten der Umsiedlungskommission nach Menge und Güte in Listen eingetragen werden.[8] Die Transportlisten für alle Transportmittel sollten von den Bevollmächtigten und Regierungsvertretern beider Seiten gemäß den „Meldungen der Umsiedlungswilligen (schriftlich oder mündlich), nach Möglichkeit unter Vorlage von Urkunden über die Volkszugehörigkeit"[9] zusammengestellt werden.

Dorothea Zöcklers Notizen stimmten mit dem Ablauf der Umsiedlung überein, denn am 8. Dezember 1939 reiste die nach Angaben der geheimen Lageberichte der SS aus 351 Mitgliedern bestehende deutsche Umsiedlungskommission, die von der Volksdeutschen Mittelstelle in Berlin zusammengestellt worden war, in die im Abkommen angegebenen Städte in den von der Sowjetunion besetzten polnischen

5 Ebd., S. 181f.

6 Hellmuth Hecker: Die Umsiedlungsverträge des Deutschen Reiches während des Zweiten Weltkrieges. Hamburg 1971 (Werkhefte der Forschungsstelle für Völkerrecht und ausländisches öffentliches Recht der Universität Hamburg 17), S. 105–119.

7 Ebd., S. 106.

8 Ebd., S. 107f.

9 Ebd., S. 114.

Gebieten. Diesem Lagebericht zufolge rechnete man in Galizien mit etwa 46.000 Volksdeutschen, die in den Gebieten um Lemberg, Stanislau und Stryj angesiedelt waren.[10] Gleichzeitig sollten auch die Volksdeutschen aus Wolhynien, deren Zahl mit 65.000 Personen, und dem Narew-Gebiet, deren Zahl mit 9.000 Personen angegeben wurde, ausgesiedelt werden. Insgesamt ging man bei den drei Aussiedlungsbezirken von einer Zahl von 120.000 Umsiedlern aus, von denen etwa ein Drittel, hauptsächlich Frauen und Kinder, mit der Bahn, die anderen Umsiedler dagegen in Pferdetrecks zunächst in sogenannte Auffanglager in der Nähe von Lodz und von dort aus weiter „nach Beobachtungslagern ins Altreich gebracht“[11] werden sollten. Die sowjetische Umsiedlungskommission sollte sich gleichzeitig mit der Aussiedlung der Ukrainer und Weißrussen aus dem Generalgouvernement und dem Bezirk Lodz befassen.[12]

In Galizien begann man am 15. Dezember in drei Städten, in Lemberg, der ehemaligen Hauptstadt des Kronlandes Galizien, sowie Stanislau und Stryj, mit der Registrierung der Umsiedler. Unter den Mitgliedern des Umsiedlungsstabes befanden sich auch mehrere aus Lemberg bzw. Ostgalizien stammende Personen wie der Stellvertreter des Gebietsbevollmächtigten Prof. Dr. Hans Koch (1894–1959) und der ehemalige Mitarbeiter des deutschen Genossenschaftsverbandes in Lemberg Sepp Müller (1893–1977), der im August 1939 im Rahmen einer breit angelegten Verhaftungswelle von Deutschen in Polen, die Vertreter oder Mitglieder deutscher kultureller oder wirtschaftlicher Institutionen, Geistliche oder Lehrer an deutschen Schulen waren, verhaftet worden war. Er musste mehrere Tage mit anderen Deutschen im Lemberger Gefängnis verbringen, bevor die Inhaftierten in das im Juni 1934 auf Anordnung des polnischen Staatspräsidenten Ignacy Mościcki für politische Häftlinge errichtete Isolierungslager Bereza Kartuska[13] (heute in Weißrussland) gebracht wurden. Die 120 Galiziendeutschen, die das Lager am 18. September 1939 verlassen konnten, machten nur eine verschwindend kleine Zahl unter den etwa 7.000 Häftlingen (darunter Polen, Ukrainer, Deutsche, Weißrussen, Litauer) aus.[14] Da seine Frau, Tochter und Sohn in Lemberg zurückgeblieben waren,

---

10 Heinz Boberach (Hg.): Meldungen aus dem Reich. Die geheimen Lageberichte des Sicherheitsdienstes der SS 1938–1945. Bd. 3. Herrsching 1984, S. 590.

11 Ebd., S. 591.

12 Ebd.

13 Vgl. hierzu die von Agnieszka Knyt gesammelten Informationen in der zeitgenössischen Presse sowie Äußerungen von Politikern und von Häftlingen über das Lager, das damals als „obóz odosobnienia“ (Isolierungslager) bezeichnet wurde. Agnieszka Knyt: Bereza Kartuska. In: Karta. Kwartalnik historyczny 59 (2009), S. 24–67. Vgl. auch Wojciech Śleszyński: Obóz odosobnienia w Berezie Kartuskiej 1934–1939 [Das Isolierungslager in Bereza Kartuska 1934–1939]. Białystok 2003 sowie Ireneusz Polit: Miejsce odosobnienia w Berezie Kartuskiej w latach 1934–1939 [Die Isolierungsstätte in Bereza Kartuska in den Jahren 1934–1939]. Toruń 2003.

14 Sepp Müller: Im Umsiedlungswerk. In: Der Führer ruft (Anm. 3), S. 224–228. Über die Internierungen von Galiziendeutschen im Lager Bereza Kartuska vgl. u. a. die Beiträge von Sepp Müller: Interniert im KZ Bereza Kartuska. In: Aufbruch und Neubeginn (Anm. 4), S. 24–29; Elfriede Beck-Vellhorn: Frauen im KZ Bereza Kartuska. In: ebd., S. 33–35; Cornelia Allstädt geb. Stuber: Der Todesmarsch der Neu-Sandezer. In: ebd., S. 36–38.

war es für Sepp Müller selbstverständlich, seine Mitarbeit anzubieten, als er von den Umsiedlungsabsichten erfuhr. In seinem Bericht hob Sepp Müller, wie alle anderen Berichtenden auch, die ungewöhnliche Kälte von bis zu minus 40 Grad hervor, die im Winter 1939/40 herrschte und die Umsiedlung besonders beschwerlich machte. Auch zeugt sein Bericht von einer großen Verbitterung, die der nur wenige Wochen zurückliegenden Gefängnishaft und der Inhaftierung in Bereza-Kartuska geschuldet war. Auch Sepp Müller, dessen Vorfahren schon Ende des 18. Jahrhunderts aus Südwestdeutschland nach Galizien eingewandert waren, sah der Umsiedlung nun mit Freuden entgegen, da die Galiziendeutschen 160 Jahre „in der Fremde gelebt, [...] Wälder gerodet und Sümpfe trockengelegt" hätten, dann aber auch „Not und Entbehrungen, Gefängnis und Konzentrationslager"[15] hätten ertragen müssen. Und weiter betonte er zum Schluss:

> Wir haben uns manche Bequemlichkeit und manches Vergnügen versagt, dafür aber Schulen und Kirchen gebaut und erhalten und manch andere Einrichtung geschaffen, damit eine Generation nach der anderen deutsch blieb, haben unsere Errungenschaften und Erfahrungen hinausgetragen zu den Volksgenossen in den Nachbargebieten, Gelehrte, Ärzte, Ingenieure, Lehrer und andere Fachleute abgegeben an die deutschen Provinzen Alt-Österreichs und ans Altreich und kehren jetzt heim! Als vollwertige Glieder der großen deutschen Gemeinschaft kehren wir zurück und wollen durch unsere Arbeit und Leistung dem Führer den Dank abstatten, daß er uns gerufen hat, und im Osten des Reiches seinem Befehl gemäß uns einsetzen für die heiligsten Güter unseres Volkes.[16]

Als Mitglied der Umsiedlungskommission kann man von ihm in diesem kurzen „Erlebnisbericht" keinerlei Kritik an der Umsiedlung erwarten, aber er ist sich dessen bewusst, was bei vielen anderen Berichtverfassern nicht der Fall ist, dass die in Lodz zusammengefassten Deutschen aus den sowjetisch besetzten Gebieten „im Osten des Reiches" angesiedelt werden sollten und nicht im „Altreich", wie viele Umsiedler glaubten.

Ein anderer Berichterstatter, Manfred Müller, erinnerte sich an das letzte Weihnachten in Stanislau im Jahre 1939 in der evangelischen Kirche. In seinem Beitrag spricht er von einer „höhere[n] Fügung", dass den Galiziendeutschen „das Weihnachtsfest 1939, das herrlichste Weihnachtsgeschenk" gebracht habe, nämlich „das Geschenk der Heimat. Die Freiheit – die Rettung aus Volksnot und Volkstod!"[17] Im Vergleich zu Dorothea Zöcklers Notizen, in denen die volkstümelnden Bemerkungen fehlen und eher die Angst vor der sowjetischen Besatzung im Mittelpunkt steht, betont Manfred Müller, dass die Deutschen in Galizien nicht bleiben könnten, wenn sie ihr „Volkstum erhalten wollten".[18] Am 24. Dezember 1939 feierten die Deutschen in Stanislau ihr letztes gemeinsames Weihnachtsfest in der evangelischen Kirche, in der Pfarrer Theodor Zöckler, der Ende des 19. Jahrhunderts nach dem Vorbild der Bethelschen Anstalten die Stanislauer/Zöcklerschen Anstalten gegrün-

15 Sepp Müller: Im Umsiedlungswerk. In: Der Führer ruft (Anm. 3), S. 224–228, hier S. 227f.
16 Ebd.
17 Manfred Müller: Weihnachten 1939 in Stanislau. In: ebd., S. 193–195, hier S. 193.
18 Ebd., S. 194.

det hatte, seine letzte Predigt vor der für den Ersten Weihnachtsfeiertag angesetzten Umsiedlung hielt. Der Verfasser erinnerte sich außerdem daran, dass danach „der Führer der Umsiedlungskommission, Doktor Schmidt“, vor den Altar getreten sei und zu den versammelten Kirchenbesuchern „vom Führer, von seinen väterlichen Sorgen für uns Deutsche in Galizien“[19] gesprochen habe. Die letzten Zeilen seines Berichtes, den er mit folgendem Satz beendet, entsprechen dann auch ganz der nationalsozialistischen Ideologie:

> Zum ersten Mal stimmen wir alle in den Ruf „Sieg Heil!“ begeistert ein. Die Orgel braust auf, ein Märchen – ein Wunder! Wir singen in der Kirche das Deutschlandlied und das Horst-Wessel-Lied – frei, unbeengt, aus ganzem Herzen, die Augen stehen voll Tränen, Frauen schluchzen – ein Wonne- und Glücksgefühl ohnegleichen erfüllt unsere Herzen – Weihnachten 1939![20]

Zweifelsohne wurde der Band mit den so authentisch anmutenden Berichten 1941 zusammengestellt, um die Notwendigkeit und die Richtigkeit der Umsiedlung der Deutschen zu betonen, die nun eine Heimat in Deutschland finden würden und nicht mehr den Gefahren einer Assimilation oder den Anfeindungen der Polen, wie Manfred Müller in seiner Niederschrift betont, ausgesetzt sein würden. In ähnlichem Duktus verfasste auch die aus dem Dorf Demnia Wyżna in der Nähe der ostgalizischen Stadt Skole in den Karpaten stammende Lola Putz ihren kurzen Bericht. Ihr zufolge hätten die wenigen deutschen Familien die letzten drei Monate vor Kriegsausbruch besonders unter den Polen zu leiden gehabt. Fünf Deutsche seien bei Kriegsausbruch verschleppt worden, und die anderen hätten sich tagelang in den Wäldern versteckt, als aus den „besten Nachbarn [...] die schlimmsten Feinde“ geworden seien.[21] Und auch sie drückte ihre Freude darüber aus, dass „der Führer“ die deutschen Bauern „heimholen wollte“ und man Weihnachten schon „auf deutschem Boden“ feiern würde.[22] Letzteres ging nicht in Erfüllung, denn der Transport in Viehwaggons, in denen Pritschen und Kohleöfen installiert worden waren, konnte erst am 30. Dezember 1939 vom Bahnhof in Skole nach Przemyśl durchgeführt werden. Wie verklärt diese Zwangsumsiedlung dargestellt wurde, zeigt der Text, demzufolge sich Lola Putz in Przemyśl, also an der damaligen „Interessengrenze“ zwischen dem Dritten Reich und der UdSSR, „am liebsten auf die Erde werfen“ wollte, um darum zu bitten, dass die Heimat sie aufnehme.[23] Ob ihr überhaupt bewusst gewesen war, dass es sich hier um deutsch besetztes polnisches Gebiet und nicht um Reichsgebiet handelte, auch wenn sie dies in einer nationalsozialistischen Publikation nicht thematisieren konnte, ist fraglich.

Und auch die galiziendeutsche Dichterin und Schriftstellerin Johanna Vellhorn (1881–1968) kam in dieser Sammlung zu Wort. Unter dem Titel „Heimkehr“ berichtete sie über die letzten Tage in Galizien und schrieb über die Weihnachtsfeier

19 Ebd., S. 195.
20 Ebd.
21 Lola Putz: Alle, alle kamen … In: ebd., S. 206–209, hier S. 207.
22 Ebd.
23 Ebd., S. 209.

in der kleinen Dorfkirche, während der die Gemeindemitglieder Freudentränen darüber vergossen hätten, dass sie endlich „heim nach Deutschland" dürften. Gemeinsam mit dem Leiter der Umsiedlungskommission hätten die Deutschen nach der Predigt ein „Sieg-Heil auf den Führer" ausgesprochen. Der Organist habe daraufhin das Deutschlandlied angestimmt, das sie zuvor nur heimlich hätten anstimmen können. Und als sich der Zug am 26. Dezember Przemyśl näherte, spricht auch sie vom „deutschen Vaterland".[24]

Die Umsiedler wussten zu jener Zeit allerdings nicht, was noch alles auf sie zukommen würde, denn über die Einzelheiten ihrer neuen Zielorte und der weiteren Prozeduren der Umsiedlung wurden sie nicht informiert.

3. Umsiedlungsbeginn in der deutschen Kolonie Dornfeld

Auch von den Mitgliedern der Umsiedlungskommission liegen veröffentlichte Berichte aus der Kriegszeit vor, wie etwa von dem aus der Pfalz stammenden Kurt Kölsch (1904–1968), der als Außenstehender und nicht als ein aus Galizien stammender Betroffener ein Tagebuch über seinen Einsatz bei der Umsiedlung der Galiziendeutschen verfasste. Es wurde schon 1940 „in Zusammenarbeit mit der Deutschen Arbeitsfront N.S.G. ‚Kraft durch Freude' Gaudienststelle Saarpfalz"[25] herausgegeben. In seinen Notizen vom 7. Dezember 1939 aus „Deutsch-Przemysl" schreibt er, dass „Reichsdeutsche und Volksdeutsche, Mitarbeiter des VDA, SS-Männer, Soldaten der Wehrmacht und die Kraftfahrer vom NSKK" an der Zurückholung „der deutschen Volksgenossen"[26] freiwillig mitwirkten. Er betonte, dass es für ihn ein „doppeltes Glück [sei] dabei zu sein, weil es sich bei den Umsiedlern aus Galizien und Wolhynien großenteils um Menschen aus meiner saarpfälzischen Heimat handelt, um die wir uns in der nationalsozialistischen Kulturarbeit schon jahrelang bemühen."[27]

Besonders begeistert zeigte er sich, dass Generalgouverneur Hans Frank die sowjetische Kommission in Krakau empfangen hätte und Bilder von diesem Empfang, „an dem auch der deutsche Hauptbevollmächtigte für die Umsiedlung Obersturmbannführer Hoffmeier und unser Gebietsführer Dr. Scholz und sein Stellvertreter Professor Koch teilgenommen haben",[28] in den Zeitungen veröffentlicht worden seien. Mit dem Zug fuhren die Mitglieder der Umsiedlungskommission, die für Galizien eingeteilt waren, am 8. Dezember von „Russisch-Przemysl" weiter nach Lemberg, dessen von Bomben zerstörten Bahnhof sie am Abend des 9. Dezember erreichten. Von dort ging es nach Weinbergen/Winniki, einem wenige Kilometer von Lemberg

---

24 Johanna Vellhorn: Heimkehr. In: ebd., S. 222–224.

25 Kurt Kölsch: Galiziendeutsche Heimkehr. Ein Tagebuch. Mit einem Vorwort von General Haushofer, Vorsitzender des Volksbundes für das Deutschtum im Ausland. Neustadt an der Weinstraße 1940 (Vom Rhein zur Saar), S. 2.

26 Ebd., S. 8.

27 Ebd., S. 9.

28 Ebd.

gelegenen Dorf deutscher Kolonisten, wo die Umsiedlungskommission ihre Zentrale in der deutschen Schule eingerichtet und die Umsiedlungslisten und das notwendige Büromaterial für die Ortsbevollmächtigten vorbereitet hatte. Abends wurde noch mit den ansässigen Volksdeutschen gegessen und Pfälzisch gesprochen, wie Kölsch hervorhob, bevor die Fahrt mit dem Auto am 10. Dezember zu einer weiteren deutschen Kolonie in der Nähe von Lemberg, Dornfeld/Dobrzany/Ternopillja, fortgesetzt wurde. Kurt Kölschs Kommission gehörten auch zwei Dornfelder Volksdeutsche, der Lehrer Josef Lanz und der Bauer Willi Schreyer, an, die als ortsansässige Kommissionsmitglieder ihn bei seiner Arbeit unterstützen sollten.[29] In seinen Aufzeichnungen schwärmte Kölsch von der deutschen Kolonie Dornfeld, die „im Laufe der Zeit zu einer Art Mustergemeinde nicht allein im engeren Umkreis, sondern für das ganze galizische Deutschtum geworden" sei. Besonders hob er die Bedeutung der dort errichteten Bauernschule für die deutschen Kolonisten hervor:

> Hier befand sich in den schlimmen Jahren nach dem Krieg und in der Zeit der gefährlichen Bespitzelung durch den polnischen Staat die Bauernschule, die unser Gebietsbevollmächtigter in Lemberg, Dr. Scholz, leitete und die eine große Anzahl von Bauern jedes Jahr mit gediegenem fachlichem Wissen und vorbildlicher weltanschaulicher Ausrichtung entließ. Einer der hervorragendsten Lehrer dieser Schule war der Dornfelder Lehrer Josef Lanz, der jetzt als stellvertretender Ortsbevollmächtigter mir zur Seite steht und uns mit seiner Personen- und Sachkenntnis viel nützen wird.[30]

Die Freude der ansässigen Bevölkerung war dementsprechend groß, als die deutsche Kommission eintraf und sich im Schulhaus niederließ, das zum Wohn- und Amtsgebäude der Umsiedlungskommission umfunktioniert wurde. Noch am selben Tag instruierte Kölsch die Vertrauensleute über den Ablauf der Umsiedlung und hielt eine kurze Rede „im Beisein des Regierungsvertreters", in der er sich an „den Wortlaut des deutsch-russischen Abkommens und an den Text der roten Plakate gehalten" habe, die inzwischen an das Schwarze Brett der Schule angebracht worden waren. Seinen Aufzeichnungen zufolge wurden die Umsiedler im Rundfunk über den jeweiligen Aufenthalt der Umsiedlungskommission informiert und immer wieder zur Geduld aufgerufen. Am 11. Dezember begann man um 8 Uhr mit der Registrierung der Umsiedlungswilligen, von denen bis Mittag 200 Personen und bis zum Abend das halbe Dorf registriert werden konnte.[31] Von der Geradlinigkeit und der Bodenständigkeit der Dornfelder Bevölkerung zeigte er sich besonders begeistert und be-

---

29 Ebd., S. 12f.

30 Ebd., S. 13f. Diplomlandwirt Dr. Fritz Scholz hatte die Leitung der in dem Gebäude der Dornfelder Volkshochschule untergebrachten Bauernschule inne, die seit Januar 1936 Lehrgänge für Jung- und Altbauern mit Mitteln des Verbandes der deutschen landwirtschaftlichen Genossenschaften anbot. Mit der Umsiedlung der Galiziendeutschen wurde ihre Tätigkeit eingestellt. Zu den Lehrkräften zählten Diplomlandwirt Richard Rupp, Oberlehrer Josef Lanz, Verbandsanwalt Rudolf Bolek und der evangelische Pfarrer Arnold Jaki. Durch seine Tätigkeit in Dornfeld war Scholz mit den galizischen Verhältnissen sehr gut vertraut. Vgl. Richard Rupp: Die Dornfelder Bauernschule. In: Heimat Galizien. Ein Gedenkbuch, zusammengestellt v. Julius Krämer. Hg. v. Hilfskomitee der Galiziendeutschen, 3., unveränd. Aufl. Stuttgart 1988, S. 336–339.

31 Kölsch: Galiziendeutsche Heimkehr (Anm. 25), S. 15.

tonte – ganz im Sinne der Volksdeutschen Mittelstelle –, dass diese deutschen Kolonisten „für die Kulturleistung dieses Menschenschlages sowohl in der Zukunft wie in der Vergangenheit maßgebend sind".[32] Und um seinen Worten noch mehr Gewicht zu verleihen, nennt er einige Namen der Kolonistenfamilien aus Dornfeld:

> Viele der hier eingetragenen Namen: Bechtloff, Schick, Schreyer, Schankweiler, Schlosser, Rößler, Kühner, Pfeiffer, Ganz, Manz usw. stammen noch aus der ersten Ansiedlungszeit und haben sich von Geschlecht zu Geschlecht bis auf den heutigen Tag erhalten. Und so wie hier in Dornfeld wird es auch in Chrusno und Reichenbach, in Lindenfeld und Rosenberg, in Falkenstein und Einsiedel und darüber hinaus im ganzen Land sein, wo ein halbes Hundert Ortsbevollmächtigte heute oder in den nächsten Tagen sich einem deutschen Volksstamm gegenüber stehen sehen und mit einer Arbeit beginnen wird, welche die Grundlage für eines der größten Umsiedlungsunternehmen aller Zeiten abgeben soll.[33]

Seinen weiteren Ausführungen zufolge war es insbesondere den ortsansässigen Volksdeutschen zu verdanken, dass die Registrierung so schnell durchgeführt und dann auch pünktlich der Abtransport organisiert werden konnte. Dies galt sowohl für Dornfeld als auch für die anderen deutschen Dörfer Lindenfeld, Falkenstein, Einsiedel, die er zwischen dem 15. und 16. Dezember 1939 besuchte.[34] Manche dieser Orte waren bei den inzwischen tief verschneiten Landschaften nur noch mit einem Fuhrwerk zu erreichen. Über die deutschen Bewohner der Kleinstadt Szczerzec/Ščirec', die ebenfalls angefahren wurde, äußerte er sich im Unterschied zu den zuvor angetroffenen Bauern sehr negativ. So sprach er von den Dorfbewohnern als „gesundes Bauerntum", bei dem „städtischen Deutschtum" bemängelte er dagegen, dass dieses „schon viel von seiner Umwelt angenommen" habe, was bedeutete, dass sich diese Deutschen schon weitgehend an die polnische Gesellschaft assimiliert hätten.[35] Diese städtischen Deutschen, die an allem etwas auszusetzen hatten und Forderungen stellten, missfielen ihm sehr, und er betonte:

> Wie wirklich anständig und innerlich diszipliniert verhielten sich demgegenüber die Bauern und einfachen Leute aus dem Volke, die nur eine Sehnsucht kannten: Heim ins Reich![36]

Versöhnt zeigte er sich erst wieder, als er am 16. Dezember in der etwa vier Kilometer von Szczerzec gelegenen pfälzischen Kolonie Einsiedel eintraf. Als Besonderheit hob er hervor, dass in dieser Kolonie 125 Personen wohnten, von denen etwa die Hälfte den Namen Bisanz trug. Um jedoch gleichzeitig jeden Zweifel an dieser doch recht ungewöhnlichen engen Verwandtschaft auszuräumen, fügte er hinzu, dass dies keinen Einfluss auf die „biologische Gesundheit" habe, der schließlich eine besondere Bedeutung für die Ansiedlungspläne der Volksdeutschen in den neuen Siedlungsgebieten zukomme:

---

32 Ebd., S. 16.
33 Ebd.
34 Ebd., S. 16f.
35 Ebd., S. 21.
36 Ebd.

> Ein Kenner der Vererbungsgesetze wird vielleicht fragen, wie es denn mit der biologischen Gesundheit bei dieser auch sonst in den galizischen Gemeinden oft feststellbaren Form der Einheirat bestellt sei. Zu seiner Beruhigung kann gesagt werden, daß die oft in Kolonistengegenden geübte Abschließung als Akt völkischer Notwehr in keiner Weise die gesunde Substanz unseres Volkstums angegriffen hat. Es ist notwendig, dies ausdrücklich zu betonen, um einem von vielen Vorurteilen, die dem Galizien- und Wolhyniendeutschen in der neuen Heimat begegnen möchten von vornherein entgegenzutreten.[37]

An diesem Absatz wird deutlich, dass Kurt Kölsch sein „Tagebuch" vor der Veröffentlichung entsprechend ergänzt und erklärende Worte für den mit Galizien nicht vertrauten Leser eingebaut hat. Die sehr positive Darstellung der bäuerlichen Bevölkerung sollte schon 1940 den Leser überzeugen, dass das von Adolf Hitler geplante und von Heinrich Himmler durchgeführte „Umsiedlungswerk" mit diesen bodenständigen Galiziendeutschen gelingen werde.

Mit seiner Tätigkeit in seinem Umsiedlungsbezirk zeigte er sich sehr zufrieden, denn insgesamt wurden 1.738 Personen (darunter 453 Kinder) in die Umsiedlungslisten eingetragen, womit die in Berlin geschätzten Zahlen merklich überschritten worden seien.[38] Interessanterweise gibt es sogar eine kritische Anmerkung über ein Mitglied des Lemberger Gebietsstabes, den Kölsch am 17. Dezember in Lemberg besuchte, um über seine Umsiedlungstätigkeiten Bericht zu erstatten. So kritisierte er den für Transportfragen zuständigen Herbert G.,[39] „der stets laut und betont seine Meinung zum Ausdruck" gebracht habe und „Bezirksleiter und Redner der Jungdeutschen Partei in Polen" gewesen war. Als „Seele des ganzen Stabes" bezeichnete er neben Dr. Scholz insbesondere den zuvor schon erwähnten Professor Hans Koch, der, wie Kölsch bewundernd schreibt,

> in einer Weise den nicht immer leichten Verkehr mit den russischen Dienststellen führt, daß unsere Freunde immer erneut im Zweifel sind, worüber sie mehr staunen sollen, über

---

37 Ebd., S. 22.

38 Ebd.

39 Dr. Herbert Gorgon wurde 1909 in Lemberg geboren, hatte 1927 das Abitur abgelegt und danach ein Studium der Philosophie an der Lemberger Universität aufgenommen, das er 1934 abschloss. Neben seiner deutschen Muttersprache sprach er auch fließend Polnisch. Darüber hinaus dürfte er über gute Ukrainischkenntnisse verfügt haben, da er enge politische Kontakte mit den Ukrainern pflegte. Gorgon war während seiner Studienzeit Mitglied des Vereins Deutscher Hochschüler in Polen. Schon früh engagierte er sich in nationalsozialistisch gesinnten Kreisen und wurde 1935 Landesschulungsleiter der Jungdeutschen Partei für Polen, die ihren Sitz in Bielitz/Bielsko hatte. Darüber hinaus war er auch Landesstudentenführer und bemühte sich, das Reglement des Verbandes der Deutschen Hochschüler an den NS-Hochschulbund anzugleichen, was nicht bei allen Mitgliedern auf Zuspruch stieß. Gorgon hatte seit dem 30. Januar 1940 den Rang eines SS-Obersturmführers inne, trat aber erst am 1. November 1941 der NSDAP bei. Er war von den 138 Personen, die zwischen 1939 und 1945 die Funktion von Kreishauptleuten im besetzten Polen innehatten, der einzige aus Galizien stammende Kreishauptmann. Im August 1943 wurde er von dem SS- und Polizeigericht VI in Lemberg aufgrund seiner offen zur Schau getragenen homosexuellen Verbindungen zum Tode verurteilt. Vgl. Markus Roth: Herrenmenschen. Die deutschen Kreishauptleute im besetzten Polen – Karrierewege, Herrschaftspraxis und Nachgeschichte. Göttingen 2009 (Beiträge zur Geschichte des 20. Jahrhunderts 9), S. 476; Die Vereine Deutscher Hochschüler in Polen 1922–1939. Zusammengest. v. Theodor Bierschenk. Hannover 1989, S. 30, 59.

> die unerhörte Sprachbegabung dieses Mannes, der sämtliche osteuropäischen Sprachen von Grund auf beherrscht, über sein phänomenales Gedächtnis, das ihn ganze Reden ohne schriftliches Stenogramm sofort wörtlich übersetzen läßt, oder über seinen Witz und seine Schlagkraft, die bei allem Wust des Bürokrams und der Arbeitsüberlastung stets das Wesentliche und Notwendige trifft.[40]

Was Kurt Kölsch bei seiner Bewunderung für den in Kaltwasser/Zimna Woda bei Lemberg geborenen Hans Koch nicht wissen konnte, war die Tatsache, dass Koch als Hauptmann der ukrainischen Armee seit 1918 am polnisch-ukrainischen Krieg bis zu seiner Gefangennahme durch sowjetische Truppen im Februar 1920 teilgenommen hatte und dann bis 1921/22 in den Reihen der Roten Armee dienen musste, bis er schließlich mit österreichischer Unterstützung freikam. Er hatte in seiner Militärzeit Ukrainisch und Russisch gelernt; seine polnischen Sprachkenntnisse hatte er in seiner Schulzeit erworben, sie waren so gut, dass er 1912 das Abitur in Deutsch und Polnisch ablegte. Im Anschluss begann Koch im Wintersemester 1912/13, Evangelische Theologie in Wien zu studieren, musste sein Studium während des Ersten Weltkrieges jedoch unterbrechen und konnte es erst 1922 fortsetzen. Gleichzeitig studierte er dann noch osteuropäische Geschichte an der Universität Wien, da sein wissenschaftliches Interesse der Kirchengeschichte der Ostslawen galt. 1929 habilitierte er sich an der dortigen Evangelisch-Theologischen Fakultät.[41] Seiner deutsch-nationalen und völkischen Haltung entsprechend trat er schon in den 1930er Jahren der NSDAP bei. Seit 1934 lehrte er evangelische Theologie an der Universität Königsberg und seit 1937 osteuropäische Geschichte an der Universität Breslau. In Breslau war er gleichzeitig zum Leiter des Osteuropa-Institutes berufen worden, das seit Frühjahr 1939 antipolnische Propaganda betrieb und dabei eng mit der NSDAP, der Wehrmacht und staatlichen Stellen zusammenarbeitete. Unter seiner Leitung wurde von dem späteren Professor für osteuropäische Geschichte an der Universität Mainz Gotthold Rhode eine mehrere Tausend Namen umfassende Kartei polnischer Intellektueller angelegt, die nach dem Überfall auf Polen am 1. September 1939 der SS als Leitfaden zur Verhaftung dieser Personenkreise diente.[42] Sicherlich nicht zufällig wurde Koch am 21. August, also an dem Tag, an dem das geheime Zusatzprotokoll des Hitler-Stalin-Paktes unterzeichnet wurde, zum Dienst in die Wehrmacht eingezogen. Wenige Tage später wurde er dann mit Aufgaben für Sabotage und Propaganda bei der Abwehr betraut. Seit Mitte September 1939 war er gemeinsam mit seinem Königsberger Kollegen Theodor Oberländer „als für die Ukraine zuständige Offiziere der Abwehr II in Krakau stationiert".[43]

---

40 Kölsch: Galiziendeutsche Heimkehr (Anm. 25), S. 24.

41 Andreas Kappeler: Hans Koch (1894–1959). In: Arnold Suppan, Marija Wakounig, Georg Kastner (Hg.): Osteuropäische Geschichte in Wien. 100 Jahre Forschung und Lehre an der Universität. Innsbruck, Wien, Bozen 2007, S. 227–254, hier S. 228–231. Vgl. auch Ray Brandon: Hans Koch. In: Ingo Haar, Michael Fahlbusch unter Mitarbeit v. Matthias Berg (Hg.): Handbuch der völkischen Wissenschaften. Personen – Institutionen – Forschungsprogramme – Stiftungen. München 2008, S. 324–334.

42 Kappeler: Hans Koch (Anm. 41), S. 237f.

43 Ebd., S. 241.

Angesichts dieses Lebenslaufes ist es nicht verwunderlich, dass neben dem Gebietsbevollmächtigten, Diplomlandwirt Dr. Friedrich Scholz, der ebenfalls aus Galizien stammende Hans Koch mit den Aufgaben eines Stellvertretenden Gebietsbevollmächtigten betraut wurde.

Mit der Arbeit der Umsiedlungskommission war man anscheinend recht zufrieden, denn am 17. Januar 1940 wurde in den geheimen Meldungen aus dem Reich vermerkt:

> Seit dem 20. Dezember 1939 treffen täglich mehrere tausend (die Zahlen schwanken zwischen 3 000 und 10 000) deutsche Umsiedler aus Ostgalizien und Wolhynien an der Grenze ein. Bis jetzt haben etwa 80 000 Wolhynien- und Galiziendeutsche die Interessensgrenze überschritten. Die Stimmung der Einwanderer ist gut.[44]

Eine gewisse Schadenfreude in Berlin über den geringen Erfolg der sowjetischen Kommission in den deutsch besetzten polnischen Gebieten war zu spüren, als die geringe Zahl von nur knapp 5.000 Personen erwähnt wurde, die bereit waren in die Sowjetunion überzusiedeln.[45]

Über die Umsiedlung der Galiziendeutschen führten auch Hans Koch seit seiner Ankunft im sowjetisch besetzten Gebiet sowie seine Mitarbeiter Aufzeichnungen, die als Meldungen oder Gespräche mit den Vertretern der sowjetischen Umsiedlungskommission bezeichnet wurden. Den Aufzeichnungen zufolge gestaltete sich die Zusammenarbeit mit den Mitgliedern der sowjetischen Kommission bisweilen recht schwierig, und manchmal mussten mehrere Gespräche über die Schätzung von Vermögenswerten der deutschen Umsiedler geführt werden, die in Listen eingetragen wurden, welche von beiden Kommissionen unterzeichnet werden mussten. Zu Protesten von Hans Koch kam es auch, wenn die Transportzüge nicht rechtzeitig von der sowjetischen Seite zu den Bahnhöfen gebracht wurden und die Umsiedler manchmal stundenlang in der Kälte warten mussten.[46] Die von Hans Koch am 15. Januar 1940 handschriftlich korrigierte Liste der „Umsiedlung der Deutschen in Galizien", die im Galiziendeutschen Archiv aufbewahrt wird, gibt die Zahlen der drei galizischen Umsiedlungsgebiete Ga I Lemberg (Lemberg-Stadt, Lemberg-Land und neun Dörfer) mit 21.518, Ga II Stanislau (Stanislau und vier Dörfer) mit 10.307 und Ga III Stryj (Stryj mit sieben Dörfern) mit 17.775 registrierten Personen an. Die Summe von 49.600 eingetragenen Umsiedlern überschritt damit die zuvor angenommene Summe von 43.405 Personen um immerhin 6.195 Personen.[47] Anscheinend muss es eine recht große Zahl von „versprengten" Umsiedlern und auch Umsiedlungswilligen gegeben haben, die erst später registriert und umgesiedelt wer-

44 Boberach (Hg.): Meldungen aus dem Reich, Bd. 3 (Anm. 10), S. 653.

45 Ebd.

46 Martin-Opitz-Bibliothek, Herne, Galiziendeutsches Archiv (weiter zit. als MOB GA), Sign. ADGA A 10.054. In diesem Karton befinden sich mehrere Unterlagen über den Umsiedlungsverlauf von Mitarbeitern der Umsiedlungskommission.

47 Vgl. hierzu auch den Beitrag von Erwin Hondius: Volksdeutsche Mittelstelle (VoMi) und Einwandererzentralstelle (EWZ). In: Aufbruch und Neubeginn (Anm. 4), S. 211–218.

den konnten. Die Liste vom 15. Januar 1940 kann somit nur den Stand der Umsiedlung zum 15. Januar 1940 angeben.

Wie dem Beitrag des SS-Untersturmführers Dr. Wilhelm Gradmann über die „umgesiedelten deutschen Volksgruppen" aus dem Jahre 1941 zu entnehmen ist, wurden zwischen Herbst 1939 und Herbst 1940 55.400 Deutsche aus Galizien umgesiedelt. Er hob in seinem Beitrag hervor, dass der Einwandererzentralstelle als Dienststelle des Chefs der Sicherheitspolizei und des SD genaue Zahlen über die Umsiedlung der Deutschen aus Galizien vorlägen.[48] Bei der Zahl von 55.400 Umsiedlern aus Galizien handelt es sich um die offiziellen Angaben der Einwandererzentralstelle aus dem Jahre 1941. Bis 1943 kamen noch etwas über 2.000 Umsiedler aus Galizien hinzu, sodass die Zahl für den 30. Juni 1943 mit 57.568 Umsiedlern angegeben wurde.[49]

4. Lageraufenthalte

Der Einwandererzentralstelle kam bei der Neuansiedlung der Umsiedler eine besondere Bedeutung zu, da sie in den Auffanglagern bzw. Durchgangslagern für die sogenannte Durchschleusung zuständig war und damit mehrere Behörden in einer Behörde vereinte, um so die behördlichen Erfassungen, „durch die also aus dem Volksdeutschen ein Reichsdeutscher wird",[50] zu beschleunigen und die damit verbundenen Formalitäten innerhalb einiger Stunden zu erledigen. In dieser Zeit der „Durchschleusung" sollten die Personalien auf Karteikarten eingetragen, die Ausweise (Rückkehrer- bzw. Umsiedlerausweise) vorbereitet, Lichtbilder angefertigt, das „mitgebrachte und zurückgelassene Vermögen der Umsiedler"[51] ermittelt und in Listen eingetragen werden. Bevor das „Staatsangehörigkeitsverhältnis" überprüft wurde, wurde von der Gesundheitsstelle „die gesundheitliche und erbbiologische Erfassung der Umsiedler" durchgeführt und „durch ärztliche Untersuchungen [...] ein möglichst umfassendes Bild des gesamten körperlichen Zustandes"[52] gewonnen, das in Gesundheitskarten festgehalten wurde. Erst danach wurden die Einbürgerungsanträge der Umsiedler geprüft und auch noch der Beruf bzw. die beruflichen Fähigkeiten eingetragen. Aus nationalsozialistischer Sicht war es am wichtigsten festzustellen, ob ein „Umsiedler im Osten oder im Altreich" angesiedelt werden sollte, denn „nach dem Willen des Führers soll nur bestes, gesundes deutsches Blut in den neuen Ostgebieten zum Ansatz kommen".[53] Gradmann vertrat diese Ideologie voll und ganz und betonte, dass diejenigen Personen, „die sich für die besonderen Le-

48 Wilhelm Gradmann: Die umgesiedelten deutschen Volksgruppen. Ergebnisse ihrer Erfassung. In: Zeitschrift für Politik 31 (1941), S. 277–293, hier S. 284.
49 Kotzian: Die Umsiedler (Anm. 1), S. 102.
50 Wilhelm Gradmann: Die Erfassung der Umsiedler. Vorbereitungen zur Ansiedlung. In: Zeitschrift für Politik 32 (1942), S. 346–351, hier S. 347.
51 Ebd., S. 348.
52 Ebd.
53 Ebd., S. 349.

bensbedingungen und Anforderungen des Ostens nicht eignen, [...] ausgesondert werden"[54] müssten. Diese „Aussonderung" bezog sich nicht nur auf Personen mit körperlichen oder geistigen Leiden, also insbesondere „erblich belastete" Familienmitglieder, sondern auch auf „arbeitsscheue" und „vorbestrafte" Personen. Für die Einbürgerung maßgebend war „die Überprüfung der Abstammung und der volkspolitischen Haltung".[55] Problematisch wurde es für national gemischte Ehepartner und Kinder, die als Zweifelsfälle galten, sodass die national gemischten Familien nur einen „Verweisungsbescheid" erhielten, von der Einbürgerung zurückgestellt wurden und später einen Antrag auf Einbürgerung stellen konnten. Zu den wichtigsten Kriterien für eine positive Beurteilung der „Volkstumszugehörigkeit" zählten „die Abstammung, Umgangssprache, Schulbesuch, Zugehörigkeit zu deutschen Organisationen usw."[56] Da sich die Einwandererzentralstelle (EWZ) nicht in der Lage sah, selbst festzustellen, ob diese Kriterien erfüllt waren, wurde „die Zugehörigkeit zum deutschen Volkstum [...] durch Sachverständige aus dem Heimatgebiet des Umsiedlers genau überprüft". Als weniger wichtig wurde dagegen der Beruf angesehen, da es sich bei den meisten Umsiedlern um Bauern handelte. Aber auch für die Feststellung des Berufes gab es eine eigene Stelle. Nach der erfolgten „Durchschleusung" wurde für jeden Haushaltsvorstand und seine Familie eine „EWZ-Karte", die nun sämtliche Angaben über die Umsiedlerfamilie enthielt, angefertigt und den Ansiedlungsstäben übergeben. Um die Erfassung aller Umsiedler möglichst schnell zu erledigen, wurden von der EWZ zusätzlich „Fliegende Kommissionen" von etwa 50 Personen zusammengestellt, die die „Durchschleusung" eines Teils der Umsiedler, die sich auf etwa tausend Lager „in fast allen Teilen des Altreichs, der Ostmark und des Sudetengaus"[57] verteilten, durchzuführen hatten, um so eine Neuansiedlung zu beschleunigen.

Wie über die Köpfe der Umsiedler hinweg entschieden wurde und die deutschen Umsiedler nicht nur aus Galizien zu einem Spielball der nationalsozialistischen Umsiedlungs- und Ansiedlungspolitik wurden, zeugt von einem besonderen Zynismus der verantwortlichen Personen in den deutschen Umsiedlungsstellen mit Heinrich Himmler als Reichskommissar für die Festigung deutschen Volkstums an der Spitze.

Wenig Wert legten die zuständigen Behörden auf die Umsiedlung der Kranken und insbesondere der Geisteskranken in psychiatrischen Anstalten, wie Maria Fiebrandt in ihrer Studie nachgewiesen hat. Unter dem Vorwand, die Kranken später in Krankentransporten nachzuholen, ließ man sie häufig zurück, obwohl es Zusatzvereinbarungen über die in Krankenhäusern, Heilanstalten und Kinderheimen befindlichen Personen gab.[58] Bei den Galiziendeutschen betraf dies „höchstwahrscheinlich auch

54 Ebd.

55 Ebd.

56 Ebd., S. 350.

57 Ebd., S. 349.

58 Maria Fiebrandt: Auslese für die Siedlergesellschaft. Die Einbeziehung Volksdeutscher in die NS-Erbgesundheitspolitik im Kontext der Umsiedlungen 1939–1945. Göttingen 2014 (Schriften des Hannah-Arendt-Instituts für Totalitarismusforschung 55), S. 189, 193.

alle volksdeutschen Patienten der galizischen Heilanstalt Lemberg-Kulparkow".[59] Als die ostgalizischen Gebiete dann im Krieg gegen die Sowjetunion am 22. Juni 1941 von deutschen Truppen besetzt wurden, wurden die Heilanstalten unter deutsche Führung gestellt. In Lemberg-Kulparków wurden die Patienten von dem deutschen Personal bewusst so schlecht versorgt und gepflegt, dass ein Jahr später von etwa 2.000 Patienten nur noch 800 lebten.[60]

Dagegen gelang es Pfarrer Theodor Zöckler im Dezember 1939, alle Kranken aus den Krankenstationen und Heimen der Stanislauer (Zöcklerschen) Anstalten sowie die Waisenkinder gemeinsam mit allen Angehörigen dieser Einrichtungen geschlossen umzusiedeln.[61]

Dies wird in den Tagebuchaufzeichnungen von Lillie Zöckler bestätigt, die ebenso wie ihre schon erwähnte Schwiegertochter Dorothea ein Tagebuch über die Ereignisse in Stanislau seit dem 1. September und über das Schicksal der Stanislauer evangelischen Gemeindemitglieder führte, das sie dann im Januar 1940 für ihre Kinder mit der Schreibmaschine abschrieb.[62] Ihren Tagebucheinträgen zufolge besuchten am 12. Dezember 1939 die Leiter der deutschen und der sowjetischen Umsiedlungskommission kurz die Stanislauer Anstalten:

> Die Anstalt wird als Ganzes behandelt und fährt mit dem 1. Transport mit. Heute waren alle Alten, Kranke und Gelähmte in Sarepta versammelt und die Kommission kam hin und registrierte sie.[63]

Als am 3. Adventsonntag Dorothea Zöckler dann von einem Jungen entbunden wurde, war die Freude, aber auch Aufregung sehr groß, da die Umsiedlung so kurz bevorstand. Als dann bekannt wurde, dass am 25. Dezember 1939 die Umsiedlung der Stanislauer stattfinden sollte, war Pfarrer Theodor Zöckler „sehr unglücklich darüber, daß das Weihnachtsfest auf diese Weise nicht mehr richtig in der Kirche begangen werden konnte, aber wir konnten nichts daran ändern",[64] wie Lillie Zöckler ihren Kindern mitteilte. Und weiter schrieb sie:

> Glücklicherweise konnten wir etwas mehr Handgepäck mitnehmen, als zuerst gesagt war, und nun könnt Ihr Euch denken, wieviel es zu tun gab in diesen letzten Tagen. Besonders die Herren, die in der Kommission halfen, haben die ganzen Tage und halben Nächte zu tun gehabt, um die Listen für den Transport von 1300 Menschen genau fertig zu stellen mit Daten und in deutscher und russischer Sprache.[65]

Auch ihr Sohn Martin half der Kommission bei der Registrierung der Umsiedlungswilligen und sah daher seine Frau, den wenige Tage alten Säugling und seinen ältes-

---

59 Ebd., S. 262.
60 Ebd., S. 263.
61 Ebd., S. 263–265.
62 MOB GA, Nachlass Zöckler, Sign. TS002 K0050, Mappe 4, maschinenschriftliche Auszüge aus dem Tagebuch Lillie Zöcklers vom 1. September 1939 bis Januar 1940, S. 1–40.
63 Ebd., S. 34.
64 Ebd., S. 36.
65 Ebd.

ten Sohn nur selten. Zur Taufe, die kurz vor dem 4. Advent in der Stanislauer Kirche stattfand, traf sich die ganze Familie mit Pfarrer Theodor Zöckler an der Spitze, um dieses Ereignis zu feiern. Als am 25. Dezember in der Früh der Zug auf dem Stanislauer Bahnhof bereitgestellt wurde und die Frauen, Kinder, Alten und Gebrechlichen in den Waggons untergekommen waren, war dies der Moment des Abschiednehmens. Lillie Zöcklers Aufzeichnungen zufolge waren die Bedingungen in dem Zug relativ gut:

> Der lange, lange Zug an der Militärrampe war ein ergreifender Anblick. Da kamen alle die Kranken auf ihren Bahren, im Auto, im Tragstuhl und wurden in die Waggons gebracht. Da kam das viele Gepäck und wurde verstaut. Jeder Wagen hatte einen Ältesten, der für alles verantwortlich war. [...] Dorle [Dorothea] hatte sehr praktisch ein Federbett mitgenommen, das sie in graue Leinwand eingenäht hatte und auf dem sie gut lag. Für das Kindchen war ein winziges Sarepta-Korbbettchen mitgenommen. Der Zug war warm, und so war alles so bequem, wie es nur sein konnte. Der ganze Bahnhof war voll von Ukrainern, Juden, Polen, die Abschied nahmen. Um ½ 12 Uhr setzte sich der Zug in Bewegung. Papa und ich standen am Fenster und nahmen Abschied.[66]

Der Weg von Stanislau führte über Stryj nach Przemyśl. Als sie dort am nächsten Morgen auf der russischen Seite eintrafen, wurde eine Überprüfung des Gepäcks vorgenommen, bevor der Zug über die Grenze fahren durfte. Die „gefürchtete Revision" verlief gnädiger als erwartet, sodass der Zug mit den Umsiedlern über die Sanbrücke auf die deutsche Seite fuhr, wo über die Brücke gespannte Banner die Umsiedler mit einem „Willkommen im Deutschen Reich" begrüßten. Auf der deutschen Seite von Przemyśl musste dann in einen anderen Zug umgestiegen werden, der allerdings nicht bereitstand, da ein russischer Getreidezug noch vorher abgeladen werden musste, sodass die Umsiedler zunächst in eine Kaserne und die Kranken in ein Militärspital gebracht wurden. Das Gepäck musste auf dem Bahnsteig warten und wurde dementsprechend im Schnee nass. Die Weiterreise in einem Personenzug, der dann bereitgestellt wurde, verlief bei den eisigen Temperaturen nicht mehr so angenehm wie zuvor, da die Heizung nicht lief und erst in Rzeszów angeworfen werden konnte; in manchen Abteilen waren sogar Fenster zerbrochen. Am 26. Dezember traf der Zug nachmittags in Krakau ein, wo die Umsiedler von dem evangelischen Pfarrer Ladenberger und seiner Frau erwartet wurden. Noch am Krakauer Bahnhof erreichte dann ein Telegramm der Volksdeutschen Mittelstelle Theodor und Lillie Zöckler, die beide nach Berlin „bestellte". Zwar bedauerte Lillie Zöckler, die Stanislauer Umsiedler verlassen zu müssen, aber angesichts des mit großen Strapazen für ihren 73-jährigen Mann verbundenen Transportes in einem Umsiedlungszug war sie froh, mit ihrem Mann den Zug verlassen zu können. Nach einem Aufenthalt bei Pfarrer Ladenberger in Krakau fuhren sie am nächsten Tag weiter nach Breslau, wo sie einige Tage bei der Familie ihres Sohnes Paul verbringen konnten.

Zum Schluss ihres Briefes berichtete sie noch über Besuche der Umsiedlerlager mit ihrem Mann – als erstes waren sie am 7. Januar 1940 in Oberfrohna bei Chem-

66 Ebd., S. 37f.

nitz –, um sich ein eigenes Bild von diesen Lagern machen zu können. Über ihre Eindrücke schrieb sie:

> Papa und ich fuhren am Sonntag, den 7.1. nach Oberfrohna bei Chemnitz. Dort sind in einem Arbeitsdienstlager die Meisten unserer Stanislauer Gemeinde und der Anstalten untergebracht. 36 Stunden waren sie von Lodz bis dorthin gefahren, und als sie ankamen, war garnicht so viel Platz im Lager wie sie brauchten, so daß Leni, Martin, Dorle, die Familie Dreßler auf dem Korridor auf Stroh die ersten beiden Nächte zubrachten. Dann wurde aber ein Teil nach Rabenstein überführt, und allmählich wurde Ordnung gemacht. Ich hatte gehofft, daß Dorle gleich am ersten Tage mit den Kindern heimfahren dürfte zu ihren Eltern, hatte gleich hier in Berlin in der Mittelstelle darum gebeten, leider war dies aber nicht möglich, da ein 4-wöchentlicher Lageraufenthalt gesetzlich festgesetzt ist. Wir müssen aber sehr dankbar sein, daß Dorle mit dem Kleinsten bei den lieben Pfarrersleuten im Pfarrhaus untergebracht werden konnte. [...] Die Lagerleiter geben sich große Mühe, aber natürlich ist das Lagerleben mit seiner Überfüllung und seinem Lärm schwer für alle Teile. Am 8. sollte Schule und Kindergarten für die Kinder beginnen, was ja manches erleichtert haben wird. Es wurden alle in den großen Saal zusammengerufen, und Papa hielt ihnen eine Ansprache, und zum Schluß wurde im Gedenken an die Gebetswoche 2 Verse von „Gott hört Gebet" gesungen. Natürlich waren sehr viele stark erkältet von den schweren Tagen in Lodz und der langen Reise. Es sind auch etliche ins Krankenhaus nach Rabenstein gebracht, 2 Todesfälle kamen vor, ein alter Mann und ein Kindchen, das Diphterie bekam. Alle waren froh, daß wir da waren, und wir waren dankbar, daß wir uns nun einen Begriff von dem Lagerleben machen können.[67]

Und weiter berichtete sie über das Lager in Pirna, das sie am 8. Januar besuchten, in dem 2.000 Umsiedler in zehn bis zwölf Häusern untergebracht waren. In einem dieser Häuser lebte auch ihre Tochter Martha mit 250 Personen, von denen 100 aus der galizischen Gemeinde Josefów stammten. Martha Zöckler war Oberin des Diakonissenhauses der Stanislauer Anstalten und hatte sich dort um die Kranken, Geistesschwachen und Waisen gekümmert. Bei der Umsiedlung standen unter ihrer Aufsicht „100 Pflegebefohlene", die von ihr und drei Schwestern betreut wurden. Da der in Przemyśl bereitgestellte Zug für die aus Stanislau Umgesiedelten zu kurz war, musste sie mit ihren Schützlingen auf den nächsten Zug warten und kam erst einen Tag später in Krakau an.[68] Von dort wurden die Umsiedler in eines der Durchgangslager bei Lodz gebracht. In dem Lager in Pirna packte sie gleich mit an, da sie in der Versorgung einer größeren Anzahl von Personen geübt war. Ihre Mutter notierte:

> Martha ist die Rechte Hand des Lagerleiters, teilt 3 mal täglich 150 Personen Essen aus, wird zu vielen kleinen kranken Kindern gerufen (die meisten Eltern sind mit den Fuhren gefahren und es sind hauptsächlich Großeltern und Kinder per Bahn gekommen). Martha hat von früh bis spät zu tun. Sie meinte, die Arbeit hülfe ihr am Besten über alles Schwere hinweg. Sie haben in Lodz besonders viel Schweres durchgemacht. Als sie ankamen, wurden sie sofort in die Entlausungs- und Badestation gebracht, sie waren totmüde, mußten aber von Nachmittags um 4 Uhr bis morgens um 7 Uhr dort aushalten. Nach dem dortigen Baden wanderten sie mit nassen Haaren bei 20 Grad Kälte in ungeheizte Sommer-

67 Ebd., S. 39.
68 Ebd., S. 39f.

> häuser in einem Vorort von Lodz. Daß sich da alle ganz furchtbar erkältet haben und ein wahres Hustenkonzert entstand, könnt Ihr Euch denken. Das Schwerste war dann für sie, daß sie nicht mit den anderen wieder zusammenkamen, sondern erfuhren, daß diese schon weitertransportiert worden wären. Ein Trost war für sie, daß Herr Pfarrer Geißler und Kleindienst beide kamen, sie besuchten und durchsetzten, daß sie auch nach Sachsen kamen und nicht, wie ursprünglich geplant war, nach Hinterpommern.[69]

Ihr Bruder Martin Zöckler, der wie sein Vater Pfarrer war, schrieb später über die Umsiedlung der Stanislauer Anstalten, dass die Umgesiedelten mehrere Monate in Oberfrohna verbringen mussten und erst im Juni 1940 im Osten angesiedelt wurden. Eine Gruppe von „geistesschwachen“ Frauen sei „auf Anordnung der Lagerleitung in eine Heil- und Pflegeanstalt gebracht“ worden, von der sie damals noch nicht wussten, wie mit den Insassen verfahren werden würde.[70] Und über die Männer schrieb er:

> Die schwachsinnigen Männer aus den Anstalten waren gleich nach dem Eintreffen in Pirna in eine Heil- und Pflegeanstalt gebracht worden; wir haben von ihnen nichts mehr gehört, auch sie wird das Schicksal unserer geistesschwachen Pfleglinge ereilt haben: als Lebensunwerte, die den Gesunden unnütz die in der Kriegswirtschaft rationierten Lebensmittel wegaßen, wurden sie getötet.[71]

Und auch an die von der Familie Zöckler sehr verehrte Lehrerin Amalie Halpern, die vom jüdischen zum evangelischen Glauben übergetreten war und mit ihrer Mutter mit der Stanislauer Anstalt umgesiedelt wurde, erinnerte Martin Zöckler in seinem Beitrag. Beide mussten den Zug in Krakau verlassen und konnten dort, unterstützt von Stanislauer Freunden, bis 1944 unerkannt leben, wurden aber dann doch erkannt und denunziert. Wie Martin Zöckler schreibt, fehlte seit dieser Zeit „jede Spur von ihr und ihrer Mutter“.[72] Die von seinem Vater Theodor Zöckler von Berlin aus angestrebte Wiedererrichtung der Zöcklerschen Anstalten im Deutschen Reich wurde von Heinrich Himmler abgelehnt, da kirchliche Sonderanstalten nicht weiterbestehen sollten. Einen Ersatz für seine hinterlassenen Vermögenswerte von ca. 900.000 Reichsmark in Form der Anstalten sollte Theodor Zöckler nie erhalten. Nur die Diakonissinnen erhielten die Möglichkeit, sich niederzulassen, und zwar in Wolfshagen/Kijaszkowo im Kreis Wirsitz/Wyrzysk in Westpreußen, wo Anfang September 1940 Martha Zöckler als neue Oberin die Leitung des Diakonissenhauses Ariel und der dazugehörenden Orthopädischen Heilanstalt übernahm.

---

69 Ebd., S. 40. Ähnlich schlechte Erfahrungen mit der „berüchtigten Baderei“ in den Durchgangslagern machten auch andere Umsiedlerinnen, etwa Schwester Sofie Jaki aus den Stanislauer Anstalten. Vgl. MOB GA, Nachlass Zöckler, Sign. TS 002 K 0058, Mappe 3: Sofie Jaki: Meine Reise nach Lodsch, S. 1f., sowie Elfriede A. Krämer geb. Keipper: Schwierige Heimkehr. In: Aufbruch und Neubeginn (Anm. 4), S. 141–150.

70 Martin Zöckler: Der Weg der Stanislauer Anstalten nach 1939. In: Aufbruch und Neubeginn (Anm. 4), S. 265–273, hier S. 267f.

71 Ebd., S. 268.

72 Ebd.

5. Neuansiedlung

Vielen deutschen Umsiedlern war nicht bewusst, dass die nach einem mehrmonatigen Lageraufenthalt ihnen schließlich zugewiesenen Bauernhöfe und Äcker von Polen stammten, die kurz zuvor von ihren Höfen in den „neuen Ostgebieten" im Rahmen einer Hunderttausende Personen umfassenden Aussiedlungsaktion vertrieben und in das Generalgouvernement umgesiedelt worden waren. Auf den Wunsch der Galiziendeutschen, in ihrer Dorfgemeinschaft gemeinsam überzusiedeln, wurde keine Rücksicht genommen, sodass es zu zahlreichen Trennungen der Dorfgemeinschaften kam. Die Mehrheit der galiziendeutschen Umsiedler wurde im sogenannten Warthegau angesiedelt.[73] Bei einer Gruppe Galiziendeutscher aus den Karpaten konnte eine relativ geschlossene Ansiedlung in einem Gebiet erfolgen, und zwar im Rahmen der sogenannten „Aktion Saybusch", bei der die ansässigen Bauern in der Umgebung der ehemals westgalizischen Stadt Saybusch/Żywiec, die unter der deutschen Besatzung zum Regierungsbezirk Kattowitz/Katowice gehörte, zwangsausgesiedelt wurden und ihre Bauernhöfe den Deutschen aus Galizien überlassen mussten. Über die Vertreibung der polnischen Bevölkerung aus den zur Ansiedlung freigegebenen Dörfern und die Ansiedlung der galiziendeutschen Umsiedler wird in neueren polnischen Publikationen, in denen auch Namenslisten und zahlreiche Fotos enthalten sind, berichtet.[74] Unter der Aufsicht des Polizei-Bataillons Nr. 83 wurden zwischen dem 22. September und 12. Dezember 1940 in der „Aktion Saybusch" 4.851 polnische Familien mit insgesamt 23.851 Personen ausgesiedelt und mehrheitlich ins Generalgouvernement deportiert.[75] Die Zwangsumsiedlung der polnischen Bevölkerung, die euphemistisch als „Evakuierung" bezeichnet wurde, erfolgte ohne Ankündigung und unter Aufsicht zahlreicher Polizeikräfte, die zum Teil sehr brutal mit der polnischen Bevölkerung umgingen, der nur 20 bis 30 Minuten Zeit gegeben wurde, um die wichtigsten Dokumente, Kleidung und Lebensmittelvorräte für drei Tage zusammenzuraffen. Das Mitgenommene durfte nur in Säcken oder Bündeln getragen werden, wie Fotos zeigen. Die Wohnungseinrichtung, Geld, Sparbücher usw., darüber hinaus das Vieh, mussten zurückgelassen werden. Die an Sammelpunkten zusammengefassten Polen wurden auf Lastwagen zu den Bahnhöfen in Saybusch, Rajcza und Sucha gebracht und von dort aus in Zü-

---

73 Vgl. hierzu Kotzian: Die Umsiedler (Anm. 1), S. 100–102.

74 Rafał Kosiński (Hg.): Źródła do Historii Ziemi Żywieckiej [Quellen zur Geschichte des Saybuscher Gebietes]. Bd. 3: Wiek XX [20. Jahrhundert], vol. II: Dokumenty okupacji niemieckiej [Dokumente zur deutschen Besatzung], Tl. 1: Wykazy osadników niemieckich [Verzeichnisse der deutschen Ansiedler]. Kraków 2005, sowie Mirosław Sikora, Monika Bortlik-Dźwierzyńska: Aktion Saybusch. Wysiedlenie mieszkańców Żywiecczyzny przez okupanta niemieckiego 1940–1941 [Die Aussiedlung der Einwohner des Saybuscher Gebietes durch den deutschen Besatzer 1940–1941]. Katowice 2010. Eine über 700 Seiten umfassende Studie stammt von Mirosław Sikora: Niszczyć, by tworzyć. Germanizacja Żywiecczyzny przez narodowosocjalistyczne Niemcy 1939–1944/45 [Zerstören, um aufzubauen. Die Germanisierung des Saybuscher Gebietes durch das nationalsozialistische Deutschland 1939–1944/45]. Katowice 2010.

75 Kosiński (Hg.): Źródła do Historii Ziemi Żywieckiej, Bd. 3, vol. II, Tl. 1 (Anm. 74), S. 15.

gen zunächst nach Lodz transportiert, von wo aus sie auf Orte im Generalgouvernement verteilt wurden. Dort erhielten sie häufig keine Unterkunft und mussten unter menschenunwürdigen Bedingungen leben. „Eindeutschungsfähige" Personen wurden in Lodz aus den Zügen geholt.[76] Nach Beendigung dieser Aussiedlungsaktion wurden sämtliche beschlagnahmten Bauernhöfe, Häuser und Werkstätten vom Ansiedlungsstab inventarisiert und die Grundstücke vermessen, um anhand dieser Angaben eine Verteilung unter den deutschen Umsiedlern vornehmen zu können. Für die Reinigung und Bewachung der Gebäude sowie die Versorgung des Viehs war zuvor eine entsprechende Anzahl von Arbeitsgruppen zusammengestellt worden. Außerdem wurden die Häuser mit Hakenkreuzfahnen und die Dörfer und Städte mit „Herzlich Willkommen in der neuen Heimat"-Bannern ausgestattet.[77] Dem „Alphabetischen Namensverzeichnis der deutschen Umsiedler im Kreise Saybusch" zufolge, das 500 Familien umfasst, handelte es sich bei den Personen, die im Rahmen der „Aktion Saybusch" angesiedelt wurden, hauptsächlich um Landwirte, Waldarbeiter, Waldfrächter (Waldarbeiter, die das Holz abtransportieren) und in geringerer Zahl um Handwerker.[78] Im Unterschied zu den umgesiedelten Deutschen, die ihre Wohnungseinrichtung und ihre Häuser vor der Umsiedlung verkaufen und ihre Vermögenswerte in Listen eintragen konnten, wurden die polnischen Zwangsumgesiedelten von den deutschen Besatzern vollständig enteignet. Und auch nach ihrer Rückkehr in den Kreis Saybusch/Żywiec nach Kriegsende erhielten die wenigsten Bewohner eine Entschädigung für ihre Verluste. Besonders problematisch für die ehemaligen Besitzer erwiesen sich die von den deutschen Behörden vorgenommenen Veränderungen der Grundstücksgrenzen oder Zusammenlegungen von Grundstücken.[79]

In der Berglandschaft der Beskiden im Kreis Saybusch sollten 600 bis 800 in den Karpaten ansässige galiziendeutsche Bergbauernfamilien,[80] deren Vorfahren überwiegend aus Böhmen, besonders dem Egerland, stammten, angesiedelt werden. Bis zu ihrer Ansiedlung mussten die Bergbauern mehrere Monate, bis zu zwei Jahren, in Durchgangslagern meist im Regierungsbezirk Kattowitz zubringen. Erst bis Ende 1942 konnten alle Umsiedler angesiedelt werden. Nach statistischen Angaben vom 1. August 1943 wurden im Kreis Saybusch 9.217 und im Kreis Bielitz/Bielsko 13.529 Umsiedler aus Galizien und der Bukowina („Siedlungsaktion Buchenland")

---

76 Sikora, Bortlik-Dźwierzyńska: Aktion Saybusch (Anm. 74), S. 61–97.

77 Ebd., S. 98–125.

78 Vgl. Kosiński (Hg.): Źródła do Historii Ziemi Żywieckiej, Bd. 3, vol. II, Tl. 1 (Anm. 74), S. 26–121, Liste 1, S. 122–137, Liste 2, S. 138–147, Liste 3, sowie Appendix, S. 148f.

79 Sikora, Bortlik-Dźwierzyńska: Aktion Saybusch (Anm. 74), S. 148.

80 Ebd., S. 48. Enteignet wurde im Übrigen auch die erzherzogliche Familie in Saybusch, deren Schloss, Brauerei und sämtliche Ländereien von den deutschen Besatzern beschlagnahmt wurden. Erzherzog Albrecht wurde sogar in Haft genommen, misshandelt und später in das KZ Sachsenhausen deportiert, da er sich weigerte, die Deutsche Volksliste zu unterzeichnen. Vgl. Księżna. Wspomnienia o polskich Habsburgach [Erzherzogin. Erinnerungen an die polnischen Habsburger]. Z Marią Krystyną Habsburg rozmawiali [Mit Maria Christina Habsburg sprachen] Adam Tracz, Krzysztof Błecha. Żywiec 2009.

registriert. In der Stadt Saybusch machte der Anteil der deutschen Bevölkerung an der Gesamtbevölkerung nach der Umsiedlung knapp 25% aus.[81] Bielitz, eine bis 1918 zu Österreichisch-Schlesien gehörende Stadt, die durch den Fluss Biala/Biała von der Stadt Biala/Biała im Kronland Galizien getrennt war, verzeichnete bis 1918 eine mehrheitlich deutsche Bevölkerung. Nach den Friedensverträgen gelangte die Stadt 1920 an Polen und wurde 1922 Teil der Woiwodschaft Schlesien.

Den galiziendeutschen Bergbauern hatte man Josef Lanz zufolge vor der Ansiedlung gesagt, dass die ausgesiedelten Polen Grundstücke in Ostpolen erhielten. So schrieb er in seiner Rückschau auf die Ansiedlung in den Beskiden:

> Natürlich bekamen unsere einfachen Waldbauern aus den Karpaten, die in puncto Heimatverlust bereits ihre Erfahrung hatten, es mit, daß dies nicht freiwillig geschah wie bei ihnen, als ihnen zugemutet wurde, in Häuser einzuziehen, in denen die Betten oft noch körperwarm waren von ihren Vorgängern. Es gab Familien, die sich weigerten und die erst das im Stall vor Hunger und Milchschmerz brüllende Vieh dazu bewog, nachzugeben.[82]

Auch der galiziendeutsche Umsiedler und Diplomlandwirt Richard Rupp betonte, dass die galiziendeutschen Ansiedler, die inzwischen mehrere Wochen und Monate in Umsiedlungslagern verbracht und das auf viele Galiziendeutsche demütigend wirkende rassische Bewertungsverfahren durchlaufen hatten, die Einweisung in die Höfe der polnischen Bevölkerung durchaus als verwerflich ansahen. So schrieb er:

> Die Umsiedlung und Ansiedlung hatte die verschiedensten Aspekte. Die moralische Seite dieses historischen Vorganges ist diejenige, die am meisten nachgewirkt hat und noch bis heute die Menschen beschäftigt.
>
> Die Einweisung in die mit Nummern und Hakenkreuzfähnchen bezeichneten Höfe oder Handwerkerstellen bedeutete in der Regel für die Umsiedler eine schwere psychische Belastung, trotz vorhergegangener Schwierigkeiten in den Auffanglagern und der Erleichterung, aus dieser Umgebung herausgekommen zu sein. Insbesondere Bauern und Handwerker, die gewohnt waren, schwer zu arbeiten, hatten das Lagerleben beinahe unerträglich empfunden, die Einengung in den Massenquartieren, die Massenverpflegung, die beinahe militärische Disziplin und die damit verbundene Beschränkung der persönlichen Freiheit hat ein übriges dazu getan. Trotz der Erleichterung, all dies hinter sich gebracht zu haben, und trotz des Glaubens an die Parole, daß das „Feindvermögen" irgendwann entschädigt werden würde, belastete sie das Bewußtsein des Unrechts der Vertreibung, das der polnischen Bevölkerung zugefügt worden war.[83]

Weiter betonte er, dass es auch Fälle gab, dass ein aus einem Ort nicht ausgesiedelter Pole von einem Ansiedler als Arbeiter angefordert worden sei, „um aus einem Gefühl der Verpflichtung heraus dessen Existenz zu sichern und ihn nicht dem Schicksal der Vertreibung auszusetzen."[84] Richard Rupp wies zudem darauf hin, dass die Um-

81 Kosiński (Hg.): Źródła do Historii Ziemi Żywieckiej, Bd. 3, vol. II, Tl. 1 (Anm. 74), S. 17f.

82 Josef Lanz: Die Ansiedlung der Galiziendeutschen aus den Karpaten im Beskidenland. In: Aufbruch und Neubeginn (Anm. 4), S. 263f., hier S. 264.

83 Richard Rupp: Die Ansiedlung der Galiziendeutschen im Warthegau. In: ebd., S. 224–234, hier S. 231.

84 Ebd., S. 232.

siedler aus den polnischsprachigen Gebieten, die meist auch sehr gut Polnisch und manchmal sogar besser Polnisch als Deutsch sprachen und schon immer in Kontakt mit Polen gestanden hatten, von der Sicherheitspolizei und vom Sicherheitsdienst mit Misstrauen beobachtet wurden, da sie mit den Polen Polnisch sprachen, und ihnen vorgeworfen wurde, den Polen gegenüber viel zu tolerant zu sein.

6. Flucht

Als sich ab Mitte des Jahres 1944 die militärische Lage für Deutschland immer mehr verschlechterte und im Sommer 1944 die deutschen Frauen und Kinder aus dem Generalgouvernement evakuiert wurden, zeichnete sich trotz aller Durchhalteparolen und gegenteiliger Bekundungen des Propagandaministeriums in den nächsten Monaten ein unaufhaltsamer Niedergang ab. Dennoch wurde der Bau von neuen Verteidigungsstellungen in den Verteidigungszonen im „Warthegau" fortgeführt. Gleichzeitig wurden aber auch Räumungspläne für eine Evakuierung der deutschen Bevölkerung erstellt. Nach der sowjetischen Offensive am 12. Januar 1945 machten sich die Galiziendeutschen wieder in Trecks auf den Weg Richtung Westen, jedoch diesmal unter ganz anderen Vorzeichen. Es galt nun, den russischen Truppen nicht in die Hände zu fallen, da dies meist mit einer Deportation nach Sibirien endete. Von den Galiziendeutschen waren 28.000 im „Warthegau" und in Ostoberschlesien (Regierungsbezirk Kattowitz), 7.000 (nicht eingebürgerte Umsiedler) im Generalgouvernement, 17.000 im „Altreich" und 5.000 in Österreich angesiedelt worden. Mit der Verschiebung der Front wurden die Auffangräume für die Trecks der Ansiedler aus dem „Warthegau", die nicht nur aus Galizien, sondern auch aus dem Baltikum, Bessarabien, der Bukowina und anderen Gebieten stammten, immer weiter nach Westen verlegt. Viele der galiziendeutschen Umsiedler gelangten auf diese Weise in die Provinzen Sachsen, Brandenburg und Hannover, wo sie nach Kriegsende mühsam eine neue Existenz aufbauen mussten, was manchmal mehrere Jahre dauerte.[85]

Den Erlebnisberichten zufolge wurden die Umsiedler und ihre Familien nach ihrer Flucht nicht mit offenen Armen aufgenommen, sondern als Fremde und als Eindringlinge angesehen, zumal sie von den sie aufnehmenden Landkreisen bei der einheimischen Bevölkerung zwangseinquartiert wurden.[86] Andererseits war dies wohl noch das leichtere Schicksal, im Vergleich mit den Umsiedlergruppen, die von den sowjetischen Truppen in ganzen Trecks zunächst zurück nach Ostgalizien und von dort aus per Bahn in Arbeitslager an der Wolga deportiert wurden, wie etwa die im Kreis Saybusch angesiedelten galizischen Bergbauern aus Ludwikówka, die erst zwischen 1954 und 1957 aus der Sowjetunion ausreisen durften.[87] Manchen Deportierten gelang noch die Flucht, so etwa der Familie von Mathilde Koch, deren Mutter

---

85 Kotzian: Die Umsiedler (Anm. 1), S. 102–106.

86 Vgl. Siegmund Kolmer: Die Flucht der Mariahilfer. In: Aufbruch und Neubeginn (Anm. 4), S. 282–285; G. Fleissner: Die Flucht der Machliniecer. In: ebd., S. 286–288.

87 Josef Lanz: Der Leidensweg der Ludwikówkaer. In: ebd., S. 297–304.

mit ihren Kindern und zwei Nachbarkindern bei einem Zwischenstopp des Zuges nach Kasachstan auf dem Bahnhof in Lemberg, wo sie sich gut auskannte, da sie vor der Umsiedlung in der Nähe von Lemberg gewohnt hatten, flüchtete und mit Hilfe alter Bekannter ihre eigenen Kinder und die zwei Kinder der Familie Stieber unter großen Entbehrungen durchbrachte. Erst 1955 erhielt die Familie mit den zwei Stieber-Kindern die Ausreisegenehmigung.[88] Diejenigen, denen die Flucht nicht mehr gelang, insbesondere Alte und Mütter mit Kindern, wurden in Polen in Arbeitslagern interniert und von polnischen Bauern als Arbeitskräfte angefordert. Nach dem verlorenen Krieg hatte sich nun die Lage der Deutschen ins Gegenteil verwandelt, denn nun wurden sie zu Zwangsarbeitern, manchmal sogar auf demselben Bauernhof, den sie bewohnt hatten und auf dem die Polen Zwangsarbeiter gewesen waren. Manche jedoch machten trotz ihrer Lage auch gute Erfahrungen mit den Polen, denn viele Polen versteckten deutsche Mädchen vor den Russen in ihren Häusern.[89]

Nach Kriegsende bemühten sich die schon in Galizien in verschiedenen deutschen Institutionen tätig gewesenen Galiziendeutschen um eine Erfassung der Galiziendeutschen in den einzelnen Besatzungszonen und dann in der Bundesrepublik Deutschland. Immer noch war Pfarrer Theodor Zöckler die wichtigste Vertrauensperson für die evangelischen Umsiedler, aber auch eine wichtige Kontaktperson für die katholischen Umsiedler und die galiziendeutschen Mennoniten. Letztere waren konfessionell mit den Mennoniten in den USA verbunden und hatten Kontakt mit dem Mennonite Central Committee aufgenommen, das ihnen durch großzügige finanzielle Unterstützung die Auswanderung in die USA, nach Kanada sowie nach Südamerika, insbesondere nach Paraguay oder Uruguay, ermöglichte, wo sich zahlreiche galizische Mennonitenfamilien niederließen. Diejenigen, die nicht auswanderten, blieben meist in Backnang bei Stuttgart, wo sie zunächst im Auswanderungslager gelebt hatten.[90] Um die Person Theodor Zöcklers, der mit seiner Familie aus Lissa/Leszno geflohen war und schließlich mit seiner Frau Lillie in Stade eine neue Unterkunft gefunden hatte, sammelte sich im März 1946 eine Gruppe von Galiziendeutschen, deren wichtigste Ziele die Erfassung der Galiziendeutschen sowie die Gründung eines Hilfskomitees waren. Am 18. September 1946 konnte mit Genehmigung des Rates der Evangelischen Kirche in Deutschland das „Hilfskomitee der Galiziendeutschen Augsburgischen und Helvetischen Bekenntnisses im Hilfswerk der Evangelischen Kirche in Deutschland“ gegründet werden. Durch dieses Hilfskomitee, das von der Kirche finanziell unterstützt wurde, erhielten nun die Galiziendeutschen wieder eine Institution, die ihre Interessen in der neuen Heimat vertrat und ihnen dadurch auch einen gewissen Halt nach der Flucht bot.[91]

---

88 Mathilde Broszukat geb. Koch: Wir wurden zweimal umgesiedelt. In: ebd., S. 354–356.

89 Der Bericht von Mathilde Mauer (Baginsberg). In: ebd., S. 309–313; Wilhelmine Schreier: Flucht aus dem polnischen Arbeitslager. In: ebd., S. 315f.

90 Richard Rupp: Die Wanderungen der galizischen Mennoniten nach 1939. In: ebd., S. 414–419. Vgl. auch Arnold Bachmann: Galiziens Mennoniten im Wandel der Zeiten. Ihre Geschichte und ihre Familien. Backnang 1984.

91 Franz Bechtloff: Auf der Suche nach einer neuen Heimat. In: ebd., S. 364–369.

Václav Smyčka

„The lost girl“. Das nomadische Leben der Bilder von Flucht und Vertreibung

1. „The lost girl“

„She did, at least as a symbol of millions of unknown victims of that war. The proof is right in front of you. Thousands of people asking about her fate.“[1] Mit diesem Kommentar hat der spanische Blogger und Schriftsteller Diego Rodríguez Peregrin am 4. November 2012 die authentischen Aufnahmen einer misshandelten Frau zusammen mit den Aufnahmen getöteter deutscher Soldaten und Zivilisten, die die amerikanische Armee in der Nähe des westböhmischen Dorfes Ejpovice (Eipowitz) am 8. Mai 1945 gefilmt hat, auf *YouTube* hochgeladen. Die misshandelte Frau, die wie die Anderen wahrscheinlich Opfer der Gewalt der tschechischen Bevölkerung am Ende des Krieges wurde, wurde bald im Internet zu einer Ikone der unmittelbaren Nachkriegsereignisse in der Tschechoslowakei. Peregrins Video wurde bisher bereits fast eine Million Mal angesehen, und es hat mehr als dreitausend Betrachter zu Kommentaren angeregt. Peregrin war aber bei weitem nicht der einzige, der die Aufnahmen im Internet präsentiert hat, denn sie wurden seit dem Jahre 2008 unter unterschiedlichen Titeln wie *1945 the lost girl*,[2] *1945 lost Girl and other Germans*,[3] *Komm Frau* oder *WW2: Czechoslovakia (7–8 May 1945)*[4] mit variierender Musik und unterschiedlichem Schnitt in bis zu zehn anderen Versionen im Internet veröffentlicht. Insgesamt haben die Videos mit dem „lost girl“ bisher insgesamt an die vier Millionen Betrachter gefunden und können daher heutzutage als ein *YouTube*-‚Renner‘ gelten. Die Aufnahmen der „misshandelten Frau“, die schon 1987 und 2001 in den Dokumentarfilmen *Die große Flucht* oder *Flucht und Vertreibung* und später in zwei *Spiegel-Specials* und der kollektiven Monografie *Die Flucht. Über die Vertreibung der Deutschen aus dem Osten* zu sehen waren, wurden, wie Peregrin sie kommentiert hat, zu „einem Symbol der Millionen von unbekannten Opfern des Krieges“.

Doch ein dunkler Schatten fällt auf die Erfolgsgeschichte der Aufnahmen der leidenden Frau, die für Millionen von unbekannten Opfern des Krieges stehen sollte, wenn man nach der originalen Beschriftung sucht, mit der der Kameramann Oren W. Haglund selbst oder seine nächsten Mitarbeiter die Filmstreifen versehen haben und unter der sie auch im amerikanischen Militärarchiv bisher registriert sind: „MCS as SS girl walks to camera“, also „Halbnah- und Nahaufnahme eines

1 <https://www.youtube.com/watch?v=TRNCHAzVgqE> (Zugriff: 02.09.2016).
2 <https://www.youtube.com/watch?v=dQWv9KpDWEg> (Zugriff: 02.09.2016).
3 <https://www.youtube.com/watch?v=aJ7N9E58dWo> (Zugriff: 02.09.2016).
4 <https://www.youtube.com/watch?v=0L0M1QtXlao> (Zugriff: 02.09.2016).

SS-Mädchens, das auf die Kamera zugeht".[5] Die misshandelte Frau, die binnen der letzten Jahrzehnte für Millionen von Betrachtern zum „Symbol der Millionen von unbekannten Opfern des Krieges" wurde, soll nach der originalen Beschreibung des Kameramanns, des einzigen Zeugen der aufgenommenen Situation, also ein „SS girl" sein. Die im Archiv verborgene Information ändert radikal das, was man bisher gedacht hat. Sie widerlegt es aber nicht ganz. Die Frau wurde wirklich offensichtlich „misshandelt". Doch nachdem man die originale Beschriftung der Filmstreifen (im Gegensatz zu den Millionen Betrachtern) kennt, sieht doch alles ganz anders aus.

Dieser „Irrtum" konfrontiert mich unmittelbar mit der dringlichen Frage, wieso das bisher niemand bemerkt hat, respektive, falls es einer bemerkt hat, dieser die Betrachter nicht aufgeklärt hat. Was, wenn sich der Kameramann geirrt hat und den Titel ohne bessere Kenntnis der auf der Straße gefilmten Frau als eine pauschale Bezeichnung hinzugefügt hat und es sich doch um kein „SS girl" handelt, sondern wirklich um eine misshandelte unschuldige Frau? Und falls es ein „SS girl" ist, ist dieses nicht letztendlich auch eine „misshandelte Frau"? Ist es überhaupt wichtig, wer auf dieser Aufnahme zu sehen ist, wenn eine einzelne Fotografie für Historiker oder Juristen sowieso keine Aussage- und Beweiskraft hat, wenn es ohnehin klar ist, dass es zu dieser Zeit in der Nähe infolge der Kriegs- und Nachkriegsereignisse auch andere Frauen gab, die misshandelt wurden, so wie es höchst wahrscheinlich ist, dass einige SS-Helferinnen, wie die übliche Bezeichnung für die mehr als zweitausend weiblichen Mitglieder der Waffen-SS lautet, bei ihrer Flucht in die amerikanische Zone von den Partisanen oder der Roten Armee umgebracht wurden? Wenn ihn niemand aus der Aufnahme selbst herauslesen kann, wieviel Inhalt wohnt dem Bild dann inne? Und weitergehend: Was meint es überhaupt, eine Aufnahme oder Fotografie zu verstehen?

Um auf diese schwierigen Fragen antworten zu können, kann man sich in die theoretische Problematik der Bildtheorie, in die Ikonik, Semiotik oder Gedächtnisforschung, in die vielen Texte, die zum Thema „Fotografie und Gedächtnis" und „Film und Gedächtnis" geschrieben wurden, vertiefen. Doch geht viel von der Einzigartigkeit des konkreten Falles verloren, von dem, was Roland Barthes „Mathesis singularis" nannte. Deshalb bemühe ich mich in der letztgenannten Tradition, den ‚Fall' zuerst in seiner Individualität zu ‚erzählen'. Es geht mir darum, die Bilder als „Nomaden der Medien"[6] aufzufassen, die im Laufe der Zeit immer neu und anders in unterschiedlichen Medien inszeniert werden. Erst aus der detaillierten Beobachtung des „nomadischen Lebens" der Bilder in den konkreten Medien lassen sich generalisierende Schlüsse ziehen. Der Wunsch, der Singularität des konkreten Materials gerecht zu werden, gebietet mir, zuerst die ganze Entstehungs- und Rezeptionsgeschichte zur Kenntnis zu nehmen, bevor ich die Bilder der semiotischen Analyse unterziehe. Der vielleicht etwas umständliche Weg verspricht mir letztendlich, in dem

---

5 National Archives & Records Administration (NARA), sig. 18 SFP 9196. Siehe auch Steven Spielberg Film and Video Archive <https://www.ushmm.org/online/film/display/detail.php?file_num=4686> (Zugriff: 02.09.2016).

6 Hans Belting: Bild-Anthropologie. Entwürfe für eine Bildwissenschaft. München 2001, S. 214.

Labyrinth der heute schon äußerst komplexen Problematik von Fotografie und Gedächtnis nicht den Faden zu verlieren und dank des rezeptionsgeschichtlichen Fadens zu den Antworten auf die oben genannten Fragen zu gelangen.

Die Fragen, deren Ausgangspunkt das konkrete visuelle Material ist, zielen letztlich auf eine allgemeinere Erörterung der visuell vermittelten Erinnerung an den odsun (die Vertreibung) in der heutigen deutschen Erinnerungskultur. Das Ziel dieses Aufsatzes ist, anhand des konkreten Beispiels des *lost girl* die mnemonischen Potentiale der visuellen Repräsentationen der Vertreibung der Deutschen aus der Tschechoslowakei zu untersuchen. Es geht darum, das Gedächtnis der Bilder und seine konkrete Rolle in dem aktuellen Diskurs über odsun/Vertreibung zu erörtern.[7]

2. „Die misshandelte sudetendeutsche Frau"

Die einundvierzig Sekunden lange stumme, aber schon farbige Aufnahme der misshandelten jungen Frau mit dem zugeschwollenen linken Auge, die zögernd auf die Kamera zugeht, eine fast kokette Miene zu zeigen versucht, aber stattdessen in eine Geste der Verzweiflung ausbricht, wonach sie auf der zweiten Aufnahme den Kameramann offensichtlich um Erbarmen bittet, hat am 8. Mai 1945 Oren W. Haglund höchstwahrscheinlich in der Nähe des westböhmischen Dorfes Ejpovice östlich von Pilsen/Plzeň gefilmt.[8] Haglund, Szenarist und Regisseur aus Hollywood, wurde offiziell von der US Army Air Force mit der Dokumentierung der Kriegsoperationen beauftragt und ist an der Spitze der Armee General Pattons nach Westböhmen gekommen. An demselben Tag nahm er noch mehrere Filmstreifen auf, die vor allem die Masse der in amerikanische Gefangenschaft kommenden, erschöpften und oft verwundeten deutschen und kollaborierenden russischen Soldaten General Wlassows sowie die neben der Landstraße von den Tschechen erschossenen oder noch erst sterbenden Wehrmachtsoldaten, Mitglieder der Waffen-SS, aber auch Zivilisten zeigen.

Die Filmstreifen landeten nach dem Krieg im amerikanischen Militärarchiv, sie tauchten erst Jahrzehnte später in den deutschen Dokumentarfilmen über Flucht

---

7 Die Thematik der fotografischen Darstellungen von Flucht und Vertreibung sowie die hier anhand von konkretem Material untersuchten Probleme der Sinnzuschreibungen haben Maren Röger und Stephan Scholz übersichtlich dargestellt: Maren Röger, Stephan Scholz: Fotografien. In: Dies., Bill Niven (Hg.): Die Erinnerung an Flucht und Vertreibung. Ein Handbuch der Medien und Praktiken. Paderborn 2015, S. 153–167. Für eine weitere Überblickdarstellung der Problematik mit anderen einschlägigen Beispielen siehe Stephan Scholz: „Ein neuer Blick auf das Drama im Osten?" Fotografien in der medialen Erinnerung an Flucht und Vertreibung. In: Zeithistorische Forschungen. Studies in Contemporary History. Online-Ausgabe 11 (2014), H. 1, <http://www.zeithistorische-forschungen.de/1-2014/id=5014> (Zugriff: 02.09.2016).

8 Eine der Diskussionen im militärischen Internetforum „Axis History Forum" hat zwischen November 2008 und Juli 2009 ihre Teilnehmer zu einer umfangreichen Suche nach der Identität der jungen Frau angeregt, bei der zwar der wahrscheinliche Ort der Aufnahme entdeckt wurde (das Dorf Ejpovice), die Identität der misshandelten Frau aber nicht geklärt wurde. Siehe <http://forum.axishistory.com/viewtopic.php?t=200211> (Zugriff: 02.09.2016).

und Vertreibung wieder auf, wie schon im Jahre 1981 in der dreiteiligen Fernsehserie *Flucht und Vertreibung* von Eva Berthold und Jost von Morr oder in dem Dokumentarfilm von Guido Knopp *Die große Flucht* aus dem Jahre 2001. Die beiden Dokumentarfilme verwendeten aus dem ganzen Material, das Haglund bei Ejpovice gefilmt hat, vor allem die Aufnahmen, die die ermordeten deutschen Soldaten und Zivilisten zeigen, sowie eben die Aufnahme der „misshandelten Frau". Während aber die erstgenannten Filmstreifen nur in den jeweiligen Teilen, die der Vertreibung aus dem sogenannten Sudetenland gewidmet waren, präsentiert wurden, wurde die „misshandelte Frau" in den beiden Dokumentarfilmen auch in den Trailern gezeigt, die die einzelnen Teile einleiteten. Im Falle des zweitgenannten Dokumentarfilms ließ sogar der populäre Regisseur Guido Knopp seinen eigenen Namen als Höhepunkt des Trailers auf dem Hintergrund des Ausschnittes der „misshandelten Frau" erscheinen, damit der dramatische Ausdruck der Szene die erwünschte Betonung des strategischen Moments erreichen würde.[9] Die einundvierzig Sekunden lange Sequenz mit der einsamen Frau am Rande der Landstraße bekam damit eine prominente Stellung im visuellen Kanon der Darstellung von Flucht und Vertreibung.

Während aber die Dokumentarfilme die Aufnahmen ohne einen bestimmten Kommentar in einer einzigen Flut der Bilder der gewaltigen Exzesse zeigen konnten, ohne deren Inhalt näher bestimmen zu müssen, zwang die Veröffentlichung der Aufnahmen als Fotografien in den der Vertreibung gewidmeten Spezialausgaben der Zeitschrift *Der Spiegel* im Juni 2002 und im Januar 2011[10] die Herausgeber zu einer konkreteren Deutung der Bilder und ihrer präziseren Kontextualisierung. Die diskursive Einrahmung erforderte eine begriffliche Einordnung des Materials. Die Fotografie der jungen Frau, die aus dem originalen Filmstreifen herausgeschnitten wurde, wurde dabei zum ersten Mal seit ihrer Aufnahme und Registrierung im amerikanischen Archiv offiziell betitelt: „Die misshandelte Frau" steht unter der Fotografie, die auf der Titelseite des Kapitels *Archiv des Todes* im Jahre 2002 platziert wurde. In der Reportage *Die Zeit der Abrechnung* in der gleichen Zeitschrift *Der Spiegel*, wo die Fotografie im Jahre 2011 wieder abgedruckt wurde, wurde der Titel erweitert und lautete „Die misshandelte sudetendeutsche Frau". Der Titel entspricht auf den ersten Blick dem evidenten Zustand und der gespenstischen Miene der jungen Frau am Rande der Straße, auf deren Gesicht und in deren Verhalten die erlittene Gewalt klar zu lesen ist. Die Fotografie der misshandelten Frau auf der Titelseite des Artikels steht hier für die vielen anderen Frauen, die in der Tschechoslowakei wegen ihrer nationalen Zugehörigkeit in den Nachkriegsereignissen misshandelt wurden.

Doch wie man schon weiß, die Bildunterschrift entspricht nicht dem Titel, unter dem die Filmstreifen in dem amerikanischen Militärarchiv registriert wurden: „MCS as SS girl walks to camera". Die Herausgeber der einflussreichen Spezialnummern des *Spiegels* über die Vertreibung, die nach ihrer eigenen Angabe die Fotografie direkt

9 Für den Hinweis sowie für andere Bemerkungen zu dieser Studie danke ich Herrn Prof. Manfred Weinberg. Ich danke auch Herrn PD Dr. Matthias Schöning für seine Ratschläge und Frau Julianna Redlich für ihre Recherche.

10 Spiegel-Spezial, 2/2002, S. 56; Spiegel-Spezial, 1/2011, S. 107.

aus dem amerikanischen Militärarchiv übernahmen, haben die Information, dass es um ein „SS girl" gehe, was die einzige bekannte Information über die Person und der einzige offizielle Titel der Aufnahme ist, nicht erwähnt und stattdessen einen ausweichenden oder sogar irreführenden Titel gewählt. Dass es um keinen Einzelfall oder keinen Irrtum der Journalisten geht, bezeugt die geschichtswissenschaftliche Monografie *Die Flucht. Über die Vertreibung der Deutschen aus dem Osten*, die ebenfalls im Jahr 2011 erschienen ist und in der die Aufnahme der jungen Frau wieder mit der Bezeichnung „Misshandelte Frau" abgedruckt wurde.[11]

Der Grund für die Veränderung des Titels scheint klar zu sein. Als „SS girl" hätte die misshandelte Frau auf der Fotografie nicht für die Tausenden oder Hunderttausenden anderer misshandelter sudetendeutscher Frauen, die nicht an der nationalsozialistischen Besetzung und dem Terror im Protektorat Böhmen und Mähren unmittelbar aktiv beteiligt waren, stehen können. Statt mit einem unschuldigen Opfer würde man nur mit einem zwiespältigen Beispiel vergoltener Gewalt konfrontiert, das statt Mitleid eher ein Rechtfertigungsgefühl hervorrufen könnte. Man würde sogar über das Glück der jungen Frau sprechen, da die Mitglieder der Waffen-SS von der Roten Armee in dieser Zeit in den meisten Fällen ermordet oder zumindest verhaftet wurden. Es geht nicht darum, die Redaktion des *Spiegels* oder die Herausgeber der historischen Monografie für die Beleidigung derjenigen Deutschböhmen, die in manchen Fällen der gleichen Gewalt ausgesetzt wurden, die aber nie an der nationalsozialistischen Oberherrschaft und den Repressionen während des Krieges teilgenommen haben, anzuprangern, sondern nur darum, die Schwierigkeiten der Repräsentation der Nachkriegsereignisse präzise zu benennen.[12]

Haben die Dokumentarfilme über Flucht und Vertreibung von Eva Berthold, Jost von Morr oder Guido Knopp sowie die *Spiegel*-Spezialausgaben und die Monografie *Die Flucht. Über die Vertreibung der Deutschen aus dem Osten* mit Hilfe der Umdeutung und des neuen Titels der Aufnahme eine feste Stelle in dem visuellen Kanon von Flucht und Vertreibung erworben, waren es doch erst das Internet und *YouTube*, die ihr eine noch größere Publizität verschafft und ihren Durchbruch in der breiten Öffentlichkeit bewirkt haben. Der Film wurde im Jahre 2005 von dem *Steven Spielberg Archive* des *US Holocaust Memorial Museum* in Washington erworben, digitalisiert und auf der Website des Museums veröffentlicht.[13] Die Digitalisierung hat den Bildern neue Horizonte eröffnet. Als das nun einfach reproduzierbare Video im Jahre 2008 auf *YouTube* geriet, wurde es, wie oben schon erwähnt, sofort zu einem ‚Renner'.

---

11 Stefan Aust, Stephan Burgdorff (Hg.): Die Flucht. Über die Vertreibung der Deutschen aus dem Osten. Stuttgart, München 2002, Beilagen hinter S. 110. An der Monografie haben namhafte Historiker mitgearbeitet wie Hans-Ulrich Wehler, Karl Schlögel oder Hans Henning Hahn.

12 Zu den Motivationen der irrtümlichen Betitelungen der Fotografien zusammenfassend Röger, Scholz: Fotografien (Anm. 7), S. 155.

13 Siehe Steven Spielberg Film and Video Archive: <https://www.ushmm.org/online/film/display/detail.php?file_num=4686> (Zugriff: 02.09.2016).

Die schon in den Dokumenten von Eva Berthold, Jost von Morr und Guido Knopp deutliche Hervorhebung der kurzen Sequenz mit der jungen Frau wurde in dem neuen Medium noch verstärkt. Die Sequenz wurde entweder von dem Rest der Filmstreifen ganz getrennt und selbständig publiziert oder sie wurde durch den Schnitt zum Rahmen der anderen Filmstreifen und zu ihrem Leitmotiv gemacht. Das spiegeln auch die Titel der Videos wider, unter denen die verschiedenen Versionen in *YouTube* oder in privaten Websites gespeichert werden. Sie fokussieren das Hauptinteresse des Publikums eindeutig auf die misshandelte Frau: *1945 the lost girl*, *1945: the lost woman* oder *1945 lost Girl and other Germans*.

Dass die Aufmerksamkeit immer mehr auf die misshandelte Frau gerichtet wurde, bezeugen letztendlich auch die Kunstwerke, zu denen die Aufnahmen einige Künstler inspiriert haben. Den spanischen Schriftsteller Diego Rodríguez Peregrin, den Autor des oben zitierten Kommentars, hat die Sequenz, die die junge Frau darstellte, zum Schreiben einer Erzählung bewogen, die er in der englischen Übersetzung zusammen mit seiner eigenen Version der Aufnahme in seinem Blog veröffentlichte.[14] In der Erzählung werden das fiktive Leben der geheimnisvollen Frau, die Umstände ihrer Misshandlung sowie die Gewalt der tschechischen Partisanen gegen die flüchtenden Deutschen aus der Perspektive einer Enkelin der Frau geschildert, die das Grab des im Jahre 1971 gestorbenen Kameramanns Haglund besucht. Dem „verirrten deutschen Mädchen" wurde aber auch eine Komposition für Gitarre gewidmet und auf *YouTube* präsentiert.[15] In der mehrfachen Remedialisierung hat sich die misshandelte Frau von dem konkreten filmischen Material getrennt und wurde zu einem eigenständigen Zeichen, das immer weitere semantische Schichten ins Spiel bringen konnte und so sein Aussagepotential erweiterte.

Auch auf *YouTube* wurde die aufgenommene Frau von den Editoren des Videos in allen Fällen als „misshandelte Frau" vorgestellt. Keiner der Editoren, die das Video von der Website des *US Holocaust Memorial Museums* übernommen und auf *YouTube* in einem eigenen Layout hochgeladen haben, haben dabei die originale Beschreibung des Materials beibehalten. Auch hier wurde also die einzige originale Information zu der Person, dass es sich um ein „SS girl" handle, weggelassen. Wie im Falle der Reportagen des *Spiegels* und der Monographie *Die Flucht* aus dem Jahre 2002 kann man die Verschiebung kaum für Zufall oder Unwissenheit halten, denn das *US Holocaust Memorial Museum*, aus dessen Archiv das Video heruntergeladen wurde, hat die originale Angabe des amerikanischen Archivs getreu übernommen und in einer ausführlichen Beschreibung zusammen mit den Aufnahmen präsentiert.

Und dennoch ist die Situation auf *YouTube* radikal anders als im Falle der Reportagen des *Spiegels*, der Dokumentarfilme oder der geschichtswissenschaftlichen Monografie. Während die vorherigen Repräsentationen in allen Fällen an das deutsche Publikum und an eine relativ konkrete Rezipientengruppe adressiert waren, waren die Aufnahmen auf *YouTube* plötzlich einem globalen Publikum zugänglich, das ent-

14 <http://aerialphenomena.blogspot.cz/2012/11/1945-lost-woman.html> (Zugriff: 02.09.2016).
15 <https://www.youtube.com/watch?v=sEwEq0pi7n8> (Zugriff: 02.09.2016).

weder mit keiner eindeutigen Perspektive der Täter- und Opferrolle oder umgekehrt mit einer heterogenen Vielfalt der historischen Rollen identifiziert werden konnte. Während die vorherigen Darstellungen von Flucht und Vertreibung mit einem bestimmten Vorverstehen der deutschen Leser und Betrachter rechnen und sich eine konkrete Wirkung zum Ziel setzen konnten (z. B. das bisher nicht ausreichend artikulierte Leiden zur Sprache zu bringen), kann man dem globalen Publikum der englischsprachigen *YouTube*-Nutzer kein entsprechendes begrenztes Vorverstehen zuschreiben. Man hat es hier vielmehr mit einer ungeheuren Vielfalt von Ansichten zu tun.

Dies wird schon deutlich, wenn man die Art und Weise vergleicht, wie die meistgesehenen Videos auf *YouTube* von ihren Editoren inszeniert werden. Der erste Editor, der Italiener Vincenzo Romano, der die einundvierzig Sekunden lange Aufnahme im Jahre 2008 auf *YouTube* und zugleich auf seiner eigenen Website präsentiert hat, ließ das Video mit einer dramatischen Musik untermalen und mit dem Titel „Expulsed German girl in despair, beaten (maybe raped), filmed on a country road near the Czech border“[16] veröffentlichen. Erst hier wurde zum ersten Mal die zwar naheliegende, aber nie vorher erwähnte und nicht belegte Information angegeben, dass die Frau vielleicht vergewaltigt wurde. (Die originale Beschreibung „SS girl coming to the camera“ spricht natürlich von keiner Vergewaltigung.) Neben dem Titel fügte Romano dem Video noch eine ausführlichere Beschreibung hinzu, die ihm einen thematischen Rahmen und einen historischen Kontext geben sollte. In dem Text hat er die Kriegs- und Nachkriegsereignisse bloß als „the merciless revenge perpetrated on the entire German civilian population“ dargestellt. Dabei machte er die Exzesse der Gewalt an der deutschen Bevölkerung (eines der größten Massaker in Postelberg/Postoloprty) in schauervollen Bildern zu einem allgemeinen Muster der angeblichen *„bestiality of czechs“*.[17]

Eine radikal unterschiedliche Inszenierung des Videos hat Peregrin gewählt. Er ließ die Aufnahmen von der „post-klassischen“ Komposition von Max Richter begleiten, die wiederum von der Poesie der Dichterin Marina Ivanovna Cvetajeva in russischer Sprache begleitet wird. Die russische Sprache und ihre ästhetische Wirkung schufen einen Kontrapunkt zu den Aufnahmen, die das Leiden der deutschen Soldaten und Zivilisten am Ende des Krieges zeigen, sodass sich die ganze Komposition den eindeutigen Nationalzuschreibungen widersetzt und auf eine Überbrückung der nationalen Gegensätze abzielt.[18] Auch der schon zitierte Kommen-

---

16 <https://www.youtube.com/watch?v=dQWv9KpDWEg> (Zugriff: 02.09.2016).

17 In seiner Beschreibung wird die genannte Kleinstadt Postelberg/Postoloprty fälschlich als „the small Bavarian village in the province of Saazerland on the Bavarian-Czech border“ beschrieben. Die Anzahl der Opfer des hier stattgefunden habenden Massakers stimmt aber mit der offiziellen Untersuchung der tschechoslowakischen Polizei im Jahre 1947 überein. Siehe Tomáš Staněk: Poválečné „excesy“ v českých zemích v roce 1945 a jejich vyšetřování [Nachkriegs-„Exzesse“ in den böhmischen Ländern im Jahr 1945 und ihre Untersuchung]. Praha 2005, S. 114–158.

18 Man kann noch eine von Peregrin sowie den anderen Kommentatoren nicht wahrgenommene semantische Ebene entdecken, wenn man sich von der der ursprünglichen Beschreibungen der Filmstreifen im amerikanischen Militärarchiv belehren lässt, dass zumindest diejenigen Soldaten, die

tar Peregrins unterscheidet sich deutlich von dem Kommentar Romanos. Statt eine Darstellung der konkreten historischen und politischen Ereignisse zu liefern, erklärt er die Frau zu einem allgemeinen „Symbol für alle unschuldigen Opfer des Krieges". Peregrin hat damit einerseits die Gewalttaten direkt mit den Kriegsereignissen verknüpft (wogegen sie in der Beschreibung von Romano entkoppelt worden waren), andererseits hat er von den eindeutigen Zuschreibungen der Opfer- und Täterrollen abstrahiert.

Der Rahmen, in dem die Videos in der konkreten medialen Umgebung eingesetzt werden, ist also radikal unterschiedlich. Während Romano das Bild in einen konkreten Kontext einordnet, in dem er klare nationale Zuschreibungen sowie die Opfer- und Täterrollen präsentiert, überschreitet Peregrin alle klaren Gruppen- und Rollenzuschreibungen, damit er die misshandelte Frau in ein globales „Symbol" umwandeln konnte. Zielt Romano schließlich darauf ab, die konkreten historisch-politischen Nachkriegsereignisse umzudeuten, versucht Peregrin im Gegensatz dazu, die isolierten historischen Ereignisse in den Bereich des Moralischen zu transzendieren. Die Schuld und das Leiden des Einzelnen sollen in einer allumfassenden Kommemorierung des Leidens aller Kriegsopfer aufgelöst werden.

Die zwei Zugänge, die man in den Inszenierungen des Videos bei Romano und Peregrin erkennt, kann man mit Aleida Assmann als zwei Pole des Umgangs mit dem Opferstatus betrachten. Assmann[19] (wie schon mehrere vor ihr) unterscheiden die Auffassung des Opfers einerseits als eines Märtyrers, des Opfers, das für eine gewisse Lehre oder Überzeugung gelitten hat, andererseits als eines sinnlosen und passiven Opfers, das ohne Grund einem eindeutig asymmetrischen Übergewicht der Gewalt ausgesetzt wurde und das sich nicht zur Wehr setzen konnte. Während das Opfer als Märtyrer immer bestimmte Sinngehalte, Ideologien und konkrete Zuschreibungen der Täter- und Opferrollen impliziert, zielt das Opfer als Victim auf die Transzendierung des erlittenen Leidens und dessen Universalisierung. Im ersten Fall basiert der Opferstatus auf der aktiven Teilnahme an dem Widerstand gegen die Unterdrückung, in dem anderen legitimiert das Opfer als Opfer sein passives Leiden, die Asymmetrie der Gewalt.

Der Diagnose von Aleida Assmann nach „erleben wir derzeit eine ethische Wende von sakrifiziellen zu viktimologischen Formen des Erinnerns".[20] Hat man früher, das heißt bis zum Zweiten Weltkrieg, dazu tendiert, den Opfern (oft nachträglich) eine Märtyrerrolle zuzuschreiben und sie zu Helden einer bestimmten Idee zu erklären, thematisiert man seit den 60er Jahren des zwanzigsten Jahrhunderts immer mehr die Sinnlosigkeit ihres Leidens. Man sucht in den „Ideen" eher den Grund ihres Leidens. Während der Auseinandersetzung der europäischen und amerikanischen

auf den Filmstreifen zu sehen sind, nicht deutsche, sondern russische Soldaten der Befreiungsarmee von General Wlassow sind, die so wie Zwetajewa selbst von den Sowjets nach Sibirien deportiert und in den meisten Fällen umgebracht wurden.

19 Aleida Assmann: Der lange Schatten der Vergangenheit. Erinnerungskultur und Geschichtspolitik. München 2006, S. 74–81.

20 Ebd., S. 76.

Gesellschaft mit dem Holocaust seit den 60er Jahren und vor allem in den 80er und 90er Jahren hat man immer mehr das alte Modell der Memorialisierung der Opfer des Krieges als Märtyrer (sei es Märtyrer des Antifaschismus, der liberalen Demokratie oder des Kommunismus) als unangemessen betrachtet und sich dem Modell der passiven Opfer zugewendet. Das anonyme entideologisierte Opfer der Massengewalt wurde zum Muster aller anderen Opfer in der Geschichte.

Doch das Beispiel der zwei Inszenierungen der Aufnahmen von Romano und Peregrin zeigt, dass es statt um einen Paradigmenwechsel und eine irreversible historische Entwicklung eher um eine Koexistenz unterschiedlicher Modelle geht, die weiter nebeneinander vorkommen können. Während Peregrin deutlich auf die Transzendierung des Opfers ins Moralische ohne jegliche konkrete politische und historische Zuschreibung abzielt, stellt Romano das Video in einem konkreten Kontext vor, der die klaren Täter- und Opferrollen explizit benennt (und dabei aus dem breiteren Kontext reißt). So wie die Rückkehr der traditionellen nationalen Narrative, die in den zeitgenössischen Erinnerungskulturen und Historiografien mancher Regionen Europas zu erkennen ist, deutet auch diese Koexistenz beider Modelle an, dass die von Assmann beschriebene Verschiebung auf keinen Fall irreversibel sein und in allen Regionen Europas gleich gelten muss.

Die Koexistenz beider Opfermodelle, die zu ihrer Konfrontation führen kann, wird noch offensichtlicher, wenn man die Aufmerksamkeit von der Inszenierung der Videos zu den Diskussionen verschiebt, die in Form von Kommentaren unter den Videos auf *YouTube* entstanden sind. Die Editoren, die ihre Videos inszenieren, vermögen zwar mit der Auswahl der Musik, des Schnitts, des Filters sowie mit dem Titel und dem einleitenden Kommentar einen Rahmen der jeweiligen Rezeptionssituation zu schaffen, sie können aber das weitere ‚Leben' ihrer Videos nicht bestimmen. Nachdem das Video auf *YouTube* hochgeladen wurde, konnten sie der Flut der Kommentare, die unter den Videos anwuchsen, nur gelassen zusehen oder mit den gleichen Mitteln wie die anderen Diskutanten, also mit eigenen Kommentaren, die weitere Entwicklung der Diskussion zu lenken versuchen. Die Diskussion kann sich dabei in eine von dem Editor selbst unerwartete oder sogar unerwünschte Richtung entwickeln. Das ist der Fall der mehr als zweitausend Kommentare umfassenden Diskussion unter dem Video von Peregrin.

Peregrin versucht, die Aufnahmen der misshandelten Frau zu einem allgemeinen Symbol aller unbekannten Opfer des Krieges zu erklären, und diesem Ziel passt er seine Inszenierung des Videos an. Die ersten, die ihre Kommentare unter das Video hinzugefügt haben, teilten seine Deutung der Aufnahmen. So hat einer der ersten Kommentatoren, der *YouTube*-Nutzer „Malcolm Davidson", die Perspektive Peregrins trefflich ausgedrückt: „Shame so many people are quick to judge; after all, this scene could be borne by most of the theatres of war in Europe during WW2, regardless of the nationalities", wozu Peregrin seinen Kommentar „And sadly also nowadays in Ukraine, Irak or Nigeria" hinzusetzte. Der Zweite Weltkrieg sowie alle Kriege seien ein „Theater", eine „Szene", wo sich das Drama der menschlichen Moral abspiele, völlig unabhängig von der konkreten politischen und historischen Zugehörigkeit der Opfer und Täter. Man sollte aller Opfer ohne Rücksicht auf ihre Zugehörigkeit gedenken. Es handle sich um ein transzendentales Leiden, das die Frau für alle anderen leidenden Menschen symbolisiere.

Doch zwei Monate nach der Veröffentlichung des Videos kam es zu einer Wende in der Diskussion, als der *YouTube*-Nutzer „meeg_2005" in einem kurzen Kommentar angab, dass er bei seinen Recherchen entdeckt habe, dass die misshandelte Frau SS-Mitglied gewesen sei: „I researched. She's an SS auxiliary. Bad news. The men were usually shot on the spot by Americans and Russians." Die „schlechte Nachricht" ändert plötzlich den ganzen Kontext, in dem das Video gedeutet wurde: „Basically she got off easy with a beating. She has a broken hand too. Probably from punching", setzt er hinzu und prägt so die Meinung von Hunderten anderer Kommentare nach ihm. Danach zersplittert das am Anfang einheitliche viktimologische Modell des Opfers in mehrere Ansichten, die unterschiedliche Positionen der von Assmann und Hartog gezeichneten Skala (zwischen dem „victim" und dem Märtyrer) einnehmen. Peregrin versuchte noch vier Monate lang, seine Position der universalen Viktimisierung zu verteidigen und den beschädigten Rahmen und die Inzenierung des Videos möglichst intakt zu halten. Er argumentierte, dass „the reason" für seine Deutung eine „timeless appearance" der misshandelten Frau sei. Ihr Aussehen sei der Beweis, der die Evidenz seiner Deutung bezeuge. Sie sei „[t]he victim not only of one war, but all the wars". Das „zeitlose" Aussehen mache sie zu einem „ewigen Symbol", das jenseits der Zeit das Leiden der Menschheit an sich verkörpere. Während der Nutzer „meeg_2005" seine Kritik wiederholte, indem er die Frage stellte: „can u be a victim and a perpetrator at the same time?", antwortete Peregin ständig aus der Perspektive der „universalen Viktimisierung": „There must be mercy even for perpetrators, but most victims in a war (let them be one of another party) are innocent victims. Even when they 'belong' to the attacking nation." Nach vier Monaten gab er aber infolge der Kritik seiner Position die Versuche auf, die Diskussion zu lenken, und verstummte.

Seine Position übernahmen andere Kommentatoren, die ab und zu den ursprünglichen Rahmen der universalen Viktimisierung aufrechtzuerhalten versuchten, doch die ganze Diskussion näherte sich immer mehr dem gegensätzlichen Pol der von Assmann und Hartog beschriebenen Skala. Die einzelnen Teilnehmer der Diskussion nahmen mehr und mehr konkrete politische und nationale Perspektiven ein, wobei sie den konkreten Gruppen klare Täter- und Opferrollen zuschrieben. Die Diskutanten bildeten bestimmte Gruppen, die sich untereinander bestätigten und umgekehrt die andere Koalition zu widerlegen versuchten. Sie errichteten die alten Grenzen und Fronten, und die alten Feindschaften tauchten wieder auf. Es wurde eine Spaltung der Position der „universalen Viktimisierung" in mehrere gegensätzliche Perspektiven deutlich, die die misshandelte Frau zum einen für eine Märtyrerin der „westlichen Kultur" gegenüber der „östlichen Barbarei", zum anderen für den klaren Beweis der Verquickung des „Westens" mit dem Nationalsozialismus erklärten. Die Diskussion fiel so in die traditionelle Konfrontation zurück, in der die diskursiv markierten Vertreter „des Ostens" zu der misshandelten Frau sowie dem ganzen Video eine äußerst kritische Haltung einnahmen und die Vertreter „des Westens" Verständnis für ihre Situation anmahnten, wobei sie „den Osten" selbst als Aggressor beschuldigten. Vor allem der Nutzer „Zinlan", der von den anderen Diskutanten zu den „Russen" gerechnet wurde, gewann in der Diskussion einen immer größeren Raum. Aber auch die Position, die die gegen die misshandelte Frau verübte Gewalt verurteilte, spaltete sich auf. Während einige ihr Mitleid mit der misshandelten Frau mit deren vermuteter „Unschuld" rechtfertigten, also ihrem Status einer Zivilperson, sprachen sich andere für Mitleid ohne Berücksichtigung ihrer wirklichen, letztlich unbekannten Identität und ihrer Rolle in den Kriegsereignissen aus. Es profilierten sich also neben der Position der universalen Viktimisierung mindestens drei andere (was die Anzahl der Kommentatoren angeht, ungefähr ausgeglichene) Positionen.[21] Die Vertreter der einen Position, die in der Diskussion mit „dem Westen" identifiziert wurden, lehnten in der Diskussion das NS-Regime, aber zugleich auch die Gewalt der Tschechen und der Roten Armee ab. Die andere Gruppe der Autoren, die in der Diskussion mit „dem Osten" gleichgestellt wurde, warf der ersten Gruppe Nachgiebigkeit und Kollaboration mit den Nationalsozialisten vor. Schließlich versuchte die dritte Position, die man als protofaschistisch bezeichnen könnte, das Leiden der gefilmten Frau zu heroisieren und für die allgemeine Umdeutung des Zweiten Weltkriegs zu instrumentalisieren.

Neben den alten geopolitischen Grenzen und Fronten spiegelt die Diskussion aber auch die aktuellen politischen Ereignisse wider. Während in der Zeit von Herbst 2014 bis Sommer 2015 überwiegend die Krise in der Ukraine und der Konflikt zwischen der Ukraine und den von Russland unterstützten Separatisten die Diskussion prägte, tauchten seit Herbst 2015 in der Diskussion auch rassistische Kommentare auf, die mit der „Flüchtlingswelle" zusammenhängen. Die Diskussion wurde zunehmend von Invektiven geprägt und entfernte sich von dem ursprünglichen Thema, wobei verstärkt die schon mehrmals ausgesprochenen Argumente artikuliert wurden. Die Diskussion verschob sich dabei immer mehr trotz der Versuche des Editors, gerade dies zu verhindern, zum gegensätzlichen Pol der von Assmann vorgeschlagenen Skala. Die einheitliche Position der „universalen Viktimisierung" zerfiel langsam in eine Menge von gegeneinander konkurrierenden Perspektiven.

Dass die Dynamik auch umgekehrt verlaufen kann, zeigt das Beispiel des Videos des polnischen Nutzers „Naszpanrobert", der die neu geschnittenen Aufnahmen der misshandelten Frau mit der Musik von Erik Satie begleitete und das Video mit den Worten „Komm Frau" betitelte. Der Titel weist auf die oft zitierte Aufforderung hin, mit der die von russischen Soldaten an deutschen Frauen in den neu erworbenen Gebieten verübte Gewalt verbunden wird. Der Satz platziert also das Video unmittelbar in dem Diskurs der radikalen Kritik an der sowjetischen Armee, was

21 Die Anzahl derer, die ihre Kommentare unter das Video geschrieben haben (über zweitausend), ist jedoch nur eine geringe gegenüber der Anzahl sämtlicher Betrachter (über fünfhunderttausend). Man kann vermuten, dass diejenigen, die ihre Meinung öffentlich mitgeteilt haben, nicht repräsentativ für die Gesamtheit der Betrachter sind, auch was ihre Einstellung zu dem Thema angeht. Man darf auch nicht vergessen, dass die „Positionen", die aus der Vielfalt der Kommentare hervorgehen, Bestandteil der situativen Dynamik der Diskussion sind und, zumindest in dieser Form, nicht auch jenseits der bestimmten Diskussion existieren.

auf eine Umdeutung des Zweiten Weltkriegs abzielt. Doch die drei anschließenden Kommentare, die die kurze Diskussion unter dem Video ausmachen, folgen der Interpretation, die der Hinweis andeutet, nicht. Sie kommentieren die Aufnahme aus der Perspektive, die schon Peregrin in seinem Video zu inszenieren versuchte. Die Kommentare schreiben den politischen oder nationalen Gruppen keine konkreten Opfer- und Täterrollen zu, sondern sie fokussieren einzig auf die allgemeine Genderproblematik. Alle drei Kommentare wenden sich allgemein gegen die Gewalt „der Männer" an den Frauen, die als animalisch oder „teuflisch" bezeichnet wird. Man hat es hier also wieder mit der universalen Viktimisierung zu tun, die das konkrete Leiden zu einer anthropologischen Konstante transzendiert.

In den beiden Fällen lässt sich also zusammenfassend festhalten, dass die Rezeption, die die Diskussionen widerspiegeln, zwar von den Editoren und ihren Inszenierungen vorgeprägt wird, die Diskussionen aber anschließend immer eine eigene Dynamik aufweisen. Die Deutung des Videos lässt sich weder am Pol der universalen Viktimisierung noch am gegensätzlichen Pol des politischen Aktivismus dauerhaft fixieren. Die Diskussion beherrscht eher eine Pendelbewegung, in der der eine Pol immer den Hintergrund für eine neue Herabsetzung in den weiteren Kommentaren darstellt. Die ursprüngliche, in der Inszenierung der Editoren implizierte und relativ einheitliche Deutung der Aufnahmen zerfällt dabei in eine Vielfalt verschiedener Ansichten, die als unterschiedliche Modelle nebeneinander koexistieren.

3. „The proof is right in front of you"

Fasst man die kurze Geschichte der ständigen Wanderung der Aufnahmen aus einem Medium in das andere, aus einem Kontext in den anderen, aus einer geopolitischen Perspektive in die andere zusammen, kann man konstatieren, dass die Bedeutung der Aufnahmen bei jeder Aktualisierung immer neu und je situativ verhandelt wird. Der Sinn wird den Aufnahmen stets ‚von außen' durch die sich wandelnden medialen, historischen, politischen und sozialen Kontexte verliehen. Und dennoch scheinen die Bilder den Betrachtern voll von historischer Bedeutung zu sein. Die Bilder wirken auf die Betrachter so lebendig, als wäre ihnen die dargestellte Geschichte unmittelbar gegeben. Am deutlichsten hat das der Blogger Peregrin in seinem einleitenden Kommentar ausgedrückt, als er schrieb: „the proof is in front of you", wobei er hinzufügte, dass trotzdem „Thousands of people about her fate" fragen. Wie können die authentischen Bilder die unmittelbare Evidenz so verschiedener Meinungen vermitteln? Bezeugen nicht die zahllosen Kommentare und die sich darin artikulierenden Meinungsverschiedenheiten, dass es hier eben keine Evidenz gibt? Kann das Video dem Betrachter eine Evidenz des Gezeigten vermitteln und zugleich immer neue Fragen hervorrufen? Wie kann es also geschehen, dass die ganze Vielfalt von radikal unterschiedlichen Ansichten, politischen Positionen und historischen Narrativen in denselben Aufnahmen ihre Bestätigung finden? Heißt das, dass die Bilder nur leere „Träger" der äußeren historischen Kontexte sind? Oder gibt es doch eine stabile Bedeutung, die den Bildern inhärent wäre?

Um diese von der Rezeptionsgeschichte gestellten Fragen zu klären, wende ich mich nun den Aufnahmen selbst zu und untersuche, wie viel „Sinn" die Bilder aufweisen respektive wie man semiotisch die in vielerlei Hinsicht paradoxe Referenz der Aufnahmen beschreiben kann. Ich konzentriere mich zuerst darauf, was Roland Barthes als „Studium" bezeichnet hat, also das, was als ein kultureller Code der historischen oder ästhetischen Analyse zugänglich ist.[22] Sieht man aus einer historischen Perspektive die Aufnahmen an, stellt man bald fest, dass sie überraschenderweise arm an jeglichen Zeichen sind, die bei einer konkreteren Erörterung und einer zeitlichen oder räumlichen Bestimmung helfen würden. Die relativ hohe technische Qualität und die Farbigkeit der Aufnahmen des amerikanischen Kameramannes helfen nicht viel, ja sie verunsichern sogar, denn beides würde man eher mit den 1950er und 1960er Jahren verbinden, als sich eine gute Filmqualität sowie farbige Aufnahmen verbreitet hatten. Die Landschaft im Hintergrund bietet ebenfalls keine Stütze. Das frische Gras, die Felder und der Wald am Horizont sowie die Chaussee, auf der die misshandelte Frau geht, sind eine übliche europäische Landschaft und lassen keine konkrete zeitliche und räumliche Bestimmung oder sogar Erklärung der aufgenommenen Situation zu. Die Frau geht offensichtlich alleine entlang der Landstraße. Erst auf einer anderen Aufnahme, die Haglund an demselben Tag gedreht hat, ist die Frau wieder zu sehen, diesmal zusammen mit einigen Männern neben dem Straßengraben sitzend. Diese Aufnahme wird allerdings nicht als Bestandteil der Videos sowie der veröffentlichten fotografischen Ausschnitte gezeigt und ist somit den meisten Betrachtern unbekannt geblieben. Die Frau ist für die meisten „lost", wie es die Titel des Videos anführen.

Aber auch die geheimnisvolle Frau selbst bietet nicht viele Zeichen, aus denen man auf ihre Identität, ihre aktuelle Situation sowie ihre Lebensgeschichte und Zukunft schließen könnte. Ihr einfacher Haarschnitt weist keine Merkmale der damals üblichen Moden auf. Was ihre Bekleidung angeht, dem auffallendsten in die Kulturgeschichte einzuordnenden Zeichen einer Person, ist es komplizierter. Der schwarze Pullover, den sie trägt, wirkt überraschend modern, lässt aber ebenfalls keine zeitliche Bestimmung zu. Die Hosen mit dem spezifischen Schnitt der 1930er und 1940er Jahre, die sie als Teil einer Soldatenuniform ausweisen, sind jedoch ein Zeichen, das darauf hindeutet, dass die misshandelte Frau in eben dieser Zeit aufgenommen worden sein könnte. Die Hosen sind zugleich auch das einzige Merkmal, das (neben der Information des Kameramanns selbst) darauf verweist, dass die Frau einer militärischen Truppe angehörte. Welcher genau, darauf lässt sich jedoch nicht schließen, denn sie könnten – gleich dem Ergebnis der Diskussionen im Forum der Militärfans[23] – ebenso der Wehrmacht wie der Waffen-SS, aber auch anderen Truppen zugeschrieben werden. Die Identifikation verhindert auch die Tatsache, dass an der Hose alle Knöpfe abgerissen wurden, nach denen die Zugehörigkeit zu einem Truppenteil bestimmt werden könnte. Das kann darauf hindeuten, dass die Frau

22 Roland Barthes: Die helle Kammer. Bemerkungen zur Photographie. Frankfurt a. M. 1989, S. 50.
23 <http://forum.axishistory.com/viewtopic.php?t=200211> (Zugriff: 02.09.2016).

wirklich zu einem nicht regelgemäßen, sondern einem speziellen Truppenteil gehört hat, denn das wäre ein Grund, alle Zeichen und Insignien der Truppe zu vernichten. Es ist aber auch eine gegensätzliche Meinung in den Diskussionen aufgetaucht (die dann stets von neuem wiederholt wurde), nämlich, dass die Hosen der Frau allzu fest sind, was angeblich nicht der Fall hätte sein können, hätte man ihr die Hosen offiziell in der Armee zugeteilt. Die Vermutung wurde in einigen Foren zum Beweis dafür erklärt, dass die Information, die Frau sei ein „SS girl", nicht stimmt. Auf jeden Fall zeigen die Ausschnitte der Aufnahmen, die in den Trailern der Dokumentarfilme gezeigt und als Fotografien in den Reportagen des *Spiegels* und in der Monografie *Die Flucht* abgedruckt wurden, nur den Oberkörper der Frau, sodass die Leser bzw. Betrachter gar nicht sehen konnten, dass „die misshandelte sudetendeutsche Frau" eine Uniform-Hose trägt. Auch die Hose bringt einen also nicht viel weiter. Zusammengefasst: Aus dem Bild selbst mit seinen sperrigen Informationen lässt sich kaum irgendeine Information über die Frau und ihr ‚Schicksal' gewinnen. Nicht einmal auf die Region und die Zeitperiode kann man schließen.

Erst die zwei diskursiven Spuren, die auf den Aufnahmen auftauchen, bringen uns weiter. Erstens geht es um den Straßenpfeil, an dem die misshandelte Frau vorübergeht und auf dem die Nummer „78" steht, was offensichtlich den Kilometer der Landstraße bezeichnet, an dem die Frau gefilmt wurde. Diese Spur hat die Diskutanten im militärischen Internetforum „Axis History Forum" zwischen November 2008 und Juli 2009 zu einer umfangreichen Forschung nach der Identität der jungen Frau angeregt, deren Ergebnisse sie in einem Dokument veröffentlicht haben.[24] Sie haben dabei aufgrund der Recherchen mit einer hohen Wahrscheinlichkeit den Ort bestimmt, an dem die Filmstreifen von dem Kameramann Haglund gedreht wurden. Es handelt sich um das bereits erwähnte Dorf Ejpovice, das an der Landstraße zwischen Prag und Pilsen auf dem Kilometer 78 liegt. Gerade entlang der Straße, die Prag respektive Rokycany/Rokitzan und Pilsen verbindet, strömten am Ende des Krieges und in den Tagen danach Tausende deutsche Soldaten und Zivilisten in das von der amerikanischen Armee besetzte Gebiet westlich des Dorfes.

Dieser Rechercheerfolg hat die Amateurforscher des Militärforums (allerdings mit einigen protonazistischen Zügen) angeregt, das Dokumentarmaterial näher zu untersuchen. Sie haben sich auf die zweite Aufnahme der Frau konzentriert, auf der diese einen Gegenstand in den Händen hält, der an ein kleines Buch oder an Karten erinnert. Aufgrund einer Vergrößerung der Details entstand die Vermutung, es könnte sich um ein Bündel von Geldscheinen handeln, deren Ornamentik den Einhundertkronenscheinen des Protektorats Böhmen und Mähren entspricht. Die Frau, die offensichtlich den Kameramann um Erbarmen bittet, hält also nach der Meinung der Militärfans aus dem Forum ein dickes Bündel von Hundertkronenscheinen in Händen. Diese Vermutung lässt sich aber nicht bestätigen. Ist die Frau mit einer riesigen Summe Geld auf der Straße herumgeirrt? Die Untersuchung führt schließlich zu mehr Fragen als Antworten, und die Deutung als einer von den tsche-

---

24 <http://forum.axishistory.com/viewtopic.php?t=200211> (Zugriff: 02.09.2016).

chischen Partisanen misshandelten Frau wird dadurch eher verunsichert als aufgeklärt. Die einzigen Informationen, die man also letztendlich aus den Aufnahmen ablesen kann, sind neben dem Straßenkilometer 78 nur die Angaben, die der Kameramann Haglund selbst auf ein Schild aufgeschrieben und am Anfang der Sequenz mit aufgenommen hat. Es stehen hier sein Name, das Datum und die Nummer der Aufnahme sowie der propagandistischen Truppe, zu der Haglund gehörte, also die Informationen, die schon in der offiziellen Beschreibung der Filmstreifen zu finden sind. Bei der Kilometerzahl und den Angaben Haglunds handelt es sich jedoch nur um die diskursiven Informationen, die dem Bild in seiner ‚Bildlichkeit' von außen zugeschrieben werden. Das Einzige also, was man über das überdeterminierte und dennoch stumme Bild sagen kann, stammt aus dem Kontext – aus anderen Diskursen, die mit dem Bild verknüpft werden. Auskunft über das Bild geben uns nicht die Zeichen, die unmittelbar dem Betrachter gegeben sind, sondern nur diejenigen Zeichen, deren Erklärung er jenseits des Bildes suchen muss. Bleibt man bei der historischen Analyse, kommt man dagegen nicht viel weiter.

Je ärmer aber die Aufnahmen an historischen Informationen sind, desto reicher sind sie an ästhetischen Qualitäten, die ich bisher übergangen habe. Die Aufnahmen kann man nämlich wegen ihrer kunstvollen Komposition, Motivik sowie der Auswahl der Perspektive und des Filters als ein visuell äußerst wirksames Werk bezeichnen. Das semantisch überfrachtete Motiv der leeren, in die Weite verlaufenden Landstraße, die mit den Meilensteinen und Bäumen rhythmisiert wird, symbolisiert die Verlorenheit der misshandelten jungen Frau, ihre unklare Vergangenheit und die Unsicherheit bezüglich ihres weiteren Schicksals. Die Wirkung der zentralen Komposition, deren Achse die misshandelte Frau bildet, beruht auf den dramatisch zugespitzten Gegensätzen ‚rot' (blutig) – ‚grün' (Gras), ‚gesund' (die rechte Gesichtshälfte der Frau) – ‚verwundet' (die linke, verunstaltete Hälfte) oder ‚schön' – ‚hässlich'.

Doch auch die visuellen Qualitäten sind nicht das, was die Betrachter „bestechen würde",[25] was den Effekt der unmittelbaren Evidenz hervorrufen würde. Das ästhetische Potential, das dem Bild als einer formalen Komposition eigen ist, mag zwar die große Aufmerksamkeit seitens der Betrachter erklären, sie kann aber noch nicht als ein „Beweis" der Präsenz des Vergangenen gefasst werden, denn gerade die ästhetische Rhetorizität nimmt dem Bild die individuelle Aussagekraft und lässt es stattdessen in den allgemeinen ästhetischen Regeln und in der ikonographischen Tradition aufgehen. Hätte sich die Wirkung der Aufnahmen bloß auf die ästhetische Wirkung beschränkt, hätten sich die Betrachter weder so tief betroffen fühlen können noch hätte man sie, im Gegensatz dazu, vor der schematischen Ideologisierung warnen müssen. All das kann man als „Studium", die „lesbaren" kulturellen Codes, die das Bild als seine „sinnvollen" Zeichen geprägt haben, bezeichnen.

Kann man aber vielleicht mit Roland Barthes auch nach dem „Punktum" dieser Aufnahmen suchen?[26] Haftet den Bildern etwas an, das sich den klar „lesbaren" kul-

---

25 Barthes: Die helle Kammer (Anm. 22), S. 50.
26 Ebd., S. 52.

turellen Codes widersetzen würde, das aber gerade aus diesem Grunde den Betrachter – ohne Rücksicht auf die konkrete historische Interpretation –, wie Barthes sagt, „bestechen würde"? Ist das nicht das, was man eigentlich die ganze Zeit vor Augen hatte: der Blick, mit dem die Frau ungewöhnlich intensiv auf uns starrt? Die Intensität besteht in der Situation selbst. Der Kameramann filmt eine misshandelte Frau, die ihn offensichtlich zu etwas bewegen will. Sie versucht sogar in einem kurzen Moment eine kokette Miene zu zeigen, sie investiert alle ihre Kräfte dazu, ihn zu bewegen. Das Auge, auf das sie ihre Energie konzentriert, ist das Auge des Kameramanns hinter dem Apparat, doch der Apparat ist in dem Moment auch „das Auge" der Millionen Internetnutzer, die die Szene heutzutage auf *YouTube* anschauen. Die Frau fesselt mit dem Blick des Kameramanns auch den des Betrachters, der die Perspektive des Apparats einnimmt.

Doch nicht der selbstbewusste Gesichtsausdruck der Frau und ihr intensiver Blick, sondern erst der Moment, als beides plötzlich bricht und die fast kokette Miene der Frau in die Geste der höchsten Verzweiflung übergeht, der unerwartete und auf den ersten Blick unerklärbare Wechsel unterschiedlicher kultureller Codes, macht die Aufnahme authentisch. Die verwirrende Sonderbarkeit, das Unheimliche der Leere zwischen den gewöhnlichen kulturellen Codes besticht den Betrachter. Gibt es hier überhaupt einen „Kern", der als jener Beweis, über den Peregrin spricht, fungieren könnte und die Evidenz für den Betrachter stiften würde, so ist das gerade der Moment, in dem der eine kulturelle Code unerwartet und aus der alltäglichen Erfahrung unerklärbar in den anderen Code umschlägt, und zwar genau in dem Augenblick, in dem der Betrachter durch seine Position im Fokus des Blickes am intensivsten fixiert wird. Das ist das Punktum, das bezeugt: *„so-ist-es-gewesen"*.[27] Das ist das, was die Betrachter elektrisiert und was sie zwingt, den weiteren Zeichen zu folgen, Stützen für eine sinnvolle Deutung zu suchen und die Situation in die historischen Narrative einzubetten. Ein augenscheinlich leerer Moment der Bewegung, an dem sich alle gegensätzlichen Konstruktionen brechen, setzt trotzdem die ganze Maschinerie der sinnstiftenden Arbeit in Bewegung. Die Lebendigkeit und Variabilität der Versuche, die Bilder mit einem Sinn auszustatten, folgt gerade aus der Undeterminiertheit, aus den Leerstellen.

Je weiter man in das Bild eindringen will und den Sinn aus ihm selbst zu begründen versucht, desto mehr stößt man auf die Leerstellen. Der Sinn wird den Aufnahmen nur von außen durch den Betrachter verliehen, und erst die diskursive „äußere" Forschung kann die Bilder wirklich aufklären und sie in „Klartext" verwandeln. Das Bedürfnis nach dem Kommentar ist die Kehrseite der eigentlichen Leere des Bildes. Doch es ist erst die Leerstelle, die das „nomadische Leben der Bilder" in Bewegung setzt. Der Betrachter muss zuerst von der unheimlichen Leere des aufgenommenen Augenblickes, des Zerfalls aller kulturellen Codes „verführt" werden, er muss glauben, dass „the proof right in front of you" sei.[28]

---

27 Ebd., S. 87.
28 <https://www.youtube.com/watch?v=TRNCHAzVgqE> (Zugriff: 02.09.2016).

Stephanie Jug, Katarina Žeravica

Identitätsentwürfe in literarischen Feuilletons der slawonischen Zeitschrift *Die Drau* zwischen 1878 und 1888

1. Einleitung: Zur kulturellen Identität

Der Beitrag wird sich mit der Frage beschäftigen, inwiefern literarische Identitätsentwürfe an deutschsprachigen literarischen Feuilletons aus Osijek abzulesen sind, mit besonderem Fokus auf den Migrationshintergründen der Gesellschaft, welcher die Autoren der Texte zugehörten. Die Analyse der literarischen Texte beschränkt sich auf ausgewählte literarische Feuilletons, die zwischen 1878 und 1888 in der Osijeker Zeitung *Die Drau* erschienen sind. Dabei wird die Frage in den Vordergrund gestellt, welche charakteristischen Eigenschaften diese Texte aufweisen.

Die Suche nach Identitätsentwürfen geht von der Frage aus, was überhaupt als Identität verstanden werden kann. Die Antwort gibt Jan Assmann, indem er bewusste und unbewusste Prozesse der Identitätsbildung zueinander in eine klare Beziehung stellt:

> Identität ist eine Sache des Bewußtseins, d.h. des Reflexivwerdens eines unbewußten Selbstbildes. Das gilt im individuellen wie im kollektiven Leben. Person bin ich nur in dem Maße, wie ich mich als Person weiß, und ebenso ist eine Gruppe ‚Stamm', ‚Volk' oder ‚Nation' nur in dem Maße, wie sie sich im Rahmen solcher Begriffe versteht, vorstellt und darstellt.[1]

Aktivitäten wie das Verstehen, das Vorstellen und das Darstellen verweisen auf die potenziellen Ausformungen der individuellen und kollektiven Identitätsbildung. Die Identitätsentwürfe, die im Titel der Arbeit angekündigt sind, werden in diesem Sinne als literarische Darstellungen des ‚Selbst' einer Gruppe verstanden. Da literarische Texte in der Regel Produkte *eines* Autors sind, stellt sich die Frage, ob man in ihnen überhaupt kollektive Identität suchen darf. Doch auch hier gibt Assmann eine Antwort durch zwei Postulate, die in einer Wechselwirkung stehen: Erstens hat „[d]ie Wir-Identität der Gruppe [...] Vorrang vor der Ich-Identität des Individuums, oder: Identität ist ein soziales Phänomen bzw. ‚soziogen'."[2] Zweitens existiert „[k]ollektive oder Wir-Identität [...] nicht außerhalb der Individuen, die dieses ‚Wir' konstituieren und tragen."[3] Das individuelle Bewusstsein ist damit der Träger der kollektiven Identitätskonzepte,[4] und es ist durchaus berechtigt, diese schon am Text *eines* Autors abzulesen. Einen ähnlichen Versuch unternimmt Zorica Simovska, indem sie

---

1 Jan Assmann: Das kulturelle Gedächtnis. Schrift, Erinnerung und politische Identität in frühen Hochkulturen. 3. Aufl. München 1997, S. 130.
2 Ebd.
3 Ebd., S. 131.
4 Ebd.

Jahrbuch des BKGE 24 (2016), S. 173–191

die Selbstreflexion der multikulturellen österreichischen Gesellschaft anhand von Joseph Roths Romanwerk analysiert.[5]

Da es sich beim literarischen Schreiben und besonders im Falle der journalistischen Publizistik – oder spezifischer der literarischen Feuilletons – meistens um eine Adressierung an ein bestimmtes Publikum handelt, ist das Schreiben auch ein Umgang mit dem Anderen. Nach Assmann ist „[d]er Umgang mit anderen [...] zugleich ein Umgang mit uns Selbst."[6] Die Reflexion dieses Vorgangs ermöglicht die Bewusstmachung der unbewussten Identitätskonzepte.

„Identität, auch Ich-Identität, ist immer ein gesellschaftliches Konstrukt und als solches immer kulturelle Identität."[7] Nach herkömmlicher Definition versteht man unter Kultur die Gesamtheit der geistigen, künstlerischen, gestaltenden Leistungen einer bestimmten Gesellschaft. Als Beispiele kultureller Leistungen können die gemeinsame Sprache, Literatur, Kunstobjekte, aber auch überlieferte Werte und Traditionen genannt werden. Eine Migrationserfahrung stellt bei diesen identitätsstiftenden Prozessen eine Herausforderung, aber keine unüberwindbare Barriere dar. Nach Assmann ist kollektive Identität normalerweise ziemlich flexibel: „Kollektive Identität kann bis zur Inhaltslosigkeit verblassen – und das Leben geht weiter".[8] Um diese Definitionen zu der spezifischen gesellschaftlichen Situation in der Stadt Osijek in Bezug zu setzen, wird zuerst ein allgemeiner Überblick über die Verhältnisse in Osijek gegeben, der im nächsten Kapitel weiter ausgeführt wird.

Die Drau, eine deutschsprachige Zeitung für Politik, Wirtschaft und Kultur, wurde in Osijek herausgegeben. In der für diese Untersuchung festgesetzten Zeitspanne von 1878 bis 1888 war Osijek (damals Essek oder Essegg) eine Provinzstadt im Komitat Virovitica, einem Verwaltungsbezirk der österreichisch-ungarischen Monarchie. Die deutschsprachige Gesellschaft lebte in einer überwiegend Kroatisch sprechenden Region[9] neben anderen Sprachgruppen, wie z. B. den Ungarisch Sprechenden. An dieser Stelle ist aus praktischen Gründen von ‚Sprachgruppen' die Rede, obwohl eher von Gruppen mit ähnlichem Migrationshintergrund gesprochen werden sollte. Es handelt sich nicht um gesonderte Gruppen, sondern um eine Gesellschaft, die mehrere Sprachen gleichzeitig beherrschte, d. h. eine mehrsprachige Gesellschaft.[10] Gesonderte Sprachgruppen stellten in der Stadt Osijek in jener Zeit eher einen Ausnahmefall dar. Diese Mehrsprachigkeit, die gleichsam auf die Multikultu-

---

5 Zorica Simovska: Der Zerfall der Multikulturalität in Joseph Roths Romanwerk. In: Werner Roggausch (Hg.): Germanistentreffen Deutschland – Süd-Ost-Europa 2.–6.10.2006. Dokumentation der Tagungsbeiträge. Bonn 2007, S. 153–159.

6 Assmann: Das kulturelle Gedächtnis (Anm. 1), S. 135.

7 Ebd., S. 132.

8 Ebd., S. 133.

9 Für mehr Informationen über die Sprachvarianten in Slawonien im 19. Jahrhundert siehe Wolfgang Kessler: Politik, Kultur und Gesellschaft in Kroatien und Slawonien in der ersten Hälfte des 19. Jahrhunderts. Historiographie und Grundlagen. München 1981 (Südosteuropäische Arbeiten 77), S. 133–135.

10 Ebd., S. 134.

ralität der städtischen Gesellschaft verweist, ist durch die historischen Wandlungen in der Region zu verstehen.

In zwei großen und mehreren kleineren Ansiedlerwellen wurde die an Bewohnern arme Landschaft Slawoniens besiedelt.[11] Die neue Bevölkerung kam hauptsächlich aus deutschsprachigen Ländern wie Lothringen, dem Elsass, der Pfalz, Schwaben, Franken, Bayern oder Hessen und den Ländern der Stephanskrone. Meistens handelte es sich um Handwerker, die zum Teil Analphabeten waren und keine kulturtragende Schicht bilden konnten. Kessler erklärt, dass die Schicht, welche die Wirtschaft und Kultur der Stadt getragen hat, „der ‚fremde' großgrundbesitzende Adel" war.[12] Im Gegensatz zu Zagreb blieb die deutsche Sprache in Osijek lange Zeit dominant. Die deutsche Sprache hatte ihre gesellschaftliche Basis in der polyethnischen, aus allen Teilen der Monarchie zugewanderten Einwohnerschaft der Städte und größeren Märkte; die beiden Wirtschaftszentren Slawoniens, Essegg und Semlin, waren noch gegen Ende des 19. Jahrhunderts überwiegend ‚deutsch'.[13]

Es handelt sich hier also um eine facettenreiche Gesellschaft, die mit Recht das Etikett ‚multikulturell' tragen konnte. Die Gruppen und Individuen mit verschiedenen Migrationshintergründen bedienten sich *einer* Sprache, des Deutschen, die sie alle verband und ihnen die Kommunikation mit ‚der Außenwelt' ermöglichte. Es ist davon auszugehen, dass innerhalb dieser Gesellschaft folgendes Spannungsverhältnis herrschte, wie Vlado Obad bemerkt: „Ein solches *Mitteleuropa* lebte einfach vom dialektischen Spannungsverhältnis zwischen der Einzigartigkeit und der Verschiedenheit, zwischen dem Gemeinschaftsgefühl und dem Bedürfnis, die nationale und kulturelle Identität zu bewahren."[14]

Ziel dieses Beitrags ist nicht, die ‚vornationalen' oder ‚nationalen' Elemente aufzuspüren, sondern die ganze Gesellschaft der Stadt Osijek als ein multiethnisches Gruppengebilde in den Blick zu nehmen, dessen Vertreter ein komplexes Identitätskonzept in die literarischen Texte projizierten. Ein Versuch, die Stadtgesellschaft nach ethnischen Identitäten aufzuspalten und zu sezieren, wäre an diesem Punkt sinnlos. Es wird von einem „denationalisierten Heimatkonzept"[15] ausgegangen. Mirjana Stančić bemerkt am Beispiel der von ihr analysierten ‚verschütteten deutschsprachigen Literatur' der Region:[16] „Nicht selten durchlief dieselbe Person mehrere

---

11 Slawonien und besonders Osijek waren menschenleer, nachdem die osmanische Bevölkerung diese Region freiwillig oder unfreiwillig nach den Befreiungskriegen verlassen hatte. Die erste große Besiedlungswelle fand im 18. Jahrhundert statt und die zweite nach dem Kroatisch-Ungarischen Ausgleich (1868). Vgl. Vlado Obad: Slavonische Presse. In: Ders. (Hg.): Regionalpresse Österreich-Ungarns und die urbane Kultur. Wien 2007 (Studienreihe Österreich-Bibliothek), S. 115–164, hier S. 116.

12 Kessler: Politik (Anm. 9), S. 160.

13 Ebd., S. 156.

14 Vlado Obad: Roda Roda und die deutschsprachige Literatur aus Slawonien. Wien u. a. 1996, S. 8.

15 Esther V. Schneider Handschin: „Seine wirkliche Heimat ist der Geist". Kulturelle Identität und „Heimat" bei Hermann Broch. In: Modern Austrian literature 32 (1999), S. 20–35, hier S. 21.

16 So heißt der Titel ihres Werkes und die Sammelbezeichnung für deutschsprachige Literatur aus den Ländern Slowenien, Slawonien, Serbien und Bosnien und Herzegowina.

Phasen ihrer eigenen identitären Selbstfindung, als Slowene, Kroate, Serbe, Deutscher, Jude, Österreicher, Deutsch-Österreicher, Donauschwabe, Banater Deutscher usw.“[17]

Diese Flexibilität der kulturellen Identität, wie sie auch von Assmann beschrieben wird, ist in den analysierten Feuilletons zu erwarten. Stančić gibt eine Erweiterung dieses Begriffs, indem sie das literarische Schaffen mit einbezieht und von einer ‚selbst gewählten literarischen Heimat‘ spricht: „Die tatsächliche Lebenswelt und die selbst gewählte literarische Heimat sind dabei oft wichtiger als die Umstände der Geburt in einem bestimmten sprachlichen und nationalen Milieu.“[18] Dies soll auch anhand der ausgewählten Feuilletons in der Analyse geprüft werden. Zuvor werden die spezifischen Umstände der Osijeker literarischen Heimat in einem Überblick vorgestellt.

2. Die Stadt Osijek, die Dominanz der deutschen Sprache und die Funktion der Feuilletons in der *Drau*

Die Stadt Osijek ist das kulturelle Zentrum der Region Slawonien, die in der österreichisch-ungarischen Monarchie auch Zivilslawonien genannt wurde. Südlich von Zivilslawonien befand sich die sogenannte Militärgrenze und nördlich die damals zu Ungarn gehörende Baranja. Obad beschreibt die allgemeine gesellschaftliche Lage in der zweiten Hälfte des 19. Jahrhunderts:

> Seit dem kroatisch-ungarischen Ausgleich (1868) bis zum 1. Weltkrieg hatten die deutschen Ansiedler eine unbestrittene Mehrheit unter den Stadtbewohnern, dazu hatten sich etwa 2000 Juden in der Stadt niedergelassen, an Ungarn, Slowaken, Bulgaren und sogar Italienern hat es auch nicht gefehlt, so daß Essek damals keine kroatisch gesinnte, vielmehr eine kosmopolitische mitteleuropäische Stadt gewesen ist.[19]

Die Multikulturalität der Gesellschaft existierte unter dem Dach der deutschen Sprache. Kessler unterscheidet die Deutsch Sprechenden aus Kroatien von denen aus Slawonien: „Die slawonischen Deutschen empfanden sich überwiegend als national deutsch, das kroatische ‚Deutschtum‘ war dagegen die gesellschaftliche Konvention einer Oberschicht.“[20] Die deutsche Sprache setzte sich sowohl in Zivilslawonien als auch in Zivilkroatien durch „wegen der mit ihrem Gebrauch verbundenen gesellschaftlichen Reputation und wegen ihres steigenden Verkehrswertes [...]. Sie wurde in steigendem Ausmaße die Konversationssprache der Intelligenz, Sprache von

---

17 Mirjana Stančić: Verschüttete Literatur. Die deutschsprachige Dichtung auf dem Gebiet des ehemaligen Jugoslawien von 1800 bis 1945. Wien u. a. 2013, S. 28.

18 Ebd., S. 27.

19 Vlado Obad: Regionale Literatur am Beispiel der deutschsprachigen Literatur aus Slavonien. In: UniPress. Zeitschrift der Universität Augsburg 3 (1994), S. 48.

20 Wolfgang Kessler: Aus der Dominanz in die Marginalität. Die deutsche Sprache in Kroatien-Slawonien im 19. Jahrhundert. In: Deutsche Ostkunde 32 (1986), S. 67–79.

Handel und Wirtschaft, des bon ton und der Lektüre."[21] Da die deutsche Sprache kulturvermittelnd wirkte, ist davon auszugehen, dass die von Kessler beschriebenen gesellschaftlichen Werte wie gesellschaftliche Reputation und wirtschaftlicher Erfolg einen Einfluss auf die Identitätskonstruktion gehabt haben.

Die Dominanz des Deutschen im Alltag der Bewohner von Osijek ist zudem an dem deutschsprachigen Zeitungswesen der Stadt zu erkennen. Marina Fruk verzeichnet über 20 deutschsprachige Zeitungen, die in der Zeit zwischen 1848 und 1945 in Osijek erschienen sind.[22] Die im Vergleich zum europäischen Zeitungswesen historisch etwas verspätete Entwicklung des Zeitungswesens in Kroatien und Slawonien[23] darf nicht negativ gewertet und im Sinne einer allgemein schwächeren oder langsameren Einwirkung auf die gesellschaftliche Mitte aufgefasst werden. Die Entwicklung des Zeitungswesens in Osijek ging einher mit den Modernisierungsprozessen,[24] die das schnelle Wachstum der Stadt begleiteten. In der ersten Hälfte des 19. Jahrhunderts war Osijek die bevölkerungsreichste Stadt in Zivilslawonien und Zivilkroatien.[25] Auf dem Höhepunkt der urbanen Entwicklung wurden die ersten Zeitungen herausgegeben. Obad beschreibt die Schwierigkeiten, die durch die kulturelle Verschiedenheit von Journalisten und Publikum bedingt waren: „So mussten die Zeitungsherausgeber in den verstreuten Provinzen lernen, die bodenständigen Bedürfnisse ihrer Leserschaft zu befriedigen, obwohl sie selber einer anderen Sprache und Kultur angehörten."[26]

Die Drau ist chronologisch der dritte Versuch, eine Zeitung in Osijek zu gründen. Diesmal mit vollem Erfolg, sodass das Blatt von 1868 bis 1929 regelmäßig erschien.[27] Ihre Leserschaft fand *Die Drau* zum Teil auch in anderen Städten, wie Obad bemerkt:

> *Die Drau* [...] expandierte zur führenden Zeitung Slavoniens, erregte aber beständig auch in der Hauptstadt Agram Aufsehen. Das hatte sie ihrer ungarnfreundlichen Politik zu verdanken. Zur Zeit der Herrschaft des Banus Khuen Hedervary, dem alle Mittel willkommen waren, die kroatische Eigenständigkeit einzuschränken und die Magyarisierung voranzutreiben, galt *Die Drau* sogar als Regierungsblatt.[28]

Die Konkurrenz zwischen den Städten Osijek und Zagreb (Agram) ist ein Motiv, das immer wieder in der regionalen Geschichtsschreibung vorkommt. Obwohl die Stadt Osijek von der heutigen kroatischen Hauptstadt Zagreb in Bezug auf die Einwoh-

---

21 Kessler: Politik (Anm. 9), S. 11f.

22 Marina Fruk: Das deutschsprachige Zeitungswesen in Kroatien. In: Jörg Riecke, Britt-Marie Schuster (Hg.): Deutschsprachige Zeitungen in Mittel- und Osteuropa. Sprachliche Gestaltung, historische Einbettung und kulturelle Traditionen. Berlin 2005 (Germanistische Arbeiten zur Sprachgeschichte 3), S. 393–404, hier S. 403.

23 Ebd., S. 402.

24 Vlado Obad: Vorwort. In: Ders. (Hg.): Regionalpresse Österreich-Ungarns und die urbane Kultur. Wien 2007, S. 5–10, hier S. 9.

25 Kessler: Politik (Anm. 9), S. 121.

26 Obad: Vorwort (Anm. 24), S. 6.

27 Obad: Slavonische Presse (Anm. 11), S. 120.

28 Ebd., S. 125.

nerzahl um die Mitte des Jahrhunderts übertroffen wurde, hat man in der slawonischen Stadt das Streben nach wirtschaftlicher Entwicklung keinesfalls aufgegeben. Trotzdem erzählt die Geschichte Osijeks von einer Verfestigung der bestehenden Gesellschaft und einer Zeit der wirtschaftlichen Stagnation, ohne große Versuche, neue Entwicklungen und Fortschritte anzubahnen oder Risiken einzugehen. Nach Obad zeugen die meisten feuilletonistischen Texte in den regionalen Zeitschriften von diesem gewissen provinziellen Geist:

> Feuilletons leisteten der Literatur der Moderne erbittert Widerstand und druckten die Texte namhafter zeitgenössischer Autoren nicht ab. Sie pflegten lieber den kleinbürgerlichen Geist und das patriarchalische Ethos. Die Welt ließ sich offenbar nicht von heute auf morgen auf den Kopf stellen, wenigstens in der Provinz nicht.[29]

Die literarische Qualität der gedruckten Feuilletons ist nur einer der Aspekte, die in der folgenden Analyse eine Rolle spielen. In der Regel kann man keine literarischen Texte von herausragender Qualität erwarten, und es ist anzunehmen, dass sie meist Mustern folgten. Dennoch bedienten sich die deutschsprachigen Autoren, die in der *Drau* veröffentlichten, durchaus einer breiten Palette an literarischen Strategien, wie Obad zeigt.[30]

Da Feuilletons regelmäßig in jeder Ausgabe erschienen, finden wir schon in einer kürzeren Zeitspanne Hunderte von Namen und Pseudonymen, die heute meist völlig vergessen sind. Ein großer Teil der Feuilletons wurde nicht mit dem richtigen Namen des Autors unterzeichnet. Teils ist dies durch die Vielschreiberei der einzelnen Mitglieder der städtischen Intelligenz zu erklären, durch die sich die Herausgeber veranlasst sahen vorzutäuschen, dass mehrere Personen schrieben und nicht nur eine oder einige wenige; teils war aber das Schreiben nicht kompatibel mit den Interessen oder dem Ansehen der Personen aus höheren Schichten, sodass diese ihre wahre Identität hinter Pseudonymen verbargen. Heute ist es bei den meisten Feuilletons fast unmöglich, den Autor zu ermitteln. Wo sich die Autorschaft ermitteln ließ und nachweisbare biografische Daten über den Autor vorliegen, werden sie in die Analyse mit einbezogen.

Viele Mitglieder der gemischtkulturellen Gemeinschaft der Stadt Osijek in der zweiten Hälfte des 19. Jahrhunderts beteiligten sich am literarischen Leben der österreichisch-ungarischen Monarchie, indem sie in deutscher Sprache Texte verfassten, die als Feuilletons veröffentlicht wurden. Die deutsche Sprache wirkte verbindend für diese Gemeinschaft und bildete einen Teil ihrer Identität, genauso wie die Stadt Osijek mit ihren geografischen, geschichtlichen und kulturellen Besonderheiten. Ein zusätzliches Element bestand aus den Migrationserfahrungen der Autoren, ihrer Vorfahren oder anderer Mitglieder der Gemeinschaft. Zahlreich in der Stadt präsent war die jüdische Bevölkerung, der William M. Johnston im ganzen österreichisch-ungarischen Territorium eine ausgeprägte Vorstellungskraft, Wortgewandtheit und eine

29 Obad: Vorwort (Anm. 24), S. 10.

30 Vlado Obad: Njemačko novinstvo Osijeka u promicanju građanske kulture [Das deutsche Zeitungswesen aus Osijek und seine Förderung der bürgerlichen Kultur]. Osijek 2014.

damit verbundene Schreibfertigkeit zuschrieb.[31] Obads Forschungen zur deutschsprachigen Literatur aus Slawonien am Anfang des 20. Jahrhunderts bestätigen, dass viele Prosawerke der Osijeker Literatur von jüdischen Autoren stammen.[32] Zu fragen ist, ob dies in den Identitätskonstruktionen, wie sie in der Literatur der zweiten Hälfte des 19. Jahrhunderts zu finden sind, erkennbar ist.

Potentiell handelt es sich bei den analysierten Texten um Kolonialliteratur. Joachim Warmbold zufolge sind die drei häufigsten Stoffe „a. Die territoriale Expansion, b. Die Beziehung Kolonie – Heimat, c. Die Darstellung der Einsamkeit".[33] Diese Tatsache soll im Auge behalten und am Ende der Arbeit ausgewertet werden.

Schließlich soll noch die Beschränkung auf die Zeitspanne zwischen 1878 und 1888 begründet werden, obwohl *Die Drau* schon seit dem Jahr 1868 veröffentlicht wird. Obad zufolge entwickelte sich das spezifisch Lokale der Zeitung nicht gleich von Anfang an. Die ersten Jahre ihres Erscheinens sind eher durch eine Fülle von Beiträgen gekennzeichnet, die eine „Faszination an Wien, seiner Mode, Kultur und Politik"[34] zeigen. Es ist daher fragwürdig, ob eine Untersuchung der ersten Jahre in Bezug auf Identitätsentwürfe der Osijeker Autoren fruchtbringend wäre.

2. Identitätsentwürfe in der *Drau* zwischen 1878 und 1888. Analyse ausgewählter Feuilletons

2.1 *Ein Wintermärchen*

Das Feuilleton *Ein Wintermärchen*[35] wurde am 9. November 1879 veröffentlicht. Oberhalb des Textkorpus steht die Ortsangabe „Essek". Der Autor ist unbekannt, da es nur mit den Buchstaben „X.Y.Z." unterschrieben ist. Es ist das erste literarische Feuilleton, welches im vorgegebenen Zeitrahmen Elemente von Selbstreflexion aufweist. Die Andeutung im Titel, dass es sich um ein Märchen handelt, wird auf der inhaltlichen Ebene des Textes bestätigt, indem die umgangssprachliche Variante des Ausdrucks ‚Märchen erzählen' (unglaubwürdige, erfundene Geschichten erzählen) als Subtext die Handlung kommentiert. Der Text ist eine Ich-Erzählung, die „[u]m die Mitte der sechziger Jahre" beginnt und irgendwann nach 1872 endet. Die Handlung setzt sich aus der geplanten Abreise des Erzählers aus der Stadt Essek und seinem Treffen mit einem Esseker Bürger zusammen. Danach folgt ein Zeitsprung

31 William M. Johnston: Österreichische Kultur- und Geistesgeschichte. Gesellschaft und Ideen im Donauraum 1848 bis 1938. 4., erg. Aufl. Wien u. a. 2006, S. 39–41.

32 Vlado Obad: Die deutschsprachige Literatur aus Slavonien zeugt vom Judentum. In: Stimulus (Wien) 2001–2002, S. 67–72, hier S. 67.

33 Joachim Warmbold: Deutsche Kolonialliteratur. Aspekte ihrer Geschichte, Eigenart und Wirkung, dargestellt am Beispiel Afrikas. Lübeck 1982, S. 208. Zit. nach Horst Fassel: Ansiedlung als Identifikationsbeleg: Erinnerungskonstrukte in Siedler-/Kolonistenromanen. In: Estudios Filológicos Alemanes 25 (2012), S. 207–251, hier S. 211.

34 Obad: Slavonische Presse (Anm. 11), S. 121.

35 X.Y.Z.: Ein Wintermärchen. In: Die Drau, Nr. 89, 1879, S. 1f.

ins Jahr 1872, wo sich der Autor kurz an die Stadt erinnert. Die Erzählung endet mit der Rückkehr des Erzählers nach Osijek in einem unbekannten Jahr, einige Jahre nach der letzten Erinnerung.

Beim Protagonisten der Erzählung handelt es sich um einen allwissenden Erzähler, der die Situation in der Stadt retrospektiv bewertet:

> Der Weizen der Esseker stand damals in bester Blüthe. Der mächtig emporstrebende slavonische Productenhandel, welcher damals hier sein Emporium hatte, brachte die Bevölkerung zu einem gewissen Grade von Wohlstand und namentlich übte der Holzhandel schon damals seinen geheimnißvollen Zauber aus, welcher leider später das gefährliche Holzfiber verursachte.

Weizen wird als dominantes Naturprodukt wahrgenommen und dient als positives Symbol der Identifikation mit einer Zeit des Wohlstands und der wirtschaftlichen Expansion. Das bestätigt auch die Konstruktion „Der mächtig emporstrebende slavonische Productenhandel". Eine positive Identifikation erfolgt retrospektiv aufgrund der früher bestehenden wirtschaftlichen Hoffnungen für die städtische Gesellschaft.

Eine zweite positive Identifikation erfolgt am anderen Ende der bürgerlichen Wirkungsskala: „Die Leute waren trotz des eben ausgestandenen Krieges glücklich, ein Gemeingeist und ein Humanitätssinn war über sie gekommen, wie er in Essek zu den Seltenheiten zählte." Die kulturelle, zivilisatorische Wirkung, die den migrierten Familien als eine der Hauptaufgaben auferlegt wurde, wird in den 60er Jahren des 19. Jahrhundert noch sehr stark wahrgenommen. Symbolisch repräsentiert das Errichten eines Theatergebäudes ein Resultat dieser Bemühungen: „Der Bau dieses Theaters war der Stolz und die Freude jedes einzelnen Esseker s; jeder Einzelne bemühte sich die civilisatorische Aufgabe dieses neuen Instituts für Essek zu betonen." Die gemeinsame Aufgabe vereint die Bürger, die sich als Resultat ihrer Bemühungen eine rasante wirtschaftliche und geistige Entwicklung ihrer Lebensmitte erhoffen: Aus der Kleinstadt soll eine Großstadt werden. Diese Großstadtphilosophie ist beispielsweise am Sensationsdenken der Gesellschaft zu erkennen: „Und als gar die Eröffnung des neuerbauten Theaters stattfand, da gab es vollends für Essek keine weitere Welt, als diese theatralische."

Die Erinnerung steigert sich weiter und gipfelt in dem Gedanken, dass alle Bürger eines gemeinsam hatten: „Man war damals noch nicht auf dem Gipfelpunkte der Wünsche angelangt, allein man schien bereits von der Bedeutung des: ‚Essek wird' überzeugt." Der kritische Ton des Erzählers gegenüber dieser Übersteigerung schließt aber dessen Sympathien für seine Mitbürger nicht aus. Diese Haltung bleibt auch beim Zusammentreffen mit einem Mitbürger bestehen. Der Erzähler beschreibt ihn als „ein[en] Esseker Bürger, de[n] wahre[n] Typus des Esseker Jean Bonhomme, der Alles glaubt und nichts untersucht". Diese Beschreibung dient als Einführung in die märchenhaften Prophezeiungen des alten Esseker s, wonach sich die Stadt rasant von einer Provinzstadt in eine Hauptstadt entwickeln werde, und zwar noch vor der Rückkehr des Erzählers. Die Vorstellungen des Alten sind dabei unerwartet konkret und zeigen Erweiterungspläne, die – hinsichtlich der Tatsache, dass es sich um einen literarischen Text handelt – präzise beschrieben und begründet werden:

> Gewiß, der ganze Generalsgarten, sowie die jenseitige Häuserfront werden zur Anlegung von großen Boulevardstraßen nach Pariser Muster benützt [...]. Zwischen der Oberstadt und der ehemaligen Festung befindet sich der Stadtpark, während auf den Glacis und den Schanzgründen der demolirten Festung unablässig neue Straßen angelegt werden.

Es handelt sich in diesem Teil um die Binnenerzählung des Alten, die dazu auch als eine dem Monolog ähnliche Replik betrachtet werden kann, weil sie sich aus dem Gespräch mit dem Erzähler entwickelt. Der Esseker erzählt im Präsens und wirkt dabei wie ein Stadtführer, der touristische Attraktionen aufzählt. Doch es geht dabei nicht um Sehenswürdigkeiten, sondern um wirtschaftliches Wachstum („Dampfmühlen, Tuchfabriken, Eisengießereien, Bierbrauerei"), Verbesserung der Wohnbedingungen („Gas und Wasserleitung", „gut kanalisiert und gepflastert", „Gasbeleuchtung") und allgemein kulturelle und geistige Förderung der Stadtgesellschaft („Thurme der neuerbauten prachtvollen Kathedrale", „das Orpheum", „Singspielhallen", „zahlreiche Clubs"). Diese Pläne erfüllen den Esseker mit Stolz und zeigen, dass er sich durch diese Visionen mit der Stadt und der Stadtgesellschaft identifiziert. Sein Identitätsentwurf liegt daher vor allem in der Zukunft und baut auf seiner starken Hoffnung auf eine bessere Zukunft auf.

An diesem Punkt unterbricht der Erzähler seinen älteren Mitbürger und fährt mit dem Dampfboot in seine neue Heimat. Dabei denkt er an den Alten und schlussfolgert, dass alle seine Mitbürger diese optimistische Vision der Zukunft teilen: „Und doch so wie er [der alte Esseker], so waren damals nicht Wenige in Essek, keiner verstand es vielleicht, so wie er, sich die Details auszuschmücken, aber in der Breite ihrer Hoffnungen waren Alle gleich." Der folgende Text wird darauf optisch und zeitlich abgetrennt. Es vergehen ungefähr zehn Jahre, die visuell in Form von sieben Gedankenstrichen vor dem Anfang des nächsten Textabschnitts hervorgehoben werden.

Es gibt keine Anzeichen dafür, dass der Leser den früheren Wohnort des Erzählers in irgendeiner Weise vermissen würde. Dessen neu gewählte Heimat wird zwar nicht erwähnt oder beschrieben, aber die Tatsache, dass keine Gefühle in Bezug auf die alte Heimat vorkommen, zeugt von einer starken kulturellen Flexibilität der Identitätskonstruktion. Der Erzähler gibt sogar zu, nicht sehr viel über Osijek nachgedacht zu haben: „Lange hörte ich seitdem nichts im Sturm der Zeiten von Essek und das Wintermärchen von dem zukünftigen Essek war mir aus dem Gedächtnisse entschwunden." Die selbst gewählte Migration scheint eine relativ leichte Anpassung an einen neuen Wohnort zu ermöglichen, und die Identifikation mit der alten Heimat verschwindet fast vollständig.

Erst im Jahr 1872 wird der Erzähler durch einen Zeitungsartikel auf seine frühere Heimat aufmerksam und erinnert sich an seine Abreise. Einige Jahre danach kommt er zurück nach Osijek. Seine Beschreibung der Stadt ist sachlich und kritisch, ohne die frühere durch Sympathie gezeichnete Verbindung zur Stadt oder zu den Bürgern:

> Kalt und neblich war der Tag, als ich nach Essek zurückkehrte. Der Fiaker humpelte die schlechte Straße vom Bahnhof entlang [...] – überall die nackte Gegenwart und keine Spur von einem Wintermärchen.

2.2 *Heimat*

Das nächste Feuilleton, das sich hauptsächlich mit dem Thema Migration befasst und einen möglichen Identitätsentwurf enthält, ist ein Einakter in Versen von Dr. Joseph Posner mit dem Titel *Heimat*.[36] Es wurde am 18. März 1883 veröffentlicht. Der Text wird als ‚Szene' definiert, die sich in einer ländlichen Gegend abspielt. Die Rollenkonstellation ist relativ einfach und besteht aus einer Auswandererfamilie (Mann, Weib und Kinder) und einer Gestalt, die später noch Genius genannt wird. Die Rollen bleiben namenlos, und weder der Ort der Handlung noch das Migrationsziel werden genannt. Damit wird die Identifikation eines gesellschaftlich komplexen Publikums mit dem Gezeigten vorbereitet.

Dr. Josef Posner war selbst eine Person, die einen interessanten Lebensweg hatte, erkennt Željko Rišner.[37] Als Student führte er nach Rišners Erkundungen die Revolution von 1848 in Wien an. Danach versteckte er sich in den Böhmischen Ländern, bis er 1850 wieder nach Wien zurückkam, wo er zum Doktor der Philosophie promoviert wurde. Sein Weg führte ihn daraufhin nach Osijek, wo er eine Stellung als Sekretär der Wirtschafts- und Handwerkskammer übernahm. Er genoss eine große Reputation im Osijeker Kulturkreis. Beliebt war er unter anderem wegen seiner Gelegenheitsdichtung, zu welcher der analysierte Einakter gerechnet wird. Es ist anzunehmen, dass sein kurzes Drama *Heimat* von seinem Publikum sehr geschätzt wurde, da der Text 1884 in Buchform in der Osijeker Buchdruckerei von Julius Pfeiffer erschien.

Rišner kommt zu dem Ergebnis, dass es sich um ein komplexes dichterisches Unternehmen handelt, das sowohl in der Form als auch im Inhalt seine Stärken zeigt.[38] Vor allem bewertet Rišner die gelungene Form: Die metrische Länge der Verse und der Reim dienen zur Charakterisierung der Rollen. Der Mann spricht in elfsilbigen Versen mit Kreuzreim, das Weib in zwölfsilbigen Versen mit Paarreim. Der Genius spricht in einer Mischung der beiden metrischen Längen, die in einem Kreuzreim enden. Das Thema ist mehr als passend, da es zu einem Zeitpunkt bearbeitet wird, in dem neue Migranten in die Stadt Osijek kommen.

Zu Beginn der Handlung bereitet sich die Familie vor, ihre Heimat zu verlassen. Die Kinder sprechen nicht, aber die Eltern äußern unterschiedliche Meinungen über das Auswandern. Für den Vater ist ausschlaggebend, dass sein Vertrauen in die alte Heimat nicht mehr besteht: „Verdorrt ist jedes Grün, verwelkt die Kränze, / Die Hoffnung einst um uns're Schläfe wand." Er ist enttäuscht und entschlossen, seine Zuversicht in eine neue Heimat zu investieren: „Versenken wir uns in das neue Hoffen, / Erwies das alte sich als Trug uns auch!" Die Metaphern ‚das Grünen' und ‚das Blühen' stehen dabei für den erhofften Wohlstand. Die Gründe für die Migration sind vor allem ökonomischen Charakters.

36 Joseph Posner: Heimat. In: Die Drau, Nr. 22, 1883, S. 1f.
37 Željko Rišner: Neki drugi pisci esekerski [Einige andere Esseker Schriftsteller]. Osijek 1999, S. 11.
38 Ebd.

Das Weib dagegen ist voller Trauer und hofft auf eine Rückkehr: „Es ist wie leuchtend Trosteswehen, / Die Hoffnung ist's auf Wiedersehen!“ Sie verwendet für die alte Heimat das Symbol der ‚Sonnenpracht‘ und für die neue das der ‚trüben Nacht‘. Ihre Gefühlsverbindung mit dem Ort, der verlassen wird, ist viel stärker als die ihres Mannes, der im Heimatland keine ‚Sonnenpracht‘ erkennt. Er versucht seine Frau durch Metaphern wie ‚Stürme, die eisig wehen‘ und ‚Leidensnacht‘ daran zu erinnern, dass ihr Leben in diesem Ort voll von „bitt'ren Qualen“ und „finsteren Sorgen“ war. In den Heimaterlebnissen dominieren beim Mann Bilder von Armut und Tod.

In ihr Gespräch mischt sich eine „verhüllte weibliche Gestalt“ ein und verlangt vom Manne eine Erklärung für seinen Entschluss auszuwandern. Seine Begründung ist nicht konkret, aber er lässt die Gesprächspartnerin erahnen, dass er gewisse Erwartungen von seiner Heimat hatte, die sich nicht erfüllt haben:

> Nichts Liebes bietet mir die alte Scholle,
> Nichts Liebes biet' ich ihr im Weiterzieh'n;
> In bitterstem Gefühl', in tiefstem Grolle,
> Lenk' ich zur Fremde meine Schritte hin.

Er klagt über das Elend, das sein bisheriges Leben begleitet hat. Namenlos und ohne Details über seine Herkunft wirkt der Mann wie ein Jedermann, mit dem sich das ganze Publikum identifizieren kann:

> Ich soll Dir meines Lebens Lauf beschreiben?
> Es ist ein ganz alltägliches Geschick,
> Kein buntes, abenteuerreiches Treiben,
> Kein Ringen zwischen Nacht und Sonnenblick.

Die geheimnisvolle Gestalt lenkt das Gespräch von der Verbundenheit zur ‚Heimat‘ zur Pflicht gegenüber dem ‚Vaterland‘: „Was hat das Vaterland an Dir verschuldet, / Daß Du so hartes Wort ihm scheidend bringst?“ Nach dieser Wendung im Gespräch beschuldigt sie den Mann der Feigheit und Schwäche. Dieser versucht sich zu verteidigen, indem er seinen Heimatdiskurs weiterführt und von dem Mut zu einem Neubeginn spricht: „Der *Muth* nur kann mit Altgewohntem brechen, / Ein neues Leben sucht der *Kühne* nur!“ Seine Gründe für die Auswanderung sind auf seiner Erfahrung aufgebaut und bestätigen noch einmal den wirtschaftlichen Faktor dieser Entscheidung:

> Wie hab' ich heiß gekämpft, wie zäh gerungen,
> Wie hab' ich alle Sehnen angespannt!
> Umsonst! das Mißgeschick hat mich bezwungen,
> Es zerrte mich bis an des Abgrunds Rand.

Die Gestalt zwingt dem Mann ihren Vaterlandsdiskurs auf, indem sie ihn beleidigt und herausfordert:

> Du tapf'rer Held, Du kühnster aller Recken!
> Die Flucht vom Kampfesfelde nennst Du Muth?
> Ich nenn's Verzagtheit, Haltverlor'nen Schrecken.
> Die muth'ge Kraft bekämpft, beherrscht die Fluth!

Der Vergleich mit einem Kampffeld könnte darauf hindeuten, dass es sich bei der ‚alten Heimat' um die Militärgrenze handelt, die erst 1881 aufgelöst wurde[39] und deren Bestehen das Bewusstsein der Bewohner stark beeinflusst haben muss. Diese Interpretation würde auch eine ausreichende Erklärung für das Ende des Einakters liefern. Nach einer langen Ansprache über die „heil'ge Flamme" des Vaterlandes kommt es zum Höhepunkt des Dramas, der sich wortlos abspielt und durch Regieanweisungen im Text markiert ist:

> (Die Gestalt wirft ihre Hülle ab und erscheint als Genius, zugleich öffnet sich ein Vorhang, ein mit den Emblemen des Vaterlandes geschmückter Altar wird sichtbar, umgeben von Gruppen, die den verschiedenen Volks-, Standes- und Berufsclassen angehören. Die Auswandererfamilie ist in die Knie gesunken.)

Das szenische Bild stellt die multikulturelle Situation dar, welche die Osijeker Gesellschaft kennzeichnet. Andererseits verweist die Kulisse auf die politische Dimension der Identität, die schon mit dem Begriff ‚Vaterland' ins Spiel gebracht wurde. Die Osijeker Gesellschaft, so verschieden und vielfältig sie auch ist, soll sich mit ihrer politischen Rolle als Grenzgebiet der österreichisch-ungarischen Monarchie identifizieren. Der Genius bestätigt diese Interpretation, indem er erklärt:

> Verschiedene Stämme und verschied'ne Zungen,
> Im Glauben unterschieden und im Stand,
> Und Alle hat ein Hochgefühl durchdrungen:
> Die Liebe für das theure Vaterland!

Der Mann sieht seinen Fehler ein und erklärt sich für ‚geheilt': „Des Lebens Anker habe ich gefunden! / O theure Heimat! Dich verlaß' ich nie!" Das Drama endet mit dem erleichterten Aufatmen seiner Frau, welche diesmal durch die Metaphern der Nacht und des Lichtes ihre Freude betont.

2.3 *Makamen*

Das Gedicht *Makamen*[40] wurde von einem unbekannten Verfasser geschrieben und am 5. September 1886 veröffentlicht. Der Titel ist ein Hinweis auf die Art, wie das Thema behandelt wird. Obwohl es sich bei einer Makame um einen Prosatext mit Reim handelt, ist der analysierte Text der Form nach ein Gedicht mit Kreuzreim. Es besteht aus achtzehn Strophen mit jeweils vier gereimten Zeilen. Optisch sind die Strophen in jeweils zwei Paare durch eine typografisch gesetzte Pause geteilt. Nur die Strophen dreizehn bis fünfzehn teilen sich nicht weiter in Paare auf.

Inhaltlich wird bei einer Makame eine rhetorisch hochwertige Diskussion mit Gebrauch von Wortwitz erwartet. Da unter dem Titel die Ortsangabe „Essek" steht, ist eine Diskussion über das städtische Leben angekündigt. In der ersten Strophe wird schon harte Kritik geäußert, indem vom Betrug im Steueramt geschrieben wird. Der

---

39 Kessler: Politik (Anm. 9), S. 10.
40 Makamen. In: Die Drau, Nr. 73, 1886, S. 1.

Autor ist darüber empört und nimmt eine sarkastische Stellung gegenüber dem Geschehen ein:

> In Essek wird's gemüthlich schon,
> Es ist nicht mehr geheuer,
> Jetzt gibt es gar eine Defraudation
> Im städtischen Amt der Steuer.

Er identifiziert sich aber mit dem Stadtleben (‚wir'), was seiner Kritik eine zusätzliche Betonung gibt:

> Wir werden Großstadt immer mehr,
> Mit Postraub, Mord und Dieben,
> Und Alles, was „gefehlt" bisher,
> Ist „fehlend" auch geblieben.

Erneut wird das Problem der Entwicklung zu einer Großstadt erwähnt, aber diesmal mit einem negativen Vorzeichen. Der Autor weist auf die Gefahren des Lebens in einer großen Gesellschaft hin. Es kann angenommen werden, dass er das, was er als bedroht betrachtet, positiv wertet und mit seiner Kritik bewahren möchte. Für die Osijeker Gesellschaft wäre das wohl ein gemütliches, ruhiges Kleinstadtleben in der Provinz, ohne große Risiken und Konflikte.

In den darauf folgenden Strophen erhebt der Autor konkretere Vorwürfe, die diese Lage erklären sollen. Da es sich um Persönlichkeiten handelt, die heute völlig unbekannt sind, wird sich die weitere Interpretation nur auf die Stellen konzentrieren, welche Identitätselemente enthalten, während die restlichen Teile nur kurz erwähnt werden. So wird ein Herr namens Wilfan genannt, der Meister im Schießen war und jetzt dafür büßen muss, dass er ins Schwarze getroffen hat. Ein gewisser Maurice hält das Geld und zahlt keine Steuern. Ein Herr namens Palme kommt in das Osijeker Theater.

Bei dem dritten Strophenpaar werden die Volkszugehörigkeiten der Genannten erwähnt, wobei diese negativ bewertet oder zumindest ins Lächerliche gezogen werden:

> Der *Schulz* trägt preuß'sche Cultur
> Hinunter nach Sarajevo,
> Auguste folgt auch seiner Spur,
> Singt nur mehr: Hajd na lievo. [Geh nach links.]
> Wie das ein reicher Pascha hört,
> Da staunt er ob der Schwaben,
> Bei des Propheten Bart er schwört:
> „Die muß im Harem ich haben."

Es ist anzunehmen, dass unter ‚preußischer Kultur' die Armeekultur und der Drang der Armeen nach Süden, d. h. nach Bosnien, dessen Annexion 1908 erfolgte, verstanden werden. Der Osijeker Bürger war sich dieser Lage bewusst und identifiziert sich hier mit dem Zustand, indem er ihn im Gedicht reflektiert. Auguste singt dabei ein traditionelles slawonisches Lied, was das slawonische Element als einen Teil des

Stadtlebens hervorhebt. Der Pascha und die Schwaben werden einander gegenübergestellt, wo ironisch ein Besitzergreifen impliziert wird. Wie die ‚Schwaben' nach Osten dringen, um neue Territorien für sich zu gewinnen, so strebt auch der Pascha danach, die ‚Schwaben' zu erobern. Die politische Situation bietet auch eine Identifikationsfläche.

Im folgenden Strophenpaar werden erneut die Zustände in Osijek kritisiert, vor allem der willkürliche und planlose Ausbau der Stadt und die Entwicklung zu einer Massenstadt, in welcher das Motto ‚Jeder kennt jeden' nicht mehr gelten wird:

'ne *neue Gasse* wird gebaut,
Die Häuser sehr gedrängt,
Daß Mauer gleich an Mauer steht,
Der Raum war zu beenget [sic].

An diesem Beispiel wird deutlich, dass der Autor keine meisterhafte Leistung mit dem Gedicht vollbracht hat. Der Reim ist oft unrein, und der Inhalt leidet unter dem Wunsch, die Form zu bewahren.

In der Gruppe von vier Strophen, die den vorletzten Teil des Gedichts bildet, wird ein gewisser Kuzmić aus ‚Harkanovce' kritisiert, der seine eigene Religion verbreiten möchte und die Menschen manipuliert. Es handelt sich wohl um einen Priester, der in der heutigen Ortschaft Harkanovci eine Kirche neu eingerichtet hat. Es wird angedeutet, dass er Religion für Geld verkauft:

Die Bauern schau'n verwundert auf,
Zu ihrem Kirchenlichte,
Verewigen seinen Lebenslauf,
In einfachem Gedichte.

Wie er den Sonntag hat verkauft,
Und wie der Preis so billig,
Der Wein war wirklich ungetauft,
Und Kuzmić war so willig.

Die letzten zwei Strophen zeigen die Resignation des Autors und wirken wie ein Trinkspruch: „Das Essen ist vorüber / […] / Zehn Liter und noch darüber." Der Autor übt zwar an einzelnen Stellen scharfe Kritik an den regionalen Zuständen, das Ende lässt aber erahnen, dass es sich eher um ein witziges Lied handelt, das vor allem das lesende Publikum amüsieren soll.

2.4 *Stadtgartenfahrt*

Stadtgartenfahrt ist ein Original-Feuilleton der *Drau*,[41] veröffentlicht am 11. September 1887. Es wurde mit einem Nachnamen unterschrieben, „Borović", über den heute leider keine weiteren Angaben mehr zu finden sind. Da es sich bei der Veröffentlichung um ein Original-Feuilleton handelt, ist anzunehmen, dass der Autor

41 Obad: Slavonische Presse (Anm. 11), S. 124.

einen starken Bezug zu Osijek hatte oder dort zumindest eine Zeit lang ansässig war. Der Ort der Handlung ist die Stadt Osijek, was die Ortsangabe „Essek“, die sich oberhalb der Erzählung befindet, ankündigt. Die Zeit der Handlung ist der Spätsommer.

Die Erzählung fängt mit der malerischen Beschreibung der Stadt an und schildert weiterhin die Empfindungen der Bürger zu der bestimmten Zeit: „Wir Esseker, die wir so schrecklich gesellig sind, wissen, daß wir, so lange der Sommer nicht gänzlich besiegt ist, uns Sonntags im Stadtgarten einzufinden haben, bei Strafe der stillen Verachtung aller, die neue Toiletten zeigen wollen.“[42] Diese Pflicht beweist einen starken Gemeinschaftsgeist der Stadtbevölkerung, mit dem sich der Erzähler und implizit der Autor vollkommen identifizieren. Der Ton der Erzählung bleibt bis zum Ende heiter und optimistisch. Die starke gesellschaftliche Konvention, die sich zu einer Art Ritual entwickelt hat, wird als äußerst wichtig empfunden: „Das ungeschriebene Gesetz, daß uns zur Controllversammlung hinaus beruft, ist uns heilig, heiliger als das Steuerbüchel.“ Die Geselligkeit wird sogar vor den wirtschaftlichen Faktor gestellt.

Andererseits dient die ganze Parade vor allem dazu, den eigenen Wohlstand zu zeigen: „Wir bringen einen der einherjagenden Fiaker durch aufheben unseres Spazierstabes zum Stehen, drücken uns in die Ecke, die heuer ausgebessert worden, und der Roßlenker, da unserem unwiederstehlichen Salonanzuge das Reiseziel ansteht, wendet sein Gefährt.“ Bei der Fahrt werden Ortsangaben genannt, wie die Wildemanngasse, eine der bekanntesten Straßen Osijeks. Die Details geben ein flüchtiges Bild der Stadt, das zum allgemeinen Gefühl des Stolzes auf die eigene Lebensmitte beiträgt.

Am Ziel angelangt, wird ein imposantes Bild beschrieben: „Behaglich schauen wir auf die festlich gekleideten Menschengruppen, die im Schweiße ihres Angesichtes hinaus ins Freie wandern.“ Oder später im Text: „Rauschende Musik umfängt uns. Töne und Farben blenden den Sinn. Menschenmassen wogen durcheinander, sammeln sich, theilen sich.“ Die beschriebene Szene hat eine biedermeierliche Note und lässt sich mit Franz Grillparzers Beschreibung des Festes zum Brigittenkirchtag vergleichen:

> Da entsteht Aufruhr in der gutmüthig ruhigen Stadt. Eine wogende Menge erfüllt die Straßen. Geräusch von Fußtritten, Gemurmel von Sprechenden, das hie und da ein lauter Ausruf durchzuckt. Der Unterschied der Stände ist verschwunden; Bürger und Soldat teilt die Bewegung.[43]

Dieses humanitäre Ideal findet sich auch im Osijeker Text wieder. An einer Stelle wird eine Volksgruppe erwähnt, doch auch ihre Mitglieder werden als ‚Brüder‘ perzipiert: „In weiter Ebene dehnen sich die Gemüsegärten unserer bulgarischen Brüder, und das große Paternosterrad, das sonst das Wasser ausschöpft, steht sonntäg-

---

42 Borović: Stadtgartenfahrt. In: Die Drau, Nr. 74, 1887, S. 1.

43 Franz Grillparzer: Der arme Spielmann. In: Ders.: Sämtliche Werke. Historisch-kritische Gesamtausgabe. Hg. von August Sauer und Reinhold Backmann. Bd. 13. Wien 1930, S. 3.

lich stille.“ Das Gefühl der Zusammengehörigkeit aller Beteiligten steigert sich noch: „Vor uns, hinter uns rollen eilende Wägen und gemeinsame Fröhlichkeit verbindet elektrisch die Insassen, daß sie gerne sich verbrüderten zu einigem Jauchzen.“ Mit Humor und Wortwitz schildert der Erzähler die Vorzüge seiner Gesellschaft.

Es werden auch Symbole für Tradition geschildert: „Die altersgrauen Bäume, die der Vorväter Weisheit errichtet, schauen gleichgültig auf das Treiben, das sie seit vielen Jahren kennen, und die dünnen Pappelbäume versagen selbst den Schatten den Wanderern.“ Es entspricht wieder ganz dem biedermeierlichen Stil, dass diese Symbole aus der Natur genommen werden. Genauso ist es folgerichtig, dass die Versammlung der Menschenmasse in einem Stadtpark stattfindet.

Der folgende Vergleich zwischen Osijek und Wien bestätigt, dass das Wiener Stadtleben ein Vorbild für die Osijeker war:

> Doch in dem ganzen Gewirre ist eine gewisse Ruhe bemerkbar, die diesem Garten eigenthümlich ist, und die wir ähnlich nur im Wiener Stadtpark wiederfanden. Man fühlt, es ist der Sammelplatz der distinguirten Gesellschaft unserer Stadt. Freilich, nach Stammbaum und Verhältnisse wird Niemand gefragt, und Spreu und Weizen lassen sich nicht sondern. Genug, das Bild ist harmonisch und ‚ganz Essek‘ trägt dazu bei.

Die Provinzstadt bemüht sich, die Metropole in allem nachzuahmen. Das gesellschaftliche Leben auf einem hohen Niveau zu halten, ist dabei vorderstes Gebot. Das Niveau wurde natürlich von der Wiener Gesellschaft diktiert. Als Kontrast und wichtiges Element des Identitätsentwurfes stehen die Charakteristiken der slawonischen Umgebung: „Links dehnt sich unermeßlich weit die gelbschimmernde slavonische Ebene, großartig in ihrer endlosen Gleichmäßigkeit.“

Wenn Gruppen innerhalb der Stadtgemeinde besonders genannt werden, dann handelt es sich um Menschengruppen mit ähnlichen Interessen. An folgenden Beispielen erkennt man, dass es Freizeitaktivitäten sind, welche diese bunten Gruppen charakterisieren: „Die Schützengesellschaft hat die rechte Wiese occupirt und sorgt dafür, daß unsere Ohren an den Lärm der Welt sich gewöhnen.“ Oder an einer anderen Stelle: „Die hinteren Alleen des Stadtgartens hat der Bicycle-Club occupirt und hält dort unermüdlich seine Uebungen unter sehr geringer Theilnahme des spazierengehenden Publikums.“

Obwohl im Text von Brüderlichkeit gesprochen wird und eine soziale Gleichberechtigung aller Menschen angestrebt wird, sind an manchen Stellen doch soziale Unterschiede zu bemerken. Diese basieren weniger auf der Zugehörigkeit zu einer Schicht (z. B. Bürgertum oder Adel), sondern weitaus mehr auf der Tatsache, ob die Person einen gewissen Wohlstand genießt oder nicht: „Stolz sehen die Fahrenden auf die müden Fußgeher herab, obwohl so mancher vom kargen Verdienste die ganze Woche sparen muß, um nun Sonntags sie *misera plebs* verachten zu können.“ Es ist wichtig, eine Reputation aufrechtzuerhalten, obwohl diese nur Schein ist. In diesem Sinne ist diese Gesellschaft gänzlich modern und materialistisch orientiert. Die Erzählung endet mit Bildern der untergehenden Sonne und dem Aufkommen der Dunkelheit, wonach sich auch die Gesellschaft auf den Heimweg macht.

3. Schlussfolgerung

Die Interpretation von vier ausgewählten Feuilletons, die zwischen 1878 und 1888 in der Zeitung *Die Drau* veröffentlicht wurden, beantwortet die Frage, inwiefern literarische Identitätsentwürfe in deutschsprachigen Feuilletons aus Osijek vorhanden sind. Der Fokus der Analyse ist auf die geschichtlich begründeten Migrationshintergründe der Osijeker Gesellschaft in der zweiten Hälfte des 19. Jahrhunderts gerichtet. Es ist eine multikulturelle Gesellschaft, wie man sie in den meisten Städten der österreichisch-ungarischen Monarchie dieser Zeit finden kann. Sie hat jedoch auch ihre Besonderheiten, die mit den geografischen Gegebenheiten und den geschichtlichen Umständen der Ansiedlung der Bewohner verbunden sind.

Die kollektive Identität wird Assmann zufolge als Reflexion des kollektiven Selbstbilds verstanden. Die Analyse sucht daher nach literarischen Reflexionen des ‚Selbst' einer Gruppe. Es wird erwartet, dass solche Reflexionen in den Texten einzelner Autoren zu finden sind, da das individuelle Bewusstsein als Träger kollektiver Identitätsentwürfe gilt. Die Ich-Identität und damit verbunden auch die kollektive Identität sind gesellschaftliche Konstrukte, und als solche stellen sie zugleich kulturelle Identität dar. Bei multikulturellen Identitäten ist eine komplexe literarische Reflexion des Selbstbilds zu erwarten, was sich in den analysierten Texten bestätigt.

Osijek ist in der zweiten Hälfte des 19. Jahrhunderts eine Provinzstadt, deren Gesellschaft mehrsprachig ist. Die deutsche Sprache setzt sich jedoch als die dominante Sprache durch, die auch auf die literarische Welt den größten Einfluss ausübt. Die multikulturelle Gesellschaft Osijeks entwickelt sich als Folge mehrerer kleinerer und zweier großer Besiedlungswellen. Obwohl angenommen wird, dass der Kulturträger der ‚fremde' großgrundbesitzende Adel ist, zeigen die Analysen eine starke Identifikation mit einer vielschichtigen Gesellschaftsgruppe, die unter den Oberbegriff ‚Stadtbewohner' einzuordnen ist. Diese kann dann weiter in den Adel, das Bürgertum und andere unterteilt werden. Diese Unterteilung ist jedoch kein Schlüsselmoment in den analysierten Feuilletons und kann damit als unbedeutend für den literarischen Identitätsentwurf dieser Gesellschaft bewertet werden.

Die im einleitenden Teil gegebenen Fakten deuten an, dass die Identitätsentwürfe bestimmte Eigenschaften aufweisen werden; diese sind die Flexibilität der kollektiven Identität, ein entnationalisiertes Heimatkonzept und Elemente, die auf eine selbst gewählte literarische Heimat schließen lassen. Daneben sind gesellschaftliche Reputation, wirtschaftlicher Erfolg und Modernisierungsprozesse des Stadtlebens als mögliche Elemente der Identität in Betracht zu ziehen. Nach einer allgemeinen Wertung der Feuilletonistik der Habsburgermonarchie sind literarische Werke von geringer Qualität zu erwarten, die dazu einen gemäßigten provinziellen Geist verbreiten. Darüber hinaus werden noch die geografischen Besonderheiten, Erfahrungen von Migration, Elemente der jüdischen Kultur und die Zuordnung zu Kolonialliteratur in Erwägung gezogen.

Die Analysen bestätigen die Flexibilität der kulturellen Identität, was besonders am Beispiel des *Wintermärchens* zu erkennen ist, während *Heimat* eine Ausnahme darstellt, indem eine Absage an die Migration geäußert wird. In allen Feuilletons bestätigt sich ein ‚denationalisiertes Heimatkonzept'. Die einzige feierlich verkündete politische Identifikation ist die mit der Zugehörigkeit zur österreichisch-ungarischen Monarchie, die als ‚Vaterland' geschildert wird, wie am Beispiel von *Heimat* gezeigt wurde. Obwohl die Autoren in der Regel mehrsprachig sind, wählen sie die deutsche Sprache als Vehikel für ihre Identitätskonstruktionen. Dies bestätigt die Annahme, dass es sich um eine selbst gewählte literarische Heimat handelt.

Der Wunsch nach wirtschaftlichem Erfolg kennzeichnet alle Texte und wird zu einem wichtigen Identifikationselement. Im Feuilleton *Stadtgartenfahrt* spielt auch die gesellschaftliche Reputation eine wichtige Rolle bei der Identifikation mit dem Kollektiv. Außerdem prägt neben anderen Modernisierungsprozessen vor allem der moderne Materialismus die Entwicklung der Stadt. Dies kann ein positives Element der Identifikation sein, wie es am Beispiel des *Wintermärchens*, oder ein negatives, wie es am Beispiel der *Makamen* illustriert wird.

Ein gemäßigter provinzieller Geist sowie ein allgemeiner Hang zum Ästhetizismus sind in allen Feuilletons zu erkennen. Dies besagt aber nichts über die literarische Qualität der Feuilletons, die deutliche Unterschiede aufweisen. Während die *Makamen* keine herausragende Qualität zeigen, zeichnen sich das *Wintermärchen* und die *Stadtgartenfahrt* durch eine gelungene humoristische Erzählweise und schöne malerische Details aus. Der Einakter *Heimat* zeigt eine gut durchdachte und gelungene dichterische Form, in der ein interessantes und aktuelles Thema behandelt wird. Nur eines der Feuilletons, nämlich *Heimat*, erschien unter dem vollen Namen des Autors, und nur hier konnten biografische Fakten hinzugezogen werden. Diese bestätigen, dass die literarische Reflexion der Identität durchaus den biografisch belegten Erfahrungen des Autors entsprach.

Die geografischen Besonderheiten der Region Slawonien und der Stadt Osijek spielen in drei Feuilletons, *Ein Wintermärchen*, *Makamen* und *Stadtgartenfahrt*, eine entscheidende Rolle bei der Gestaltung der literarischen Reflexion. Dadurch wird die Vermutung gestützt, dass geografische Gegebenheiten ein Schlüsselelement in der kollektiven Identitätskonstruktion sind und dass die Literatur aus Osijek aufgrund dessen eine besondere Spezifik und Originalität aufweist, welche sie von anderen regionalen Literaturen der Monarchie unterscheidet.

Die Migrationserfahrung wird zwar allgemein als Thema in zwei analysierten Feuilletons, *Ein Wintermärchen* und *Heimat*, behandelt. Es werden jedoch keine persönlichen Erfahrungen in die spezifische Identitätskonstruktion des Stadtlebens eingebaut. Dies hängt wieder mit der Flexibilität der kollektiven Identität zusammen. Die ‚alte' Heimat, die aus ökonomischen oder anderen sozialen Gründen verlassen wird, ist relativ schnell vergessen, und der Fokus richtet sich allein auf die neue Heimat. Sogar am Beispiel des Einakters *Heimat*, in dem die Migration verweigert wird, kann man erkennen, dass es sich um die Osijeker Heimat handelt, die nicht verlassen werden darf, und nicht um ‚alte' Heimaten, die vor der Ansiedlung in der Region bestanden haben.

Obwohl anzunehmen ist, dass jüdische Autoren in der Osijeker Feuilletonistik der zweiten Hälfte des 19. Jahrhunderts vertreten sind, zeigen die analysierten Feuilletons keine Elemente einer jüdischen Identität, die in die kulturelle Konstruktion eingebaut wäre. Weiterhin behandelt keines der Feuilletons die territoriale Expansion oder die Beziehung zwischen Kolonie und Heimat. Keines ist als Darstellung der Einsamkeit konzipiert, ganz im Gegenteil. Alle vier Feuilletons spielen in einem begrenzten Raum, meistens in der Stadt Osijek selbst; sie zeigen absolut keine Erinnerungen an die ‚alte Heimat' und sind Zeugnisse von Geselligkeit und einem humanitären Ideal der menschlichen Gemeinschaft. Die Autoren schreiben also keine Kolonialliteratur, um ihre Identitätsentwürfe zu gestalten.

Als ausschlaggebende Elemente der Identitätsentwürfe der Osijeker Autoren sind noch die Zukunftsorientiertheit und die Wechselwirkung zwischen Gegensätzen zu erkennen. Drei Feuilletons, *Ein Wintermärchen*, *Heimat* und *Makamen*, sind in ihrer Identitätsbildung zukunftsorientiert. Sie sind gekennzeichnet von einer starken Identifikation mit dem erhofften Wohlstand der Gesellschaft oder der materiellen und sozialen Verbesserung des Stadtbildes. Wo diese ausbleibt, ist dem Identitätsentwurf ein negatives Vorzeichen gesetzt. Nur das Feuilleton *Stadtgartenfahrt* behandelt den bestehenden Wohlstand in der gegebenen Stadtsituation und lehnt sich teilweise an eine ‚Tradition der Gemütlichkeit' in Osijek an. Es macht sich auch der Einfluss verschiedener Pole bemerkbar, zwischen denen sich in einer Art Wechselwirkung das Selbstbild in den Feuilletons formt. Diese Gegensätze sind die Stadt (Osijek) und die österreichisch-ungarische Monarchie sowie die Kleinstadt (Osijek) und die Großstadt (Wien). Die Identitätsentwürfe der Osijeker Autoren entstehen demnach in einem gewissen Streben nach Besserem. Die angestrebten Ideale werden dabei an der Metropole Wien gemessen oder aus humanitären und die Kultur und Wirtschaft entwickelnden Aufgaben der Ansiedler geschöpft.

Uta Bretschneider

Ostpreußen als Randnotiz? Selbst- und Fremdbilder von „Umsiedlern" in der DDR

1. Einleitung

Im Eingangsbereich der Kirche St. Marien im thüringischen Suhl steht ein Denkmal, das keines ist. Ein Kreuz, davor eine Figurengruppe: links ein Mann mit einem Bündel auf dem Rücken, rechts eine Frau mit Kleinkind auf dem Arm (siehe Abb. nächste Seite). Das Denkmal ist ein Gedenkort für Flucht und Vertreibung, der bis 1989/1990, bis zum Ende der DDR, keiner sein durfte. Im Jahr 1949 hatte der Suhler Künstler Robert Müller das Gipsmodell im Auftrag der evangelischen Kirchgemeinde gefertigt. Doch nachdem die sowjetische Besatzungsmacht erhebliche Einwände gegen die Umsetzung des Modells in Metall und eine Aufstellung auf dem Friedhof geäußert hatte, wurde es im Vorraum der Kirche eher ab- denn aufgestellt und geriet in Vergessenheit.[1]

Die „alte Heimat" wie auch deren erzwungenes Verlassen waren für die in der DDR lebenden „Umsiedler" von zentraler Bedeutung für ihre Selbstverortungen, obschon oder gerade weil das Thema in der Öffentlichkeit einem weitgehenden Tabu in der Form unterlag, dass die Grenzen des Sag- und Darstellbaren eng gezogen waren. „Heimat" wurde zum Erinnerungs- und Identifikationsraum, zum Gegen- und Sehnsuchtsort. Etwa ein Viertel der Menschen in der DDR stammte aus den ehemals deutschen oder (auch) deutsch besiedelten Territorien im östlichen Europa. Doch nur wenige Jahre nach dem Ende des Zweiten Weltkriegs galt ihre Eingliederung vonseiten des Staates als erfolgreich abgeschlossen. Sie stellten nicht länger eine distinkte Gruppe dar.

Das ‚unsichtbare' kulturelle und soziale Fluchtgepäck jener 4,3 Millionen Menschen wurde dabei einerseits – im Sinne von Fähigkeiten und Fertigkeiten – vielfach für den Neuaufbau des sozialistischen Staates genutzt, andererseits blieb die Möglichkeit, Traditionen aus der „alten Heimat" zu pflegen, auf den Familienkreis beschränkt. Zusammenschlüsse waren verboten und öffentliche erinnerungskulturelle Würdigungen undenkbar. Vor diesem Hintergrund zeigt sich die Besonderheit des „verhinderten Denkmals"[2] von Suhl: Es stellte eine der wenigen, vielleicht die einzige sichtbare Erinnerungsmarke für Flucht und Vertreibung in der DDR dar, wenngleich es als „Denkmal ohne Namen"[3] nur für einen kleinen Kreis Eingeweihter lesbar gewesen sein dürfte.

---

1 Stephan Scholz: Vertriebenendenkmäler. Topographie einer deutschen Erinnerungslandschaft. Paderborn 2015, S. 48f.

2 Formulierung auf einem Informationsschild am Denkmal in der Suhler Hauptkirche St. Marien.

3 Scholz: Vertriebenendenkmäler (Anm. 1), S. 48.

Suhl, St. Marien, Denkmal von Robert Müller (Foto: Autorin)

In den Medien gab es trotz der weitgehenden Tabuisierung eine einseitige Präsenz der „Umsiedler": in stereotypen Erfolgsgeschichten. Dabei stellte die Parallelität des Neuanfangs der „Umsiedler" in der Sowjetischen Besatzungszone (SBZ) und der Entstehung der DDR den Ausgangspunkt für Geschichten vom Gelingen dar. Die konkreten Umstände von Flucht oder Vertreibung wurden darin ebenso beschwiegen wie die Verwerfungen nach der Ankunft in der SBZ. Und auch die Herkunftsgebiete im östlichen Europa, z. B. Ostpreußen, Schlesien, Pommern, Böhmen und Ostbrandenburg, gerieten zu Marginalien. So kam zum biografischen Bruch der Flucht oder Vertreibung der des staatlich verordneten und medial (re-)produzierten ‚Geschichtsverlusts'. Zugleich sollten die „Umsiedler" rasch eine ‚Ersatzheimat' und Identitätsverortung im Sozialismus finden.

Im Folgenden sollen die Differenzierungen und Schnittmengen von Selbst- und Fremdbildern der „Umsiedler" in der SBZ/DDR analysiert werden. Welche öffentlichen Darstellungsmodi der Flüchtlinge und Vertriebenen fanden Verwendung? Welche Phasen der Entwicklung lassen sich nachzeichnen? Wie gestalteten sich Prozesse der Selbstverortung im Spannungsfeld von einem weitgehenden öffentlichen Tabu und privaten Erinnerungsräumen?[4]

Identität (Selbstbild) wird hierbei als prozessuales Konzept verstanden, das sich im Austausch mit dem sozialen Umfeld konstituiert: „Identität stellt sich in der Auseinandersetzung des Individuums mit seinen Interaktionspartnern in den verschiedenen lebensweltlichen Bezügen als Spiegelungs- und Aushandlungsprozess her [...]. Ihre Identität kann eine Person nicht nur für sich selbst konstruieren; als Grundlage ihrer Handlungs- und Kommunikationsfähigkeit wie auch ihres Selbstwertgefühls bedarf sie der Anerkennung durch die Anderen. Ebenso sind die Mittel, mit denen sie sie konstruiert, ihren sozialisatorischen Erfahrungen und Interaktionen mit Anderen entlehnt. Ob und welche Identität ausgebildet werden kann, ist ebenso Ausdruck der soziohistorisch geprägten Lebensbedingungen [...]."[5]

---

4 Das zugrundeliegende Quellenmaterial setzt sich aus qualitativen Interviews mit Zeitzeuginnen und Zeitzeugen sowie aus archivalischen Zeugnissen und medialen Quellen (Presseerzeugnissen und Belletristik) zusammen. Diese finden sich im Bestand „Neubauern" des Lebensgeschichtlichen Archivs für Sachsen bzw. wurden im Rahmen des 2014 abgeschlossenen und mit dem Immanuel-Kant-Promotionsstipendium geförderten Dissertationsprojekts „‚Vom Ich zum Wir'? Flüchtlinge und Vertriebene als Neubauern in der LPG" erhoben. Alle Interviewsequenzen wurden der Schriftsprache weitgehend angeglichen und anonymisiert. Uta Bretschneider: „Vom Ich zum Wir"? Flüchtlinge und Vertriebene als Neubauern in der LPG. Leipzig 2016 (Schriften zur sächsischen Geschichte und Volkskunde 53). Teile des vorliegenden Textes basieren auf einem Vortrag der Autorin: Menschen ohne Vergangenheit? Zum Umgang mit Flucht und Vertreibung in der SBZ/DDR, Tagung „Unsichtbares Gepäck. Zur Bewältigung von Kriegs- und Fluchterfahrungen seit 1945", Friedland, 18./19.09.2014.

5 Gabriele Lucius-Hoene, Arnulf Deppermann: Rekonstruktion narrativer Identität. Ein Arbeitsbuch zur Analyse narrativer Interviews. 2. Aufl. Opladen 2002, S. 49.

2. Rahmungen: Flüchtlinge und Vertriebene in der SBZ/DDR

Etwa elf bis zwölf Millionen Deutsche aus dem östlichen Europa waren von den erzwungenen Migrationen am Ende des Zweiten Weltkriegs betroffen. Auf dem Gebiet der SBZ blieben (zunächst) ca. 4,3 Millionen Flüchtlinge und Vertriebene.[6] Die Schlesier stellten mit mehr als einer Million Personen die größte Gruppe, gefolgt von den Böhmischen Ländern mit über 840.000 Personen sowie Pommern und Ostpreußen mit je etwa 500.000 Personen.[7] Fast 25 Prozent der Bevölkerung der SBZ setzten sich in der unmittelbaren Nachkriegszeit aus sogenannten Umsiedlern zusammen. Dieser Terminus wurde bereits im Herbst 1945 von der Zentralverwaltung für deutsche Umsiedler (ZVU) festgelegt.[8] In ihrem zweiten Rundschreiben vom 2. Oktober 1945 hieß es dazu: „Hierbei sei bemerkt, daß fortan in unserem Sprachgebrauch nur die Rede von Umsiedlern ist. Die Bezeichnung Flüchtlinge oder Ausgewiesene ist nicht mehr zu gebrauchen.“[9] Die konkrete Definition, wer als „Umsiedler“ zu bezeichnen sei, lautete:

> Umsiedler sind alle Deutsche[n], die ihren Wohnort, der sich nach dem 12.3.38 jenseits der jetzigen deutschen Grenze befand, verließen. Der Beweggrund der Aufgabe des Wohnortes ist von untergeordneter Bedeutung. Die Bezeichnung „Umsiedler“ kann diesen Menschen nie genommen werden. Die Anwendung dieser Bezeichnung muß als Kenntlichmachung eines besonderen Bevölkerungsteiles beibehalten werden, jedoch spätestens nach Abschluß der Assimilation aus dem öffentlichen Sprachgebrauch verschwinden.[10]

---

6 Diese verteilten sich laut einer Statistik aus dem Jahr 1950 wie folgt: Brandenburg: 655.466 (25 % der Gesamtbevölkerung); Mecklenburg: 922.088 (43 %), Sachsen-Anhalt: 1.051.024 (24 %), Thüringen: 685.913 (23%) und Sachsen: 997.798 (17 %). Stiftung Archiv der Parteien und Massenorganisationen der DDR im Bundesarchiv, DY 30/IV2/5/243, Bl. 102ff., zit. n. Manfred Wille (Hg.): Die verordnete Einbürgerung von 4 Millionen Vertriebenen in die Gesellschaft der SBZ/DDR. Ein zentrales Dokument zur „Umsiedlerpolitik“ der SED in den ersten fünf Nachkriegsjahren. Magdeburg 1998, S. 11; dazu siehe auch Michael Schwartz: Vertriebene und „Umsiedlerpolitik“. Integrationskonflikte in den deutschen Nachkriegs-Gesellschaften und die Assimilationsstrategien in der SBZ/DDR 1945–1961. München 2004 (Quellen und Darstellungen zur Zeitgeschichte 61), S. 369ff.

7 Manfred Wille: Zu einigen Fragen der Aufnahme und Integration der Vertriebenen in der SBZ/DDR. In: Ders. (Hg.): 50 Jahre Flucht und Vertreibung. Gemeinsamkeiten und Unterschiede bei der Aufnahme und Integration der Vertriebenen in die Gesellschaften der Westzonen/Bundesrepublik und der SBZ/DDR. Magdeburg 1997, S. 29–54, hier S. 34 (Stand: Oktober 1946).

8 Vgl. Uta Bretschneider: Umsiedler (SBZ/DDR). In: Online-Lexikon zur Kultur und Geschichte der Deutschen im östlichen Europa, 2013 <ome-lexikon.uni-oldenburg.de/61788.html> (Stand: 28.08.2014, Zugriff: 20.03.2016).

9 Rundschreiben Nr. 1 der Zentralverwaltung für deutsche Umsiedler an die Umsiedlerämter der Landes- und Provinzialverwaltungen, an die Landräte und Bürgermeister der kreisfreien Städte, Berlin, 2. Oktober 1945, zit. n. Manfred Wille (Hg.): Die Vertriebenen in der SBZ/DDR. Dokumente. Bd. 1: Ankunft und Aufnahme 1945. Wiesbaden 1996 (Studien der Forschungsstelle Ostmitteleuropa an der Universität Dortmund 19/1), S. 264–269, hier S. 264.

10 Sächsisches Staatsarchiv, Hauptstaatsarchiv Dresden, 11391 Ministerium für Arbeit und Sozialfürsorge, Nr. 418: Umsiedler- und Heimkehrerangelegenheiten, 1947–48, Memorandum „Begriffsbestimmung Umsiedler, Neubürger usw.“ der HA Umsiedler, Abt. Einbürgerung, d. LRS, Min. f. Arb. u. soz. Fürsorge, v. 23.5.1947, fol. 54–55.

Der Terminus, der sich an sowjetischen Politik- und Sprachregelungen orientierte, verschwieg das traumatisierende Vertreibungs- bzw. Fluchtgeschehen und suggerierte Freiwilligkeit, zumindest aber die Abwesenheit von völkerrechtsrelevanten Vergehen.[11] Grundlage für diese Begriffssetzung war einerseits die Rücksichtnahme auf die „sozialistischen Bruderstaaten" und andererseits die Fokussierung auf den Aufbau einer neuen, „sozialistischen Gesellschaft". Zugleich diente der „Umsiedler"-Begriff auch zur Abgrenzung von der in Westdeutschland gebräuchlichen Bezeichnung „Heimatvertriebene".

Schon bald wurden die „Umsiedler" in der SBZ zu „Neubürgern" erklärt und ihre rechtliche Gleichstellung mit den Alteingesessenen damit zum Ausdruck gebracht. Mitte 1947 verfasste die sächsische Hauptabteilung Umsiedler im Ministerium für Arbeit und Sozialfürsorge folgende Definition:

> Der Neubürger ist ein Umsiedler. Vom Moment der polizeilichen Anmeldung am Wohnort ab, wird der Umsiedler ein Neubürger. Die Unterscheidung zwischen Neubürger und Ansässigen dient der Festlegung des Assimilationsprozesses. Die Anpassung ist nicht einseitig.[12]

Der hier formulierte Anspruch wurde freilich nie eingelöst, doch verdeutlicht diese Differenzierung, wie weitreichend die sprachpolitischen Regelungen zu Flucht und Vertreibung in der SBZ waren. Und im März 1948 hieß es in der von der ZVU herausgegebenen Zeitschrift *Die neue Heimat* unter der Rubrik „Kleine Nachrichten aus Stadt und Land": „Je eher der Begriff Alt- und Neubürger verschwindet, um so besser für unseren demokratischen Aufbau."[13] Der Satz zeigt – bezogen auf die Ebene der Sprache – die Homogenitätsprämisse, die für die „sozialistische Gesellschaft" der DDR so zentral werden sollte.

Die Alteingesessenen hofften in der ersten Zeit auf eine baldige Rückkehr der „Umsiedler" in ihre Heimatregionen, und auch die Ankommenden selbst gingen oft von einem temporären Aufenthalt aus. Michael Schwartz konstatiert, man habe daher auf beiden Seiten auf eine „Integrations*vermeidung*" gesetzt.[14] Statt einer dezidierten Integrationspolitik galt es in der SBZ eine Versorgungspolitik umzusetzen. So differenzierte ein zeitgenössisches Grundlagenpapier die einzelnen Lebensbereiche, auf die die Unterstützungsmaßnahmen abzielten: Versorgung mit Wohnraum, „Wiedereingliederung in den Produktionsprozeß", „Beteiligung im Handel, Handwerk und Gewerbe", „Versorgung mit Hausrat und Gebrauchsgegenständen",

---

11 Michael Schwartz: „Vom Umsiedler zum Staatsbürger". Totalitäres und Subversives in der Sprachpolitik der SBZ/DDR. In: Dierk Hoffmann, Michael Schwartz, Marita Krauss (Hg.): Vertriebene in Deutschland. Interdisziplinäre Ergebnisse und Forschungsperspektiven. München 2000 (Vierteljahrshefte für Zeitgeschichte, Schriftenreihe, Sondernummer), S. 135–166, hier S. 137.

12 Sächsisches Staatsarchiv, Hauptstaatsarchiv Dresden, 11391 Ministerium für Arbeit und Sozialfürsorge, Nr. 418 (Anm. 10).

13 O. A.: Kleine Nachrichten aus Stadt und Land. In: Die neue Heimat, Jg. 2, Heft 5, März 1948, S. 20. Nähere Informationen zur Zeitschrift *Die neue Heimat* siehe weiter unten.

14 Michael Schwartz: Vom ‚Flüchtling' zum Neubürger. Vertriebenenintegration als gesellschaftliches Problem der deutschen Nachkriegsgesellschaften. In: Transodra. Deutsch-polnisches Informationsbulletin 10/11 (1995), S. 26–39, hier S. 30 (Hervorhebung im Original).

finanzielle Unterstützung sowie „soziale Fürsorge für Arbeitsunfähige und Alte".[15] Kulturelle, soziale oder auch psychische Aspekte der Integration blieben in den damaligen Eingliederungskonzepten außen vor. Die politischen Akteure und große Teile der sogenannten Aufnahmegesellschaft – die sich selbst in einer tiefgreifenden Umbruchsphase wiederfand – erwarteten eine Assimilation der „Umsiedler". Der SED-Politiker Paul Merker, im Zentralsekretariat der SED verantwortlich für „Umsiedlerfragen", schätzte die Situation 1947 wie folgt ein: „Die Assimilierung ist nicht so fortgeschritten, wie es sein könnte. Viele Umsiedler sehen noch mehr nach rückwärts als nach vorwärts."[16] Und weiter heißt es in seiner programmatischen Publikation *Die nächsten Schritte zur Lösung des Umsiedlerproblems*:

> Der unterschiedliche Dialekt, die Zugehörigkeit zu einer anderen Konfession, die Tatsache, daß sie vorübergehend auf die Hilfe und Unterstützung der Alteingesessenen angewiesen sind, die sich ihrerseits oftmals durch die Zuwanderer in ihren Lebensgewohnheiten eingeengt fühlen, erschweren natürlich die Assimilierung der Umsiedler. Doch diese objektiven Hindernisse können überwunden werden, wenn sich Alteingesessene und Umsiedler beiderseitig an die vorhandenen Besonderheiten gewöhnen.[17]

Statt einer aktiven Integration, verstanden als wechselseitiger Prozess, setzte die SED-Führung auf einen ‚Gewöhnungseffekt' und überließ Neuankommende und Alteingesessene damit ein Stück weit sich selbst. Im November 1948 verabschiedete das Zentralsekretariat der SED den *Grundsatzbeschluss über die Weiterführung des Assimilationsprozesses der Umsiedler* und besiegelte damit die Auflösung spezifischer „Umsiedler"-Verwaltungen bzw. ihre Eingliederung in übergeordnete Einrichtungen.[18]

Zwar wurden die „Umsiedler" schnellstmöglich, d. h. nach dem Aufbau entsprechender administrativer Strukturen, mit dem Lebensnotwendigen versorgt: mit Nahrung und Wohnraum; auch Arbeit wurde rasch beschafft, doch ein kulturelles und soziales Einfinden und Zusammenwachsen wurde von staatlicher Seite kaum gefördert. Stattdessen endete eine dezidierte Unterstützung der „Umsiedler" nach einigen Gesetzen und Maßnahmen bereits Anfang der 1950er Jahre. Den Abschluss der sogenannten Umsiedlerpolitik stellte in der offiziellen Lesart das *Gesetz über die weitere Verbesserung der Lage der ehemaligen Umsiedler in der Deutschen Demokratischen Republik* dar. Es beinhaltete Unterstützungsleistungen für „Neubauern-Umsiedler" und „Umsiedler-Handwerker", die Bereitstellung von Wohnraum für jene Flüchtlinge und Vertriebenen, die in Volkseigenen Betrieben arbeiteten, die Ausbildungsunterstützung von „Umsiedlerkindern" sowie die Vergabe spezifischer (Haushalts-)Kredite.[19] 1950 erlassen, liefen die meisten der aus dem Gesetz resultierenden

15 Stiftung Archiv der Parteien und Massenorganisationen der DDR im Bundesarchiv, DY 30/IV2/5/243, Bl. 102ff., zit. n. Wille (Hg.): Die verordnete Einbürgerung (Anm. 6), S. 12ff.

16 Paul Merker: Die nächsten Schritte zur Lösung des Umsiedlerproblems. Berlin 1947, S. 8 (im Original Abschnitt fett gedruckt), vgl. auch Wille (Hg.): Die verordnete Einbürgerung (Anm. 6), S. 4.

17 Merker: Die nächsten Schritte (Anm. 16), S. 8.

18 Schwartz: Vertriebene und „Umsiedlerpolitik" (Anm. 6), S. 369ff.

19 Nationale Front des Demokratischen Deutschland (Hg.): Sie fanden eine neue Heimat. Berlin 1950, S. 33f.

Aktionen wenige Jahre später aus. Bereits im Frühjahr 1949 hatte die SED-Führung die gesonderte statistische Erfassung der „Umsiedler" untersagt. Spätestens Anfang der 1950er Jahre tauchten sie in keiner offiziellen Statistik mehr auf.[20] Assimilation statt Integration, Vergessen statt Erinnern, Zukunft statt Vergangenheit – so lassen sich die Merkmale der forcierten Eingliederung zusammenfassen. Ihre öffentliche Sichtbarkeit ging zurück, aber vollständig verschwanden die Flüchtlinge und Vertriebenen nie aus den Medien der DDR.

3. Selbst- und Fremdbilder: Schnittmengen und Differenzierungen

Die Darstellungsformen und Fremdbilder von „Umsiedlern" in der SBZ bzw. DDR sollen im Folgenden vor allem anhand von Beispielen aus dem Publikationsorgan der ZVU skizziert werden. Die Zeitschrift mit dem programmatischen Titel *Die neue Heimat. Illustrierte Monatszeitschrift* erschien in den Jahren 1947 bis 1949. Sie richtete sich an die Neuangekommenen und veröffentlichte vornehmlich (gelungene wie auch problematische) Beispiele für das Zusammenleben mit den Alteingesessenen. Ferner erschienen Artikel, die die Zeit des Nationalsozialismus in den Blick nahmen bzw. Themen wie Selbstversorgung, Handwerk sowie die Arbeit der Umsiedlerausschüsse und Hilfsmaßnahmen aufgriffen. Aber auch Literatur und Gedichte waren Gegenstand der Beiträge. Das thematische Spektrum der Zeitschrift reichte so von Tipps zur alltäglichen Lebensführung über Unterhaltung bis hin zu dezidiert politischen Inhalten. In der ersten Ausgabe legte der Chefredakteur die Agenda der *Neuen Heimat* wie folgt fest:

> Drei Aufgaben stellt sich unsere Zeitschrift. Sie will das Sprachrohr aller jener sein, die als Neubürger im neuen Deutschland ein neues Leben beginnen. Sie will eine Waffe gegen bürokratische Hemmnisse sein, gegen Engherzigkeit, Engstirnigkeit, gegen alle Überbleibsel des fluchbeladenen Gestern. Sie will das Bindeglied zwischen den Eingesessenen und den Neuangekommenen sein. Drei Aufgaben, ein Ziel: eine neue Heimat aufbauen helfen, ein friedliches, demokratisches und somit glückliches Deutschland. Dafür wollen wir alle wirken; jeder auf seinem Platz und alle für die gute Sache.[21]

Die inhaltliche Analyse dieser Monatszeitschrift der ZVU ermöglicht Einblicke in die staatlich intendierten Entwicklungsprozesse, in allgemeine Diskurse sowie in die zeitgenössischen Darstellungen der Lebenswelten von „Umsiedlern". *Die neue Heimat* wird hier verstanden als ein Medium, aus dem sich zeitgenössische Fremdbilder von „Umsiedlern" extrahieren lassen, während Interviewsequenzen mit Zeitzeuginnen und Zeitzeugen (in der Retrospektion) und weitere autobiografische Quellen die Perspektive der Selbstbilder eröffnen. Eine Zusammenschau der Präsentations-

---

20 Vgl. Michael Schwartz: „Verantwortliche Arbeit beim Wiederaufbau". Die Vertriebenen und die Formation neuer administrativer Eliten in der SBZ/DDR. In: Günther Schulz (Hg.): Vertriebene Eliten. Vertreibung und Verfolgung von Führungsschichten im 20. Jahrhundert. München 2001 (Deutsche Führungsschichten in der Neuzeit 24), S. 165–189, hier S. 172.

21 Michael Tschesnow: Zum Geleit. In: Die neue Heimat, Jg. 1, Heft 1, Mai 1947, S. 1.

modi und thematischen Schwerpunktsetzungen mit den ereignisgeschichtlichen Zäsuren, den Prozessen der Eingliederung sowie den individuellen Erinnerungen von Zeitzeuginnen und Zeitzeugen ermöglicht eine differenzierte Bewertung der damaligen Entwicklungen.

Die erste Phase ist in der unmittelbaren Nachkriegszeit zu verorten: Hier erschienen die „Umsiedler" als temporäre Gäste. Den wenigsten politischen Akteuren wie auch den wenigsten Einheimischen war anfangs bewusst, wie viele Menschen ins Land kommen und wie viele von ihnen bleiben würden. Die Neuankommenden galten als „Eindringlinge" und „Fremde". Sie waren es ganz im Sinne der Definition von Georg Simmel:

> Es ist hier also der Fremde nicht in dem bisher vielfach berührten Sinn gemeint, als der Wandernde, der heute kommt und morgen geht, sondern als der, der heute kommt und morgen bleibt – sozusagen der potenziell Wandernde, der, obgleich er nicht weitergezogen ist, die Gelöstheit des Kommens und Gehens nicht ganz überwunden hat.[22]

Viele Flüchtlinge und Vertriebene kamen und blieben, obschon sie lange Zeit auf eine Rückkehr hofften. Andere wiederum wurden von „potenziell Wandernden" zu tatsächlichen „Republikflüchtlingen". So sollten die „Umsiedler" allein etwa ein Drittel derjenigen stellen, die zwischen 1949 und 1961 die DDR in Richtung Westen verließen.[23]

Selten finden sich in der *Neuen Heimat* derart kritische Einschätzungen wie die folgende: Der stellvertretende Leiter der Hauptabteilung Umsiedler, Wilhelm Thiele, räumte darin 1948 ein, dass die Alteingesessenen in den Nachkriegsjahren schon mit den Problemen der Zeit gehadert und so fast verständlicherweise die „Umsiedler" selten mit offenen Armen empfangen hätten.

> Dennoch ist die Tatsache nicht zu bestreiten, daß die Neubürger in ihrem Hauptanteil noch nicht das Gefühl bekommen haben, in einer wirklichen neuen Heimat zu leben. Die wohnliche Unterbringung ist bei aller Verbesserung oft doch noch sehr unzureichend. Die Einquartierungen bei fremden Menschen führen zu ständigen persönlichen Reibungen, die das Leben verbittern, und in der Frage des Besitzes an den Dingen des täglichen Bedarfs klafft noch eine große Kluft zwischen den Alt- und Neubürgern. Dazu kommen nicht zu unterschätzende psychologische Hemmungen. Die Neubürger werden noch allzuoft als unerbetene Eindringlinge betrachtet, die augenscheinlich die schmal gewordene Existenzbasis noch mehr zu schmälern drohen. Im günstigsten Fall setzt man voraus, daß die „Neuen" sich den Verhältnissen der Alteingesessenen eben anzupassen haben, was den Verzicht der Neubürger auf ihre alten Gewohnheiten und Sitten bedeutet und bei ihnen das Gefühl der Fremde noch verstärkt. Gegenseitiges Verstehen und Anpassen ist jedoch notwendig, den tatsächlichen Verschmelzungsprozeß zu fördern.[24]

---

22 Georg Simmel: Exkurs über den Fremden. In: Ders.: Soziologie. Untersuchungen über die Formen der Vergesellschaftung, Bd. 11. Frankfurt a. M. 1992, S. 764–771, hier S. 764.

23 Michael Schwartz: Kriegsfolgelasten und „Aufbaugesellschaft". Vertriebene, Bombengeschädigte und Kriegsbeschädigte in den langen fünfziger Jahren der DDR. In: Dierk Hoffmann (Hg.): Vor dem Mauerbau. Politik und Gesellschaft in der DDR der fünfziger Jahre. München 2003 (Vierteljahrshefte für Zeitgeschichte, Sondernummer), S. 165–190, hier S. 184f.

24 Wilhelm Thiele: Eine neue Heimat – für Alle. In: Die neue Heimat, Jg. 2, Heft 8, August 1948, S. 3f., hier S. 3.

Im alltäglichen Miteinander der Nachkriegszeit wurden die Ankommenden vielfach von den Alteingesessenen diskriminiert und stigmatisiert. So erinnert sich eine Zeitzeugin, die als Kind die Vertreibung aus Ostbrandenburg erlebt hatte: „Und meine Mutter hat immer gesagt [...], ich kann das Wort ‚Freme' nicht mehr hören!"[25] – also „Fremde" im lokalen Dialekt. Ein anderer Interviewter berichtet, dass dieser Status als „Fremde" fortbestand:

> Wir waren *sehr* lange nur die „Flüchtlinge" und wurden von oben herab gesehen. „Das sind die Flüchtlinge, ach das sind bloß Flüchtlinge. [...]" Aber dass nun ihrerseits die Flüchtlinge sonderlich zusammengehalten hätten, das möchte ich nicht so sehr sagen, da hat schon jeder dann in sein eigenes Töpfchen geguckt.[26]

Diesen Befund liefert er ausgerechnet für ein Dorf, in dem Vertriebene aus einer Region in Schlesien relativ geschlossen angesiedelt worden waren. Doch in der Not der unmittelbaren Nachkriegszeit war sich offenbar (zunächst) jeder sprichwörtlich selbst der Nächste.

Da sie nur eine begrenzte Gepäckmenge hatten mitführen dürfen (in der Regel 30 bis 50 Kilogramm je Person), die unterwegs noch im Tausch und durch Plünderungen reduziert wurde, waren die „Umsiedler" weitgehend mittellos. Sie galten nach ihrer Ankunft rasch als Bittsteller, mitunter als Kriminelle. Denn zu den Praktiken der Alltagsbewältigung gehörte neben dem Arbeiten gegen Naturalien sowie dem Betteln auch der Diebstahl.[27] So schreibt ein Zeitzeuge in seinen Lebenserinnerungen:

> Meine Mutter hat einer älteren Frau aus Westpreußen die bettlägerig war (Anfang 1946) geholfen mit Besorgungen usw. In diesem Haus hat Jemand [sic] Wäsche gestohlen. Uns hat man die Polizei auf den Hals gehetzt[,] sie sollte Haussuchung machen. Der Dieb[,] eine Nachbarin[,] [...] hatte nach 2 bis 3 Jahren die gestohlene Wäsche zum Trocknen aufgehängt. So hat sich der Diebstahl aufgeklärt.[28]

Die Ankommenden waren in den Augen der alteingesessenen Bevölkerung außerdem Konkurrenten um knappe Ressourcen im Nachkriegschaos. Sie stellten eine so große Gruppe dar, dass zum Teil von einer „Flut", einem „Umsiedlerstrom" oder

---

25 Ingeborg Lösch, Jahrgang 1939, wurde mit ihrer Familie (Vater noch in Kriegsgefangenschaft) aus dem Kreis Landsberg, Brandenburg (heute Gorzów Wielkopolski, Republik Polen) vertrieben und gelangte über mehrere Zwischenstationen 1948 nach Kloster Veßra, Interview am 12. Mai 2011, Zeile 1249.

26 Rudolf Peters, Jahrgang 1940, floh mit seiner Familie im Januar 1945 aus Waldheide, Niederschlesien (heute Świętoszyn, Republik Polen) und gelangte über Zwischenstationen nach Altenhain, Interview am 8. März 2013, Zeile 63.

27 Dazu siehe auch Heinke M. Kalinke: „Wir sind auch losgegangen und haben uns was geholt." Über Selbsthilfe und Erfahrungen mit der Ernährungskrise nach 1945 in einer niedersächsischen Kleinstadt. In: Volkskunde in Niedersachsen 1 (1993), S. 21–33.

28 Zeitzeuge Jahrgang 1930, 1946 mit seinen Eltern aus Tannwald, Niederschlesien (heute Jodłowice, Republik Polen) vertrieben und nach Schwarzbach gelangt, Aufzeichnungen im Bestand des Hennebergischen Museums Kloster Veßra.

„(Zu-)Strom" die Rede war.[29] Am 24. Dezember 1945 schrieb ein Vertriebener aus Böhmen folgende Einschätzung in sein Tagebuch:

> Es ist dieses heurige Weihnachtsfest das unglückseligste so weit ich mich zu erinnern vermag und es ist der magerste Heilige Abend meines bisherigen Lebens. Die liebe Heimat wurde uns geraubt, alles Erworbene genommen. Von den hiesigen Einwohnern werden wir als Eindringlinge angesehen, zumindestens [sic] aber als unbequem empfunden, und danach behandelt.[30]

Im November hatte der Tagebuchschreiber bereits notiert:

> Für unsere Lage haben diese Bauern, denen es noch nicht schlecht ergangen ist, keinerlei Verständnis, ja wir werden als unbequem und störend empfunden und man läßt dies uns manchmal spüren. Ich spreche hier nicht allein aus meiner Erfahrung, sondern es sind die Empfindungen aller hier lebenden „Fremden".[31]

Ein ganz ähnlicher Wortlaut findet sich 1946 im *Neuen Deutschland*:

> Die Erfahrung hat gezeigt, daß Teile der Landbevölkerung in den weniger vom Krieg betroffenen Gebieten oft herzlos, die einfachste Menschenpflicht außer Acht lassen und immer noch verkennen, daß die Folgen der von Hitler angestifteten Wahnsinnskatastrophe gleichmäßig auf alle Schultern verteilt werden müssen.[32]

Das Zitat zeigt eine weitere Zuschreibung: So galten die Flüchtlinge und Vertriebenen auch als besonders hilfsbedürftig.[33] Der Kreisausschuss der Volkssolidarität Zwickau veröffentlichte zum Beispiel 1946 folgenden Aufruf im *Neuen Deutschland*: „Hab ein Herz für Umsiedler, Heimkehrer und Ausgebombte. Oeffnet Schränke und Truhen: Mit jedem Kleidungsstück, jedem Haushaltsgerät helft ihr die Not lindern!"[34]

Daneben wurden spezielle Kredite an „Umsiedler" vergeben und beispielsweise günstige Möbel eigens produziert. Teilweise wurden die Flüchtlinge und Vertriebenen auch als Opfer des nationalsozialistischen Regimes präsentiert. Immer wieder finden sich Formulierungen wie „infolge des verbrecherischen Hitlerkrieges verloren",[35] „die durch die Hitleraggression verlorene Heimat"[36] und:

---

29 Z. B. Kurt Büttner: Ist eine Binnenwanderung möglich? In: Die neue Heimat, Jg. 3, Heft 14/15, Februar/März 1949, S. 9f.; H[einrich] E[rnst] Siegrist: Die wahre Geschichte. In: Die neue Heimat, Jg. 2, Heft 6 (ohne Monatsangabe) 1948, S. 14f.; Maria Langner: Flüchtlinge. In: Die neue Heimat, Jg. 2, Heft 12, Dezember 1948, S. 16.

30 Tagebuch von Anton Fritz Hiller (Pseudonym), Jahrgang 1910, 1945 mit Ehefrau und zwei Töchtern aus Schönlinde, Nordböhmen (Krásná Lípa, Tschechische Republik) geflohen, über Dresden in die Nähe Meiningens gelangt, Zeitraum der Tagebuchaufzeichnungen: 11. Juni 1945 bis 4. Januar 1952, Privatbesitz, Reproduktion im Bestand des Hennebergischen Museums Kloster Veßra, S. 55.

31 Ebd., S. 49.

32 K. B.: Landrat Weise handelte richtig. In: Neues Deutschland, 11.08.1946, S. 4.

33 Z. B. Szczyrbowski: Soziale Hilfe für die Umsiedler. In: Die neue Heimat, Jg. 1, Heft 2, November 1947, o. S.

34 O. A.: Nachrichten aus den Ländern und Provinzen. In: Neues Deutschland, 28.09.1946, S. 4.

35 Stiftung Archiv der Parteien und Massenorganisationen der DDR im Bundesarchiv, DY 30/IV2/5/243, Bl. 102ff., zit. n. Wille (Hg.): Die verordnete Einbürgerung (Anm. 6), S. 16.

36 Jagodzimki: „... und wie ist Deine Meinung?" In: Die neue Heimat, Jg. 3, Heft 14/15, Februar/März 1949, S. 12.

> Sie haben alles, was sie besaßen, auf das Konto der Wiedergutmachung der Schandtaten des Hitlersystems abgeben müssen. Sie wurden die Ärmsten der Armen, die wir alle geworden sind. Sie verloren noch etwas mehr als die total Ausgebombten – nämlich ihre Heimat![37]

Obschon die Rückkehrsehnsucht der Flüchtlinge und Vertriebenen in anderen Formaten und bis heute in Interviews mit Personen, die die Zwangsmigrationen um 1945 im Kindesalter erlebten, immer wieder sichtbar wurde und wird, kommt sie in der *Neuen Heimat* aus programmatischen Gründen selten zum Ausdruck. Eines der wenigen Beispiele lautet:

> Es mag sein, daß viele Umsiedler ihre Hoffnung auf die Versprechungen der Politiker setzen, die ihnen eine Rückkehr in ihre alte Heimat mit Sicherheit in Aussicht stellen; es erhebt sich aber die nicht schwer zu beantwortende Frage, wer letzten Endes ehrlicher, verantwortungsbewußter und mehr im Interesse der Ausgewiesenen selbst handelt: einer, der verspricht, was zu halten nicht in seiner Macht liegt – oder der andere, der den unpopulären Mut findet, auszusprechen, was wirklich ist.[38]

Hier sind es politische Akteure, denen ein Ausnutzen der Situation der „Umsiedler" für ihre Zwecke vorgeworfen wird, während ein Teilnehmer an der zweiten Sitzung der Landeskommission für Neubürger in Weimar im Februar 1946 bezogen auf die Vertriebenen selbst formulierte:

> Der Einstellung der Umsiedler in der Frage der Rückkehr ist mit aller Entschiedenheit entgegenzutreten. Solange die Umsiedler immer noch der Meinung sind[,] sie könnten in ihre Heimat zurückkehren, werden sie sich niemals richtig einbürgern lassen.[39]

In vielen aktuellen Interviews ist die damalige Rückkehrhoffnung der Eltern ein zentrales Moment. Die Tochter eines „Umsiedler"-Paares aus Ostbrandenburg beispielsweise äußerte folgende Einschätzung:

> Die Eltern – also eigentlich haben sie doch immer wieder gehofft, wieder zurückzukommen. [...] Irgendwann schließt man natürlich ab und sagt „gut". Sie waren ja dann auch anerkannt und auch dann in die Gemeinschaft aufgenommen. Aber ich glaub', so richtig heimisch, das würde ich jetzt nich' behaupten wollen. Ja. Also mein Vater nich'.[40]

Und auch eine Interviewpartnerin aus der alteingesessenen Bevölkerung schildert das Heimweh einer im Ort untergebrachten „Umsiedlerin":

---

37 Philipp Daub: Mit neuem Mut. In: Die neue Heimat, Jg. 1, Heft 3, Dezember 1947, S. 3.

38 Herbert Gessner: Der Mut zur Wahrheit. In: Die neue Heimat, Jg. 1, Heft 1, Mai 1947, S. 7f., hier S. 7.

39 Thüringisches Hauptstaatsarchiv Weimar, 6-32-0130 Land Thüringen, Ministerium für Wirtschaft und Arbeit Nr. 3761, Berufsmäßige Erfassung der Umsiedler zwecks Eingliederung in den Arbeitsprozeß, 1945–1951, Protokoll zur 2. Sitzung der Landeskommission für Neubürger in Weimar am 28. Februar 1946, 14:30 Uhr im Hause der Landesbank Thüringen, Blatt 53–81, hier Blatt 63.

40 Bärbel Lohner, Jahrgang 1940, Schwester von Ingeborg Lösch, wurde mit ihrer Familie (Vater noch in Kriegsgefangenschaft) aus dem Kreis Landsberg, Brandenburg (heute Gorzów Wielkopolski, Republik Polen) vertrieben und gelangte über mehrere Zwischenstationen 1948 nach Kloster Veßra, Interview am 4. November 2011, Zeile 653.

> Die hat immer gesagt, ach, sie wollt wieder heim und wenn's auf'm Trittbrettel wär'. Die wollte auf dem Zug, bloß auf dem Trittbrettel [zurückfahren] – ja, die wollten schon gern wieder heim![41]

In der zweiten Phase Ende der 1940er bis Anfang der 1950er Jahre erschienen die „Umsiedler", die nun offiziell „Neubürger" oder „ehemalige Umsiedler" hießen, weiterhin als Konkurrenten zu den Alteingesessenen. Doch es kam eine Zuschreibung hinzu: Sie wurden – von politischer Seite – als wichtige Akteure des Wieder- und Neuaufbaus dargestellt. Paul Merker formulierte 1947:

> Im Interesse Deutschlands brauchen wir die Umsiedler für den Wiederaufbau unserer Industrien, unseres Handwerks und unserer Landwirtschaft. Wir brauchen sie zur Stärkung der demokratischen Kräfte in unserem Volk.[42]

Jenseits dieser politischen Rhetorik wurden die Ankommenden rasch zu gern gesehenen, vielfach jedoch auch ausgebeuteten Arbeitskräften: Zu ihrem ‚immateriellen Gepäck' gehörten zwar Fachwissen und Berufserfahrung, doch in den meisten Fällen erlebten sie zunächst eine berufliche Deklassierung. Sie führten Hilfstätigkeiten aus, arbeiteten unter widrigen Bedingungen und gegen einen geringen Lohn. Dabei bot der Bereich der Arbeit zugleich die Möglichkeit, sich Anerkennung zu er-arbeiten. 1947 zählte Rudolf Engel, der von 1946 bis 1948 Präsident der ZVU und kurzzeitig Chefredakteur der *Neuen Heimat* war, in einer Erfolgsbilanz der Eingliederung der „Umsiedler" unter anderem exemplarisch auf:

> Eine Wollweberei in Putbus auf Rügen; eine Messerschmiede-Genossenschaft in Leegebruch; die Glasbläser und -schleifer aus Gablonz in Quedlinburg; die Bijouteriearbeiter in Gotha; die Kristallschleifer in Kahla in Thüringen; eine Spitzenklöppler-Genossenschaft mit fast 500 Mitgliedern in Reichenbach im Vogtland. Zu Hunderten lassen sich Beispiele dafür anführen, daß fleißige Hände der Umsiedler gemeinsam mit denen der alten Bevölkerung die Arbeit aufgenommen haben. Gemeinsam mit den Ortsansässigen werden lokale Möglichkeiten studiert, und die Arbeit beginnt. Bestehende Produktionsstätten erweitern sich, stillgelegte werden in Betrieb genommen. In Landgemeinden, die niemals industrielle oder handwerkliche Betätigung kannten, ist neues Leben eingezogen. Das sind Tatsachen. So beginnt der Aufbau unserer neuen Heimat. Mehr als 86 Prozent der arbeitsfähigen Umsiedler stehen in Lohn und Brot.[43]

Engel greift hier positive Beispiele derer heraus, die in der SBZ an ihre beruflichen Werdegänge in der „alten Heimat" anzuknüpfen vermochten. All diejenigen aber, die sich in problematischen Arbeitsverhältnissen befanden und Hilfsarbeiten ausübten, führt seine Bilanz nicht auf. Das ‚Hocharbeiten' gehört zu den zentralen Topoi der Eingliederung der „Umsiedler" in der SBZ/DDR. Immer wieder findet sich da-

41 Elfriede Schmidt, Jahrgang 1926, wuchs in Kloster Veßra auf, wo ihre Eltern (Fabrikarbeiter und Saisonkraft der Domänenwirtschaft) 1945 eine Neubauernstelle übernahmen, Interview am 13. Mai 2011, Zeile 1191.

42 Merker: Die nächsten Schritte (Anm. 16), S. 7.

43 Rudolf Engel: Der Anfang ist gemacht. In: Die neue Heimat, Jg. 1, Heft 1, Mai 1947, S. 3f., hier S. 4.

bei ein Bezug auf die Hände, die als Pars pro Toto die Arbeitskraft symbolisieren: „Die mussten sich erst [...] ihre Anerkennung durch ihrer Hände Arbeit, durch ihren Fleiß, durch ihre Treue, durch ihre Nachbarschaftshilfe erkämpfen."[44]

In den Behörden der SBZ/DDR entstand durch die zumindest anfänglich rigoros umgesetzte „Entnazifizierung" ein erheblicher Personalbedarf, den zum Teil die „Umsiedler" deckten. So waren laut zeitgenössischen Statistiken Anfang 1949 in den Verwaltungen der SBZ knapp 73.000, bei der Post etwa 9.000 und bei der Reichsbahn über 35.000 „Umsiedler" beschäftigt. 23.000 Flüchtlinge und Vertriebene waren demnach als Lehrer tätig.[45] Michael Schwartz schätzt die Ausgangslage der „Umsiedler" wie folgt ein: „Indem die SBZ und die frühe DDR durch politisch gewollte Verdrängung und durch massenhafte Abwanderung (‚Republikflucht') im Vergleich zur Bundesrepublik in den ersten beiden Jahrzehnten nach 1945 zur sozial deutlich mobileren deutschen Teilgesellschaft wurde, öffnete sie den 1945 auf dem Tiefpunkt sozialer Positionierung gestrandeten Vertriebenen vergleichsweise gute soziale Wiedereinstiegschancen, die nicht selten auch außerordentliche Aufstiegschancen waren."[46]

Die Publikation ausgewählter Statistiken in der Presse der SBZ/DDR diente dazu, die Erfolgsbilanz hervorzuheben. Bestätigt und ergänzt wurde sie durch individuelle Geschichten vom ‚gelungenen Leben' nach der Flucht oder Vertreibung. Das Herausgreifen konkreter Einzelschicksale diente der Inszenierung von Vor- bzw. Idealbildern und sollte die politisch gewollten Rollenbilder popularisieren. So publizierte *Die neue Heimat* 1947 unter der Rubrik „Das gute Beispiel"[47] folgenden Text:

> Thüringens erster weiblicher Polizeileutnant, Fräulein Ruth Wipprecht, ist Umsiedlerin. Sie stammt aus Beuthen in Oberschlesien. Nach ihrer Aussiedlung im Jahre 1945 sagte sie ihrem Kontoristenberuf, in dem sie keine Arbeit fand, Ade und meldete sich kurzentschlossen zur weiblichen Verkehrspolizei. Nach sechs Wochen Straßeneinsatz kam sie in den Innendienst der Verkehrsabteilung. Später besuchte sie zwei Monate lang die Polizeischule in Erfurt, deren Prüfung sie mit „gut" bestand. Heute obliegt ihr die Ausbildung der weiblichen Schutzpolizei; fünfundzwanzig junge Mädchen eines Lehrgangs sind ihr anvertraut. Ruth Wipprecht bietet ihnen einen schönen Beweis dafür, wie man sich auch als Umsiedlerin in der neuen Heimat durchsetzen kann – wenn man den guten Willen dazu mitbringt.[48]

So explizit wie in diesem Beispiel offenbaren die Texte ihren ideologisch-didaktischen Impetus selten: „erster weiblicher Polizeileutnant" und „Umsiedlerin". Die

---

44 Otto Richter, Jahrgang 1929, geb. in Kloster Veßra, erlebte die Ankunft der Flüchtlinge und Vertriebenen als Jugendlicher, Interview am 5. November 2011, Zeile 131.

45 Wille (Hg.): Die verordnete Einbürgerung (Anm. 6), S. 13; vgl. auch Schwartz: Kriegsfolgelasten (Anm. 23), S. 180. Laut Michael Schwartz ist die Rolle, die die „Umsiedler" beim Neuaufbau administrativer Strukturen spielten, schwer zu bewerten, da es einerseits eine hohe Fluktuation gegeben habe und die statistische Erfassung nur wenige Jahre nach Kriegsende abbricht. Schwartz: „Verantwortliche Arbeit beim Wiederaufbau" (Anm. 20), S. 165.

46 Ebd., S. 168.

47 Diese Rubrik gab es bis zum Heft 5/1948.

48 O. A.: Das gute Beispiel. In: Die neue Heimat, Jg. 1, Heft 2, November 1947, S. 4.

Geschichte von Ruth Wipprecht zeigt die Etappen ihres beruflichen Aufstiegs. Gesteigert wird diese Erfolgsbilanz noch, indem die „Aussiedlung“ und ihr Status als „Umsiedlerin“ hervorgehoben werden, denn es zeigt sich: Die Porträtierte hat sich trotz dieser erschwerten Ausgangsbedingungen peu à peu ‚hochgearbeitet‘. Einem ähnlichen Muster folgt die 1947 unter derselben Rubrik publizierte Kurzbiografie eines männlichen „Umsiedlers“:

> Ein Mann der Tat und des zielbewußten Wollens – das ist der Umsiedler Fritz Steinort, der seit zwei Jahren Betriebsratvorsitzender auf einem 2000 Morgen großen Saatzuchtgut im Kreis Wanzleben, Sachsen-Anhalt, ist. Steinort stammt aus Tapiau, Kreis Wehlau. Aus Kriegsgefangenschaft kommend, verschlug ihn 1945 das Schicksal nach Mitteldeutschland. Als Landarbeiter begann er auf dem Gut, dem er heute in Gemeinschaft mit der Verwaltung den Stempel seines praktischen, gerechten und fortschrittlichen Wirkens aufdrückt. Neben seiner alltäglichen Arbeit für den Gesamtbetrieb gilt seine Hauptsorge der Betreuung der vielen Umsiedlerfamilien, die auf dem Gut Arbeit und Wohnung gefunden haben. Trotz aller Schwierigkeiten gelang die Versorgung der Umsiedler mit Haus- und Küchengerät, mit Bekleidung, Schuhwerk und anderen Dingen des täglichen Lebens. Darüber hinaus wurde Wert darauf gelegt, gerade die beschäftigten Umsiedler in die Selbstversorgung aufzunehmen und ihnen damit den Rückhalt für die Steigerung ihrer produktiven bäuerlichen Tätigkeit zu geben. Fritz Steinort ist der Typ des Umsiedlers, der durch eigene Tatkraft eine neue Heimat und Wirkungsstätte gefunden hat. Sein Beispiel beweist, daß unsere junge Demokratie in der Lage ist, ihre fähigsten Köpfe aus der Menge der aufbauwilligen Kräfte – ganz gleich, woher sie kommen – herauszuheben und sie dahin zu stellen, wo Not am Mann ist und Können wie Wollen beste Voraussetzungen zum Dienst an der Allgemeinheit sind.[49]

Auch hier ist es ein überaus engagiertes und dynamisches Bild, das *Die neue Heimat* von Fritz Steinort zeichnet. Er wird als „praktisch“, „gerecht“ und – das ist zentrales Moment vieler Darstellungen – als „fortschrittlich“ präsentiert. Dass sich Steinort nicht nur für den Aufbau der Landwirtschaft, sondern auch für die Verbesserung der Lebensbedingungen der Menschen, die sein Schicksal teilen, einsetzt, fügt sich gut in diesen Darstellungsmodus ein.

Für den Sektor der Landwirtschaft kam in vielen Beiträgen eine weitere Nuance zum Fremdbild hinzu: Die „Umsiedler“ wurden als Profiteure der Bodenreform dargestellt. Die Bodenreform führte in den Jahren von 1945 bis 1948 zu einer radikalen Umverteilung des Besitzes im ländlichen Raum der SBZ: Eigentum über 100 Hektar sowie der Besitz von Nationalsozialisten und Profiteuren des nationalsozialistischen Systems wurde ohne Entschädigung enteignet. Diese Maßnahmen betrafen neben dem Land auch Gebäude, Vieh und Inventar. Alles fiel an den staatlichen Bodenfonds und wurde unter anderem an 210.000 Neubauernfamilien neu vergeben. Zu ihnen gehörten knapp 91.000 „Umsiedlerfamilien“, für die die Bodenreform eine Chance zum Neuanfang bot. In der *Neuen Heimat* hieß es im Sommer 1948:

> Fast 90.000 Umsiedlerfamilien, das sind fast 400.000 Menschen, wurden allein durch die demokratische Bodenreform wieder selbständige Bauern und besitzen eigenen Grund und

49 O. A.: Das gute Beispiel. In: Die neue Heimat, Jg. 1, Heft 3, Dezember 1947, S. 12.

> Boden. Das Neubauernprogramm für 37.000 Neubauerngehöfte kommt zuerst und vor allem den Umsiedlerneubauern zugute.[50]

Und wenig später lieferte das Publikationsorgan der ZVU ein weiteres positives Resümee der Agrarreform:

> Diejenigen, die den Willen zur Mitarbeit aufbrachten, haben inzwischen neue Wurzeln geschlagen, und sich eine neue Existenz und damit eine neue Heimat erarbeitet. Eine große Anzahl von ihnen, insbesondere soweit sie bäuerlichen Besitz besaßen, haben durch die Bodenreform ein neues Stück Land erhalten.[51]

Die Bodenreform wird hier als Hilfe zur Selbsthilfe präsentiert, ohne auf die Probleme und Verwerfungen hinzuweisen, denen die Kleinstbetriebe generell – und die der „Umsiedler"-Neubauern in besonderem Maße – ausgesetzt waren. Im gleichen Duktus vermeldete der *Deutsche Bauernkalender* 1949: „Vielen unglücklichen Opfern des Hitlerregimes konnte eine neue Heimat geschaffen werden."[52]

Bis heute fällt die Bewertung der Bodenreform seitens der Nachfahren der „Umsiedler"-Neubauern überwiegend positiv aus. So formulierte beispielsweise ein Interviewpartner, dessen Eltern in Sachsen eine Bodenreformwirtschaft übernommen hatten:

> Wir können dem DDR-Staat nicht dankbar genug sein. Wir als Flüchtlinge, das muss ich betonen, das ist ja das Wichtige, sind hier hergekommen und haben wieder Ackerland bekommen [...]. Der Vater war Landwirt. Wir hatten zwölf Hektar in Waldheide. Und der wollte wieder Bauer werden, das ist doch normal. Wenn er hier auf Arbeit gegangen wär', hätten wir uns wesentlich weniger plagen müssen und wären mit Sicherheit genau dorthin gekommen. Das ist natürlich wahr. Aber aus der Sicht des Landwirts, der unbedingt wieder Land haben wollte, Boden bearbeiten wollte, da können wir dem DDR-Staat nicht dankbar genug sein und der Bodenreform.[53]

Anders als in der Presse kommt in den Interviews stets die Dichotomie aus besonders schwerer (körperlicher) Arbeit und vielfältigen alltäglichen Problemlagen des Neubauerndaseins auf der einen sowie aus der Chance zum Neubeginn, die die Agrarreform bot, auf der anderen Seite zum Ausdruck.

Ein zentrales Element der Eingliederungspolitik war die rasche rechtliche Gleichstellung und diese spiegelte sich auch in den Pressetexten wider: Die „Notbürger", wie das *Neue Deutschland* die Flüchtlinge und Vertriebenen 1949 nannte, wurden vor dem Gesetz innerhalb kurzer Zeit zu „Vollbürgern".[54] Unter der Rubrik „... und wie ist Deine Meinung?" erschien 1948 ein Text in der *Neuen Heimat*, der der Ver-

---

50 Georg Chwalczyk: Vorwärts oder zurück. In: Die neue Heimat, Jg. 2, Heft 8, August 1948, S. 6, 22, hier S. 6.

51 O. A.: Der Umsiedler muss selber aktiv werden. In: Die neue Heimat, Jg. 2, Heft 12, Dezember 1948, S. 8f.

52 Deutscher Bauernkalender, hg. v. Vereinigung der gegenseitigen Bauernhilfe, 1946–1960, Ausgabe 1949, S. 37.

53 Peters, Interview (Anm. 26), Zeile 83.

54 R. S.: Vom Notbürger zum Vollbürger. In: Neues Deutschland, 06.08.1949, S. 5.

lautbarung des Intendanten des Mitteldeutschen Rundfunks, in der SBZ gebe es kein „Umsiedlerproblem“ mehr, entgegentrat und den Status der „Umsiedler“ als „Bürger“ präzisierte:

> Wir Umsiedler wollen keine Neulinge als Bürger mehr sein. Wir sind deutsche Staatsbürger. Wir haben unseren Anteil an der Kriegsschuld des deutschen Volkes als bisher einzige mit unserem gesamten Hab und Gut beglichen, wir wollen keine Fürsorge-, Liebesgaben- oder Almosenempfänger bleiben. Wir erwarten, daß die Landesregierungen das Umsiedlerproblem nun mehr so anfassen, daß uns unser Recht zugestanden und das Umsiedlerproblem wirklich gelöst wird. Es ist auch an der Zeit, daß sich die zuständigen Stellen mit dem Lastenausgleich befassen und ebenso mit der Aufwertung der Heimatsparkonten der Umsiedler.[55]

Erst im Spätsommer 1948 wurden die bis dato blockierten Sparguthaben der Flüchtlinge und Vertriebenen, zumindest partiell, freigegeben:[56] Auf Anweisung der Deutschen Wirtschaftskommission erfolgte am 23. September 1948 die Umwertung derjenigen Sparguthaben, für die entsprechende Nachweise vorlagen, im Verhältnis zehn zu eins.[57] Das Zitat zeigt, dass es auch in der SBZ Diskussionen um einen Lastenausgleich gab. Dazu entstanden verschiedene Modelle von Einmalzahlungen in Höhe von bis zu 3.000 Mark über Steuerermäßigungen bis hin zu Sonderkrediten. Doch diese Ideen fanden im Herbst 1948 ihr jähes Ende.[58] In der Bundesrepublik hingegen wurde 1949 das *Gesetz zur Milderung dringender sozialer Notstände*, das sogenannte Soforthilfegesetz, erlassen und im Zuge des Lastenausgleichs ab 1952 insgesamt 134 Milliarden DM, überwiegend an „Heimatvertriebene“, umverteilt.[59]

Spätestens mit der Anerkennung der Oder-Neiße-Grenze durch die DDR im Jahr 1950 wandelte sich der Status der „Umsiedler“ von temporären Gästen zu Bleibenden, denen es eine „neue Heimat“ zu schaffen galt. Die Problematik der Neubeheimatung und die Unumkehrbarkeit der Vertreibung wurden 1948 in der Dezemberausgabe der Zeitschrift *Die neue Heimat* angesprochen. Formuliert als regelrechte Handlungsanleitung hieß es dort:

> Ich werde heimatlos sein, solange ich mir einrede, ein lästiger Flüchtling, ein Nirgendsgeduldeter zu sein, überall herumgestoßen, überall überzählig. Dann werde ich nie zur Ruhe kommen. Denkt anders, denkt gütig! Vor allem ihr Frauen, die ihr berufen seid, Heimat zu schaffen, Heimat zu sein, für eure Männer und Kinder. Versucht einmal zu denken: In die alte Heimat kann ich nicht mehr zurück. Sei es denn! Schaffe ich mir eine neue Hei-

55 W. Pommer: „... und wie ist Deine Meinung?“ In: Die neue Heimat, Jg. 2, Heft 12, Dezember 1948, S. 12f., 18, hier S. 12.
56 Michael Schwartz: „Ablenkungsmanöver der Reaktion“. Der verhinderte Lastenausgleich in der SBZ/DDR. In: Deutschland-Archiv 32 (1999), S. 397–409, hier S. 406.
57 Manfred Wille: Gehasst und umsorgt. Die Eingliederung der Vertriebenen in Thüringen. Stadtroda 2006, S. 34.
58 Schwartz: „Ablenkungsmanöver der Reaktion“ (Anm. 56), S. 405.
59 Ebd., S. 397.

> mat! [...] Beklage nicht, was du besessen, wenn Dir die Welt noch Zuflucht gibt. Die alte Heimat unvergessen! Die neue Heimat neu geliebt![60]

Der Schluss erstaunt besonders, ähnelt diese Formulierung doch den Losungen der bundesdeutschen Nachkriegszeit.

Die dritte Phase war davon gekennzeichnet, dass die „Umsiedler“ seit Anfang der 1950er Jahre bis in die 1970er Jahre im öffentlichen Bereich weitgehend „unsichtbar gemacht“[61] wurden. Johannes Warnke, Staatssekretär im Ministerium des Innern der DDR, formulierte 1950 bei einer Zusammenkunft mit einer Delegation „westdeutscher Umsiedler“: „Bei uns gibt es keine Flüchtlinge, [...] es gibt auch keine Umsiedler oder Neubürger mehr, bei uns gibt es nur noch Bürger der Deutschen Demokratischen Republik.“[62] Offizielle Statistiken erfassten sie, wie bereits dargelegt, nicht länger. Und medial waren sie selten, und wenn dann nur in den stereotypen Erfolgsgeschichten, präsent. Auch in den Interviews finden sich derlei undifferenzierte Geschichten vom Gelingen, die ein ‚Unsichtbarwerden‘ implizieren:

> Naja, dadurch, dass die „Umsiedler“ bei uns schnell aufgenommen worden sind in das dörfliche Leben, ist das nicht zum Streitpunkt irgendwie geworden. [...] Sie haben sich also da integriert ohne dass jetzt die angeeckt sind, weder religiös noch – die waren sehr fleißig, die bei uns waren, und das ist auch respektiert worden von den Dorfleuten, dadurch sind die auch nicht in irgendeiner Form – dass einer gesagt hätte: „Ach das ist ein Umsiedler“. Weil sie sich auch eingeordnet haben.[63]

Das Zitat verweist ebenso auf die dahinterliegenden Mechanismen der Tabuisierung, die einer anderen Zeitzeugin, die als Kind mit ihrer Familie ihre Heimat in Ostbrandenburg hatte verlassen müssen, noch sehr präsent sind:

> Also da is’ nur in der Familie drüber gesprochen worden. Eigentlich so mit Außenstehenden weniger. [...] Man konnte ja auch nich’ mit jedem über diese Geschichte reden. [...] Ich glaub’ die Eltern haben viel mehr drunter gelitten. Wir Kinder haben das nich’ mehr so doll empfunden. Aber die Eltern haben darunter schon gelitten.[64]

In der vierten Phase vollzog sich ein Wandel hin zu einer zaghaften Präsenz der „Umsiedler“ etwa im Zeitraum von Mitte der 1970er Jahre bis zur „Friedlichen Re-

---

60 Hans Max Hackenberger: o. T. In: Die neue Heimat, Jg. 2, Heft 12, Dezember 1948, S. 18; Uta Bretschneider: „Die Bodenreform wurde auch für sie die Rettung.“ „Umsiedler“ als Neubauern in der zeitgenössischen Presse (1945–1960). In: Ira Spieker, Sönke Friedreich (Hg.): Fremde – Heimat – Sachsen. Neubauernfamilien in der Nachkriegszeit. Beucha u. a. 2014, S. 369–396, hier S. 375f.

61 Michael Schwartz: Vertriebene im doppelten Deutschland. Integrations- und Erinnerungspolitik in der DDR und in der Bundesrepublik. In: Vierteljahreshefte für Zeitgeschichte 1 (2008), S. 101–151, hier S. 117.

62 O. A.: Bei uns gibt es keine Umsiedler mehr. In: Neues Deutschland, 25.04.1950, S. 2.

63 Jutta Schenk, Jahrgang 1941, geb. in Kloster Veßra (Mutter Hausfrau und Nebenerwerbsbäuerin sowie Saisonkraft der Domäne), die Eltern übernahmen 1945 eine Neubauernstelle, waren 1953 Gründungsmitglieder der LPG „Vorwärts“ in Kloster Veßra, Interview am 10. Mai 2011, Zeile 614.

64 Lohner, Interview (Anm. 40), Zeile 869.

volution". Sie erschienen als längst Integrierte, die dennoch eine ‚andere' Geschichte haben. Vermehrt thematisierten in dieser Zeit belletristische Werke Flucht und Vertreibung.[65] Jedoch war auch hier die Perspektive eine einseitige: Die Flucht erschien als „Auflösungserscheinung einer von vornherein korrupten Volksgemeinschaft".[66] Laut Einschätzung von Bill Niven sei die Darstellung eine ambivalente gewesen: „auf der einen Seite wird sie [die Flucht] mit moralischem Zerfall, Tod und manchmal Hoffnungslosigkeit in Verbindung gebracht, auf der anderen auch mit Neubeginn und Wiedergeburt".[67] Dabei gab es durchaus Grenzen des Schreib- und Darstellbaren, konnten etwa die Umstände des Vertreibungsgeschehens nicht aufgezeigt werden. Zu nennen sind für die betrachtete Phase etwa Margarete Neumanns *Der grüne Salon* (1972 bzw. 1975), Christa Wolfs *Kindheitsmuster* (1976), Helmut Mansfelds *Der Treck* (1977) und Ursula Höntsch-Harendts *Wir Flüchtlingskinder* (1985).[68] Aus diesen Beispielen sei hier kurz Margarete Neumanns Roman *Der grüne Salon* herausgegriffen. Die Autorin wurde 1917 in Pyritz, Pommern (heute Pyrzyce, Republik Polen), geboren und übernahm nach ihrer Flucht eine Neubauernstelle in Mecklenburg. Im Roman beschreibt sie die Umbrüche der Nachkriegsjahre in einem Dorf: von der Unterbringung der „Umsiedler" über die Bodenreform bis zur Kollektivierung der Landwirtschaft. Ungewöhnlich dicht fällt dabei die Beschreibung des Fluchtgeschehens aus:

> Der Hof stand ja noch, als sie fortmußten. Sie hätte bleiben wollen. Warum sollte sie nicht bleiben? Der Acker muß immer bestellt sein. Aber im Morgengrauen kamen drei Offiziere. Die sagten, der Stab muß da rein, das Gehöft liegt günstig. Vom Dorf weit genug ab und auf der Anhöhe. Da hatten sie also angespannt. Dort war alles im Aufbruch. Die Panzer vor der Stadt. Es hieß, sie seien in der Nacht schon einmal eingedrungen, aber die Stadt werde verteidigt, die Zivilisten müßten in einer Stunde heraus sein. Schneegestöber setzt ein, Fuhrwerke, hastig, überholen am Stadtausgang die, die zu Fuß fortwollen, kom-

65 Eine literarische Bearbeitung des Themas fand – in geringerem Umfang und mit vielfältigen blinden Flecken – auch in der vorausgegangenen Phase statt. So äußert Bill Niven gar die These, dass Flucht und Vertreibung „ein Dauerthema der DDR-Literatur" gewesen seien. Er differenziert drei Phasen: 1950er Jahre bis Mitte der 1960er Jahre: „Aufbauliteratur", 1970er Jahre: „Literatur des Rückblicks" bzw. „der Rückkehr", 1980er Jahre: „Literatur der gescheiterten Integration". Bill Niven: Belletristik in der DDR. In: Stephan Scholz, Maren Röger, Bill Niven (Hg.): Die Erinnerung an Flucht und Vertreibung. Ein Handbuch der Medien und Praktiken. Paderborn 2015, S. 28–40, hier S. 28, 31ff.; dazu siehe auch Katja Hartleb: Flucht und Vertreibung. Ein Tabuthema in der DDR-Literatur? Marburg 2011; zur Darstellung von Flucht und Vertreibung in Fernseh- und Kinofilmen aus der DDR, für die Niven ebenfalls belegt, dass die Annahme eines völligen Tabus nicht zutrifft, siehe Bill Niven: On a Supposed Taboo. Flight and Refugees from the East in GDR Film and Television. In: German Life and Letters 65:2 (2012), S. 216–236; Ders.: Film und Fernsehen in der DDR. In: Scholz, Röger, Niven (Hg.): Die Erinnerung an Flucht und Vertreibung (wie oben), S. 140–152.

66 Niven: Belletristik in der DDR (Anm. 65), S. 29.

67 Ebd., S. 30.

68 Margarete Neumann: Der grüne Salon. Roman. Berlin 1975 (1972); Christa Wolf: Kindheitsmuster. Berlin u.a. 1976; Helmut Mansfeld: Der Treck. Roman. Berlin 1977; Ursula Höntsch-Harendt: Wir Flüchtlingskinder. Roman. Halle/S. u. a. 1985.

men aber immer langsamer voran und müssen sich schließlich in einen Zug ordnen, der, kilometerlang, dahinkriecht.[69]

An anderer Stelle heißt es:

> Schnee, den der Wind treibt. Sie sitzen eng gedrängt auf dem Wagen, Topf und Eimer klappern an der Seite. Die Mutter hat den Kleinsten auf dem Schoß, er weint immerfort, und sie reibt ihm Hände, Füße und Gesicht. Schnee, Wind, Schnee. Wagen vor ihnen und hinter ihnen. Sie wissen nicht einmal, wohin.[70]

Obwohl bei Neumann die politischen Akteure der Vertreibung im Diffusen bleiben, wäre eine solche Schilderung Jahre vorher schwer denkbar gewesen. In diesem sich eröffnenden Möglichkeitsraum entstanden auch wissenschaftliche Studien, etwa die von Manfred Wille an der Pädagogischen Hochschule in Magdeburg betreuten Dissertationen von Regine Just (1985) und Steffi Kaltenborn (1989) zur Eingliederung der „Umsiedler" in Sachsen bzw. Thüringen.[71] Doch die in der DDR durchgeführten Forschungen zu Flucht und Vertreibung sowie zur Eingliederung der „Umsiedler" blieben weitgehend auf den Zeitraum von 1945 bis 1952 beschränkt. Zudem waren viele Archivbestände nicht zugänglich und einige Methoden, etwa die der Oral History, nicht anwendbar.[72]

In die vierte Phase fallen auch die Lockerungen der Reisebeschränkungen, zum Beispiel für die ČSSR im Jahr 1967 und für die Volksrepublik Polen 1972. Dadurch erschlossen sich die „Umsiedler" zum Teil neue Erinnerungsräume: Sie unternahmen Heimatreisen. Freilich entstand in der DDR kein ‚Heimatreisemarkt',[73] wie er sich in der Bundesrepublik Deutschland etablierte, aber vor allem im Rahmen individueller Touren suchten die „Umsiedler" nun die Orte ihrer Kindheit auf. Zum Teil konnten sie so eine lange bestehende Fehlstelle schließen. Eine Interviewpartnerin beschreibt zunächst die Verweigerung des Reisens seitens ihrer Familie:

> Ich meine, man konnte dann rein und hat das nochmal gesehen, aber wie gesagt, grade [...] meine Schwester und a' die Großeltern, also wo sie wussten, es gibt kein Zurück, war

---

69 Neumann: Der grüne Salon (Anm. 68), S. 44.

70 Ebd., S. 42.

71 Regine Just: Die Lösung der Umsiedlerfrage auf dem Gebiet der Deutschen Demokratischen Republik, dargestellt am Beispiel des Landes Sachsen (1945–1952). 2 Bde. Magdeburg 1985; Steffi Kaltenborn: Die Lösung des Umsiedlerproblems auf dem Territorium der Deutschen Demokratischen Republik, dargestellt am Beispiel des Landes Thüringen (1945–1948). Magdeburg 1989. Vgl. auch Torsten Mehlhase: Kurzer Abriss zum Thema „Umsiedler"-Forschung in der DDR, online veröffentlichtes Manuskript zur Tagung „Ende des Tabus? Flüchtlinge und Vertriebene in Sachsen-Anhalt ab 1945" am 14.10.2006 in Halle, <http://www.fes.de/Magdeburg/pdf/6_10_14_Mehlhase1.pdf> (Zugriff: 07.03.2016).

72 Gerhard Christopeit: Verschwiegene vier Millionen. Heimatvertriebene in der Sowjetischen Besatzungszone und der DDR. In: Jahrbuch für deutsche und osteuropäische Volkskunde 38 (1995), S. 222–251, hier S. 247.

73 Dazu siehe auch Sarah Scholl-Schneider: Schwellen überschreiten. Heimatreisen als kulturelle Veränderungsrituale. In: Voyage. Jahrbuch für Reise- & Tourismusforschung 10 (2014), S. 156–170, sowie Elisabeth Fendl: Reisen in die verlorene Vergangenheit. Überlegungen zum „Heimwehtourismus". In: Jahrbuch für deutsche und osteuropäische Volkskunde 41 (1998), S. 85–100.

> für sie das abgeschlossen. Sie wollten das dann nich' sehen, nochmal das Ganze, also das haben sie abgelehnt.[74]

Ihre erste Heimatreise unternahm sie selbst in den 1970er Jahren:

> Und ich bin aber ja dann – wo ich verheiratet war, und die Kinder, [...] hab ich [es] versucht und da sind wir och mit 'm Auto bis nach Dresden und von Dresden sind wir mit dem Zug rein bis Nestermitz. Und da haben wir 'ne Wanderung gemacht. Es war ja nich' anders möglich, da mussten wir laufen.[75]

Hier zeigt sich ein weit verbreitetes Muster, sich der „alten Heimat" allmählich anzunähern: Die Interviewpartnerin sah ihr Elternhaus bei dieser Wanderung nur aus der Ferne, wollte räumlich wie emotional Abstand wahren. Erst Jahre später unternahm sie eine weitere Heimatreise.

Durch das Ende der DDR wurde in der fünften Phase eine öffentliche Erinnerungsarbeit möglich. Mit den Umbrüchen der „Friedlichen Revolution" zeigte sich, dass ein deutlicher Nachholbedarf vorhanden war, was öffentliche Formen des Erinnerns anbelangte: Es entstanden landsmannschaftliche Vereinigungen, zahlreiche Denkmale wurden eingeweiht, organisierte Fahrten in die „alte Heimat" unternommen und entsprechende Publikationen waren in wachsender Zahl verfügbar. Die „Umsiedler" konnten mit der sogenannten politischen Wende auch offiziell „Vertriebene" sein. Dabei galt es, eine neue, gesamtdeutsche Erinnerungskultur zu etablieren. Doch Institutionen wie der Bund der Vertriebenen oder etwa die in der Bundesrepublik existierenden Heimatstuben waren den vorherigen „Umsiedlern" (zunächst) in weiten Teilen fremd. Inwieweit es seither gelang, eine gemeinsame Erinnerungskultur zu Flucht und Vertreibung zu schaffen, muss hier offenbleiben.

4. Schluss: Identitäts- und Erinnerungsräume

Dieser Entwurf einer Periodisierung, der sich auf politisch-gesellschaftliche Entwicklungen, auf Formen medialer Präsentation sowie auf individuelle Wahrnehmungen bezieht, zeigt die Marginalisierung der Flüchtlinge und Vertriebenen in der „sozialistischen Gesellschaft". Zugleich wird deutlich, dass die „Umsiedler" nicht völlig aus der DDR-Öffentlichkeit verdrängt werden konnten. Eine Aufarbeitung der traumatischen Erfahrungen von Flucht oder Vertreibung blieb jedoch, wenn nicht unmöglich, so auf die private Sphäre der Familie beschränkt. Eine spezifische „Vertriebenenidentität", wie sie sich im Westteil des Landes entwickeln konnte, gab es in der DDR kaum. Flucht oder Vertreibung als Teilaspekt personaler Identität, wie sie eingangs definiert wurde, konnten im SED-Staat kaum zur Basis für die Handlungs- und Kommunikationsfähigkeit der „Umsiedler" werden. Entsprechende Möglich-

---

74 Martha Winterberg, Jahrgang 1932, wurde mit ihren Eltern 1946 aus der Nähe von Aussig, Böhmen (heute Ústí nad Labem, Tschechische Republik) vertrieben und gelangte über Mecklenburg nach Sachsen, Interview am 2. Februar 2012, Zeile 48.

75 Ebd.

keiten, für diesen Identitätsbaustein Anerkennung zu erlangen, bestanden nicht.[76] Rudolf Engel formulierte 1947 in der *Neuen Heimat*:

> Das deutsche Volk steht vor einer gewaltigen Aufgabe. Es ist dabei sich eine neue Heimat zu schaffen. Verstehen wir es richtig – es handelt sich nicht nur um Umsiedler oder Flüchtlinge, nicht um Menschen, die ihre angestammte alte Heimat verloren haben; nein – wir alle, die wir deutscher Nationalität sind, stehen vor der gleichen Aufgabe.[77]

Vermutlich trugen unter anderem diese mit dem „sozialistischen Neuanfang" verbundenen Herausforderungen und Aufstiegsangebote letztendlich – zumindest langfristig – zum Einleben der „Umsiedler" in der DDR bei. Sie sollten eine „neue Heimat" oder „Ersatzheimat" im Sozialismus finden – und viele von ihnen fanden diese auch. Dabei durchliefen die „Umsiedler" unterschiedliche Phasen der öffentlichen (Un-)Sichtbarkeit mit je spezifischen Modi der medialen Darstellung. Über lange Distanzen waren sie jedoch nicht selbst Thema, sondern dienten vielmehr unter dem Label „Umsiedler" als Projektionsfläche für gesellschaftspolitische Inhalte: In der ersten Zeit nach dem Zweiten Weltkrieg galten sie als temporäre „Gäste", wurden aber rasch als „Eindringlinge", „Fremde" und „Konkurrenten" wahrgenommen. In der zweiten hier skizzierte Phase zeigte sich ein anderes Bild: Offiziell wurden die „Umsiedler" nun als Akteure des Wieder- und Neuaufbaus sowie als „Vollbürger" dargestellt. Ihre Eingliederung galt – nur wenige Jahre nach ihrer Ankunft – als erfolgreich abgeschlossen, und so erfolgte in der dritten Phase ihr weitgehendes Verschwinden aus der öffentlichen Darstellung und Wahrnehmung. Erst gegen Ende der DDR erlangten sie eine zaghafte Präsenz in Literatur und wissenschaftlicher Forschung und erschlossen sich durch die Möglichkeit, die „alte Heimat" zu bereisen, neue Erinnerungsräume (vierte Phase). In der fünften und letzten hier beschriebenen Phase wurden aus den „Umsiedlern" „Vertriebene", und es entstanden erste Ansätze einer gesamtdeutschen Erinnerungskultur in Bezug auf Flucht und Vertreibung der Deutschen aus den ehemals (auch) deutsch besiedelten Territorien im östlichen Europa.

Fremd- und Selbstbilder der „Umsiedler" in der DDR weisen sowohl Schnittmengen als auch Differenzen auf: Viele der öffentlich (re-)produzierten Außenperspektiven fanden Eingang in die retrospektiven Schilderungen der Interviewten. Andererseits weichen die erzählten Lebensgeschichten vielfach vom stereotypen Schema der Erfolgsgeschichten, die journalistisch verbreitet wurden, ab. Die Selbstbilder sind im Spannungsfeld von öffentlichem Tabu und privaten Erinnerungsräumen zu verorten. Dieses spezifische Setting bot durchaus Nischen bzw. Möglichkeitsfelder für individuelle Erinnerungspraktiken, allerdings unter der offiziellen Auflage, auf einen (prägenden) Teil der eigenen Lebensgeschichte im Wesentlichen zu verzichten und diese Vergangenheit zumindest in öffentlichen Zusammenhängen auszublenden. Statt einer allumfassenden Tabuisierung unterlagen Flucht und Ver-

76 Vgl. Lucius-Hoene, Deppermann: Rekonstruktion (Anm. 5), S. 49.

77 Rudolf Engel: Der Anfang ist gemacht. In: Die neue Heimat, Jg. 1, Heft 1, Mai 1947, S. 3f., hier S. 3.

treibung vielmehr einem aufoktroyierten Vergessen. Obschon das Thema zu keiner Zeit völlig verschwand, konnten stets nur bestimmte Aspekte kommuniziert werden. Einen Diskursraum ‚Flucht und Vertreibung' gab es in der SBZ/DDR zu keinem Zeitpunkt. Beispielsweise hegten viele „Umsiedler" lange – oft bis zu ihrem Lebensende – die Hoffnung, in die „alte Heimat" zurückkehren zu können. Diese Rückkehrhoffnung wurde jedoch kaum medial thematisiert – aus programmatischen Gründen, denn sie wäre der Zukunftsorientierung und der Dominanz des Genres Erfolgsgeschichte nicht zuträglich gewesen. Stattdessen wurden die (Re-)Präsentationen der „Umsiedler" auf stereotype Merkmale reduziert: Sie waren sozialistisch eingestellt, aktiv und engagiert, zukunftsfixiert und modernisierungsaffin, gemeinwohlorientiert und wiesen einen großen Gestaltungswillen auf. Für Geschichten vom Scheitern, von nicht bewältigten Traumatisierungen, von verlorener Heimat und verdrängten Erlebnissen war in diesem Zusammenhang keinerlei Raum.

Umso erstaunlicher ist es, dass das Denkmal in der Suhler Marienkirche all die hier aufgezeigten Phasen unbeschadet überstanden hat. Es stellte eine Anomalie in einer von restriktiver Vergessenspolitik geprägten Erinnerungslandschaft dar. Heute ist es, versehen mit einer Informationstafel, gewissermaßen ein doppelt codierter „Erinnerungsort":[78] für Flucht und Vertreibung der Deutschen am Ende des Zweiten Weltkriegs und für den Umgang mit dem Thema bzw. das Umgehen des Themas in der SBZ/DDR.

78 Pierre Nora: Zwischen Geschichte und Gedächtnis. Berlin 1990 (Kleine kulturwissenschaftliche Bibliothek 16).

Manfred Weinberg

Der Blick zurück nach Böhmen. Libuše Moníkovás Entwurf eines anderen Europas aus dem Geist der Migration

1. Libuše Moníkovás Werk zwischen Böhmen und Europa

Die „Bestandsaufnahme" zum „Forschungsstand", mit der Dana Pfeiferová ihre 2010 erschienene Studie *Libuše Moníková. Eine Grenzgängerin* beginnt, fasst drei Sammelbände,[1] zwei Monographien[2] und zwei umfangreiche, Moníková gewidmete Kapitel in allgemeineren Themen geltenden Büchern[3] zusammen, um daran anschließend noch „[e]inzelne Aufsätze nach jeweiligen Forschungsansätzen"[4] – und zwar zu den Themen „Feminismus",[5] „Literarische Geschichtsschreibung"[6] und „Intertextuelle Bezüge zu Franz Kafka"[7] – zu resümieren. Angesichts der Bedeutung, die man Libuše Moníková für die deutschsprachige Literatur der zweiten Hälfte des 20. Jahrhunderts zuschreiben kann, belegt dies eine eher spärliche wissenschaftliche Aufarbeitung ihres Werks. Ihre Romane und Essay-Bände sind heute vergriffen; eine Neuauflage scheint nicht geplant zu sein – von daher wird man Libuše Moníková als im Wesentlichen vergessene Autorin zu beschreiben haben.[8] Ein Grund dafür

1 Delf Schmidt, Michael Schwidtal (Hg.): Prag – Berlin: Libuše Moníková. Reinbek bei Hamburg 1999 (Rowohlt Literaturmagazin 44); Patricia Broser, Dana Pfeiferová (Hg.): Hinter der Fassade: Libuše Moníková. Beiträge der internationalen Germanistischen Tagung České Budějovice – Budweis 2003. Wien 2005; Brigid Haines, Lyn Marven (Hg.): Libuše Moníková in memoriam. Amsterdam, New York 2005 (German monitor 62).

2 Antje Mansbrügge: Autorkategorie und Gedächtnis. Lektüren zu Libuše Moníková. Würzburg 2002 (Epistemata, Reihe Literaturwissenschaft 397); Karin Windt: Beschädigung, Entschädigung – Überlieferung, Auslieferung. Körper, Räume und Geschichte im Werk von Libuše Moníková. Bielefeld 2007.

3 Alfrun Kliems: Im Stummland. Zum Exilwerk von Libuše Moníková, Jiří Gruša und Ota Filip. Frankfurt a. M. 2002 (Europäische Hochschulschriften, Reihe 16: Slawische Sprachen und Literaturen 67), S. 97–144; Lyn Marven: Body and Narrative in Contemporary Literatures in German. Herta Müller, Libuše Moníková, and Kerstin Hensel. Oxford u. a. 2005 (Oxford modern languages and literature monographs), S. 115–179.

4 Dana Pfeiferová: Libuše Moníková. Eine Grenzgängerin. Wien 2010, S. 48ff.

5 Ebd.

6 Ebd., S. 51ff.

7 Ebd., S. 54ff.

8 Somit ist es wohl angemessen, hier eine kurze Darstellung von Moníkovás Biographie einzurücken, die ich von Dana Pfeiferová übernehme: „Libuše Moníková wurde am 30.8.1945 in Prag geboren, 1963–1968 hat sie an der Prager Karlsuniversität Germanistik und Anglistik studiert und 1970 promoviert. 1969 absolvierte sie ein postgraduales Studium in Göttingen, wo sie ihren zukünftigen Mann, den Biologen Michael Herzog[,] kennen lernte. Im September 1970 hat sie ihn geheiratet und ein Jahr später ist sie in die BRD umgezogen. Nachträglich hat sie ihren Ortswechsel nicht auf die politische Unterdrückung, der man sich entziehen konnte, bezogen; sie habe das Land ‚wegen der allumfassenden Diskriminierung von Frauen' verlassen. Sie unterrichtete als Literaturdozentin

Jahrbuch des BKGE 24 (2016), S. 215–230

mag auch sein, dass sich ihr Werk in vor allem einer Hinsicht – nämlich bezüglich der Funktion der es mit prägenden umfassenden Thematisierung Böhmens, seiner Geschichte so gut wie seiner Mythologie – nicht leicht ‚auf den Punkt' bringen lässt.

Schon im Vorwort von Pfeiferovás Studie findet sich diesbezüglich eine merkwürdige Bestimmung: „Das Buch folgt der Intention der ‚kritischen Patriotin' Libuše Moníková, dem internationalen Publikum tschechische Kontexte und der tschechischen Leserschaft europäische Diskurse näher zu bringen."[9] Dabei ist nicht die Zweiteilung, dass sich in Moníkovás Büchern „tschechische Kontexte" und „europäische Diskurse" gemeinsam aufgerufen finden, befremdlich, sondern deren ‚Verteilung' auf verschiedene Adressatengruppen: Die tschechischen „Realien"[10] sollen nach Pfeiferová einer internationalen Leserschaft, die europäischen Diskurse den tschechischen Lesern nahegebracht werden. Dies ist schon deshalb verwunderlich, weil Moníková ihre Texte schließlich auf Deutsch geschrieben hat, sich dezidiert als „deutsche Autorin"[11] verstand und die naheliegendste Adressatengruppe somit schlicht deutschsprachige Leser waren. Auch wenn man ins Kalkül zieht, dass etwa ihr Roman *Die Fassade* in elf Sprachen übersetzt wurde, kann man sich solche späteren Übertragungen doch kaum als schon die Autorintention – wenn man überhaupt auf diese nie ‚festzustellende' Größe Bezug nehmen will – mitbestimmend vorstellen, ebenso wenig dass sich eine Autorin in ein und demselben Buch an derart divergente Leserkreise richtet. Hier wird also getrennt, was – wie die folgenden Ausführungen zeigen wollen – zusammengehört: Das ‚Tschechische' resp. ‚Böhmische' und das ‚Europäische' sind in den Büchern Moníkovás die zwei Seiten einer einzigen Medaille.

Die Diagnose einer ‚Zweiheit' von Europäischem und Böhmischem zieht sich im Übrigen als roter Faden durch die wissenschaftliche Aufarbeitung von Moníkovás Werk. Schon in seinem *Grußwort zum Libuše-Moníková-Symposion* 1999 hat der Schriftsteller und damalige tschechische Botschafter in Österreich Jiří Gruša Libuše Móniková „als eine ‚direkte Europäerin' und zugleich eine eigentümliche Patriotin charakterisiert, der eine einmalige Position innerhalb der tschechischen Exil- oder Migrationsliteratur zukommt".[12]

---

an der Gesamthochschule Kassel und an der Universität Bremen, wo sie auch ihr Referendariat für das Lehramt an Gymnasien absolviert hat. 1981 ist ihr erstes Buch *Eine Schädigung* erschienen. Von da an lebte sie als freie Schriftstellerin in Berlin, hat aber immer wieder ihre Heimat(-Stadt) besucht. Nach 1989 hatte sie vor, zwischen Prag und Berlin zu pendeln, und hatte begonnen, in Prag eine Wohnung renovieren zu lassen. Zu dieser Rückkehr ist es nicht mehr gekommen: Libuše Moníková ist am 21.1.1998 im Alter von 52 Jahren in Berlin gestorben." Ebd., S. 58f. Pfeiferová schlussfolgert im Übrigen aus den Umständen von Moníkovás ‚Umzug' nach Deutschland: „In diesem Sinne war sie keine Vertreterin der Exil-, sondern der Migrationsliteratur". Ebd., S. 58.

9 Ebd., S. 9.

10 Diesen widmet sich Pfeiferová im fünften Kapitel ihrer Studie: *Der Schriftsteller und das Gewissen des Volkes. Der Einfluss der tschechischen ‚Realien' auf Moníkovás künstlerische (Selbst-)Bildnisse,* ebd., S. 77ff.

11 Libuše Moníková im Gespräch mit Sibylle Cramer, Jürg Laederach und Hajo Steinert. In: Sprache im technischen Zeitalter 119 (1991), S. 184–206, hier S. 202.

12 Pfeiferová: Libuše Moníková (Anm. 4), S. 12. Vgl. Jiří Gruša: Grußwort zum Libuše-Moníková-Symposion. In: Schmidt, Schwidtal (Hg.): Prag – Berlin (Anm. 1), S. 46f.

Friedrich Christian Delius formulierte in seinem Nachruf *Rede auf die Fürstin Libuše Moníková*:

> In allen Büchern wird die Tschechoslowakei gewissermaßen europäisiert – und den Europäern ihre tschechische Seite gezeigt.[13] Jedes Buch liefert Belege, daß die Tschechoslowakei, Böhmen, Prag nicht am „Rand der Steppe" liegen, sondern in Mitteleuropa. „Alle Romane spielen, egal wo sie spielen, in der Tschechoslowakei" (Iris Radisch). Alle Hauptfiguren sind mit hemmungsloser Neugier auf die Welt gesegnet und sprengen, weil die politischen Verhältnisse so sind wie sie sind, die Grenzen, springen über Grenzen, sind Emigranten, Vaganten, Nomaden. Die Figuren tragen ihr Böhmen in die Welt, nach Deutschland, Österreich, nach Japan, Sibirien, Grönland, an die Meere. Meines Wissens hat kein Autor in den letzten Jahrzehnten uns Prag so nahegerückt, vergrößert und entschlüsselt wie Moníková.[14]

Auch Dana Pfeiferová diagnostiziert, dass der „böhmische[] (Kultur-)Raum [...] durch die Bücher Moníkovás vertraut gemacht"[15] werde, um fortzufahren:

> Beim ausländischen Publikum erweckt der polyhistorische, enzyklopädische Zug ihres Schreibens die Hoffnung, mit viel Geduld und entsprechenden Lexika wird [sic] man eines Tages all die Anspielungen auf Přemysl, Šemík und Rettigová verstehen. Das Unbekannte wird verstanden. Nun, die Bücher Moníkovás sind trotz diverser landeskundlicher Exkurse keine Realiensammlung: Fürstin Libuše bleibt eine literarische Lizenz der Dichterin, auch wenn man alle Chroniken Böhmens gelesen hätte. Dies ist auch mein Gegenargument, gerichtet an jene Kollegen unter den tschechischen Germanisten, die behaupten, Moníková habe für ausländisches Publikum geschrieben, da die kulturhistorischen, auf Böhmen bezogenen Fakten dem hiesigen [i. e. tschechischen] Leser notorisch bekannt seien. So eine Argumentation ignoriert die Rolle dieser „Fakten" in dem poetischen Konzept, das gegen alle Arten der Erstarrung, d. h. auch gegen die sogenannte Tradition, gerichtet ist.[16]

Man kann sich des Eindrucks nicht erwehren, dass sich Pfeiferová zuletzt nicht umfassend genug von dem die tschechische Moníková-Rezeption bestimmenden Missverständnis befreit hat, da sie sonst wohl kaum die Selbstverständlichkeit benennen müsste, dass es in literarischen Texten nicht nur um das vorgestellte ‚Was', sondern vor allem um das ‚Wie' seiner Darstellung geht: Das Lesen und die wissenschaftliche Interpretation literarischer Texte erschöpfen sich jedenfalls nicht darin, zu registrie-

---

13 Pfeiferovás anfänglich zitierte Diagnose mag auf diese Zuschreibung von Delius zurückgehen. Allerdings zielt dessen Beschreibung auf einen Tatbestand (die Europäisierung der Tschechoslowakei in Moníkovás Büchern) und eine weit allgemeinere Gruppe (‚die' Europäer als eher imaginäre Bezugsgröße der Texte) und eben nicht auf eine jeweils konkrete ‚Leserschaft'.

14 Friedrich Christian Delius: Rede auf die Fürstin Libuše Moníková: Zum Tode von Libuše Moníková. In: Haines, Marven (Hg.): Libuše Moníková (Anm. 1), S. 23–28, hier S. 25. Zuerst erschienen in: Deutsche Akademie für Sprache und Dichtung. Jahrbuch 1998. Göttingen 1999, S. 183–188.

15 Pfeiferová: Libuše Moníková (Anm. 4), S. 77.

16 Ebd., S. 77f. Renata Cornejo hat in ihrem Aufsatz zur Rezeption Moníkovás in Tschechien gerade diesen Ansatz ausführlich beschrieben. Renata Cornejo: „Ich schreibe eigentlich tschechisch in deutscher Sprache." Zur Rezeption von Libuše Moníkovás Werk in ihrem Heimatland. In: Broser, Pfeiferová (Hg.): Hinter der Fassade (Anm. 1), S. 256–276.

ren, dass in ihnen *etwas* benannt ist. Und so greift es deutlich zu kurz, wenn Pfeiferová resümiert: „Die tschechischen ‚Realien' gestalten ja die tschechische Nationalidentität und Kultur mit, die die Autorin ihrem internationalen Publikum als Bestandteil des europäischen Kulturerbes vermitteln wollte."[17]

Allerdings hat Libuše Moníková einem solchem Missverständnis durchaus Vorschub geleistet. So formulierte sie etwa in ihrem Essay *Semiaride Landschaft mit Küste. Neues Verhältnis Ost – West?*: „Seit ich schreibe und mich aufgrund dieser Tätigkeit öffentlich äußere, versuche ich, Kenntnisse über das Land, aus dem ich komme, zu verbreiten und es möglichst würdig zu vertreten."[18]

Es gilt somit, ein ‚(Selbst-)Verständnis' von Autorschaft, das Moníková aus dem tschechischen in den deutschen Kontext hineinträgt, erst einmal genauer zu klären. Pfeiferová, die dies in ersten Ansätzen nachvollziehbar entwickelt hat, schreibt zur „Positionierung der KünstlerInnen in der (tschechischen) Gesellschaft", dass sich diese „aus einer historisch und ethisch bedingten Auffassung der Kunst ergibt. Diese auf das 19. Jahrhundert zurückzuführende Sicht verpflichtet die KünstlerInnen, zur moralischen Instanz zu werden und ihre Kunst in den Dienst der Nation zu stellen".[19] In einer Fußnote wird präzisiert: „Dieser Topos erscheint mit der sogenannten tschechischen Nationalwiedergeburt und verlangt von dem Schriftsteller Charakterstärke und Bereitschaft zur Selbstaufopferung insbesondere im Kampf um die Nationalsprache und -Literatur gegen die sprachliche Unterdrückung der (ausländischen) Großmacht".[20] Alles in allem greift allerdings eine solche Bindung des literarischen Schreibens an einen ethischen Imperativ im Dienste der nationalen Wiedergeburt Böhmens[21] zu kurz, um die Besonderheiten von Moníkovás Schreiben nach ihrem Gang ins Exil zu beschreiben. Von daher tut eine ‚großflächigere' Herleitung not.

---

17 Pfeiferová: Libuše Moníková (Anm. 4), S. 80.

18 Libuše Moníková: Semiaride Landschaft mit Küste. Neues Verhältnis Ost – West. In: Dies.: Prager Fenster. Essays. München, Wien 1994, S. 18–29, hier S. 18f.

19 Pfeiferová: Libuše Moníková (Anm. 4), S. 80.

20 Ebd.

21 In seinem Buch *Geschichte Böhmens* schreibt Jörg K. Hoensch unter der Kapitelüberschrift *Die Voraussetzungen für die nationale Wiedergeburt unter den Tschechen, 1790–1848*: „Das Napoleonische Zeitalter und das sich in der Habsburgermonarchie anschließende ‚System Metternich', die zur bürgerlichen Revolution des Jahres 1948 führende Restaurationsperiode, haben im Königreich Böhmen zwar politisch nur wenige Spuren hinterlassen, dagegen aber die Voraussetzungen für einen eindrucksvollen Wirtschaftsaufschwung, eine tiefgehende soziale Umschichtung und einen kulturell-geistigen Reifeprozeß geschaffen, auf deren Grundlagen sich dann die vielgerühmte ‚tschechische nationale Wiedergeburt' vollziehen konnte. Durch einen relativ begrenzten Personenkreis, dem überwiegend Geistliche und Gelehrte, aber kaum Mitglieder der Aristokratie angehörten, wurde im Vormärz die Diskussion über die nationale Geschichtsdeutung und über das Verhältnis zum Land und Staat Böhmen intensiv vorangetrieben". Jörg K. Hoensch: Geschichte Böhmens. Von der slavischen Landnahme bis zur Gegenwart. 3., akt. und erg. Aufl. München 1997, S. 305. Später heißt es unter der Zwischenüberschrift *Das Erwachen eines modernen tschechischen Nationalbewußtseins*: „Vor allem dem katholischen Klerus, dem sich rasch entwickelnden Bürgerstand und der an Zahl und Bedeutung wachsenden Intelligenzschicht ist in der 1. Hälfte des 19. Jahrhunderts die Herausbildung eines differenzierten, geistig-kulturellen und nationalen Eigenbewußtseins unter den Tschechen zu danken". Ebd., S. 316.

2. Tschechische Literatur und „Prager deutsche Literatur“[22] – sowie eine Mischsprache

Diese Herleitung lässt sich mit Paul Eisners Essay *Zwei Literaturen und ein Argot* von 1937 bewerkstelligen. Am Beginn des ersten, unter den Titel *Tschechische Schriftsteller in Prag* gestellten Teils verspricht Eisner eine „kleine Musterung“ (er fügt hinzu: „gewiß die erste in deutscher Sprache“) der Gültigkeit des „biologischen Gesetz[es] der Metropolen“ auch für „die uralte Stadt an der Moldau“: „[A]ls Wiege wichtiger nationaler Persönlichkeiten sind sie allesamt wenig fruchtbar“.[23] Auf Prag bezogen meint dies: „In der politischen, ebenso aber in der Geistesgeschichte des tschechischen Volkes kommt Prag auffallend selten als der Geburtsort eines für die Nation wichtigen Menschen vor“ (35). Eisner führt weiter aus:

> Im Sinne stofflichster Herkunft ist die relative Sterilität Prags kaum zu leugnen. Diese relative Sterilität aber steht in scharfem Gegensatz zu der Tatsache, daß die nationalen Geschicke seit jeher ganz eindeutig und mit gesetzmäßiger Trieb- und Schwerkraft nach Prag tendieren, die nationalen Geschicke in jederlei Sinne, im politischen wie im abgelöst-geistigen: die Prager Zentralisation alles Nationalen ist unverbrüchliches Gesetz der nationalen Geschichte seit den in mythische Fernen sich verlierenden Tagen, da der mittelböhmische Stamm der „Čechen“ (im engsten Sinne des Wortes) die Hegemonie über alle anderen tschechischen Stämme an sich riß (die große politische Tat der Přemysliden). (36)

Prag sei also seit frühesten Zeiten das Zentrum der tschechischen Geschichte gewesen, nicht so aber, dass alles Wichtige sozusagen aus dieser Stadt ‚herausgewachsen‘ sei. Vielmehr gelte:

---

22 Der Begriff „Prager deutsche Literatur“ wird hier aufgrund seiner Gebräuchlichkeit verwendet. Tatsächlich ist er allerdings der Modellierung des gemeinten ‚Phänomens‘ auf den beiden Konferenzen von Liblice bei Prag (der ersten, 1963, zu Franz Kafka, der zweiten, 1965, eben zur „Prager deutschen Literatur“) zu marxistischen Bedingungen geschuldet, die unter Ignorierung dieser ‚Voraus-Setzungen‘ auch von der sogenannten Inlandsgermanistik flächendeckend übernommen wurde. Vgl. zum ‚Dementi‘ der Angemessenheit dieses Begriffs u. a. Manfred Weinberg: Die versäumte Suche nach einer verlorenen Zeit. Anmerkungen zur ersten Liblice-Konferenz *Franz Kafka aus Prager Sicht* 1963. In: Steffen Höhne, Ludger Udolph (Hg.): Franz Kafka – Wirkung, Wirkungsverhinderung, Nicht-Wirkung. Köln, Wien, Weimar 2014 (Intellektuelles Prag im 19. und 20. Jahrhundert 5), S. 209–235; Ders. gemeinsam mit Jörg Krappmann: Region – Provinz. Die deutsche Literatur Prags, Böhmens, Mährens und Sudetenschlesiens jenseits von Liblice. Mit Anmerkungen zu Franz Kafka als Autor einer Regionalliteratur. In: Peter Becher, Jozo Džambo, Anna Knechtel (Hg.): Prag – Provinz. Wechselwirkungen und Gegensätze in der deutschsprachigen Regionalliteratur Böhmens, Mährens und Sudetenschlesiens. Wuppertal 2014 (Arco Wissenschaft 26), S. 17–52; Ders.: Die Liblice-Konferenzen und die geplante Kurt Krolop-Forschungsstelle für deutsch-böhmische Literatur. Nachdenken über ein nicht mehr mögliches Gespräch. In: Brücken. Germanistisches Jahrbuch Tschechien – Slowakei N. F. 21 (2013), S. 125–138. Umfassend wird diese Revision begründet und ein anderes Verständnis des Phänomens vorgeschlagen in: Peter Becher, Steffen Höhne, Jörg Krappmann, Manfred Weinberg (Hg.): Handbuch der deutschen Literatur Prags und der Böhmischen Länder. Erscheint: Stuttgart, Weimar 2017.

23 Paul Eisner: Zwei Literaturen und ein Argot. In: Frank Warschauer (Hg.): Prag heute. Prag 1937, S. 35–47, hier S. 35. Zitate aus Eisners Essay werden in diesem Kapitel von nun an im Text mit der bloßen Seitenzahl nachgewiesen.

> Als physische Gebärerin konnte die Stadt an der Moldau sparsam sein und kargen; denn kein einziger von den wichtigsten Söhnen des Landes konnte ihr entgehen, ob er nun, wie die weitaus meisten, auch körperlich zu ihr gerissen und nicht mehr losgelassen wurde, ob er, wie dieser oder jener, dem Zauberberg an der Moldau wieder den Rücken kehrte: die große, ja schicksalhafte Tatsache der Gemüter, der Seelen, der Geister war Prag für alle. Ohne Prag vor allem keine tschechische Literatur, keine tschechische Kunst, was Impulse, Befruchtungen, Sinngebungen angeht: denn Prag ist eben etwas anderes als eine bloße Metropole, diese eine Stadt war seit jeher das Sinnbild der nationalen Vergangenheit, des nationalen Loses, Symbol der Nation selbst, ihrer Schicksalsgezeiten, ihres Unglücks, ihrer unauflöslichen Hoffnung, ihres unversieglichen Zukunftswillens. (37)

Prag ist nicht bloß Metropole – wobei sich einwenden lässt, dass dies für weite Teile des 19. Jahrhunderts eher nur aus einer tschechischen denn aus einer gesamteuropäischen Perspektive gegolten hat –, sondern Symbol der Nation im der Vergangenheit wie der Zukunft zugewandten Sinne. Die Stadt sei dabei aber „nicht die Mutter der tschechischen Dichter, nur selten gebiert sie einen"; dafür aber die „Adoptivmutter fast aller, und ist sie es einmal nicht für Lebensdauer, so ganz gewiß für die entscheidenden Jahre der Entwicklung, innern Formung und Reifung. In diesem Sinne sind Prag und die tschechische Literatur beinahe eine Tautologie." (38) Anders gesagt: Zwar konzentriert sich alles Tschechische in und auf Prag, aber die Hauptstadt ist nicht der ‚Ursprung', sondern gleichsam nur das Gravitationszentrum, in dessen Anziehung alles „mit gesetzmäßiger Trieb- und Schwerkraft" gerät:

> [G]enau so wie die Stadt an der Moldau sich im Allgemein-Populationistischen, in ihrer Gesamtbevölkerung immer wieder durch den Zustrom von auswärts verjüngt, rekrutiert sie auch für die „Prager Literatur" immer wieder, ja mit noch größerer Werbekraft, neue Kontingente neuer Menschen, nicht großstädtischer Menschen aus der Provinz, aus den entlegensten Provinzen. Eine seelisch-geistige Dynamik von ganz besonderer Potenz und Spannungskraft ist die Folge: junge Menschen, deren Vater noch tief in Südböhmen, weit und tief in Mähren hinter dem Pflug einherging oder in einer sonstigen Schollenbindung ein mit Ländlichkeit und ländlicher Volksnatur hermetisch verbundener Landsasse war, kommen nach Prag, nehmen das Uralte und ganz Neue auf, aus dem die doppelgesichtige Stadt besteht, verarbeiten es, amalgamieren es mit dem mitgebrachten Urfonds, mit ihrer Erbmasse, werden durch solche Vereinigung des Widerstreitendsten zu Schöpfern. (39)

Die tschechische Literatur speist sich also aus „ländlicher Volksnatur", so aber, dass – im Zeichen der „doppelgesichtige[n] Stadt" Prag – „das Uralte", die „Erbmasse" und das „ganz Neue" miteinander verbunden werden; sie sei von daher durch ein „überaus jähe[s] Verschmelzen des Heterogensten" (39) gekennzeichnet, was Eisner an der Person des „äußerst raffinierte[n], mit genialen Zügen ausgestattete[n] Surrealist[en] der Tschechen, de[m] Schöpfer der großstädtischen tschechischen Lyrik des 20. Jahrhunderts" (39f.), also an Vítězslav Nezval, illustriert, der „auf schnurgeradem Wege aus der Tiefe der ländlichen mährischen Provinz nach Prag kam" (40). Bald darauf heißt es verallgemeinernd: „Der tschechische Dichter und Schriftsteller haßt, meidet, flieht alles, was man im allgemeinen ‚die Gesellschaft' nennt. Seit jeher zieht es ihn zur Volkstiefe, sei es die bäuerliche, sei es die des städtischen Proletariats.“ (41) Für das „tschechische[] Geistesleben“ gebe es von daher kein „Asphaltproblem“ (38);[24] „die Stadt [Prag] selbst“ sei

> das wirksamste Prophylaktikum gegen alles Nur-Papier und alles geschriebene Blech. Sie läßt es zu, daß man ihre Straßen mit Asphalt belegt, bildlicher Asphalt aber kann in ihren Mauern gar nicht aufkommen. Altes unvergeßlich zu bewahren, Neues und Urfremdes mit dem Augenblick bodenständig zu machen, da es in ihre Mauern einkehrt, ist seit jeher ihre Funktion. Sie, die ewige Stadt an der Moldau, ist die Muse einer ganzen nationalen Literatur. Es gab noch keinen menschlichen Willen, der stark genug gewesen wäre, sich ihr zu entziehen. In Bejahung, im Protest – man kann nur ihr Sohn, ihr Adoptivkind sein. Prag ist das Schicksal des tschechischen Dichters und Schriftstellers; und da Prag das Insiegel des nationalen Schicksals ist, stimmt eine jede Probe und Gegenprobe: mag er links, mag er rechts stehen, der tschechische Dichter, der tschechische Schriftsteller kann gar nicht anders als ein legitimer Sohn dieser Stadt, dieses Landes, dieses Volkes sein. (42)

Prag ist Muse einer „nationalen Literatur“; der tschechische Autor notgedrungen zugleich Sohn des tschechischen Volkes *und* Sohn der Stadt Prag resp. im Fall Libuše Moníkovás deren Tochter. Das ‚Volkstümliche‘ wird hier zum eigentlichen Grund tschechischer Literatur,[25] die aber gerade nicht dabei stehen bleibt, sondern eben als „Vereinigung des Widerstreitendsten“ (und das heißt auch des begründend Ländlichen und Städtischen), als Hervorbringung von „Heterogenstem“ beschrieben wird:

> Denn für den tschechischen Dichter und Schriftsteller zeigt die Stadt an der Moldau ein wahres Janusgesicht mit allen Zügen des Geheiligt-Uralten, des Heutigen, des in dämmernde Zukunftsfernen Weisenden. Und in dem tschechischen Aspekt überwiegt, sobald

---

24 In der Weimarer Republik wurde mit dem Wort „Asphaltliteratur“ eine großstädtische, nicht mehr heimatgebundene Literatur bezeichnet; den Nationalsozialisten wurde der Begriff zum Pendant von „entarteter Literatur“.

25 Die Herleitung ‚großer‘ Literatur aus einem Fonds des ‚Volkstümlichen‘ ist uns heute gänzlich fremd geworden; sie ist allerdings ganz und gar keine Spezifik der tschechischen Literatur resp. Poetik, sondern ein Ergebnis der Nationalisierungstendenzen im 19. Jahrhundert. Für Max Brod etwa, um im Kulturraum der Böhmischen Länder zu bleiben, war dies das zentrale Problem „jüdische[r] Dichter deutscher Zunge“: „Von biblischer Größe und ostjüdischer Einfachheit erschüttert, reiht sich der national empfindende jüdische Dichter in die jüdische Literatur ein. Ein Konflikt entsteht, wenn er sich in deutscher Sprache, mit dem von deutscher Gefühlsarbeit durchpulsten Wortschatz und im Ausschwingen einer deutschen Literaturbewegung schaffen sieht. Das Volk, an dessen Sprache ich weiterwebe, kann mir nicht fremd sein“. Max Brod: Der jüdische Dichter deutscher Zunge. In: Vom Judentum. Ein Sammelbuch. Hg. vom Verein jüdischer Hochschüler Bar Kochba in Prag. Leipzig 1913, S. 261–263, hier S. 261. Anstatt den Konnex zwischen in nationaler Perspektive gedachter Volkstümlichkeit und Literatur kurzerhand zu dementieren, konstatiert Brod: „Der Dichter kann sein Nationalgefühl ausstreichen. Aber nur um den Preis, in seiner ganzen Persönlichkeit ein unkompletter Mensch zu werden“ (ebd.) – und schlechte Literatur zu verfassen. Da die Möglichkeit einer „assimilatorische[n] Erlangung deutscher Nationalität [...] wohl überhaupt nicht vorhanden“ sei, verfällt Brod auf den ‚Ausweg‘, „durch eine Vertiefung des eigenen jüdischen Nationalgefühls wie von einer ungewollten, ungeahnten Seite her auch fremde nationale Begeisterung anderer Völker plötzlich zu verstehen“ (ebd.). Der „jüdische Dichter deutscher Zunge“ soll also „auf dem Wege tiefer jüdischer Nationalempfindung [...] Zutritt zum wahren deutschen Volksgeist“ (ebd., S. 262) erhalten. Max Brods Reflexion ist ein deutlicher Beleg dafür, dass selbst im frühen 20. Jahrhundert die Rückbindung ‚großer‘ Literatur ans Volk(stümliche) argumentativ unumgehbar war.

> nur die nationale Wiedergeburt sich durchsetzt, der Lebenswille der Nation erstarkt und unzählige Köpfe und Hände sich zu regen beginnen einer lichten Zukunft entgegen, das Prag von heute und morgen, die Tagansicht der ewigen Stadt. (43)

Diese Orientierung am „Uralten" gestaltet sich bei Moníková als immer neues Zurückkommen auf die böhmische Mythologie und Geschichte; die Zukunft ist ihr aber nicht mehr eine ‚wiedergeborene' tschechische Nation, sondern Böhmen als Ursprung und Zentrum eines neuen Europas. Gerade dies aber kann man als Auswirkung ihrer Migration resp. ihres Gangs ins Exil nach Deutschland verstehen. Insofern sie aus dem Zentrum Prag an die von ihm aus gesehen europäische Peripherie (oder eben in eine neue und andere zentrale Position) rückt, geht es nicht mehr um ein genuin volkstümlich Tschechisches, das mit tschechisch Städtischem zusammenzubringen wäre, sondern um eine ganz neue, wenngleich weiterhin von Böhmen ‚ausgehende' Ordnung.

Deren ‚Konstruiertheit' ist im Übrigen in der „Prager deutschen Literatur" vorgeprägt, denn gerade entgegengesetzt zur Situation der „[t]schechische[n] Schriftsteller in Prag" beschreibt Eisner die Konstellation „Prag und die deutsche Literatur" so: „Die deutsche Sprachinsel in Prag ist ein künstliches gesellschaftliches Gebilde ohne irgendeine Verwurzelung in Volkstiefen welcher Art auch immer." (44) Allerdings bildet diese deutschsprachige Literatur, hinsichtlich derer sich Eisner fast ganz auf die „Prager deutsche Literatur" beschränkt,[26] mit der tschechischsprachigen eine Symbiose: „Die ungeheure Vielfalt ihrer [gemeint ist Prag] stofflichen und seelischen Spiegelungen in der tschechischen Literatur wurde durch deutsche Zeugnisse noch vermehrt, und nicht bloß vermehrt, auch auf das organischeste ergänzt und integriert." (42f.) Von daher resümiert er:

> Das Erlebnis Prags hat der deutschen Literatur viel Ansehnliches und Bedeutendes und überdies auch noch die große Dreifalt Rilke, Werfel, Kafka gegeben. Es ist denkwürdig, und vielleicht eben darum noch nicht gesagt worden: auf den Wegen des Prager Erlebnisses, der Prager Symbiose entstehen die einzigen drei dichterischen Lebenswerke, die aus der sudetendeutschen Literatur[27] in die Weltliteratur eingegangen sind: Rainer Maria Rilke, Franz Kafka, Franz Werfel. Braucht es noch Worte der Rühmung für den Genius der Stadt, der in zwei Sprachen, in zwei Literaturen in alle Ewigkeit so fortzeugend fortwirkt? (44f.)

Der besondere Genius Prags ist also gerade durch seine Zweisprachigkeit geprägt, die in zwei sehr unterschiedlichen, sich dabei aber ergänzenden Literaturen Ausdruck

---

26 Allerdings heißt es in der sehr kurz geratenen Chronik der deutschsprachigen Literatur in den Böhmischen Ländern: „Es ist, als hätte Adalbert Stifter ihren Aspekt Prags vorgezeichnet, als er in seinem ‚Witiko' die ferne Vergangenheit der Stadt verewigte, den Vyšehrad eines frühen Přemysliden in zauberischem Licht erstehen ließ. Der Aspekt Prags in der deutschen Literatur ist historisch, er gilt der Vergangenheit der Stadt, der Stadtseele einer abgeschriebenen Zeit, den steinernen und atmosphärischen Denkmälern des Gewesenen und zeitlich Entrückten" (43).

27 Eisner verwendet den Begriff „Sudetendeutsche Literatur" noch nicht, wie dies später etwa auf den Konferenzen von Liblice geschieht, als abwertenden Gegenbegriff zur „Prager deutschen Literatur", sondern als diese mit umfassende Benennung.

findet. Somit gilt das, was Eisner schon für die tschechischsprachige Literatur konstatiert hatte, hier noch einmal auf einer ‚höheren' Ebene: Die gesamte ‚Prager Literatur' ist durch eine Vereinigung des Widerstreitenden, eine Zusammenführung von Heterogenem charakterisiert. Diese Konstellation überbietet Eisner schließlich noch einmal, indem er eine dritte Sprache anführt:

> Prager Tschechisch, Prager Deutsch, das sind zwei. Die Stadt hat noch ein drittes „Idiom", das Prager Argot. Es ist ein Phänomen. Seine Drastik vereinigt alle Register des Argots von Paris, Berlin und Wien, seine täglich von neuem zeugende Potenz ist großartig. In dieser Sprache der Prager Volkstiefen leben die besten Eigenschaften des tschechischen Volkes – ein unbeirrbarer Lebensrealismus, die spontane und vehemente Kritik an allem Dekorativen, allem Phrasenschwulst, allem Pathos und überheblichem Aplomb; eine auf Herz und Nieren prüfende Aufrichtigkeit und ein urdemokratischer Humor, mitsamt dem Bekenntnis zu einer Lebensphilosophie, die sich von wem immer nichts vormachen läßt, aber ebensowenig an Nächte der langen Messer denkt, da sie ja weiß: das Ärgerliche und ans Leben Greifende wird bald wieder ‚abstimmen', wer bleibt, sind wir, das Volk, und unsere ein jegliches schiefes Tun, mit Nichtlassen richtende und rächende Sprache. Ein tschechischer Diktator ist undenkbar; den Tag nach Proklamierung der Diktatur würde er an dem Galgen einer vernichtenden Prager Sprachwendung baumeln. (47)

Diese „dritte Sprache Prags" sei „die ungebärdigste und genialste. Auch die wichtigste, wie mir scheinen will." (47) Man kann dies als letzte Steigerung verstehen: Das Prager Argot ist die genialste Sprache, *weil* sie die ungebärdigste ist; sie ist drastisch und zeugend, gerade insofern sie in die „Prager Volkstiefen" hinabreicht.

Ein solch weites Ausholen war notwendig, um Moníkovás Poetik – durchaus im Sinne von Pfeiferovás Rückbindung an eine ‚nationale' Poetik der tschechischen Literatur und somit an einen der nationalen Wiedergeburt verpflichteten ethischen Imperativ, nun aber präziser – zu profilieren. Denn nur so lässt sich auf den Punkt bringen, was im migrantischen ‚Sprachwechsel' geschieht: Moníková gibt nicht die Bindung an das Tschechische resp. hier genauer ‚Böhmische' auf; es bleibt vielmehr eines der prägenden Merkmale ihrer Texte – und diese weiter bestehende Bindung bedingt eben auch, dass sie „Kenntnisse über das Land, aus dem ich komme, [...] verbreiten und es möglichst würdig [...] vertreten" will. Um es nicht zufällig mit einer organologischen Metapher zu sagen: Moníkovás Arbeit als „deutsche Autorin" ‚wurzelt' nach wie vor im Böhmischen, seiner Geschichte, seinen Mythen etc. Ausgewechselt aber wird die entscheidende Zukunftsaussicht: Nun geht es nicht mehr um die ‚Wiedergeburt' eines Tschechisch-Nationalen (im Widerstand gegen die Unterdrückung durch eine „[ausländische] Großmacht"), sondern um die Geburt eines neuen Verständnisses von Europa aus eben diesem Geist des vermischten Böhmischen.

3. Libuše Moníkovás *Pavane für eine verstorbene Infantin*

Man kann dies schon am zweiten Roman Libuše Moníkovás *Pavane für eine verstorbene Infantin* aufzeigen. Auch hier prägte im Übrigen ein dem oben benannten entsprechendes Missverständnis die deutsche Rezeption. So lautet der erste Satz zur *Pavane* im Artikel über Libuše Moníková im *Kritischen Lexikon zur deutschsprachigen Gegenwartsliteratur*: „Die Ich-Erzählerin Francine Pallas ist nach 1968 aus Prag in die Bundesrepublik gekommen. Ihr Gefühl des Fremdseins, ihre Verletzbarkeit und ihre Erinnerungen an Prag und an böhmische Legenden durchziehen den Text."[28] Dem muss man nicht grundsätzlich widersprechen – und doch wird hier wiederum ein zu simpler Lektüreschlüssel vorausgesetzt, als bestünde die Leistung auch dieses Romans darin, über die Tschechoslowakei, Böhmen und Prag poetisch Auskunft zu geben resp. nostalgisch darauf zurückzublicken.

In einem Aufsatz unter dem Titel *Migrantenliteratur – eine Bestandsaufnahme. Am Beispiel von Libuše Moníkovás „Pavane für eine verstorbene Infantin"* habe ich dem kleinteilig entgegengestellt, wie viele „Ausländer"[29] diesen Text bevölkern: ein „Portugiese",[30] eine „alte Frau aus Schlesien" (13), eine „türkische Albino-Familie" (13), „ein mieser kleiner Sudete" (14), „türkische[] Frauen" (14), „ein Südländer in einer roten Weste" (53), „Molukker" (54), ein „alte[r] Türke" (55), „kleine Algerier" (72), eine „dicke gutmütige Österreicherin" (88), „Slawen" (118), „Skandinavier", „Briten", „Österreicher" resp. „Kakanier" (alle vier: 118), „Gastarbeiter[]" (104); eine Szene schildert den Auftritt von Angela Davis auf einem Frauenfestival (70f.). Gewiss spielen manche Szenen der Handlung in Prag – ansonsten aber in Oberhausen (7), in Göttingen (80), auf der dänischen Insel Femø (24, 65, 70), in Kopenhagen (70) und Paris (66, 71); auch Berlin (135) und Uppsala (87) werden erwähnt. Gewiss finden sich Hinweise auf Hervorbringungen der tschechischen Kultur, aber im Verhältnis zum sonst Angesprochenen in deutlicher Minderzahl. Schon auf der ersten Seite begegnet ein „jugoslawische[r] Beitrag" (7) zum Oberhausener Kurzfilm-

---

28 Ulrike Vedder: Libuše Moníková. In: Kritisches Lexikon zur deutschsprachigen Gegenwartsliteratur. München: edition text + kritik. Einzelpaginierung: S. 1–11, hier S. 3. Ähnlich profiliert Dana Pfeiferová die *Pavane*: „Das zweite Prosawerk Moníkovás, *Pavane für eine verstorbene Infantin* (1983), ist stark autobiographisch geprägt. Die Protagonistin Francine Pallas fühlt sich durch ihren Heimatverlust entwurzelt. Sie hat nach Westdeutschland geheiratet und trauert ihrem okkupierten Vaterland nach. Sie empfindet ein starkes Bedürfnis, integriert zu werden, und versucht das sowohl in ihren Beziehungen zu zwei Männern als auch in ihrem Beruf als Literaturdozentin an einer deutschen Hochschule. Es gelingt nicht gleich, und sie manifestiert ihre Minderwertigkeitsgefühle durch ihre Entscheidung für ein Leben im Rollstuhl. Erst ihre Selbstbehauptung in der Arbeit – sie stilisiert sich zu einer Nachfolgerin Kafkas! – und das erlebte Gefühl der gesellschaftlichen Toleranz auch den Außenseitern oder den ‚Anderen' gegenüber ermöglichen ihr, den Rollstuhl zu verlassen und in ihrer Wahlheimat wortwörtlich Fuß zu fassen.
Diese Integrationsgeschichte einer tschechischen Intellektuellen in der westdeutschen Gesellschaft beinhaltet viele autobiographische Aspekte: Moníkovás Weg in die Bundesrepublik, ihr Beruf als Literaturdozentin, die Anfänge der schriftstellerischen Laufbahn, die Beziehungskonstellationen, die Erinnerungen an die Kindheit, die Geschwistergeschichten. Der Heimatverlust führt die Hauptfigur noch nicht zu einer kosmopolitischen Existenz eines freien Menschen, der nirgends und überall zu Hause ist." Pfeiferová: Libuše Moníková (Anm. 4), S. 62.

29 Libuše Moníková: Pavane für eine verstorbene Infantin. Roman. München 1988 (Erstausgabe: Berlin 1983), S. 105 und 106.

30 Ebd., S. 11. Zitate aus Moníkovás *Pavane* werden in diesem Kapitel von nun an im Text mit der bloßen Seitenzahl nachgewiesen.

festival. Erwähnt wird Vittorio De Sicas Film „Miracolo a Milano" (16), Virginia Woolfs „Orlando" (19) und „A Room Of One's Own" (23), eine chinesische Holzente, die die Erzählerin „Vaucansons Ente" (48) nennt, womit sie auf Jacques de Vaucanson, einen französischen Ingenieur und Erfinder, anspielt, das „Taschenbuch zur verbreitung geographischer kenntnisse" von Johann Gottfried Sommer (vgl. 36) aus dem Jahr 1823, ein „Papinsche[r] Topf" (60), der seinen Namen dem wiederum französischen Erfinder Denis Papin verdankt, den man aber auch einfach als Schnellkochtopf hätte anführen können; erwähnt werden Ellen Betrix, Juvena, Max Factor, Helène Rubinstein, Dior und Yves Saint Laurent (alle: 64); die sechste Symphonie „Allan Petterssons" (76), eines schwedischen Komponisten, Maurice Ravels sogar titelgebende „Pavane für eine verstorbene Infantin" (40f.) sowie sein Zyklus „Ma mère l'Oye" (93), „Kublaj Khan" (85f.), ein Mongolen-Herrscher, die „Beatles" und der „Zupfgeigenhansel" (beide: 93), „Valeska Gert" (131), der Film „Los Olividados" von Luis Buñuel (132), Paul Hentzners *German visitor to Greenwich Palace* von 1598 (vgl. 139),[31] ein Gleichnis von Meister Chuan (vgl. 141), einem taoistischen Philosophen aus dem 4. Jahrhundert vor Christus, sowie die Geschichte von Apollon und der cumäischen Sibylle (142). Gewiss finden sich tschechische Einsprengsel wie der Satz „Čí jsem?" (36) („Wessen bin ich?") oder die Überlegung der Erzählerin, Kafka auf Tschechisch zu sagen, dass er der Schriftsteller des Jahrhunderts sei („Jste největší spisovatel století." [93]), aber mit Abstand mehr französische oder englische Formulierungen, wie „nature morte" (20) für Stillleben oder das Wortspiel „better a bottle in front of me / than a frontal lobotomy" (144). Natürlich ist viel von Kafka in diesem Roman die Rede, doch wird meist im gleichen Atemzug Arno Schmidt erwähnt – und auch Kafka steht nicht einfach für Prag, sondern für dessen spezifische Interkulturalität (nicht nur) am Beginn des 20. Jahrhunderts: das „Gemisch von Tschechen, Juden und Deutschen" (58). Als Vertreter einer böhmischen oder gar tschechoslowakischen Kultur wird Kafka jedenfalls nicht aufgerufen; in einem Traumgespräch erläutert ihm die Erzählerin vielmehr: „Sie sind [hier] erst spät verboten worden, weil man sie vorher nicht kannte, dafür aber auf lange Sicht" (93). Gewiss vergleicht sich die Erzählerin an mehreren Stellen mit Libuše, der mythischen Gründerin Prags, doch hat sie zuvor eben auch ihren Freund Jan mit „Asa-Thor" aus der Edda (81) und „Oishi Kuranosuké" (81), dem Anführer der glorreichen 47 in einer alten japanischen Sage, verglichen. Von all dem findet sich in der Sekundärliteratur kein Wort![32]

Weitgehend unkommentiert bleibt in der Sekundärliteratur auch, dass sich die erste Identifikation der Erzählerin mit Libuše beim Anhören von Ravels *Pavane* ereignet, also ganz und gar nicht durch ‚Böhmisches' ausgelöst wird. Der zweiten längeren Passage, die die Libuše-Legende aufruft, steht voran: „Auf der Südseite des Berges Petřín sehe ich in einem verlassenen Steinbruch einen Menschen liegen [...],

31 Die Quelle des wiederum kursiv gesetzten längeren Zitats wird im Text nicht aufgelöst.

32 Manfred Weinberg: Migrantenliteratur – eine Bestandsaufnahme. Am Beispiel von Libuše Moníkovás „Pavane für eine verstorbene Infantin". In: Zeitschrift für interkulturelle Germanistik 2 (2012), Heft 2, S. 93–111, hier S. 102–104.

mit einem Messer in der Brust" (76). Hier ist offensichtlich von Kafkas K. aus dem *Prozess* die Rede; *seinem* erstarrten Blick folgt die Erzählerin in die chthonische Unterwelt Prags, wodurch nachvollziehbar wird, warum das Tier, dem sie durch die Tunnel der Metro nach Vyšehrad als dem Ursprung Prags folgt, so sehr an das zuvor schon erwähnte Tier aus Kafkas *Der Bau* erinnert – und erst ganz am Ende als, allerdings ‚zerschundener', böhmischer Löwe identifiziert wird.[33]

Mein Resümee im genannten Aufsatz lautete: „Für gerade mal 148 Seiten dieses Buches ist das ein wenig viel des Überlesenen!"[34] Nimmt man diese vielfältigen Erwähnungen von Nicht-Tschechischem, Nicht-Böhmischem, vielmehr vielfältig Europäischem aber als ‚weiteren' Horizont von Moníkovás *Pavane* ernst, zeigt sich rasch, worum es tatsächlich geht. In Paris führt die Protagonistin mit ihrer Freundin Geneviève Gespräche in einer Mischung aus „Englisch, Französisch und Tschechisch" (74), zu denen es heißt: „Wir entwickeln unsere imperialen Vorstellungen von der Vereinigung Europas mit den Hauptstädten Prag und Paris" (71). Als eine der Besserungen, die mit der Rückkehr der böhmischen Herrscherin Libuše einhergehen sollen, findet sich: „Die Richtigstellung der bohemischen Kartographie nach Shakespeare – Einzeichnung der böhmischen Küste, *Die Verbesserung von Mitteleuropa*" (140). Das Kursivierte zitiert den Titel eines ‚Romans' Oswald Wieners, der, knapp gesagt, von der Allmacht der Sprache ‚handelt'. Der Hinweis auf Shakespeare gilt dessen *Winter's Tale*, in dessen drittem Aufzug Antigonus fragt: „Thou art perfect then, our ship hath touch'd upon / The deserts of Bohemia?"[35] Ingeborg Bachmann hat – ausgerechnet im legendären *Kursbuch* 15 von 1968, in dem vermeintlich der Tod der Literatur ausgerufen wurde – darauf mit einem Gedicht unter dem Titel *Böhmen liegt am Meer* reagiert, in dem es heißt: „Wollt ihr nicht böhmisch sein, Illyrer, Veroneser, / und Venezianer alle"?[36] So wird das Strukturprinzip von Moníkovás *Pavane* erkennbar, das höchst präzise Teile eines vor allem europäischen kulturellen Gedächtnisses (und zwar *verschiedener* Nationalkulturen) ineinander übersetzt und so aus Heterogenstem eine vielstimmige europäische Einheit entstehen lässt. Anders gesagt: Libuše Moníková erschreibt Böhmen den ihm zustehenden Platz in Europa

33 Man liest: „Auf einem Podest aus gestampfter Erde drückt sich das Tier an die Wand; die Mähne durchnäßt, verfilzt, die Hinterbeine mager, mit hängender Haut. Die Wucherung auf seinem Kopf, die so krankhaft anmutet, mit scharfen Auswüchsen, wie ausgezackte Schädelknochen, ist Metall, eingewachsen, an dem es langsam, vielleicht seit tausend Jahren zugrunde geht. Es ist die Krone – der zerschundene, zerrissene Schwanz, der heraldisch gespaltene Schweif des böhmischen Löwen. / Ich bin am Ort meines Ursprungs; wir stehen uns gegenüber, am Ausgang unserer vergeblichen Geschichte – die Fürstin und das Wappentier." (76f.).

34 Weinberg: Migrantenliteratur (Anm. 32), S. 104.

35 William Shakespeare: The Riverside Shakespeare. Hg. v. G. Blakemore Evans. Boston 1974, S. 1584. In der Schlegel-Tieck-Übersetzung lautet die Stelle: „Bist du gewiß, daß unser Schiff gelandet / An Böhmens Wüstenei'n?" William Shakespeare: Sämtliche Werke in vier Bänden. Hg. v. Anselm Schlösser. Bd. 2. Berlin 1975, S. 537.

36 Ingeborg Bachmann: Vier Gedichte [das sind: *Kleine Delikatessen*, *Enigma*, *Prag Jänner 1964* und *Böhmen liegt am Meer*]. In: Kursbuch 15, November 1968, S. 91–95; *Böhmen liegt am Meer*: ebd., S. 94f., hier S. 95. Moníková kommentiert dieses Gedicht in: Böhmen am Meer. In: Dies.: Prager Fenster (Anm. 18), S. 56–62.

und verpflichtet zugleich Europa auf dieses (auch historisch) nicht am Rande stehende Böhmen – und sie tut dies ganz und gar nicht für unterschiedliche Adressatengruppen, sondern als ‚Gesamtentwurf'.

4. Ein neues Europa aus dem Blick zurück nach Böhmen

Dies lässt sich auch den Essays von Libuše Moníková entnehmen, wobei ich mich im Folgenden auf den Essay *Kirschfeste. Über die Annexion Europas an Böhmen anläßlich des 50. Jahrestags des Münchner Abkommens*, der durchaus programmatisch Moníkovás erste Essay-Sammlung *Prager Fenster* eröffnet, konzentriere. Dieser beginnt:

> Bei meinem täglichen Blick auf die Karte verschiebe ich die Grenzen von Böhmen des öfteren, mal nach der historischen Vorlage von Großmähren, mal nach Shakespeare, der wußte: Böhmen liegt am Meer. Es wäre allemal sinnvoll, die Vorschläge der Dichter zu bedenken, statt die Teilung der Welt Politikern zu überlassen, die nicht lesen.[37]

Im Folgenden überlegt sie, welche Länder sie in ‚ihr' Böhmen aufnehmen würde: England jedenfalls nicht, was mit den Äußerungen des britischen Premierministers Chamberlain bei der Aushandlung des Münchner Abkommens[38] 1938 gerechtfertigt wird: „Wie schrecklich, phantastisch, unglaublich ist es, anzunehmen, daß wir hier Schützengräben graben und Gasmasken probieren sollen wegen des Streits in einem weit entfernten Land unter einem Volk, von dem wir nichts wissen." (9) Aus den gleichen Gründen bleibt auch Frankreich die Aufnahme in das utopische Europa der Autorin verwehrt. Immerhin wird zugestanden:

> Frankreich hatte kein so leichtes Spiel in der „Krise" wie Großbritannien, es war durch einen zweifachen Vertrag mit der Tschechoslowakei, von 1923 und 1925, verpflichtet seinem Verbündeten beizustehen.
>
> Da es an einem Krieg „wegen der böhmischen Deutschen" genauso wenig interessiert war wie England, ließ es die Regierung in Prag wissen, die Verantwortung für den Kriegsausbruch würde auf sie fallen, wenn sie den Forderungen Hitlers nicht nachgäbe; damit war der Vertrag mit der Tschechoslowakei gebrochen. (10)

Was England und Frankreich in dieser Perspektive eint, ist ihr Imperialismus, der zur Haltung führt, sich von einem Streit „in einem weit entfernten Land unter ei-

37 Libuše Moníková: Kirschfeste. Über die Annexion Europas an Böhmen anläßlich des 50. Jahrestags des Münchner Abkommens. In: Dies.: Prager Fenster (Anm. 18), S. 9–17, hier S. 9. Die Stellen aus diesem Essay werden im Folgenden mit der bloßen Seitenzahl nachgewiesen.

38 Moníková ist sich im Klaren darüber, dass dieses für die tschechische Geschichte des 20. Jahrhunderts so entscheidende Datum gesamteuropäisch nicht unbedingt bekannt ist – und leitet davon auch ab, warum sie sich in Deutschland durchaus wohlfühlt. Nach dem Verweis auf die Umstände des Münchner Abkommens heißt es: „Bekannte Daten. Zumindest hoffe ich es. Vor kurzem fragte ich eine junge Französin, was sie vom Münchner Abkommen weiß. Sie wußte nichts, hatte nie davon gehört; promovierte Germanistin. Warum ich lieber hier als in Frankreich oder England lebe: vielleicht weil sich die Deutschen im allgemeinen mehr mit ihrer verlorenen Geschichte auseinandersetzen" (12).

nem Volk, von dem wir nichts wissen“ resp. wegen ein paar „böhmische[r] Deutsche[r]“ nicht von seinen eigenen Interessen abbringen lassen zu müssen. Gerade einen solchen Imperialismus will die Autorin in ihrem neuen Europa nicht dulden – und sich seiner auch nicht selbst befleißigen. Somit vergewissert sie sich bei sich selbst in Frageform: „Frankreich gehört also auch nicht zu meinem Böhmen?“, um zu antworten: „Wegen ihrer Revolution werde ich es mir noch überlegen“ (10). Gleich anschließend heißt es: „Polen? / Unbedingt sowieso, ja. – Jeszcze Polska nie zginieła!“[39] (10f.). Später im Essay werden die Reflexionen fortgeführt:

> Shakespeare verlegte Böhmen ans Meer, das ist der älteste Entwurf, und ich träume über der Karte und verschiebe die Grenzen. Soll Schweden dazugehören? Dann gleich ganz Skandinavien. Und weiter?
>
> Polen, sicher. Und Jugoslawien im Süden. Österreich nehmen wir auch, schon wegen der Landschaft. Der provinzielle Antisemitismus wird noch ein Problem sein. Und Italien, natürlich, in seiner unvereinten Gestalt, als es in seiner Vielfalt der Stadtrepubliken die höchste Kultur hervorgebracht hat. Dann würde Böhmen gleich an zwei Meere grenzen. *Liegt Böhmen noch am Meer, glaub ich den Meeren wieder …*
>
> Und in diesem Korridor der Freiheit, der Ungebundenheit herrscht Vielsprachigkeit. Ursprünglich dachte ich ans Tschechische als Erste Sprache, aber ich lasse ihnen Zeit, Tschechisch hat sieben Fälle. Für den Rest Europas, an einfachere Grammatiken gewöhnt, zu schwierig (14).

Offensichtlich konstruiert Moníková hier einen Utopos, den sie von der sachlich falschen (aber gerade deswegen richtigen, weil dichterischen) Verortung Böhmens bei Shakespeare ableitet. Böhmen aber steht (auch dies historisch durchaus wieder richtig) für Vielsprachigkeit, sprich: Interkulturalität, sodass (auch an der Hochschätzung Italiens in seiner „unvereinten Gestalt“ der Stadtstaaten in der Renaissance) deutlich wird, dass das Ideal die ‚Vielfalt‘ ist, in deren Zeichen, wie in der *Pavane*, ein neues Europa entworfen wird. Dieses neue Europa aber hat sein Zentrum in Böhmen. Mit frappierendem Selbstbewusstsein sieht Moníková das Tschechische als die „Erste Sprache“ dieses Europas, ist aber großzügig, weil der Rest Europas eben an „einfachere Grammatiken gewöhnt“ sei, was Böhmen ja noch einmal in anderer Weise zu einem eminent europäischen Kulturraum macht, in dem man offenbar (aus auch leidvoller Erfahrung) mehr von der komplexen und widersprüchlichen europäischen Geschichte verstanden hat. In diesem Sinne heißt es weiter: „Die Geschichte Europas ist eine Abfolge von Ungerechtigkeiten, Aggressionen, gegenseitiger Schuldzuweisung für Überfälle, Ausbeutung, Verrat, Unterdrückung“ (12). Später liest man: „Europa ist ein Konglomerat aus Empfindungen, Verletzungen und überlieferten Klischees über die anderen. Die Sprache konserviert die Vorurteile“ (16f.). Auch das zeigt Europa als ein vielstimmiges Gebilde, das in der Utopie dieser

---

39 Hierbei handelt es sich um die erste Zeile der polnischen Nationalhymne: ‚Noch ist Polen nicht verloren!‘ Es ist auch ein Beispiel dafür, dass Moníková nicht nur die ‚großen‘ europäischen Sprachen in ihre Texte hineinzitiert, sondern auch den Deutschen ja eher unbekannte slawische Sprachen. Allerdings ist eine Verschreibung zu konstatieren, da das letzte Wort der ersten Zeile richtig „zginęła“ geschrieben wird.

Autorin gerade nicht vereinheitlicht werden soll, sondern dessen ‚Widerstreitendes', ‚Heterogenes' es auszuhalten und fruchtbar zu machen gilt.

Gerade aus dieser Perspektive reflektiert Moníková am Schluss ihres Essays die sprachlichen Stereotype, die die gegenseitigen Einschätzungen der Europäer ‚konservieren':

> „Böhmische Dörfer" gibt es nur in Deutschland; ebenfalls die ‚polnische Wirtschaft'. – Dafür behalten die Deutschen auch ihre „deutsche Markenbutter" und zur Strafe noch holländisches Gemüse.
>
> Die Syphilis haben sich alle gegenseitig zugeschoben, bis sie sich ausnahmsweise geeinigt hatten, auf Frankreich, das es prompt England zuspielte; womit es angesichts von dessen ungehemmter Kolonialpolitik nicht einmal unrecht hatte, obwohl auch die Spanier und Portugiesen in Frage kamen – aber an die Indianer dachte damals keiner. Europa war der Nabel der Welt, im Guten und im Bösen.
>
> Die Tschechen haben „spanische Dörfer" und „türkische Wirtschaft", das ist auch nicht besser, allenfalls dadurch entschuldbar, daß die inkriminierten Länder ferner liegen und keine Nachbarn sind. Die Engländer sind fein heraus – „it's all Greek to me", versichern sie scheinheilig, die Antike haben wir alle hinter uns – wie es die Griechen empfinden, weiß ich nicht; sie können nach München und Chamberlain ruhig zugeben: „it's all Czech to me".
>
> Andererseits gründet mein europäischer Traum auf dem produktiven Irrtum Shakespeares über die Lage Böhmens.
>
> Es bleibt also auch England dieser wirren, katastrophalen Vielfalt von Europa, meinem Böhmen, verhaftet. (17)

Damit ist das Entscheidende benannt, denn einerseits ist das utopische, am Meer liegende Böhmen tatsächlich ein Gegenentwurf zum bisherigen Europa. Wenn Moníková aber ‚ihr' Böhmen dann doch mit der „katastrophalen Vielfalt von Europa" in Verbindung bringt, ist die Figur offensichtlich deutlich komplexer als der historisch gegebenen katastrophalen Wirrnis nun eine erschriebene utopische Harmonie entgegenzusetzen. Worin aber liegt sonst das utopische Potential der Dichtung, das auch aufscheint, wenn der letzte Satz dieses Essays lautet: „Dichterische Entwürfe erweisen sich auf Dauer als die zäheren ‚Haupt- und Staatsaktionen'" (17)? Einen Hinweis gibt eine eher unscheinbar Aussage mitten im Essay: „Wenn ich über Europa schreibe, beschreibe ich meine Ressentiments und ahne die der anderen" (13), die ebenfalls deutlich macht, dass das entworfene Europa keine harmonisierte Einheit ist, sondern gerade deshalb utopische Qualitäten hat, weil es ihm gelingt, seine eigene Vielfalt auszuhalten. Die ‚Wegweiser' dazu aber sind die Dichter. In diesem Sinne heißt es im Essay *Der Dichter als Brauch. Eine quasi-ethnographische Überlegung*:

> Wo bleiben die Dichter?
>
> [...]
>
> Der Skeptiker Kafka, der in seinem kargen Stil die genaueste Beschreibung dieses Jahrhunderts gegeben hat, wußte, daß nach jeder Revolution der bürokratische Schlamm liegenbleibt. Aus ihm wird der Nährboden für Unzuständigkeit, unterlassene Hilfe für Asylanten, für Anordnungsverbrechen.
>
> Wenn er sich abgelagert hat und hartgeworden ist, werden die Autoren wieder zur gefährdeten Spezies, weil sie gebraucht werden.

Nicht nur, um einen deformierten Tyrannen als Marionette in Satiren darzustellen, sondern auch um die per Dekret entfernten Sterne zu beschreiben.
Dabei kommt es auf ihr Gedächtnis, ihre Phantasie und ihre Genauigkeit an.[40]

In der Analyse von Bachmanns Gedicht *Böhmen liegt am Meer* liest man: „Böhmen am Meer ist das unerreichbare Reich der Poesie am Horizont, das in raren Momenten gesichtet wird und von einigen wenigen auch betreten werden kann, dauerhaft zu bewohnen nur um den Preis der Fortgabe."[41] Das utopische Böhmen als „Reich der Poesie" ist also niemals endgültig erreicht, bleibt sogar im Grunde unerreichbar. Es kann immer wieder nur von Neuem erschrieben werden; es *ist* tatsächlich nur im Schreiben resp. Schreibprozess (und spiegelbildlich im Lesen).

5. Fazit

Die Rezeption des Werks von Libuše Moníková ist von einem doppelten Missverständnis geprägt: auf tschechischer Seite in der Unterstellung, dass ihre Texte tschechischen Lesern nichts zu sagen hätten, weil diese die ‚Realien', auf die in ihnen referiert werde, ja zur Genüge kennen würden; auf deutscher Seite mit dem – nur spiegelverkehrten – Missverständnis, dass es den Texten tatsächlich um die Übermittlung dieser ‚Realien' gehen würde, die dem nostalgischen Rückblick der Autorin auf ‚ihr' Böhmen, das sie verlassen hat, geschuldet wären. Doch geht es um etwas ganz Anderes! Libuše Moníkovás Selbstverständnis als Autorin ist nicht ohne das tschechische Verständnis von Autorschaft, wie es sich im 19. Jahrhundert in der nationalen Wiedergeburt gebildet hat, zu denken. Der Bezug auf die böhmischen ‚Realien' aber wird durch den Gang ins Exil resp. durch die Migration nach Deutschland in eine neue Funktion gerückt: Er begründet ein anderes – geschichtsbewusstes – Europa, eines der Vielstimmigkeit, der auszuhaltenden Widersprüche, der stets neuen und unhierarchisierten Aushandlung ganz unterschiedlicher Perspektiven. Der ‚Blick zurück nach Böhmen' ist somit zugleich einer in eine bessere europäische Zukunft; das Böhmische und das Europäische zeigen sich, wie nachgewiesen werden sollte, als die zwei Seiten einer einzigen Medaille. Auch dies ist – angesichts der aktuellen Entwicklungen in Europa – ein Grund, sich dem Werk Libuše Moníkovás erneut zuzuwenden und ihre Bücher wieder aufzulegen.

---

40 Libuše Moníková: Der Dichter als Brauch. Eine quasi-ethnographische Überlegung. In: Dies.: Prager Fenster (Anm. 18), S. 30–39, hier S. 39.
41 Moníková: Böhmen am Meer (Anm. 36), S. 62.

Sarah Steidl, Jule C. A. Thiemann

Verwaltetes Heimweh. Stadtfigurationen in Herta Müllers Erzählcollage *Reisende auf einem Bein*

1. Reiseroute

Der 1989 im Rotbuch-Verlag publizierte, 165 Seiten kurze Prosatext *Reisende auf einem Bein* der im rumänischen Banat aufgewachsenen deutschen Schriftstellerin Herta Müller erzählt in neunzehn bezifferten Kapiteln von der politischen Emigration der Mittdreißigerin Irene aus dem sozialistischen Rumänien nach West-Berlin. Im Text wird eine direkte namentliche Erwähnung des Heimatlandes von Irene ebenso wie die Nennung von dessen neostalinistischem politischen Oberhaupt Nicolae Ceaușescu umgangen. Stattdessen wählt die Autorin mit dem „anderen Land[]“[1] und dessen „Diktator“ (19) überzeitliche, in andere historisch-politische Kontexte transponierbare Formulierungen. Ebendiese illustrieren, dass sich Müllers Poetik weniger durch leicht zugängliche *Be-* als vielmehr durch expressive *Um*schreibungen auszeichnet. So wurde die Poetik der 2009 für ihr formenreiches literarisches Œuvre mit dem Literaturnobelpreis prämierten Schriftstellerin in der Forschung auch als ein ästhetisches Widerstandsmanöver beschrieben.[2] Dass Müller in diesem ersten Text nach ihrer Übersiedlung 1987 von Rumänien nach Berlin anstelle direkter Benennungen derartige ‚Platzhalter‘-Formulierungen verwendet, ruft den Leserinnen und Lesern die öffentlich ausgetragenen Auseinandersetzungen der Autorin mit dem rumänischen Geheimdienst ins Gedächtnis: Müller war gezielten Einschüchterungen und Denunzierungen der Securitate ausgesetzt und berichtet auch heute noch, mehr als 25 Jahre nach der Hinrichtung Ceaușescus, von ihren Erfahrungen mit staatlich organisiertem Terror; sie macht diese biografischen Zäsuren zu Signaturen ihrer Texte.

In *Reisende auf einem Bein* schreibt Müller diese psychologisch schwerwiegenden Erfahrungen ihrer Protagonistin Irene zu und lässt diese kurz vor ihrer Ausreise in den Westen in einem Traum auf den „Diktator“ (19) treffen. Dieser wird in der Traumsequenz als gefühlskalt und rücksichtslos eingeführt, wenn er auf Irenes gerade erst zusammengefaltete Sommerblusen tritt wie auf „Laub unter den Bäumen“ (19). Mit dieser Sequenz werden die Gründe für Irenes Emigration eindeutig als politische enttarnt. Inwieweit Irene von der brutalen Diktatur im Ostblock traumatisiert ist, deutet sich bereits an, wenn sie kurz zuvor auf einem ihrer Passfotos eine

1 Herta Müller: Reisende auf einem Bein. 3. Aufl. Frankfurt a. M. 2013, S. 7. Im Folgenden wird die Seitenzahl in Klammern im Fließtext genannt.

2 Vgl. Sissel Lægreid: Sprachaugen und Wortdinge. Herta Müllers Poetik der Entgrenzung. In: Helgard Mahrdt, Sissel Lægreid (Hg.): Dichtung und Diktatur. Die Schriftstellerin Herta Müller. Würzburg 2013, S. 55–79.

Jahrbuch des BKGE 24 (2016), S. 231–241

ihr zwar bekannte Person, doch aber nicht sich selbst erkennt: „Eine fremde Person hatte sich eingeschlichen in Irenes Gesicht." (18) Diese fremde Person wird den Leserinnen und Lesern dann als „die andere Irene" (19) vorgestellt. Die „andere Irene" soll in diesem Beitrag als eine aus dem totalitären politischen Kontext hervorgehende Instanz gedeutet werden. Wir möchten vorschlagen, Müllers Geschichte um die Ausreise Irenes als Narrativ einer Identitätskrise zu lesen. Die Krise der Protagonistin findet dabei, so die nachfolgende Argumentation, auch in West-Berlin kein Ende. Auch in der Großstadt sieht Irene auf Fotos und im Spiegel stets die „andere Irene". Karin Binder deutet in ihrem 2013 im *Handbuch der deutschsprachigen Exilliteratur* publizierten Beitrag zum Prosatext die Aufspaltung der Protagonistin als die von Homi K. Bhabha formulierte Figur des *splittings* – als eine „Strategie der Artikulation widersprüchlicher und nebeneinanderher bestehender Annahmen".[3] Ebendieser Lesart folgt auch dieser Beitrag. Es wird argumentiert, dass die Identitätskrise der Protagonistin *bereits* im Titel des Prosatextes Ausdruck findet. Das Bild der einbeinig Reisenden, das dort aufgerufen wird und sich in der Handlung später vollends entfaltet, ist das eines in sich gespaltenen Subjekts, welches sich nur auf einem Bein fortbewegen kann. *Reisende auf einem Bein* lässt Bilder eines versehrten Körpers, Bilder von amputierten Gliedmaßen assoziieren. Auf einem Bein um Gleichgewicht ringend, wagt Irene einen Balanceakt zwischen dem Banat und Berlin, zwischen Vergangenheit und Gegenwart.[4] Gestaltet ist dieser Balanceakt als Odyssee der Protagonistin, die durch das West-Berlin vor dem Mauerfall streift und die städtische Realität der fremden Metropole mit allen Sinnen aufnimmt. Für Irene geht das (Er-)Leben in der Großstadt dabei immer auch mit der Assoziation von Bildern der Heimat, dem „anderen Land", einher. Die Handlung im Stadtraum West-Berlins ist durch die (urbane) Bewegungspraktik des Gehens sowie durch die Wahrnehmung und Reflexion des Wahrgenommenen seitens der Protagonistin strukturiert. Somit weisen vor allem die in Westdeutschland zu verortenden Kapitel starke Parallelen zu einem Narrativ auf, das sich im frühen 19. Jahrhundert in der französischen Literatur etabliert hat und im deutschsprachigen Raum von Walter Benjamin zu einem ästhetischen Verfahren der Moderne erklärt wurde: dem Flaneur-Narrativ.

Literarische Flanerien sind Texte, deren Sujet sich aus der Interaktion von Wahrnehmung und Reflexion einer im urbanen Raum agierenden Erzählinstanz konstituiert. Die literarische Flaneurfigur kann somit auch als Verfahren der modernen Stadtlektüre oder als literarische Funktionsform begriffen werden.[5] Ein grundlegen-

---

3 Homi K. Bhabha: Die Verortung der Kultur. Mit einem Vorwort v. Elisabeth Bronfen. Deutsche Übersetzung v. Michael Schiffmann u. Jürgen Freudl. Tübingen 2011, S. 196.

4 Für Lesarten von *Reisende auf einem Bein*, die auf eine Krise des Subjekts und also auf identitäre Suchbewegungen eingehen, siehe Moray McGowan: ‚Stadt und Schädel', ‚Reisende', and ‚Verlorene': City, Self, and Survival in Herta Müller's *Reisende auf einem Bein*. In: Brigid Haines, Lyn Marven (Hg.): Herta Müller. Oxford 2013, S. 64–83; Karin Binder: Reisende auf einem Bein (1989). In: Bettina Bannasch, Gerhild Rochus (Hg.): Handbuch der deutschsprachigen Exilliteratur. Von Heinrich Heine bis Herta Müller. Berlin 2013, S. 464–471.

5 Vgl. zur Relevanz und Konzeption der Flaneurfigur in der Gegenwartsliteratur die Publikationen: Rüdiger Severin: Spuren des Flaneurs in deutschsprachiger Prosa. Frankfurt a. M. u. a. 1988 (Bochu-

des Charakteristikum von literarischen Flanerien ist die Erschließung eines Stadtraumes über das multisensuelle Erleben der Protagonisten. So wird auch die Protagonistin in *Reisende auf einem Bein* in der Forschungsliteratur immer wieder als Flaneur bezeichnet. Problematisiert werden dabei Irenes Status als weibliche Flaneurfigur sowie thematische Konstanten von Flaneur-Narrativen (Bewegungspraktik des Gehens, Einzelgängertum und Isolation im urbanen Raum, Masse und Individuum, Wahrnehmung und Reflexion der Großstadt). Ohne eine detaillierte raumsemantische Analyse der Erzählcollage vorzunehmen, soll im Folgenden die These aufgestellt werden, dass in *Reisende auf einem Bein* über die Darstellung typischer Wahrnehmungsmodi des Flaneurs Räume Ausgestaltung finden, die einander überlagern. Obwohl die Stadt Berlin einer raumsemantischen Lesart folgend als ‚neuer' Lebensort der Protagonistin oppositionär zur Heimat gedacht werden kann, widersetzt sich Müller mit ihrem Text einer solchen binären Logik. Denn ein Neuanfang ist Irene in Berlin nicht möglich. Das Banat bleibt, wie René Kegelmann es formuliert hat, als eine Art ‚Kontrastfolie' für all die in Berlin gesammelten Eindrücke bestehen.[6] Der Berliner Stadtraum wird fortlaufend mit Figuren und Geschehnissen aus politischen, sozialen oder kulturellen Kontexten des „fremden Landes" verknüpft. Weil Irene sich der titelgebenden Bezeichnung als Reisende zufolge weder am Ursprung noch am eigentlichen Ziel im Sinne eines Neuanfangs aufhält, deutet Binder die Figur des Reisenden nachvollziehbar auch als eine paradigmatische Figur des Dritten:

> Als jeweils Fremder am transitorischen ‚Jetzt-Ort' avanciert er [der Reisende] zur Figur eines intermediären Raumes, eines ‚Nicht-Ortes'. Dort sind eindeutige Setzungen nicht möglich: Scheinbare Gewissheiten werden im Zuge einer Ent- und Verortung zunächst zum Gegenstand der Reflexion gemacht und damit in einen Zustand der Fluktuation überführt.[7]

Der vom Titel evozierte Status Irenes als Reisende (auf einem Bein) wird durch die Erzählweise des Romans unterstrichen: Karl Schulte folgend scheint diese sich nur hüpfend auf einem Bein voranbewegen zu können.[8] Denn Müllers Sprachbilder sind semantisch widerständig, Syntax und Interpunktion fragmentiert. In paratakti-

---

mer Schriften zur deutschen Literatur 5); Eckhardt Köhn: Straßenrausch. Flanerie und kleine Form. Versuch zur Literaturgeschichte des Flaneurs von 1830 bis 1933. Berlin 1989; Matthias Keidel: Die Wiederkehr der Flaneure. Literarische Flanerie und flanierendes Denken zwischen Wahrnehmung und Reflexion. Würzburg 2006 (Epistemata. Würzburger wissenschaftliche Schriften 536); Laura Peters: Stadttext und Selbstbild. Berliner Autoren der Postmigration nach 1989. Heidelberg 2012 (Probleme der Dichtung 47).

6 Vgl. René Kegelmann: Emigriert. Zu Aspekten von Fremdheit, Sprache, Identität und Erinnerung in Herta Müllers ‚Reisende auf einem Bein' und Terézia Moras ‚Alle Tage'. In: Peter Motzan, Stefan Sienerth (Hg.): Wahrnehmung der deutsch(sprachig)en Literatur aus Ostmittel- und Südosteuropa – ein Paradigmenwechsel? Neue Lesarten und Fallbeispiele. München 2009 (Veröffentlichungen des Instituts für deutsche Kultur und Geschichte Südosteuropas an der Ludwig-Maximilians-Universität München, Wissenschaftliche Reihe 115), S. 251–263.

7 Binder: Reisende (Anm. 4), S. 467.

8 Vgl. Karl Schulte: ‚Reisende auf einem Bein'. Ein Mobile. In: Ralph Köhnen (Hg.): Der Druck der Erfahrung treibt die Sprache in die Dichtung. Bildlichkeit in Texten Herta Müllers. Frankfurt a. M. u. a. 1997, S. 53–62.

scher Reihung treten vielfach bruchstückhafte Wahrnehmungen in eine poetisch-bizarre, surrealistische Beziehung zueinander. Der metaphorisch dichte Titel wird zudem durch eine expressive Körpermotivik im Prosatext ergänzt, wenn beispielsweise von dem Eigenleben der inneren Organe Irenes erzählt wird. Die Beschreibungen solcher physischen Vorgänge sind dabei in Kontrast zu den Vorgängen im Kopf der Protagonistin gesetzt und veranschaulichen, wie sehr Irene ihre permanenten Gedanken an die nicht namentlich erwähnte Heimat zu unterdrücken versucht.

2. Berlin-Banat-Brüche

Sehnsuchtsvolle Gedanken an das Banat schleichen sich jedoch immer wieder in die Narration und die Beschreibungen der Großstadt Berlin ein. „Bekannt ist, wie bei der flanerie Länder- und Zeitenfernen in die Landschaft und in den Augenblick eindringen",[9] konstatiert Benjamin in seinen Ausführungen zur Flaneurliteratur im *Passagen-Werk*, und so lässt auch Müller Assoziationen und Erinnerungen in die erzählte Welt Irenes, in die narrative Gegenwart, Eingang finden. Dabei verbindet sie diese korrespondierenden Eindrücke und Bilder von Orten nicht, sondern lässt sie unkommentiert nebeneinanderstehen, um sich alsbald dem nächsten Sinneseindruck zuzuwenden. Dieses Hüpfen und Springen von einem Eindruck zum nächsten, das Changieren zwischen Vergangenheit und Gegenwart, kann exemplarisch an der Szene eines Flohmarktbesuches der Protagonistin veranschaulicht werden. Am Rande des Marktes erkennt Irene „Gräser der Gegenden, in denen niemand wohnte: Brennessel, Distel, Schafgarbe. Das waren für Irene die Gräser des anderen Landes" (68). So wird der urbane Raum des Berliner Flohmarktes mit dem biosphärischen Raum des Banats kontextualisiert: Über Stadt- und Ländergrenzen hinaus entsprießen den Böden die gleichen Gräser. Irene berührt die Pflanzen, um sich deren Existenz zu versichern, fürchtet sie doch, diese seien lediglich Produkte ihrer Fantasie. Diesem haptischen Verfahren zur Bestätigung der Gegenwart scheinen vordergründig keinerlei weitere Assoziationen zur Heimat zu folgen. Doch zeigt sich bei genauerer Lektüre, dass jeder neue Sinneseindruck mit der Banat-‚Kontrastfolie' abgeglichen wird. So glaubt Irene, im Sog der einfahrenden Berliner U-Bahn die „kalte Luft einer fernen Einöde" (35) zu spüren. Dem physischen Empfinden dieser in die erlebte Gegenwart der Protagonistin eindringenden Kälte aus dem entfernten Land folgt die Stille des Berliner Bahnhofes nach dem Vorbeifahren des Zuges. Diese Kontraste zwischen Bewegung und Stillstand sowie zwischen Lärm und Stille prägen das Empfinden der Protagonistin in Berlin. Irene agiert als dynamische, jedoch passive Instanz, über welche Sinneseindrücke – gleich einer ‚fotografischen' Momentaufnahme – aufgerufen und aneinandergereiht werden. Dieser bewegliche Wahrnehmungsmodus produziert, mit Ralph Köhnen gesprochen, ein durch Orts- und Perspektivwechsel be-

9 Walter Benjamin: Der Flaneur. In: Ders.: Gesammelte Schriften. Hg. v. Rolf Tiedemann. Bd. 5.1: Das Passagen-Werk. Aufzeichnungen und Materialien. Frankfurt a. M. 1982, S. 524–569, hier S. 528.

dingtes „metonymisches Gleiten der Bilder".[10] Auch in anderen Lektüren der Prosa Müllers wird den Protagonisten eine in ihnen angelegte Bewegungspraktik der Erinnerung attestiert, im Zuge derer die Wahrnehmung der Gegenwart immer auch erinnerte Bilder der Vergangenheit hervorruft und diese, scheinbar willkürlich, aneinanderreiht.[11] Die schnelle Abfolge von Bildern, die als *snapshots* stehen bleiben und weder einer logischen noch einer chronologischen Reihung folgen, entspricht dem typischen Charakteristikum von literarischen Flanerien, in denen sich momenthafte Sinneseindrücke und deren Reflexion abwechseln, auf neue Bilder überspringen und somit ein bruchstückhaftes, fragmentarisches, durch Störungen gekennzeichnetes sinnliches Erleben darstellen. Diese bruchhaften Störungen zeugen jedoch in *Reisende auf einem Bein* auch von den traumatischen Erlebnissen Irenes und dem der Figur eingeschriebenen *splitting*. Denn mit Verweis auf den oben zitierten Textauszug stellt sich dem Leser doch immer wieder auch die Frage, warum sich Irene nach „Einöde" (35) und „kalter Luft" (35) sehnt. Wenn diesbezüglich von einem „Sog" (35) gesprochen wird, dem sich Irene nicht entziehen kann, scheint gleichermaßen eine emotionale Loslösung von der bedrohlichen Heimat negiert.

3. Kopfstand

Berlin wird von Irene als Bedrohung empfunden: Die Großstadt erscheint ihr als „Bühnenbild für das Verbrechen" (31); in ihr herrscht eine Atmosphäre „wie zwischen Hand und Messer gleich nach der Tat" (35), die Irene einen Tatort assoziieren lässt.[12] Diese Wahrnehmung der Stadt erklärt sich den Leserinnen und Lesern mit Blick auf die Räume, die Irene in der Metropole aufsucht. Denn ebendiese sind meist abgelegene und wenig belebte. Mit einem Gespür für die „von der Stadt vergessenen Orte" (68) bewegt sich die Protagonistin gleich dem Benjamin'schen Flaneur als „Priester des genius loci"[13] durch den urbanen Raum. So werden über Irene als weibliche Flaneurfigur, die, in der Tradition Benjamins stehend, den ‚Geist' des Ortes, aber auch des Gegenstandes, lesen und lesbar machen kann, transurbane Szenarien verhandelt, findet ein permanentes Changieren zwischen Berlin und dem Banat Ausdruck. Beispielhaft hierfür kann die Szene angeführt werden, in der Irene auf einem ihrer Spaziergänge zwischen „vermoderten Pfählen [...] ein Gesicht" (169) wachsen sieht. Ihr erscheint im Berliner Kanalwasser das Antlitz der „Frau des Diktators" (169) aus dem „anderen Land" (ebd.), welches Irene an das Gesicht Rosa Luxemburgs erinnert. Mit dem Aufrufen des im Wasser gespiegelten Gesich-

10 Ralph Köhnen: Der autofiktionale Impuls. In: Heinz Ludwig Arnold (Hg.): Herta Müller. München 2002 (Text und Kritik 155), S. 18–29, hier S. 23.

11 So attestiert Philipp Müller den Texten der Autorin eine „prozessuale Erzählästhetik", siehe Philipp Müller: Fluchtlinien der erfundenen Wahrnehmung. In: Arnold (Hg.): Herta Müller (Anm. 10), S. 40–49, hier S. 53.

12 Vgl. Binder: Reisende (Anm. 4), S. 465.

13 Walter Benjamin: Die Wiederkehr des Flaneurs. In: Ders.: Gesammelte Schriften (Anm. 9), Bd. 3: Kritiken und Rezensionen. Frankfurt a. M. 1982, S. 194–198, hier S. 196.

tes und der festgestellten Ähnlichkeit mit Rosa Luxemburg werden zwei politische Frauenfiguren nebeneinandergestellt. Diese über Irenes Wahrnehmung des urbanen Berliner Raumes aufgerufene, paradoxe rumänisch-deutsche Konstellation – beide Frauen verbindet zwar eine kommunistische Gesinnung, doch unterscheiden sie sich in ihren nationalen Symbolwerten als Vertreterinnen von Diktatur (Elena Ceauşescu) und sozialistisch-kommunistischer Arbeiterbewegung (Rosa Luxemburg) – entspricht Irenes eigener Position, ihrer Aufspaltung in Irene und die „andere Irene".

Irene versucht die Gedanken an ihre Heimat und Gefühle von Heimweh wortwörtlich in die hinterste Schublade ihres Verstandes zu schieben:

> Irene dachte oft an das andere Land. Doch sie drückten nicht in der Kehle, diese Gedanken. Sie waren nicht verworren. Überschaubar waren sie. Fast geordnet. Irene nahm sie hervor, in die Stirn. Schob sie zurück in den Hinterkopf. Wie Mappen. [...] Sie verwaltete ihr Heimweh eingeteilt in Landschaft und Staat, in Behörden und Freunde. Es war die Buchhaltung eines halben Lebens: Stille Mappen in fremden Regalen. (83f.)

Wenngleich das Heimweh nicht in der Kehle drückt und somit keine Verbalisierung findet, breitet es sich dennoch in Irenes Körper aus und droht auch ihren Kopf wie eine Krankheit zu befallen:

> Im Magen die Leere, die in den Mund kroch. In den Waden der Riß, als würden Maschen laufen. Das sah Irene nicht im Spiegel. Doch die Angst, daß sich eines Tages der Körper fallen lassen würde, ohne den Kopf vorher zu warnen, die sah sie. (84)

Diese surrealistischen Bilder illustrieren, wie Irenes Welt buchstäblich kopfsteht; denn entgegen dem Newton'schen Gravitationsgesetz wird hier von der Angst berichtet, der Körper könne auf den Kopf (und nicht der Kopf auf den Körper) fallen.[14] Von dieser Angst ergriffen, fragt sich Irene schließlich, ob Heimweh vielleicht „nichts mit dem Kopf zu tun" (84) hat, und wird ihrer willkürlichen Teilung von Kopf und Körper gewahr. Dieses Eingeständnis erklärt, warum Irene in der Stadt Berlin nie ankommt, sie immer „Reisende auf einem Bein" bleibt.

Das Scheitern eines Neuanfangs zeigt sich schon bei Irenes Ankunft in Berlin. Anstelle von einem Platz in einem Übergangsheim gewährt man Irene vorerst nur Unterkunft in einem Asylantenheim. Dieses Heim liegt in der Flottenstraße im Bezirk Reinickendorf, die als „Sackgasse" (30) bezeichnet wird und metaphorisch gesprochen somit keinen Neuanfang, sondern vielmehr einen Stillstand markiert und seitens der Protagonistin Gefühle der Panik evoziert. „Der Bahndamm lag auf der einen Straßenseite. Die Kaserne auf der anderen Seite." (30) Irene erscheint durch diese Beschreibung als umzingelt von Gebäuden, die Kälte und gleichzeitig Verlassenheit ‚ausstrahlen':

14 Dieser Aspekt der verkehrten Welt der Irene taucht im Text nicht nur über die gespiegelten Bilder auf, sondern wird von Thomas auch in Bezug auf die von Irene angefertigte Berlin-Collage kommentiert: „Dein Bild ist richtungsverkehrt" (156), sagt er zu ihr. Damit zeigt sich, dass Irene die Stadt entgegen der allgemein als ‚richtig' betrachteten Richtung durchläuft.

> Die Flottenstraße hatte die Härte der großen Häfen, der Eisenstangen, die sich in der Spiegelung des Wassers verdoppelten. Auf dem Bahndamm rosteten die stillgelegten Gleise. (30)

Mit dem Hafen und dem Bahnhof sind hier zwar symbolische Orte von Ankunft und Aufbruch in den Text eingelassen; dadurch, dass der Bahnhof aber stillgelegt ist, zeigt sich, dass ein erneutes Aufbrechen, ein Verlassen der Stadt Berlin, für Irene nicht möglich ist. Obwohl Irene sich durch ihre Bewegungen im Berliner Stadtraum auszeichnet, ist sie zugleich auch als eine Figur des Stillstands angelegt, die sich zwischen dem Banat und Berlin verfangen hat. Die Figur scheint keine Entwicklung zu durchlaufen; ihre Position zwischen zwei Ländern ist nur vordergründig eine transitorische. Diesen Zustand der ‚Nicht-Entwicklung' teilt die Figur Irene mit den für diesen Text wichtigen drei Männerfiguren, die mit Irene zusammen das für einen als Großstadtroman rezipierten Text sehr kleine Figurenpersonal bilden. Mit dem nachfolgenden Verweis auf die drei weiteren Figuren soll eine wichtige potenzielle zweite Lesart des Textes stark gemacht werden.

4. Gebrochene Figuren: Franz, Thomas, Stefan

Wie Irene scheinen auch die drei Männer gebrochen, tragen sie doch eine unbewältigte Vergangenheit mit sich herum, können sich von der Erinnerung an diese nicht lösen. So taucht zum Beispiel die Figur des *splittings* nicht nur in Bezug zu Irene, sondern auch in Bezug zu Thomas auf. Stefan stellt Irene den gemeinsamen Freund Thomas als Person vor, die, wenn man sie fragt, wie es ihr gehe, im Spiegel nach Antworten sucht (vgl. 159). Mit Verweis auf derlei symbolische Figurenzeichnungen und motivische Parallelen kann argumentiert werden, dass der Titel *Reisende auf einem Bein* nicht nur im weiblichen Singular, sondern auch im Plural verstanden werden kann. Der Text als, mit Binder gesprochen, „Erinnerungstext" ruft somit nicht nur das Schicksal der Banater Schwaben auf, sondern erinnert transfigural daran, wie sehr ein jeder Mensch von seiner Vergangenheit gekennzeichnet ist. Einem solchen Lektüreansatz nachspürend, kann auf ein transhistorisches Potenzial des Textes aufmerksam gemacht werden. Zudem verweist bereits die als Epitext zu deutende Äußerung Müllers zu ihrem Prosaprojekt vor dem Erscheinen im Januar 1989 im Gespräch mit Walter Vogel in *Die Presse* darauf, dass die Autorin mit diesem Text nicht etwa eine autobiografische Lesart provozieren, sondern vielmehr eine *kollektive* Erfahrung literarisch ver- und aufarbeiten wollte. Die damit eröffnete und begründete Lesart des Titels im Plural kann mit Verweis auf Bernhard Dopplers Ausführungen über den Entstehungsprozess des Textes weiter bekräftigt werden: Doppler macht auf den ursprünglich angedachten Titel „Bewohner mit Handgepäck" aufmerksam.[15] Da „Bewohner" sich zwar wie auch „Reisende" im Singular verstehen

15 Vgl. Bernhard Doppler: Die Heimat ist das Exil. Eine Entwicklungsgestalt ohne Entwicklung. Zu ‚Reisende auf einem Bein'. In: Norbert Otto Eke (Hg.): Die erfundene Wahrnehmung. Annäherung an Herta Müller. Paderborn 1991 (Literatur- und Medienwissenschaft 7), S. 95–106.

lässt, die Hauptfigur aber eine weibliche ist, zeigt sich hier, dass Müller ihren Titel wohl als Plural konzipiert hat. Diese Interpretation erklärt sich vor allem auch aus Müllers geäußertem Ziel, „[e]ine Geschichte über vier Personen ohne Entwicklung" zu erzählen.[16] Wenngleich die endgültige Fassung nur eine Hauptfigur kennt, bleibt indirekt doch das im Interview angekündigte Personal aus vier Figuren mit den drei auftretenden Männerfiguren Franz, Thomas und Stefan bestehen. Dieses beschränkte Figurenpersonal verleiht dem Text kammerspielartige Züge.

5. Irene: in der Stadt, als Stadt

Ihre sowohl freundschaftlichen als auch erotischen Männerbeziehungen sind für Irene immer wieder Anlass, West-Berlin für Besuche in Frankfurt am Main oder Marburg zu verlassen, und geben dem passagenweise handlungsarmen Text durch psychologisch interessant aufbereitete Dialoge einen wichtigen ‚drive'. Die Gespräche bezeugen dabei wiederholt das Scheitern der Männer, sich Irene emotional anzunähern. Irene bleibt für Franz, Thomas und Stefan unnahbar, unfassbar und unerkannt. Das Verhältnis der Männer zu Irene entspricht dabei dem Verhältnis Irenes zu der Stadt Berlin. Diese ähnlichen Beziehungen können durch die Auseinandersetzung mit den Intertexten des Romans entschlüsselt werden. Denn nicht nur die Figur Irene zeichnet sich durch ihre Collagearbeit aus, der Text selbst ist eine Erzählcollage, die sich aus einigen Intertexten zusammenfügt. Der zentrale Intertext ist Italo Calvinos Prosawerk *Die unsichtbaren Städte* (1972). In dem Klassiker der modernen italienischen Literatur ist die Erzählung als Dialog zwischen dem Entdeckungsreisenden Marco Polo und dem Mongolenkaiser Kublai Khan angelegt. Der venezianische Abenteurer berichtet dem Kaiser in neun Kapiteln von verschiedensten Städten, die er auf seinen Fahrten besuchte. Die Städte werden von Marco Polo unter Frauennamen eingeführt, wobei er auch auf eine Stadt mit dem Namen „Irene" verweist. Eine Passage ebendieses Stadtporträts wird in *Reisende auf einem Bein* von dem Geliebten Irenes, Franz, in einem Brief an diese zitiert:

> „Sähe man die Stadt von innen, so wäre sie eine andere. Irene ist der Name für eine Stadt aus der Ferne, und nähert man sich ihr, so wird sie eine andere. Eins ist die Stadt für den, der vorbeikommt und nicht in sie hineingeht, ein anderes für den, der von ihr ergriffen wird und nicht aus ihr hinausgeht; eins ist die Stadt, in die man zum erstenmal kommt, ein anderes ist die, die man verläßt, um nicht zurückzukehren; jeder gebührt ein anderer Name; vielleicht hab ich von Irene schon unter verschiedenen Namen gesprochen; vielleicht habe ich überhaupt nur von Irene gesprochen." (100)

Franz, der diese Sätze von Calvino zitiert und als Eilpost an Irene adressiert, ist in der Figurenkonstellation der Erzählcollage als Instanz in Szene gesetzt, deren Handlungen, wie bereits erwähnt, die Protagonistin immer wieder zur Bewegung über die Berliner Stadtgrenzen hinaus motivieren. Irene trifft den jungen Rucksackreisen-

16 Vgl. ebd., S. 95f.

den in der Grenzstadt im fremden Land und verbringt eine Liebesnacht mit dem etwa zehn Jahre jüngeren Marburger Studenten. Ihre darauffolgende Ausreise, die Ankunft in Berlin und das Erfahren des urbanen Raumes sind stets an die Figur des jüngeren Geliebten gebunden, der Irene nicht, wie er versprach, am deutschen Flughafen in Empfang nimmt, sondern ihr beständig ausweicht. Die an den jungen Mann geknüpfte Sehnsucht der Protagonistin ist jedoch nicht die nach einer emotionalen Bindung an ein (männliches) Gegenüber, sondern vielmehr das Sehnen nach einem anderen Selbst. So muss auch Franz resigniert feststellen, dass die Sehnsucht, die Irene verspürt, keine sexuelle oder emotionale ist:

> Du wolltest Sehnsucht [...]. Jetzt bist du hier. Und ich bin da, in diesem Zimmer. Und deine Sehnsucht ist die gleiche, als ob du nicht hier wärst und ich nicht da. (151)

Die in der Figur der Irene angelegte Sehnsucht ist die nach einer Ankunft – an einem Ort, bei sich selbst. Diese Auseinandersetzung mit dem Selbstbild, das Irene als verfremdet, gespalten und gebrochen erlebt, spiegelt sich in den von Calvino zitierten Zeilen wider: So wie die *Stadt* Irene als Raum beschrieben wird, in den niemand hineingelangt und der stets nur von außen betrachtet werden kann, gelingt es auch keiner der Figuren in *Reisende auf einem Bein*, zu der *Protagonistin* Irene durchzudringen. Sogar Irene selbst erkennt sich im Spiegel als fremde Andere wieder. Mit der intertextuellen Referenz auf Calvino erhält aber nicht nur die literarische Figur Irene eine neue Bedeutungsebene, sondern auch die Erzählung selbst scheint in Anlehnung an das kurze Prosastück des Intertexts konstruiert: So ist die Berichterstattung Marco Polos an Kublai Khan eine aus männlicher Perspektive heraus stattfindende, an ein männliches Gegenüber adressierte Rede. Der Gegenstand dieses männlichen Dialogs ist die *Stadt* Irene, ein durch Artikel und Namensgebung weiblich konnotiertes Objekt männlichen Interesses. Die *Stadt* Irene ist als unzugängliches Territorium in Szene gesetzt, das zwar Neugierde weckt, jedoch bei Eintritt seine Form wandelt. In gleicher Weise, wie bei Calvino weder Kaiser noch Entdecker Einblick in die fremde Stadt erhalten, scheitern die männlichen Nebenfiguren in *Reisende auf einem Bein* wiederholt an ihren Versuchen, Einblick in die Person Irene zu erhalten. So wird über diese Figur, der intertextuell der Status einer Stadt zugesprochen wird, auf doppelter Ebene Fremdheit repräsentiert: In der Figur angelegt sind Fragen nach personeller und geschlechtlicher, aber auch solche nach sozialer und politischer Identität, die jeweils zwischen den komplementären Teilräumen des Narrativs (Heimat – Fremde, Banat – Berlin) entstehen, jedoch nicht aufgelöst werden können. Darüber hinaus gibt die Figur Franz Anlass zu der Feststellung, dass auch die männlichen Figuren hier als Städte konzipiert sind. Immer wieder wird die räumliche Distanz von Irene und Franz thematisiert und in Kontrast zu ihrer erlebten körperlichen Nähe gesetzt. Derlei Raum-Figur-Analogien werden um macht- und genderpolitische Diskurse ergänzt, wenn es heißt:

> Manche Orte der Stadt [Berlin] waren von Franz besetzt. Irene hatte an diesen Orten an Franz gedacht. [...] Die besetzten Orte mischten sich so sehr in ihre Gedanken ein, daß kein Freiraum für neue Gedanken blieb. Irene mußte diese Orte bei ihren Gängen durch die Stadt meiden, ihnen so lange ausweichen, bis eine andere Jahreszeit kam. Dann waren

> die Orte wieder fremd geworden. [...] Das verband Irene mit Franz und trennte sie von ihm. Das war ein Zusammenhang zwischen Irene und der Stadt. (151f.)

Dieser Zusammenhang erklärt, warum sich Irene als „Reisende mit dem erregten Blick auf die schlafenden Städte" (98) bezeichnet. Wenngleich Irene auf diese Weise auch als leidenschaftliche Figur auftritt – als eine Figur also, die sich durchaus auch in der Gegenwart verlieren kann –, holt sie die Vergangenheit doch immer wieder ein. Selbst der Erhalt der deutschen Staatsbürgerschaft am Ende der Erzählung wird von ihr lediglich als eine Notiz am Rande wahrgenommen. Der Brief ihrer Freundin Dana aus der Heimat, der sie über den Selbstmord eines Freundes informiert, wirft Irene hingegen förmlich aus der Gegenwart. Der gleichzeitige Erhalt zweier Briefe unterstreicht so gegen Ende, dass sich an Irenes Situation und an ihrem Status als zwischen den Ländern Balancierende nichts verändert hat. Der Figur wird folglich keine Entwicklung zugeschrieben; vielmehr illustriert die Szene des doppelten Brieferhalts, was Irene emotional wirklich bewegt: „Sie las [...], als gehe es in dieser Mitteilung nicht um sie." (167) Beim Öffnen des Briefes von Dana hingegen setzen die expressiven körperlichen Symptome Irenes ein: „Der Magen schwebte zwischen Kehle und Knie" (167). Gerade aber, weil der Brief Bericht darüber gibt, wie sich die Lage in Irenes Heimat politisch zuspitzt, haben Überlegungen in Richtung einer möglichen Rückkehr keinen Raum. Die Erzählcollage endet mit den Sätzen: „Irene lag im Dunkeln und dachte an die Stadt. Irene weigerte sich, an Abschied zu denken." (176) Für Irene bleibt Berlin im Dunkeln, und dennoch wird sie die Stadt nicht verlassen. Die Entscheidung hierfür wird hier als eine rationale erörtert. So scheint es, als ob Irene mit der Verwaltung ihres Heimwehs fortfährt und sich mit ihrem Status, „Ausländerin im Ausland" (65) zu sein, schließlich abfindet.

6. Intermediale Weiterreise

Insofern liest sich der Text hier auch als Diskussion um die Integration von Migrantinnen und Migranten in die deutsche Gesellschaft. Diesen Aspekt aufgreifend hat Katie Mitchell am 18. September 2015 mit einer Live-Film-Inszenierung von Herta Müllers Erzählcollage *Reisende auf einem Bein* die Spielzeit am Deutschen Schauspielhaus in Hamburg eröffnet. Die von der britischen Regisseurin gemeinsam mit der Dramaturgin Rita Thiele entwickelte, mit filmischen ebenso wie mit theatralischen Mitteln arbeitende Inszenierung basiert sowohl auf dem titelgebenden Text als auch auf Müllers wenige Jahre später publiziertem Roman *Herztier*. Die Schauspielhaus-Fassung behält Irene als Hauptfigur bei, gewinnt durch den Rekurs auf *Herztier* jedoch an Figurenpersonal. Irene ist Mittelpunkt der 90-minütigen Live-Performance aus wechselnden Kamera- und Lebenslagenperspektiven. Die Zuschauer verfolgen das Stück – als sei es ein herkömmlich hergestellter Film – auf einer über der Bühne hängenden großen Leinwand. Die Ausreise Irenes aus dem unter Ceaușescu diktatorisch geführten Rumänien und ihre Ankunft in West-Berlin erlebt der Zuschauer durch die nahen Kameraeinstellungen als ‚Reise ins Innere' dieser von Traumata gezeichneten Figur. Mitchells filmisch-dramaturgische Adaption wurde vor allem auch wegen des beeindruckenden Spiels Julia Wieningers in der Rolle der Irene enthusiastisch aufgenommen. „Wieninger ist [...] die im Exil einsame, verlorene Fremde, sie ist jeder Flüchtling zu jeder Zeit",[17] so *Die Welt*, die darauf verweist, dass Mitchell über die Inszenierung eines historischen Moments hinaus „viel darüber zu erzählen vermag, wie sich syrische und irakische Flüchtlinge heute trotz des Entkommens aus ihrem Terrorregime in Deutschland fühlen".[18] Ohne konkrete Einbeziehung aktueller Fluchtgeschichten leistet dieses Stück neben der historischen Erinnerungsarbeit auch einen Beitrag zu gegenwärtigen gesellschaftlichen Debatten um die Teilhabe von Geflüchteten an ‚unserer' Gesellschaft. So zeigt sich, dass Müller in *Reisende auf einem Bein* überzeitliche Narrative von Fremdheit entwickelt hat, ohne dabei den konkreten politischen Kontext verschwimmen zu lassen.

17 Stefan Grund: Irene war hier nicht willkommen. Das etwas andere Flüchtlingsdrama am Hamburger Schauspiel. In: Die Welt, 21.09.2015, online abzurufen unter <http://www.welt.de/print/die_welt/kultur/article146630807/Irene-war-hier-nicht-willkommen.html> (Stand: 24.10.2016).

18 Ebd.

Florian Gassner

Der geköpfte Hahn und *Das Klavier im Nebel* von Eginald Schlattner. Eine Elegie auf die rumäniendeutsche Vergangenheit

1. Einleitung

Eginald Schlattners Romane *Der geköpfte Hahn* (1998) und *Das Klavier im Nebel* (2005) eröffnen dem Leser einen elegischen Rückblick auf das Neben- und Miteinander verschiedener ethnischer Gruppen im Land Siebenbürgen. Aus der Perspektive der deutschsprachigen Minderheit versammeln sie Eindrücke aus der Zeit vom Kriegseintritt Rumäniens an reichsdeutscher Seite im Jahr 1941 bis hin zum Umbau des rumänischen Staatsgefüges nach stalinistischen Prinzipien um 1950. Angelegt sind beide Romane zum einen als umfassende Rückschau auf die Kulturleistungen der Siebenbürger Sachsen sowie deren nachhaltige Prägung der physischen und sozialen Geographie der Region. Andererseits dokumentieren sie die stufenweise Auflösung der sächsischen Identität, zunächst im Zeichen des Nationalsozialismus und schließlich als Folge der kommunistischen Wende in der Nachkriegszeit.

Dieses Narrativ enthält ein beachtenswertes politisches Gefahrenpotenzial, nicht nur, weil es weite Teile des heutigen rumänischen Staatsgebiets als spezifisch deutsche Erinnerungsorte begreift. Darüber hinaus wird einem Geschichtsverständnis Platz eingeräumt, demzufolge sich die deutsche Minderheit als Kulturbringer und Kulturschaffende mehr als jede andere Bevölkerungsgruppe diesem Landstrich eingeprägt habe. Insbesondere durch Bilder aus den Bereichen der Landwirtschaft und der Infrastruktur wird diese Vorstellung einer urtümlichen Verbindung zwischen Land und Leuten entwickelt. Liest man *Der geköpfte Hahn* und *Das Klavier im Nebel* als Beiträge zum kulturellen Gedächtnis, so könnte man an dieser Stelle mahnend auf die politischen Konflikte hinweisen, die ähnliche Narrative seit dem Ende des Zweiten Weltkriegs in den deutsch-polnischen und deutsch-tschechischen Beziehungen hervorriefen.[1] Beachtet man ferner, dass der Exodus der Rumäniendeutschen noch keine Generation zurückliegt, dass die Erinnerung an die Siebenbürger Heimat also noch als Teil des kommunikativen Gedächtnisses existiert,[2] so erschließt sich die erinnerungspolitische Sprengkraft, die dem Gegenstand von Schlattners Romanen innewohnt.

1 Siehe zum Beispiel Samuel Salzborn: Geteilte Erinnerung. Die deutsch-tschechischen Beziehungen und die sudetendeutsche Vergangenheit. Mit einem Nachwort von Jan Křen. Frankfurt a. M. 2008, insbesondere S. 7–17.

2 Zur Begrifflichkeit siehe Jan Assmann: Das kulturelle Gedächtnis. Schrift, Erinnerung und politische Identität in frühen Hochkulturen. München 1999, S. 50–52.

Jahrbuch des BKGE 24 (2016), S. 243–262

Der letztendlichen Aktivierung dieses Potenzials wirken die Texte jedoch aktiv entgegen, sowohl in formaler als auch in handlungslogischer Hinsicht. Mithilfe sprachlicher Mittel, die eine reflexive Distanz zum Geschehen herstellen, und motivischer Verknüpfungen, die einen kritischen Subtext formulieren, beschwören die Romane einen Ton, der eben elegisch und nicht etwa nostalgisch wirkt. Dieser Eindruck wird verstärkt durch Erzählstrategien, die den Texten zwei unterschiedliche historische Perspektiven einschreiben: zum einen die Wahrnehmung einer vorangegangenen Epoche, in der die Blüte rumäniendeutscher Kultur, wenn auch nicht mehr in vollem Schwung, so doch noch Teil der Lebenswelt war, zum anderen der Blickpunkt des ausgehenden 20. und frühen 21. Jahrhunderts und die damit verbundene Erfahrung von Ausreise und Verlust. Aus diesem Grund scheint es oftmals, als wäre Schlattners Protagonisten intuitiv bewusst, was dem Leser aus dem Geschichtsunterricht bekannt ist: dass die dargestellte Welt bereits eine verlorene ist. Das politisch brisante Material von *Der geköpfte Hahn* und *Das Klavier im Nebel* wird somit durch ein Geschichtsbild eingedämmt, in dem der Untergang der rumäniendeutschen Kultur wie der Vollzug eines unaufhaltbaren Naturgesetzes wirkt.

2. Rumäniendeutsche Erinnerungswelten

Die Geschichte von *Der geköpfte Hahn* entwickelt sich im Lauf des 23. August 1944, an dem Tag also, an dem Rumänien seine Allianz mit dem nationalsozialistischen Deutschland aufkündigt und sich mit den anrückenden sowjetischen Kräften verbündet. In umfangreichen Rückblenden entspinnt sich dabei die Familiengeschichte des gutbürgerlichen Ich-Erzählers, der zugleich im Elternhaus die Abschlussfeier seiner Lyzeumsklasse in der siebenbürgischen Kleinstadt Fogarasch (rumänisch: Făgăraş) vorbereitet. Beschränkt man sich auf die Kernhandlung, so reichen die Ereignisse zurück bis zum Kriegseintritt Rumäniens an deutscher Seite am 22. Juni 1941. Doch wird dieser Rahmen beständig erweitert, durch Genealogien bis ins dritte Glied wie auch durch historische Rückblicke, die letzten Endes die gesamte, von den Figuren immer wieder beschworene 800-jährige Geschichte der Siebenbürger Sachsen umfassen. Der Schwerpunkt liegt jedoch klar auf der Reifezeit des heranwachsenden Erzählers und seiner Suche nach Orientierung in einer historischen Umbruchsphase. Ständig findet er sich in einem Zwiespalt wieder: zwischen seiner Jugendliebe aus dem deutschsprachigen Bürgeradel und dem jüdischen Mädchen Gisela Glückselig; zwischen der zunehmend nationalsozialistisch denkenden Umgebung und dem kosmopolitisch gesinnten Elternhaus; zwischen dem völkischen Weltbild der Gegenwart und den religiös verankerten Traditionen der Vorväter. Programmatische Entscheidungen in dieser Hinsicht fallen auf der sogenannten Exitus-Feier: für die Einladung der bislang ausgegrenzten Gisela, für die öffentliche Wendung gegen den deutschnationalen Eiferer und einstigen Jugendfreund Johann Adolf und für die Bereitschaft zum Opfergang, als es gilt, sowohl Freund als auch Feind vor einem Luftangriff der Deutschen zu schützen.

Das Klavier im Nebel wechselt gleichermaßen zwischen der Gegenwart eines jungen Protagonisten, der sich auf einer Reise vom siebenbürgischen Schäßburg (rumänisch: Sighişoara) ins Banater Land befindet, und der Geschichte seiner Familie seit eben jenem 23. August 1944, mit dem Schlattners erster Roman schließt. Die Handlung vermittelt in diesem Fall ein personaler Erzähler, der die Erfahrungswelt des gutbürgerlich aufgewachsenen Clemens Rescher wiedergibt. Dieser reflektiert auf einer nächtlichen Zugfahrt im Sommer 1951 das Schicksal der rumäniendeutschen Bevölkerung in der Nachkriegszeit, insbesondere die Folgen der Enteignungen und der Kollektivierung ab 1948. Doch auch in diesem Fall bietet der Roman ein Panorama, das über die jüngste Vergangenheit hinausgeht und mithin die gesamte rumäniendeutsche Geschichte ins Auge fasst. Wie in *Der geköpfte Hahn* stehen auch hier die Rückblenden in Bezug zu dem Reifungsprozess des zur Erzählzeit ungefähr 20-jährigen Protagonisten. Dieser sieht sich mit einem Mal aus seiner sächsisch-bürgerlichen Existenz hinausgeworfen und experimentiert daraufhin mit dem Aufbau einer proletarischen Identität als Fabrikarbeiter in seiner Heimatstadt Schäßburg. Dem entspricht Clemens' Abwendung von seinen sächsischen Angebeteten, worauf eine intensive Liebesbeziehung zur Rumänin Rodica folgt, einem Bürgerkind, das gleichermaßen das Dasein als Arbeiterin angenommen hat. Gemeinsam unternehmen die beiden eine Reise durch das neue Rumänien, an deren Ende jedoch eine Trennung ohne Wiederkehr steht. In der Gegenwart angekommen wird Clemens schließlich Zeuge der Zwangsumsiedlung seiner Verwandtschaft in einem Banater Dorf, dessen Bewohner – wie die anderer an der Grenze zu Jugoslawien gelegener Ortschaften – im Zuge des Konflikts zwischen Stalin und Tito 1951 in die südrumänische Bărăgan-Steppe deportiert wurden.

Bemerkenswert an der Deportationsszene in *Das Klavier im Nebel* ist, dass tatsächlich das gesamte Dorf Opfer der Umsiedlungspolitik wird, nicht nur die deutschsprachige Minderheit. Auch sonst beschwören sowohl *Der geköpfte Hahn* als auch *Das Klavier im Nebel* immer wieder die Vorstellung eines friedlichen Miteinanders der Kulturen. So beispielsweise bei einer Tanzveranstaltung im Freien, an der Jugendliche aller Bevölkerungsgruppen teilnehmen: „Sie hopsten im Walzertakt dahin, verschmolzen im spanischen Tango, verloren sich an die rumänische Perinița, den Tüchleintanz, oder ließen sich vom serbischen Kolo mitreißen, bis ihnen der Atem verging".[3] Zugleich finden sich aber auch Überlegungen zu der Sonderrolle, welche die deutschsprachige Minderheit in dieser Umwelt gespielt hat. Insbesondere *Das Klavier im Nebel* lässt das Bild einer pastoralen Idylle aufsteigen, einer urtümlichen Verbindung zwischen der Gemeinschaft und dem Land, das ihre Vorfahren über die Jahrhunderte hinweg geprägt haben. Diese Leistungen würden nun durch die Kollektivierung, durch die Verteilung von Land und Gut an Rumänen und Zigeuner, vertilgt. Herablassend beschreibt der Erzähler die Unfähigkeit der neuen Herren, auch nur ansatzweise an die Produktivität der ehemals sächsischen Höfe

3 Eginald Schlattner: Das Klavier im Nebel. Roman. 2. Aufl. München 2010, S. 484. Im Nachfolgenden abgekürzt als KN.

anzuknüpfen, worunter insbesondere das Vieh zu leiden hat. Mit Wehmut wird der Zeit gedacht, als ein nahezu intimes Verständnis zwischen Mensch und Tier bestand,

> wo Menschenhand zärtlich die Milch aus den Eutern gestreift hatte, im traulichen Zwiegespräch. Denn das wußte der sächsische Bauer seit Jahrhunderten: Mit den Haustieren muß man reden. Laut sprechen mit Pferd und Kuh, mit Schwein und Hund, ja auch mit den Hühnern und Gänsen, und zwar im Dialekt, auf sächsisch (KN 254).

Letzten Endes muss sich die Partei doch die einmalige Eignung der Sachsen zur Bewirtschaftung des Landes eingestehen, und so wird diesen wiederum die Aufsicht über die Ställe übertragen:

> Diese ehemaligen Hofbauern wußten, was getan werden mußte. Sie gaben jeder Kuh einen würdigen Namen, von Berta bis Rosa, von Rita bis Majo, von Mitzi bis Lisi. Sie banden die Kühe an die Krippen, indem sie jeder ihre eigene Kettenlänge zumaßen, in Absprache miteinander, von Kuh zu Mensch. Und sie redeten vom ersten Augenblick an mit ihnen Mundart. Die Freude fuhr den Kühen in die Euter. Und die Partei war voll Dankbarkeit, soweit eine Partei der Dankbarkeit fähig ist. (KN 260)

Man beachte hier nicht zuletzt die deutlich hervortretende Bedeutung der Mundart. Wenngleich die Prozeduren, die der Erzähler auflistet, zweifelsohne auch von rumänischen oder ungarischen Lehrlingen aufgegriffen werden könnten, so garantiert der Dialekt die Ausnahmestellung der sächsischen Bauern.

Ähnlich wie die Kulturlandschaft erscheinen auch die infrastrukturellen Errungenschaften in *Das Klavier im Nebel* als das Produkt rumäniendeutscher Siedlungsgeschichte. Bisweilen wird dieser Umstand nebenbei mitgeteilt, wenn zum Beispiel Ortsangaben die Erinnerung an den historischen Wandel nach dem 23. August 1944 enthalten: Einmal befindet man sich am „Ende der Portengasse, *Strada Republica Populară*", einmal betritt man die „Apotheke ‚zum Eichhorn', nunmehr *Farmacia Tableta Roşie*" (KN 13). An anderer Stelle schlägt der Roman ausdrücklich den Bogen zur Kulturarbeit der Einwanderer aus dem 12. Jahrhundert, so zum Beispiel als Clemens eine alte Schulfreundin in einem südsiebenbürgischen Dorf besucht, wo sie vor einem historischen Landgut zu stehen kommen:

> Das stattliche Wohnhaus war der Straße zugekehrt. Unter dem gewalmten Giebel war zu entziffern: A. O.[4] Darunter: Anno domini 1712. Um Buchstaben und Ziffern war eine Blumenkrone gewunden. Die Gassenfront war doppelt so breit wie die der Nachbarn. Die Parzellen waren bei der Einwanderung um 1150 vermessen worden. Der Anführer der Einwanderergruppe, der Gräf, war mit einem doppelten Grundstück bedacht worden. (KN 430)

Auch hier wird anschließend die Unzulänglichkeit der Rumänen betont, die Nachfolge der sächsischen Kulturbringer anzutreten. Die Perspektive der neuen Hofherren einnehmend, räsoniert der Erzähler über die Last des reichhaltigen Erbes:

> Schlimmer war, daß man arbeiten mußte, ob man wollte oder nicht. Schon Haus und Hof in Ordnung zu halten war Plage genug und überstieg die Kräfte der neuen Besitzer

---

4 Der letzte deutsche Besitzer hieß Andreas Ongyerth (KN 428).

> und noch mehr ihre Phantasie. Und wen hatte man sich als Gesinde eingehandelt! Während auf den Höfen rechts und links die ehemaligen sächsischen Wirte still und stumm die Hände regten zum Wohle der neuen Herren, hinkte hier eine lahme Hexe herum [...]. (KN 444)

Schon bei Clemens' Ankunft im Dorf erfährt man, dass der Garten „seit dem Kommen der Russen ein unbebautes Stück Erde" war. „Jetzt bot er sich dar als ein Feld von dürren Stachelbeerstauden und vertrockneten Himbeersträuchern, ohne Weg und Steg; erste Brennesseln streckten ihre Spitzen heraus" (KN 427). Erneut gibt die Landschaft wieder, was Sachsen und Rumänen trennt.

Diese Überlegenheit der Sachsen wird in der Romanwelt ausdrücklich einem besonderen Ethos zugeschrieben, das beispielsweise in Clemens' Tätigkeit als Fabrikarbeiter hervortritt. Hier „machte er Karriere, stand dem Obermeister bald zur Seite, brachte es zum Vorarbeiter. Und führte Neuerungen ein." Von Beginn an hatte er „das ‚Rascher!' und ‚Billiger!' der Obrigkeit ernstgenommen, doch nicht so sehr wegen der Kauflust der Arbeiterklasse, sondern wegen seiner Erziehung zur Pflicht und Schuldigkeit" (KN 22). Ähnliche Gedanken werden von Clemens' Großmutter vorgetragen, die den neuen Herren rundum die Befähigung abspricht, die kulturellen Leistungen der Sachsen fortzuführen:

> Daß diese Taugenichtse die gute alte Zeit, die wir erfunden haben, sich einverleiben, indem sie uns mir nichts, dir nichts daraus vertreiben. Die gute alte Zeit – so etwas zu schaffen und zu bewahren, dafür braucht es Emsigkeit und Fleiß von Generation zu Generation, bedarf es der Arbeitslust und des Erfindungsgeistes und des Sinnes für Gemütlichkeit. Und das fehlt diesen Tagedieben. (KN 30)

Auch in *Der geköpfte Hahn* findet sich diese Überzeugung wieder, doch wird ihr chauvinistischer Charakter in diesem Fall deutlicher problematisiert. Hier ist es nämlich ein begeisterter Nationalsozialist, ein Onkel des Ich-Erzählers, der den Jungen darüber belehrt, „wie er es aus dem Lehrgang für Volksaufklärung und Propaganda behalten hatte":

> Alles ist den Rumänen in den Schoß gefallen. War ihr Land vor dem Krieg ein Kipfelchen, ist es nun aufgegangen wie ein Krapfen. Dazu haben sie eine Geschicklichkeit, sich ins Fertige zu setzen, ohne daß man es recht bemerkt. Man wacht auf, und sie sind da und mittendrin. Schon bei unseren schönen Friedhöfen muss man aufpassen; bis du dich umdrehst, hat sich einer in dein Grab gelegt. Und nun sieh dir mal den Marktplatz an, alles sächsische Patrizierhäuser, aber überall stecken sie drin. Sie ernten, wo sie nicht gesät haben, sie schlüpfen in Nester, die sie nicht gebaut haben.[5]

Durchweg wird den Sachsen eine Sonderstellung in der Geschichte Siebenbürgens eingeräumt, wenn auch mit leise kritischen Untertönen. Nicht nur, dass sie maßgeblich an der kulturellen und wirtschaftlichen Entwicklung ihrer Heimat mitgewirkt haben, mit ihren Errungenschaften haben sie sich buchstäblich dem Land eingeschrieben.

---

5 Eginald Schlattner: Der geköpfte Hahn. Roman. 7. Aufl. München 2011, S. 200. Im Nachfolgenden abgekürzt als GH.

3. Der gemeinsame Rahmen: Geköpfte Hähne und „Exitus letalis“

Der geköpfte Hahn und *Das Klavier im Nebel* ergänzen sich somit in der Art und Weise, wie sie das Land Siebenbürgen (und am Rande auch das Banat) als spezifisch deutschen Erinnerungsort vergegenwärtigen. Das politische Konfliktpotenzial, das einer solchen Darstellung innewohnt, wurde in der Einleitung bereits angesprochen. Doch eint die beiden Romane weit mehr, bewegen sich ihre jeweiligen Figuren doch im selben fiktionalen Universum. Schauplätze und Protagonisten aus *Der geköpfte Hahn* kehren in *Das Klavier im Nebel* wieder, insbesondere der Ich-Erzähler, der erst in der Fortsetzung namentlich als Norbert Felix vorgestellt wird. Gemeinsam ist den Texten schließlich ein düsterer Grundton, der die Ausführungen über die rumäniendeutsche Einzigartigkeit in ein mattes Licht taucht und der durch zwei vielschichtige Motive vermittelt wird: durch das Bild des geköpften Hahnes und durch die Auseinandersetzung mit dem lateinischen Begriff „Exitus“. Letzten Endes dienen diese Motive auch dazu, einen möglichen erinnerungspolitischen Anspruch auf das Siebenbürger Land zu relativieren.

Mit „Exitus“ beziehungsweise „Exitus letalis“ beginnt und endet *Der geköpfte Hahn* (GH 7 und 518). Am Anfang steht die Frage des vorwitzigen Ich-Erzählers: „Exitus, was heißt das eigentlich?“ Er grübelt über das gleichnamige Fest, das er am Abend mit den Klassenkameraden aus der Quarta der deutschen Schule im südsiebenbürgischen Fogarasch feiern würde. Der Großvater, das letzte im Haus verbliebene männliche Familienmitglied, weiß den Enkel aufzuklären:

> Zunächst heißt Exitus bei uns das, was ihr heute vorhabt: Abschiedsfest einer Schulklasse. Ferner: Exitus trinken, den Becher bis zur Neige leeren, wenn man Blutsbrüderschaft schließt. Ein Wort mit vielen Bedeutungen. Von Exit kommt es und besagt: Er geht hinaus. Er tritt ab. Ausgang. Aus. (GH 22)

Auf die Nachfrage, was „Exitus an und für sich“ bedeute, fügt der Großvater hinzu: „Abschied und Ende. Und noch einiges. Zum Beispiel sagen die Ärzte Exitus letalis, wenn sie den Tod eines Menschen feststellen, ja, und manchmal heißt Exitus Erfolg“ (GH 22f.). Die rein medizinische Verwendung des Begriffes begegnet am Romanschluss: Nach dem Ende der eigentlichen Handlung wird hier in wenigen Absätzen der politische Ausgang des 23. August 1944 in Rumänien festgehalten. Der Leser erfährt von der Ansprache des Königs an das rumänische Volk, von den anschließenden deutschen Bombenangriffen auf Bukarest, von der Absetzung des Marschalls Antonescu und ganz zuletzt vom Selbstmord des deutschen Botschafters: „Wieder in der deutschen Botschaft, schoß sich der Freiherr eine Kugel in den Kopf. Die Ärzte befanden: Exitus letalis“ (GH 518). Jedoch handelt es sich auch hier um einen Exitus im Sinne eines Abtritts, begründet der 23. August 1944 doch gleichermaßen das langfristige Aus für die deutschsprachige Kultur im modernen Rumänien.

Dieses Assoziationsgeflecht wird durch das zweite zentrale Motiv des Romans noch verstärkt. Dies hat Susanna Lulé zutreffend beobachtet: „Eine Steigerung erhält die Formel vom Exitus im Bild des geköpften Hahns, der, schon seines Kopfes verlustig und Blut aus dem offenen Hals verspritzend, noch eine Weile durch die

Gegend rennt".[6] *Der geköpfte Hahn* ist erwartungsgemäß reich an Variationen dieses Motivs, insbesondere in den Schlusskapiteln: Die Angebetete des Erzählers wünscht sich mit „ihm allein eine Nacht ‚der ungebrochenen Stille', bis die Hähne krähen" (GH 490); sie erinnert ihren Geliebten daran, wie er mit dem Jugendfreund Johann Adolf die Nacht in einer Höhle verbracht hatte, „bis zum ersten Hahnenschrei" (GH 487); und als der Ich-Erzähler von einer Maschinengewehrsalve der deutschen Luftwaffe verwundet wird, umtanzen ihn „tausend teuflische Gockel" und stoßen ihn „mit ihren Krallen kopfüber in einen Feuerstrom, der [ihn] in die Hölle schwemmt" (GH 517). Das letzte Bild verweist mit seinen biblischen Assoziationen zurück auf eine Begebenheit zu Beginn des Exitus-Festes, als die Hausmeisterin an den Erzähler herantritt:

> Einen Hahn hat man uns hingelegt, mit abgeschlagenem Kopf, ekelhaft und grausig anzusehen. Und voll schlimmer Vorbedeutung. [...] Ein geköpfter Hahn zieht böse Geister ins Haus, der Kopf aber allein, ans Tor genagelt, der hält sie ab. Hier nun fehlt gerade der segensreiche Kopf. (GH 457)

„Der kopflose Hahn", fügt ihr Vater hinzu, „könnte das Ende der Welt bedeuten. Denn ohne Kopf vermag kein Hahn zu kreischen und somit in aller Frühe nicht die Finsternis der Nacht zu verjagen, die Mutter Sonne zu wecken und den nächsten Morgen herbeizurufen" (GH 457). Und noch einmal die Hausmeisterin: „Heißt es nicht in der Bibel, daß der Herr zur Stunde des Hahnenschreis kommen wird? Schreit der Hahn nicht mehr, kommt unser Herr nicht. Die Welt bleibt des Teufels!" (GH 457).

Diesem facettenreichen Bild ist in der Forschung viel Aufmerksamkeit geschenkt worden, und es mangelt nicht an ansprechenden Versuchen, das damit verbundene Assoziationsgeflecht aufzuschlüsseln. Ulrike Böhmel Fichera zum Beispiel erkennt im geköpften Hahn „ein Symbol für diese Zeit, in der sich ein letztes Mal die Vitalität der Völkergemeinschaft manifestiert, obwohl die Anzeichen der politischen Radikalisierung schon das friedliche Zusammenleben unterminiert und die ursprüngliche ‚natürliche' Ordnung zerstört haben."[7] Beate Petra Kory geht in ihrer Lesart noch einen Schritt weiter, denn für sie nimmt der geköpfte Hahn „nicht nur den Untergang der Siebenbürger Sachsen vorweg, sondern verweist auch auf die Welt, die unter der Herrschaft der Russen und der Kommunisten dem Teufel verfällt."[8]

---

6 Susanna Lulé: „Schuld-Ästhetik" und Erinnerungsdiskurs. Formen literarischen Erinnerns in der zeitgenössischen Literatur am Beispiel von Joachim Wittstock und Eginald Schlattner. In: Mira Miladinović Zalaznik, Maria Sass und Stefan Sienerth (Hg.): Literarische Zentrenbildung in Ostmittel- und Südosteuropa. Hermannstadt/Sibiu, Laibach/Ljubljana und weitere Fallbeispiele. München 2010 (Veröffentlichungen des Instituts für deutsche Kultur und Geschichte Südosteuropas e. V. an der Ludwig-Maximilians-Universität München, Wissenschaftliche Reihe 120), S. 231–258, hier S. 256.

7 Ulrike Böhmel Fichera: Die Angst vor der „Auslöschung unserer Existenz". Rückblicke auf die rumäniendeutsche Vergangenheit. In: Istituto Universitario Orientale di Napoli: Annali / Sezione germanica 14 (2004). S. 167–196, hier S. 183.

8 Beate Petra Kory: Fogarasch als Abbild der Civitas Dei. Eginald Schlattners Debütroman Der geköpfte Hahn im Zeichen der Multikulturalität. In: Transcarpathica 5/6 (2006/2007), S. 78–90, hier: S. 80f.

Zweifelsohne entwickelt der Text hier ein poetisches Beziehungs- und Assoziationsgeflecht, das Bilder des Lebens und des Todes zu einem Endzeitgemälde verbindet, dessen metaphysische Tragweite in der Folge noch erörtert werden soll.

Dieselbe Endzeitstimmung findet sich in *Das Klavier im Nebel* wieder, wiederum insbesondere in den Schlusskapiteln, die mit der Zwangsumsiedlung der Banater Dorfgemeinschaft enden. Das Thema der Vergänglichkeit, das den Roman als Ganzes beherrscht, rückt im Laufe von Clemens' Besuch bei der Verwandtschaft noch weiter ins Zentrum der Aufmerksamkeit, mit der wetterbedingten Zerstörung des Turmes der deutschen Kirche und mit dem plötzlichen Tod der Großmutter am Abend vor der Deportation. Der Aufbruch zum Bahnhof am nächsten Morgen wirkt wie ein Leichenzug, begleitet von dem deutschen, dem rumänischen und dem serbischen Geistlichen des Ortes. Auf dem Perron verfällt diese Welt schließlich dem Chaos: Menschen und Tiere werden durcheinandergejagt, ein Mädchen ersticht einen Militär mit der Hälfte einer Schere, bevor sie die andere Hälfte hinunterschluckt, und Clemens spielt den übrigen Soldaten auf einem herrenlosen Klavier zu einem unwillkürlichen Veitstanz auf. Inmitten dieses Geschehens entspinnt sich dann folgende Szene:

> Ein geköpfter Hahn riß sich los, tanzte die Rampe hinunter, verspritzte wollüstig sein Blut. Hinter ihm rannte die Bäuerin, die Vesnéni, die Frau des Dreschmaschinenbesitzers Matz Lefort, den sie schon verschleppt hatten. Die behäbige Frau rutschte auf der blutigen Spur aus, verhedderte sich in ihrem Kittel, überschlug sich, rollte die schiefe Ebene hinunter, der akkurat geflochtene Zopf löste sich vom Scheitel. Mit der Stirne stieß die Frau an einen Laternenmast. Dort blieb sie liegen. [...] Ein weißhaariger Herr wurde herbeigeleitet. Ohne sein Köfferchen zu öffnen, stellte er die Diagnose, nachdem er die Lider der Liegenden zurückgeschoben und ihre Halsschlagader befühlt hatte: tot! Und berichtete zum Himmel hin: *Exitus letalis*. (KN 554f.)

Wiederum erscheint die Welt aus den Fugen geraten, und auch in diesem Fall tragen die Motive von Exitus und geköpftem Hahn zu einer erratischen Endzeitstimmung bei. Sie spannen somit einen thematischen Bogen von *Der geköpfte Hahn* zu *Das Klavier im Nebel*, vom letzten Auftrumpfen der rumäniendeutschen Volksgemeinschaft im Zeichen des Nationalsozialismus bis hin zu deren Untergang im Rahmen des kommunistischen Umbaus des rumänischen Staates. In vielsagender Pose beschreibt der Erzähler ein letztes Mal den Onkel des Protagonisten, als er vom Perron in den Deportationszug steigt: „Kuno Rescher drehte sich um und stieg würdevoll in den Viehwagen, stieg für immer ab vom hohen Roß der Weltgeschichte" (KN 552). Ein weiteres Mal wird hier auf des Großvaters Definition von „Exitus" in *Der geköpfte Hahn* Bezug genommen: „Er geht hinaus. Er tritt ab. Ausgang. Aus."[9]

Jedoch: Es handelt sich hier nicht um ungebrochenes Pathos, der historische Abgang wird nicht als große Tragödie inszeniert. Stattdessen wird die potentiell heroische Episode, der würdevolle Abgang Kuno Reschers, durch das negativ konnotierte Bild vom hohen Ross ironisch gewendet. Damit relativiert der Text die Opferrolle

9 Siehe oben, S. 248.

des Onkels und, im weiteren Sinne, der rumäniendeutschen Bevölkerung, die dem Leser bisweilen in einem außerordentlich erhabenen Licht entgegengetreten war. Von jener Erhabenheit ist an dieser Stelle nichts mehr zu finden. Stattdessen stürzt die Welt in ein Chaos, das gleichermaßen absurde und märchenhafte Züge trägt: Clemens, als Ortsfremder von der Deportation ausgenommen, spielt zum Tanz auf, und als er „in die *Hora staccato* überging, war kein Halten mehr. Die Soldaten begannen zu tanzen, der Kordon zerfiel. Die Offiziere waren machtlos. Allein die Scharfschützen rührten sich nicht, lauerten auf den Befehl“ (KN 557). Dieser Gefahr tritt jedoch ein Knecht des Onkels entgegen, dem es in der Vergangenheit gelungen war, die bei der Deportation mitgeführten Bienenvölker auf sein Waldhorn zu dressieren. In wiederum ironischer Überhöhung eines zentralen Gedankens dieser Romanwelt, der urtümlichen Verbindung von rumäniendeutschem Mensch und Natur, intoniert der Knecht *Üb immer Treu und Redlichkeit bis an das kühle Grab*. „Die Bienen schossen herbei, [...] umschwirrten den jungen Mann am Klavier, bildeten eine Glocke von Schutz und Schirm. Kein Mensch wagte, ihm ein Haar zu krümmen“ (KN 557).

Auf ähnliche Weise schafft auch das Ende von *Der geköpfte Hahn* eine reflexive Distanz zum vorangegangenen Romangeschehen, so zum Beispiel mit den Schlussworten des von Maschinengewehrfeuer getroffenen Ich-Erzählers. Für die Dauer der Erzählung in Glaubensfragen hin- und hergerissen, erlebt er nun seine Himmelfahrt: „Ich [sah] einen neuen Himmel, in das Gold der Heiligen getaucht. Ein himmlisches Nichts tat sich auf, in das ich entschwebte. Das viele blieb zurück, und alles wurde weit, während mich Glückseligkeit beflügelte wie nie.“ Der Höhenflug ist jedoch von kurzer Dauer, da der Ausruf seines Namens ihn „zur Umkehr vor der Grenze zum achten Himmel“ zwingt (GH 517). Insbesondere Edith Konradt hat darauf hingewiesen, dass auf diese traumhafte Überhöhung des Ich-Erzählers ein sehr prosaisches Erwachen folgen muss, wenn er „sein bisheriges Leben mit all seinen Verstrickungen nicht nur auf-, sondern auch annehmen [muss].“[10] Und weiter: „Versteht man dieses Sinnbild, mit dem die Romanhandlung endet, richtig – nämlich ironisch –, dann weist es über die Gestalt des Erzählers hinaus auf all jene Siebenbürger Sachsen, deren mehr oder weniger naive NS-Gefolgschaft schließlich in historische Bewusstlosigkeit kippte.“[11]

Selbst das zentrale Motiv des Romans, das Bild des geköpften Hahns, bleibt von dieser Strategie der Relativierung *ex post facto* nicht verschont. Kurz nachdem die Haushälterin den grausigen Fund macht, entschließen sich die Teilnehmer der Exitus-Feier zu einer Maskerade. Johann Adolf, einstmals jugendlicher Weggefährte des

10 Edith Konradt: „... auch vor dem, was war, fürchte man sich“. Die Auseinandersetzung mit dem „Dritten Reich“ in drei ausgewählten Romanen von Dieter Schlesak, Hans Bergel und Eginald Schlattner. In: Michael Markel, Peter Motzan (Hg.): Deutsche Literatur in Rumänien und das „Dritte Reich“. Vereinnahmung – Verstrickung – Ausgrenzung. München 2003 (Veröffentlichungen des Instituts für deutsche Kultur und Geschichte Südosteuropas e. V. an der Ludwig-Maximilians-Universität München, Wissenschaftliche Reihe 94), S. 269–297, hier S. 292.

11 Ebd.

Erzählers, bevor er sich zum antisemitischen Nazi-Adepten aufschwang, bleibt bei der Suche nach einem Kostüm nur die letzte Wahl: „Übriggeblieben waren ein spitzer Judenhut und ein feuriges Gockelgewand, doch ohne Kopf. Der Kopf des Hahns aus Papiermaché fehlte und blieb verschwunden" (GH 482). Zwar komplettiert Johann Adolf das Ensemble letzten Endes mit einer Kochmütze, trotzdem gibt ihn „diese Verkleidung [...] in den Augen der Teilnehmer der Lächerlichkeit preis. Damit wird die Bedrohung durch den kopflosen Hahn, die ständig über dem Abschiedsfest schwebt, teilweise entschärft."[12] Die Maskerade steigert sich schließlich weiter ins Absurde, als die Festgesellschaft aufgrund des Fliegeralarms zur Gasmaske greift und in den Bombenbunker im Garten umzieht:

> Unter dem Mond lustwandelte ein Gespensterzug, um in den Schlünden der Unterwelt zu verschwinden. Die Spukgestalten waren bester Laune. Gehüllt in phantastische Verkleidungen, tänzelten sie dahin. Die genormten Visagen der Gasmasken erinnerten an Einhörner, das Horn gesenkt. Die Menschen in dieser Nacht hatten ihr Gesicht verloren. Die wilden Einhörner aber würden Ruhe finden im jungfräulichen Schoß der Erde. (GH 507)

Diese Schlussbilder haben allesamt eine karnevaleske Qualität, in visueller wie auch in kulturgeschichtlicher Hinsicht. Die überlieferte Ordnung wird für einen begrenzten Zeitraum unterbrochen, um auf diese Weise eine reflexive Distanz zum Alltag zu ermöglichen. Eben hierum bemühen sich *Der geköpfte Hahn* und *Das Klavier im Nebel* als Ganzes: Ziel der Romane ist es, der eigentümlichen Leistungen der Rumäniendeutschen wohlwollend zu gedenken, gleichzeitig aber dem Leser eine differenzierende Perspektive zu bieten, die einer kritiklosen Identifikation im nationalistischen Sinne vorbeugt.

4. Reflexive Distanz durch sprachliche Gestaltung

Schon die Sprache, derer sich Schlattner in seinen Romanen bedient, trägt maßgeblich bei zur Schaffung dieser reflexiven Distanz. Insbesondere die epischen Teile der Erzählungen sind durchsetzt von einer sanften Ironie, die jedwedes Abgleiten in Pathos und Sentimentalität unterbindet. In *Der geköpfte Hahn* begründet sich dieser Effekt oftmals in der Naivität des pubertären Ich-Erzählers, der seine metaphysischen Gedankengänge in außerordentlich prosaischen Formeln der Umgangssprache zum Ausdruck bringt. Inmitten einer Existenzkrise erreicht er beispielsweise mit folgenden Gedanken das Haus des Pfarrers:

> Ich war gekommen, um mich über das ewige Leben aufklären zu lassen. [...] Der gestrige Tag hatte mich belehrt, dass mit diesem meinem neuen Gott nicht zu spaßen war, er hatte zwei Gesichter. [...] Neben dem lieben Gott erschien das Gesicht eines großen Herrn, mit dem nicht gut Kirschen essen war. Eile war geboten. So war ich am Vormittag aufgebrochen, um an kompetenter Stelle alles über die letzten Dinge zu erkunden [...]. (GH 331)

12 Kory: Fogarasch als Abbild der Civitas Dei (Anm. 8), S. 89.

Doch auch Sprachspiele und verquere Bilder tragen dazu bei, die Ereignisse in der Romanwelt zu verfremden. So kommentiert der Ich-Erzähler bei einem Besuch im siebenbürgischen Kronstadt (rumänisch: Braşov) den nationalsozialistischen Furor seiner Verwandten: „Alle im Haus waren in der Bewegung, alles war in Bewegung" (GH 185f.). Zur Atmosphäre in der Familie berichtete er: „In einer Zeit, als nur der gebündelte Wille von oben nach unten als Autorität galt, wuchsen die Kinder wie Wilde auf. Denn die Haustochter Rosina war ebenfalls in der Bewegung und somit außer Haus – und wenn daheim, dann meistens aus dem Häuschen" (GH 189). Und zu den rassischen Voraussetzungen, die sein Onkel Gebhardt erfüllen musste, um in die Einsatzmannschaft, eine „Elitetruppe der Deutschen Volksgruppe in Rumänien", aufgenommen zu werden, heißt es: „Die Schenkel mußten konkav gebuchtet sein, so daß bei zusammengepreßten Knien mindestens eine Bierflasche Marke Luther leger durchschlüpfen konnte" (GH 186). Vorstellungen von Frömmigkeit, Bierseligkeit, Militarismus und Rassismus werden hier zu einem einzigen, lächerlichen Bild verschmolzen.

Diese Stilmittel finden in *Das Klavier im Nebel* ebenso ihren Platz, allen voran die sanfte Kunst des Wortspiels. Der 23. August 1944 gilt dem Protagonisten beispielsweise als „Datum mit Folgen: nicht nur für die Siebenbürger Sachsen, die groß Deutsche hatten sein wollen, ja Großdeutsche, sondern für ganz Rumänien" (KN 23). Und als eine führende Genossin der kommunistischen Partei, vormals „Kämpferin aus der Illegalität" (KN 415), von dem Widerstand der enteigneten Bürger überfordert wird, heißt es süffisant: „Die rabiate Frau hatte im Untergrund manches standhaft überlebt, jetzt aber mußte sie sich setzen" (KN 420). Der Widerstand nimmt seinen Anfang übrigens im Anstimmen deutschsprachiger Lieder, deren Aufzählung wiederum schnell ins Absurde kippt:

> „Am Brunnen vor dem Tore" schwebte schwermütig durch die Lüfte, „Heimat, deine Sterne" rieselte es herab aus unzugänglichen Gefilden. Und anderes sangen sie: „Am Golf von Biskaya" führte weit weg in Bereiche vergeblicher Sehnsucht. Und auch erfreuliches war zu hören: „Mein Hut, der hat drei Ecken", oder „Meine Oma fährt im Hühnerstall Motorrad". (KN 395)

Wiederum verhindert der plötzliche und komische Übergang von Schuberts Meditation über Verlust, Sehnsucht und Suizid hin zu einem Lied über die Motorrad fahrende Großmutter ein durchaus mögliches Abgleiten ins Melodramatische.

Neben einer ironischen Distanz befördert Schlattners Sprache auch den Eindruck einer historischen Distanz zum dargestellten Geschehen. Eine „leichte Tendenz zum Archaischen"[13] attestiert István Gombocz dem Autor und bezieht sich damit nicht nur auf die Verwendung der Rechtschreibung aus der Zeit vor 1996. Als paradigmatisch für die bisweilen altertümlich anmutende Prosa mag das oft verwendete Präfixverb „wundernehmen" gelten, insbesondere in seiner imperfektiven Form:

---

13 István Gombocz: „Sich bewähren, oder bewahren?" Einführung in Leben und Schaffen des siebenbürgischen Autors Eginald Schlattner. In: Monatshefte für deutschsprachige Literatur und Kultur 106 (2014), Heft 2, S. 270–292, hier S. 271.

Uns, euch oder sie nahm etwas wunder. Von der Postmoderne scheinbar unbeeindruckt produziert Schlattner eine literarische Sprache, deren Duktus im Kontext des 20. Jahrhunderts am ehesten noch an das Werk Joseph Roths erinnert oder an die Schriften Franz Werfels. Zum Vergleich ein beliebig herausgegriffener und dennoch repräsentativer Kapitelanfang:

> Isabella kam ebenfalls am Sonntag, gegen Abend, ihren Hund zur Seite. Das heißt, sie nahte. Ihre Aufmachung hielt die Mitte zwischen Spaziergang und Tanzunterhaltung. Spangenschuhe, zwar mit flachem Absatz, doch hätte sie mit ihnen bei jedem *thé dansant* brillieren können. Der dunkelgrüne Rock von Satin zeichnete den Schwung der Hüfte nach, modellierte bei jedem Schritt die schlanken Schenkel und wurde unten weit, umwallte ihre Beine bis zu den Knöcheln. (KN 141)

Lulé spricht in Hinblick auf Schlattners Prosa von „einer traditionellen, geradezu barockhaften Erzählform, die [der Autor] trotz der Ironisierungstendenzen und Manierismen zu einem Schutzraum für das Verlorene, ein nur noch in der Erinnerung existentes ‚Paradies' zu machen strebt."[14] Die Ironie soll den Text also nicht in uneigentliche Rede verwandeln, vielmehr geht es um das Bewusstmachen einer historischen Distanz. Schlattners leicht archaischer Ton verstärkt dabei noch einmal das Gefühl einer klaren Trennung zwischen dem Damals und dem Heute und unterstützt damit das erinnerungspolitische Programm der Romane.

Auf dieses Ziel hin wirkt auch die Darstellung der Mehrsprachigkeit in den Siedlungsgebieten der deutschsprachigen Minderheit in Rumänien. Die multikulturelle Realität des Balkanlandes wird in Schlattners Romanen auch in linguistischer Hinsicht gewürdigt. Immer wieder werden rumänische, ungarische, bisweilen auch russische Sätze und Satzfragmente in den Text eingebaut, zumeist unmittelbar gefolgt von einer deutschen Übertragung. So äußert sich in *Das Klavier im Nebel* Clemens' Freundin Rodica über das Verschwinden einer Schrift, die sich auf dem Rücken des Protagonisten abgedrückt hatte: „*Toate faptele de glorie ale Regelui Ferdinand sunt suflate* ... Na bitte, alle Ruhmestaten des Königs Ferdinand wie weggeblasen" (KN 330). Oder man betrachte die folgende Szene zwischen Rodicas Tante und ihrem Mann: „Der Onkel jedoch nestelte an seinen Hosenträgern und murmelte: ‚*Prea mult vrei dela mine, draga mea.*' Zuviel verlangt, Liebste." (KN 350). Gerade im letzteren Fall gilt es zu bedenken, dass die nachgestellte Übersetzung innerhalb der Romanwelt keinen Adressaten hat, entsprechend steht sie außerhalb der Anführungszeichen. Außer Clemens befinden sich zu diesem Zeitpunkt nur Rumänen im Raum, und für sich selbst zu übersetzen scheint unnötig, da Clemens der Sprache offensichtlich mächtig ist. Es handelt sich hier also in erster Linie um eine Stütze für den Leser, bei dem sicherlich eine Begeisterung für das multikulturelle Erbe zu erwarten ist, nicht jedoch die Fähigkeit, ohne Unterstützung darauf zuzugreifen.

Bemerkenswert ist, dass *Der geköpfte Hahn* und *Das Klavier im Nebel* auf eben diese Weise auch mit der sächsischen Sprache verfahren: Hier und da finden mundartliche Aussagen und Redewendungen Eingang in den Text, fast immer gefolgt von ei-

14 Lulé: Schuld-Ästhetik (Anm. 6), S. 233.

ner Übersetzung oder Paraphrase. So erzählt der Protagonist aus *Der geköpfte Hahn* von einem Mitglied der Hauswirtschaft:

> Sie lehrte uns sächsische Kinderlieder: „Bika, buka, bobolom, // nem mich af de Herner, // schmeiß mich en de Derner, // schmeiß mich ön en Trijeltschen // mach mich zam em Vijeltchen." Welch tödliche Verführung: sich vom Büffelstier auf die Hörner nehmen zu lassen, um in die Dornen, in den Brunnentrog geschmissen zu werden und dennoch als Vögelchen wegzufliegen! (GH 94)

Selbst bei einfachsten Äußerungen wird der Leser auf diese Art entlastet, so auch, als der Ich-Erzähler bei seiner Großtante in Kronstadt anklopft: „Bei meiner Ankunft hatte sie geöffnet: ‚Wer sä Se?' hatte sie mich auf sächsisch gefragt. Wer sind Sie?" (GH 188). Ähnliche Beispiele finden sich in *Das Klavier im Nebel*, wo die sächsischen Bauern berichten: „Jetzt seien auch die Städter an der Reihe. Selbst die Fabrikanten, *‚des grieß Herren, de senn o uch bekritt'*, die sind nun auch im Elend" (KN 132). Und an anderer Stelle, im Bericht über den mysteriösen Tod des Gutsbesitzers Rudoph Lindner: „Selbst die Sachsen sprachen darüber nach der Kirche. Sie bestätigten, was für die rumänischen Nachbarn Bibel war: *‚De Blochen hun recht! Der olt Lindner, hi es did en dennich gur verrafft!'* Der alte Lindner: tot und dennoch verrückt" (KN 258). Gewiss kann man annehmen, dass die Passagen im Dialekt manchem deutschsprachigen Leser zugänglich sind, je nach regionaler Zugehörigkeit. Wichtiger ist aber, dass der Text eine solche Kompetenz nicht voraussetzt. Die Romane entwerfen einen Modell-Leser,[15] der sich die rumäniendeutsche Vergangenheit auch in sprachlicher Hinsicht nur mehr mittelbar erschließen kann.

Dessen eingedenk lohnt sich ein Blick zurück auf die vorangegangene Diskussion über eine scheinbar urtümliche Verbindung zwischen Mensch und Natur in Siebenbürgen. Die Kultur, die sich dem Land eingeschrieben hat, wird hier nämlich nicht mit der deutschen Hochsprache, sondern in erster Linie mit der sächsischen Mundart in Verbindung gebracht. Auch in historischer Hinsicht ist das Sächsische zweifellos die urwüchsige Sprache der deutschsprachigen Gemeinde in Siebenbürgen. Das Hochdeutsch, das dem Leser in *Der geköpfte Hahn* und *Das Klavier im Nebel* begegnet, ist in Rumänien zunächst die Sprache bürgerlicher Eliten, ab dem 19. Jahrhundert dann auch ein Ausdrucksmittel für deutschnational Denkende. Ironischerweise aber sind es diese beiden Perspektiven, die Perspektive der Eliten und die der Deutschtümler, die in Schlattners Romanen den Blick auf die Kultur und die Geschichte der Siebenbürger Sachsen bestimmen.

Wiederum entsteht ein Eindruck von Distanz. Die naheliegende Frage, inwieweit das deutschsprachige, gebildete Bürgertum als Repräsentant und Vermittler sächsischer Werte und Traditionen dienen kann, wird auch ausdrücklich vom Protagonisten in *Das Klavier im Nebel* aufgeworfen. Als Reaktion auf die bereits erwähnte Tirade der Großmutter gegen die neuen Herren, die „keinen Fingern rühren, sondern mit beiden Händen grapschen nach dem, was wir und unsere Vorfahren ge-

15 Zur Begrifflichkeit siehe Umberto Eco: Im Wald der Fiktionen. Sechs Streifzüge durch die Literatur. München 1996, insbesondere S. 15f.

schaffen haben im Schweiße unseres Angesichts“, schweigt Clemens „artig, zumal er sich nicht erinnerte, jemals im Angesicht seiner Großmutter Schweiß gesehen zu haben“ (KN 30). Die protestantische Arbeitsethik, die den Sachsen der Romanwelt als kulturelles Unterscheidungsmerkmal dient, hat sich in dieser gesellschaftlichen Entwicklungsstufe abgeschwächt oder gar ganz aufgelöst. Nicht nur in sprachlicher, auch in kultureller Hinsicht stehen die Protagonisten bereits außerhalb der historisch gewachsenen, multikulturellen Ordnung, die sie beschreiben. Sie sind nicht mehr Sachsen wie ihre Vorväter, nicht mehr Teil der alten Landstände, aber sie sind auch keine ‚Deutschen‘ im modernen Sinn. Die Vorstellung dieses Schwebezustands wird bereits auf der ersten Seite, im ersten Absatz von *Das Klavier im Nebel* heraufbeschworen, als Clemens' Onkel sinniert: „Schlimm, wenn etwas zu Ende ist und nichts hat begonnen“ (KN 7).

5. Der elegische Blick auf die Heimat

Wie zuvor bereits angedeutet: Es erscheint oftmals, als wäre den Figuren bewusst, dass ihre historisch und kulturell reichhaltige Lebenswelt bereits eine verlorene ist. Dieser Eindruck erschöpft sich jedoch nicht in sprachlichen und motivischen Verknüpfungen. Die sich anbahnende Auflösung – *nota bene*: nicht der Verlust! – der Heimat wird auch in handlungslogischer Hinsicht sinnhaft gestaltet, und zwar jeweils durch ein Herzstück der Erzählungen, eine Reise an die Peripherie. Sowohl den Protagonisten als auch dem Leser wird dadurch eine Außenperspektive auf den siebenbürgischen Mikrokosmos gewährt, wobei auch der Eindruck einer Reise in die Zukunft entsteht. Es ist die Gleichzeitigkeit des Ungleichzeitigen: Andernorts hat sich der historische Wandel bereits vollzogen, der dem Land Siebenbürgen noch bevorsteht, insbesondere in den städtischen Zentren. Es ist dieser Kunstgriff, der es möglich macht, die Lebenswelt der Siebenbürger Sachsen gleichermaßen als eine gegenwärtige und eine vergangene darzustellen.

Im Fall von *Der geköpfte Hahn* reist der Ich-Erzähler im Sommer 1943 in den äußersten Südosten Siebenbürgens, nach Kronstadt, um zum DJ-Jugendführer ausgebildet zu werden. Er lebt dort bei seinen Verwandten, die ihren Kindern die vielsagenden Namen Siegrade, Siegbalde, Siegrecht und Sieghart verliehen haben. Hier erlebt der Protagonist zum ersten Mal, wie „das sächsische Volk aus Stadt und Land zu echter Volksgemeinschaft zusammen[rückt]!“ (GH 187). Ausdrücklich betont wird der Unterschied zur Stimmung im heimatlichen Fogarasch, wo die nationalsozialistisch gestimmten Tanten des Ich-Erzählers mit ihren radikalen Überzeugungen bisweilen auf Unverständnis stoßen:

> In der Geschäftswelt in Kronstadt wußte man genau, was man sich als Deutscher schuldig war und wo der Feind stand: In den Auslagen oder an den Eingangstüren hingen Täfelchen, auf denen in gezierter gotischer Schrift zu lesen war: Juden unerwünscht. [...] Hier erst begriff ich, wie sehr die Tanten recht hatten, die in Fogarasch von laxen Leuten belächelt oder des Fanatismus geziehen wurden. (GH 191)

Das Eintauchen in den nationalsozialistischen Rausch, der sich in Kronstadt breitmacht, wird durch ein kurzes Intermezzo unterbrochen, eine Vorausblende auf den Versuch des Protagonisten, auch den Vater endlich für die Arisierung seines Geschäfts zu gewinnen, was dieser mit zwei Ohrfeigen quittiert. Der Leser wird somit daran erinnert, dass die Geschichte von einem Geläuterten erzählt wird, dem die Fallstricke der völkischen Ideologie im Nachhinein, am Abend des 23. August 1944, wohl bewusst sind. Doch sogleich springt die Erzählung zurück ins Geschehen in Kronstadt, wo sich der Ich-Erzähler als Mitwirkender in einer Parade an seiner Auflösung in der Masse berauscht: „Ich war ganz drinnen", erklärt er, „und darum war ich ganz außer mir. [...] Mein Ich zerfloß in der Gemeinschaft, die einen trug und schützte. [...] Ich versank in einem Meer von Glückseligkeit und spürte: Der Mensch ist nicht zur Freiheit geboren" (GH 195).

Doch auch dieses Bild bleibt nicht ungebrochen. Beim Blick auf den rumänischen General, der die Parade abzunehmen hatte, erfasst den Ich-Erzähler ein leises Unbehagen: „Ich dachte plötzlich geniert, denn ich sah uns mit seinen Augen vorbeimarschieren: Sind wir ihm nicht genauso fremd wie er uns?" (GH 195). Diese Konfrontation mit dem Anderen setzt sich fort, als ein rumänischer Reitertrupp für kurze Zeit das Stadtzentrum übernimmt. Ein ortsansässiger Großonkel deutet das Geschehen für den Ich-Erzähler:

> Mit ihrem Zug Jahr um Jahr am Tag des heiligen Elias bis an die Mauern haben sie symbolträchtig ihr Anrecht auf diese Stadt dargestellt, ohne sie mit Gewalt erobern zu wollen, wohl wissend, daß sie nicht von ihnen erbaut worden ist. Mit dem Umzug über den Rathausplatz aber haben sie bekräftigt, daß sie hier die Herren sind, selbst wenn der Kern der Stadt noch von unseren Leuten bewohnt ist (GH 197).

Aufs Neue wird hier das Bild der schaffenden Sachsen und der rumänischen Schmarotzer beschworen. Gleichzeitig wird klar, dass die Rückkehr zu einem Miteinander der Bevölkerungsgruppen nicht oder nur kaum mehr möglich ist. „Der Feind war nötig, damit wir Freunde blieben" (GH 202), bemerkt der Protagonist wenig später, und deutet damit den Schaden an, den die europaweite Kanonisierung des Nationalgedankens angerichtet hat. Denn so, wie sich die Situation zwischen Rumänen und Sachsen im fiktionalen Kronstadt abzeichnet, läuft die historische Entwicklung darauf hinaus, dass eine Gruppe als Sieger, als ‚die Herren', vom Platz gehen muss.

Der Ich-Erzähler selbst reflektiert über den Zusammenbruch der interkulturellen Kommunikation in Siebenbürgen: „Mit Rumänen hatte ich nichts zu tun", erklärt er. „Daß es sie gab, vergaß ich immer wieder, obwohl man in Fogarasch auf Schritt und Tritt über sie stolperte. Ihre Geschichte war mir so fremd wie die der Zulukaffern (doch halt: über die wußten wir durch Lettow-Vorbeck bestens Bescheid)." Der Gedankengang schließt mit einer vielsagenden Bemerkung: „Zu ihren Geschichten verbaute mir die Sprache den Zutritt" (GH 201). Damit unterscheidet er sich von seinem Vater, der in Fogarasch von aller Welt gegrüßt wird und der „die Grüße in vier Sprachen und mit vielerlei Nuancierung erwiderte" (GH 26). Die multikulturelle Welt, die sich in Fogarasch noch beobachten lässt, bricht in Kronstadt jedoch bereits auseinander.

Die Kronstädter Großtante des Protagonisten, die als einziges Mitglied ihrer Familie Abstand zum völkischen Treiben hält und die bezeichnenderweise als einzige noch das Sächsische als Gebrauchssprache pflegt, prophezeit den unweigerlichen Niedergang ihrer von der Deutschtümelei korrumpierten Umwelt: „Defiladen, Paraden, sie gebärden sich, als ob sie die Herren der Stadt wären. Das nimmt kein gutes Ende. Das ist Hybris, frevelhafte Vermessenheit, Hochmut, eine der sieben Todsünden, die Gott nicht vergibt" (GH 188). In derselben düsteren Tonlage endet der Höhepunkt des völkischen Treibens, eine den Nürnberger Parteitagen nachempfundene Versammlung, die von einer Serie von Missgeschicken heimgesucht wird. Als zu guter Letzt das schmiedeeiserne Hakenkreuz, das in der Mitte des Feldes aufgebaut wurde, umknickt und zu Boden fällt, lässt der Kommentar eines Zuschauers den Ich-Erzähler aufschrecken: „Mit antiker Kürze sagte er ein Wort, das niemand verstand, aber alle empörte und das ich zeitweilig vergaß. Er sagte laut und hörbar: ‚Exitus! Exitus letalis.' Und ging. Trat ab" (GH 210). So wird am Ende der Reise nach Kronstadt, dem dramatischen Wendepunkt von *Der geköpfte Hahn*, das zentrale Motiv der Erzählung eingeführt, das auch auf die Zukunft Siebenbürgens insgesamt hinweist.

Das Herzstück von *Das Klavier im Nebel* ist wiederum eine Reise, die den Protagonisten Clemens zusammen mit seiner Geliebten, der Rumänin Rodica, über die Grenzen Siebenbürgens hinausführt, zu ihren Verwandten in der ländlichen Walachei und in Bukarest und schließlich ans Schwarze Meer, nach Badabag und Constanța. Auch diesmal ist es aus der rumäniendeutschen Perspektive eine Reise in die Zukunft: Die Errichtung des rumänischen Nationalstaats unter kommunistischen Vorzeichen, die der Region Siebenbürgen noch bevorsteht, ist in der Walachei und der Dobrudscha bereits Realität. Das Paar erkundet aber auch die Vergangenheit des rumänischen Staates, die beiden verbringen sogar eine Nacht in der Königsgruft unter der Klosterkirche von Curtea de Argeş, woher die zuvor erwähnten Abdrücke auf dem Rücken des Protagonisten stammen. Bemerkenswert ist, dass sowohl Gegenwart als auch Vergangenheit die Harmonie der interkulturellen Liebe stören. Schon die Landschaft südlich der Karpaten stellt eine Herausforderung für Clemens dar, „so anders, so nie gesehen. Clemens mußte die Hand über die Augen heben" (KN 327). Zugleich fühlt er sich von seiner Begleiterin zunehmend entfremdet, er wird „grimmig" (KN 330). „Vieles war anders hier als in der Welt nördlich der Karpaten. [...] Tagsüber war er benommen, fand sich nicht zurecht, gehörte nirgends hin" (KN 333).

Zuvor schon hatten sich Misstöne in die Beziehung eingeschlichen, so zum Beispiel, als Rodica davon erzählte, wie sich ihr Großvater im historischen Stadtkern von Schäßburg ein Haus gebaut hatte. Verhalten reagiert ihr Freund auf diese Geschichte: „Klang seine Stimme nicht leicht gereizt? ‚Damals haben sich eure Leute in unseren Städten breitgemacht', er verbesserte sich, ‚das heißt niedergelassen. Das sei der Anfang vom Ende gewesen, meint meine Großmutter'" (KN 302). Die Gegenseitigkeit der Vorurteile erweist sich wenig später, als Clemens und Rodica von zwei Rumänen per Anhalter mitgenommen werden. „*Ah, din Transsilvania!*' Jenseits der Karpaten", bemerkt der Beifahrer. „Das sei für Hiesige fremdes Land, unheimlich, ja gefährlich, mit einem Völkergewirr von Menschen, deren Sprache kein guter Rumäne verstehe, *român bun*" (KN 342). Misstrauen findet sich auf beiden Seiten, auf der sächsischen wie auf der rumänischen. Und immer wieder ergibt sich für den Protagonisten die Erkenntnis, dass dieses neue Rumänien nicht seine Heimat sein kann, „daß er nicht hergehörte." In einem dieser Momente flüchtet er sich in „ein Gedicht über Siebenbürgen, das er im letzten Augenblick eingesteckt hatte", das in elegischen Tönen von einer „sächsischen Strohfeuernacht" erzählt, von einem Bruder, der „im waldhüttenfrieden // an deutschen utopien verschieden" ist, und von einem „transsylvanische[n] Dorf", das sich „hinter den wäldern // am rande der welt" befand (KN 334f.). Bemerkenswerterweise werden die Verse mit einer in *Das Klavier im Nebel* einzigartigen Fußnote nachgewiesen: „Günter Schulz: Rezensierte Gedichte. Literarisches Colloquium Berlin 1971" (KN 335). Die Literaturangabe verrät, dass hier wiederum die Erfahrungswelt einer späteren Epoche der Vergangenheit eingeschrieben wurde. Der Autor Günter Schulz hatte seine lyrischen Reflexionen über seine siebenbürgische Heimat erst 1968/69, kurz vor seiner Ausreise in die Bundesrepublik im Jahr 1970, verfasst. Somit werden hier erneut zwei historische Perspektiven auf das Schicksal der Siebenbürger Sachsen zusammengefasst, vom Vorabend und vom ersten Höhepunkt der kommunistischen Diktatur in Rumänien. Clemens gelingt es nicht, sich in dieser neuen Welt zu behaupten. Erst nachdem er und Rodica die Zentren rumänischer Kultur und Geschichte verlassen haben, „verstanden [sie] sich wie einst." Endlich konnte er auch die leinenen Beinkleider ablegen, die in Bukarest zur Anpassung nötig gewesen waren, und „aufatmend in seine Lederhose" schlüpfen (KN 354). Somit erscheint es folgerichtig, dass Clemens die Geliebte am Schwarzen Meer zurücklässt und in den kulturellen Schutzraum zurückkehrt, den ihm Siebenbürgen bietet.

6. Der elegische Blick auf die Heilsgeschichte

Man könnte auch sagen: ... noch bietet. Denn wie zuvor schon angedeutet, haben sich die rumäniendeutschen Protagonisten in *Das Klavier im Nebel* bereits nachhaltig der sächsischen Kultur entfremdet. Am ausdrücklichsten wird dies über die Beziehung zur Religion vermittelt. Schon während der Reise durch die Walachei wird der Leser mehrmals darauf hingewiesen, dass Clemens bisweilen am Glauben verzweifelt. Nach Rodicas Kommunion in der orthodoxen Kirche von Badabag beispielsweise rückt Clemens „unmerklich weg von Rodica, damit sie durch ihn nicht Schaden erleide in ihrer keuschen Makellosigkeit" (KN 366). Und als man die beiden in einem Kloster getrennt unterbringt, empfindet Clemens seine Unterkunft als „Vorhof der Seligkeit", während Rodica „bereits im geweihten Bereich" eine Kammer zugewiesen bekommt (KN 357). Die wiederholte Betonung der Glaubensferne ist insofern bedeutsam, als Schlattners Romane an die wohlbegründete These einer untrennbaren Verbindung von Kultur und Religion in der Lebenswelt der Siebenbürger Sachsen anknüpfen. Clemens dient in *Das Klavier im Nebel* als paradigmatisches Beispiel für die allmähliche Auflösung dieses Nexus, der für den jahrhundertelangen

Fortbestand der rumäniendeutschen Kultur maßgeblich war. Folgendermaßen skizziert der siebenbürgische Kirchenhistoriker Ludwig Binder dieses Erbe:

> Der aus dem Lehrerstand hervorgegangene Pfarrer gehört zur Führerschicht des Volkes; die Erhaltung der deutschen Sprache und Kultur ist für ihn unabdingbare Verpflichtung. Sofern eine politische Tätigkeit aufzuweisen ist, ist diese eng mit der Kirche verknüpft, auch jener Zweig der Wirtschaft, der gesamtvölkischen Interessen dient, macht davon keine Ausnahme, denn die sächsischen Banken nehmen die Verantwortung für Kirche und Schule wahr. Die Übereinstimmung von kirchlicher, schulischer, wirtschaftlicher, politischer und kultureller Tätigkeit gilt, selbst wenn es gelegentlich zu erheblichen Meinungsverschiedenheiten kommt, im Allgemeinen als selbstverständlich. Kirchliche und völkische Führung bilden eine Einheit.[16]

Sowohl *Der geköpfte Hahn* als auch *Das Klavier im Nebel* problematisieren diesen Nexus und bieten damit ein Erklärungsmodell für die Auflösung der rumäniendeutschen Identität: Mit dem Verlust der Volksfrömmigkeit geht auch die spezifische Existenzform der Siebenbürger Sachsen verloren, da eine Grundvoraussetzung für ihr Fortbestehen nicht mehr gewährleistet ist.

In *Der geköpfte Hahn* wird schnell klar, dass der evangelische Glaube der Väter in direkte Konkurrenz zum völkischen Gedankengut getreten ist, so zum Beispiel in der Weigerung des Ich-Erzählers, gemeinsam mit seinen Altersgenossen konfirmiert zu werden, schließlich könne man „nicht zweier Herren Knecht sein" (GH 201). Die Angst vor der Verdammnis führt ihn letzten Endes doch zurück zum Pfarrer, den er in einem ersten Gespräch um Aufklärung über das Jenseits bittet. Dieser übersetzt das ewige Leben bezeichnenderweise in ein Bild, das die idealisierte Vorstellung eines friedlichen Miteinanders der Kulturen widerspiegelt: „Ein Fest der Völker" sei das Jenseits, „die herbeikommen von Norden und Süden, Osten und Westen, ein Volksfest, wie es bei uns am 10. Mai der Geburtstag des Königs ist, an dem alle neunzehn Völkerschaften Rumäniens mitfeiern und sie ein und dieselbe Freude verbindet" (GH 338).

Von der völkischen Bewegung ernüchtert, aber auch auf das Drängen der Mutter hin entschließt sich der Ich-Erzähler letzten Endes doch zur Konfirmation, hatte er doch „in schmerzhafter Weise erfahren, daß auf die Menschen kein Verlaß war, daß aber unser Gott im Himmel stärker war als die nordischen Götter, das Geschlecht der biertrinkenden und säbelrasselnden Asen in Asgard" (GH 386). Mit dieser Einsicht steht der Protagonist jedoch in seiner Heimatstadt Fogarasch und auch in der erweiterten Familie recht alleine da. So erzählt eine Tante just beim Konfirmationsessen vom „Begräbnis der Frau des Volksgruppenführers", bei dem „der Bischof Staedel als einfacher Leidensgenosse dabei gewesen [war], und hinter dem Trupp der Führer und Offiziere, so daß alle es sehen konnten: Der Bischof ist nur noch der zweite Mann im sächsischen Volk, wenn nicht noch weiter hinten" (GH 390). Und wie als Echo auf des Pfarrers Vision vom Himmel fügt sie hinzu:

---

16 Ludwig Binder: Volkskirche als Lebensform. In: Oskar Schuster (Hg.): Epoche der Entscheidungen. Die Siebenbürger Sachsen im 20. Jahrhundert. Köln, Wien 1983, S. 89–100, hier S. 89.

> Man habe die arme Frau [...] ohne Kirche, ohne Pfarrer, ohne Orgel begraben, aber mit zackigen Reden und Ehrenwachen noch und noch [...]. Doch ohne Pfarrer! So sei man gewiß, daß sie nicht im christlichen Himmel gelandet sei, dieser Engel von Frau, wo ein Rassenkuddelmuddel herrsche und wo man riskiere, auf getaufte Juden und schwarze Neger zu treffen. (GH 390)

Die moderne Gottesferne der Siebenbürger Sachsen erscheint hier gleichbedeutend mit einer Abkehr von der Idee des Vielvölkerstaats und einer gleichzeitigen Hingabe an die völkische Ideologie der Nationalsozialisten. Letztere ist es schließlich, welche die unaufhaltbare Auflösung der rumäniendeutschen Kultur herbeiführt.

Dieser Zusammenhang wird noch ausdrücklicher in *Das Klavier im Nebel* formuliert, wiederum in einer programmatischen Auseinandersetzung zwischen dem Protagonisten und dem Gemeindepfarrer. Dieser bedauert sein „tüchtiges und tapferes sächsisches Volk – nur noch Stumpf ohne Stiel.“ Doch hat er für diesen Niedergang auch eine theologische Erklärung anzubieten: „Das Gericht über uns ist die Antwort Gottes darauf, daß die Siebenbürger Sachsen in den dreißiger Jahren heidnischen Göttern geopfert haben und sich von den Flötentönen gestiefelter Rattenfänger aus dem Reich haben verführen lassen“ (KN 220). Zwar liegt für den Pfarrer ein Teil der Verantwortung bei den Reichsdeutschen, die „das Unglück von heute über unser sächsisches Volk gebracht“ haben. „Schuld aber sind wir auch. Denn bei jeder Versuchung durch den Höllenfürsten schafft Gott so viel Freiheit, daß sich jeder entscheiden kann: dafür, dawider“ (KN 224). Mit ihrem ‚Dawider‘ nun haben sich die Sachsen selbst aus der Heilsgeschichte entlassen.

Wie sehr auch die zuvor diskutierte wirtschaftliche Sonderstellung der Rumäniendeutschen mit der Konsolidierung der Gemeinschaft durch den Glauben zusammenhing, wird in den Schlusskapiteln von *Das Klavier im Nebel* in einem vielsagenden Bild vermittelt. In jenem Sommer 1951, in dem Clemens seine gutbürgerlichen Verwandten im Banat besucht, müssen diese im Auftrag des Kollektivs zum ersten Mal in ihrem Leben Weizen ernten und mit dem Dreschflegel bearbeiten. Das Dreschen will aber keineswegs gelingen, zumindest so lange nicht, bis die Großmutter geistesgegenwärtig zur alten Familienbibel greift und allen Erntehelfern befiehlt, niederzuknien:

> Frau Klothilde las eine Liste von Namen vor, die auf den letzten Seiten der Bibel vermerkt waren, bis hin zu den ersten, die um 1750 das Schiff in Ulm betreten hatten, die Donau heruntergeschwommen und beim Eisernen Tor an Land gegangen waren, mit Kind und Kegel, mit Wagen und Pferd, Sichel und Dreschflegel und mit der Familienbibel. Es waren alles Menschen von echtem Schrot und Korn, die den Weizen mit der Hand gedroschen hatten und deren Hände eingeschworen waren auf Dreschflegel. Und deren Arbeit gesegnet war: darum bis heute in den Schwabendörfern, die stattlichen Häuser und die Stallungen, höher und heller als das Wohnhaus, und an den breiten Straßen Obstbäume und auf dem Anger Scharen gravitätischer Gänse.
>
> Alle vom Haus waren mit Inbrunst beim Gedenken an die Vorfahren dabei, die Zigeuner mit einer Andacht, als seien sie die ersten gewesen, die sich in Ulm eingeschifft hatten.
>
> Gott hörte auf sie und segnete das Werk ihrer Hände (KN 533).

Clemens' Verwandte fahren in der Tat eine gesegnete Ernte ein, doch können sie sich nicht lange an den Früchten ihrer Arbeit erfreuen, da sie schon wenige Tage später in die Walachei deportiert werden. Ebenso wie die späte Konfirmation des Ich-Erzählers in *Der geköpfte Hahn* handelt es sich bei dieser Anrufung des Herrgotts um eine späte Geste, die durchaus von Herzen kommen mag, die aber im Schatten der vorangegangenen schwerwiegenden Verfehlungen steht. Auch dies kommt im Gespräch zwischen Clemens und dem Pfarrer zur Sprache: „Und du bist auch dabei gewesen", belehrt der Geistliche den Sünder, „wenn just am Sonntag vormittag eure Hitlerjugend-Horden vor der Bergkirche ihre barbarischen Kampfspiele ausgetragen haben mit einem Wolfsgeheul, daß ich meine Predigt nur noch herausschreien konnte" (KN 224).

Die Siebenbürger Sachsen sind somit durch eigenes Verschulden aus der Heilsgeschichte herausgefallen, die von den Vorvätern begründet wurde. Indem sie den Bezug zum Glauben aufgaben, löste sich eine Grundfeste ihrer Existenz als eigenständige Kulturnation auf. Verloren ging damit auch der Anspruch darauf, dem Land als eines von vielen ortsansässigen Völkern seine Kultur einzuschreiben. Man denke in diesem Zusammenhang nochmals an den Ausspruch der Großmutter aus *Das Klavier im Nebel*, demzufolge die Rumänen „mit beiden Händen grapschen nach dem, was wir und unsere Vorfahren geschaffen haben im Schweiße unseres Angesichts." Das mosaische Zitat schafft eine Assoziation zwischen der rumäniendeutschen Geschichte und den Ursprüngen des christlichen Heilsgeschehens, doch wird dieses Bild umgehend ironisch gebrochen, so wie der Enkel sich nicht daran erinnern kann, „jemals im Angesicht seiner Großmutter Schweiß gesehen zu haben" (KN 30). Die Siebenbürger Sachsen haben sich ihrem Wesen entfremdet, sowohl in religiöser als auch in kultureller Hinsicht: Sie haben alles das eingebüßt, was sie als Bevölkerungsgruppe ursprünglich an dieses Land gebunden hatte. Ihnen bleibt allein ein elegischer Blick zurück auf die letzten Äußerungen und die schlussendliche Auflösung der deutschsprachigen Kultur als Teil eines multikulturellen Rumäniens.

Chen Hongyan

Günter Grass' Rezeption in China

1. Grass, ins Chinesische übersetzt

1.1 Der verspätete Anfang

Günter Grass, einer der bedeutendsten Vertreter der deutschen Nachkriegsliteratur und Nobelpreisträger 1999, war bis in die 70er Jahre des letzten Jahrhunderts in China noch so gut wie unbekannt. Das 1949 gegründete neue China konzentrierte sich in der Anfangsphase fast ausschließlich auf die Literatur der sozialistischen Länder und der unterdrückten Nationen der „Dritten Welt", deren Literatur dem sozialistischen Diskurs entsprach und einen Beitrag zum Aufbau der neuen sozialistischen Kultur in China und möglicherweise zur Förderung der Auslandsbeziehungen leistete.[1] Mit dem Ausbruch der Kulturrevolution 1966 ruhte die Vermittlung und Übersetzung ausländischer Literatur fast ganz, nur noch marxistische Werke und wenige revolutionär gesinnte Autoren wurden noch übersetzt.[2]

Diese im politischen, gesellschaftlichen und kulturellen Leben maßgeblich prägende marxistisch-kommunistische Staatsideologie hatte zur Folge, dass man bis Ende der 70er Jahre außer Heinrich Böll oder Günther Weisenborn wenig von der Literatur der Bundesrepublik Deutschland wusste und erfuhr. Wie der renommierte Germanist Prof. Zhang Yushu hatte man in China bis dahin nichts von Günter Grass gehört. Erst 1979 wurde die persönliche Begegnung mit dem zu jener Zeit schon weltbekannten Schriftsteller durch den deutschen Botschafter Erwin Wickert ermöglicht. Damals machte der Schriftsteller mit dem Goethe-Institut seinen ersten, leider aber auch seinen letzten Besuch in China. Das Treffen erbrachte erfreuliche Resultate: Auf Prof. Zhangs Einladung las Günter Grass an der Beijing-Universität Ausschnitte aus seinem neu erschienenen Roman *Der Butt*, hielt einen Vortrag über die deutsche Literatur und antwortete auf Fragen der Lehrenden und Studierenden.[3] Die *World Literature*, eine auf Vermittlung ausländischer Literatur spezialisierte Zeitschrift, berichtete von seinem Gastvortrag an der Beijing-Universität,[4] und damit geriet sein Name zum ersten Mal in den Blick eines breiten Publikums in China.

---

1 Vgl. Meng Zhaoyi, Li Zaidao (Hg.): 中国翻译文学史 [Zur Übersetzungsliteratur in China]. Beijing 2005, S. 277.

2 Vgl. Zhang Yushu: Ein Jahrhundert Rezeption der deutschen Literatur in China. In: Zeitschrift für Literaturwissenschaft und Linguistik 127 (2002), S. 78–96, hier S. 88.

3 Vgl. Zhang Yushu: 1999年诺贝尔文学奖得主——《铁皮鼓》的作者君特·格拉斯 [Der Literaturnobelpreisträger 1999 – der Verfasser der *Blechtrommel* Günter Grass]. In: Encyclopedic Knowledge 2000, Nr. 1, S. 52f.

4 Vgl. Ding Fang: 西德著名作家京特·格拉斯在北京大学的一次讲演 [Ein Gastvortrag des bekannten westdeutschen Schriftstellers Günter Grass an der Universität Peking]. In: World Literature 148 (1980), S. 310f.

Noch im selben Jahr wurde eine Kurzgeschichte mit dem Titel *Die Linkshänder* in derselben Zeitschrift veröffentlicht. Hu Qiding, Übersetzer dieser Geschichte und zugleich Redakteur im Verlag People's Literature Publishing House für Auswahl und Übersetzung ausländischer Literatur, beschäftigte sich damals schon mit dem zukünftigen Nobelpreisträger, vor allem mit dem Roman *Die Blechtrommel*, dessen chinesische Version erst nach langjähriger Arbeit herauskam. Als eine andere Errungenschaft des China-Besuchs wurden Auszüge aus dem *Butt* von Pan Zaiping von der Shanghai International Studies University, an der Grass ebenfalls einen Gastvortrag hielt, übersetzt und in der Zeitschrift *Foreign Literature and Art* veröffentlicht.

Im Rahmen dieses institutionellen Kulturaustausches wurde der lange „Migrationsweg" für Günter Grass von Deutschland nach China legitimiert und geebnet. An der grenzüberschreitenden Mobilität seiner Werke arbeiteten sowohl der Autor als auch viele Schriftsteller, Wissenschaftler, Akademiker sowie diverse Institutionen in China mit, ohne deren Einsatz und Begleitung Grass nur schwer den Zugang zu einem fremden Kulturkeis im Fernen Osten hätte finden können.

1.2 Die verzögerte Übersetzungstätigkeit

Die Übersetzungstätigkeit ging nur langsam voran. 1984 wurden vier Gedichte, *Nebel, Diana oder die Gegenstände, Der Vater* und *Sitzen und Gehen*, in *Poetry Periodical* veröffentlicht. Zusammen mit Günter Grass als Vertreter der politischen Poesie wurden noch sieben andere Dichter aus der Bundesrepublik Deutschland übersetzt, womit ein Einblick in die neueste Entwicklung der dichterischen Landschaft der Bundesrepublik geboten wurde. 1986 erschien eine gekürzte Fassung von *Rückblick auf die Blechtrommel – oder der Autor als fragwürdiger Zeuge* in *World Literature*. Auch dieses Mal trat Günter Grass nicht allein auf, sondern mit zwanzig weiteren Autoren aus Amerika, England, Irland, Frankreich, Schweden, Chile, Tansania und der Sowjetunion in einer Sonderrubrik *Ausgewählte ausländische Essays*. Es liegt nahe, dass der Schriftsteller in Intellektuellenkreisen zwar geschätzt wurde, man aber vorsichtshalber einen zurückhaltenden Umgang mit ihm pflegte, mit dem man nicht falsch liegen konnte.

Mit der Sonderrubrik *Zu Günter Grass* in *World Literature* wurde 1987 ein neues Kapitel der Grass-Rezeption aufgeschlagen. Auf der Vorderseite war Günter Grass mit den vielen Tierfiguren aus seinen Büchern zu sehen. Mehr Bilder und Zeichnungen fanden sich auf der inneren Titelseite und dem inneren Rückblatt; mit ihnen wurde seine künstlerische Vielseitigkeit als Bildhauer, Maler und Grafiker aufgezeigt. Wegen ihres eher geringen Textumfangs war die Erzählung *Katz und Maus* ausgewählt, die – gekürzt – von Cai Hongjun und Shi Yanzhi übersetzt worden war. Darüber hinaus waren in dem Band einige Aufsätze zu lesen, in denen der innere Zusammenhang der Danziger Trilogie sowie die literarischen Traditionen, die die Arbeit des Autors beeinflusst haben, dargestellt waren. „Zwar müssen manche seiner Meinungen über das politische System noch einer genauen Überprüfung unterzogen werden",[5] hieß es, dennoch wurde ein 1974 vom Süddeutschen Rundfunk aufge-

5 Vgl. Redakteur. In: World Literature 1987, Nr. 6, S. 166.

nommenes Interview ungekürzt veröffentlicht. Diese ersten Übersetzungen dienten später oft als wichtige Quellen für die chinesischen Rezensionen und wissenschaftlichen Arbeiten über Grass.

In der oben erwähnten Sonderrubrik las man an mehreren Stellen etwas über den „ersten Roman der BRD, der Weltruhm erlangt hat";[6] der Roman selbst musste allerdings wegen seiner „Absurdität und vieler detaillierter Beschreibungen von Liebesakten"[7] noch auf sich warten lassen. Ende der 80er Jahre und Anfang der 90er Jahre beschäftigte den Verlag Shanghai Translation Publishing House ein ambitioniertes Vorhaben: Eine Buchreihe von 200 ausländischen Meisterwerken des 20. Jahrhunderts sollte schrittweise den Wissensdurst des chinesischen Publikums stillen. Darunter war auch *Die Blechtrommel*. 1990 kam die erste Auflage des übersetzten Romans auf den Markt.

Im gleichen Zeitraum begann ein noch ziemlich junger Verlag, Lijiang Publishing Limited, 1980 gegründet, sich für Günter Grass zu interessieren. 1991 erschien hier *Katz und Maus* als Einzelausgabe. Die darauf folgende Pause ist wohl darauf zurückzuführen, dass China dem Welturheberrechtsabkommen beitrat: Das Copyright muss zuerst erworben werden, bevor ein ausländischer Gegenwartsautor sich ins Chinesische übersetzen lässt. Als erster Verlag in China, der das Urheberrecht für die Danziger Trilogie erworben hat, gab Lijiang Publishing Limited *Die Blechtrommel*, *Katz und Maus* sowie *Hundejahre* zwischen 1998 und 1999 heraus, kurz vor der Verleihung des Nobelpreises an den Autor.

Darüber hinaus waren Grass' Gedichte und Erzählungen ab und zu in Zeitschriften für ausländische Literatur zu lesen. Von seinen neuesten Veröffentlichungen *Ein weites Feld* und *Mein Jahrhundert* wurde in Fachzeitschriften berichtet, aber insgesamt gab es noch wenig Informationen über den Schriftsteller und seine Werke.

1.3 Neues Jahrhundert, neuer Start

Auf die Nachricht, dass dem 72-jährigen Günter Grass der Nobelpreis für Literatur zugesprochen wurde, reagierten die chinesischen Intellektuellen fast einhellig positiv, ja beinahe euphorisch. Da sich der Nobelpreisträger bis dahin nur begrenzter Popularität erfreuen konnte, galt es nun in erster Linie, das chinesische Publikum mit ihm vertrauter zu machen. Unverzüglich wurde in vielen Medien und Magazinen von der für die Weltliteratur bedeutsamen Stockholmer Entscheidung berichtet, und im darauf folgenden Jahr stand Günter Grass mit Selbstverständlichkeit im Mittelpunkt vieler Zeitschriften. In der zweiten Nummer der *World Literature* wurde ihm wieder eine Sonderrubrik gewidmet, die diesmal zwanzig Gedichte, den *Rückblick auf die Blechtrommel* – dieses Mal ungekürzt – und *Verweigerte Klassik* aus

---

6 Vgl. Yu Kuangfu: 联邦德国第一部有世界声誉的小说——介绍君特·格拉斯的《铁皮鼓》 [Der erste weltberühmte Roman der BRD – zu Günter Grass' *Die Blechtrommel*]. In: World Literature 1993, Nr. 4, S. 278–285, hier S. 278.

7 Vgl. Bai Hua: 自由在我们的观念中 [Freiheit in unseren Gedanken]. In: Theoretical Studies in Literature and Art 1986, Nr. 6, S. 51f., hier S. 51.

Vom Abenteuer der Aufklärung umfasste. Eine andere bedeutende Fachzeitschrift, *Foreign Literature*, zeigte ebenfalls ein eindrucksvolles Reaktionsvermögen. Bereits in der ersten Nummer des Jahres erschienen drei übersetzte Essays, zwei Rezensionen, ein übersetztes Gespräch zwischen Grass und Ekkehart Rudolph sowie ein Artikel über Grass als Schriftsteller und Zeichner, womit ein umfassendes Bild des Autors geboten wurde. In der Zeitschrift *Contemporary Foreign Literature* wurden zwei weitere Interviews (übersetzt) und eine Rezension, in der es um Grass' jüngstes Buch *Ein weites Feld* ging, veröffentlicht. Neben diesen drei einflussreichen Fachzeitschriften wurde Grass in anderen Zeitschriften ebenfalls ein berechtigter Platz eingeräumt, aber es waren hauptsächlich Rezensionen und Berichte, neue Übersetzungen gab es nur wenige.

Das Buch *Vom Abenteuer der Aufklärung. Werkstattgespräche mit Harro Zimmermann* lag 2001 in chinesischer Sprache vor. Es kann als Einführungsliteratur für die Grass-Forschung in China betrachtet werden. Von Günter Grass' Romanen und Erzählungen wurde *Der Butt*, übersetzt von Feng Yaling und Feng Weiping, im Jahr 2003 von Lijiang Publishing Limited auf den Markt gebracht. Zwei Jahre später, also 2005, war Günter Grass' Erfolgsjahr in China. Zu Jahresanfang fanden sich brandneue Übersetzungen von den folgenden fünf Büchern in großen und kleinen Buchhandlungen: *Das Treffen in Telgte*, *Die Rättin*, *Ein weites Feld*, *Unkenrufe* und *Im Krebsgang*. Von den Romanen hat man in China vorher etwas erfahren, aber die zwei Erzählungen *Das Treffen in Telgte* und *Unkenrufe* traten hier zum ersten Mal auf die Bühne. Im Mai schlossen sich die Danziger Trilogie, *Mein Jahrhundert* und ein Sammelband von ausgewählten Essays und Reden mit dem Titel *Im Wettlauf mit den Utopien* an. Diese Ausgabe vom Shanghai Translation Publishing House ist bis jetzt das größte Übersetzungsprojekt zu Günter Grass in China.

Grass' autobiografisches Buch *Beim Häuten der Zwiebel* ließ nicht lange auf sich warten. Zwei Jahre nach der deutschen Ausgabe konnte die chinesische Fassung ihre Geburtsstunde feiern, an der Wei Yuqing, renommierter Professor für deutsche Literatur, und zwei weitere Germanisten gearbeitet haben. Wie *Beim Häuten der Zwiebel* wurde *Die Box* 2012 von Yilin Press herausgegeben. Ein anderer in Nanjing ansässiger Verlag, Nanjing University Press, erwarb das Urheberrecht für *Örtlich betäubt* und *Kopfgeburten – oder die Deutschen sterben aus* und brachte beide Bücher 2010 bzw. 2012 auf den Markt.

In Grass' Gesamtwerk ist sein Erstling *Die Blechtrommel* in vieler Hinsicht das Lieblingsbuch der Verlage und des Publikums in China. Es wurde mehrfach gedruckt, und die Gesamtzahl der Exemplare übertraf 100.000.[8] Wie erwähnt, gab es bereits vor der Jahrtausendwende zwei Ausgaben. 2001 nahm Lijiang Publishing Limited den Roman in seine Reihe der klassischen Werke der Literaturnobelpreisträger auf, und im gleichen Jahr wurde das Buch in Nordchina von Yuanfang Press herausgegeben. Der Verlag Shanghai Translation Publishing House kaufte das Copyright

8 Vgl. Zhang Zhongjiang: 格拉斯与中国:《铁皮鼓》最早由上译出版 [Grass und China: die erste Ausgabe der *Blechtrommel* vom Shanghai Translation Publishing House veröffentlicht]. In: <http://news.oeeee.com/html/201504/13/250201.html> (Zugriff am 05.03.2016).

jedoch zurück, und seitdem hat er fünf Ausgaben mit unterschiedlichem Titelblatt und in unterschiedlichen Reihen herausgebracht: Zum Gedenken an den Sieg im antifaschistischen Krieg wurde *Die Blechtrommel* 2015 in die Reihe „Klassiker antifaschistischer Literatur" des Shanghai Translation Publishing House aufgenommen und erneut veröffentlicht.

2. Die Rezeption von Günter Grass: eine chronologische Betrachtung

In den 80er Jahren, besonders in der ersten Hälfte, gab es überhaupt nur wenige Einzelrezensionen über Autoren und Werke. Es wurden viele einführende Texte über die westliche Literatur insgesamt und deren neueste Entwicklungen und Tendenzen verfasst, denn es herrschte auf diesem Gebiet ein großer Nachholbedarf. Auch die Literatur der BRD geriet öfter ins Blickfeld und fand Anerkennung. In diesem Zusammenhang wurde Günter Grass oft einbezogen, kurz erwähnt oder vorgestellt, wenn man auf die deutsche Gegenwartsliteratur zu sprechen kam. In einem Überblick über die deutsche Literatur nach 1945 wird kurz und bündig sein Prosawerk von der Danziger Trilogie bis zu seinem damals jüngsten Roman *Der Butt* dargestellt.[9] In einem Abriss der westdeutschen Gegenwartsliteratur wird Günter Grass mit Heinrich Böll und anderen Autoren als Vertreter der realistischen Literatur betrachtet; sein Roman *Die Blechtrommel* stelle einen Wendepunkt in der westdeutschen Literatur dar.[10] Dass Grass mit dem Etikett des Realismus versehen wurde, war damals eine gängige Perspektive in der ausländischen Literaturforschung.[11]

Bis in die Mitte der 80er Jahre gab es keine Rezensionen über einzelne Werke von Günter Grass. Die erste wissenschaftliche Arbeit über Grass wurde von dem Germanisten Ye Tingfang verfasst; in ihr werden die Bewältigung der Geschichte des Nationalsozialismus und selbstkritische Reflexionen des deutschen Volkes als Rahmenthemen der Danziger Trilogie, der Entfremdungseffekt der Romanfiguren und der absurde, ironische Erzählstil analysiert.[12] Der Begriff „Entfremdung der Menschen" diente eine Zeitlang nach der Kulturrevolution als Instrument zur kritischen Auseinandersetzung mit der westlichen, kapitalistischen Literatur, was aber von Hu Qiding, dem Übersetzer der *Blechtrommel*, als formelhaft und schablonenhaft be

9 Vgl. Xie Yingying: 德国战后文学概况 [Uberblick über die deutsche Literatur nach dem Zweiten Weltkrieg]. In: Foreign Literature 1980, Nr. 3, S. 1–12, hier S. 6f.

10 Vgl. Zhang Li: 当代西德文学述要 [Skizze zur westdeutschen Gegenwartsliteratur]. In: Contemporary Foreign Literature 1981, Nr. 4, S. 150–157, hier S. 154f.

11 Vgl. Li Mali, Yang Wuneng: 现当代德语文学述要 [Skizze zur modernen und gegenwärtigen Literatur in Deutschland]. In: Foreign Language and Literature 1982, Nr. 1, S. 1–8, hier S. 7; Che Chengan: 论二十世纪欧美文学思潮 [Zu literarischen Strömungen im 20. Jahrhundert in Europa und Amerika]. In: Jilin University Journal Social Sciences Edition 1990, Nr. 5, S. 46–52, hier S. 48; Yu Kuangfu: Der erste weltberühmte Roman der BRD (Anm. 6), S. 280, 284.

12 Vgl. Ye Tingfang: 试论君·格拉斯的"但泽三部曲" [Interpretationsversuch zu Günter Grass' Danziger Trilogie]. In: World Literature 1987, Nr. 6, S. 140–154.

trachtet und verworfen wurde.[13] Diese Meinungsverschiedenheit, die zuvor undenkbar gewesen wäre, zeigte, dass sich die Literaturforscher und -kritiker bemühten, sich von den Fesseln der dogmatischen Lehren zu befreien und sich der Literatur selbst zuzuwenden.

In den 90er Jahren gab es einschließlich der Rezensionen und Interviews nach wie vor nur eine durchaus überschaubare Anzahl von Artikeln über Grass. Sie wurden hauptsächlich in Fachzeitschriften für ausländische Literatur und Literaturforschung publiziert, die die Aufgabe haben, die chinesische Leserschaft literarisch aufzuklären. Im Mittelpunkt der Besprechungen standen die Biografie des Autors und die in den 50er und 60er Jahren veröffentlichte Danziger Trilogie. Besonders zu erwähnen ist das von Salman Rushdie verfasste Vorwort für den englischen Essayband von Günter Grass, das in vieler Hinsicht wegweisend für weitere Interpretationen war und auf das noch eingegangen werden soll. Darüber hinaus erschienen Besprechungen seiner neuesten Werke wie *Novemberland* und *Ein weites Feld*, die die chinesischen Literaturinteressierten auf dem Laufenden hielten.

Diese Zurückhaltung änderte sich mit der Bekanntgabe des aktuellen Nobelpreisträgers für Literatur, des letzten des 20. Jahrhunderts, durch die Schwedische Akademie am 30. September 1999. Die Preisverleihung wurde in den chinesischen Fachzeitschriften ohne Zeitverzögerung begrüßt. Die Nachricht komme nicht überraschend, denn als ein „immer auffallender"[14] Schriftsteller habe Günter Grass diese Auszeichnung, die den Erwartungen aller entspreche,[15] durchaus verdient, und man könne mit Recht auf weitere große Romanwerke hoffen.[16] Grass' persönlicher Erfolg wird auf die deutsche Literatur als ganze übertragen: Diese international bedeutendste Preiskrönung bestätige, dass die deutsche Literatur zweifelsohne einen wichtigen Rang innerhalb der Weltliteratur einnehme.[17]

Der Romancier, der „in munter-schwarzen Fabeln das vergessene Gesicht der Geschichte gezeichnet" habe,[18] wurde vielfach gewürdigt und erfreute sich einer zuneh-

---

13 Vgl. Hu Qiding: 现代流浪汉小说《铁皮鼓》——兼评一种新公式化文论 [*Die Blechtrommel* als moderner Schelmenroman – unter Berücksichtigung der neuen stereotypen Interpretation]. In: Foreign Literature Review 1988, Nr. 4, S. 53–58, hier S. 57f.

14 Diao Chengjun: 君特·格拉斯:一位总是引人注目的作家 [Günter Grass, ein immer auffallender Schriftsteller]. In: Foreign Literature Review 1999, Nr. 4, S. 59.

15 Wu Yukang: 本世纪最后一届诺贝尔文学奖揭晓 格拉斯众望所归——漓江社"但泽三部曲"译本早着先鞭 [Der letzte Nobelpreis für Literatur des 20. Jahrhunderts geht an Grass – Die Danziger Trilogie von Lijiang Publishing bereits publiziert]. In: A Vast View on Publishing 1999, Nr. 11, S. 19.

16 Diao Chengjun: Günter Grass (Anm. 14), S. 59.

17 Ning Ying: 君特·格拉斯——诺贝尔文学奖当之无愧的获得者 [Günter Grass, ein würdiger Literaturnobelpreisträger]. In: Foreign Literatures Recent Developments 1999, Nr. 6, S. 1–5, hier S. 5.

18 Die Begründung der Schwedischen Akademie für die Preisverleihung an Günter Grass wurde in China oft zitiert. Hier wird nur ein Beispiel angeführt. Vgl. Xie Yingying: "历史，从下面看"——谈君特·格拉斯逆潮流的写作 [Geschichte von unten gesehen – der gegen den Zeitstrom schreibende Günter Grass]. In: Foreign Literature 2000, Nr. 1, S. 12–17, hier S. 12.

menden Beliebtheit. Laut einer statistischen Aufzählung in der CNKI-Datenbank[19] nahm die Anzahl der Berichte und Rezensionen in China stark zu. Im Jahr 2000 verdreifachten sich die wissenschaftlichen Arbeiten, Reportagen und Berichte über Grass im Vergleich zum Vorjahr.

Im neuen Jahrhundert ist Grass' Rezeption durch folgende Merkmale gekennzeichnet:

Erstens: Viele Grass-Übersetzer sind gleichzeitig Grass-Forscher und haben sich dank ihrer intensiven Übersetzungstätigkeit viel mit dem Schriftsteller beschäftigt: Prof. Wei Yuqing,[20] Übersetzer von *Die Rättin* und *Beim Häuten der Zwiebel*, Prof. Lin Jia,[21] Übersetzer von *Im Wettlauf mit den Utopien*, Prof. Feng Yaling[22] und Prof. Feng Weiping[23] als Übersetzerinnen des *Butts* sowie Cai Hongjun, der sich als den „am nächsten bei Günter Grass stehenden Chinesen"[24] bezeichnet, da er nicht nur als Agent für Grass' Autorenrecht in China auftritt, sondern auch als Übersetzer mehrere Werke ins Chinesische übertragen hat.

Zweitens: Neben Germanisten wendeten sich Studierende und Lehrende der Sinologie dank der Herausgabe der chinesischen Übersetzungen dem Autor als Forschungsthema zu. In der CNKI-Datenbank finden sich bis heute über 200 Forschungsarbeiten, deren Verfasser ihr Hauptaugenmerk auf *Die Blechtrommel* und die Danziger Trilogie gerichtet haben. Zu Anfang des neuen Jahrhunderts enthiel-

---

19 China National Knowledge Infrastructure. Dieses Schlüsselprojekt zur Digitalisierung der wissenschaftlichen Arbeiten, gefördert von chinesischen Behörden, wurde 1996 von der Tsinghua-Universität und Tsinghua Tongfang Co. zusammen durchgeführt. Durch einen schrittweise vorgenommenen Auf- und Ausbau zählt CNKI gegenwärtig zu den größten Online-Datenbanken in China.

20 Z.B. Wei Yuqing: 卡珊德拉的尖叫和西西弗斯的努力——论格拉斯《母鼠》中的启蒙观 [Kassandras Schreien und Sisyphus' Bemühungen – zum aufklärerischen Konzept in Grass' *Rättin*]. In: Contemporary Foreign Literature 2004, Nr. 1, S. 114–122; Wei Yuqing: 在忧郁与乌托邦之间徘徊——论格拉斯的《蜗牛日记》 [Unschlüssigkeit zwischen Wehmütigkeit und Utopie – Zu Grass' *Aus dem Tagebuch einer Schnecke*]. In: Journal of Tongji University (Social Science Section) 2006, Nr. 6, S. 16–21.

21 Z. B. Lin Jia： 君特·格拉斯及其《狗年月》解读 [Günter Grass und seine *Hundejahre*]. In: Journal of Sichuan International Studies University 2000, Nr. 3, S. 1–5; Lin Jia: 君特·格拉斯的叙事艺术——以"但泽三部曲"为例 [Günter Grass' Erzählkunst – am Beispiel der Danziger Trilogie]. In: Journal of Guangdong University of Education 2001, Nr. 3, S. 19–24.

22 Seit 2003 befasst sich Prof. Feng Yaling intensiv mit Günter Grass; sie verfasste zahlreiche Interpretationen, die in folgendem Band gesammelt vorliegen: Feng Yaling: 君特·格拉斯小说研究 [Studien zu Prosawerken von Günter Grass]. Shanghai 2011.

23 Feng Weiping:《浮士德》与《比目鱼》中契约之比较 [Eine vergleichende Betrachtung zum Motiv des Vertrags in *Faust* und *Der Butt*]. In: Foreign Languages in Fujian 2005, Nr. 2, S. 131–134; Feng Weiping: 《比目鱼》, 一部新历史主义小说? [*Der Butt* – ein neuer historischer Roman?]. In: Journal of PLA University of Foreign Languages 2005, Nr. 1, S. 93–97. Auch in ihrer Dissertation mit dem Titel „Das Märchen im Roman. Studien zur Verarbeitung und Funktion des Märchens *Von dem Fischer un syner Fru* in Günter Grass' Roman *Der Butt*" untersucht sie das intertextuelle Verhältnis zwischen dem überlieferten Märchen und Grass' Riesenwerk in Hinblick auf die Titelgestaltung, die Motive, die Figurenkonstellation und die narrative Sequenz.

24 Cai Hongjun: 我是离格拉斯最近的中国人 [Ich bin der am nächsten bei Günter Grass stehende Chinese]. In: <http://cul.qq.com/a/20150418/031361.htm> (Zugriff am 10.03.2016). Er hat *Katz und Maus*, *Mein Jahrhundert*, *Im Krebsgang* sowie *Die Box* übersetzt.

ten die Arbeiten überwiegend eine thematische oder erzähltechnische Analyse, und im Laufe der Zeit wurden die Untersuchungsansätze breit ausgefächert: Ausgehend vom gattungstheoretischen, rezeptionsästhetischen, intertextualitätstheoretischen oder interkulturellen hermeneutischen Ansatz gewann die Grass-Forschung in China an Vitalität. Auf der Grundlage der einzelnen Forschungsarbeiten kamen allmählich auch Forschungsergebnisse in Buchform[25] zustande, deren Anzahl jedoch noch kläglich gering war.

Drittens: Seit der ersten Masterarbeit über Günter Grass[26] wurde der Schriftsteller Gegenstand von ungefähr 30 Masterarbeiten bzw. Dissertationen von Studierenden im Aufbaustudium, deren Untersuchungen sich auf Grass' wichtige Prosatexte bezogen und ein breites Spektrum zeigten. Die jungen Akademiker befassten sich mit der Intertextualität der Texte und untersuchten die symbolische Bedeutung der Tierfiguren; sie gingen auf die literarische Tradition ein, in der Günter Grass steht, und versuchten gleichzeitig aufzudecken, was diesen Autor besonders auszeichnet; sie analysierten die Rolle und Funktion der Religion bei Grass und setzten sich mit seiner Aufklärungskritik und seinem Aufklärungskonzept auseinander. All dies bezeugte ein nachhaltiges Forschungsinteresse an Grass in China.

Viertens: Forschungsprojekte zu Günter Grass, dem das Einreisevisum für China in den 60er und 70er Jahren infolge der linksextremen Staatsideologie und des sozialistisch-realistischen Diskurses verweigert wurde, wurden im 21. Jahrhundert mit staatlichen Mitteln gefördert. Allein diese Unterstützungsmaßnahmen auf der Provinzial- und der nationalen Ebene, die einen unmittelbaren Beitrag zur Vertiefung der systematischen Auseinandersetzung mit dem Autor leisteten, konnten als Zeichen des Durchbruchs von Grass' Rezeption in China betrachtet werden. Während einige Forschungsprojekte ausschließlich auf Grass und seine Prosawerke fokussiert waren,[27] stellte der Nobelpreisträger auch im Rahmen einiger autorenübergreifender Forschungsprojekte von großer Bedeutung auf der nationalen Ebene einen wichtigen Untersuchungsgegenstand dar.[28]

---

25 Ma Ya: 醒世之鼓：君特·格拉斯小说研究 [Die Welt aufweckende Trommel. Zu Günter Grass' Prosawerken]. Kunming 2006; Feng Yalin: Studien zu Prosawerken von Günter Grass (Anm. 22); Xie Qiong: 君特·格拉斯叙事作品中的历史书写研究 [Das historische Schreiben in Günter Grass' Erzählliteratur]. Beijing 2015.

26 Ma Aihua: 论格拉斯"但泽三部曲"中的"未成年人"世界 [Zur Darstellung der Teenager-Welt in Günter Grass' Danziger Trilogie]. Jinan Universität, Masterarbeit 2003.

27 Im Jahr 2003 wurde in Guangdong Ma Yas Forschungsprojekt zu Grass' Prosawerken genehmigt. Zu erwähnen sind noch Feng Yalin, Zhang Xinyi und Hou Jingjuan, die Fördermittel für ihre Grass-Forschungen bekommen haben.

28 Hier sind beispielsweise das vom Nationalen Planungsbüro für Philosophie und Sozialwissenschaften genehmigte Forschungsprojekt mit dem Titel „Kulturelle Erinnerung und nationale Wertvorstellungen in der deutschen Literatur" und das Forschungsprojekt des chinesischen Erziehungsministeriums „Zur grotesken Ästhetik in Klassikern der deutschen Literatur" zu nennen.

3. Einige Aspekte der Rezeption

3.1 Vergangenheitsaufarbeitung aus Sicht eines Migranten

Mit seiner Sehnsucht nach der Heimat und seinem Leiden unter ihrem Verlust gab Günter Grass in Essays, Gesprächen und Interviews[29] immer wieder zu erkennen, dass die Vergegenwärtigung der verlorenen Heimatstadt das Hauptanliegen seines Schreibens sei. Diese Selbstbekenntnisse lenkten das Forscherinteresse auf seine Herkunft und seine Beziehung zu seiner Geburtsstadt Danzig, die nach dem Zweiten Weltkrieg als Gdańsk Polen eingegliedert worden war. Die geografische Lage, die geschichtliche Entwicklung und die politische Bedeutung dieser Stadt wurden in der Forschungsliteratur meistens einführend dargestellt,[30] um einen Einblick in den Schauplatz seiner vielen Romane zu geben und eventuell Lesehilfe zu leisten.

Im Vorwort zur ersten chinesischen Ausgabe der *Blechtrommel* meinte der Übersetzer im Anschluss an eine kurze Erläuterung zu Grass' Biografie und zum Titel der Trilogie, dass Günter Grass mit dem Bewusstsein eines Migranten mit deutsch-polnischer Abstammung an seinen ersten drei Prosatexten gearbeitet habe. Diese Gefühle seien so kompliziert wie die Fragen um die polnisch-deutsche Grenze nach dem Zweiten Weltkrieg.[31] Diese Aussage, die auf die Tatsache hinweist, dass Günter Grass' Familie aus ihrer Heimatstadt vertrieben worden ist, wurde allerdings nicht weiter verfolgt, und in der neuesten Ausgabe vom Jahr 2011 finden sich diese Formulierungen nicht mehr.[32]

Dass Grass als „Migrant" in China wahrgenommen wurde, ist dem indisch-britischen Schriftsteller Salman Rushdie zu verdanken, der ein Vorwort für die englische Ausgabe *On Writings and Politics* von Günter Grass verfasst hat. Im Rahmen der Besprechungen von Werken ausländischer Literaten war dieser Text 1998 auf Chinesisch in *World Literature* zu lesen. Günter Grass wurde hier als bedeutender Hauptvertreter der Migrationsliteratur des 20. Jahrhunderts gewürdigt. Dies begründete Rushdie mit einer „dreifachen Entwurzelung" des Autors: Er habe seine Heimatstadt

---

29 In diesem Zusammenhang sind zwei Interviews mit chinesischen Germanisten, Xie Qiong und Cai Hongjun, zu erwähnen. Vgl. Xie Qiong: 拜会君特·格拉斯 [Bei Günter Grass zu Besuch]. In: Foreign Literatures 2001, Nr. 4, S. 78–82; Cai Hongjun: 格拉斯谈《蟹行》 [Grass über *Im Krebsgang*]. In: Günter Grass: Im Krebsgang. Shanghai 2005, S. 1–14.

30 Hier seien einige Beispiele genannt: Vgl. Li Wanjun: 格拉斯的《铁皮鼓》与20世纪小说叙事学 [Grass' *Die Blechtrommel* und die Erzählliteratur des 20. Jahrhunderts]. In: Journal of Fujian Normal University (Philosophy and Social Sciences Edition) 2001, Nr. 2, S. 47–53, hier S. 47; Ruan Hang: 在荒诞里凸现真实——君特·格拉斯的小说《铁皮鼓》 [Hervorhebung der Realität durch Absurdität. Zu Günter Grass' *Die Blechtrommel*]. In: Journal of Xinjiang University 2003, Nr. 2, S. 128–132, hier S. 129f.; Ma Ya: 故乡但泽与格拉斯的文本 [Die Heimatstadt Danzig und Grass' Prosawerke]. In: Journal of Tianzhong 2006, Nr. 4, S. 105–107, hier S. 105; Feng Yalin: Studien zu Prosawerken von Günter Grass (Anm. 22), S. 1ff.

31 Vgl. Hu Qiding: 译本序 [Vorwort zur chinesischen Ausgabe]. In: Günter Grass: Die Blechtrommel. Shanghai 1991, S. 1–13, hier S. 2ff.

32 Vgl. Hu Qiding: 译本序 [Vorwort zur chinesischen Ausgabe]. In: Günter Grass: Die Blechtrommel. Shanghai 2011, S. 1–4.

Danzig verlassen müssen und er habe sich eine andere Sprache als die Nazi-Sprache anzueignen und an ein neues Gesellschaftssystem anzupassen gehabt. Damit sei er „ein Migrant in zweifacher Hinsicht, ein Reisender über die Grenzen in sich und im Zeitfluss."[33] Angeregt von diesem Denkanstoß, meinte der Übersetzer und Literaturforscher Lin Jia:

> Die staatlichen, gesellschaftlichen, politischen, kulturellen, sprachlichen und persönlichen Wandlungen, die Günter Grass durchleben musste wie viele Deutsche seiner Zeit, verschafften ihm einzigartige Perspektiven zur Auseinandersetzung mit der Wirklichkeit, schärften sein historisches Bewusstsein und stellten ihm einen unerschöpflichen Vorrat an Geschichten zur Verfügung.[34]

Man erkannte, dass Grass aus seiner tiefen Skepsis gegenüber der Nazi-Sprache dem kleinen Oskar nur Schreien und Trommeln als Ausdrucksmittel vergönne und seine Werke somit als Opfergaben des Trauerritus für seine verlorene Heimat dienten.[35] Es müsse Grass zwar schwerfallen, mit seinem Migrationshintergrund fertig zu werden, aber im Großen und Ganzen sei es ihm gelungen, den alten Adam abzustreifen und eine neue Identität zu konstruieren. Dieser Prozess sei mit dem Nirwana des Phönix zu vergleichen: Eine neue Geburt vollziehe sich, und Grass habe gelernt, alle sogenannten absoluten Wahrheiten zu bezweifeln.[36]

Als „Schriftsteller und Bürger" fand Grass mit seinem unermüdlichen politischen Engagement in China ein positives Echo. Das in China bekannte Porträt des nachdenkenden Schriftstellers mit der Pfeife zeige seine Gelassenheit, sein Durchblickvermögen und seine Unbeugsamkeit:

> Er ist kein Schriftsteller im Elfenbeinturm. [...] Er ist ein Kämpfer. [...] Seinen Ansichten zur deutschen Einheit mag man nicht zustimmen, aber das macht deutlich, dass er aktiv seine Verantwortung als Schriftsteller, nämlich in das Gesellschaftsleben einzugreifen, wahrnimmt.[37]

Im Zusammenhang mit dem Roman *Ein weites Feld* wurde viel von seiner vom Mainstream abweichenden Meinung über die deutsche Wiedervereinigung berichtet. Viele seiner politischen Auffassungen aber wurden bislang noch wenig oder gar nicht berührt. In Bezug auf das Thema Zwangsmigration und Vertreibung führte Grass aus,

---

33 Die chinesische Übersetzung siehe Salman Rushdie: 论君特·格拉斯 [Zu Günter Grass]. In: World Literature 1998, Nr. 2, S. 285–289, hier S. 286ff. Der originale Text siehe Salman Rushdie: Introduction. In: Günter Grass: On Writing and Politics 1967–1983. London 1985, S. 9–15, hier S. 10ff.

34 Lin Jia: 认识格拉斯 [Günter Grass kennenlernen]. In: Dushu 2000, Nr. 8, S. 39–42, hier S. 40.

35 Vgl. Qi Yuan: 倾听世纪末的鼓声——感悟君特·格拉斯的《铁皮鼓》 [Dem Trommeln am Ausgang des 20. Jahrhunderts zuhören. Zu Günter Grass' *Die Blechtrommel*]. In: Journal of Zaozhuang University 2001, Nr. 6, S. 43–46, hier S. 44.

36 Vgl. Lin Jia: 解读《与乌托邦赛跑》 [Interpretationsversuch zu *Im Wettlauf mit den Utopien*]. In: Günter Grass: Im Wettlauf mit den Utopien. Shanghai 2005, S. 1–11, hier S. 10f.

37 Shi Jianfeng u. a.: 君特·格拉斯的逝世令德国失去了一位斗士 [Mit Günter Grass' Tod verliert Deutschland einen Kämpfer]. In: <http://news.163.com/15/0414/10/AN5GJS5900014AED.html> (Zugriff am 25.03.2016).

dass es selbst in Deutschland nur wenig Beachtung finde,[38] ganz zu schweigen von China. In seiner Laudatio zur Verleihung des Friedenspreises des Deutschen Buchhandels 1998 an Yaşar Kemal stand interessanterweise seine Kritik an der deutschen Regierung im Mittelpunkt: „Ich schäme mich meines zum bloßen Wirtschaftsstandort verkommenden Landes, dessen Regierung todbringenden Handel zuläßt und zudem den verfolgten Kurden das Recht auf Asyl verweigert."[39] In seinen späteren Aufsätzen forderte der Verfechter der Menschenrechte der Asylsuchenden von der deutschen Regierung eine die Ankommenden willkommen heißende Flüchtlingspolitik, was leider in China auf wenig Resonanz stieß.

3.2 Schwierigkeiten bei der Übersetzung

Günter Grass verwendete in seinen Geschichten, in denen es häufig um Identitäten wie ‚deutsch', ‚polnisch', ‚kaschubisch', ‚danzigerisch' geht, immer wieder „vorgeprägte Sprachmuster"[40] wie Floskeln, Idiome, Redensarten, Sprich- und Schlagwörter, die die Aufgabe hätten, das geschilderte Milieu auch in der Sprache zu vergegenwärtigen.[41] Dieser teils historisch bedingte, teils individuelle, kreative Sprachstil mit stark gefärbtem Lokalkolorit ist selbst für einen Durchschnittsdeutschen oft rätselhaft und nicht immer leicht zu verstehen, geschweige denn für Chinesen, deren Sprache sich prinzipiell von der westlichen Buchstabenschrift unterscheidet. Nach der Lektüre von Auszügen des Romans *Der Butt* glaubte ein chinesischer Schriftsteller:

> Man hätte zuerst Deutsch lernen und dann das Werk in der originalen Sprache lesen müssen, um das Sonderbare zu verstehen. Es ist zu schwierig, als dass man es ins Chinesische übersetzen und dann noch im Chinesischen lesen könnte.[42]

Das klingt alles andere als kritisierend; vielmehr wird auf die Unmöglichkeit hingewiesen, die Grass'sche Sprache zu übertragen, ein Problem, das auch von den Übersetzern oft angesprochen wurde. Dem Übersetzer Cai Hongjun zufolge liege neben den sexuellen Darstellungen in den Romanen der allerwichtigste Grund für die Vermittlungsschwierigkeit im „häufigen Gebrauch von Mundarten und umgangssprachlichen Mitteln",[43] der die Übertragbarkeit der Sprache in Frage stelle. Ein

---

38 Cai Hongjun: Grass über *Im Krebsgang* (Anm. 29), S. 4.

39 Vgl. Yi Wen: 土耳其作家科马尔获德国书业和平奖 [Verleihung des Friedenspreises des Deutschen Buchhandels an den türkischen Schriftsteller Kemal]. In: World Literature 1998, Nr. 1, S. 308f., hier zitiert nach Günter Grass: Essays und Reden 1980–2007. Göttingen 2007, S. 514.

40 Wolfgang Mieder: Kulinarische und emanzipatorische Redensartenverwendung in Günter Grass' Roman „Der Butt". In: Sprachspiegel 34 (1978), H. 1, S. 4, hier zitiert nach Thomas Angenendt: „Wenn Wörter Schatten werfen": Untersuchungen zum Prosastil von Günter Grass. Frankfurt a. M., Berlin u. a. 1995 (Kölner Studien zur Literaturwissenschaft 6), S. 50.

41 Vgl. Angenendt: „Wenn Wörter Schatten werfen" (Anm. 40), S. 51.

42 Liu Xinwu: "寻找失物"的君特·格拉斯 [Günter Grass auf der Suche nach dem „Verlust"]. In: Zhonghua Dushu Bao, 13.10.1999.

43 Cai Hongjun: 我译格拉斯 [Ich übersetze Grass]. In: Zhonghua Dushu Bao, 26.07.2000.

anderer Übersetzer nannte dazu konkrete Beispiele: Die Namen der Lebensmittel, insbesondere die Warenmarken, die vielen historischen Ereignisse, selbst das Kartenspiel „Scott“ seien Stolpersteine, die ihn sehr in Anspruch genommen haben.[44]

Vor diesem Hintergrund wurde das Schriftsteller-Übersetzer-Treffen, bei dem Günter Grass, auf die Probleme der Übersetzer eingehend, Wörter und Textstellen erklärte, positiv bewertet: So etwas habe es in der Weltliteratur- und Übersetzungsgeschichte noch nie gegeben.[45] Gegenstimmen ließen sich erst in den letzten Jahren vernehmen: Nach dem Konzept der Rezeptionsästhetik besitze der Autor nicht das alleinige Verfügungsrecht über das Buch, und jeder finde seinen eigenen Zugang und Interpretationsansatz.[46]

Bislang gab es noch wenig Übersetzungskritik bezüglich der Übertragungen ins Chinesische. Ein gewagter Versuch war Liu Qinhuis Masterarbeit *Untersuchung zu der chinesischen Übersetzung von Günter Grass' „Im Krebsgang“*, in der die Verfasserin im Rahmen der deskriptiven Übersetzungstheorie die chinesische Ausgabe an konkreten Beispielen daraufhin untersuchte, unter welchen Rahmenbedingungen und auf welche Weise der Übersetzer mit dem zu übersetzenden Text umging, um kulturelle und sprachliche Probleme zu überwinden. Laut ihrer Forschungsergebnisse halte der Übersetzer vor allem an der Strategie der Verfremdung, also an einer „wörtlichen“ Übersetzung fest, um die fremden Elemente und die syntaktische Struktur des Originals beizubehalten. Insgesamt sei dies eine angemessene Methode, aber stellenweise würden die Leser mit der „Überwörtlichkeit“ überfordert.[47] Zur Lösung solcher Probleme wurde vorgeschlagen, die instrumentelle Übersetzungsmethode anzuwenden.[48]

Im Zeitalter des „Internet plus“ hat man wohl mehr Möglichkeiten, sich Informationen zu verschaffen und passende Wörter, Begriffe und Beschreibungen in der jeweiligen Zielsprache zu finden. Dennoch bereitet Günter Grass' eigentümlicher Sprachgebrauch, der zweifelsohne auf seine familiäre Herkunft und seinen persönlichen Werdegang zurückzuführen ist, immer neue Übersetzungsprobleme. Es wurde berichtet, dass es keine chinesische Version von seinem letzten Roman *Grimms*

---

44 Vgl. Hu Qiding: 《铁皮鼓》翻译随想 [Einige Gedanken zum Übersetzen der *Blechtrommel*]. In: Zhen Lunan (Hg.): Ein Buch und eine Welt. Beijing 2005, S. 213, hier zitiert nach Hu Dan: 获诺贝尔文学奖德语作家汉译研究 [Zu den chinesischen Übersetzungen der deutschen Literaturnobelpreisträger]. Beijing 2015, S. 114.

45 Vgl. Yang Wuneng: 与格拉斯一起翻译格拉斯 [Mit Grass „Grass“ übersetzen]. In: Translations 2004, Nr. 6, S. 209–211, hier S. 209. Vgl. auch Cai Hongjun: Ich bin der am nächsten bei Günter Grass stehende Chinese (Anm. 24).

46 Wei Yuqing: 翻译，唯一的答案不存在 [Beim Übersetzen gibt es nicht nur eine Möglichkeit]. In: <http://www.china.com.cn/guoqing/2014-11/15/content_34056261_3.htm> (Zugriff am 13.03.2016).

47 Vgl. Liu Qinhui: 君特·格拉斯《蟹行》汉译浅析 [Untersuchungen zu der chinesischen Übersetzung von Günter Grass' *Im Krebsgang*]. Tongji-Universität, Masterarbeit 2006.

48 Vgl. Song Jianfei, Liu Qinhui: 译者、策略、译文：试论翻译批评应观照的对象——以君特·格拉斯《蟹行》汉译为例 [Übersetzer, Strategie und Übersetzung: Subjekte der Übersetzungskritik am Beispiel von Günter Grass' *Im Krebsgang*]. In: Journal of PLA University of Foreign Languages 2007, Nr. 5, S. 88–93, hier S. 90.

Wörter. Eine Liebeserklärung geben werde, weil die formale, alphabetische Struktur dieses Werkes sich nicht übertragen lasse und in einer Übersetzung zu vieles verlorenginge.[49]

4. Interkulturelle Forschungsansätze

Bereits die ersten Grass-Forscher in China haben den Versuch unternommen, Günter Grass mit namhaften chinesischen Schriftstellern zu vergleichen. Eine Parallele könnte man beispielsweise zwischen der Romanfigur Ah Q in Lu Xuns *Ā Qiū zhèng zhuàn* [Die wahre Geschichte des Ah Q] (1922) und dem kleinen Oskar feststellen. Das Groteske des Ersteren manifestiere sich nicht im Aussehen, sondern in der als Ah-Q-Ismus bezeichneten Selbsttröstung bei eigenen Niederlagen, während Oskar nicht nur äußerlich hässlich aussehe, sondern auch innerlich verzerrt sei.[50] Diese Feststellung muss noch einer genaueren Analyse unterzogen werden, kann aber als erste Bemühung verstanden werden, Lesebarrikaden zu beseitigen und das chinesische Publikum von Günter Grass' Kunstfertigkeiten zu überzeugen, damit seine Texte den chinesischen Lesern leichter zugänglich werden, denn:

> Es fällt den Chinesen durchaus schwer, so eine Figur zu verstehen, da man in China den Nationalsozialismus nicht erlebt hat. [...] Aber das von Günter Grass kritisierte Kleinbürgertum ist in Deutschland so prägend und allgegenwärtig wie der Ah-Q-Ismus in China [...].[51]

Günter Grass und Mo Yan, dem 2012 der Literaturnobelpreis zuerkannt wurde, stehen in China ebenfalls immer im Mittelpunkt der interkulturellen Diskussion. In den Blick genommen wurden Grass' *Blechtrommel* und Mo Yans Roman *Fēngrǔ féitún* [Große Brüste und breites Gesäß] (1996), der anhand einer Familiengeschichte einfacher Leute den gesellschaftlichen Wandel im letzten Jahrhundert in China widerspiegelt. Zu Anfang des neuen Jahrtausends wurde darauf hingewiesen, dass zwischen Oskar, der auf seine Blechtrommel versessen ist und dem „Ich" in Mo Yans Werk, das sich bis zu seinem sechsten Lebensjahr ausschließlich von Muttermilch und später von Ziegenmilch ernährt, eine gewisse Ähnlichkeit festzustellen sei: „Darüber kann man etwas schreiben, aber nicht jetzt, vielleicht etwas später."[52] Dieses Vorhaben wurde in einer 2008 veröffentlichten Dissertation realisiert: Im Rahmen des „kulturellen Gedächtnisses" wurde auf die Vergangenheitsaufarbeitung und Erinnerungsarbeit in der deutschen Literatur (1945–1959) und in der chinesischen

---

49 Vgl. Zhang Zhongjiang: Grass und China (Anm. 8).

50 Vgl. Ye Tingfang: 论怪诞之美 [Zur Ästhetik der Groteske]. In: Literature & Art Studies 1993, Nr. 4, S. 68–80, hier S. 73.

51 Vgl. Zhou Changcai: 铁鼓声中, 赢取桂冠世纪末 [Der Dichter wird am Ausgang des Jahrhunderts für die *Blechtrommel* mit Lorbeer gekrönt]. In: Foreign Literature 2000, Nr. 1, S. 3–11, hier S. 6.

52 Xia Jifeng: 君特·格拉斯新作风波 [Affäre um Grass' neues Werk]. In: Writer Magazin 2000, Nr. 1, S. 25–27, hier S. 27.

Literatur (1977–1995) eingegangen. Als Fallbeispiele wurden *Die Blechtrommel* und *Fēngrŭ féitún* ausgewählt, an denen die Gemeinsamkeiten und Unterschiede in Bezug auf die Vergangenheitskonzeption, die Zeitkonzeption und die Erinnerungsstrategien beleuchtet wurden.[53]

Interessanterweise stand immer *Die Blechtrommel* im Fokus der vergleichenden Studien. Herangezogen wurden noch zwei andere chinesische Werke, die hinsichtlich der Erzählperspektive und -strategie mit dem erwähnten Roman verglichen wurden. Das eine war Alais Roman *Chén'āi luòdìng* [Roter Mohn] (1998), in dem durch die Augen des idiotischen Sohns des Fürsten der Untergang der Feudalherrschaft beschrieben wird, und das andere war Jia Pingwas *Gŭlú* [Gu Lu] (2011), in dem der Leserschaft ein Stück der chinesischen Kulturrevolution in den 60er Jahren in einer entlegenen Ortschaft namens „Gu Lu" vor Augen geführt wird. Infolge der Auseinandersetzungen mit *Chén'āi luòdìng* und der *Blechtrommel* stellte man fest, dass in den beiden Werken ein Ich-Erzähler fungiere, dessen Narren- und Kinderperspektive eine unvoreingenommene Betrachtung der Umgebung ermögliche,[54] weshalb man von einem intertextuellen Verhältnis zwischen den beiden Werken sprechen könne.[55] In den Studien zu *Gŭlú* und der *Blechtrommel* wurden – neben der Analyse der narrativen Besonderheiten in Bezug auf die Kinderperspektive des Ich-Erzählers und die gespaltenen Erzählstimmen – auch die Erinnerungsarbeit und die kritischen Reflexionen der Autoren über die nationale Mentalität und Geschichte kurz einbezogen. Dabei stellte man „einen Dialog zwischen den Autoren über Zeit und Raum hinaus"[56] und „unterschiedliche kulturelle Eigenheiten zwischen West und Ost"[57] fest.

5. Zusammenfassung und Ausblick

Die zugespitzte Formulierung, dass Günter Grass der erste deutschsprachige Autor sei, der in China wie ein Popstar behandelt werde, nachdem ihm der Literaturno-

53 Pan Lu: Aus dem Schattenreich der Vergangenheit – Erinnerungsarbeit in Günter Grass' *Die Blechtrommel* und Mo Yans *Üppiger Busen, dicker Hintern*. Frankfurt a. M., Berlin u. a. 2008.

54 Su Zhongzhao: 《尘埃落定》与《铁皮鼓》的叙事视角比较研究 [Erzählperspektiven in *Chen ai luoding* und *Die Blechtrommel*]. In: Journal of Xinzhou Teachers University 2006, Nr. 6, S. 31–33.

55 Fan Yuhui: 另类视角与回顾叙事——《铁皮鼓》与《尘埃落定》比较研究 [Eine vergleichende Studie zu *Die Blechtrommel* und *Chen ai luoding*]. In: Journal of Qujing Normal University 2008, Nr. 1, S. 31–34, hier S. 34.

56 Wang Zhenjun: 比较叙事学视域下的《铁皮鼓》与《古炉》 [*Die Blechtrommel* und *Gu Lu* – eine Betrachtung aus der Perspektive der vergleichenden Erzähltheorie]. In: Journal of Henan Normal University 2013, Nr. 6, S. 169–173, hier S. 169.

57 Han Luhua: 特殊视域下特殊时代的人性叙写——《古炉》与《铁皮鼓》叙事艺术比较 [Zur narrativen Humanität in spezieller Zeit und unter spezieller Perspektive. Eine vergleichende Betrachtung zur Erzählkunst in *Gu Lu* und *Die Blechtrommel*]. In: Journal of Xi'an University of Architecture & Technology (Social Science Edition) 2015, Nr. 1, S. 66–74, hier S. 71.

belpreis verliehen wurde,[58] stimmt teilweise. Auch ohne den Preis hätte Grass angesichts seiner einzigartigen Erzählkunst und der Vielfalt seiner Themen in China große Anerkennung gefunden, aber sicherlich erst innerhalb eines längeren Zeitraums. Allerdings muss man feststellen, dass trotz des Nobelpreisbonus bis jetzt fast nur seine wichtigsten Prosawerke ins Chinesische übersetzt worden sind. Seine zahlreichen Gedichte, Reden, Interviews und Essays liegen nur in sehr begrenztem Umfang auf Chinesisch vor. Von seinem Briefwechsel mit dem früheren Bundeskanzler Willy Brandt, der in Deutschland erschienen ist und einen Beitrag zum Verständnis seiner politischen Einsichten leistet, ist noch kaum die Rede. Wenn man aber ein Gesamtbild von der „in Deutschland so legendären, dennoch widersprüchlichen Persönlichkeit"[59] des Schriftstellers haben möchte, müsste das Gesamtwerk auf Chinesisch publiziert werden.

Auch in den chinesischen Forschungsarbeiten über Grass dreht es sich in erster Linie um seine Prosawerke. Die Danziger Trilogie, insbesondere *Die Blechtrommel*, wird nach wie vor favorisiert, während manche Werke, sogar solche, die bereits ins Chinesische übersetzt worden sind, beispielsweise *Unkenrufe*, aufs Abstellgleis geschoben wurden. Derartige Forschungslücken müssen geschlossen werden. Auch Aspekte wie Grass' Thematisierung der Zwangsmigrationen und seine Beschäftigung mit Völkervertreibung verdienen noch eine nähere und intensivere Untersuchung; Gleiches gilt für seine mit seiner Herkunft zusammenhängenden sprachlichen Besonderheiten. Da manche chinesischen Schriftsteller angegeben haben, von Günter Grass direkt beeinflusst worden zu sein, bietet auch dieser Aspekt weitere interessante Forschungsansätze.

Ein chinesisches Sprichwort lautet: Bittere Medizin hilft. Günter Grass' Werke sind genauso „bitter wie die dicke, traditionelle chinesische Medizin",[60] die auf den ersten Blick nicht appetitlich wirkt, aber einem dennoch guttut. In diesem Sinne wird Günter Grass in China weiter gelesen, besprochen und diskutiert werden.

---

58 Vgl. Hu Dan: Zu den chinesischen Übersetzungen (Anm. 44), S. 114.

59 Zhang Xinyi: 告别格拉斯，留住记忆 [Abschied von Grass nehmen und ihn in Erinnerung behalten]. In: World Literature 2015, Nr. 6, S. 253–264, hier S. 253.

60 Zhai Hengjie: 狗眼看天下——读《狗年月》 [Aus Hundeperspektive die Welt beobachten. Zum Roman *Hundejahre*]. In: Renmin Zhengxie Bao, 10.11.2000.

Anna Flack

Hühnernudelsuppe, Pel'meni und Pommes frites. Ernährung, Identitäten und Lebensstile von remigrierten SpätaussiedlerInnen

1. Aussiedlung und Rückkehr

„Warum sind Sie denn eigentlich wieder nach Russland zurückgekehrt?" Herr Müller[1] konnte mir diese Frage nicht beantworten. Zwar „könne er nichts Schlechtes über die Deutschen sagen, aber auch nichts Gutes, scherzte er".[2] Die Beweggründe seines Bruders, der noch vor ihm von Deutschland in das heimische Dorf im Altaigebiet (Westsibirien) remigrierte, kenne er ebenfalls nicht. Eine solche Reaktion hatte ich nicht erwartet, schließlich will eine Migrationsentscheidung gut überlegt sein und auf nachvollziehbaren Argumenten beruhen. Der Schritt, in das weitgehend fremde Deutschland auszusiedeln, hatte immerhin gleichzeitig bedeutet, das wohlbekannte Zuhause in Russland aufzugeben; Haus und Land waren verkauft worden. Die Rückkehr erforderte einen materiellen Neuanfang sowie eine Reintegration in das Heimatdorf. Vielleicht hat Herr Müller schon mehrfach erklären müssen, warum er mit seiner Familie erst nach Deutschland ausgesiedelt und dann wieder hierher zurückgekehrt ist. Vielleicht aber wollte oder konnte er sich mir gegenüber schlicht nicht erklären.

Diese im Mai 2015 in meinem Forschungstagebuch festgehaltene eindrückliche Szene sowie meine Überlegungen dazu deuten die Komplexität des Remigrationsphänomens an. Bei der Remigration von (Spät-)AussiedlerInnen handelt es sich um ein vergleichsweise wenig beforschtes Phänomen.[3] In der jüngst erschienenen An-

1 Zur Wahrung der Anonymität sind alle Namen der von mir beforschten AkteurInnen geändert.

2 Zu meinem Forschungstagebuch siehe unten Anm. 15.

3 Siehe dazu Tatjana Baraulina, Axel Kreienbrink (Hg.): Rückkehr und Reintegration. Typen und Strategien an den Beispielen Türkei, Georgien und Russische Föderation. Nürnberg 2013 (Beiträge zu Migration und Integration 4); Caritas (2010): Nachhaltige Integration stärken. Entscheidungshilfen bei der möglichen Rückkehr von Spätaussiedlern und ihren Familienangehörigen, <http://caritas-unna.de/Abschlussbericht%20und%20Handlungsempfehlung%20Dokumentation%20der%20Beratungserfahrungen.pdf> (Stand: 12.09.2014); Birgit Menzel, Christine Engel (Hg.): Rückkehr in die Fremde? Ethnische Remigration russlanddeutscher Spätaussiedler. Berlin 2014; Michael Schönhuth: Remigration von Spätaussiedlern. Ethnowissenschaftliche Annäherungen an ein neues Forschungsfeld. In: IMIS-Beiträge 33 (2008), S. 61–83; Michael Schönhuth: Rückkehrstrategien von Spätaussiedlern im Kontext sich wandelnder Migrationsregime. Ein Beitrag zur Modelltheorie. In: COMCAD Arbeitspapier Nr. 55. Bielefeld 2008; Tatjana Fenicia, Markus Kaiser, Michael Schönhuth: Late German Repatriates to Russia from transnational and gendered Perspective. In: Transnational social review, special issue on "Transnational Return? Family Constellations, Expectations and Negotiations in Remigration" (guest editors are Claudia Olivier and Sarah Scholl-Schneider), 2016, <http://www.tandfonline.com/doi/full/10.1080/21931674.2016.1182313> (Stand: 08.09.2016).

1 Dorf im Altaigebiet, Westsibirien (Foto: Autorin)

thologie *Zuhause? Fremd? Migrations- und Beheimatungsstrategien zwischen Deutschland und Eurasien*[4] ist der individuellen wie auch der staatlich geförderten Rückkehr von (Spät-)AussiedlerInnen eine Sektion gewidmet.[5]

Gegenstand des vorliegenden Aufsatzes sind die Motive für die Aussiedlung einer russlanddeutschen Familie sowie für ihre Rückkehr in ein westsibirisches Dorf, die Wechselwirkungen zwischen den Migrationen und der Alltagspraktik Ernährung sowie ihre damit in Zusammenhang stehende Selbstwahrnehmung. Kontext des mehrtägigen Dorfbesuchs war mein dreimonatiger Feldforschungsaufenthalt in Barnaul, der Hauptstadt des Altaigebietes, im Rahmen meines Dissertationsprojekts. Da mir in Barnaul mehrfach erklärt wurde, dass die deutsche Kultur in den Dörfern viel besser als in der Stadt bewahrt werde,[6] begab ich mich auf die Reise in ein Dorf im Altaigebiet westlich von Barnaul (Abb. 1). „Der Vergleich ist ein alltägliches Muster unseres Denkens und Redens, denn er eignet sich besonders gut zur Verdeutlichung

4 Markus Kaiser, Michael Schönhuth (Hg.): Zuhause? Fremd? Migrations- und Beheimatungsstrategien zwischen Deutschland und Eurasien. Bielefeld 2015 (Bibliotheca Eurasica 8).

5 Ebd. In der zweiten Sektion sind sechs Aufsätze über „Lebensprojekte mit dem Fokus ‚Rückkehr' und Dagebliebensein" versammelt. Meine Rezension des Sammelwerkes erscheint im Jahrbuch für deutsche und osteuropäische Volkskunde 57 (2016).

6 Vgl. meine Forschungstagebucheinträge vom 13.3.2015 und 15.4.2015.

eigener Standpunkte in Abgrenzung oder Analogie zu anderen Meinungen."[7] Hieran anknüpfend drängte sich, parallel zu meinem Aufenthalt in Barnaul, eine eigene Feldforschung in einem Dorf geradezu auf.

2. Familie Müller

Die Familie, zu der ich über private Kontakte aus Deutschland Verbindung aufnahm und die ich vorher nicht kannte, besteht aus den Eheleuten sowie vier Kindern. Die Familie von Frau Müller ist aus dem Wolgagebiet in dieses Dorf deportiert worden, wohingegen die Vorfahren ihres Mannes bereits hier gesiedelt hatten.[8] Frau Müller

2 Subsistenzwirtschaft: Obst- und Gemüsegarten (Foto: Autorin)

7 Heinke M. Kalinke: Integration, Selbstbehauptung und Distinktion – Essen und Trinken als Zugang zur Erfahrungsgeschichte von Flüchtlingen, Vertriebenen und Aussiedlern. In: Dies., Klaus Roth, Tobias Weger (Hg.): Esskultur und kulturelle Identität. Ethnologische Nahrungsforschung im östlichen Europa. München 2010 (Schriften des Bundesinstituts für Kultur und Geschichte der Deutschen im östlichen Europa 40), S. 137–155, hier S. 148.

8 Vgl. Eva-Maria Stolberg: Sibirien und die Deutschen in Sibirien. In: Online-Lexikon zur Kultur und Geschichte der Deutschen im östlichen Europa, 2012 <ome-lexikon.uni-oldenburg.de/55224.html> (Stand: 28.06.2012): „Im Zuge der von Ministerpräsident Pëtr Stolypin initiierten Agrarkolonisation zogen [in der zweiten Hälfte des 19. Jahrhunderts] ca. 100.000 Deutsche aus der Wolga- und der Schwarzmeerregion vor allem ins landwirtschaftlich ertragreiche Westsibirien."

erwähnte, dass ihre Großmutter es schwer gehabt habe, weil manche Verwandten nie wieder aus der Gefangenschaft oder der Trudarmee[9] zurückgekehrt seien.

Die Lebensgrundlage der Müllers ist die Subsistenz- bzw. Landwirtschaft. Sie besitzen Kühe, Pferde, Schafe, Schweine, Hühner, Kaninchen sowie Ackerflächen und einen Obst- und Gemüsegarten (Abb. 2). Fleisch wird eingefroren, Getreide gelagert, Obst und Gemüse eingemacht und zu Kompott gekocht. Überschüsse an Milch werden an den Staat verkauft. Hin und wieder kauft ein Nachbar ein geschlachtetes Schaf.

Früher habe das Dorf, in dem Familie Müller lebt, zum überwiegenden Teil aus Deutschen bestanden. Dann seien fast alle ausgesiedelt.[10] Die Spuren sind teilweise noch immer in Form von verlassenen, langsam verfallenden Häusern sichtbar. Auch RückkehrerInnen, die ursprünglich nicht aus diesem Dorf kämen, seien hierher gezogen. Eine Zeitlang hätten sie in der Nachbarschaft Kinder nur Deutsch sprechen gehört, erinnert sich Herr Müller. Manche seien inzwischen weitergezogen. Heute sei der Großteil der Nachbarschaft russisch. Es gibt eine Grundschule, einen Tante-Emma-Laden und ein baptistisches Gemeindehaus.

Die Familienstrukturen sind weitgehend traditionell: Beim Einkaufen verwaltet Herr Müller (oder der Sohn) das Geld; Frau Müller schmiert für alle die Butterbrote und bereitet meistens das Essen zu. Wird eine Suppe gekocht oder werden Pel'meni (Abb. 3) zubereitet, überschreiten sie jedoch die Geschlechterrollengrenze und beide Elternteile arbeiten Hand in Hand.

Herr und Frau Müller haben beide deutsche Vorfahren – beide sprechen Plattdeutsch („Plautdietsch")[11] –, weswegen sie 1998 als Spätaussiedler in die Bundesre-

---

9 Abkürzung für *trudowaja armija*, Arbeitsarmee: „Ein euphemistischer Terminus für ein besonderes System der Zwangsarbeit, das in der Sowjetunion in den Jahren 1941–1946 v. a. für russlanddeutsche Jugendliche, Männer und Frauen aufgebaut wurde." Viktor Krieger: Arbeitsarmee. In: Detlef Brandes, Holm Sundhaussen, Stefan Troebst (Hg.): Lexikon der Vertreibungen. Deportation, Zwangsaussiedlung und ethnische Säuberung im Europa des 20. Jahrhunderts, Wien 2010, S. 41–44, S. 41; vgl. auch Christian Böttger, Idmar Biereigel, Günter Dittrich, et al.: Lexikon der Russlanddeutschen. Teil 1: Zur Geschichte und Kultur. Berlin 2001, S. 68.

10 Aus offiziellen Volkszählungen geht hervor, dass 1989 in der RSFSR 842.295 Deutsche, davon 127.731 im Altaigebiet, lebten. 2002 lebten 597.212 Deutsche in der Russischen Föderation, davon 79.502 im Altaigebiet. Vgl. <demoscope.ru/weekly/ssp/census.php?> (Stand: 25.02.2016). Laut der Volkszählung von 2010 lebten in der Altairegion 50.701 Deutsche, in ganz Russland gaben 394.138 Menschen eine deutsche Nationalität an. Vgl. <gks.ru/> (Stand: 25.02.2016).

11 Vgl. Jannis Panagiotidis: Aussiedler/Spätaussiedler. In: Online-Lexikon zur Kultur und Geschichte der Deutschen im östlichen Europa, 2015 <ome-lexikon.uni-oldenburg.de/p32717> (Stand: 23.04.2015): „Seit der BVFG-Reform Ende 1992 kommen Spätaussiedler gemäß § 4 Abs. 1 ‚in der Regel' nur noch aus der ehemaligen Sowjetunion. [...] Die Definition der ‚deutschen Volkszugehörigkeit' wurde seitdem mehrfach angepasst, insbesondere im Hinblick auf die Bedeutung deutscher Sprachkenntnisse. Die seit 1996 durchgeführten Sprachtests verlangten durch ‚familiäre Vermittlung' erworbene Deutschkenntnisse. Seit 2013 sind auch anderweitig erworbene Kenntnisse zulässig, was den Kreis der potenziellen Spätaussiedler wieder wachsen lässt." Zu der niederdeutschen Dialektvarietät „Plautdietsch" und ihrer Genese siehe Utz Maas: Sprache und Sprachen in der Migrationsgesellschaft. Die schriftkulturelle Dimension. Göttingen 2008 (Schriften des Instituts für Migrationsforschung und Interkulturelle Studien [IMIS] der Universität Osnabrück 15), S. 156f.

3 Pel'meni, mit Fleisch gefüllte Teigtaschen (Foto: Autorin)

publik Deutschland ausreisen konnten.[12] 2007 kehrten sie in ihr Heimatdorf im Altaigebiet zurück. Der älteste Sohn zog bereits nach kurzer Zeit wieder zurück nach Deutschland, wo er seither lebt.

Knapp fünf Tage verbrachte ich bei der Familie und teilte mit ihr Haus und Tisch, um sie teilnehmend zu beobachten.[13] Nach Miriam Cohn eignet sich „[d]ie teilneh-

---

12 „Spätaussiedler sind nach § 4 Bundesvertriebenengesetz deutsche Volkszugehörige, die ihren Wohnsitz in den Aussiedlungsgebieten auf dem Wege des vertriebenenrechtlichen Aufnahmeverfahrens nach dem 31.12.1992 verlassen haben, um in der Bundesrepublik Deutschland Aufnahme zu finden. Als Spätaussiedler kann nur Aufnahme finden, wer vor dem 1.1.1993 geboren wurde. Für Spätaussiedler aus den Nachfolgestaaten der ehemaligen Sowjetunion wird ein Kriegsfolgenschicksal vermutet." <bmi.bund.de/SharedDocs/Glossareintraege/DE/S/spaetaussiedler.html> (Stand: 16.03.2015).

13 Zur Methode der teilnehmenden Beobachtung vgl. Brigitta Hauser-Schäublin: Teilnehmende Beobachtung. In: Bettina Beer (Hg.): Methoden ethnologischer Feldforschung. 2., überarb. u. erweit. Aufl. Berlin 2008, S. 37–58; Brigitta Schmidt-Lauber: Feldforschung. Kulturanalyse durch teilnehmende Beobachtung. In: Silke Göttsch, Albrecht Lehmann (Hg.): Methoden der Volkskunde. Positionen, Quellen, Arbeitsweisen der Europäischen Ethnologie. 2., überarb. u. erweit. Aufl. Berlin 2001, S. 219–248; Rolf Lindner: Die Angst des Forschers vor dem Feld. Überlegungen

mende Beobachtung [...] vor allem für Forschungen, die sich mit dem Handeln von Menschen auseinandersetzen. Dies betrifft das konkrete Verhalten von Personen, die Alltagspraxen, aber auch die Lebenswelten, Sinnstiftungen und Strukturen, die mit diesem Handeln zusammenhängen."[14] Dementsprechend dient mein Feldforschungstagebuch als Primärquelle, wobei ich in den hier verwendeten Zitaten Namen und Ortsangaben anonymisiere.[15] Außer am Esstisch, wo ich einmal während des Gesprächs Rezepte und Speisenbezeichnungen mitschrieb, machte ich mir in Gegenwart der Müllers keine Notizen. Um die Atmosphäre nicht unnötig zu stören, schrieb ich meine Beobachtungen und Gedanken abends nieder, wenn die Familie fernsah oder sich schlafen gelegt hatte.

3. Die Migrationsmotive

Was bewog Familie Müller, die Russische Föderation zu verlassen und dann – nach immerhin neun Jahren – ihren Lebensmittelpunkt erneut dorthin zu verlagern? Wie Herr Müller erklärte, sei die Initiative zur Aussiedlung von seiner Ehefrau ausgegangen. Alle Geschwister von Frau Müller leben in Deutschland, ebenso wie einige Geschwister von Herrn Müller. Um die Familie zusammenzuführen, erklärte Herr Müller sich widerwillig bereit, das Heimatdorf zu verlassen und auszusiedeln, obwohl er nie habe auswandern wollen. Eine Rückkehroption hielt er sich allerdings von vornherein offen. Die Langeweile sei am Anfang in Deutschland das Schlimmste gewesen. Die Müllers besuchten beide einen Sprachkurs, um Hochdeutsch zu lernen. Beide nahmen eine Erwerbsarbeit auf und die Kinder besuchten die Schule. Strukturell betrachtet hatte sich die Familie demnach gut integriert. Weder schlechte Chancen auf dem Arbeitsmarkt noch fehlende Sprachkenntnisse – sei es auch nur eines Ehepartners – können als Grund für die Rückkehr der Müllers identifiziert werden. Das ist insofern bemerkenswert, als diese Motive in den Beiträgen in *Zuhause? Fremd?* häufig als primär entscheidend ausgemacht werden.[16] Solche strukturellen Hürden hatte die Familie gemeistert. Doch wie sieht es in sozialer und kultureller Hinsicht aus?

Mit Blick auf die Aussiedlerintegration kritisiert Peter Hilkes, dass die ökonomische Integration im Vordergrund steht: „Hierbei wird Integration häufig gleichgesetzt mit Arbeitsplatz- und Wohnungsfindung sowie Sprachkursteilnahme. Das

---

zur teilnehmenden Beobachtung als Interaktionsprozeß. In: Zeitschrift für Volkskunde 77 (1981), S. 51–66.

14 Miriam Cohn: Teilnehmende Beobachtung. In: Christine Bischoff, Karoline Oehme-Jüngling, Walter Leimgruber (Hg.): Methoden der Kulturanthropologie. Bern 2014, S. 71–85, hier S. 73.

15 Die in diesem Aufsatz zitierten Passagen aus meinem Feldforschungstagebuch beziehen sich, sofern nichts anderes angegeben, auf den Zeitraum vom 14. bis 18. Mai 2015.

16 Z. B. Tatjana Fenicia: Rückkehrentscheidung aus Genderperspektive. Remigrierte (Spät-)Aussiedlerfamilien in Westsibirien. In: Kaiser, Schönhuth (Hg.): Zuhause? (Anm. 3), S. 239–274; z. B. Yves-Oliver Tauschwitz: Nicht geboren zum in Deutschland leben. Eine Interviewstudie zu den Motiven Russlanddeutscher, in Russland zu verbleiben. In: ebd., S. 149–170.

reicht, wie Erfahrungen aus der Integrationspraxis zeigen, bei weitem nicht."[17] Wie Volker Ackermann ausführt, hat kulturelle Integration ein anderes Zeitmaß als wirtschaftliche.[18] Außerdem, so erklärt er, ist Integration „sowohl der Weg, der den Zuwanderer zu einem Zustand der Verhaltensstabilität und Rollensicherheit führt, aus dem ein Gefühl des persönlichen Gleichgewichts und der Geborgenheit folgt, als auch ein Zustand, der sich durch Gleichgewicht und Spannungsfreiheit des personalen und sozialen Systems auszeichnet."[19]

Ein solches Gleichgewicht und Geborgenheit scheinen die Müllers in Deutschland angesichts ihrer Rückkehr nach Russland offenbar nicht erreicht zu haben. Auch wenn Herr Müller keine Auskunft zu seinen Beweggründen zu geben wusste (und Frau Müller sich zurückhielt), so verrät doch eine Reihe von Anekdoten und Begebenheiten aus dem Ernährungsalltag die Remigrationsmotive der Müllers. Dass Herr Müller hierbei die treibende Kraft für die Remigration war, legt die vorstehende Schilderung bereits nahe.

Die Nahrungsforschung, die sich vor allem dank Günter Wiegelmann in der deutschen Volkskunde/Kulturwissenschaft etabliert hat, untersucht die kulturellen Alltagspraktiken Essen und Trinken hinsichtlich ihrer gesellschaftlichen Bedeutungen und Funktionen.[20] Als „universelle Grundbedingung der menschlichen Existenz"[21] ist die Ernährung ein „täglich mehrfach verwirklichtes, aber kurzlebiges Kulturgut"[22] an der Schnittstelle von materieller und geistiger Kultur.[23] Ernährung ist Privatsache, ihr Schwerpunkt liegt in der Regel in der Familie.[24] Daher können an ihr gleichzeitig kulturelle Beharrung und Wandel nachvollzogen werden,[25] denen im Folgenden nachgegangen wird.

Zwei zu unterschiedlichen Zeitpunkten berichtete Ereignisse veranlassten mich zu der Hypothese, dass ein Mangel an Anerkennung – hier der Nahrungsgewohnheiten von Familie Müller – die Rückkehr begünstigte:

---

17 Peter Hilkes: Zum Integrationsprozeß von Aussiedlern aus der UdSSR/GUS in der Bundesrepublik Deutschland – Thesen. In: Ines Graudenz, Regina Römhild (Hg.): Forschungsfeld Aussiedler. Ansichten aus Deutschland. Frankfurt a. M., New York 1996 (Europäische Migrationsforschung 1), S. 139–143, hier S. 139.

18 Volker Ackermann: Integration: Begriff, Leitbilder, Probleme. In: Klaus J. Bade (Hg.): Neue Heimat im Westen. Vertriebene, Flüchtlinge, Aussiedler. Münster 1990, S. 14–36, hier S. 22.

19 Ebd. S. 23f.

20 Vgl. Günter Wiegelmann: Alltags- und Festspeisen in Mitteleuropa. Innovationen, Strukturen und Regionen vom späten Mittelalter bis zum 20. Jahrhundert. 2., erweit. Aufl. Münster, New York u. a. 2006 (Münsteraner Schriften zur Volkskunde/ Europäischen Ethnologie 11), S. 1; vgl. auch Gunther Hirschfelder: Europäische Esskultur. Eine Geschichte der Ernährung von der Steinzeit bis heute. Frankfurt a. M. 2001, S. 18.

21 Klaus Roth: Nahrung als Gegenstand der volkskundlichen Erforschung des östlichen Europa. In: Kalinke, Roth, Weger (Hg.): Esskultur (Anm. 7), S. 27–38, hier S. 28.

22 Wiegelmann: Festspeisen (Anm. 20), S. 12.

23 Vgl. ebd., S. 13.

24 Vgl. ebd., S. 15.

25 Vgl. Gerhard Neumann: „Jede Nahrung ist ein Symbol". Umrisse einer Kulturwissenschaft des Essens. In: Alois Wierlacher, Gerhard Neumann, Hans Jürgen Teuteberg (Hg.): Kulturthema Essen. Ansichten und Problemfelder. Berlin 1993 (Kulturthema Essen 1), S. 385–444, hier S. 388.

> Herr Müller habe zusammen mit seinem Vorarbeiter immer das Essen geteilt und für jenen Eier seiner Hühner mitgebracht. Ein Deutscher habe sich gewundert und sie darauf hingewiesen, dass sie viel zu viel Cholesterin zu sich nehmen würden.

Frau Müller machte ähnliche Erfahrungen wie ihr Ehemann:

> Einer deutschen Arbeitskollegin, der sie Pel'meni mitgebracht und die ihr gut geschmeckt hatten, habe sie einmal gezeigt, wie man sie mache: vom Hackfleisch-Drehen über die Teigzubereitung bis hin zum Pel'meni-Kleben. Das sei ihrer Kollegin jedoch zu viel Arbeit gewesen.

Während die Müllers ihre (fremden) Ernährungsgewohnheiten selbstbewusst demonstrierten und ihre einheimischen Mitmenschen teilweise einbezogen, verweigerten jene ihnen – wenn auch unbewusst und nicht böswillig – die Anerkennung.

Das ist insofern relevant, als „[d]er gemeinsame Verzehr Status-Demonstration seitens der Gastgeber und dessen Anerkennung seitens des Gastes [ist] – beiden wird das Bewusstsein der in Rede stehenden Herkunft gleichsam einverleibt."[26] Durch den gemeinsamen Konsum einer Speise kommunizieren zwei Parteien gegenseitigen Respekt und Anerkennung. In dem Beispiel mit Frau Müller wird deutlich, dass die fremde Speise zwar gemeinsam konsumiert, doch ein darüber hinausgehendes Interesse an dem Lernangebot verweigert wird. Herrn Müller gegenüber äußerte sogar ein nicht direkt beteiligter Arbeitskollege seine kritische Haltung. Den Nahrungsgewohnheiten von Familie Müller wurde nur bis zu einem gewissen Grad Anerkennung zuteil. „Für die Ausgegrenzten bewirken daher nicht kulturelle Unterschiede eventuelle Identitätsprobleme, sondern Abwertungs- und Ablehnungserfahrungen. Deshalb sind Integrationsstrategien von einem starken Streben um Anerkennung geprägt."[27]

Um besagtes Gleichgewicht sowie Geborgenheit zu erreichen, plädiert Svetlana Kiel für „eine Anerkennung des ‚Deutschtums' der Russlanddeutschen von Seiten der bundesdeutschen Gesellschaft als einer zusätzlichen Form des ‚Deutsch-Seins'".[28] Für Kasachstan schildert Rita Sanders den Erfolg einer solchen Beheimatungsstrategie: „In Kasachstan ist eine deutsche Identität heute etwas Besonderes und wird oft schon allein aus diesem Grund bewundert."[29] Kasachstandeutsche werden wegen ihrer Verbundenheit zur Landschaft[30] sowie aufgrund der guten Qualität als Arbei-

---

26 Kalinke: Integration (Anm. 7), S. 151.

27 Hans-Werner Retterath: Endlich daheim? Postsowjetische Migration und kulturelle Integration Rußlanddeutscher in Südbaden. Freiburg 2002 (Schriftenreihe des Johannes-Künzig-Instituts 4), S. 46.

28 Svetlana Kiel: Wie deutsch sind Russlanddeutsche? Eine empirische Studie zur ethnisch-kulturellen Identität in russlanddeutschen Aussiedlerfamilien. Münster u. a. 2009 (Internationale Hochschulschriften 516), S. 189.

29 Rita Sanders: Zwischen transnationaler Verstörung und Entzauberung. Kasachstandeutsche Heimatkonzepte. In: Kaiser, Schönhuth (Hg.): Zuhause? (Anm. 3), S. 293–314, hier S. 307.

30 Vgl. ebd.

ter geschätzt.[31] Das wiederum wirkt sich positiv auf die Betrachtung Kasachstans als Heimatland der Kasachstandeutschen aus.

Einen Schlüsselmoment für die Rückkehrentscheidung stellte sicherlich diese Episode dar:

> Herr Müller berichtete, mit allen Nachbarn in einem guten Verhältnis zu stehen. In Deutschland habe er Hühner und einen Hahn gehalten. Eines Tages sei ein Brief vom Rathaus gekommen, jemand hatte sich darüber beschwert, dass sein Hahn morgens kräht. Vor Wut habe er seinem Hahn den Kopf abgeschlagen. Mit einigen Nachbarn seien sie gut ausgekommen, mit anderen weniger.

Dass Herr Müller in seinem Garten Hühner hielt, wurde von den bundesdeutschen Nachbarn nicht nur nicht toleriert. Es wurde sogar anonym Beschwerde eingereicht, anstatt zunächst eine Aussprache mit Herrn Müller zu suchen. Diese Einmischung in seine Persönlichkeitsentfaltung sowie das Fehlen eines greifbaren Konfliktpartners verleiteten ihn in seiner Wut und Enttäuschung zu der drastischen Reaktion, den Hahn zu töten.

In der Zusammenschau und Verdichtung der anekdotenhaft erzählten Erlebnisse wird zweierlei deutlich: Erstens, dass Familie Müller sich offenkundig und für jedermann sichtbar in ihrer Lebensweise – und das heißt unter anderem Ernährungsweise – von Bundesdeutschen unterschied. Zweitens, dass diese Unterschiede aufseiten der Einheimischen negativ wahrgenommen und verbalisiert wurden und diese Wahrnehmung auf die Familie zumindest eine dermaßen negative Wirkung hatte, dass diese Begebenheiten Aufnahme im Anekdotenrepertoire über die Aussiedlung fanden. Der Ansatz der Lehmann'schen Bewusstseinsanalyse ist hier zielführend, da die Feststellung, dass es sich um die Erzählgattung Anekdote handelt, sowie die Kontextualisierung es ermöglichen, ihre funktionale Bedeutung für den Akteur herauszuarbeiten:[32] „Das Gedächtnis merkt sich vor allem herausgehobene, zur Konstruktion einer erzählenswerten Geschichte geeignete Geschehnisse."[33]

Ein weiteres zentrales Argument für die Rückkehr, das bereits angeklungen ist, ist die empfundene Freiheit in Russland. In ihrem Dorf leben die Bewohner, ohne von Staatsvertretern behelligt zu werden. Zudem sorgte Herr Müller dafür, dass sich ja niemand beschweren könne, indem er die beiden benachbarten Grundstücke hinzukaufte. Er ging also angesichts der in Deutschland gemachten Nachbarschaftserfahrungen nach der Rückkehr nach Russland auf Nummer sicher und distanzierte sich von möglichen Konfliktparteien, indem er auf direkte Nachbarn verzichtete. Freiheit ist Herrn Müller jedoch nicht allein aufgrund seiner negativen Migrationserfahrungen wichtig, wie die folgende Begebenheit zeigt:

31 Vgl. ebd., S. 308.

32 Vgl. Albrecht Lehmann: Bewußtseinsanalyse. In: Göttsch, Lehmann (Hg.): Methoden (Anm. 13), S. 271–288, hier S. 284: „Die Praxis der Erzählforschung als Bewußtseinsanalyse besteht darin, die Regeln und Gattungen des Erzählens im Alltag zu entdecken, sie genau zu beschreiben, in ihrem Kontext zu analysieren, ihnen einen Namen zu geben und sie in ihrer funktionalen Bedeutung für den Einzelnen und die Kultur der Gruppe zu analysieren."

33 Ebd., S. 277.

4 Hütte mit Einpferchungen (Foto: Autorin)

> Alexander sollte auf die Schafe aufpassen, während Herr Müller mit uns auf eine kleine Spritztour fuhr. Er zeigte uns die winzige Hütte, die sich ein Nachbar mitten auf einem weiten Feld aufgebaut hatte. Dort waren drei Einpferchungen für Schweine, Kühe und Schafe. Der Mann lebe dort ohne Strom und fließend Wasser. Das sei auch Herrn Müllers Traum. Er brauche nicht viel zum Glücklichsein. Hier seien viele Männer, die diese Ansicht teilen würden.

Die Landwirtschaft, die Naturverbundenheit, die Schlichtheit des ländlichen Lebens sowie die räumliche Weite des Altaigebietes (Abb. 4) hatten Herrn Müller in Deutschland gefehlt und er wollte zurück nach Hause. Dass es sich bei der Heimatliebe bzw. bei dem gewissen Patriotismus um ein übliches Motiv von Remigranten bzw. Dagebliebenen handelt, schildern auch Tatjana Fenicia,[34] Yves-Oliver Tauschwitz[35] und Rita Sanders[36] in ihren Beiträgen in *Zuhause? Fremd? Migrations- und Beheimatungsstrategien zwischen Deutschland und Eurasien.*

34 Vgl. Fenicia: Rückkehrentscheidung (Anm. 16), S. 249f.
35 Vgl. Tauschwitz: Nicht geboren zum in Deutschland leben (Anm. 16), S. 160.
36 Vgl. Sanders: Entzauberung (Anm. 29), S. 307.

Bei alledem darf nicht übersehen werden, dass Herr Müller einer Beheimatung in Deutschland von vornherein keine reelle Chance gegeben hatte.[37] Zunächst hatte er gar nicht erst aussiedeln wollen, dann lediglich unter der Prämisse, bei Nichtgefallen zurückzukehren. Bereits in der Anfangsphase in Deutschland war er unzufrieden gewesen. Bezeichnend ist die Tatsache, dass außer Herrn Müller alle Familienmitglieder die doppelte Staatsbürgerschaft besitzen. Obwohl sie ihm gleichermaßen zugestanden hätte, habe Herr Müller nie die deutsche Staatsbürgerschaft besessen, er habe sie abgelehnt. Wenn er nach Deutschland wolle, könne er sich ja jederzeit ein Visum ausstellen lassen. Wegen dieser Entscheidung habe er die ersten fünf Jahre nach dem Rückzug nicht nach Deutschland reisen dürfen. Vor diesem Hintergrund erscheint die Remigration als vorprogrammiert und lediglich eine Frage der Zeit. Dass diese Entscheidung maßgeblich von Herrn Müller getroffen wurde und Frau Müller eigentlich in Deutschland hätte bleiben wollen, war unübersehr- und unüberhörbar. In Anlehnung an Tatjana Fenicias genderbasierte Klassifizierung der Rückkehrinitiatoren ist Frau Müller dem Ehefrauentyp 2, den „Zerrissenen“,[38] zuordenbar, worauf im nächsten Kapitel näher eingegangen wird.

4. Wechselwirkungen zwischen Migrationen und kulturellen Alltagspraktiken

Als nächstes stellt sich die Frage, wie sich die Migrationen der Familie Müller auf ihre kulturellen Alltagspraktiken auswirkten. Es ist bereits deutlich geworden, dass die Ernährung als zentrale Analyseperspektive fungiert: Die Nahrungsgewohnheiten zu untersuchen, drängt sich geradezu auf; zum einen eignet sich die tägliche Kost für eine ethnographische Studie, da die Situationen für teilnehmende Beobachtungen zahlreich sind und somit Quellen umfangreich erhoben und zueinander in Beziehung gesetzt werden können.[39] Zum anderen handelt es sich dabei um „immaterielles Migrationsgepäck“, welches überallhin mitgenommen wird: „Essgewohnheiten, Rezepte, Speisen und Getränke gehören von jeher zum Gepäck derer, die in die Fremde müssen oder wollen.“[40] Die heimische Küche wird nicht aus bloßer Gewohnheit oder Tradition fortgeführt, sie erfüllt zudem eine Bewältigungsfunktion, wie dies Arnold Zingerle beschreibt: „Die Verwendung einzelner Speisen in symbolischer Funktion für die Identität von Ethnien oder von Orts- und Regionalkulturen ist zwar charakteristischerweise immer dann registrierbar, wenn die Traditionen ihre Selbstverständlichkeit verlieren und/oder wenn sich das Selbstverständnis der Individuen angesichts kultureller Umbrüche herausgefordert sieht, besonders aber

37 Vgl. den Forschungstagebucheintrag: „Einen wirklichen Grund für die Rückkehr konnte er mir ebenfalls nicht nennen. Er habe eigentlich von Anfang an ‚zurück nach Hause‘ gewollt. Die ganzen negativen Erlebnisse hätten das nur noch bestärkt.“

38 Fenicia: Rückkehrentscheidung (Anm. 16), S. 256–263.

39 Vgl. Hirschfelder: Esskultur (Anm. 20), S. 17f.

40 Kalinke: Integration (Anm. 7), S. 153.

im Fall von Differenzerfahrungen, wie sie sich durch Fremdheitserlebnisse bei Wanderungen ergeben."[41]

Ausgelöst von der Konfrontation mit dem Fremden und dem eigenen Fremdsein dient die heimische Kost der identitären Selbstvergewisserung.[42] Wie im vorangegangenen Kapitel nachvollzogen wurde, sind Migranten für Aufnahmegesellschaften häufig aufgrund ihrer differierenden Alltagspraktiken als solche erkennbar. Gleichzeitig wird postuliert, dass Migranten bei der Änderung bzw. Anpassung ihrer Ernährungsgewohnheiten viel beharrender seien, als es z. B. beim Kleidungsstil oder der Sprache der Fall ist.[43] Daher indiziert die Untersuchung von Wechselwirkungen zwischen Migrationen sowie Essen und Trinken kulturellen Wandel.

In erster Linie bieten Aussiedlung und Remigration Vergleichsmöglichkeiten auf der Erfahrungsebene an. Automatisch wird das Hier mit dem Dort verglichen, Wertigkeiten werden ausgelotet: Was ist wo besser oder was gefällt so gut, dass es übernommen wird? Dementsprechend sucht sich die Familie das Beste aus dem Bekannten aus, was sich zum Beispiel in der Küchenausstattung widerspiegelt: Herr Müller transportierte bei der Rückkehr nach Russland eine Miele-Waschmaschine mit dem Auto aus Deutschland in sein sibirisches Heimatdorf. In der Küche finden sich Plastiktrinkbecher von McDonald's „noch aus Deutschland" und ein „deutsches" Jagdmesser, welches sein Bruder Herrn Müller geschenkt hat.

4.1 Transnationales Warenangebot und Kompensationsstrategien

Das Leben von Familie Müller nach der Remigration ist nicht mehr dasselbe, wie sie es vor der Aussiedlung kannte. Im Zuge der Globalisierung hat sich auch in Westsibirien das Warenangebot stetig vergrößert. Europäische Produkte können inzwischen teilweise in Supermärkten erworben werden.[44] Das üppige Warenangebot nimmt Familie Müller gerne an:

---

41 Arnold Zingerle: Identitätsbildung bei Tische. Theoretische Vorüberlegungen aus kultursoziologischer Sicht. In: Hans Jürgen Teuteberg, Gerhard Neumann, Alois Wierlacher (Hg.): Essen und kulturelle Identität. Europäische Perspektiven. Berlin 1997 (Kulturthema Essen 2), S. 69–86, hier S. 83.

42 Vgl. Andreas Hartmann: Der Esser, sein Kosmos und seine Ahnen. Kulinarische Tableaus von Herkunft und Wiederkehr. In: Ruth-Elisabeth Mohrmann (Hg.): Essen und Trinken in der Moderne. Münster 2006 (Beiträge zur Volkskultur in Nordwestdeutschland 108), S. 147–157, hier S. 150; vgl. Retterath: Endlich daheim? (Anm. 27), S. 46.

43 Vgl. Klaus Boll: Kulturwandel der Deutschen aus der Sowjetunion. Eine empirische Studie zur Lebenswelt russlanddeutscher Aussiedler in der Bundesrepublik. Marburg 1993 (Schriftenreihe der Kommission für ostdeutsche Volkskunde 63), S. 94f.; vgl. Ulrich Tolksdorf: Essen und Trinken in alter und neuer Heimat. In: Jahrbuch für ostdeutsche Volkskunde 21 (1978), S. 341–364, hier S. 341.

44 Zumindest galt das für Barnaul im Mai 2015, als ich mich dort aufhielt. Dass dem derzeit noch so ist, kann vor dem Hintergrund des anhaltenden Ukraine-Konflikts und den damit verbundenen Importsanktionen freilich nicht bestätigt werden.

> In der nächstgrößeren Stadt angekommen, suchten wir als erstes ein Geschäft auf, in dem Frau Müller Saatgut für Gurken, Schnittlauch und Zwiebeln kaufte. [...] Im Supermarkt Аникс (Aniks) kaufte die Familie drei Weißbrote, ein Sonnenblumenkernbrot, eine kleine Tüte Chips und eine Zwei-Liter-Flasche Жигулёвское-Bier (Žigulëvskoe). Hier kam auch Alexander nach dem Training hin. [...] Im Мария-Ра (Marija-Ra) wurden eingekauft: Coca Cola, ein Snickers-Riegel, Dosen-Aprikosen. Das alles hatte Alexander ausgesucht. Außerdem kaufte Frau Müller Tüten mit schwarzem Pfeffer. [...] Zuletzt wurde im Холди (Choldi) eingekauft: Schokoladenpralinen, grüne Äpfel, Orangen, Sekt (Российское Шампанское[45]), Vodka und ein Bounty-Riegel, den Alexander sich aussuchte. Außerdem warf er sogenannte „Bayerische Würstchen" in den Einkaufswagen. An der Kasse bekam Bernd ein Überraschungsei.

Außer Obst und Brot werden keine Grundnahrungsmittel eingekauft. Tatsächlich handelt es sich bei allen Produkten um solche, die die Familie im Rahmen der Subsistenzwirtschaft nicht selbst anbauen oder zubereiten kann. Das Saatgut verweist auf ebendiese Subsistenzwirtschaft. Obst muss zum Forschungszeitpunkt käuflich erworben werden, da der Sommer erst allmählich beginnt und die Vorräte aus dem letzten Jahr praktisch aufgebraucht sind. Brot wird nicht selbst gebacken, sondern stets auf Vorrat eingekauft.

Die global bekannten Marken Coca Cola, Snickers und Bounty dürfte Familie Müller bereits in Russland kennengelernt haben; wie Luise Althanns beschreibt, setzte im Russland der 1990er Jahre eine „Snickerisierung"[46] ein. Allerdings wählt Sohn Alexander all diese zuckerhaltigen Lebensmittel aus. Da er die erste Hälfte seines Lebens in Deutschland verbrachte, ist davon auszugehen, dass er sie dort kennengelernt hat. Obendrein kauft er als „bayerisch" gelabelte Würstchen, was nicht nur ebenfalls klar auf die in Deutschland vollzogene Esssozialisation verweist, sondern auch darauf, dass diese noch Jahre nach der Remigration fortwirkt. Seine Eltern kaufen dagegen russische Süßigkeitenmarken sowie russische alkoholische Getränkemarken. Frau Müller erzählte, was sich seit der Rückkehr nach Russland noch im Warenangebot verändert hat:

> Auch gefrorene Beeren und Brokkoli könne man erst seit einigen Jahren im Laden erwerben. Nach der Rückkehr aus Deutschland habe Frau Müller angefangen, selbst Pizza zu backen. Einmal habe sie geriebenen Käse kaufen wollen, weswegen sie von der Verkäuferin Empörung geerntet habe: Könnten diese Deutschen nicht einmal selbst Käse reiben?!

Solche Aussagen erwecken den Eindruck, es mangele Frau Müller an einigen Dingen. In Deutschland hatte sie Tiefkühlobst und -gemüse sowie bereits geriebenen Käse kennengelernt, worauf sie inzwischen nicht mehr verzichten will, es teilweise jedoch muss. Allerdings gibt Frau Müller sich nicht damit zufrieden, dass es bestimmte Lebensmittel nicht gibt. Stattdessen hat sie eine Strategie entwickelt, Mangel zu kompensieren: Was es nicht gibt, wird durch Alternativen ersetzt. Aus selbst gemachtem Käse wird bei dem Besuch der Nichten aus Deutschland „Mozzarel-

---

45 Dt.: Russischer Sekt.

46 Luise Althanns: McLenin. Die Konsumrevolution in Russland. Bielefeld 2009, S. 54.

la" – und nicht z. B. „russischer Landkäse" oder Ähnliches. Das auf einem „deutschen Butterbrot" obligatorische Blatt Eisbergsalat wird kopiert und ersetzt: Mangels Verfügbarkeit nimmt die Familie stattdessen Sauerampfer aus dem eigenen Garten. Der Unterschied der Kompensationsbeispiele liegt darin, dass im ersten Fall ein bestehendes Lebensmittel lediglich „umetikettiert" und dadurch aufgewertet wird. Im zweiten Beispiel wird ein Salatblatt durch ein anderes substituiert. Das konkrete Nahrungsmittel ist zwar austauschbar, weil entsprechend dem Tolksdorf'schen Mahlzeitenmodell von sekundärer Bedeutung,[47] es darf allerdings nicht gänzlich fehlen. Wie Heinke Kalinke anhand der Kochpraktiken im und nach dem Zweiten Weltkrieg in Deutschland beschreibt, haftet Ersatzprodukten das Stigma des Mangels und der Entbehrung an.[48]

4.2 Bequemlichkeit und transnationale Netzwerke

Während ihrer Zeit in Deutschland lernte Frau Müller eine Produktvielfalt, auch Fertiggerichte, kennen und schätzen, die es in ihrem Dorf nicht gegeben hatte. Auf einige Produkte möchte sie selbst nach der mittlerweile acht Jahre zurückliegenden Remigration nicht verzichten. Es kann jedoch nicht alles ersetzt werden, deshalb hat Frau Müller eine weitere Kompensationsstrategie entwickelt: Von ihrem in Deutschland lebenden Sohn oder von ihren Nichten lässt sie sich bei den jährlichen Besuchen Knorr Salatkrönung, Mandelsplitter und Würzsalz für Pommes frites mitbringen.[49] Pommes frites könne man in Russland gar nicht kaufen, berichtete Frau Müller, daher bereite sie sie selbst zu. Am letzten Tag meines Aufenthaltes entdeckte und erwarb sie in einem Geschäft einen Pommes-Schneider. Auch Pizza backe Frau Müller nun selbst, doch könne sie, wie gesagt, in ihrem Dorf keinen geriebenen Käse kaufen. Auf in Deutschland angewöhnte Annehmlichkeiten muss in Russland folglich verzichtet werden, weswegen diese Speisen in Russland zu symbolisch aufgeladenen Prestigeprodukten aufgestiegen zu sein scheinen.[50]

Trotz des weitgehenden Pragmatismus in der Ernährung – es wird verzehrt, was verfügbar ist, das heißt, angebaut oder gekauft werden kann – nutzt Frau Müller ihr

47 Vgl. Ulrich Tolksdorf: Strukturalistische Nahrungsforschung. Versuch eines generellen Ansatzes. In: Ethnologia Europaea 9 (1976), S. 64–85, S. 76.

48 Vgl. Kalinke: Integration (Anm. 7), S. 147.

49 Vgl. Fenicia: Rückkehrentscheidung (Anm. 16), S. 268: „[Manche Ehefrauen] fahren öfter als die Ehemänner nach Deutschland zu Besuch, freuen sich auf die Pakete mit den am Rückkehrort fehlenden deutschen Waren und sehen im Vorhandensein der doppelten Staatsangehörigkeit für sich und insbesondere für ihre Kinder eine sich immer anbietende Option der Rückkehr nach Deutschland."

50 Vgl. Ulrich Tolksdorf: Nahrungsforschung. In: Rolf Wilhelm Brednich, Peter Assion (Hg.): Grundriß der Volkskunde. Einführung in die Forschungsfelder der europäischen Ethnologie. Berlin 2001, S. 239–254, hier S. 240; vgl. Manuel Trummer: Pizza, Döner, McKropolis. Entwicklungen, Erscheinungsformen und Wertewandel internationaler Gastronomie am Beispiel der Stadt Regensburg. Münster u. a. 2009 (Regensburger Schriften zur Volkskunde/ Vergleichenden Kulturwissenschaft 19), S. 9.

transnationales Netzwerk dazu, an bestimmten aus Deutschland bekannten Lebensmitteln und Gewürzen festzuhalten. Warum? Welche Funktion erfüllen die privaten Lebensmittelimporte? Es wurde bereits angemerkt, dass bei Familie Müller eine traditionelle Rollenverteilung vorherrscht. Dementsprechend ist in erster Linie Frau Müller für die Nahrungszubereitung verantwortlich. Die transnationalen Lebensmittelimporte geschehen auf ihren Wunsch hin. Vor dem Hintergrund, dass Frau Müller ihrem Ehemann zuliebe nach Russland zurückgekehrt ist, wird klar, dass es sich dabei um eine Bewältigungsstrategie handelt: Nicht liebgewonnene Lebensmittel, sondern die ungewollte Remigration wird kompensiert, indem Frau Müller sich „ein wenig Deutschland" in die alte Heimat holt. Am Ende des zweiten Kapitels wurde bereits angedeutet, dass Frau Müller durch die von ihrem Ehemann initiierte Rückkehr nach Russland und ihren eigenen Wunsch, in Deutschland zu bleiben, „zerrissen" ist.[51] Als „das zentrale Verbleibmotiv" macht Tatjana Fenicia die bessere Lebenssituation in der Bundesrepublik Deutschland aus, „die im Gegensatz zu der schwierigen traditionellen Frauenrolle im Herkunftsland steht [...]. [...] Die Haushaltsführung im Heimatort wird im Vergleich zu der Bequemlichkeit der Erledigung dieser Arbeiten in Deutschland aufgrund des dortigen Vorhandenseins elektrischer Haushaltsgeräte sowie der Möglichkeit, viele Lebensmittel in Geschäften zu kaufen, als härter empfunden."[52]

So banal die einzelnen Produkte auch erscheinen mögen, stehen sie doch für eine in Sibirien ungekannte Produktvielfalt und vor allem für einen Komfort, den Frau Müller sich angesichts der Notwendigkeit zur Subsistenzwirtschaft, bei der Nahrungsmittel und Gewürze mittels körperlicher Arbeit in einem kurzen Zeitraum und in einer klimatisch harten Region mühsam angebaut und zeitraubend zubereitet werden müssen, nicht erlauben kann. Vor diesem Hintergrund kann auch der verhältnismäßig lange Aufenthalt in Deutschland gedeutet werden; bei sofortiger Zustimmung zum Rückkehrwunsch vonseiten Frau Müllers wäre die Familie wahrscheinlich nicht erst nach neun Jahren remigriert. Auch Fenicia beschreibt diese Aushandlungsprozesse als langwierig aufgrund des hinauszögernden Verhaltens der Ehefrauen.[53]

Die Nahrungsmittelauswahl und -zubereitung erfolgt bei Familie Müller demnach nicht rein pragmatisch, sondern ist auch von Erfahrungen und Routinen beeinflusst, die sie sich in Deutschland angeeignet hatte. Auf diese Weise entwickelten sich überdies bei den Müllers teilweise andere Geschmacksgewohnheiten: „Durch die direkte Erfahrung des Fremden, sei es durch Assimilationsdruck, sei es durch Neugier, wird ein neuer Entwicklungsprozess in Gang gesetzt. Die eigene Ernährungsweise beginnt sich zu verändern. Vormals fremde Speisen werden zunächst zaghaft getestet, um dann schrittweise adaptiert und schließlich gänzlich in das eigene Küchensystem aufgenommen zu werden."[54]

---

51 Vgl. Fenicia: Rückkehrentscheidung (Anm. 16), S. 257.
52 Ebd., S. 256.
53 Vgl. ebd., S. 258.
54 Trummer: Pizza (Anm. 50), S. 10.

Aufgrund der Beziehungen zu in Deutschland lebenden Familienmitgliedern müssen die neuen Geschmacksgewohnheiten nicht aufgegeben werden. Zu bezweifeln ist allerdings, dass die transnationalen Importe Frau Müller tatsächlich helfen, die ungewollte Remigration psychisch zu bewältigen.

Mit der in Deutschland angewöhnten Bequemlichkeit geht ferner eine punktuelle Vernachlässigung früherer Gewohnheiten einher. Obwohl Familie Müller wieder in demselben Dorf wie einstmals lebt, hat sich ihre Lebensweise partiell verändert. Frau Müller bemerkte beispielsweise, Pel'meni vor der Aussiedlung „streng jedes Wochenende" zubereitet zu haben. Mittlerweile sei das jedoch nicht mehr so regelmäßig der Fall. Vor dem Hintergrund ihrer Erwerbstätigkeit in der Bundesrepublik sowie dem großen Angebot an *convenience food* in Deutschland, wie den bereits erwähnten Pommes frites, ist eine Abweichung von früheren Gewohnheiten verständlich. Dass zu diesen nach der Remigration nach Russland nicht zurückgekehrt wird, indiziert die Beibehaltung von in Deutschland veränderten Gewohnheiten.

4.3 Geschmackskonservatismus und Rezeptwissen

Gleichwohl sind der Stellenwert und das Ausmaß veränderter Geschmackspräferenzen nicht zu überschätzen. Ein Leben lang zubereitete und konsumierte Speisen dominieren nach wie vor das kulinarische Repertoire, wie die folgende, im Feldforschungstagebuch dokumentierte Situation belegt:

> Zum Mittagessen wolle Frau Müller Hühnernudelsuppe machen (das Wort sagte sie auf Deutsch). Ihre Söhne würden die allerdings nicht essen, also müsse sie sich etwas einfallen lassen. Ihr Mann schlug Pommes vor, woraufhin sie entgegnete, russische Familien würden gar keine Pommes zubereiten. [...] Вареники (Vareniki) würden die Kinder auch nicht essen, höchstens noch mit творог (tvorog) und auch nur, wenn „Schmondfat" (das Wort sagte sie auf Plattdeutsch) darüber geschüttet werde. [...] Frau Müller erhitzte eine Pfanne mit sehr viel Öl. Die Fritteuse habe sie weggeschmissen, weil sie schlecht zu reinigen sei. Sie möge knusprige Pommes, bekomme sie aber nicht recht hin. Gewürzt wurden die fertigen Pommes mit Würzsalz, welches der älteste Sohn ihnen aus Deutschland mitgebracht habe. [...] Ich fragte, ob es häufig Hühnernudelsuppe gebe, was Frau Müller verneinte, schließlich äßen nur sie und ihr Mann sie. Die Kinder würden die Nudeln höchstens mit Butter oder Schmandfett essen. Früher habe Frau Müller Schmandfett nur aus gebratener Butter mit сметана (smetana) gemacht. Heute würde sie Zwiebeln anbraten und für ihren Mann könne auch Speck hinein. In ihrer Kindheit habe es Hühnernudelsuppe an Feiertagen gegeben. [...] Die geschälten Kartoffeln wurden in Stifte geschnitten und nach und nach in die erhitzte Pfanne gegeben. [...] Als das Hühnerfleisch fertig war, gab Frau Müller einen Bund frischer Petersilie in den Topf, welchen ihr Mann aus dem Garten geholt hatte. Durch die Petersilie unterscheide sich die Hühnersuppe von anderen. Außerdem war die Suppe nur mit Salz, einem Lorbeerblatt und einer ganzen Zwiebel gewürzt. Frau Müller gab die hausgemachten Nudeln in einen zweiten Topf mit kochendem Wasser, während ihr Mann umrührte. [...] Das Huhn war aus der Bouillon herausgenommen und in einer Schüssel auf den Tisch gestellt worden. Sie nahm sich sowohl vom Fleisch als auch von dem Magen und aß mit Löffel und Gabel. Anschließend aßen wir auch ein paar Pommes [...]. Frau Müller trank Apfelsaft, die Kinder Birnenlimonade.

Mit Hühnernudelsuppe, Vareniki und Schmandfett sind Herr und Frau Müller aufgewachsen. Wie Hans Glatzel erklärt, werden „Essensbräuche und Geschmacksrichtungen, die in den Kinderjahren die Kost bestimmt haben, [...] zeitlebens mit erstaunlicher Zähigkeit beibehalten [...]. Ob sie immer ganz unverändert beibehalten wird, ob das Geruchs- und Geschmacksgedächtnis auf Jahrzehnte hinaus so sicher arbeitet, ist freilich fraglich.“[55] Manche waren früher Feiertagsspeisen, doch auch wenn sie diese Wertigkeit inzwischen verloren haben, sind die Gerichte zumindest Teil der Alltagsküche geblieben.[56] Obwohl die Kinder die heimischen Speisen verschmähen und lieber Pommes frites essen, welche für sie als Alternative zubereitet werden, halten die Eheleute Müller an den altbekannten Gerichten fest. Aus Sicht der Nahrungsethnologie überrascht dies nicht, da enkulturiertes Verhalten, wozu auch die Ernährung zählt, ausgesprochen konstant ist und sich nur sehr langsam wandelt.[57] Diese Beharrung auf Speisen, die „in weitem Maße geprägt und abhängig von kulturellen Traditionen und Determinationen, von sozialer Normierung, von Glaubensbekenntnis und Weltanschauung, von Gewohnheit und Geschmack, sowie überhaupt von gesellschaftlich vermittelten Werten aller Art“ ist, bezeichnet unter anderen Ulrich Tolksdorf als „Geschmacks-Konservatismus“.[58] Darauf verweist ebenfalls der obligatorische Borschtsch, eine als russische Nationalspeise bekannte Rote-Bete-Suppe. Sie ist in ihren diversen Varianten vor allem in Ost- und Ostmitteleuropa bekannt. Suppen sind integrativer Bestandteil des „russischen“ Geschmackskomplexes.[59] Es überrascht nicht, dass auch bei den Müllers häufig Suppe gegessen wird, da sie in der Sowjetunion sozialisiert wurden. Der Symbolgehalt von Borschtsch, Hühnernudelsuppe sowie Pel’meni wird im folgenden Kapitel beleuchtet werden.

Die Gerichte der Familie Müller werden weiterhin in der Sprache bezeichnet, in deren kulturellem Umfeld sie kennengelernt wurden. (Dass die Hühnernudelsuppe auf Hochdeutsch benannt wurde, könnte sich dadurch erklären, dass sie auch in Deutschland bekannt und die Bezeichnung für Außenstehende verständlich ist.)

Die zuletzt zitierte Passage aus dem Feldforschungstagebuch akzentuiert die ländliche Lebensweise der Müllers sowie die im Folgenden noch näher ausgeführte traditionelle Rolle der Ehefrau und Mutter im Herkunftsland: Die Essenszubereitung nimmt viel Zeit in Anspruch und bestimmt weitgehend den Tag – zusammen mit

---

55 Hans Glatzel: Verhaltensphysiologie der Ernährung. Beschaffung – Brauchtum – Hunger – Appetit. München u. a. 1973, S. 241.

56 Vgl. Wiegelmann: Festspeisen (Anm. 20), S. 8.

57 Vgl. Ulrich Tolksdorf: Das Eigene und das Fremde. Küchen und Kulturen im Kontakt. In: Wierlacher, Neumann, Teuteberg (Hg.): Kulturthema Essen (Anm. 25), S. 187–192, hier S. 188; vgl. Tolksdorf: Essen und Trinken (Anm. 43), S. 344, und Tolksdorf: Nahrungsforschung (Anm. 50), S. 246f.

58 Tolksdorf: Essen und Trinken (Anm. 43), S. 341.

59 „Leichte Suppen oder *Pochljobki* auf der Grundlage von Wasser und Gemüse“ als ein Typus russischer Suppen. Vgl. Irina Carl: Russisch kochen. Gerichte und ihre Geschichte. St. Gallen u. a. 1993, S. 36; W[il’jam] W[asil’evič] Pochljobkin: Nationale Küchen. Die Kochkunst der sowjetischen Völker. Übersetzt von Intertext, Fremdsprachendienst der DDR. Leipzig 1984, S. 20.

den Melkzeiten sowie der Verarbeitung der Frischmilch zu сметана (smetana: Schmand, saure Sahne). Das geschlachtete Huhn muss gerupft, ausgenommen, zerteilt und gekocht werden. Für die Nudeln muss Teig hergestellt und verarbeitet werden. Gekaufte Nudeln mag Herr Müller nicht. Außerdem wird ein zweites Mittagessen speziell für die Kinder zubereitet, die daher bereits in geringerem Maße mit den traditionellen Speisen ihrer Eltern aufwachsen. Ein wenig beschleunigt wird der Arbeitsprozess dadurch, dass die traditionelle Geschlechterrollenverteilung überschritten wird, wobei Herr Müller seiner Frau assistiert, indem er das Huhn schlachtet, Gartenkräuter holt oder die Nudeln umrührt.

Antworten auf meine Fragen zum Rezeptwissen weisen darauf hin, dass Frau Müller sich lediglich mit Familienangehörigen oder anderen Russlanddeutschen austauscht:

> Frau Müller rieb zwei Möhren und eine Gurke und verrührte sie mit Instantnudeln zu einem Salat. Das Rezept habe sie von ihren Nichten, die im April zu Besuch gewesen seien.
>
> Zu Weihnachten gebe es bei der Familie für gewöhnlich eine Ente, die mit Reis und Rosinen gefüllt werde. Das Rezept dazu habe Frau Müller von ihrer Schwester in Deutschland. Darüber hinaus gebe es verschiedene Salate. Ihr ältester Sohn liebe Sprottensalat: ein Schichtsalat aus gekochtem Ei, gekochter, geriebener Möhre, Reis, Sprotten, gekochter, geriebener Roter Bete und Mayonnaise. Zum Nachtisch gebe es eine Torte, z. B. ‚Kaffeekuchen'. Das Rezept dazu habe sie von ihrer Nachbarin, welche Deutsche aus Usbekistan gewesen sei und nicht mehr hier wohne.

Frau Müller ist folglich durchaus bereit, von dem bisher üblichen Geschmack abzuweichen und Neues kennenzulernen, doch beschränkt sie sich dabei auf Rezepte aus der Eigengruppe. Zugleich ist sie während der Zeit in Deutschland mit anderen Rezepten bzw. Zubereitungsweisen in Berührung gekommen, welche übernommen wurden:

> Einmal habe Frau Müller in Deutschland eine Kochsendung gesehen, in der der Beginn der Grillsaison angekündigt wurde. Das habe sie ihrem Mann mitgeteilt und sie hätten probiert, selbst gemachte Frikadellen zu grillen. Weil das Resultat ihnen gefiel, würden sie seither öfter Frikadellen grillen.

Hierbei fand allerdings eine abstrakte, unpersönliche Annäherung an bundesdeutsche kulinarische Gepflogenheiten statt. Die „deutsche" Vorliebe für Gegrilltes wurde medial aufgenommen und ausprobiert. Ferner hat Frau Müller in Deutschland Tzatziki kennengelernt:

> Am 9. Mai seien die Nachbarn zu Besuch gekommen. Frau Müller habe Fisch in Folie, Borschtsch und Baguette mit Tzatziki vorbereitet. (Wie sie an einem vorherigen Tag erzählt hatte, habe sie Tzatziki in Deutschland kennen und lieben gelernt.) Alles wurde gegrillt. Auch den Salat aus chinesischen Nudeln sowie einen aus Mais, Erbsen, Zwiebel, Öl, Salz und Pfeffer habe sie zubereitet. Zu trinken habe es Pflaumenkompott, Cola und Limonade gegeben. Sie hätten draußen vor der Sommerküche zusammen gesessen.

Die Szene veranschaulicht, wie „neue" Speisen in den alten Kanon übernommen und mit ihm in Einklang gebracht wurden, ohne althergebrachte Gewohnheiten abzulegen.[60] Unklar bleibt, in welchem Zusammenhang Frau Müller der griechischen Vorspeise begegnete. Die Vermutung liegt jedoch nahe, dass sie ebenfalls im Fernsehen oder im Supermarkt darauf aufmerksam wurde. Von persönlichen bundesdeutschen Kontakten scheint Frau Müller keinerlei Rezepte zu kennen. Das bestätigt auch ihre Aussage, sie habe nie bei Deutschen gegessen und daher keine Assoziationen mit deutscher Küche.[61]

Offen bleibt, ob es tatsächlich keine Rezepte gibt (das wurde nicht explizit erfragt) und wenn ja, warum? Gab es darüber keinen Austausch mit Einheimischen oder übernahm Frau Müller schlichtweg nichts? Resümiert werden kann jedenfalls, dass eine nahrungsbezogene Integration höchstens ansatzweise stattfand. Zwar wurden „deutsche" Rezepte oder *in* Deutschland kennengelernte Rezepte übernommen. Bei genauerer Betrachtung zeigt sich jedoch erstens, dass sich diesen eher über Verwandte oder aber auf unpersönlichem Wege genähert wurde als durch den Kontakt zu Einheimischen. Zweitens sind die Neuerungen eng an bereits bestehende Geschmackspräferenzen – Vorliebe für Fleisch, Süßes und Scharfes – angelehnt, was auf die Beharrung auf dem enkulturierten Gewürzkomplex hinweist.[62]

5. Identitätsentwürfe im Spannungsverhältnis von Aussiedlung und Remigration

Welche Auswirkungen hatten bzw. haben die Migrationserfahrungen auf die Identitätsentwürfe der AkteurInnen? Oder in den Worten Michael Schönhuths: „Wie wird Identität vor mehrfach wechselnden Ethnizitätszuschreibungen konstruiert, aufrechterhalten bzw. angepasst?"[63] Unter Identität soll hierbei die Selbstwahrnehmung der AkteurInnen verstanden werden: Als wen oder was sehen die Müllers sich? Und können diese Selbstzuschreibungen nur mit nationalstaatlichen Kategorien gefasst und verbalisiert werden? Im Folgenden wenden wir uns daher den Kategorien *Ethnizität*, *Nationalität* und *Transnationalität* als gängigen Termini im Identitätsdiskurs zu. Der aus der Psychologie stammende Identitätsbegriff verweist auf soziale und kulturelle Prozesse[64] und steht somit längst auch im Forschungsinteresse der Kulturwissenschaft: „Identität wird nämlich zu einem wesentlichen Teil durch das kulturelle Inventar, das unsere alltägliche Lebenswelt erfüllt, stabilisiert; das Selbstverständnis, eine *kulturelle Identität* zu besitzen, ist zwar von sozialen Beziehungen nicht unabhängig, jedoch von eigener Qualität."[65]

---

60 Vgl. Trummer: Pizza (Anm. 50), S. 10.
61 Darauf wird im nächsten Kapitel weiter eingegangen.
62 Vgl. Tolksdorf: Essen und Trinken (Anm. 43), S. 360.
63 Schönhuth: Remigration (Anm. 3), S. 79.
64 Vgl. Wolfgang Kaschuba: Einführung in die Europäische Ethnologie. 3. Aufl. München 2006, S. 133f.
65 Helge Gerndt: Studienskript Volkskunde. Eine Handreichung für Studierende. 3., aktualis. u. um ein Nachwort erweit. Aufl. Münster u. a. 1997 (Münchner Beiträge zur Volkskunde 20), S. 36.

5.1 Russlanddeutsche Ethnizität

Meine Vorannahme war, dass sich Familie Müller in irgendeiner Form als Russlanddeutsche bzw. Spätaussiedler identifiziert und dies auch kommunizieren würde. Stattdessen stellte ich fest, dass der Begriff „Russlanddeutsche" gar nicht gebraucht wurde. Die Selbstbezeichnung „Russlanddeutsche" ist unter Russlanddeutschen in Barnaul entweder unbekannt oder eher unüblich. Lediglich diejenigen, die stark in der Community verhaftet sind, das heißt im Russisch-deutschen Haus aktiv sind und/oder regelmäßig zu vom Internationalen Verband der deutschen Kultur[66] organisierten Konferenzen fahren, benutzen diesen Begriff selbstzuschreibend. Vor dem Hintergrund, dass es sich bei dem Terminus „Russlanddeutsche" um ein „deutschländisches" Konstrukt handelt,[67] überrascht die Unkenntnis der meisten Barnauler Russlanddeutschen nicht – und noch weniger in einem Dorf, in dem neben Schule und Kirche keine weiteren kulturellen Einrichtungen existieren. Die Eheleute Müller bezeichneten sich nicht als Russlanddeutsche, allerdings waren sie aufgrund ihrer Aussiedlung zumindest mit der Rechtskategorie „Spätaussiedler" in Berührung geraten. Diese wurde aber ebenfalls nicht angeeignet.

Während der teilnehmenden Beobachtung machten die Beforschten keinerlei Aussagen über ihre Zugehörigkeitsgefühle. Es entstand der Eindruck einer nicht (mehr) bewussten Identifikation, z. B. weil das Plattdeutsche und verschiedene Gewohnheiten aus der Zeit vor der Aussiedlung (wie jedes Wochenende Pel'meni zuzubereiten) nach der Remigration aufgegeben wurden. Gerichte aus der Kindheit würden laut Frau Müller nicht mehr gekocht.[68] Ob dem schon vor der Aussiedlung so war oder ob dem auch so wäre, wenn die Familie nicht ausgesiedelt wäre, kann zwar nicht beantwortet werden. Allerdings könnte ein Vergleich mit einer anderen russlanddeutschen Familie, die in einem Dorf lebt, doch nie ausgesiedelt ist, diesbezüglich Anhaltspunkte liefern.

Die Eheleute Müller sind nicht Mitglieder der örtlichen Baptistengemeinde. Dieser religiösen Gruppe gegenüber wurde sogar eine skeptische Haltung eingenommen:

> Frau Müller kritisierte die Baptisten hier im Ort, die ihre Ausreise nach Deutschland von Gott abhängig machten. Entweder er schicke sie nach Deutschland oder aber er habe hier den Platz für sie bestimmt. Es stehe doch jedem Menschen frei, selbst zu entscheiden.

Svetlana Kiel thematisiert in ihrer Studie über Russlanddeutsche bzw. AussiedlerIn-

---

66 Meždunarodnyj Sojuz Nemeckoj Kul'tury: siehe <rusdeutsch.ru/> (Stand: 15.02.2016).

67 Vgl. Ingeborg Fleischauer: Das Dritte Reich und die Deutschen in der Sowjetunion. Stuttgart 1983, S. 48, Anmerkung 2.

68 Vgl. den Forschungstagebucheintrag: „Ich erkundigte mich, welche Gerichte sie noch aus ihrer Kindheit kenne. Frau Müller nannte zwei plattdeutsche Teiggerichte: ‚Pelzfletje' und ‚Jelebs Tiltje'. Bei ersterem handele es sich um Teigstücke, die abgerissen und in gekochte Kartoffeln geworfen würden, das zweite Gericht erinnere sie an ihre Kindheit. Diesen Kompott aus Trockenfrüchten mit Nudeln, die aus Mehl und Wasser hergestellt würden, habe Frau Müller zuletzt bei ihrer Schwiegermutter gegessen. Sie selbst würde diese Gerichte aber nicht kochen."

nen den Stellenwert von Sprache/Dialekt und Religion als Ressourcen, aus denen sich Identität speist.[69] Diesen Identitätsressourcen stellt sie den Bildungsstand gegenüber: Wer sich nicht über seinen Dialekt und seine Religiosität definiere, tue das über seine Bildung.[70] In dem vorliegenden Fallbeispiel greift allerdings keine der genannten Identitätsressourcen, da die Müllers weder religiös noch Akademiker sind. Auch der „‚Opferstatus' als konstitutives Element russlanddeutscher Identität",[71] der vor allem bei älteren AkteurInnen ein relevantes Deutungsmuster darstellt, spielt in den Alltagserzählungen der Müllers keine Rolle. Erst auf Nachfrage hinsichtlich ihrer Biografie erwähnte Frau Müller die Deportation ihrer Vorfahren, und die Eheleute berichteten erstmals und einmalig davon. Insofern scheint auch die bei Margit Feischmidt zugrunde gelegte Definition von Ethnizität in diesem Fallbeispiel unbrauchbar: „Nach Weber ist die ethnische Gruppe eine Gruppe von Menschen, die keine ‚Nation' bilden, doch aufgrund ihrer äußeren Erscheinung oder der Ähnlichkeit ihrer Gewohnheiten oder aber wegen ähnlicher Erinnerungen an Kolonialisierung und Wanderung subjektiv von einer gemeinsamen Herkunft überzeugt sind und diesen Glauben in einer Weise pflegen und verbreiten, so dass er eine bedeutende Rolle in der Gemeinschaftsbildung einnimmt."[72]

Welche Identitätsressource(n) kommen also bei Familie Müller zum Tragen? Ist es die Ernährung? Schließlich werden einzelne Gerichte mit plattdeutschen Bezeichnungen nach wie vor zubereitet. Die Hühnernudelsuppe ist weiterhin als russlanddeutsche Besonderheit anzusehen, weil zum einen ein Huhn geschlachtet werden muss – was gleichbedeutend mit ökonomischem und arbeitstechnischem Aufwand ist – und weil die Suppe zum anderen zubereitet wurde, als eine Wissenschaftlerin „zu Besuch" war.[73] Darüber hinaus gilt die Hühnernudelsuppe auch unter anderen Befragten in Barnaul als „(russlanddeutsches) Nationalgericht". Die Suppe hat folglich einen gewissen Symbol- und Demonstrationswert, ebenso wie die anderen während meiner Anwesenheit zubereiteten Speisen: Am ersten Tag meines Aufenthaltes wurde ich mit dem „typisch russischen" bzw. als Nationalspeise geltenden Borschtsch beköstigt.[74] Bei nahezu jeder Feldforschung in Barnaul konnte ich beobachten, dass diese Suppe gekocht wird. Weiterhin wurden Pel'meni zubereitet, wel-

---

69 Kiel: Wie deutsch (Anm. 28); Svetlana Kiel: Heterogene Selbstbilder. Identitätsentwürfe und -strategien bei russlanddeutschen (Spät-)Aussiedlern. In: Kaiser, Schönhuth (Hg.): Zuhause? (Anm. 3), S. 73–90, hier S. 84f.

70 Vgl. Kiel: Selbstbilder (Anm. 69), S. 80, 82f.; vgl. auch Anett Schmitz: Bildungserfolgreiche (Spät-)Aussiedler zwischen Deutschland und Russland. Transnationale Lebensentwürfe und Typen. In: Kaiser, Schönhuth (Hg.): Zuhause? (Anm. 3), S. 409–432.

71 Kiel: Selbstbilder (Anm. 69), S. 79f.

72 Margit Feischmidt: Ethnizität – Perspektiven und Konzepte der ethnologischen Forschung. In: Brigitta Schmidt-Lauber (Hg.): Ethnizität und Migration. Einführung in Wissenschaft und Arbeitsfelder. Berlin 2007, S. 51–68, hier S. 53. Nach Max Weber: Wirtschaft und Gesellschaft. Grundriss der verstehenden Soziologie. Tübingen 1990, S. 239.

73 Vgl. Kalinke: Integration (Anm. 7), S. 151.

74 Vgl. z.B. Susan Ward: Russische Küche. 100 klassische Rezepte aus Moskau und St. Petersburg, der Russischen Föderation und Moldawien, aus den baltischen Staaten, Georgien, Armenien und Aserbaidschan, aus Zentralasien und Kasachstan. Köln 1995, S. 39.

che ein „typisch sibirisches“ Gericht sind.[75] Ferner werden zentralasiatische Speisen wie Plov (Pilaw) konsumiert. Klaus Boll schreibt dazu: „Festessen und Mahlzeiten, die russlanddeutschen oder einheimischen Besuchern angeboten werden, bestehen meist aus als typisch russlanddeutsch wahrgenommenen Speisekomplexen, die damit einen hohen kulturellen Demonstrations- und Identifikationswert erlangen.“[76]

Bei Familie Müller kann demnach keine Demonstration ihrer russlanddeutschen Identität, sondern ihrer kulturellen Hybridität[77] festgestellt werden, die sich in der Zubereitung eines russischen, eines russlanddeutschen sowie eines sibirischen Gerichts manifestiert. „Die Entstehung kultureller Mischformen war das Ergebnis langfristiger Anpassungsprozesse von deutschen Migranten an ihnen zuvor fremde Milieus. [...] Durch Kontakte mit Russen übernahmen sie auch fremde Ess- und Trinkgewohnheiten.“[78]

Ein solcher Demonstrations- und Identifikationswert scheint auch dem „deutschen“ Butterfass anzuhaften. Die Familie ist sich nämlich durchaus darüber im Klaren, dass das russische anders aussieht. In meiner Anwesenheit wurde von dem Butterfass Gebrauch gemacht:

> Frau Müller holte indessen die hölzerne Buttermaschine aus dem Kinderzimmerschrank. Zwar haben sie noch vier Stücke Butter im Gefrierschrank, doch würden Pel'meni mit frischer Butter besser schmecken. Es freute mich natürlich sehr, das Gerät, das ich bisher nur aus Ausstellungen kenne, in Gebrauch zu sehen.

Inwiefern wurde eine bewusste Identitätsdemonstration vollzogen? Handelt es sich tatsächlich um das Bedürfnis der Müllers, mir ein Gerät zu präsentieren, welches ihre deutsche Herkunft bezeugt? Oder wollten sie mir – der Fremden, der Deutschen – angesichts meiner womöglich zu schlecht verborgenen Begeisterung ein wenig russisches Landleben vorführen? Immerhin ist die gesamte Forschungssituation in der Art, wie sie stattgefunden hat, erst durch meine Anwesenheit entstanden.[79] Die in Kapitel 2 beschriebene Dorfrundfahrt beispielsweise wäre zweifellos ohne mich nicht unternommen worden. Durch den Einfluss der Feldforscherin wurden die AkteurInnen mit Themen konfrontiert, die vorher vermutlich weitgehend unreflektiert geblieben waren und es womöglich trotz Demonstration blieben. Familie Müller sah sich unter Umständen in der Lage, dem „Gast“ etwas Interessantes zu bieten. Für die These der unbewussten Identifikation spricht auch die politisch initiierte Schaffung einer „sowjetischen Küche“, die Gerichte aus allen Sowjetrepubliken umfasste[80] und

---

75 Vgl. ebd., S. 40: „Sibirische Ravioli“; vgl. Bodo Thöns: Sibirien. Städte und Landschaften zwischen Ural und Pazifik. Berlin 2012, S. 60.

76 Boll: Kulturwandel (Anm. 43), S. 133; vgl. Tolksdorf: Essen und Trinken (Anm. 43), S. 352ff.

77 Vgl. Olga Kurilo: Russlanddeutsche als kulturelle Hybride. Schicksal einer Mischkultur im 21. Jahrhundert. In: Kaiser, Schönhuth (Hg.): Zuhause? (Anm. 3), S. 53–72, hier S. 54.

78 Ebd., S. 56.

79 Vgl. Hauser-Schäublin: Beobachtung (Anm. 13), S. 55: „Ethnologinnen, ihre soziale Zu- und Einordnungen [sic] (eigene und fremde), Forschungsfragen und Untersuchungsfeld stehen in kontinuierlicher Interaktion miteinander. Auch unsere Untersuchungsfragen und die Intensität, mit der wir diese verfolgen, wirken direkt auf das Feld, das wir erforschen, ein und verändern es.“

80 Vgl. Carl: Russisch kochen (Anm. 59), S. 19–24.

in dem Maße internalisiert wurde, dass über einzelne Nationalitäten nicht mehr reflektiert wird. In der Einleitung des Kochbuchs *Nationale Küchen. Die Kochkunst der sowjetischen Völker* heißt es: „Dieses Buch macht den Leser mit den nationalen Küchen der Völker der UdSSR bekannt. Seine Publizierung wurde in nicht geringem Maße angeregt vom großen Interesse der sowjetischen Menschen an Geschichte und Kultur der Völker der Unionsrepubliken. [...] Und schließlich haben bekannte Gerichte der nationalen Küchen wie Schaschlyk, Beljaschi, Chartscho, Plow und andere ihren festen Platz in den Speiseplänen für die Gemeinschaftsverpflegung."[81]

Der Fortbestand einzelner nationaler Zugehörigkeiten stand also nicht im Widerspruch zur übergeordneten sowjetischen Identität. Vielmehr bildete die bereits erwähnte kulturelle Hybridität ihren Ausgangspunkt. Von daher ist es nur logisch, als nächstes die Kategorie Nationalität zu untersuchen.

5.2 Nationalität und Lebensstil

Wie Regina Römhild und andere schreiben (und allgemein an dem klassischen Kultur-Begriff kritisieren),[82] verbirgt sich hinter dem Nationalstaat die Vorstellung eines Containers: „Der Nationalstaat imaginiert sich als stabile territoriale Einheit mit einer in seinen Grenzen sesshaften, kulturell möglichst homogenen Stammbevölkerung."[83] Fakt ist, dass die von mir beforschten AkteurInnen häufig auf nationale Zuschreibungen zurückgriffen, um Menschen in ihrem Umfeld zu beschreiben:

> Frau Müller meinte, die Häuser, die am schönsten aussehen, würden Deutschen gehören. Ansonsten mache es keinen Unterschied, wer Deutscher und wer Russe sei.
>
> Dabei erzählte sie, dass es Alexander nerve, was für schlechten Tee und Kaffee er bei Russen vorgesetzt bekäme, und dass sie Wurst immer sehr dick schneiden würden.

Auffallend war, dass nationale Zuschreibungen in den verschiedensten Situationen eine Rolle spielten. Fast im selben Atemzug wurde jedoch negiert, dass dies von Bedeutung sei. Zwar rekurrierten die AkteurInnen wiederholt auf nationale Zuschreibungen, nutzten diese allerdings ausschließlich in Abgrenzung von sich selbst. Dabei können diese Abgrenzungen sowohl positiv als auch negativ ausfallen, implizieren jedoch keine nationale oder ethnische Selbstzuschreibung. Das ist insofern überraschend, als in der Wissenschaft Konsens darüber herrscht, dass Fremd- und Selbstzuschreibung zwei Seiten ein und derselben Medaille sind.[84] Somit scheinen vorhande-

---

81 Pochljobkin: Nationale Küchen (Anm. 59), S. 7.

82 Vgl. Karl-Heinz Kohl: Ethnologie – die Wissenschaft vom kulturell Fremden. Eine Einführung. München 2012, S. 187.

83 Regina Römhild: Jenseits der deutschen Integrationslogik: Kulturanthropologische Perspektiven für die Einwanderungsgesellschaft. In: Christoph Köck, Alois Moosmüller, Klaus Roth: Zuwanderung und Integration. Kulturwissenschaftliche Zugänge und soziale Praxis. Münster u. a. 2004 (Münchener Beiträge zur interkulturellen Kommunikation 16), S. 163–175, hier S. 168.

84 Vgl. Retterath: Endlich daheim? (Anm. 27), S. 37; vgl. Regina Römhild: Fremdzuschreibungen – Selbstpositionierungen. Die Praxis der Ethnisierung im Alltag der Einwanderungsgesellschaft. In:

ne Kategorien nicht für die Eigenwahrnehmung zuzutreffen. Selbstzuschreibungen sind bei Familie Müller nicht nur nicht eindeutig bestimmbar, sondern verbal nicht existent: In meiner Gegenwart schrieb sich die Familie keiner Nationalität oder Ethnizität zu, sondern beschränkte sich darauf, sich von allen benannten Gruppen abzugrenzen. Werfen wir also einen genaueren Blick auf diese Grenzziehungen.

Wie bereits am Anfang des Aufsatzes deutlich wurde, findet eine eindeutige Abgrenzung von Bundesdeutschen statt:

> An Ostern, das sie am selben Tag wie in Deutschland feierten, hätten sie Eier gefärbt. Seien sie sich einmal wegen des Datums nicht sicher, würden sie ihren Sohn in Deutschland fragen, der normalerweise täglich anrufe. Am Ostermorgen würden die Kinder mit einem Körbchen in den Garten gehen und die gefärbten Eier suchen, welche der Osterhase aus dem Haus hole und verstecke. Neben den Eiern würden die Kinder meist Überraschungseier, Spielzeuge oder einfach Schokolade finden. Deutsche würden es nicht so machen.

Andererseits scheint sich Familie Müller Russen genauso wenig zugehörig zu fühlen:

> Die Nachbarn würden sich wundern, dass Herr Müller nachmittags ein Schläfchen halte. Das sei bei den Russen nicht üblich.

In einer Passage verdichtet sich die doppelte Abgrenzung, wobei erkennbar ist, dass die Distanz zu einer Gruppe als geringer wahrgenommen wird als die zur anderen:

> Ferner fragte ich nach ihren Assoziationen mit deutscher Küche. Frau Müller habe keine, da sie nie bei Deutschen gegessen habe. Was sie aber in Supermärkten an Lebensmitteln gesehen und ausprobiert habe, habe ihr sehr gut gefallen. Was die russische Küche angehe, sei sie „wie unsere". Es würden dieselben Gerichte zubereitet werden.

Obwohl die Familie mehrere Jahre in der Bundesrepublik Deutschland lebte, hat Frau Müller bemerkenswerterweise keinerlei Assoziationen mit der sogenannten deutschen Küche. Sie sei ihr fremd. Die russische sei ihr dagegen näher, wird jedoch nicht als identisch oder gar eigene angesehen. Den feinen, doch wahrgenommenen Unterschied markiert das Wörtchen „wie". Zugleich ist an dieser Stelle nachvollziehbar, dass Frau Müller sich zwar nicht mit Deutschen, doch mit den Lebensverhältnissen inklusive der bereits thematisierten Produktvielfalt in Deutschland identifiziert. Aus kulturwissenschaftlicher Sicht definiert Elisabeth Katschnig-Fasch den Lebensstil-Begriff folgendermaßen: „[Lebensstile] haben und sind Bedeutung, umfassen die Art der Lebensführung, die nicht nur den kompetenten Umgang mit Symbolen meint, sondern auch die Art und Weise, wie Menschen sich in den objektiven gesellschaftlichen Strukturen einrichten und ihrer Lebensweise Ausdruck verleihen, die ‚Modalitäten der Praktiken' der ‚kleinen Lebenswelten', in denen der innere Sinn der subjektiven Wirklichkeiten in den unterschiedlichsten Bedingungen zu entschlüsseln ist. In diesem kulturwissenschaftlichen Sinne bezeichnet der Lebensstil nicht bloß einen je individuellen Geschmack, er bezeichnet in der Relation zu anderen Le-

---

Schmidt-Lauber (Hg.): Ethnizität (Anm. 72), S. 157–177, hier S. 164; vgl. Rita Sanders: Why did they stay behind? Identities, memories, and social networks of Kazakhstani Germans in Taldykorgan/Kazakhstan. Halle (Saale) 2012, S. VII.

bensstilen immer auch die Identität mit einer Gruppe und den symbolischen Kampf um die Dinge, mit denen man sich umgibt, um dazuzugehören oder auch um sich voneinander abzugrenzen, die Art, wie man sich bewusst oder unbewusst voneinander unterscheidet und Anerkennung beansprucht."[85]

In dem Zusammenhang verweist Silke Kleinhückelkotten auch auf die Relevanz von Konsum: „Konsumgüter haben neben der praktischen Funktion für die Alltagsorganisation auch expressive Funktionen, da ihnen ein symbolischer Wert zugeschrieben wird. Nicht nur die Konsumgüter, sondern das Konsumverhalten insgesamt dient der Stilisierung, dem Ausdruck der eigenen Persönlichkeit, des Lebensstils und der Stellung in der Gesellschaft. Das Konsumverhalten trägt dazu bei, sich Gruppen zuzuordnen und sich von anderen abzugrenzen. Für das Individuum erfüllt der Konsum zunehmend eine wichtige Funktion bei der Identitätsgewinnung und -sicherung."[86]

Demnach grenzt Frau Müller sich nicht von Russen als Nation, sondern als Vertreter eines anderen Lebensstils ab, welcher für ihre eigene Identitätskonstruktion maßgebend ist. Den starken Kontrast zwischen dem Leben in Russland und dem in Deutschland stellte Frau Müller immer wieder heraus:

> Frau Müller fragte, wie ich mich hier fühlen würde. Sie könne sich noch gut erinnern, wie sie sich gefühlt habe, als sie das erste Mal in den Urlaub hierhergekommen sei, nachdem sie nach Deutschland ausgesiedelt seien. Sie konnte sich nicht vorstellen, wie man hier leben könne. Viele Menschen hätten nicht einmal fließend Wasser oder eine richtige Toilette in ihrem Haus.

Indem sie sich direkt an die Feldforscherin wendet und sich nach ihrem Wohlbefinden erkundigt, identifiziert sie sich ein Stück weit mit ihr, denn wir beide kennen den Lebensstandard in Deutschland, der sich von dem im russischen Dorf fundamental unterscheidet:

> Frau Müller stellte noch einmal den krassen Gegensatz zwischen dem Leben in Deutschland und hier dar. Warum solle man täglich um sechs Uhr morgens aufstehen und Kühe melken, wenn man es auch einfacher haben könne. Ihrer Meinung nach müsse ich wohl einen Kulturschock erlitten haben. Sie jedenfalls habe erst realisiert, wie die Menschen hier leben, nachdem sie einige Jahre in Deutschland gelebt hatte und dann im Urlaub hierher kam. Sie machte sich darüber lustig, dass die Frauen im Dorf sich schick machten, wenn sie nur ins Geschäft einkaufen gingen. Russische Frauen würden sich übertrieben schminken und anziehen. Herr Müller nahm an dem Gespräch nicht teil, er kommentierte lediglich, dass deutsche Frauen sich bequem kleiden würden.

---

85 Elisabeth Katschnig-Fasch: Lebensstil als kulturelle Form und Praxis. In: Elisabeth List, Erwin Fiala (Hg.): Grundlagen der Kulturwissenschaften. Interdisziplinäre Kulturstudien. Tübingen 2004, S. 301–321, hier S. 302.

86 Silke Kleinhückelkotten: Konsumverhalten im Spannungsfeld konkurrierender Interessen und Ansprüche: Lebensstile als Moderatoren des Konsums. In: Ludger Heidbrink, Imke Schmidt, Björn Ahaus (Hg.): Die Verantwortung des Konsumenten. Über das Verhältnis von Markt, Moral und Konsum. Frankfurt a. M. u. a. 2011, S. 133–156, hier S. 134.

Den „Kulturschock", den Frau Müller offensichtlich selbst im Vergleich der Lebensverhältnisse in Deutschland und in Russland erlitten hat, projizierte sie an dieser Stelle auf mich und meinen Aufenthalt in Westsibirien. Die vorliegende Textpassage veranschaulicht eindrücklich Frau Müllers Selbstwahrnehmung: Mit der Frage, wieso man in Russland früh morgens aufstehen und Kühe melken sollte, wenn das Leben in Deutschland doch „einfacher" sei, offenbart sie ihre Neigung zum westlichen, urbanen Lebensstil. Das Leben in Deutschland nimmt sie im Vergleich als besser wahr, weil dort Lebensmittel eingekauft werden können und nicht alles mühselig selbst angebaut werden muss. Außerdem kann auf Fertiggerichte zurückgegriffen werden, wenn einmal keine Zeit oder Lust zum Kochen vorhanden sind. Die im vorstehenden Kapitel benannte Bequemlichkeit ist folglich im Zusammenhang mit dem Lebensstil zu betrachten. Frau Müllers pejorativen Äußerungen über den Kleidungsstil russischer Frauen, welche im Übrigen gängigen Klischees in Deutschland entsprechen, verstärken diesen Eindruck, da sie Frau Müllers Identifikation mit bundesdeutschen Kleidungsvorstellungen implizieren.

Neben der Identifikation mit der Feldforscherin indizieren die direkten Wendungen darüber hinaus, dass Frau Müller „nun endlich" mit jemandem über die ungewollte Rückkehr sprechen kann, denn ähnlich wie Tatjana Fenicia stellte ich fest, dass das Thema „Remigration" tabu war: „Insgesamt entstand der Eindruck, dass die interviewten Frauen dieses Typs, die manchmal am Anfang des Gesprächs eine gewisse Zurückhaltung zeigten, im weiteren Interviewverlauf froh waren, mit der Interviewerin über ihre seelischen Probleme sprechen zu können, da sie ihre Rückkehrentscheidungstraumata mit ihrem Mann, Verwandten und Freunden aufgrund der Tabuisierung des Themas nicht besprechen können."[87]

Vor diesem Hintergrund erklären sich die reservierten Reaktionen auf meine Fragen bezüglich der Rückkehr, wie sie in der Einleitung ausschnitthaft präsentiert wurden. Daneben kann auch die selbstbewusste Vertretung der Richtigkeit der Rückkehrentscheidung bestätigt werden;[88] für Herrn Müller gibt es zweifelsohne keine bessere Lebensweise als die in seinem Heimatdorf.

5.3 Transnationalität

Wenn Familie Müller sich also weder der einen noch der anderen Nation zugehörig fühlt und sich auch nicht als ethnische, den Russlanddeutschen zugehörige Gruppe inszeniert, dann stellt sich in der Konsequenz die Frage, ob und inwieweit die Migrationen zu transnationalen Selbstentwürfen der AkteurInnen führten.

Unter Transnationalisierung versteht Ludger Pries „grenzüberschreitende Phänomene [...], die – lokal verankert in verschiedenen Nationalgesellschaften – relativ dauerhafte und dichte soziale Beziehungen, soziale Netzwerke oder Sozialräume konsti-

87 Fenicia: Rückkehrentscheidung (Anm. 16), S. 262.

88 Ebd.

tuieren".[89] Er betont somit die Bedeutung „intensivste[r] Sozialkontakte"[90] zwischen Menschen aus verschiedenen Ländern. Die Bedeutung von Nationalstaaten nehme dadurch nicht automatisch ab; „[e]s existieren weiterhin nationalgesellschaftliche bzw. nationalstaatliche Geschichten, Sprachen, Mythen und Symbole, kulturelle Traditionen und Besonderheiten sowie spezifische Institutionen und Selbstvergewisserungen der Menschen".[91] „Die integrative Kraft von Orten"[92] bleibe weiterhin bestehen, ja gewinne angesichts der Globalisierung an Bedeutung.[93] Darüber hinaus komme es vielmehr zu einer „Plurilokalisierung im Sinne der Aufteilung der alltäglichen Lebensvollzüge auf Plätze in mehreren Nationalgesellschaften".[94]

Da es für Transnationalismus kein einheitlich anerkanntes Konzept gibt, ist es sinnvoll, ähnliche Termini wie Transstaatlichkeit, Translokalität, Transkulturalität zu untersuchen.[95] Charakteristisch für die „Trans-Begriffe" sei eine gleichzeitige Entgrenzung und Rückbindung, man verorte sich parallel in Bezug auf und doch jenseits einer Gruppe oder Kultur:[96] „Diese Rückbindung an Nationen, Staaten, also an konventionelle Vorstellungen von Kulturen oder auch Orten, ist ein entscheidender Unterschied zur Perspektive der Globalisierung."[97] Infolge der „Beheimatung im translokalen Raum"[98] verflechten sich die Kulturen, durchmischen sich und es entstehen „hybride Identitäten",[99] denn „Kulturen sind intern durch eine Pluralisierung möglicher Identitäten gekennzeichnet und weisen extern grenzüberschreitende Konturen auf. [...] Moderne Kulturen sind durch eine Vielzahl unterschiedlicher Lebensformen und Lebensstile gekennzeichnet."[100]

---

89 Ludger Pries: Transnationalisierung. Theorie und Empirie grenzüberschreitender Vergesellschaftung. Wiesbaden 2010, S. 13.

90 Ebd., S. 15.

91 Ebd.

92 Melanie Hühn, Dörte Lerp, Knut Petzold, Miriam Stock: In neuen Dimensionen denken? Einführende Überlegungen zu Transkulturalität, Transnationalität, Transstaatlichkeit und Translokalität. In: Dies. (Hg.): Transkulturalität, Transnationalität, Transstaatlichkeit, Translokalität. Theoretische und empirische Begriffsbestimmungen. Berlin 2010 (Region – Nation – Europa 62), S. 11–45, hier S. 33, S. 36.

93 Vgl. Miriam Stock: Transkulturalität als lokale Eigenart. Zur kulinarischen Geschmackslandschaft Berlins. In: Hühn, Lerp, Petzold, Stock (Hg.): Transkulturalität (Anm. 92), S. 277–291, hier S. 287; vgl. Zingerle: Identitätsbildung (Anm. 37), S. 71.

94 Pries: Transnationalisierung (Anm. 89), S. 34.

95 Vgl. Hühn, Lerp, Petzold, Stock: Dimensionen (Anm. 92), S. 14.

96 Vgl. ebd., S. 15; vgl. Stock: Transkulturalität (Anm. 93), S. 289.

97 Hühn, Lerp, Petzold, Stock: Dimensionen (Anm. 92), S. 26.

98 Michael Schönhuth: Heimat? Ethnische Identität und Beheimatungsstrategien einer entbetteten „Volksgruppe" im translokalen Raum. In: Sabine Ipsen-Peitzmeier, Markus Kaiser (Hg.): Zuhause fremd – Russlanddeutsche zwischen Russland und Deutschland. Bielefeld 2006 (Bibliotheca Eurasica 3), S. 365–380, hier S. 377.

99 Hühn, Lerp, Petzold, Stock: Dimensionen (Anm. 92), S. 30; vgl. Brigitta Schmidt-Lauber: Ethnizität und Migration als ethnologische Forschungs- und Praxisfelder. Eine Einführung. In: Dies. (Hg.): Ethnizität (Anm. 72), S. 7–27, hier S. 15; vgl. Wolfgang Welsch: Transkulturalität. Zur veränderten Verfasstheit heutiger Kulturen. In: Zeitschrift für Kulturaustausch 45 (1995), S. 39–44, hier S. 42.

100 Welsch: Transkulturalität (Anm. 99), S. 42.

Neben der Vorstellung von der gleichzeitigen Beheimatung an mehreren Orten vertreten manche WissenschaftlerInnen die Ansicht, transkulturell lebende Menschen würden sich nicht an Orten, sondern in dem „mobile[n] Raum *zwischen* den Orten“[101] verorten. Die Rede von den zwei Welten greife hier demnach nicht, stattdessen müsse sich der Blick auf die Zwischenwelten richten.[102] „Die Betroffenen weisen selbstbewusst den Platz ‚zwischen den Stühlen‘ – der Defizite oder ein Versagen suggeriert – zurück und sehen sich als ‚auf beiden Stühlen sitzend‘.“[103]

Aus der Analyse des vorliegenden Fallbeispiels geht hervor, dass tatsächlich in gewissem Sinne von transnationaler Identität gesprochen werden kann. Es bestehen intensive Sozialkontakte zu dem Sohn und anderen Verwandten in Deutschland. Indes ist die Bedeutung von Nationalstaaten vor allem für Frau Müller nicht nachweisbar. Kulturelle Traditionen, wie die Zubereitung russischer/sowjetischer oder sibirischer Speisen, werden nicht aus dem Bewusstsein für den Ort, die Nation oder die Ethnie fortgeführt. Von einer Beheimatung – sei es in beiden Ländern, sei es im translokalen Raum – kann keine Rede sein, grenzt Frau Müller sich verbal doch von beiden wiederholt ab. Vielmehr gelingt ihr die Wiederbeheimatung im sibirischen Dorf überhaupt erst dadurch, dass sie ein transnationales Netzwerk besitzt, mit dem Frau Müller die Mängel, die der Lebensstil am neuen alten Wohnort aufweist, teilweise kompensieren kann.

Ausgehend von den Beobachtungen der Ernährungsweise könnte intersubjektiv auf der Grundlage des Konzepts wohl Einigung darüber erzielt werden, dass Frau Müller ein kultureller Hybrid ist. Subjektiv allerdings steht, was Frau Müllers Selbstwahrnehmung anbetrifft, der dezidiert distinktive Lebensstil im Vordergrund, welcher nicht mit der Identifikation mit der einen oder anderen nationalen Gruppe einhergeht. Eher scheinen Nationalkategorien als Referenz für den Selbstentwurf überwunden zu sein. Sie werden ihm nicht gerecht, taugen ausschließlich zur Abgrenzung und werden, so scheint mir, eher mangels treffenderer Alternativen und wegen der Konvention, in Nationalkategorien zu denken, genutzt. Die oben genannte Rückbindung an konventionelle Vorstellungen von Kulturen ist demnach überholt.

6. Zusammenfassung: Lebensstil als Identitätsressource

Mittels „Kulturanalyse als Dichter Beschreibung“[104] lassen sich plausible Hypothesen auf Grundlage einer wenige Tage umfassenden Feldforschung aufstellen. Einzeln betrachtet mögen die Anekdoten und Beobachtungen möglicherweise trivial erscheinen. Werden die einzelnen Fäden jedoch zusammengeführt, lässt sich ein kulturel-

---

101 Johanna Rolshoven: Woanders daheim. Kulturwissenschaftliche Ansätze zur multilokalen Lebensweise in der Spätmoderne. In: Zeitschrift für Volkskunde 102 (2006), S. 179–219, S. 184.

102 Vgl. Retterath: Endlich daheim? (Anm. 27), S. 33.

103 Ebd., S. 34; vgl. Schönhuth: Heimat? (Anm. 98), S. 377.

104 Simone Egger: Kulturanalyse als Dichte Beschreibung. In: Bischoff, Oehme-Jüngling, Leimgruber (Hg.): Methoden (Anm. 11), S. 401–414.

les Netz erfassen, welches auf seine Sinngehalte hin gedeutet und analysiert werden kann.[105]

So sind zum einen der Rückkehrinitiator sowie die Remigrationsmotive transparent geworden: Dem Familienvater, der bereits nicht hatte aussiedeln wollen, gelang die Beheimatung in der Bundesrepublik Deutschland nicht, weil er a) sich und seine Lebensweise nicht anerkannt sah, und b) sich nach dem Leben als Landwirt in der Weite des Altaigebietes zurücksehnte. Zum anderen wurde herausgearbeitet, inwieweit die Migrationen einen Wandel der Ernährungsweise produzierten. In Deutschland lernte die Familie ein breites Warenangebot kennen, welches das Leben aufgrund der wegfallenden Notwendigkeit zur Subsistenzwirtschaft komfortabler machte. Durch die Rückkehr musste dieser Komfort wieder aufgegeben werden. Vor diesem Hintergrund sind Frau Müllers Wunsch, in Deutschland zu bleiben, sowie ihre Kompensationsstrategien nach der Rückkehr nach Russland zu verstehen. Indem sie einzelne Lebensmittel bzw. Gewürze durch andere ersetzt oder sich bestimmte Produkte von Angehörigen aus Deutschland mitbringen lässt, kompensiert sie den empfundenen Mangel sowie die ungewollte Rückkehr. Schlussendlich wurde hinsichtlich der Identitätsentwürfe herausgefunden, dass zumindest Frau Müller ihre Selbstwahrnehmung nicht aus nationaler oder ethnischer Zugehörigkeit schöpft. Die empirischen Daten zeigen, dass nicht per se „von einer fortdauernden Prägekraft von Raumbezügen und von Nationalgesellschaften“[106] auszugehen ist. Zwar kann im Umkehrschluss genauso wenig von der Auflösung von Nationalgesellschaften[107] die Rede sein, doch offenkundig befindet sich dieses Deutungsmuster zumindest in einem Veränderungsprozess und kann nicht als einzig valide Kategorie für Identifikationsprozesse herangezogen werden.

Frau Müller vermisst Deutschland nicht als Heimat, sondern aufgrund des dort angewöhnten Lebensstils. Die Identifikationsressource komfortabler Lebensstil manifestiert sich im vorliegenden Fallbeispiel sichtbar in der Ernährung: in dem vielfältigen Warenangebot, in der Ausweichmöglichkeit auf Fertiggerichte, in der Verfügbarkeit sämtlicher Lebensmittel unabhängig von der Jahreszeit. Eine eingehendere Beschäftigung mit Herrn Müller wäre überdies lohnenswert: Löst auch er sich von nationalen Kategorien und beruft sich in erster Linie auf seinen Lebensstil, den er in der gewünschten Art am besten in Russland ausleben kann oder sind Lebensstil und russische (oder womöglich russländische) Selbstwahrnehmung bei ihm im Sinne einer raumgebundenen Identität[108] untrennbar miteinander verbunden?

Die vorliegende Studie zeigt, wie sich russlanddeutsche Selbstwahrnehmungen durch Migrationserfahrungen verändern, welche Faktoren sie beeinflussen und dass sie sich innerhalb einer Familie in unterschiedliche, ja gewissermaßen konträre,

---

105 Vgl. ebd., S. 401, S. 406f.; vgl. Clifford Geertz: Dichte Beschreibung. Frankfurt a. M. 1983, S. 9.

106 Pries: Transnationalisierung (Anm. 89), S. 10.

107 Vgl. ebd.

108 Vgl. Gunther Hirschfelder: Kultur im Spannungsfeld von Tradition, Ökonomie und Globalisierung. Die Metamorphosen der Weihnachtsmärkte. In: Zeitschrift für Volkskunde 110 (2014), S. 1–32, hier S. 2.

Richtungen entwickeln können. Deutsche aus Russland mit einem Kriegsfolgenschicksal zu sein stellte zwar den Grund dar, weshalb Familie Müller in die Bundesrepublik Deutschland aussiedeln konnte, doch gerade die Remigrationserfahrung, die selbst erlebte Rückwanderung mit all ihren Konfrontationen und Konsequenzen, ist ausschlaggebend für den *trans*nationalen (das heißt die Vorstellung eines abgrenzbaren, homogenen Containers überwindenden), lebensstilorientierten Lebensentwurf. Dem wird gegenüberzustellen sein, auf welche Ressourcen die Selbstwahrnehmung Russlanddeutscher ohne eigene Migrationserfahrungen zurückgreift.

Eine Auseinandersetzung mit dem problematischen, weil uneinheitlich definierten und übermäßig bemühten Identitätsbegriff konnte und sollte im Rahmen des vorliegenden Aufsatzes nicht erfolgen. Allerdings eröffnet die Lebensstilforschung offenkundig einen Ansatzpunkt zur Überwindung bzw. Dekonstruktion konventioneller Kategorien wie „Ethnizität" oder „Nationalität". Ähnliches könnte auch für das Identitätskonzept gelten. „Ausgang und Endpunkt der kulturwissenschaftlichen Lebensstilforschung, in der sich soziologische, ethnologische und historische Perspektiven vereinen, ist der handelnde Mensch, der Mensch als Akteur."[109] Qualitativ erforschte Alltagskultur birgt das Potenzial, weit mehr als Daten allein hinsichtlich einer abstrakten Identität auszuwerten. Sie vermag ein tiefer gehendes Verständnis für die Lebenswirklichkeit von Individuen zu erzeugen und somit WissenschaftlerInnen für aktuelle gesellschaftliche Probleme zu sensibilisieren.

109 Katschnig-Fasch: Lebensstil (Anm. 85), S. 302.

Sascha Schießl

Im Niemandsland. Die „Operation Link“ und der Beginn der Aussiedleraufnahme in der Bundesrepublik Deutschland

1. Einleitung

Am 3. März 1950 traf der erste geschlossene Transport mit AussiedlerInnen aus Polen an der deutsch-deutschen Grenze ein. Bei der nach einer langen Planungsphase angelaufenen, zeitgenössisch als „Operation Link“ bezeichneten Aufnahmeaktion handelte es sich um die erste organisierte Umsiedlung von ‚Deutschen‘[1] seit dem Ende der Vertriebenentransporte. Mit ihr sollten Familien, die während des Krieges und der Nachkriegswirren voneinander getrennt worden waren, wieder zusammengeführt werden. Allerdings ließ der britische Hochkommissar General Brian Robertson vor der Ankunft des ersten Transports die deutsch-deutsche Grenze sperren, weil er befürchtete, die polnische Regierung würde die Gelegenheit zu umfassenden Ausweisungsmaßnahmen nutzen. Durch die Grenzschließung saßen im März und April 1950 immer wieder hunderte AussiedlerInnen an der innerdeutschen Grenze fest. Das Stranden von Menschen an der Grenze entzündete eine lebhafte politische und mediale Debatte und sorgte für rege Verhandlungen verschiedener beteiligter Stellen, um die verfahrene Situation zu klären.

Am Beispiel der von der historischen Forschung bislang weitgehend unbeachteten „Operation Link“ zeigt sich eindrücklich, wie konfliktreich die Aufnahme der ersten AussiedlerInnen in der Bundesrepublik Deutschland war. Welchen Stellenwert hatte die Aufnahme von AussiedlerInnen für Kommunen, Länder und dann auch die Bundesregierung? Und welche Handlungsspielräume bestanden für bundesdeutsche Stellen angesichts des Besatzungsstatuts und der dort festgelegten alliierten Kontrollrechte?

---

1 ‚Deutsche‘ und ‚Deutscher‘ werden in diesem Beitrag in Anführungszeichen gesetzt, um zu verdeutlichen, dass solche scheinbar eindeutigen Setzungen im Alltag keineswegs objektiv und frei von Widersprüchen waren (woran sich, man denke an aktuelle Debatten über „Deutsche mit Migrationshintergrund“, bis heute wenig geändert hat). Gerade in der ersten Hälfte des 20. Jahrhunderts wechselten im östlichen Europa Eigen- und Fremdwahrnehmungen und Zuschreibungen mitunter ebenso häufig wie die Kriterien, nach denen festgelegt wurde, wer als ‚Deutsche‘ oder ‚Deutscher‘, als ‚Pole‘ oder ‚Polin‘ oder vielleicht als ‚Schlesier‘ oder ‚Schlesierin‘ einzustufen war. Für das Thema dieses Aufsatzes ist zu beachten, dass die während der NS-Zeit und insbesondere während der deutschen Besatzung und Germanisierungspolitik im östlichen Europa getroffenen Selbstzuschreibungen, die durch äußere Zwänge erfolgenden Umsiedlungen sowie die Eintragungen in die „Deutsche Volksliste“ in unzähligen Fällen langfristige Auswirkungen auf individuelle Lebenswege sowie auf die Prozeduren zur Aufnahme in der Bundesrepublik hatten.

Jahrbuch des BKGE 24 (2016), S. 309–334

Zugleich steht die „Operation Link" beispielhaft für die Schwierigkeiten von Regierungen, Verwaltungsstellen und nicht-staatlichen Akteuren, Aufnahmeprogramme zu planen und umzusetzen: Denn welche Menschen werden in die Programme einbezogen? Wer legt die Auswahlkriterien fest und welche Stelle kontrolliert, ob und wie diese praktisch umgesetzt werden? Was passiert, wenn Menschen aufgrund fehlender Einigung und unklarer Regelungen an Grenzen stranden? Welchen Spielraum haben Akteure vor Ort? Und welche langfristigen Folgen können als begrenzt verstandene Aufnahmeaktionen haben?

2. Nach dem Ende der Vertreibungen und Ausweisungen. Die Vorbereitung der Umsiedlungen

Trotz der gewaltigen Bevölkerungsverschiebungen seit der Spätphase des Zweiten Weltkrieges war die Frage der ‚deutschen' Minderheiten in Polen und den anderen Staaten Osteuropas in den späten 1940er Jahren keineswegs abschließend geklärt. Nach dem Ende der ‚wilden' Vertreibungen waren mit der „Operation Swallow" zwar noch einmal etwa eineinhalb Millionen Menschen, die aus Polen vertrieben beziehungsweise ausgewiesen worden waren oder das Land freiwillig verlassen hatten, in die britische Besatzungszone gekommen. Die anderen Besatzungszonen hatten 1946/47 ebenfalls mehrere Millionen ‚Deutsche' vor allem aus Polen, der Tschechoslowakei und Ungarn aufgenommen. Aufgrund der Missstände während der organisierten Vertreibungen hatte die britische Militärregierung Ende 1946 aber entschieden, die Aufnahme weiterer Transporte abzulehnen.[2] Nach dem Ende der „Operation Swallow" kamen nur mehr Kriegsgefangene und Kinder, die von ihren Eltern getrennt worden waren, in geschlossenen Transporten aus dem östlichen Europa in das besetzte Deutschland.[3]

Daneben konnten sich jene nach Kriegsende in den osteuropäischen Staaten lebenden Menschen, die sich als Deutsche verstanden oder von den Behörden als solche eingestuft wurden, lediglich auf individuellem Wege um ihre Ausreise bemühen. Viele strebten in die Besatzungszonen, weil ihre Familienangehörigen – aufgrund der Kriegsereignisse, im Zuge der nationalsozialistischen Umsiedlungen oder infolge der Vertreibungsmaßnahmen – inzwischen hier lebten. Wollten sie in die britische Besatzungszone ausreisen, mussten sie ein aufwendiges Verfahren mit ungewissem Aus-

2 Vgl. Mathias Beer: Umsiedlung, Flucht und Vertreibung der Deutschen als internationales Problem. Zur Geschichte eines europäischen Irrwegs. 2., durchges. u. aktualis. Aufl. Stuttgart 2005; Matthew Frank: Expelling The Germans. British Opinion and Post-1945 Population Transfer in Context. Oxford, New York 2007; Ray M. Douglas: Orderly and Humane. The Expulsion of the Germans after the Second World War. New Haven, Conn. 2012.

3 Sascha Schießl: „Das Tor zur Freiheit". Kriegsfolgen, Erinnerungspolitik und humanitärer Anspruch im Lager Friedland (1945–1970). Göttingen 2016 (Veröffentlichungen des Zeitgeschichtlichen Arbeitskreises Niedersachsen 31), S. 167–173; Kurt W. Böhme: Gesucht wird … Die dramatische Geschichte des Suchdienstes. München 1965, S. 67–76; Tara Zahra: The Lost Children. Reconstructing Europe's Families after World War II. Cambridge, Mass. 2011.

gang durchlaufen.[4] Es war dieser Konflikt zwischen dem Wunsch vieler Menschen, in die verschiedenen Zonen Deutschlands überzusiedeln, und den Beschränkungen des Zuzugs, der das Rote Kreuz auf den Plan rief, um zumindest Familienzusammenführungen zu ermöglichen.

Schon 1946, also noch während die „Operation Swallow" lief, hatte das Internationale Komitee vom Roten Kreuz (IKRK) in Warschau damit begonnen, Familien zu ermitteln, die im Zuge der Kriegs- und Nachkriegswirren voneinander getrennt worden waren.[5] Im Oktober 1948 leitete dann die Zonenzentrale Hamburg, wie sich der Suchdienst des Roten Kreuzes in der britischen Zone nannte,[6] im Auftrag des IKRK erste Schritte ein, um die Umsiedlung von Deutschen vorzubereiten, die noch in Polen lebten. In Absprache mit der Arbeitsgemeinschaft des Roten Kreuzes (Britische Zone) legte der Suchdienst zunächst den Personenkreis fest, der für eine solche Aktion in Frage kommen sollte. Mit Hilfe der lokalen Rotkreuz-Stellen und der Kreisflüchtlingsbetreuer erfasste die Zonenzentrale anschließend all jene in Polen verbliebenen Personen, die von ihren in der britischen Zone lebenden Angehörigen unmittelbar aufgenommen werden konnten. Die Meldung erfolgte durch Angehörige, die bereits in der britischen Zone lebten. Die von der Zonenzentrale zunächst berücksichtigten potentiellen Aus- oder Umsiedler, für die kein zusätzlicher Wohnraum benötigt werden sollte, bildeten den Kern der später so genannten „Gruppe A" der „Operation Link". Unter die ebenfalls registrierte „Gruppe B" fielen jene, die von ihren Angehörigen mangels Wohnraum nicht selbst aufgenommen werden konnten, während die unter „Gruppe C" zusammengefassten Personen keine nahen Verwandten in der britischen Zone hatten. Bis Mitte März 1949 hatte der Suchdienst Hamburg für die britische Besatzungszone 26.500 „Umsiedlungswillige" der Gruppe A ermittelt; für die anderen Gruppen lagen noch keine Zahlen vor. Die gleiche Arbeit übernahmen die Arbeitsgemeinschaft des Roten Kreuzes (US-Zone) und der dortige Suchdienst München hinsichtlich der Zusammenführung von Familien, die zum Teil in der Tschechoslowakei, zum Teil in der amerikanischen Besatzungszone lebten. Die Zusammenstellungen der Suchdienste bildete nun die Basis für Verhandlungen zwischen den nationalen Rotkreuz-Gesellschaften, dem IKRK, den westdeutschen Ländern, der Arbeitsgemeinschaft der Flüchtlingsverwaltungen sowie den Alliierten.[7] Auf der Grundlage der bisherigen Anträge auf Umsiedlung fertigte die Arbeitsgemeinschaft des Roten Kreuzes der Britischen Zone 24 Transportlisten mit jeweils 1.000 Personen der Kategorie A an, die aus Polen aufgenommen werden sollten. Im Frühjahr 1949 signalisierten die Landesregierungen

4 Vgl. etwa Hilfswerk der Ev. Landeskirche in Württemberg an den Staatsbeauftragten für das Flüchtlingswesen in Stuttgart vom 7. Oktober 1949, Bundesarchiv Koblenz (im Folgenden: BArch) B 150/509.

5 Böhme: Gesucht wird … (Anm. 3), S. 173.

6 Zu den Anfängen der Zonenzentrale Hamburg siehe ebd., S. 38–45.

7 DRK-Suchdienst Hamburg, Bericht „Umsiedlung der Restgruppe von Deutschen aus den polnisch verwalteten Gebieten, aus Polen und der CSR in das Bundesgebiet und in die sowjetische Zone" vom 17. August 1950, BArch B 150/201a.

der britischen Zone der Militärverwaltung ihre Bereitschaft, die Zuzugswilligen der „Kategorie A" aufzunehmen.[8]

Es waren damit die Arbeitsgemeinschaften des Roten Kreuzes und die Suchdienste, die eine Vorentscheidung darüber getroffen hatten, welche Personen im Rahmen der Familienzusammenführung in der britischen Zone aufgenommen werden konnten und welche dahinter zurückstanden. Dass die Arbeitsgemeinschaften des Roten Kreuzes und die westdeutschen Behörden ihre Bemühungen um eine Aufnahme auf die „Gruppe A" konzentrierten, lag aus pragmatischen Gründen nahe. Noch immer herrschte in den westlichen Besatzungszonen ein markanter Wohnraummangel; in unzähligen Notunterkünften und Lagern lebten nach wie vor sehr viele Flüchtlinge, Vertriebene oder Evakuierte,[9] deren ‚Integration' keineswegs abschließend geregelt war.[10] Zugleich kamen in großer Zahl Zuwanderer aus der DDR in den Westen, was nicht nur kontroverse Debatten darüber auslöste, ob man diese Gruppe aufnehmen sollte, sondern auch den Bedarf an Wohnraum weiter erhöhte.[11]

Gleichwohl war bemerkenswert, dass weder der rechtliche Status der potentiellen AussiedlerInnen noch die individuellen Lebensumstände in Polen oder der Tschechoslowakei, sondern vielmehr die Kapazitäten in den Westzonen die Möglichkeiten der Aufnahme bestimmten. Auch die in Polen und der Bundesrepublik jeweils ungleich angelegten Kriterien, nach denen über die deutsche Volkszugehörigkeit entschieden wurde,[12] waren für die Frage der Aufnahme nicht entscheidend. Völlig unberücksichtigt blieb zugleich, dass viele der Menschen, die in Polen oder in Westdeutschland als ‚Deutsche' kategorisiert worden waren, diesen Status erst während

8 Zonal Executive Offices Lubbecke to Political Division (2), HQ CC Berlin, June 27th 1949, The National Archives London (im Folgenden: TNA) FO 1073/68. Vgl. auch Protokoll der 50. Kabinettssitzung vom 3. März 1950, Top D, BArch, Kabinettsprotokolle der Bundesregierung, online unter <http://www.bundesarchiv.de/kabinettsprotokolle>. Zur Zusammenstellung der Listen vgl. auch Arbeitsgemeinschaft vom Roten Kreuz in Deutschland, Britische Zone [Suchdienst HH] an BMVt vom 11. November 1949, BArch B 150/509.

9 Vgl. Schießl: „Das Tor zur Freiheit" (Anm. 3), S. 72–103. Siehe zum Wohnraummangel in der Nachkriegszeit Axel Schildt: Moderne Zeiten. Freizeit, Massenmedien und „Zeitgeist" in der Bundesrepublik der 50er Jahre. Hamburg 1995 (Hamburger Beiträge zur Sozial- und Zeitgeschichte 31), S. 48–54; für Niedersachsen außerdem Holger Lüning: Zwischen Tür und Angel. Wohnungsbau für Vertriebene und Flüchtlinge. In: Adelheid von Saldern (Hg.): Bauen und Wohnen in Niedersachsen während der fünfziger Jahre. Hannover 1999 (Quellen und Untersuchungen zur Geschichte Niedersachsens nach 1945 14), S. 67–95.

10 Vgl. etwa Volker Ackermann: Der „echte" Flüchtling. Deutsche Vertriebene und Flüchtlinge aus der DDR 1945–1961. Osnabrück 1995 (Studien zur historischen Migrationsforschung 1); Marita Krauss (Hg.): Integrationen. Vertriebene in den deutschen Ländern nach 1945. Göttingen 2008.

11 Helge Heidemeyer: Flucht und Zuwanderung aus der SBZ/DDR 1945/1949–1961. Die Flüchtlingspolitik der Bundesrepublik bis zum Bau der Berliner Mauer. Düsseldorf 1994 (Beiträge zur Geschichte des Parlamentarismus und der politischen Parteien 100); Arne Hoffrichter: Heinrich Albertz und die SBZ-Flucht. Zur Rolle Niedersachsens, der Presse und des Durchgangslagers Uelzen-Bohldamm im Prozess der Notaufnahmegesetzgebung 1949/1950. In: Niedersächsisches Jahrbuch für Landesgeschichte (84) 2012, S. 377–409.

12 Siehe für die Debatten im Parlamentarischen Rat und die Regelung des Grundgesetzes: Jannis Panagiotidis: Laws of Return? Co-Ethnic Immigration to West Germany and Israel (1948–1992). Diss. Florenz 2012 [Buchfassung in Vorbereitung], S. 24–33.

des Zweiten Weltkrieges erhalten hatten, indem sie etwa in die „Deutsche Volksliste“ aufgenommen oder von Umsiedlungsmaßnahmen erfasst und anschließend eingebürgert worden waren.[13] Als Resultat konnten in allen drei Gruppen sowohl Personen aufgeführt werden, die die deutsche Staatsbürgerschaft besaßen („Reichsdeutsche“), als auch Menschen eingruppiert werden, die über diese nicht verfügten, aber – mitunter nur zeitweilig – als Deutsche kategorisiert wurden („Volksdeutsche“).

Im Juni 1949 kamen verschiedene Abteilungen der britischen Militärverwaltung mit Vertretern des Deutschen Roten Kreuzes und des IKRK zusammen, um in kleiner Runde zu beraten, wie die von den Ländern zugesagten Zuzüge in die Praxis umgesetzt werden könnten. Mit Abschluss der Besprechung stand das Verfahren zur Familienzusammenführung weitgehend fest. Auch der Name „Operation Link“ war zu diesem Zeitpunkt bereits vorgeschlagen.[14] Die Listen sollten an das Rote Kreuz in Polen sowie die polnischen und britischen Behörden weitergeleitet werden. Das polnische Rote Kreuz sollte die Transporte nach den vorgegebenen Listen zusammenstellen, die britischen Behörden konnten aber die Aufnahme einzelner Personen ablehnen. Weil die Frage der Unterbringung in der britischen Zone vom dortigen Roten Kreuz bereits geklärt worden war, sollte auf die Notwendigkeit individueller Zuzugsgenehmigungen verzichtet werden. Wer mit einem Transport eintraf, ohne auf der entsprechenden Liste zu stehen, sollte indes nach Polen zurückgeschickt werden. Als Zielort der Transporte sah die Vereinbarung das Flüchtlingslager Friedland vor.[15]

Im September 1945 von der britischen Militärverwaltung eingerichtet, diente das Lager Friedland zunächst dem Austausch von Personen zwischen der sowjetischen und der britischen Besatzungszone, bei denen es sich vor allem um Flüchtlinge, Vertriebene und Evakuierte handelte. Seit August 1946 trafen hier zudem Heimkehrer aus westlicher wie östlicher Kriegsgefangenschaft ein.[16] Friedland war praktisch das einzige Lager der britischen Zone, das für eine solche Aktion in Frage kam. Das an-

13 Markus Leniger: Nationalsozialistische „Volkstumsarbeit“ und Umsiedlungspolitik 1933–1945. Von der Minderheitenbetreuung zur Siedlerauslese. Berlin 2006 (Geschichtswissenschaft 6); Gerhard Wolf: Ideologie und Herrschaftsrationalität. Nationalsozialistische Germanisierungspolitik in Polen. Hamburg 2012 (Studien zur Gewaltgeschichte des 20. Jahrhunderts); Johannes Frackowiak: Die „Deutsche Volksliste“ als Instrument der nationalsozialistischen Germanisierungspolitik in den annektierten Gebieten Polens 1939–1945. In: Ders. (Hg.): Nationalistische Ressentiments. Deutsche und Polen von 1871 bis zur Gegenwart. Göttingen 2013 (Hannah-Arendt-Institut für Totalitarismusforschung, Berichte und Studien 64), S. 167–180. Zum engen Zusammenhang zwischen Umsiedlungen, „Volksliste“ und den Verbrechen an der jüdischen und nichtjüdischen Bevölkerung siehe Götz Aly: „Endlösung“. Völkerverschiebung und der Mord an den europäischen Juden. 3. Aufl. Frankfurt a. M. 2005.

14 Zonal Executive Offices Lubbecke to Political Division (2), HQ CC Berlin, June 27th 1949, in: TNA FO 1073/68. – Wer die Bezeichnung „Operation Link“ vorschlug, ist nicht ersichtlich. Da der Name aber zu den früheren britischen Bezeichnungen für die verschiedenen Bevölkerungstransfers passt, lässt sich vermuten, dass er auf eine Abteilung der britischen Militärverwaltung zurückgeht.

15 Zonal Executive Offices Lubbecke to Political Division (2), HQ CC Berlin, June 27th 1949, in: TNA FO 1073/68.

16 Vgl. Schießl: „Das Tor zur Freiheit“ (Anm. 3), S. 103–128.

dere große Durchgangslager Uelzen-Bohldamm war Mitte 1949 mit der Aufnahme von Flüchtlingen aus der sowjetischen Zone überlastet,[17] während die Durchgangslager, über die die „Operation Swallow" abgewickelt worden war, längst geschlossen waren.

Nun lag im Sommer 1949 zwar ein Plan zur Familienzusammenführung vor, zudem war die aufzunehmende Gruppe festgelegt. Die Umsetzung verzögerte sich indes. Denn der britische Hochkommissar Robertson setzte die Durchführung der „Operation Link" so lange aus, bis die westdeutsche Staatsgründung abgeschlossen war. Auf britischer Seite wuchs offenbar die Befürchtung, die polnische Regierung würde die Übereinkunft nutzen, um alle im Land lebenden Deutschen auszuweisen.[18] Allerdings bedurfte es keiner neuerlichen polnischen Ausweisungen, um einen Zuzugsdruck befürchten zu müssen, der über die vereinbarten 25.000 Personen hinausging. Zwar waren die Transportlisten für die „Operation Link" längst erstellt und der Umfang der aufzunehmenden Personen eng begrenzt. Gleichwohl stieg, nachdem die Warschauer IKRK-Delegation die in Polen lebenden Deutschen im Sommer 1949 aufgefordert hatte, sich beim Suchdienst Hamburg zu melden, falls sie in die britische Zone auszureisen wünschten, die Zahl der Anträge auf Familienzusammenführung immer weiter an.[19]

Unterdessen stieß die Aussicht, weitere Personen in der britischen Zone unterbringen zu müssen, bei deutschen Verwaltungen auf Vorbehalte. Während die Landesregierungen eine Aufnahme im Rahmen einer Familienzusammenführung unterstützt hatten, war der Rückhalt auf kommunaler Ebene geringer. Den dortigen Verwaltungen widerstrebte schon die Aufnahme jener Deutschen, die während der Verhandlungsphase mit individuellen Einreisegenehmigungen aus Polen in die britische Besatzungszone gekommen waren und vom zuständigen Lager Friedland in die Städte und Kreise weitergeleitet wurden. Die Kritik einiger Städte und Gemeinden an der Einweisung der Aussiedler oder Umsiedler, wie diese Gruppe zumeist genannt wurde, entzündete sich insbesondere an den Quotierungen und den daraus folgenden unmittelbaren Belastungen für die jeweilige Verwaltungsebene. Angesichts des knappen Wohnraums und des gleichzeitigen Zuzugs von Flüchtlingen aus der sowje-

17 Vgl. Hoffrichter: Heinrich Albertz und die SBZ-Flucht (Anm. 11), S. 383–394.

18 Die britische Überlieferung zur „Operation Link" ist stellenweise lückenhaft. Die Entscheidung von Robertson ist aber beispielsweise hier erwähnt: G. Section, Office of the Chief of Staff, Lubbecke, to DP Branch Berlin et al., December 8th 1949, in: TNA FO 1073/68. – Zur polnischen Politik gegenüber Personen, die als Deutsche kategorisiert wurden, siehe Hugo Service: Germans to Poles. Communism, Nationalism and Ethnic Cleansing after the Second World War. Cambridge, New York 2013, S. 158–186; Michael G. Esch: „Gesunde Verhältnisse". Deutsche und polnische Bevölkerungspolitik in Ostmitteleuropa 1939–1950. Marburg 1998 (Materialien und Studien zur Ostmitteleuropa-Forschung 2), S. 299–321.

19 Bis Ende 1949 waren bereits 49.500 Personen in Gruppe A, 30.500 in Gruppe B sowie 6.000 in Gruppe C registriert, die in die britische Zone ausreisen wollten; vgl.: DRK-Suchdienst Hamburg, Bericht „Umsiedlung der Restgruppe von Deutschen aus den polnisch verwalteten Gebieten, aus Polen und der CSR in das Bundesgebiet und in die sowjetische Zone" vom 17. August 1950, BArch B 150/201a.

tischen Zone sahen sich viele Kommunen nicht in der Lage, weitere ‚Deutsche' aus Polen oder anderen osteuropäischen Staaten unterzubringen.[20]

Während auf lokaler Ebene weder SBZ-Flüchtlinge noch AussiedlerInnen aus Polen mit offenen Armen empfangen wurden, wenn eigene Interessen berührt waren, unterschied sich die Wahrnehmung beider Gruppen bei den politischen Entscheidungsträgern auf Landes- und Bundesebene mitunter massiv. Der niedersächsische Flüchtlingsminister Heinrich Albertz (SPD) wies immer wieder darauf hin, sein Land sei überbevölkert und könne keine weiteren Flüchtlinge aus der sowjetischen Zone aufnehmen. Im Juli 1949 ließ Albertz sogar das Lager Uelzen-Bohldamm schließen, um den politischen Druck auf die anderen Bundesländer zu erhöhen, selbst mehr Flüchtlinge aufzunehmen.[21] Im Falle der AussiedlerInnen positionierte sich Albertz vollkommen anders. Ein aufgrund seiner Brisanz streng vertrauliches Schreiben aus demselben Monat zeigte die polarisierte Wahrnehmung der Flüchtlinge aus der SBZ einerseits und der Deutschen im östlichen Europa anderseits. Während die Frage der „illegalen Grenzgänger", also der Flüchtlinge aus der SBZ, nun „gelöst erscheint", werde, so schrieb Albertz den Präsidenten der niedersächsischen Regierungs- und Verwaltungsbezirke, „die Aufnahme der Polendeutschen in die Stadt- und Landkreise vor ausserordentliche Schwierigkeiten gestellt." In Übereinstimmung mit der Staatskanzlei und „Vertretern aller politischen Parteien" müsse er aber bekräftigen, dass es über die Aufnahme der Gruppe „keine Diskussion geben" dürfe. Vertraulich weise er auf die Informationen hin, die man von den „objektiven Dienststellen des Internationalen Roten Kreuzes in Warschau über die Lage der Deutschen im Raume des jetzigen Polens" erhalten habe.

> Alle Deutschen, mit Ausnahme gewisser völkischer Grenzgruppen Oberschlesiens, stehen in einer akuten Lebensgefahr. Sie sind entweder in Lager verschleppt, die den Schrecken der deutschen Konzentrationslager in nichts nachstehen, oder sie sind durch den polnischen Sicherheitsdienst, eine der Gestapo und der GPU parallele politische Polizeieinrichtung als Arbeitskräfte ausgeliehen in Formen, gegen die die Sklaverei der vorigen Jahrhunderte in den Schatten gestellt wird.

Obschon es „äusserst schwierig sein [würde], die Massnahme der unbedingten Notwendigkeit der Aufnahme dieser Deutschen der niedersächsischen Öffentlichkeit gegenüber zu begründen", bat Albertz die Adressaten, „sich der selbstverständlichen Pflicht der Aufnahme dieses Personenkreises ohne Widerspruch zu unterziehen." Trotz der großen Schwierigkeiten in Niedersachsen habe „niemand das Recht", „in dieser Frage aus der Reihe zu tanzen."[22] Albertz erwähnte nicht, dass die Frage der angeblichen „akuten Lebensgefahr" bei der Auswahl der Zuzugsberechtigten gar kei-

20 Siehe für Niedersachsen die Schriftwechsel verschiedener Behörden zur Frage der Aufnahme aus dem Jahr 1949, Niedersächsisches Landesarchiv – Hauptstaatsarchiv Hannover (im Folgenden: NLA-HStAH) Nds. 380 Acc. 62a/65 Nr. 518 und Nr. 519.

21 Vgl. zu dieser Problematik ausführlich Hoffrichter: Heinrich Albertz und die SBZ-Flucht (Anm. 11).

22 Nds. Flüchtlingsminister [im Folgenden: FM] an die Reg.präs. und Präsidenten der Verwaltungsbezirke vom 16. Juli 1949, NLA-HStAH Nds. 380 Acc. 62a/65 Nr. 518.

ne Rolle gespielt hatte und nach den Vereinbarungen auch nicht alle Ausreisewilligen aufgenommen werden sollten. Die Darstellung sollte ganz offenkundig nur dazu dienen, möglichen Einwänden gegen eine Aufnahme zu begegnen. Wie inkonsistent die Position des Flüchtlingsministeriums war, zeigte sich in einer Differenzierung, die Albertz und seine Beamten nur wenige Tage später vornahmen. In einem Entwurf zu einem weiteren Schreiben verwies man auf bisherige Erfahrungen mit Transporten, in die sich Personen

> einschmuggeln, deren Aufnahme unerwünscht ist (Asoziale) und zu deren Aufnahme das Land Niedersachsen sich nicht verpflichtet hat. Darüber hinaus versuchen zunehmend Deutsche aus den ehemals polnisch verwalteten Gebieten, die für die sowjetische Besatzungszone bestimmt sind, illegal nach Niedersachsen überzuwechseln, weil sie in der sowjetischen Zone nicht verbleiben wollen.

Diejenigen, die die sowjetische Besatzungszone aufzunehmen sich bereit erklärt habe, die aber in die britische Zone einreisen wollten, seien „wie die übrigen illegalen Grenzgänger zu behandeln.“[23] Albertz und sein Ministerium sahen in der sowjetischen Besatzungszone also ein sicheres Aufnahmegebiet. Wenn die dort aufgenommenen Deutschen aus Polen diese in Richtung der westlichen Besatzungszonen verlassen wollten, ohne einen Aufnahmebescheid zu besitzen, wurden sie in dieser Sicht zu Wirtschaftsflüchtlingen wie diejenigen, die die SBZ nicht aufgrund eindeutiger politischer Verfolgung verließen.

Dagegen hatte das Grundgesetz zunächst in Artikel 116 Vertriebene „deutscher Volkszugehörigkeit“ ohne deutsche Staatsangehörigkeit jenen Personen gleichgestellt, die diese bereits besaßen, und war in seiner Formulierung auch offen für jene, die noch nicht im Bundesgebiet lebten. Die zeitgenössischen Diskussionen drehten sich aber insbesondere um die Integration derjenigen, die bereits in der Bundesrepublik lebten.[24] So bekräftigte die Bundesregierung zwar nach ihrer Formierung ihre Bereitschaft, Umsiedlungswillige aus den Gebieten östlich von Oder und Neiße und der Tschechoslowakei aufzunehmen. In seiner Regierungserklärung im Bundestag am 20. September 1949 blieb Kanzler Adenauer aber bewusst im Ungefähren. „Die Arbeit der Bundesregierung“ werde auch „den etwa 200.000 Deutschen gelten müssen, die sich in dem ehemaligen Ostpreußen und Schlesien sowie in der Tschechoslowakei befinden“. Der Kanzler konnte, ohne sich formal festzulegen, die Bereitschaft einer weitergehenden Aufnahme andeuten, weil er angesichts der alliierten Widerstände genau wusste, dass die Bundesregierung diese nicht würde nachweisen müssen. Die Verantwortung für nicht erfüllte Hoffnungen wies Adenauer dabei indirekt den Briten zu, denn die Verhandlungen seien „überraschend – soviel den deutschen Stellen bekanntgeworden ist, durch die britische Militärregierung –

23 Nds. FM an die Reg.präs. und Präsidenten der Verwaltungsbezirke, Entwurf vom 26. Juli 1949, NLA-HStAH Nds. 380 Acc. 62a/65 Nr. 518.

24 Panagiotidis: Laws of Return? (Anm. 12), S. 26–29.

abgebrochen worden".[25] Nur wenige Tage später befasste sich auch das Bundeskabinett mit der Frage der ausgesetzten Transporte. Vertriebenenminister Lukaschek, gerade ins Amt gekommen,[26] war noch kaum orientiert und sprach davon, laut Internationalem Roten Kreuz würden 350.000 Deutsche „von der Tschechoslowakei und Polen zurückgehalten". Die „Abschiebung dieser Leute" sei mit beiden Staaten vereinbart worden, bis „plötzlich" der Transport „ins Stocken gekommen" sei und die Betroffenen „in Lagern zusammengezogen" worden seien.[27] Ganz offenkundig wusste der Vertriebenenminister weder, dass es General Robertson war, der die Durchführung der Operation vorläufig ausgesetzt hatte, noch war ihm klar, dass der Kreis der Aufzunehmenden eng begrenzt war. Neben den 25.000 Personen, die in der britischen Zone aufgenommen werden sollten, war lediglich die Aufnahme von 20.000 Sudetendeutschen aus der Tschechoslowakei bewilligt, deren Familienangehörige vor allem in der amerikanischen Zone lebten. Die Länder hatten keine Aufnahme eines darüber hinausgehenden Personenkreises beantragt, die Alliierte Hohe Kommission und die Militärverwaltungen hatten eine solche auch nicht in Aussicht gestellt.[28] Lukascheks unbeholfene Frage im Kabinett „Wer ist zuständig? Das Ostministerium oder ich?"[29] mochte der Gründungsphase der Bundesrepublik wie der Regierung geschuldet gewesen sein, in der noch nicht alle Kompetenzen abgesteckt waren. Zugleich verdeutlichten die Frage und Lukascheks fehlende Detailkenntnisse aber auch, wie sehr andere Akteure die Frage der Aufnahme der AussiedlerInnen zu dieser Zeit dominierten. Neben der britischen Militärverwaltung als Entscheidungsträgerin war es das Rote Kreuz mit seinen verschiedenen Gliederungen und Suchdiensten, das zumindest dem Vertriebenenminister zunächst so sehr an Expertise überlegen war, dass selbst falsche Informationen von diesem nicht als solche erkannt wurden.

Das Kanzleramt war besser im Bilde. Adenauer schrieb der Alliierten Hohen Kommission am 26. Oktober, aus Polen und der Tschechoslowakei kämen „für die Übersiedlung etwa 45.000 Personen in Betracht", deren Familienangehörige in der Bundesrepublik lebten. Er bat um eine Zustimmung zur Aufnahme dieser Perso-

---

25 Regierungserklärung von Bundeskanzler Adenauer, Deutscher Bundestag/Parlamentsarchiv (im Folgenden: BT/PA), Plenarprotokoll des Deutschen Bundestages, 1. WP, 5. Sitzung vom 20. September 1949, S. 22–30, hier S. 28.

26 Die Debatten, die zur Einrichtung eines Bundesvertriebenenministeriums führten, bei Mathias Beer: Symbolische Politik? Entstehung, Aufgaben und Funktion des Bundesministeriums für Vertriebene, Flüchtlinge und Kriegsgeschädigte. In: Jochen Oltmer (Hg.): Migration steuern und verwalten. Deutschland vom späten 19. Jahrhundert bis zur Gegenwart. Göttingen 2003 (Schriften des Instituts für Migrationsforschung und Interkulturelle Studien [IMIS] der Universität Osnabrück 12), S. 304–308.

27 Bundesvertriebenenminister Lukaschek laut Wortprotokoll der 7. Kabinettssitzung vom 26. September 1949, BArch, Kabinettsprotokolle der Bundesregierung online.

28 Vgl. Refugees and Displaced Persons Branch, Office of the United Kingdom High Commission, to Federal Minister for Refugees, Dr. Lukaschek, February 22nd 1950, BArch B 150/509.

29 Bundesvertriebenenminister Lukaschek laut Wortprotokoll der 7. Kabinettssitzung vom 26. September 1949, BArch, Kabinettsprotokolle der Bundesregierung online.

nen, die nur der „Kategorie A“ angehörten.[30] Von den Zahlen, die er selbst im Bundestag genannt hatte, war hier nicht die Rede. Eine offizielle Forderung nach einer umfangreicheren Aufnahme, die möglicherweise die Alliierten verärgert hätte, war auch gar nicht nötig. Denn es waren für alle Beobachter ohnehin die Briten, die eine Aufnahme blockierten. Vertriebenenminister Lukaschek konnte zwar, offenbar vom Roten Kreuz gedrängt, im Bundeskabinett noch einmal darauf verweisen, dass das IKRK vor einer Ausweisung aus Warschau stehe und man notwendigerweise erklären müsse, die 300.000 noch in Polen verbliebenen Deutschen aufzunehmen.[31] Als Adenauer Anfang November in dieser Frage an General Robertson schrieb, nannte er aber überhaupt keine Zahlen. Der Kanzler erklärte lediglich namens der Bundesregierung, „daß es ein zwingendes Gebot der Menschlichkeit ist, diesem Personenkreis trotz der gegenwärtigen schwierigen Lebens- und Wohnraumverhältnisse im Gebiete der Bundesrepublik Deutschland die Aufnahme nicht zu verweigern“.[32]

Ende November stimmte die Alliierte Hohe Kommission schließlich der Aufnahme der 45.000 Personen zu, die aber auf die „Kategorie A“ beschränkt bleiben müsse. Man sehe „diese Rückführungen nicht als Sammeltransporte, sondern als Einzeltransporte von deutschen Staatsangehörigen“ an, die „gemäß der alliierten Politik befugt sind, nach Westdeutschland einzureisen.“[33] Auch dies stimmte nicht, weil sich unter denen, die vom Roten Kreuz auf die Listen gesetzt wurden, nicht nur frühere „Reichsdeutsche“ fanden. Zudem wurden die Bedingungen, unter denen die Alliierten eine Einreise einzelner Personen in die westlichen Besatzungszonen bislang erlaubt hatten, mit der Zusammenstellung der Listen bewusst umgangen. Dessen ungeachtet kam nun wieder Bewegung in die Angelegenheit. Die Briten setzten die Vorbereitungen zur Aufnahme der Transporte fort. Die „Operation Link“ sollte nun am 15. Januar beginnen. Das Land Niedersachsen hatte in der Zwischenzeit auch bestätigt, dass Friedland für die Aufnahme der Transporte bereitstünde.[34] Als Übergabeort einigte man sich schließlich auf den nahegelegenen Grenzübergang Besenhausen, über den bereits in der frühen Nachkriegszeit der Austausch zwischen der britischen und der sowjetischen Zone erfolgt war. Die polnischen Züge konnten hier bis nach Arenshausen fahren; von dort war der Weg zur Grenze nicht weit.

---

30 Adenauer an AHK, Robertson vom 26. Oktober 1949, BArch B 150/509.

31 Bundesvertriebenenminister Lukaschek laut Protokoll der 16. Kabinettssitzung vom 28. Oktober 1949, Top G, BArch, Kabinettsprotokolle der Bundesregierung online.

32 Adenauer an AHK, Robertson vom 5. November 1949, BArch B 150/509. – Die unterschiedlichen Zahlen, mit denen die Bundesregierung operierte, sind zuerst vermerkt in den Anmerkungen zu den Kabinettsprotokollen, siehe Protokoll der 16. Kabinettssitzung am 28. Oktober 1949, Top G, BArch, Kabinettsprotokolle der Bundesregierung online.

33 Note der AHK an Adenauer vom 28. November 1949 (Übersetzung), BArch B 150/509.

34 G. Section, Office of the Chief of Staff, Lubbecke, to DP Branch Berlin et al., December 8th 1949. Eine Zusammenfassung der Ergebnisse in: Assistant Director Border Inspection Service Goslar to Director's Office, Frontier Inspection Service Cuxhaven, December 17th 1949, beide: TNA FO 1073/68.

3. Am Schlagbaum bei Friedland. Die Ankunft der Aussiedlertransporte

Als nach einer weiteren Verzögerung schließlich Anfang März 1950 der erste Transport mit 689 Aussiedlern aus Polen auf dem Weg nach Friedland war, schien die lange Planungs- und Verhandlungsphase der „Operation Link" zu enden.[35] Allerdings war in der Zwischenzeit auf britischer Seite noch einmal die Befürchtung gewachsen, die Zuzüge aus Polen würden nicht auf die vorgesehenen 25.000 Personen begrenzt bleiben. Während der erste Zug schon unterwegs war, erfuhr die britische Militärverwaltung über ihre Botschaft in Warschau, dass der Transport von den polnischen Behörden willkürlich zusammengestellt worden sei und nicht wie vereinbart mit den Suchdienstlisten übereinstimme. General Robertson entschied daher, die Übernahme des Transports zu verweigern.[36] Über diese Entscheidung informierte die britische Militärverwaltung die Bundesregierung am 1. März,[37] einen Tag später waren alle zuständigen Stellen unterrichtet. Der britische *Border Inspection Service Göttingen* wies aber die deutsche Grenzschutzstelle in Besenhausen an, sich für eine etwaige kurzfristige Übernahme des Transports bereitzuhalten.[38] Am Abend des 2. März erreichte der Aussiedlertransport das Lager Heiligenstadt kurz vor der innerdeutschen Zonengrenze.[39]

Am nächsten Tag, dem 3. März, rückte das Grenzgebiet zwischen den Lagern Heiligenstadt und Friedland ins Zentrum des Geschehens. Nun hatten die vor Ort anwesenden Akteure Entscheidungen über das weitere Vorgehen zu treffen. Denn die Lagerleitung Heiligenstadt, die angeblich nicht einmal über die Zurückweisung des Transports durch die britische Militärverwaltung informiert war,[40] brachte die Aussiedler am frühen Morgen des 3. März nach Arenshausen, dem letzten Bahnhof auf dem Gebiet der DDR. Von dort waren es nur zwei Kilometer bis zum Grenzübergang Besenhausen. Dessen Kontrolle oblag dem deutschen Zollgrenzschutz, der dem britischen *Frontier Control Service* weisungsgebunden war.[41] Deren für den Grenzabschnitt zuständige Offiziere residierten in Göttingen beziehungsweise Goslar.

---

35 Wie bei beinahe allen Transportzahlen schwanken auch hier die zeitgenössischen Angaben.

36 Die britischen Entscheidungsprozesse lassen sich wiederum nur indirekt den verschiedenen hier zitierten Schriftwechseln und Aufzeichnungen entnehmen.

37 Aussage von Lukaschek nach: Protokoll der Pressekonferenz mit Bundesvertriebenenminister Lukaschek vom 8. März 1950, BArch B 145 I 3.

38 Border Inspection Service Göttingen [Kidd] to Assistant Director, Border Inspection Service Goslar [Parnell], March 3rd 1950, TNA FO 1073/68.

39 Assistant Director, Border Inspection Service Goslar [Parnell], to Director's Office, Frontier Inspection Service Cuxhaven, March 11th 1950, TNA FO 1073/68. Parnells Bericht ist nur teilweise erhalten, die erste Seite fehlt in der Akte.

40 So der Vermerk des BMVt vom 6. März 1950, BArch B 150/509.

41 Siehe dazu die Einleitung des Bestandsverzeichnisses im Bundesarchiv Koblenz: Mechthild Brandes, Matthias Rest (Bearb.): Chefinspektion des Zollgrenzschutzes britische Zone – Zollgrenzdirektion Nord und Zollgrenzdirektion Süd – Sonderbeauftragter für die Zonengrenze (Südteil) und Sonderbeauftragter für die Zonengrenze (Nordteil). Z 33. 1946–1952. Koblenz 1978, online unter <http://www.argus.bundesarchiv.de/Z33-46660/index.htm>.

Am Grenzübergang Besenhausen traf nun am Morgen des 3. März eine Abordnung bundesdeutscher Stellen ein, die offensichtlich von dem bevorstehenden Übergabeversuch Kenntnis hatten. Ihr gehörten unter anderem der niedersächsische Vertriebenenminister Albertz, zwei Regierungsräte aus dem Bonner Vertriebenenministerium, der Friedländer Lagerleiter Richard Krause und dessen Stellvertreter an. Zudem waren der britische Lagerkommandant von Friedland, britische wie deutsche Grenzschutzbeamte sowie etwa sechzig Journalisten vor Ort.[42] Was Albertz, der die Verhandlungsführung übernahm, und die übrigen Behördenvertreter am Grenzübergang Besenhausen erfuhren, konnte sie nicht überraschen. Der britische Offizier des *Border Inspection Service Göttingen*, Kidd, teilte ihnen mit, er sei angewiesen, die Aufnahme abzulehnen, bis festgestellt sei, ob diejenigen, die mit dem Transport ankämen, auf den Rotkreuzlisten verzeichnet seien.[43] Nachdem man vom Leiter des Lagers Heiligenstadt eine Transportübersicht erhalten hatte, versuchten die deutschen Grenzbeamten, diese mit den Listen des Suchdienstes zu vergleichen. Ein Abgleich gestaltete sich allerdings als undurchführbar. Denn die Listen, die der Suchdienst erstellt hatte, waren nicht insgesamt alphabetisch, sondern nach den vorgesehenen Transporten sortiert. „Nach zweistündigem Suchen wurde diese Arbeit", wie Albertz später vermerkte, „ergebnislos abgebrochen, da es unmöglich war, aus den etwa 17000 Namen dieser Liste die 683 Personalien des ersten Transportes zu identifizieren."[44] Auch der britische Grenzkommandant Kidd, der mit sowjetischer Einwilligung nach Arenshausen gegangen war, versuchte erfolglos, die mitgebrachten Dokumente der Wartenden mit den Transportlisten abzugleichen.[45]

Im Bundeskabinett, das an jenem Morgen tagte, erklärte derweil Vertriebenenminister Lukaschek, die britische Regierung habe dagegen protestiert, dass Polen insgesamt 300.000 Deutsche ausweisen wolle. Die Alliierten wollten „insbesondere wegen der nachteiligen Auswirkungen auf den Arbeitsmarkt den Zustrom weiterer Vertriebener in das Bundesgebiet" verhindern, „die Verantwortung dafür aber der

42 Es ist sehr wahrscheinlich, aber durch Quellen nicht zu belegen, dass die Lagerleitung in Heiligenstadt die westdeutschen Behörden, mutmaßlich das Lager Friedland, im Laufe des 2. März von der beabsichtigten Übergabe des Transports in Besenhausen am nächsten Morgen informierte. Dieser Austausch hätte sich dazu angeboten, auf die ergangene Ablehnung des Transports durch die britische Militärverwaltung hinzuweisen. Entsprechende Bemühungen bundesdeutscher oder niedersächsischer Ministerien, ein Stranden der Aussiedler im Grenzgebiet zu verhindern, sind allerdings nicht nachweisbar.

43 Nds. VM Albertz an nds. MP Kopf und BVM Lukaschek vom 3. März 1950, NLA-HStAH Nds. 380 Acc. 62a/65 Nr. 519. – Zu diesem Zweck war Kidd von seinem Vorgesetzten in Goslar nach Besenhausen gesandt worden; vgl. Border Inspection Service Göttingen [Kidd] to Assistant Director, Border Inspection Service Goslar [Parnell], March 3rd 1950, in: TNA FO 1073/68.

44 Nds. VM Albertz an nds. MP Kopf und BVM Lukaschek vom 3. März 1950, NLA-HStAH Nds. 380 Acc. 62a/65 Nr. 519. Vgl. auch Border Inspection Service Göttingen [Kidd] to Assistant Director, Border Inspection Service Goslar [Parnell], March 3rd 1950, TNA FO 1073/68.

45 Border Inspection Service Göttingen [Kidd] to Assistant Director, Border Inspection Service Goslar [Parnell], March 3rd 1950, TNA FO 1073/68.

deutschen Bundesregierung auferlegen".[46] Die Alliierte Hohe Kommission wiederum schrieb Bundeskanzler Adenauer, laut Informationen der polnischen Regierung seien die gerade angelaufenen Transporte „lediglich eine Vorhut". Die Regierung in Warschau plane, „mit der Ausweisung sämtlicher östlich der Oder-Neiße-Linie befindlichen Deutschen in die Bundesrepublik fortzufahren." Die Aufnahme der Transporte führe dazu, dass diese „unmenschlichen und willkürlichen Maßnahmen" fortgesetzt würden. Über die bewilligte Personenzahl hinaus sei aber keine Unterbringung im Bundesgebiet möglich. Daher forderte die Alliierte Hohe Kommission von der Bundesregierung, „unverzüglich die notwendigen Massnahmen zur Verhinderung des Übertritts aller Flüchtlingstransporte zu ergreifen, die nicht zu den [...] vorgesehenen Kategorien gehören und deren Namen nicht auf den aufgestellten Listen vermerkt sind."[47]

Am Grenzübergang Besenhausen war aus Goslar inzwischen der britische Kommandant des Grenzabschnitts, Captain Parnell, eingetroffen, der dem Göttinger Offizier Kidd vorgesetzt war. Parnell erfuhr von Kidd, dass ein Abgleich der Listen in solch kurzer Zeit nicht möglich war. Immerhin jeder fünfte Wartende besitze aber ein Entry-Permit des Combined Travel Boards, also des Reiseamts der westlichen Alliierten, während insgesamt vier von fünf Aussiedlern eine von bundesdeutschen Stellen ausgestellte Zuzugsgenehmigung vorweisen könnten.[48]

In dieser verfahrenen Situation war es Albertz, der die Aufnahme des gesamten Transports offenbar eigenmächtig durchzusetzen suchte. Ob Kanzler Adenauer mit Landesminister Albertz vor dessen Fahrt nach Besenhausen in Verbindung gestanden hatte oder ob die Beamten aus dem Bundesvertriebenenministerium über entsprechende Instruktionen verfügten, ist nicht zu klären. In öffentlichen, vor den Journalisten stattfindenden Verhandlungen mit Captain Parnell versuchte der niedersächsische Minister jedenfalls mit Unterstützung der Bonner Beamten Druck aufzubauen. Nach seiner Besprechung mit Albertz telefonierte Parnell von der Grenzstelle Besenhausen aus mit seinen vorgesetzten Stellen und diese wiederum mit General Robertson. Es blieb jedoch bei der Zurückweisung des gesamten Transports.[49] Die Aus-

46 Vertriebenenminister Lukaschek laut Protokoll der 50. Kabinettssitzung vom 3. März 1950, Top D, BArch, Kabinettsprotokolle der Bundesregierung online. Ein Wortprotokoll liegt für diese Kabinettssitzung nicht vor.

47 Alliierte Hohe Kommission an Bundeskanzler Adenauer vom 3. März 1950 (Abschrift), NLA-HStAH Nds. 380 Acc. 62a/65 Nr. 519.

48 Border Inspection Service Göttingen [Kidd] to Assistant Director, Border Inspection Service Goslar [Parnell], March 3rd 1950, TNA FO 1073/68.

49 Nds. VM Albertz an nds. MP Kopf und BVM Lukaschek vom 3. März 1950, NLA-HStAH Nds. 380 Acc. 62a/65 Nr. 519; Assistant Director, Border Inspection Service Goslar [Parnell], to Director's Office, Frontier Inspection Service Cuxhaven, March 11th 1950, TNA FO 1073/68. – Schon in den Jahren zuvor hatte sich Albertz verschiedentlich der Medien bedient, um seinen Positionen Nachdruck zu verleihen. Vgl. Hoffrichter: Heinrich Albertz und die SBZ-Flucht (Anm. 11), S. 408–418; Reinhard Rohde: Heinrich Albertz und Erich Schellhaus: Zwei Flüchtlingspolitiker der ersten Stunde. In: Rainer Schulze, Reinhard Rohde, Rainer Voss (Hg.): Zwischen Heimat und Zuhause. Deutsche Flüchtlinge und Vertriebene in (West-)Deutschland 1945–2000. Osnabrück 2001 (Quellen und Darstellungen zur Geschichte des Landkreises Celle 6), S. 126–140.

siedlerInnen, die seit acht Uhr morgens am Bahnhof Arenshausen ausharrten, saßen vorerst weiter im Niemandsland zwischen der sowjetischen und britischen Zone fest.

Nachdem sie die Ablehnung des Transports noch einmal allen Beteiligten mitgeteilt hatten, verließen Parnell und Kidd den Grenzübergang und kehrten nach Göttingen beziehungsweise Goslar zurück.[50] Damit war die Entscheidung darüber, was mit den AussiedlerInnen geschehen sollte, aber nicht auf einen anderen Zeitpunkt vertagt und an höhere Stellen zurückgegeben. Nach der Abfahrt der Briten waren nun Inspektor Honrath, der Kommandant der Grenzschutzstelle Besenhausen, sowie Zollinspektor Klann vom Grenzkommissariat Bremke vor Ort zuständig. Beide wurden vom niedersächsischen Minister Albertz überrumpelt.

In Abstimmung mit den Bonner Regierungsräten ließ Albertz einem am Schlagbaum wachenden Grenzbeamten die Anweisung geben, den Schlagbaum zu öffnen. Dieser befolgte den Befehl, sodass kurz darauf die ersten bereitstehenden Lastwagen und Omnibusse über die Grenze rollten, um die AussiedlerInnen aus Arenshausen abzuholen und nach Friedland zu bringen.[51] Erst jetzt gelang es Klann und Honrath, unter Berufung auf ihre Befehle eine Schließung des Schlagbaums zu erwirken.[52] Honrath „heard insulting and cynical remarks from press reporters and members of authorities".[53] Nachdem sich Albertz in Gegenwart von Reportern und Behördenvertretern in kräftigen Worten über Honraths Verhalten beschwert hatte,[54] telefonierten der Minister und Klann mit der Zollgrenzdirektion Nord in Cuxhaven. Der dortige Regierungsdirektor gab auf Vorschlag des Ministers die Anweisung, die Grenze wieder zu öffnen. Wer ein britisches Einzelpermit besitze, könne legal einreisen, die übrigen seien als illegale Grenzgänger an Albertz zu übergeben, damit sie in das Lager Friedland gebracht werden konnten.[55] "Whilst the telephone call was still on, the first cars occupied with refugees arrived, immediately surrounded by the press, radio reporters etc.," berichtete Klann. "Nobody paid any more attention to my objections." Klann und Honrath sahen nun keine Möglichkeit mehr, die Auf-

50 Border Inspection Service Göttingen [Kidd] to Assistant Director, Border Inspection Service Goslar [Parnell], March 3rd 1950, TNA FO 1073/68.

51 Im Bericht der Friedländer Lagerleitung war es dagegen weniger Albertz, sondern Lagerleiter Krause selbst, der bei der Grenzdurchfahrt der Busse und LKWs die „Führung" übernahm; vgl. Bericht der Lagerleitung vom 8./9. März 1950, in: Grenzdurchgangslager Friedland, Lagerchronik Friedland I, P. 105.

52 Sowohl Klann als auch Honrath reklamierten für sich, die Schließung der Grenze erwirkt zu haben, siehe: Grenzkontrollstelle Besenhausen, Honrath, Untitled statement, March 3rd 1950 (Abschrift) und Grenzkommissar in Bremke, Klann, to D.A.D Goettingen [Deputy Assistant Director Kidd], March 3rd 1950 (Übersetzung), beide: TNA FO 1073/68.

53 Grenzkontrollstelle Besenhausen, Honrath, Untitled statement, March 3rd 1950 (Abschrift), TNA FO 1073/68.

54 Grenzkontrollstelle Besenhausen, Honrath, Untitled statement, March 3rd 1950 (Übersetzung), TNA FO 1073/68.

55 Nds. FM Albertz an nds. MP Kopf und BVM Lukaschek vom 3. März 1950, NLA-HStAH Nds. 380 Acc. 62a/65 Nr. 519; Bericht der Lagerleitung vom 8./9. März 1950, in: Grenzdurchgangslager Friedland, Lagerchronik Friedland I, P. 105.

nahme zu unterbinden.[56] Die weiteren LKWs und Busse passierten die Grenze und holten die Aussiedler ab, die anschließend die Grenze legal oder illegal zu Fuß überquerten. Die Prüfung der Papiere wurde kurzerhand nach Friedland verlegt.

Albertz berichtete in seiner Zusammenfassung der Ereignisse, Parnell habe ihm vor seiner Abfahrt erklärt, dass jene zwanzig Prozent der Wartenden, die über ein britisches Einzelpermit verfügten, auf legalem Weg einzeln einreisen dürften. Im Übrigen wisse der Minister, dass nach den üblichen Verfahren illegale Grenzgänger zur Feststellung ihrer Personalien in ein von ihm, Albertz, bestimmtes Lager eingewiesen würden. Als er auf das viele Gepäck hingewiesen habe, das die Aussiedler bei sich hatten, habe für Parnell nichts dagegen gesprochen, mit LKWs nach Arenshausen zu fahren. Als Journalisten Nachfragen stellten, habe Parnell erwidert, für eine etwaige Aufnahme illegaler Grenzgänger trage der Minister die Verantwortung. Diese Hinweise, die Parnell als seine eigene Meinung bezeichnete, mussten nach Albertz' Eindruck mit dessen vorgesetzten Dienststellen abgestimmt gewesen sein.[57] Für eine Beteiligung der britischen Grenzoffiziere an der Öffnung des Schlagbaums sprach, dass die beiden Abschnittskommandanten zwar scheinbar eindeutige Befehle gaben, aber sofort den Grenzpunkt verließen, ohne deren Durchsetzung selbst zu gewährleisten. Zurück blieben ein energischer Minister, zahlreiche Ministerialvertreter, Journalisten sowie mehrere deutsche Grenzbeamte, die sowohl bundesdeutschen als auch britischen Dienststellen unterstanden. Was nach ihrer Abfahrt geschehen würde, konnte Parnell und Kidd kaum überraschen. Beide sprachen in ihren internen Berichten wohl auch deshalb davon, sie hätten auf der Grenzschließung bestanden, um sich selbst und womöglich auch die gewiss nicht eingeweihten deutschen Grenzbeamten zu schützen.[58] Tatsächlich gab es offenbar auch in den kommenden Wochen ein stilles Einverständnis zwischen einem namentlich nicht genannten britischen Grenzbeamten und dem Friedländer Lagerleiter Krause, um die Aufnahme von AussiedlerInnen zu erleichtern.[59] Eindeutig zu klären sind die Ereignisse jenes Tages letztlich aber nicht. Die zahlreichen Presseberichte, die in einigen Fällen von Augenzeugen stammten, lieferten für die entscheidenden Aspekte zumeist nur kolportierte Informationen.[60] Andere Zeitungen meldeten, Albertz habe sich über die britische Weigerung hinweggesetzt, und lobten die Entschlossenheit des Ministers.[61]

---

56 Grenzkommissar in Bremke, Klann, to D.A.D Goettingen [Deputy Assistant Director Kidd], March 3rd 1950 (Übersetzung), TNA FO 1073/68.

57 Nds. VM Albertz an nds. MP Kopf und BVM Lukaschek vom 3. März 1950, NLA-HStAH Nds. 380 Acc. 62a/65 Nr. 519

58 Border Inspection Service Göttingen [Kidd] to Assistant Director, Border Inspection Service Goslar [Parnell], March 3rd 1950, und Assistant Director, Border Inspection Service Goslar [Parnell], to Director's Office, Frontier Inspection Service Cuxhaven, March 11th 1950, beide: TNA FO 1073/68.

59 Vermerk im nds. FM vom 17. April 1950, NLA-HStAH Nds. 380 Acc. 62a/65 Nr. 519.

60 Ein Wegschauen der britischen Grenzoffiziere thematisierte: Die ersten aus Polen. In: Essener Tageblatt vom 4. März 1950. Es ist aber letztlich nicht ersichtlich, ob die Zeitung diese Einschätzung eigener Beobachtung oder der Darstellung von Albertz zu verdanken hatte.

61 Polen will alle Deutschen ausweisen. In: Hannoversche Allgemeine vom 4. März 1950; Aufbruch aus dem Oder-Neiße-Gebiet. In: Hamburger Freie Presse vom 6. März 1950.

In Friedland wurden die AussiedlerInnen registriert und untersucht. Neben 360 Frauen gehörten dem Transport lediglich 198 Männer an, dazu kamen 115 Kinder unter 14 Jahren. Die Mehrzahl der Erwachsenen war über 50 Jahre alt und in vielen Fällen allein unterwegs.[62] Die allermeisten Aussiedler wurden innerhalb weniger Tage an ihre Bestimmungsorte weitergeleitet.[63]

Am 3. März hatte der niedersächsische Vertriebenenminister Albertz gemeinsam mit anderen bundesdeutschen Behördenvertretern in einer unübersichtlichen Situation die uneindeutigen Befehlsstrukturen und die hergestellte Medienöffentlichkeit genutzt, um – womöglich in Absprache mit den britischen Grenzkommandanten – die Aufnahme des Transports zu erwirken, die General Robertson untersagt hatte. Offensichtlich bestanden auf britischer Seite zu diesem Zeitpunkt noch keine eindeutigen Befehle, wie man verfahren sollte, wenn ein Transport bereits an der Grenze eingetroffen war oder AussiedlerInnen diese sogar schon passiert hatten. In jedem Fall erschien es der britischen Militärregierung nicht praktikabel, die in Friedland laufenden Registrierungen zu unterbrechen und die Eingetroffenen wieder abzuschieben. Noch einmal sollte den deutschen Vertretern ein solch eigenmächtiges (oder von den lokalen britischen Abschnittskommandanten geduldetes) Vorgehen allerdings nicht gelingen. Denn am nächsten Tag riegelten die Briten die Grenze ab und verstärkten den Grenzschutz mit deutschen Polizeikräften. Die Zollgrenzdirektion Nord in Cuxhaven, die für den gesamten Bereich der britisch-sowjetischen Zonengrenze zuständig war, erhielt vom britischen *Frontier Control Service* den Befehl, dass nur jene Personen die Grenze passieren durften, die auf den Transportlisten verzeichnet waren. Allen anderen sei „der Übertritt, notfalls mit Gewalt, zu verwehren."[64] Wer illegal die Grenze übertrat, sollte zurückgeschickt werden und durfte nicht in eines der Durchgangslager gebracht werden.[65]

Weil die polnischen Transporte auch weiterhin nicht den vereinbarten Rotkreuzlisten entsprachen, trafen in den kommenden Tagen und Wochen immer wieder Transporte mit Personen im Lager Heiligenstadt ein, deren Aufnahme eigentlich nicht vorgesehen war. Beim zweiten Transport fanden sich sogar nur dreizehn Ankommende auf den Rotkreuzlisten. Diese wurden ebenso aufgenommen wie die vier Personen, die eine Zuzugsgenehmigung des Combined Travel Board besaßen.[66] Die

62 Leitender Arzt des Lagers Friedland [Dr. Walter Loew]: Vorläufiger Bericht über den Gesundheitszustand des Transportes von Zivilevakuierten aus Polen und den Gebieten östlich der Oder-Neisse-Linie vom 3./4.III.1950, NLA-HStAH Nds. 386 Acc. 16/83 Nr. 16. – Die Differenz zur Größe des Transports (683 Personen) erklärt sich vermutlich dadurch, dass der Arzt zum Zeitpunkt des Berichts noch nicht alle Aussiedler untersucht hatte.

63 BMVt [Sentek], Vermerk über den ersten Transport von Deutschen aus polnisch verwalteten Gebieten vom 6. März 1950, BArch B 150/509. – Der Ministerialbeamte Sentek war am 3. März selbst in Friedland und am Grenzübergang zugegen.

64 Vermerk der Zollgrenzdirektion Nord, Cuxhaven (Reg. Dir. Wehdeking), über Besprechung mit britischen Offizieren vom 4. März 1950, BArch Z 33/9, P. 35.

65 [Weiterer] Vermerk der Zollgrenzdirektion Nord, Cuxhaven, vom 4. März 1950, BArch Z 33/9, P. 36.

66 Darauf wies die britische Militärverwaltung in Niedersachsen das britische Hauptquartier in einem Fernschreiben hin: Lowsax to Britcomb on March 10th 1950, TNA FO 1073/68.

Frankfurter Allgemeine Zeitung berichtete, „die Stimmung unter den Vertriebenen", die sich im Grenzgebiet befänden, sei „sehr erregt".[67] Zeitweise war die Grenze sogar für jene Aussiedler gesperrt, die auf den offiziellen Transportlisten standen.[68]

4. Die Debatten um die Aufnahme der Aussiedlerinnen und Aussiedler

Angesichts der Weisungen der britischen Behörden zeichnete sich die Politik von Bund und Land Niedersachsen in den kommenden Wochen vor allem durch eine Zurückhaltung nach innen und ein offensives Auftreten nach außen aus. Intern signalisierte das niedersächsische Flüchtlingsministerium, dass man selbst nun nicht mehr aktiv werden würde, um eintreffende Transporte trotz der britischen Weigerung aufzunehmen. Die Lagerleitung in Friedland und die dortigen Ministerialbeamten wurden bereits am 4. März mündlich angewiesen, keinesfalls zur Zonengrenze zu fahren und dort „irgendwelche Verhandlungen zu führen." Es dürfe nicht der Eindruck entstehen, „als ob von deutscher Seite die Einschleusung der jetzt noch in Heiligenstadt befindlichen Rückkehrer auf illegalem Wege eingeleitet oder gefördert wird."[69] In einer Besprechung in der niedersächsischen Staatskanzlei bekräftigte Albertz, „eine weitere Aktivität hinsichtlich der Herüberholung von Evakuierten von jenseits der Zonengrenze komme nicht mehr in Frage." Die Vertreter der verschiedenen Ministerien und Dienststellen kamen sodann überein, dass es wichtig sei, die Grenze „so zu sichern, dass die Transporte nicht ungesichert und ohne Einverständnis der deutschen Stellen die Grenze passieren könnten."[70]

In der *Lüneburger Zeitung* wurde Minister Albertz hingegen mit den Worten zitiert, „[w]enn die Bundesregierung die Frage der Heimatvertriebenen und Flüchtlinge mit Hilfe der Polizei lösen wolle, möge sie dazu eine Bundespolizei einsetzen."[71] Daran hatte die Bundesregierung indes kein Interesse. Im Bundeskabinett erklärte Kanzler Adenauer, er habe gegenüber der Alliierten Hohen Kommission deutlich gemacht, dass sich die Bundesrepublik „aus Gründen der Menschlichkeit und auch unter dem Gesichtspunkt der fehlenden Machtmittel" nicht in der Lage sehe, die Aussiedler zurückzuweisen. Das Kabinett beschloss, keine Maßnahmen zur Abriegelung der Grenze zu veranlassen. Wenn die Briten eine Grenzschließung wünschten, „so muß es ihnen überlassen bleiben, selbst und in eigener Verantwortung die erfor-

67 Erregung unter den Vertriebenen. In: Frankfurter Allgemeine, 7. März 1950, S. 3.
68 Sie warten immer noch. In: Frankfurter Allgemeine, 8. März 1950, S. 3; Weitere 800 Umsiedler werden erwartet. In: Göttinger Tageblatt, 8. März 1950.
69 Interner Vermerk des Nds. VM vom 4. März 1950, NLA-HStAH Nds. 380 Acc. 62a/65 Nr. 519. Auch die Briten hatten Lagerleiter Krause für einige Tage ein „Grenzverbot" erteilt, siehe: Bericht der Lagerleitung vom 8./9. März 1950, in: Lagerchronik Friedland, Band I, P. 105.
70 Nds. Staatskanzlei, Vermerk einer Besprechung vom 5. März 1950, NLA-HStAH Nds. 380 Acc. 62a/65 Nr. 519.
71 Oder-Neiße-Linie – Todeslinie für den Frieden. In: Lüneburger Landeszeitung vom 6. März 1950.

derlichen Maßnahmen zu treffen."[72] Diese eher passive Position nahm auch Vertriebenenminister Lukaschek ein, der in der Bundespressekonferenz direkte Kritik an den Briten vermied und bei heiklen Fragen darauf verwies, nicht zuständig zu sein.[73]

Zur selben Zeit bemühte sich Albertz darum, den öffentlichen Druck auf die Bundesregierung zu erhöhen und diese zu einem scharfen Protest gegen die Maßnahmen der Alliierten zu veranlassen.[74] Es war wahrscheinlich der Sozialdemokrat Albertz, der die SPD-Bundestagsfraktion zu einem Antrag anregte, nach dem der Bundestag „mit tiefer Bestürzung" von den Geschehnissen Kenntnis nehmen sollte, die sich aufgrund der Weisung der Hohen Kommission „vor den Toren des Lagers Friedland" ereignet hätten. Die Bundesregierung sollte zudem aufgefordert werden, gegen die Sperrung der Grenze (deren Sicherung die niedersächsische Landesregierung intern befürwortet hatte) zu protestieren.[75] Einige Tage zuvor hatte sich Albertz an den Vorsitzenden des Zentralverbandes der vertriebenen Deutschen (ZdV), den CDU-Bundestagsabgeordneten Linus Kather, gewandt. Albertz schrieb von seinem Erstaunen darüber, „dass der Zentralverband bisher zur Sache Friedland geschwiegen hat", und erklärte, er „wäre dankbar für eine sofortige und deutliche öffentliche Stellungnahme."[76] Nachdem Kather Albertz versichert hatte, er werde auf „eine Entschließung in Ihrem Sinne" hinwirken,[77] folgte diese dann in der Tat nur wenige Tage später. Der Verband erhob nun „schärfsten Einspruch gegen die Zurückweisung der Deutschen aus den von Polen verwalteten Gebieten, die den Grundsätzen der Menschlichkeit und des Völkerrechts widerspricht." Die Bundesregierung wurde aufgefordert, alles zu unternehmen, „um die Aufnahme unserer Brüder und Schwestern, die aus unserer angestammten Heimat kommen, in das Gebiet der Bundesrepublik unverzüglich sicherzustellen." Gegenüber der Alliierten Hohen Kommission formulierte der ZdV die Erwartung, „sich der Berechtigung dieser Forderung nicht [zu] verschließen".[78]

Die Meldungen der Tages- und Wochenpresse fügten sich hier nahtlos an. Viele Berichte sprachen von Ausweisungen, verorteten die Verantwortung für das Schicksal der gestrandeten AussiedlerInnen bei den Briten und stellten die Aufnahme der

72 Protokoll der 51. Kabinettssitzung vom 7. März 1950, BArch, Kabinettsprotokolle der Bundesregierung online.

73 Protokoll der Pressekonferenz mit Bundesvertriebenenminister Lukaschek vom 8. März 1950, BArch B 145 I 3.

74 In diesem Sinne hatte sich Albertz im niedersächsischen Flüchtlingsausschuss geäußert, vgl. Bericht des Flüchtlingsministers Albertz, in: Niederschrift über die 32. Sitzung des Flüchtlingsausschusses des Niedersächsischen Landtages am 8. März 1950, Archiv des Niedersächsischen Landtags, Hannover, Flüchtlingsausschuss 1–32.

75 Antrag der Fraktion der SPD vom 18. März 1950, BT/PA, 1. WP, Drucksache Nr. 727.

76 Telegramm des nds. FM Albertz an MdB Linus Kather vom 13.3.1950, NLA-HStAH Nds. 380 Acc. 62a/65 Nr. 519.

77 Vorsitzender des Zentralverbandes der vertriebenen Deutschen an den nds. FM Albertz vom 15. März 1950, NLA-HStAH Nds. 380 Acc. 62a/65 Nr. 519.

78 Entschließung des Zentralverbandes der vertriebenen Deutschen vom 21. März 1950, als Anlage eines Schreibens des ZdV-Vorsitzenden an den nds. FM Albertz vom 25. März 1950, NLA-HStAH Nds. 380 Acc. 62a/65 Nr. 519.

AussiedlerInnen in einen unmittelbaren Zusammenhang mit den Vertreibungen nach dem Potsdamer Abkommen.[79] Die ‚Deutschen' erschienen wiederum als Opfer widriger Umstände. In der *Zeit* spannte Josef Müller-Marein einen Bogen von der Flucht aus Ostpreußen über das Frische Haff bis zur Ankunft eines Aussiedlertransports in Friedland.[80] Das Wochenschauprogramm *Welt im Film* zeigte Bilder von der Ankunft an der Zonengrenze. Der Kommentator sprach von einem „schweigende[n] Zug des Elends. [...] In den Gesichtern dieser Männer, Frauen und Kinder steht das Leid der letzten Jahre. Die Flucht und die Schikane sind zu Ende."[81] Die *Göttinger Presse* schilderte angesichts der Verhandlungen am Schlagbaum vom 3. März eine „dramatische Szene aus dem Zeitstück vom deutschen Leid."[82] Die *Münstersche Zeitung* titelte: „Ausgewiesene Deutsche vor gesperrten Grenzen",[83] während die *Kieler Nachrichten* in der „menschliche[n] Tragödie, die sich in diesen Tagen an den Grenzschranken inmitten Deutschlands" abspiele, „eine Folge der Konferenz von Jalta" sahen. Die Argumente der Briten seien gewichtig, die Beschränkung der „Flüchtlinge" sei „aus guten Gründen" erfolgt. Das Ergebnis war aber ein anderes: „Alles zugegeben – aber ist es denn gar nicht zu lösen?"[84] Zu einem erlösenden Moment wurde in der zeitgenössischen Berichterstattung das Überschreiten der Grenze. „Wenn sie die zweite, die britische Schranke [...] hinter sich haben, entspannen sich ihre Züge. Eine plötzliche Änderung in Gang und Haltung tritt ein." Die Aussiedlerinnen begannen nach diesem Bericht des *Göttinger Tageblatts* nach Überqueren der Grenze „zu schluchzen" und wurden mit den Worten zitiert, nun fange „‚ein neues Leben an'. [...] Schon die Freude darüber, daß sie dem Elend entronnen sind, gibt ihnen neue Kraft."[85] Die *Neue Illustrierte* zeigte ein Foto von zwei Aussiedlerinnen des ersten Transportes, die nach Überschreiten der Grenze die Erde küssten.[86] Skeptisch waren die Zeitungen teilweise, wenn es um die Frage ging, was die Aufgenommenen nach ihrem Aufenthalt in Friedland erwarten würde. So schrieb die *Münchener Illustrierte* von einem „‚Herzlich willkommen', das noch wenig bedeutet".[87]

Die Berichte der emotionalen Szenen waren verständlich, wenn man bedenkt, wie sich Aufnahme und Nichtaufnahme in jenen Tagen im Grenzgebiet zwischen Friedland und Heiligenstadt gestalteten. Die AussiedlerInnen trafen vom Bahnhof Arenshausen an der Grenze ein, um ihre Papiere am Grenzübergang bei Besenhausen überprüfen zu lassen. Am 15. März stellten sich „etwa 40 Beamte des Grenzschutzes mit umgehängtem Gewehr vom Schlagbaum Besenhausen bis zum Abferti-

79 [N. N.:] Albertz: Keine Massenausweisung. In: Göttinger Tageblatt, 28. März 1950.
80 Jan Molitor [d. i. Josef Müller-Marein]: Elternlos im Sturm der Zeit. In: Die Zeit, 30. März 1950, S. 9, und 6. April 1950, S. 10.
81 Deutsche Wochenschau, Welt im Film „Friedland: Flüchtlinge aus den Ostgebieten" vom 7. März 1950, in: Deutsche Wochenschau, Archiv, Hamburg, Signatur: WIF 249-1.
82 Schlagbaum hoch für siebenhundert. In: Göttinger Presse, 4. März 1950.
83 Ausgewiesene Deutsche vor gesperrten Grenzen. In: Münstersche Zeitung, 7. März 1950.
84 Das Menschliche: In: Kieler Nachrichten, 11. März 1950.
85 Alles vergessen, neu beginnen! In: Göttinger Tageblatt, 15. März 1950.
86 Foto in: Neue Illustrierte, 16. März 1950, Ausschnitt in: Lagerchronik Friedland I, P. 205.
87 Die ersten von 25000. In: Münchener Illustrierte, 18. März 1950.

gungsraum Besenhausen“ auf, um die Überprüfung der Papiere zu sichern. Erst auf Protest von Lagermitarbeitern, Pfarrern und Vertretern der Wohlfahrtsverbände aus Friedland verschwanden die Gewehre im Abfertigungsraum. 25 Grenzschutzbeamte bildeten derweil, wie ein Vertreter der Friedländer Polizei notierte, direkt an der Zonengrenze „eine Standkette“. Über Polizeilautsprecher wurden diejenigen unter den wartenden AussiedlerInnen aufgerufen, deren Namen auf den Listen gefunden wurden. Sie wurden nach Friedland gebracht. Etwa 200 bis 300 Personen hatten an jenem Tag kein Glück, sie mussten nach Arenshausen und von dort ins Lager Heiligenstadt zurückkehren.[88]

Im Bundestag übten die Abgeordneten zum Teil scharfe Kritik an den Alliierten. Die Bayernpartei hatte den Antrag gestellt, die jetzt aus Polen und der Tschechoslowakei eintreffenden Deutschen in jenen Bundesländern unterzubringen, die bislang am wenigsten Flüchtlinge aufgenommen hätten.[89] Der Antrag diente dem Fraktionsvorsitzenden der Bayernpartei, Gebhard Seelos, zunächst dazu, die Leistungen Niedersachsens, Schleswig-Holsteins und vor allem Bayerns bei der Flüchtlingsbetreuung hervorzuheben und die anderen Länder in die Pflicht zu nehmen. Zugleich erklärte er, die Vertreibungen der unmittelbaren Nachkriegszeit, die er im Übrigen mit dem Holocaust gleichsetzte, fänden in der „Operation Link“ ihre unmittelbare Fortsetzung. Konnte er für die Vertreibungen nach Kriegsende „unter dem Eindruck auch einer großen Schuld noch Verständnis“ zeigen, wies Seelos den Alliierten für die gegenwärtigen Geschehnisse dann aber die alleinige Verantwortung zu. Denn

> wenn im fünften Jahr nach dem Kriege erneut eine Welle aus dem Osten anströmt, aus den Ostgebieten 300.000 Deutsche, aus der Tschechoslowakei 80.000 Deutsche, dann ist das einfach die bare Unfähigkeit der Alliierten, den Frieden zu organisieren. Es ist ein Verbrechen gegen die Menschlichkeit.[90]

Dass es sich in beiden Fällen vielmehr um Familienzusammenführungen handelte und für die Ankommenden zumindest den Vereinbarungen nach bereits Wohnraum vorhanden sein sollte, wurde in der folgenden Debatte zwar durchaus angemerkt.[91] Die meisten Redner schlossen sich aber Seelos’ Perspektive an und erkannten, wie etwa der SPD-Abgeordnete Fritz Wenzel, der den Antrag seiner Fraktion begründete, in den „Ausweisungen“ ebenfalls „die letzte Folgerung der verhängnisvollen Beschlüsse von Jalta und Potsdam“. Wenzels Hinweis, das „Vertriebenenproblem“ gehöre zu den „unheilvollen Konsequenzen, die der Hitlerkrieg für uns mit sich gebracht hat“, war letztlich ein rhetorischer Trick, um zu betonen, dass ein Unrecht nicht durch ein weiteres ausgeglichen werden dürfe. Im Namen seiner SPD-Fraktion kritisierte Wenzel die Ereignisse, „die sich vor wenigen Tagen vor den Toren Fried-

88 Polizei-Revier-Friedland an Polizeiabschnitt III Göttingen vom 18. März 1950 (Abschrift) über Transport am 15. März 1950, NLA-HStAH Nds. 380 Acc. 62a/65 Nr. 519.

89 Antrag der Fraktion der Bayernpartei vom 16. März 1950, BT/PA, 1. WP, Drucksache Nr. 723.

90 Rede von Gebhard Seelos (Bayernpartei), BT/PA, Plenarprotokoll des Deutschen Bundestages, 1. WP, 50. Sitzung vom 23. März 1950, S. 1750f., Zitat S. 1750.

91 Reden von Vertriebenenminister Hans Lukaschek (CDU) und von Hans Tichi (WAV), BT/PA, Plenarprotokoll des Deutschen Bundestages, 1. WP, 50. Sitzung vom 23. März 1950, S. 1753f.

lands abgespielt" hätten, und erklärte sich mit seinem Parteigenossen Albertz „vollkommen solidarisch".[92]

Als der KPD-Abgeordnete Hugo Paul darauf hinwies, jene, denen die Hohe Kommission die Einreise verweigere, seien nicht „Ausgewiesene", sondern „Menschen, die mit ordentlichen Papieren durch die Westmächte ausgerüstet hier einreisen wollen," war die Entrüstung im Plenum groß. Obschon Paul sein Argument selbst wieder entwertete, indem er die angeblich demokratische Neuordnung in Polen und der Tschechoslowakei behauptete, von der man die Ankommenden nicht erzählen lassen wollte,[93] hatte er einen zentralen Punkt berührt. Denn in der Bundestagsdebatte, aber auch in vielen Zeitungsmeldungen geriet völlig aus dem Blick, dass es sich bei der „Operation Link" trotz des polnischen und tschechoslowakischen Drucks auf die deutsche Minderheit in ihren Staaten nicht um Ausweisungen, sondern um Familienzusammenführungen handelte. Wer in den Transporten an der Zonengrenze eintraf, hatte sich selbst um eine Ausreise bemüht. Mit der Perspektivverschiebung hin zu Zwangsmaßnahmen, bei denen die ‚Deutschen' als willenlose Opfer erschienen, ließ sich zum einen verschleiern, dass die westdeutschen Behörden aus pragmatischen Gründen die Aufnahme aus Polen zunächst auf die „Kategorie A" beschränkt hatten und viele Kommunen sogar hiergegen opponiert hatten. Zum anderen konnte der Anspruch auf die „deutschen Ostgebiete" aufrechterhalten werden, wenn von „Ausweisungen" statt von einer mehr oder weniger freiwilligen Ausreise die Rede war. Über den Status der Ausreisewilligen und die Frage, nach welchen Kriterien zu entscheiden war, wer als ‚Deutsche' oder ‚Deutscher' zu gelten hatte, musste mit der Schwerpunktsetzung der Debatte ebenfalls nicht diskutiert werden.

Der Widerspruch zwischen den Aussiedlungswünschen von ‚Deutschen' östlich von Oder und Neiße und der Aufnahmebereitschaft in der Bundesrepublik kennzeichnete indirekt auch den Antrag der SPD-Fraktion. Dort hieß es zunächst, der Bundestag könne „keinerlei Maßnahmen billigen, die Deutsche aus den Gebieten jenseits der Oder-Neiße-Linie und der Tschechoslowakei den Zutritt ins Bundesgebiet versperren." Danach war davon die Rede, der Bundestag solle alle Bemühungen zur Aufnahme der „deutschen Menschen unterstützen, zu denen sich Bund und Länder bereits bekannt haben."[94] Dabei handelte es sich nun keineswegs um alle jene, die, wie die Redner im Bundestag glauben machten, aus Polen und der Tschechoslowakei derzeit angeblich ausgewiesen würden, sondern um insgesamt nur 45.000 Personen im Zuge der Familienzusammenführung. Die Bundestagsdebatte, an deren Ende der SPD-Antrag sowie mit kleineren Änderungen jener der Bayernpartei angenommen wurden, lenkte letztlich durch Verweis auf die angebliche Härte der Alliierten und die Hilfsbedürftigkeit derjenigen, die von der Grenzschließung betroffen seien, von den Widersprüchen der bundesdeutschen Aufnahmepoli-

92 Rede von Fritz Wenzel (SPD), BT/PA, Plenarprotokoll des Deutschen Bundestages, 1. WP, 50. Sitzung vom 23. März 1950, S. 1751 – 1753, Zitat S. 1751.

93 Rede von Hugo Paul (KPD), BT/BA, Plenarprotokoll des Deutschen Bundestages, 1. WP, 50. Sitzung vom 23. März 1950, S. 1756f., Zitat S. 1757.

94 Antrag der Fraktion der SPD vom 18. März 1950, BT/PA, 1. WP, Drucksache Nr. 727.

tik trefflich ab. Gebhard Seelos hatte, ohne die Frage der Ostgebiete selbst zu thematisieren, die dominierende Position im Bundestag prägnant zusammengefasst. Man könne nur eines tun, „nämlich sie aufnehmen; denn wenn Deutsche in Not an der Grenze stehen, dann bleibt uns nichts anderes übrig.“[95]

Intern kam das Unbehagen mancher Regierungen und Verwaltungen hinsichtlich der Aufnahme hingegen deutlicher zum Ausdruck. In einer Besprechung des Bundesvertriebenenministeriums mit den Landesflüchtlingsverwaltungen am 1. April 1950 erklärte der dortige Staatssekretär Dr. Schreiber, die Bundesrepublik würde „durch die Übernahme aller Deutschen aus Polen und der CSR“ stark belastet werden. Es handele sich auch nicht, wie bisher angenommen, um insgesamt 300.000 Personen.

> Nach neuesten Informationen von Geistlichen aus Schlesien sollen sich allein in Schlesien noch 700.000 Deutsche befinden. Wenn alle Deutschen in das Bundesgebiet übernommen würden, müsse dadurch das gesamte soziale Gefüge Westdeutschlands ins Wanken geraten.

Mehrere Landesvertreter pflichteten den Ausführungen bei und begannen bereits mit der Formulierung einer entsprechenden, eine solche Aufnahme einschränkenden (und dem Wortlaut des Grundgesetzes entgegenstehenden) Resolution, die letztlich aber nicht verabschiedet wurde.[96] Albertz, der an der Sitzung nicht teilgenommen hatte, empörte sich über die Stoßrichtung und schrieb Lukaschek, eine solche Resolution würde dem Beschluss des Bundestages widersprechen.[97]

Die sich in diesen Debatten zeigenden Widersprüche der bundesdeutschen Politik sollten die Aufnahme der AussiedlerInnen auch in den kommenden Jahren begleiten.[98] Und in jenen Wochen des Frühjahrs 1950 brachten diese Widersprüche sowie die Bemühungen von Bundes- und Landesregierung, öffentlichen Druck auf den britischen Kommissar Robertson und die alliierte Hochkommission auszuüben, die deutschen Zollgrenzstellen in Bedrängnis. Denn sie waren es, die die vom britischen *Frontier Control Service* angewiesene Grenzschließung umsetzen mussten, von der sich westdeutsche Stellen öffentlich distanzierten. Der Zollgrenzschutz fürchtete mediale Kritik[99] und klagte über widersprüchliche Befehle. Wer aus den Transporten der „Operation Link“ illegal über die Grenze komme, müsse zurückgewiesen werden, obwohl nach den sonstigen Bestimmungen „der illegale Grenzübertritt nicht verboten ist und illegale Grenzgänger lediglich an das nächste Flüchtlingslager zu

95 Rede von Gebhard Seelos (Bayernpartei), BT/PA, Plenarprotokoll des Deutschen Bundestages, 1. WP, 50. Sitzung vom 23. März 1950, S. 1750f., Zitat S. 1750.

96 Vermerk Schütte, Nds. FM, vom 3. April 1950 über die Besprechung der Landesflüchtlingsverwaltungen mit dem BMVt am 1. April 1950, NLA-HStAH Nds. 380 Acc. 62a/65 Nr. 519.

97 Fernschreiben des Nds. FM Albertz an BVM Lukaschek vom 4. April 1950, NLA-HStAH Nds. 380 Acc. 62a/65 Nr. 519.

98 Schießl: „Das Tor zur Freiheit“ (Anm. 3), S. 300–378, Jannis Panagiotidis: Laws of Return? (Anm. 12), insb. S. 21–57 und S. 199–234.

99 Inspektion des Zollgrenzdienstes Uelzen an Zollgrenzdirektion Nord, Cuxhaven, vom 6. März 1950, BArch Z 33/9; Vermerk der Zollgrenzdirektion Nord, Cuxhaven (Reg. Dir. Wehdeking), über Besprechung mit britischen Offizieren vom 7. März 1950, BArch Z 33/9, P. 39.

verweisen sind, ihre Reise aber fortsetzen dürfen." Aufgrund der zahlreichen Pressemeldungen sei die Bevölkerung „an dieser Frage stark interessiert und der Zollgrenzdienst der Zonengrenze gleichzeitig in eine unerfreuliche Zwangslage geraten."[100]

Obschon die Situation an der Grenze bei Friedland für viele Wartende undurchschaubar war und eine Zeit der Ungewissheit bedeutete, währte diese Phase für die allermeisten Aussiedler nicht sehr lange. Denn trotz der offiziellen britischen Haltung wurden auch in den kommenden Wochen fortlaufend Personen in Friedland aufgenommen, registriert und an ihre Bestimmungsorte weitergeleitet, die nicht auf den offiziellen Transportlisten verzeichnet waren. So waren von den bis zum 12. April insgesamt in Heiligenstadt eingetroffenen 2.917 AussiedlerInnen zu jenem Zeitpunkt lediglich noch 116 im dortigen Lager verblieben.[101] Die übrigen kamen sowohl auf offiziellem als auch auf inoffiziellem Wege in die Bundesrepublik. Dabei entstanden, wie der DRK-Suchdienst einige Monate später vermerkte, „wilde Völkerwanderungen, um schwarz über die Grenze zu kommen."[102] Das niedersächsische Vertriebenenministerium hatte die Friedländer Lagerleitung ungeachtet des eigenen Wunsches, die Grenze zu sichern, bereits am 4. März angewiesen, nach Rücksprache mit dem Bundesvertriebenenministerium alle AussiedlerInnen, die illegal die Grenze zwischen Heiligenstadt und Friedland passierten und das Lager erreichten, zu registrieren und weiterzuleiten, wenn sie zur Gruppe A gehörten. Diejenigen, die zu den anderen Gruppen gehörten, seien nach Uelzen zu überstellen.[103] Die Durchschleusung in Friedland erfolgte anfangs bewusst zügig, damit die britische Militärverwaltung durch die erhöhte Belegzahl in Friedland keinen Verdacht schöpfte.[104] Beim britischen *Border Inspection Service* war man sich des Problems der illegalen Grenzgänger durchaus bewusst. Mitte März genehmigte nach Auskunft des Zollgrenzdienstes Northeim der britische Grenzabschnittskommandant aus Goslar, Parnell, dass jene Aussiedler, „die rechts und links der Grenzkontrollstelle Besenhausen illegal über die grüne Grenze" kamen, „wie alle übrigen illegalen Grenzgänger behandelt und dem zuständigen Flüchtlingslager zugeführt werden."[105] Bis zum 12. April hatten knapp 300 Personen, die mit den Zügen aus Polen in Heiligenstadt eingetroffen waren, die Grenze illegal überquert. Etwas mehr als die Hälfte von ihnen hatte sich anschließend in Friedland gemeldet, die übrigen wollten offenbar das (in

100 Zollgrenzdirektion Nord Cuxhaven an Zolleitstelle Bad Homburg vom 8. März 1950, BArch Z 33/9, P. 43.

101 Assistant Director, Border Inspection Service Goslar [Parnell], to Director's Office, Frontier Inspection Service Cuxhaven, 13th April 1950, TNA FO 1073/68.

102 DRK-Suchdienst Hamburg, Bericht „Umsiedlung der Restgruppe von Deutschen aus den polnisch verwalteten Gebieten, aus Polen und der CSR in das Bundesgebiet und in die sowjetische Zone" vom 17. August 1950, BArch B 150/201a.

103 Interner Vermerk im nds. VM vom 4. März 1950, NLA-HStAH Nds. 380 Acc. 62a/65 Nr. 519.

104 Interner Vermerk im nds. VM vom 22. März 1950, NLA-HStAH Nds. 380 Acc. 62a/65 Nr. 519.

105 Inspektion des Zollgrenzdienstes Northeim an Zollgrenzdirektion Nord Cuxhaven vom 13. März 1950, BArch Z 33/9, P. 44.

der Praxis nicht bestehende) Risiko vermeiden zurückgeschickt zu werden.[106] Wie schon in den Jahren zuvor werden vor allem jene das Wagnis eingegangen sein, die jünger und alleinstehend waren und nicht viel Gepäck mitgebracht hatten, während AussiedlerInnen mit Kindern oder Ältere das Risiko mutmaßlich eher scheuten.[107]

Aber auch für jene, die im Lager Heiligenstadt warteten, bahnte sich eine Lösung an. Denn die Briten hatten, offenbar den mangelnden Erfolg der Grenzschließung anerkennend, bis Mitte April den Kreis derer ausgedehnt, die mit ihren Papieren die Grenze passieren durften.[108] Dadurch hatten trotz der offiziell fortbestehenden britischen Grenzsperrung 96 Prozent der Wartenden bis Mitte April die Grenze überquert. Der britische Abschnittskommandant Parnell schrieb an seine Vorgesetzten, es scheine nach diesen Zahlen, „that a considerable amount of work has been done with very little results".[109] Diese Entwicklung war wohl auch der Grund für die Vereinbarung zwischen den bundesdeutschen und den alliierten Behörden, mit der nahezu alle AussiedlerInnen, die mit den Zügen der „Operation Link" eintrafen, legal in das Bundesgebiet einreisen durften.[110] Wer keines der festgelegten Kriterien erfüllte, stellte im Lager Heiligenstadt einen Antrag, der an das *Combined Travel Board* in Herford weitergeleitet und von diesem in der Regel genehmigt wurde. Diese Prozedur dauerte allerdings einige Wochen, in denen die Aussiedler in Heiligenstadt warten mussten.[111] Im September 1950 wurde das Verfahren dann nochmals vereinfacht und beschleunigt.[112] Die Grenzschließung hatte sich in der Praxis also nicht bewährt. Die Anwesenheit der Gestrandeten an der Grenze sorgte vielmehr dafür, dass das Verwaltungshandeln der Ausnahmesituation angepasst wurde, während der politische Streit andauerte. Wer in der Bundesrepublik aufgenommen wurde, war al-

106 Assistant Director, Border Inspection Service Goslar [Parnell], to Director's Office, Frontier Inspection Service Cuxhaven, 13th April 1950, TNA FO 1073/68.

107 Das Zurückbleiben älterer Aussiedler in Heiligenstadt ist vermerkt in einem Bericht des Kuratoriums des Ev. Lagerpfarramtes Friedland an den Göttinger Superintendenten Wiesenfeldt vom 20. März 1950, dieser als Anhang eines Schreibens des Ev. Hilfswerks Hannover an das Nds. FM vom 24. März 1950, NLA-HStAH Nds. 380 Acc. 62a/65 Nr. 519.

108 Land Commissioner's Office Hannover to Frontier Inspection Service, Goslar, et. al., March 31st; Assistant Director, Border Inspection Service Goslar [Parnell], to Director's Office, Frontier Inspection Service Cuxhaven, 13th April 1950, beide: TNA FO 1073/68. – Es liegen keine Angaben darüber vor, wie lange Ankommende im Lager Heiligenstadt warten mussten.

109 Assistant Director, Border Inspection Service Goslar [Parnell], to Director's Office, Frontier Inspection Service Cuxhaven, 13th April 1950, TNA FO 1073/68.

110 Refugees and Displaced Persons Branch, The Chancery, Office of the United Kingdom High Commissioner, to Office of the Land Commissioner, Land Niedersachsen, 21st April 1950; Assistant Director, Border Inspection Service Goslar [Parnell], to Director's Office, Frontier Inspection Service, Cuxhaven, 24th April 1950, beide: TNA FO 1073/68.

111 DRK-Suchdienst Hamburg, Bericht „Umsiedlung der Restgruppe von Deutschen aus den polnisch verwalteten Gebieten, aus Polen und der CSR in das Bundesgebiet und in die sowjetische Zone" vom 17. August 1950, BArch B 150/201a.

112 Vgl. DRK-Suchdienst Hamburg, Abteilung II, Ergänzungsbericht zur Umsiedlung vom 26. September 1950, BArch B 150/201a; Aussagen von Regierungsrat Schütte und Lagerleiter Krause laut Protokoll der Sitzung der Flüchtlingsdezernenten im Nds. Flüchtlingsministerium vom 20. November 1950 (Auszug), NLA-HStAH Nds. 120 Lüneburg Acc. 31/67 Nr. 49/1.

so letztlich von den polnischen Stellen, die die Transporte zusammengestellt hatten, und den AussiedlerInnen, die sich um eine Ausreise bemüht hatten, bestimmt worden. Nach Polen zurückgeschickt wurde von der innerdeutschen Grenze niemand.

5. Das Ende der „Operation Link"

Dass die „Operation Link" bald eingestellt wurde, war nicht mehr auf Unstimmigkeiten zwischen britischer und bundesdeutscher Seite und die Frage, in welchem Umfang welche AussiedlerInnen aufgenommen werden konnten, zurückzuführen. Für das Ende der Transporte sorgte vielmehr die veränderte politische Lage in Polen. Dort war im Januar 1951 ein neues Staatsbürgerschaftsgesetz verabschiedet worden, dass alle EinwohnerInnen zu polnischen Staatsangehörigen gemacht hatte.[113] In der Folge wurden die Ausreisebedingungen geändert und die geschlossenen Transporte nach Westdeutschland eingestellt.[114]

Insgesamt nahm das Lager Friedland zwischen dem 3. März 1950 und Ostern 1951 im Rahmen der Familienzusammenführung etwa 44.000 AussiedlerInnen aus Polen auf.[115] Mit dem Ende der Transporte erübrigte sich für die Bundesregierung zunächst die Frage, was geschehen würde, wenn die Zahl der AussiedlerInnen noch weiter über den mit den Alliierten vereinbarten Umfang stieg. Denn schon im August 1950 hatte der Suchdienst Hamburg 155.000 Personen registriert, die aus Polen in das Bundesgebiet übersiedeln wollten.[116] Der dortige Suchdienst sammelte weiterhin Anträge auf Umsiedlung in die frühere britische Zone, während die Suchdienststelle München jene für eine Aufnahme in der US-Zone bearbeitete.[117] Ausreisen konnten zunächst aber nur wenige von ihnen.

In den folgenden Jahren kamen nur Einzelreisende und vereinzelte Transporte aus Polen nach Friedland. Mit dem Wandel des politischen Klimas in Polen setzten dann Mitte der 1950er Jahre die großen Aussiedlertransporte wieder ein, die aus politischen Gründen weiterhin als Familienzusammenführungen firmierten.[118] Bei der Organisation der Aussiedlungen griffen die beteiligten Verwaltungsstellen direkt

113 Michael G. Esch: Bevölkerungsverschiebung und Bevölkerungspolitik. In: Włodzimierz Borodziej, Klaus Ziemer (Hg.): Deutsch-polnische Beziehungen 1939 – 1945 – 1949. Eine Einführung. Osnabrück 2000 (Einzelveröffentlichungen des Deutschen Historischen Instituts Warschau 5), S. 189–213, hier S. 207.

114 DRK-Suchdienst Hamburg, Abteilung II, Ergänzungsbericht zur Umsiedlung vom 31. Mai 1951, BArch B 150/201a.

115 DRK-Suchdienst Hamburg, Abteilung II, Ergänzungsbericht zur Umsiedlung vom 31. Mai 1951, BArch B 150/201a.

116 DRK-Suchdienst Hamburg, Bericht „Umsiedlung der Restgruppe von Deutschen aus den polnisch verwalteten Gebieten, aus Polen und der CSR in das Bundesgebiet und in die sowjetische Zone" vom 17. August 1950, BArch B 150/201a.

117 Vgl. DRK-Suchdienst Hamburg, Abteilung II, Ergänzungsbericht zur Umsiedlung vom 26. September 1950, BArch B 150/201a.

118 Schießl: „Das Tor zur Freiheit" (Anm. 3), S. 300 – 378; Panagiotidis: Laws of Return? (Anm. 12), insb. S. 21 – 57 und S. 199–234.

auf verabredete Verfahren der „Operation Link“ zurück. Damit wirkten die in den späten 1940er Jahren geschaffenen Rahmenbedingungen rund um die „Operation Link“ langfristig nach und prägten die Aufnahme der AussiedlerInnen der kommenden Jahre und Jahrzehnte.

Wassilis Kassis, Jannis Panagiotidis, Patricia Heller

„Ich würde nicht in eine Wohngegend mit vielen Russlanddeutschen ziehen". Stehen soziale Vorurteile gegen Russlanddeutsche in engem Zusammenhang mit Ausländerfeindlichkeit und Dominanzorientierung?

1. Einleitung

> Im Grunde geben „unsere Russlanddeutschen" – wenn auch gewiss nicht alle, so doch wohl in erheblicher Zahl – ein ungutes Beispiel dafür ab, wie Integration nicht gelingt, wenn sie nicht konsequent verlangt und begleitet wird. Man kann das etwa an den gestiefelten und Kopftuch tragenden alten „Mütterchen" in der Straßenbahn erkennen, die sich natürlich auf Russisch unterhalten, oder an den in den Neunzigerjahren gebildeten Ghettos, die, wie etwa im badischen Lahr, noch heute sehr russisch und eher weniger deutsch wirken.
>
> [...] Man war sehr großzügig bei der „Eindeutschung" und dem Familiennachzug, der böse Spruch vom deutschen Schäferhund als Deutschtumsnachweis machte nicht umsonst die Runde. Und offenbar haben von den Älteren sich viele nicht sehr bemüht, die „Sprache der Väter" richtig zu lernen, die jungen Männer [...] schotteten sich vielfach in Gruppen ab und machten „ihr Ding". Die damaligen Klagen der Polizei über diese alkoholisierten und gewalttätigen Gangs sowie deren mangelnden Respekt habe ich noch im Ohr [...].[1]

Dieser in der *Süddeutschen Zeitung* veröffentlichte Leserbrief von Februar 2016 artikuliert eine Reihe stereotyper Ansichten über russlanddeutsche Spätaussiedler:[2] Ausgehend vom Befund ihrer scheinbar gescheiterten Integration, die sich vor allem an mangelnden deutschen Sprachkenntnissen, segregierter Wohnweise und einem vermeintlichen Hang zu Alkoholismus und Gewalttätigkeit zeige, stellt der Schreiber des Briefes die offiziell anerkannte Eigenschaft der Russland*deutschen* als Deutsche in Frage. Unmittelbarer Anlass für diese Tirade war der „Fall Lisa" – die angebliche Vergewaltigung eines russlanddeutschen Mädchens durch Migranten in Berlin im Januar 2016, der bundesweit fremdenfeindliche Demonstrationen von Russlanddeutschen folgten. Da diese Mobilisierung durch einen Bericht des russischen Fern-

1 Leserbrief „Wesentliche Unterschiede" von Willy Storck, Karlsruhe. In: Süddeutsche Zeitung, 8.2.2016, <http://www.sueddeutsche.de/kolumne/russlanddeutsche-sind-sie-nun-deutsche-oder-russen-1.2854240#3>. Diese und folgende Onlinequellen wurden zuletzt am 21.3.2016 abgerufen.

2 Zum Begriff des Spätaussiedlers: Personen aus Osteuropa und der Sowjetunion, die in der Bundesrepublik Deutschland bis 1992 als „deutsche Volkszugehörige" aufgenommen wurden, sind im streng rechtlichen Sinne „Aussiedler"; erst mit dem Kriegsfolgenbereinigungsgesetz vom Dezember 1992 wurde offiziell die Kategorie „Spätaussiedler" eingeführt. Umgangssprachlich gab es diesen Begriff aber schon vorher, und in diesem inklusiven Sinne verwenden wir ihn hier.

Jahrbuch des BKGE 24 (2016), S. 335–355

sehens ausgelöst wurde und die Demonstranten umgehende Dementis der Berliner Behörden ignorierten, wurde in der Folge in verschiedenen Medien die erfolgreiche Integration der Russlanddeutschen in Frage gestellt und ihre fortdauernde Segregation in einem räumlichen, sprachlichen und mentalen Ghetto behauptet.[3] Wie es der Kommentator der *Neuen Osnabrücker Zeitung* (*NOZ*), Rainer Lahmann-Lammert, kategorisch formulierte: „Warum vertrauen die Teilnehmer russischen Fernsehsendern, die ihre Behauptungen auf Gerüchte und Verschwörungstheorien stützen? Offenbar, weil diese Menschen schlecht integriert sind. Auch wenn sie schon seit Jahrzehnten in unserer Gesellschaft leben."[4]

Die hier artikulierten stereotypen Vorstellungen über Russlanddeutsche kamen nicht aus dem Nichts. Vielmehr knüpften sie an bestimmte diskursive Motive an, die während der massenhaften Aussiedlung aus der ehemaligen Sowjetunion in den 1990er Jahren entstanden. Obwohl die Russlanddeutschen ihrem Selbstverständnis nach Deutsche waren und vom deutschen Staat auch als solche aufgenommen und sofort bei ihrer Ankunft eingebürgert wurden, wurden und werden sie in der aufnehmenden bundesdeutschen Gesellschaft in vielen Fällen als fremd wahrgenommen. Ursächlich waren hierfür der unter den Neuankömmlingen weit verbreitete Gebrauch der russischen Sprache und ihre Ansiedlung in bestimmten Wohnvierteln, die von den „Einheimischen" despektierlich als „Russenghettos" oder ähnlich bezeichnet wurden.[5] Damit einher ging eine perzipierte hohe Kriminalität und Gewaltbereitschaft.[6] Da die Russlanddeutschen dem Anspruch nach in die Bundesrepublik kamen, um „als Deutsche unter Deutschen" zu leben, folgte für viele Beobachter aus der Verneinung ihres ‚Deutschtums' auch Skepsis gegenüber ihren Migrationsmotiven, die wirtschaftlicher Natur seien und vor allem mit dem großzügigen deutschen Sozialsystem zu tun hätten.[7]

Als „Deutsche" qua Gesetz und in der Selbstwahrnehmung und gleichzeitig „Fremde" in der Sicht vieler „Einheimischer" nehmen die Russlanddeutschen somit eine Sonderstellung in der bundesdeutschen Migrationsgesellschaft ein. Gegenstand unseres Beitrags ist die spezifische Vorurteilsstruktur der Mehrheitsgesellschaft, die diese Konstellation mit sich bringt. Ziel ist es, Vorurteile gegen Russlanddeutsche mit dem Vorurteilsbereich Ausländerfeindlichkeit sowie dem Aspekt der Dominanzorientierung in Beziehung zu setzen und so den Zusammenhang zwischen diesen Vorurteilsbereichen zu prüfen. Hierbei handelt es sich um eine Erweiterung von Forschungen zum Syndrom der „Gruppenbezogenen Menschenfeindlichkeit",

---

3 Siehe z. B. Jörg Bergmann, Sarah Borufka, Katharina Metag: Propaganda und Parallelgesellschaft: Leben in Deutschrussland. In: B.Z., 24.1.2016, <http://www.bz-berlin.de/berlin/marzahn-hellersdorf/propaganda-und-parallelgesellschaft-leben-in-deutschrussland>.

4 Rainer Lahmann-Lammert: Zombies. In: Neue Osnabrücker Zeitung (NOZ), 26.1.2016, S. 15.

5 Waldemar Vogelgesang: Jugendliche Aussiedler. Zwischen Entwurzelung, Ausgrenzung und Integration. Weinheim u. a. 2008, S. 198f.

6 Ebd., S. 153f.

7 Siehe z. B. Regina Römhild: Die Macht des Ethnischen: Grenzfall Russlanddeutsche. Perspektiven einer politischen Anthropologie. Frankfurt a. M. u. a. 1998 (Europäische Migrationsforschung 2), S. 302f.

in welchen die Vorurteile gegen Spätaussiedler bzw. Russlanddeutsche als „besondere" Migrantengruppe bislang nicht gesondert betrachtet wurden.[8]

Einer häufigen Annahme zufolge finden sich soziale Vorurteile vornehmlich in den weniger gebildeten Gesellschaftsschichten, während höhere Bildung zu einem Rückgang solcher Einstellungen führe.[9] Doch stimmt dies tatsächlich? Wie verbreitet ist ausgrenzendes Denken im akademischen Milieu? Zur Vertiefung dieser Fragen nimmt unser Beitrag die Vorurteile Universitätsstudierender in den Fokus. Für unsere Studie beziehen wir uns auf die größere international-komparative Erhebung „Prejudice on Campus, an international comparison", die in den Jahren 2014/2015 in zehn Ländern an insgesamt 16 Universitätsstandorten 7.464 Universitätsstudierende zu sozialen Vorurteilen befragte. Über die Osnabrücker Universitätsteilstichprobe mit 496 B.A.-Studierenden, die auch einen Frageblock zu sozialen Vorurteilen gegen Russlanddeutsche enthielt, werden wir den Zusammenhang zwischen Ausländerfeindlichkeit, Dominanzorientierung und sozialen Vorurteilen gegen Russlanddeutsche erforschen können. Hierbei interessieren uns insbesondere sowohl die geschlechtsspezifische Verbreitung dieser Vorurteilsbereiche wie auch die Stärke des Zusammenhangs bei Universitätsstudierenden.

2. Die Aussiedlung der Russlanddeutschen

In historischer Perspektive war die Migration der russlanddeutschen Spätaussiedler seit den späten 1980er Jahren die letzte große Migrationsbewegung von Deutschen aus dem östlichen Europa. Die in der zweiten Hälfte des 18. Jahrhunderts begonnene kontinuierliche Siedlungsgeschichte deutscher Kolonisten an der Wolga und am Schwarzen Meer war im Zweiten Weltkrieg durch sowjetische und NS-deutsche Umsiedlungen zu ihrem Ende gekommen.[10] In der sibirischen bzw. mittelasiatischen Verbannung verschmolzen diese konfessionell und dialektal untereinander zum Teil sehr heterogenen Gruppen zunehmend sowohl miteinander als auch mit der anders-ethnischen Bevölkerung im Vielvölkerreich Sowjetunion. Ergebnis war die Stärkung einer die jeweilige regionale Herkunft überwölbenden Identität als „Sowjetdeutsche" bzw. „Russlanddeutsche", welche aber, bedingt durch mangelnde Bildungsmöglichkeiten in der Muttersprache, insbesondere in der Nachkriegsgeneration von einem zunehmenden Verlust der deutschen Sprache bzw. der in den Kolonien gesprochenen deutschen Dialekte begleitet wurde.[11] Aufgrund der unvollständigen Rehabilitierung durch den sowjetischen Staat und der damit verbundenen anhaltenden Diskri-

8 Wilhelm Heitmeyer: Gruppenbezogene Menschenfeindlichkeit. Die theoretische Konzeption und erste empirische Ergebnisse. In: Ders. (Hg.): Deutsche Zustände. Folge 1. Frankfurt a. M. 2002, S. 15–34.

9 Ebd. Siehe auch Aribert Heyder: Bessere Bildung, bessere Menschen? Genaueres Hinsehen hilft weiter. In: Wilhelm Heitmeyer (Hg.): Deutsche Zustände. Folge 2. Frankfurt a. M. 2003, S. 78–99.

10 Siehe dazu zuletzt Viktor Krieger: Kolonisten, Sowjetdeutsche, Aussiedler. Eine Geschichte der Russlanddeutschen. Bonn 2015 (Bundeszentrale für politische Bildung, Schriftenreihe 1631).

11 Irina Mukhina: The Germans of the Soviet Union. London u. a. 2007, S. 131f.

minierung strebten Teile der Russlanddeutschen schon frühzeitig die Ausreise in die Bundesrepublik Deutschland und zum Teil auch in die DDR an, wo insbesondere die während des Krieges nach Westen umgesiedelten Schwarzmeerdeutschen oft Verwandte hatten.[12] Während der 1970er und der ersten Hälfte der 1980er Jahre durften ca. 70.000 Russlanddeutsche nach West- und ca. 9.000 nach Ostdeutschland aussiedeln.[13] Nach der Liberalisierung des Ausreiseregimes unter Gorbatschow im Jahre 1987 setzte sich dann eine umfassende Ausreisebewegung in Gang, die bis Mitte der 2000er Jahre ca. 2,5 Millionen Russlanddeutsche und ihre Angehörigen als Spätaussiedler in die Bundesrepublik Deutschland brachte.[14] Nach aktuellen Volkszählungen bzw. Schätzungen leben nunmehr nur noch ca. 400.000 selbst-identifizierte Deutsche in der Russischen Föderation und weitere ca. 180.000 in Kasachstan, wo der Großteil der Russlanddeutschen in der Nachkriegszeit siedelte.[15]

Bedingt durch Zuzugszahlen von über 200.000 Menschen pro Jahr und die damit verbundenen Schwierigkeiten bei Aufnahme und Unterbringung wurde die Thematik der Aussiedlerintegration in den 1990er Jahren in Politik und Öffentlichkeit in stärkerem Maße als zuvor kontrovers diskutiert. Spätaussiedler wurden in weiten Teilen der Öffentlichkeit als eine Zuwanderergruppe unter vielen („Gastarbeiter", Asylbewerber) betrachtet und kritisch gesehen. Die den Neuankömmlingen vom Staat gewährten Eingliederungshilfen stießen in der Gesellschaft zunehmend auf Unverständnis, zumal grotesk überhöhte Vorstellungen über den Umfang dieser Hilfen zirkulierten. Das ‚Deutschtum' der Russlanddeutschen wurde aufgrund zurückgehender Sprachkenntnisse oft in Zweifel gezogen, was die Legitimität ihrer im Vergleich zu anderen Migrantengruppen privilegierten Behandlung zusätzlich in Frage stellte. Ihre in vielen Fällen massierte Unterbringung in bestimmten Stadtvierteln und Siedlungen – etwa in der oft zitierten „Kanada-Siedlung" im badischen Lahr oder in der Gemeinde Belm im Osnabrücker Land, um nur zwei Beispiele zu nennen – und die tatsächlich existierenden Integrationsprobleme vor allem der „mitgenommenen" Generation von Jugendlichen wurden in der medialen Berichterstattung und in der öffentlichen Wahrnehmung oft skandalisiert. Die Vorstellung der Russlanddeutschen als privilegierter, aber gleichzeitig problematischer und integrationsun-

---

12 Lydia Klötzel: Die Rußlanddeutschen zwischen Autonomie und Auswanderung. Die Geschicke einer nationalen Minderheit vor dem Hintergrund des wechselhaften deutsch-sowjetischen/russischen Verhältnisses. Münster u. a. 1999 (Osteuropa-Studien 3), Kap. 3.4.

13 Für die Aussiedlerzahlen in der Bundesrepublik während dieses Zeitraums siehe Susanne Worbs, Eva Bund, Martin Kohls, Christian Babka von Gostomski: (Spät-)Aussiedler in Deutschland. Eine Analyse aktueller Daten und Forschungsergebnisse. Nürnberg 2013 (Bundesamt für Migration und Flüchtlinge, Forschungsbericht 20), Tabelle 2-2, S. 31. Zu den Zahlen für die DDR siehe Nicole Hirschler: Neue, „alte" Heimat DDR. „Repatriierung" und Familienzusammenführung von Personen deutscher Herkunft aus der UdSSR in die DDR: Konzeptionen und ihre Umsetzung im innen- und außenpolitischen Spannungsfeld. Diss. Univ. Osnabrück 2002, Tabelle 20, S. 454.

14 Worbs u. a.: (Spät-)Aussiedler (Anm. 13), Tabelle 2-3, S. 32f.

15 Vserossijskaja perepis' naselenija 2010 g. Nacional'nyj sostav naselenija Rossijskoj Federacii, <http://demoscope.ru/weekly/ssp/rus_nac_10.php>; „Itogi nacional'noj perepisi naselenija Respubliki Kasachstan 2009 goda". Analitičeskij octet. Astana 2011, S. 21 <http://www.stat.gov.kz/getImg?id=WC16200032648>.

williger Zuwanderergruppe, die der eingangs zitierte Leserbriefschreiber besonders polemisch zum Ausdruck brachte, stammt aus dieser Zeit. In welchem Maße sie bis heute Fortbestand hat, ist Gegenstand dieser Untersuchung.

3. Dominanzorientierung

Intergruppenbeziehungen, wie sie am Beispiel der Vorurteile gegen Russlanddeutsche noch aufzuzeigen sein werden, sind gekennzeichnet durch eine Vielzahl unterschiedlicher Phänomene. Darunter subsumieren sich konfliktrelevante Aspekte wie beispielsweise soziale Vorurteile, die unter anderem auch deshalb eine Ursache von Intergruppenkonflikten darstellen, weil sie durch gruppenbezogene – und nicht primär auf Individualmerkmale Bezug nehmende – Zuschreibungen und Abgrenzungsmechanismen eine *in-group* sowie eine *out-group* entstehen lassen, welche in der Konsequenz verknüpft sind mit einer Konstruktion eines nicht nur höherwertigen ‚Wir‘, sondern auch eines defizitären ‚Sie‘.[16] Die dadurch öffentlichkeitswirksam kommunizierten wie auch in die Köpfe transponierten Pars-pro-toto-Bilder verfestigen eine real einzig in Minderheiten vorzufindende Dichotomie. Dadurch wird, und dies ist für diesen Dominanzprozess konstitutiv, sowohl die eigene Gruppe, das Wir, überhöht wie auch die anderen, die Sie-Gruppe, pro toto in ihren Eigenschaften und Kompetenzen als verkümmert dargestellt.[17]

Die Theorie der sozialen Dominanz, entwickelt von Sidanius und Pratto in den 1990er Jahren,[18] nimmt gruppenbezogene Einstellungsmuster in den Fokus, um verschiedene Abwertungsmechanismen wie beispielsweise Vorurteile oder Diskriminierung näher zu erklären und ebenso vorherzusagen. Zentral hierbei ist das Konstrukt der sozialen Dominanzorientierung, zu deren Messung ursprünglich eine 14-Item-Skala entwickelt wurde. Die soziale Dominanzorientierung kann dabei definiert werden als das Ausmaß an Präferenz von Intergruppenhierarchien.[19] Dies bedeutet, dass Personen mit hoher Dominanzorientierung eine hierarchische Gesellschaftsstruktur von Gruppen befürworten bzw. die Dominanz der überlegenen Gruppe über die unterlegene Gruppe gutheißen. Dementsprechend werden Annahmen, die eine Gleichwertigkeit und somit auch eine Gleichberechtigung sozialer Gruppen unterstützen, negiert. Gestützt wird eine solche Dominanzorientierung durch *hierarchy-legitimizing myths*,[20] also Vorurteile oder Annahmen, die die Über-

16 Aleida Assmann: Einführung. In: Anton Pelinka (Hg.): Vorurteile. Ursprünge, Formen, Bedeutung. Berlin u. a. 2012, S. 1–30, hier S. 9.

17 Norbert Elias, John L. Scotson: The Established and the Outsiders. A Sociological Inquiry into Community Problems. London 1965.

18 Jim Sidanius, Felicia Pratto: Social Dominance. An intergroup theory of social hierarchy and oppression. Cambridge u. a. 1999.

19 Felicia Pratto, Jim Sidanius, Lisa M. Stallworth, Bertram F. Malle: Social Dominance Orientation: A Personality Variable Predicting Social and Political Attitudes. In: Journal of Personality and Social Psychology 67, 4 (1994), S. 741–763, hier S. 741.

20 Ebd.

legenheit der dominanten Gruppe scheinbar rechtfertigen. Diese konsensual geteilten Mythen vermindern Intergruppenkonflikte, da sie soziale Ungleichheit scheinbar plausibel begründen und der dominierenden Gruppe ihre Vormachtstellung zusichern.[21] Dementsprechend weisen Personen hoher Statusgruppen nach den theoretischen Annahmen häufiger eine hohe Dominanzorientierung auf, da sie von Gruppenhierarchien profitieren.[22]

Während diese Aussage bisher einer empirischen Bestätigung entbehrt,[23] hat sich soziale Dominanzorientierung seit ihrer Entwicklung als zuverlässiger Prädiktor von gruppenbezogenen Vorurteilsmustern wie z. B. auch Ausländerfeindlichkeit herausgestellt,[24] wobei das Konstrukt nicht allein gruppenbezogene Einstellungen, sondern auch Verhalten vorhersagen kann.[25] Damit spielt die Einstellung zu Gruppenhierarchien von Personen offensichtlich auch unabhängig von konkreter gerichteten Vorurteilen wie z. B. Ausländerfeindlichkeit eine Rolle. Folglich wäre es verkürzt, anzunehmen, dass soziale Vorurteile gegen Russlanddeutsche lediglich mit Ausländerfeindlichkeit in Beziehung stehen. Im Hinblick auf den vorliegenden Beitrag bedeutet dies in Bezug auf die zu prüfenden empirischen Hypothesen, dass auch Personen, die nicht per se ausländerfeindlich sind, eben aufgrund ihrer Dominanzorientierung Vorurteile gegenüber Russlanddeutschen aufweisen können. Aus diesem Grund war es im Übrigen auch möglich, wie im nächsten Abschnitt ausgeführt wird, Vorurteile gegen Russlanddeutsche jenseits des klassischen parteipolitischen Links-Rechts-Schemas zu verorten.

4. Vorurteile gegen Russlanddeutsche und Ausländerfeindlichkeit

Strukturell ähnelten die Vorurteile, welche den Russlanddeutschen in den 1990er Jahren entgegenschlugen, den stereotypen Vorstellungen der Mehrheitsgesellschaft von anderen Migrantengruppen, denen mangelnde Integration und Integrationsbereitschaft, Ghettoisierung und Kriminalität vorgeworfen wurden.[26] Jedoch waren sie im bundesdeutschen Migrationsdiskurs der Zeit grundsätzlich anders verortet.

---

21 Ebd.

22 Felicia Pratto, Jim Sidanius, Shana Levin: Social Dominance Theory and the Dynamics of Intergroup Relations: Taking Stock and Looking Forward. In: European Review of Social Psychology 17 (2006), S. 271–320.

23 Beate Küpper, Carina Wolf, Andreas Zick: Social Status and Anti-Immigrant Attitudes in Europe: An Examination from the Perspective of Social Dominance Theory. In: International Journal of Conflict and Violence 4, 2 (2010), S. 205–219.

24 Héctor Carvacho: Ideological Configurations and Prediction of Attitudes toward Immigrants in Chile and Germany. In: International Journal of Conflict and Violence 4, 2 (2010), S. 220–233.

25 Arnold K. Ho, Jim Sidanius, Felicia Pratto, Shana Levin, Lotte Thomsen, Nour Kteily, Jennifer Sheehy-Skeffington: Social Dominance Orientation: Revisiting the Structure and Function of a Variable Predicting Social and Political Attitudes. In: Personality and Social Psychology Bulletin 38, 5 (2012), S. 583–606, hier S. 583.

26 Klaus Eder, Valentin Rauer, Oliver Schmidtke: Die Einhegung des Anderen. Türkische, polnische und russlanddeutsche Einwanderer in Deutschland. Wiesbaden 2004.

Während die zu jener Zeit regierende prinzipiell einwanderungsfeindliche politische Rechte Spätaussiedlerzuwanderung unterstützte, war die überwiegend einwanderungsfreundliche politische Linke skeptischer gegenüber der ethnonationalen Privilegierung einer speziellen Einwanderergruppe.[27] Der Soziologe Christian Joppke sprach diesbezüglich von der „liberal challenge“ der Spätaussiedlermigration.[28] Prominentes Beispiel für eine solche Kritik waren die Interventionen des damaligen SPD-Spitzenpolitikers Oskar Lafontaine, der schon 1988 die Spätaussiedleraufnahme als „Deutschtümelei“ kritisierte.[29] Spätaussiedler und speziell die Russlanddeutschen konnten jedoch auch Gegenstand eines populistischen, einwanderungsfeindlichen Diskurses werden, wenn ihnen ihre legitimierende Eigenschaft als Deutsche und die daraus folgenden Einwanderungs- und Eingliederungsprivilegien abgesprochen wurden („restrictive challenge“).[30] Russlanddeutsche waren somit in der Öffentlichkeit zu verschiedenen Zeiten Anfeindungen von rechts und von links ausgesetzt, wobei sich die politische Linke in Person von Lafontaine dabei zum Teil restriktiv-populistische Forderungen wie die Begrenzung der Aussiedleraufnahme im Interesse deutscher Arbeitsloser zu eigen machte.[31]

Diese besondere Konstellation wirft die Frage nach dem Zusammenhang zwischen negativen Einstellungen gegenüber Russlanddeutschen als ‚besonderer‘ Migrantengruppe und allgemeiner Ausländerfeindlichkeit auf. Dieser ist nicht systematisch erforscht. In existierenden Forschungen wurden Vorurteile gegen Russlanddeutsche meistens entweder gesondert untersucht oder aber undifferenziert unter dem allgemeinen Phänomen der Fremdenfeindlichkeit subsumiert.[32] Ein Beispiel für eine differenzierte Analyse ist eine Studie von Joachim Brüß aus dem Jahr 2002, in der er die soziale Nähe und Distanz zwischen deutschen, türkischen und Aussiedler-Jugendlichen untersuchte. Er kam zu dem Ergebnis, dass deutsche Jugendliche ohne Migrationshintergrund gegenüber beiden „Fremdgruppen“ soziale Distanz zeigten, dabei aber gegenüber Aussiedler-Jugendlichen tendenziell positiver eingestellt seien als gegenüber türkischstämmigen Jugendlichen.[33] Als Erklärung führt er Gruppen-

27 Diese Skepsis war allerdings bei weitem nicht so stark wie die asyl- und einwanderungsfeindliche Haltung der konservativ-liberalen Regierung. Siehe dazu Jannis Panagiotidis: Kein fairer Tausch. Zur Bedeutung der Reform der Aussiedlerpolitik im Kontext des Asylkompromisses. In: Stefan Luft, Peter Schimany (Hg.): 20 Jahre Asylkompromiss. Bilanz und Perspektiven. Bielefeld 2014, S. 105–126.

28 Christian Joppke: Selecting by Origin: Ethnic Migration in the Liberal State. Cambridge, Mass. 2005, S. 206.

29 Ebd., S. 208.

30 Ebd.

31 Ebd., S. 209.

32 Für die gesonderte Analyse siehe Vogelgesang: Jugendliche Aussiedler (Anm. 5); für eine undifferenzierte Untersuchung im Kontext von allgemeiner Fremdenfeindlichkeit siehe Waldemar Vogelgesang: Tiefe Gräben und schmale Brücken. Die Einstellung Jugendlicher zu Ausländern im Stadt-Land-Vergleich. In: Axel Groenemeyer, Jürgen Mansel (Hg.): Die Ethnisierung von Alltagskonflikten. Wiesbaden 2003, S. 89–108.

33 Joachim Brüß: Soziale Nähe und Distanz zwischen deutschen, türkischen und Aussiedler-Jugendlichen. In: Groenemeyer, Mansel (Hg.): Ethnisierung von Alltagskonflikten (Anm. 32), S. 109–134.

positionierungen an: Die deutschen Jugendlichen als sozial dominante Gruppe reagierten ablehnend auf statusniedrigere Gruppen, wobei die türkischen Jugendlichen als statusniedrigste Gruppe die stärkste Ablehnung erfuhren.[34]

Aus diesem Grunde sei in einem ersten Schritt mit Zicks Ausführungen[35] zu Vorurteilen festzuhalten, dass Vorurteile gegen Russlanddeutsche als generalisierte negative Einstellungen *soziale* Vorurteile darstellen, die quasi dynamisch auch mit Vorurteilen zu anderen Gruppen in Verbindung stehen. Dieser eminente Hinweis Zicks verweist auf die erfolgende Fremdkategorisierung zu einer spezifischen Gruppe und damit auch auf die Askription von Merkmalen weitgehend bar individueller Aushandlungsmöglichkeiten.[36] Die negativen Assoziationen der deutschen Mehrheitsgesellschaft gegenüber Russlanddeutschen als Gruppe werden somit ex post und damit auch deduktiv als Charaktereigenschaften, Fähigkeiten und Merkmale konkreter Individuen substituiert.

Auf Gordon W. Allports Definition von Vorurteilen aufbauend und seine Theorie extrapolierend,[37] lässt sich Folgendes feststellen: Vorurteile gegen Russlanddeutsche führen dazu, dass vor einer tatsächlichen Erfahrung und damit auch ernsthaften Prüfung einerseits eine ablehnende Einstellung gegen Russlanddeutsche aufgebaut wird und andererseits – und dies war Allport sehr wichtig, obwohl es im Verlaufe der Allport-Rezeption häufig unterschlagen wurde – eine stark zustimmende Haltung gegenüber der eigenen Referenzgruppe vorgenommen wird. Wie es Zick formuliert,[38] nehmen wir im Rahmen dieses Prozesses auch eine stereotypisierte Wahrnehmung und Bewertung der Eigengruppe vor, es findet demnach auch eine Selbsttypisierung statt, die gegebenenfalls das eigentliche Ziel der Abwertung der sogenannten „Anderen" darstellen kann.[39] Diese sich gegenseitig bedingenden positiven bzw. negativen Vorurteile haben dabei als gemeinsamen Nenner sowohl den Vorerfahrungscharakter[40] als auch die Stabilität, dass sie also Bestand haben trotz gegebenenfalls vorliegender konträrer Erfahrungen. Die positive bzw. negative Voreingenommenheit ist somit nur bedingt durch empirische Validierung zu erschüttern.[41] Vielmehr können

---

34 Ebd., S. 128f.

35 Andreas Zick, Beate Küpper, Wilhelm Heitmeyer: Prejudices and group-focused enmity – a socio-functional perspective. In: Anton Pelinka, Karin Bischof, Karin Stögner (Hg.): Handbook of prejudice. Amherst, NY 2010, S. 273–302.

36 Andreas Zick, Carina Wolf, Beate Küpper, Eldad Davidov, Peter Schmidt, Wilhelm Heitmeyer: The syndrome of Group-focused Enmity: The interrelation of prejudices tested with multiple cross-sectional and panel data. In: Journal of Social Issues 64, 2 (2008), S. 363–383.

37 Gordon Allport: The nature of prejudice. Reading, Mass. 1954.

38 Andreas Zick, Beate Küpper, Andreas Hövermann: Die Abwertung der Anderen. Eine europäische Zustandsbeschreibung zu Intoleranz, Vorurteilen und Diskriminierung. Berlin 2011.

39 Thomas F. Pettigrew, Oliver Christ, Ulrich Wagner, Roel W. Meertens, Rolf van Dick, Andreas Zick: Relative deprivation and intergroup prejudice. In: Journal of Social Issues 64, 2 (2008), S. 385–401.

40 Thomas F. Pettigrew, Linda R. Tropp: A meta-analytic test of intergroup contact theory. In: Journal of Personality and Social Psychology 90 (2006), S. 751–783.

41 Thomas F. Pettigrew: Secondary Transfer Effect of Contact: Do Intergroup Contact Effects Spread to Noncontacted Outgroups? In: Social Psychology 40 (2009), S. 55–65.

Vorurteile gegenüber Gruppen ausgebildet werden, obwohl die betreffende Person tatsächlich in keinem Kontakt zu der Gruppe steht, gegenüber der sie über negative Einstellungsmuster verfügt.[42] Die soziale Abwertung anderer Gruppen dient dem Individuum dann dazu, die komplexe soziale Realität zu strukturieren, da eigene Erfahrungen durch Vorannahmen ersetzt werden und somit für das Individuum scheinbar Handlungssicherheit generiert wird.

5. Ausländerfeindlichkeit und gruppenbezogene Menschenfeindlichkeit

Ausländerfeindlichkeit lässt sich theoretisch als Bestandteil des von dem Soziologen Wilhelm Heitmeyer so bezeichneten Syndroms „Gruppenbezogene Menschenfeindlichkeit" (GMF) fassen.[43] Den hiermit erfassten Einstellungen liegt als zentrales Postulat die Ungleichwertigkeit von Menschen und als zentraler Mechanismus die Verabsolutierung der Unterscheidung Ingroup vs. Outgroup zugrunde. Die verschiedenen Elemente des GMF-Syndroms sind untereinander verbunden, wobei „Etabliertenvorrechten" – also der Annahme, dass die „eingesessene" Bevölkerung gewisse Privilegien gegenüber „Neuankömmlingen" genießen sollte – theoretisch und empirisch eine zentrale Bedeutung zukommt. Heitmeyer differenziert weiterhin zwischen Rassismus, dem die Annahme „natürlicher" Höherwertigkeit der Eigengruppe zugrunde liege, und Fremdenfeindlichkeit, die mit Ressourcenkonkurrenz und Etikettierung von „kultureller" Rückständigkeit zu tun habe.

Spätaussiedler kommen in den GMF-bezogenen Studien in verschiedenen, äußerst ambivalenten Funktionen vor, die ihre besondere Position unterstreichen. Einerseits werden sie ganz klar als Ziel von Fremdenfeindlichkeit identifiziert, wobei sie zeitweilig sogar „die Türken" als Negativgruppe abgelöst hätten.[44] Andererseits wird aber die Aussage „Aussiedler sollten besser gestellt werden als Ausländer, da sie deutscher Abstammung sind", in der GMF-Studie als Indikatoraussage für Rassismus und Dominanz verwendet.[45]

Die GMF-Studie postuliert weiterhin einen starken Zusammenhang von sozialer Desintegration und GMF.[46] Eine zentrale Rolle kommt hier der Bildungs- und Berufssituation zu. Ein niedrigerer Bildungsstand und eine prekärere wirtschaftliche Lage korrelierten demnach mit ausgeprägteren menschenfeindlichen Einstellungen. Aribert Heyder differenziert diesen Befund noch, indem er auf die spezifischen Kompetenzen (empathische und kognitive Fähigkeiten) verweist, die mit höherer formaler Bildung zusammenhängen, um zu zeigen, dass es nicht die formale Bildung

42 Zick, Küpper, Heitmeyer: Prejudices (Anm. 35).

43 Für dies und das Folgende siehe Heitmeyer: Gruppenbezogene Menschenfeindlichkeit (Anm. 8).

44 Ebd., S. 22.

45 Ebd., S. 25.

46 Kirsten Endrikat, Dagmar Schaefer, Jürgen Mansel, Wilhelm Heitmeyer: Soziale Desintegration. Die riskanten Folgen negativer Anerkennungsbilanzen. In: Heitmeyer (Hg.): Deutsche Zustände. Folge 1 (Anm. 8), S. 37–58.

als solche ist, die menschenfreundlichere Einstellungen erzeugt.[47] Der Befund, dass mehr Bildung mit weniger Vorurteilen zusammenhinge, sei trotzdem länderübergreifend robust. Diese Erkenntnis macht Universitätsstudierende als Untersuchungsgruppe umso interessanter.

6. Methodisches Vorgehen

Die vorliegende empirische Auswertung, eine Teilanalyse aus einer größeren Studie über 7.464 B.A.-Studierende, ist ein kooperatives, internationales Forschungsprojekt, welches wir unter der Co-Leitung von Wassilis Kassis und Charlotte Schallié im Wintersemester 2014/2015 in zehn Ländern (neun europäischen Ländern und Kanada) an insgesamt 16 Universitäten durchgeführt haben. Im Rahmen der vorzustellenden Analyse gehen wir auf die Ergebnisse der Teilstichprobe von insgesamt 496 B.A.-Studierenden der Universität Osnabrück ein, die zusätzlich zum Themenbereich Vorurteile gegenüber Russlanddeutschen befragt worden sind. Die anfallenden Stichproben von rund 500 B.A.-Studierenden pro Universität waren zugleich per Unterdesign so festgelegt, dass sie etwa hälftig den Geistes- bzw. Sozialwissenschaften und dem Bereich Natur-/Wirtschaftswissenschaften/Jurisprudenz zugeordnet werden konnten. Die folgende Tabelle zeigt die diesbezüglichen Verteilungen für die Osnabrücker Stichprobe auf (siehe Tabelle 1). Die im Durchschnitt ca. 21-jährigen B.A.-Studierenden aus insgesamt acht Seminaren bzw. Vorlesungen wiesen folgende sozio-demographische Merkmale auf:

	in %	Absolut
Gesamtstichprobe		496
Geschlecht		
Weiblich	75,0	372
Männlich	25,0	121
Staatsangehörigkeit (erste bzw. zweite, deswegen auch mehr als 100%)		
Deutsch (als erste Nationalität)	96,6	479
Russisch/Kasachisch (als erste oder zweite Nationalität)	1,4	7
Andere (als erste oder zweite Nationalität)	4,6	23
Bezugswissenschaft		
Geistes- bzw. Sozialwissenschaften	50,8	252
Natur-/Wirtschaftswissenschaften/Jurisprudenz	49,2	244

Tabelle 1: Sozio-demographische Merkmale der Osnabrücker Stichprobe

Hierbei wird ersichtlich, dass die Mehrheit der befragten Studierenden weiblich war (75 %) und fast alle die deutsche Staatsbürgerschaft hatten (96,6 %). Einzig sieben

47 Heyder: Bessere Bildung (Anm. 9).

Studierende (1,4%) gaben an, auch eine russische bzw. kasachische Staatsbürgerschaft zu haben; weitere 23 Studierende (4,6%) gaben an, auch weitere Staatsbürgerschaften zu besitzen. Ziemlich genau die Hälfte der Studierenden (50,8%) besuchte einen geistes- bzw. sozialwissenschaftlichen Studiengang, wobei 84,3% von ihnen weibliche Studierende waren; im Unterschied dazu waren von denjenigen, die Natur-/Wirtschaftswissenschaften bzw. Jurisprudenz studierten, 66,4% weiblich.

Bevor die Ergebnisse vorgestellt werden, sei auf die empirischen Skalen zur Erhebung der zu analysierenden sozialen Vorurteile, nämlich der Dominanzorientierung, der Ausländerfeindlichkeit sowie der Vorurteile gegen Russlanddeutsche, eingegangen. Die intervall-skalierten Items der drei Skalen wurden über die Skala „stimmt völlig“, „stimmt eher“, „stimmt eher nicht“ und „stimmt gar nicht“ beantwortet.

Die aus vier Items bestehende Kurzskala Dominanzorientierung (Cα = .78) in der deutschen Übersetzung nach Six, Wolfrath und Zick (2001)[48] geht im Kern auf die Superioritätsansprüche und gesellschaftliche Dominanz gegenüber sozialen Minoritäten ein. Folgende Items kamen dabei zum Einsatz:

1. Es ist in Ordnung, wenn einige Gruppen mehr Chancen im Leben haben als andere.
2. Wenn bestimmte Gruppen unter sich bleiben würden, hätten wir weniger Probleme.
3. Es ist wahrscheinlich richtig, dass bestimmte Gruppen oben sind und andere unten.
4. Unterlegene Gruppen sollten unter sich bleiben.

Ausländerfeindlichkeit wurde über eine Skala (Cα = .78), bestehend aus insgesamt fünf Einzelitems, erhoben, die wir über die Übernahme von Items der Ausländerfeindlichkeitsskala von Wagner und Zick (1998)[49] eingeführt haben und zugleich auch mit weiteren Items, die wir selbst entwickelt haben, anreicherten:

1. Man kann Ausländern genauso vertrauen wie Deutschen. (Umgepolt)
2. Mit weniger Ausländern gäbe es in Deutschland weniger Probleme.
3. Ausländer arbeiten nur dann einigermaßen anständig, wenn sie dauernd kontrolliert werden.
4. Viele Ausländer sind in Ordnung, aber es gibt unter ihnen doch mehr „schwarze Schafe“ zu Lasten des Sozialsystems als unter Deutschen.
5. Wer neu in einem Land ist, sollte sich erst mal mit weniger zufrieden geben.

---

48 Bernd Six, Ulrich Wolfrath, Andreas Zick: Autoritarismus und soziale Dominanz als generalisierte Einstellungen. In: Zeitschrift für Politische Psychologie 9 (2001), S. 23–40.

49 Ulrich Wagner, Andreas Zick: Ausländerfeindlichkeit, Vorurteile und diskriminierendes Verhalten. In: Hans Werner Bierhoff, Ulrich Wagner (Hg.): Aggression und Gewalt. Phänomene, Ursachen und Interventionen. Stuttgart 1998, S. 145–164.

Die Vorurteile gegen Russlanddeutsche wurden über eine von uns entwickelte Skala (Cα = .86), bestehend aus folgenden sechs Einzelfragen, getestet, die im Kern die Hauptlinien der bestehenden Vorurteile gegen Russlanddeutsche aufnehmen, nämlich die Frage der „Echtheit" des Deutschseins, der fehlenden Integration sowie der erhöhten Kriminalität bzw. der sozialen Exklusion:

1. Russlanddeutsche sind keine echten Deutschen.
2. Russlanddeutsche kommen nur wegen des Sozialsystems nach Deutschland.
3. Russlanddeutsche sind krimineller als andere Deutsche.
4. Russlanddeutsche integrieren sich nicht in die Gesellschaft.
5. Ich würde nicht in eine Wohngegend mit vielen Russlanddeutschen ziehen.
6. Ich würde keinen russlanddeutschen Partner heiraten.

Gerechnet wurden die nun einzuführenden Ergebnisse zuerst über eine Varianzanalyse und danach über Strukturgleichungsmodelle zu den folgenden zwei Fragebereichen:

1. Haben ausgewählte soziodemographische Merkmale, nämlich Geschlecht und die Bezugswissenschaft, einen Einfluss auf die erhobenen Vorurteile der Studierenden? (Varianzanalytische Auswertung);
2. Stehen die Dominanzorientierung, die Ausländerfeindlichkeit und die Vorurteile gegen Russlanddeutsche in einer Beziehung zueinander? (Strukturgleichungsmodelle).

7. Die Ergebnisse

In einem ersten Schritt sei festgehalten (siehe Abbildung 1), dass sich lediglich 23,6% aller Studierenden stark von Dominanzorientierung, 16,7 % von Vorurteilen gegen Russlanddeutsche und sogar einzig 5,4 % von Ausländerfeindlichkeit (also nur ca. jeder zwanzigste Student) absetzten, also „stimmt gar nicht" im Fragebogen ankreuzten. Für insgesamt 5,6% der befragten Studierenden galt zu Dominanzorientierung sogar die Antwortvariante „stimmt völlig" als die korrekte für sie, entsprechend 9,3 % zu Vorurteilen gegen Russlanddeutsche und 10,3 % zu Ausländerfeindlichkeit. Für den Großteil der Studierenden kamen die mittleren Antwortkategorien „stimmt eher" (Dominanzorientierung 32,3 %; Ausländerfeindlichkeit 45,4 %; Vorurteile gegen Russlanddeutsche 34,3 %) und „stimmt eher nicht" (Dominanzorientierung 36,9 %; Ausländerfeindlichkeit 38,1 %; Vorurteile gegen Russlanddeutsche 28,2 %) in Frage. Berücksichtigen wir bei der Bewertung des Ausmaßes dieser Einstellungen die regelrechte ‚Kantigkeit' und die damit verbundene Vorurteilshaftigkeit der Aussagen, dürfen diese Ergebnisse als ein deutlicher Ausdruck massiver Vorurteile gewertet werden.

Wird nun in einem weiteren Schritt die Vorhersagekraft der soziodemographischen Merkmale Geschlecht und Bezugswissenschaft auf die Einstellungen der Stu-

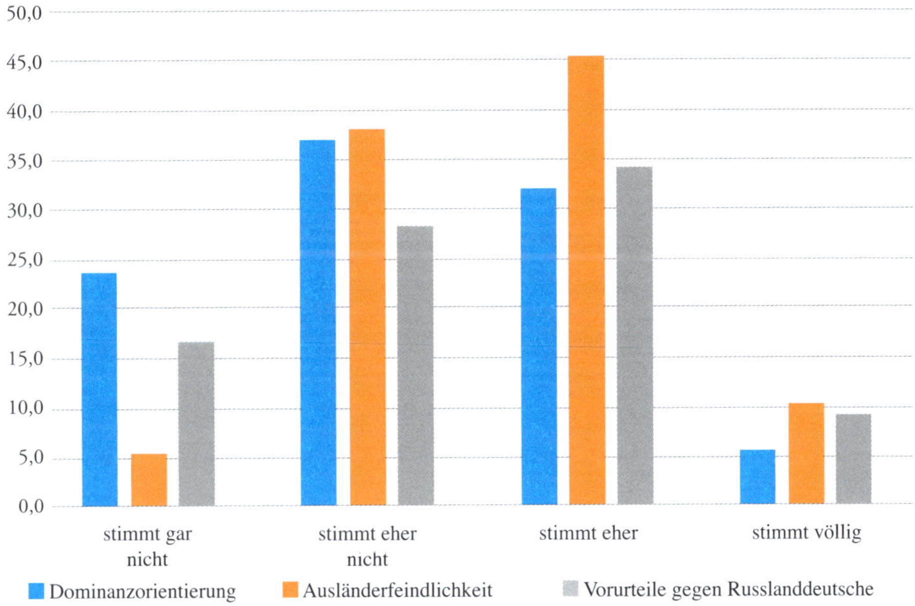

Abbildung 1: Häufigkeiten der drei Skalen

dierenden geprüft (siehe Tabelle 2), erhalten wir durch die erfolgten Varianzanalysen das Ergebnis, dass es einzig zur Dominanzorientierung einen signifikanten geschlechtsspezifischen Unterschied gibt (männliche Studierende haben höhere Werte). Dagegen steht die Bezugswissenschaft in keiner Beziehung zur Ausprägung der Dominanzorientierung. Interessanter- bzw. bezeichnenderweise spielen weder Geschlecht noch die Bezugswissenschaft eine Rolle bei der Vorhersage von Vorurteilen gegen Russlanddeutsche und der Ausländerfeindlichkeit bei den befragten Studierenden. Bemerkenswerterweise gilt dies im Bereich der Vorurteile gegen Russlanddeutsche auch für die spezifische Frage nach der Partnerwahl, welche angesichts der in vielen Fällen männlich konnotierten Vorurteile gegenüber dieser Gruppe (Kriminalität, Gewaltbereitschaft) eine genderdifferenzierte Antwortstruktur wahrscheinlich erscheinen lassen würde.

	Geschlecht		Bezugswissenschaft	
	Weiblich	Männlich	Geistes-/ Sozialwissen-schaften	Natur-/ Wirt-schaftswissen-schaften/ Jurisprudenz
Stichprobe (Abs.)	322	115	210	229
Dominanzorientierung	2.15 (.83) ***	2.39 (.89)	2.15 (.83)	2.25 (.91)
Ausländerfeindlichkeit	2.62 (.71)	2.58 (.86)	2.60 (.74)	2.60 (.74)
Vorurteile gegen Russlanddeutsche	2.39 (.89)	2.43 (.97)	2.36 (.87)	2.45 (.94)
*** p < .001. ** p < .01. * p < .05.				

Tabelle 2: Zur Beziehung der erhobenen Vorurteile mit Geschlecht und Bezugswissenschaft, Mittelwerte (Standardabweichungen)

In einem zweiten Rechenschritt prüften wir über Strukturgleichungsmodelle die Beziehungen zwischen diesen drei Vorurteilskonstrukten. Wir gingen dabei von den theoretisch basierten Hypothesen aus, dass Dominanzorientierung die machtorientierte ‚Basis' darstellt, von welcher aus sich Ausländerfeindlichkeit und dann auch Vorurteile gegen Russlanddeutsche entwickeln. Dabei stellten wir auch die Hypothese auf, dass von Dominanzorientierung ausgehend nicht einzig der moderierende Effekt von Ausländerfeindlichkeit hin zu Vorurteilen gegen Russlanddeutsche vorliegt, sondern auch der direkte Effekt von Dominanzorientierung hin zu Vorurteilen gegen Russlanddeutsche nachgewiesen werden kann. Die Auswertungen haben wir in Kenntnis des Querschnittdesigns der Studie vorgenommen. Kausale Beziehungen sind somit nicht ableitbar, sehr wohl aber ein reliables und valides Beziehungsmuster komplexer Vorurteilsstrukturen.

Mplus 7.3[50] wurde für die Strukturgleichungsmodelle eingesetzt. Die Modellpassung wird über den *comparative fit index* (CFI), den *root mean square error of approximation* (RMSEA) und den *standardized root mean square residual* (SRMR) geprüft. Ein CFI-Wert von höher als .95 verweist auf ein exzellentes Modell.[51] RMSEA- und SRMR-Werte von < = .05 werden ebenfalls als Indikatoren eines exzellenten Modells beurteilt.[52]

Der Gesamtfit des Modells ist sehr gut: $Chi^2(86, N = 496) = 136.538$, $p < .001$, CFI = .974, RMSEA = .034, SRMR = .033. Dasselbe gilt auch für die drei enthaltenen Messmodelle (siehe Tabelle 3). Über eine Multigroup-Analyse haben wir das

50 Linda K. Muthén, Bengt O. Muthén: "Mplus." Statistical analysis with latent variables. Version 7.3 (2014).

51 Rex Bryan Kline, Ahmed Seffah: Evaluation of integrated software development environments: Challenges and results from three empirical studies. In: International Journal of Human-Computer Studies 63, 6 (2005), S. 607–627.

52 Ebd.

Modell zusätzlich noch auf seine Genderspezifik hin getestet. Der Modelfit dieser Überprüfung ist sehr hoch und verweist darauf, dass das Modell genderunspezifisch ist und somit für beide Geschlechter eine hohe Gültigkeit hat: $Chi^2(196, N = 496) = 271.799$, $p < .001$, CFI = .962, RMSEA = .040, SRMR = .051. Das Modell erklärt dabei für beide Geschlechter sowohl einen hohen Anteil der Varianz von Ausländerfeindlichkeit (Frauen $R^2 = 33{,}8\,\%$, Männer $R^2 = 52{,}7\,\%$) als auch der Vorurteile gegen Russlanddeutsche (Frauen $R^2 = 48{,}1\,\%$, Männer $R^2 = 39{,}4\,\%$).

Wie in Abbildung 2 dargestellt, erklärt das Gesamtmodell 48,5 % der Varianz der Vorurteile gegen Russlanddeutsche, die erklärte Varianz der Ausländerfeindlichkeit beträgt ($R^2 = 39{,}2\,\%$). Beides zusammengefasst verweist auf ein erklärungsstarkes Gesamtmodell. Dominanzorientierung erhöht dabei signifikant das Risiko, ausländerfeindliche Einstellungen zu vertreten (b = .63), und erhöht zugleich auch direkt die Vorurteile gegen Russlanddeutsche signifikant (b = .30). Höhere Werte von Ausländerfeindlichkeit führen zudem zu signifikant stärker ausgeprägten Vorurteilen gegenüber Russlanddeutsche (b = .44).

Hierdurch zeigt das Modell sehr deutlich, dass es, wie angenommen, sowohl einen mittelstarken direkten Effekt von der Dominanzorientierung hin zum Aufbau von Vorurteilen gegen Russlanddeutsche gibt, wie auch den weiteren angenommenen Effekt, nämlich die ausgeprägte Mediation über die Ausländerfeindlichkeit. Dies bedeutet, auch unter Berücksichtigung der konkreten Pfadstärken, dass der Effekt über die Mediation der Ausländerfeindlichkeit weit stärker ist als der direkte Effekt auf die Vorurteile gegen Russlanddeutsche und sich somit Vorurteile gegen Russlanddeutsche primär, aber bei weitem nicht ausschließlich, über die Beziehungskette von der Dominanzorientierung hin zu Ausländerfeindlichkeit aufbauen.

Modell	Ladungen
Dominanzorientierung	
Es ist in Ordnung, wenn einige Gruppen mehr Chancen im Leben haben als andere.	.383
Wenn bestimmte Gruppen unter sich bleiben würden, hätten wir weniger Probleme.	.636
Es ist wahrscheinlich richtig, dass bestimmte Gruppen oben sind und andere unten.	.606
Unterlegene Gruppen sollten unter sich bleiben.	.679
Ausländerfeindlichkeit	
Man kann Ausländern genauso vertrauen wie Deutschen. (Umgepolt)	.629
Mit weniger Ausländern gäbe es in Deutschland weniger Probleme.	.731
Ausländer arbeiten nur dann einigermaßen anständig, wenn sie dauernd kontrolliert werden.	.758

Viele Ausländer sind in Ordnung, aber es gibt unter ihnen doch mehr „schwarze Schafe" zu Lasten des Sozialsystems als unter Deutschen.	.693
Wer neu in einem Land ist, sollte sich erst mal mit weniger zufrieden geben.	.604
Vorurteile gegen Russlanddeutsche	
Russlanddeutsche sind keine echten Deutschen.	.635
Russlanddeutsche kommen nur wegen des Sozialsystems nach Deutschland.	.737
Russlanddeutsche sind krimineller als andere Deutsche.	.760
Russlanddeutsche integrieren sich nicht in die Gesellschaft.	.729
Ich würde nicht in eine Wohngegend mit vielen Russlanddeutschen ziehen.	.728
Ich würde keinen russlanddeutschen Partner heiraten.	.644

Tabelle 3: Local Fit der drei Messmodelle

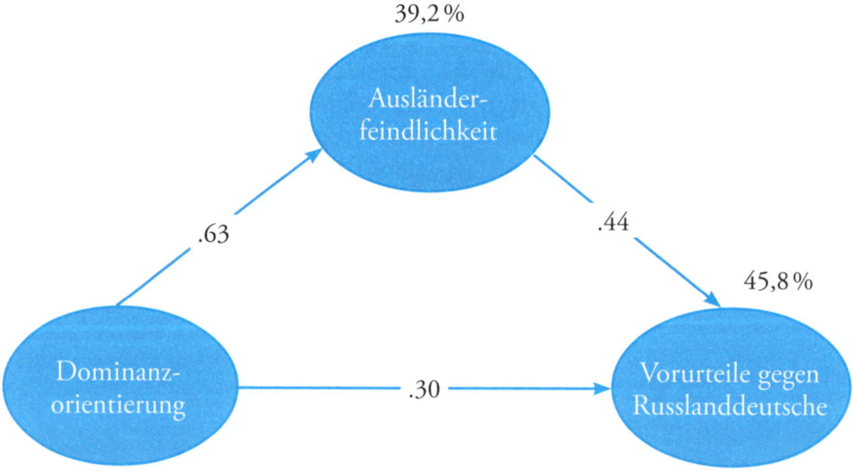

Abbildung 2: Gesamt-Strukturgleichungsmodell zur Erklärung von Vorurteilen gegen Russlanddeutsche (vereinfachte Darstellung). $Chi^2 (86, N = 496) = 136.538$, $p < .001$, $CFI = .974$, $RMSEA = .034$, $SRMR = .033$.

8. Diskussion und Ausblick

Die Universität als ein Ort der Weltoffenheit, der Bildung und damit auch der Reflexion könnte eigentlich den idealen Topos zur Minimierung sozialer Vorurteile darstellen. Machtorientierte und auf sozialen Ausschluss hin orientierte Fremdbewertungen müssten somit eher am Rande vorzufinden sein und die Befürwortung kruder sozialer Vorurteile wohl eher die Ausnahme denn die Regel darstellen. Diesen durchaus optimistischen, wenngleich empirisch größtenteils noch nicht validierten positiven Vorannahmen, eben positiven Vorurteilen, haben wir die hier vorliegende

Studie gewidmet. Danach haben wir einfangen wollen, inwiefern und, wenn ja, in welchem Ausmaß Universitätsstudierende Dominanzorientierung, Ausländerfeindlichkeit und Vorurteile gegenüber Russlanddeutschen aufweisen.

Die Ergebnisse sind dahingehend als beunruhigend zu bewerten, dass sich lediglich eine Minderheit der Studierenden deutlich von den untersuchten sozialen Vorurteilen distanzierte. Die Zustimmung zu diesen Vorurteilen ist dabei so deutlich, dass die Vorhersagekraft der soziodemographischen Merkmale Geschlecht und Bezugswissenschaft auf die Einstellungen der Studierenden marginal ausfällt: Weibliche und männliche Studierende haben ähnliche Werte bei Ausländerfeindlichkeit und Vorurteilen gegen Russlanddeutsche, nur im Bereich Dominanzorientierung, dies übereinstimmend mit den Ergebnissen von Sidanius et al.,[53] weisen Männer signifikant höhere Werte auf. Die Bezugswissenschaft spielt überhaupt keine Rolle bei der Vorhersage von Dominanzorientierung, Ausländerfeindlichkeit und Vorurteilen gegen Russlanddeutsche. Wer also davon ausging, dass ein Studium von Sozial- oder Kulturwissenschaften per se dazu führt, weniger soziale Vorurteile zu haben als z. B. Naturwissenschaften oder Jurisprudenz studierende junge Menschen, sieht sich hier sehr deutlich widerlegt. Der spezifische Lehr-/Lerninhalt macht somit nicht grundsätzlich einen Effekt bezüglich sozialer Vorurteile aus. Unsere gegebenenfalls diesbezüglich vorhandenen positiven Vorurteile gegenüber Sozial- und Kulturwissenschaften als *sozialen* Wissenschaften müssen wir dahingehend ablegen.[54]

Die gesamtgesellschaftlichen Implikationen unserer Befunde zu Universitätsstudierenden sind ebenfalls wenig erfreulich: Ausgehend von dem empirisch robusten Befund anderer Studien, dass Vorurteile bei höher gebildeten Menschen weniger ausgeprägt sind als bei solchen mit niedriger Bildung,[55] legen unsere Ergebnisse nahe, dass sich die hier untersuchten Vorurteile in der breiteren Gesellschaft noch größerer Zustimmung erfreuen dürften, als dies bereits unter der vermeintlichen Bildungselite Studierender der Fall ist. Dabei spielt es auch keine Rolle, ob die befragten Studierenden in ihrem sozialen Umfeld Kontakt zu Russlanddeutschen haben und wie dieser Kontakt bewertet wird. Aufgrund der Struktur von gruppenbezogenen Vorurteilen können sich diese ausbilden, auch wenn die Studierenden im universitären Kontext wie auch im privaten Lebensalltag keine eigenen Erfahrungen mit Russlanddeutschen gemacht haben.

Im Hinblick auf die gezeigte Dominanzorientierung sind die Ergebnisse allerdings wenig überraschend und bestätigen die theoretische Grundannahme,[56] wonach vor allem Personen eines höheren sozialen Status über eine Dominanzorientierung ver

53 Jim Sidanius, Shana Levin, James Liu, Felicia Pratto: Social dominance orientation, anti-egalitarianism and the political psychology of gender: An extension and cross-cultural replication. In: European Journal of Social Psychology 30, 1 (2000), S. 41 – 67.

54 Jim Sidanius, Stacey Sinclair, Felicia Pratto: Social Dominance Orientation, Gender, and Increasing Educational Exposure. In: Journal of Applied Social Psychology 36, 7 (2006), S. 1640 – 1653.

55 Zick u. a.: Syndrome of Group-focused Enmity (Anm. 36).

56 Pratto, Sidanius, Levin: Social dominance theory (Anm. 22).

fügen, da diesen Personen zur Wahrung eigener Interessen an einer hierarchischen Sozialstruktur gelegen ist.

Der durch das untersuchte Strukturgleichungsmodell aufgezeigte starke Zusammenhang von Vorurteilen gegen Russlanddeutsche mit Dominanzorientierung und Ausländerfeindlichkeit legt nahe, dass die Russlanddeutschen für einen signifikanten Teil der Mehrheitsgesellschaft nach wie vor eine „Out-Group" darstellen. Ausgehend von der Basis dominanzorientierter Einstellungen und vermittelt über ausländerfeindliche Einstellungen werden die Russlanddeutschen – deren postulierte Eigenschaft als Deutsche oft nicht akzeptiert wird – zum Objekt spezifischer sozialer Vorurteile gegen ihre Gruppe. Unsere Ergebnisse stützen demnach sehr deutlich die von Pettigrew et al. formulierte These,[57] dass es hier um vorurteilshafte soziale Vergleichsbeurteilungen geht. Russlanddeutsche stellen somit eine angefeindete Gruppe von Menschen unter vielen dar.

Ein von der *NOZ* gemeldeter Vorfall in Bramsche-Hesepe nahe Osnabrück im Januar 2015 illustriert diesen Komplex recht anschaulich: Damals lief eine Person durch die Straßen des Ortes, feuerte nahe der dortigen Erstaufnahmeeinrichtung für Flüchtlinge (in der in den 1990er Jahren auch viele Russlanddeutsche aufgenommen wurden) mehrere Schüsse aus einer Schreckschusspistole ab und skandierte laut Polizei dabei Parolen wie „Ausländer und Russlanddeutsche raus!".[58]

Diese dominante Beziehungskette wird ergänzt durch den schwächer ausgeprägten, aber sehr wohl präsenten direkten Pfad von Dominanzorientierung zu Vorurteilen gegen Russlanddeutsche. Dieser Zusammenhang lässt sich mit Pettigrew[59] so interpretieren, dass die Gruppe der Russlanddeutschen ganz im Sinne unserer theoretisch fundierten Hypothese auch Personen, die nicht per se ausländerfeindlich sind, die Möglichkeit gibt, ihre vorhandene Dominanzorientierung zum Ausdruck zu bringen. Konkret bedeutet dies, dass zwischen der Präferenz von Gruppenhierarchien und der gruppenbezogenen Abwertung der Russlanddeutschen eine Beziehung besteht. Dabei wäre im Einzelnen zu prüfen, was es mit der Entkoppelung von Ausländerfeindlichkeit im weiteren Sinne und spezifischer Feindseligkeit gegen Russlanddeutsche auf sich hat. Ein denkbarer Faktor ist hier das zunehmende Verschwimmen der Kategorien „Deutsche" und „Ausländer" im Zuge der Reform des Staatsangehörigkeitsrechts und der damit einhergehenden wachsenden Zahl deutscher Bürger mit sogenanntem Migrationshintergrund. Dies könnte z. B. bedeuten, dass in unserer Studie unsichtbare deutsche Studierende ohne doppelte Staatsangehörigkeit, aber mit Migrationshintergrund sich nicht „ausländerfeindlich" positionieren, doch sehr wohl dominanzorientierte Einstellungen und Vorurteile gegen Russlanddeutsche pflegen.

Auch der schon früher beobachtete Umstand, dass Russlanddeutsche auch für ein sonst „ausländerfreundliches" linksliberales Publikum eine legitime Zielscheibe für Vorurteile darstellen und somit Menschenfeindlichkeit nur ganz bedingt ein spezi-

57 Pettigrew, Tropp: Meta-analytic test (Anm. 40).
58 Jean-Charles Fays: Mehr rechte Straftaten in der Region. In: NOZ, 10.3.2016, S. 9.
59 Pettigrew: Secondary Transfer Effect (Anm. 41).

fisches Parteibuch vorzuweisen hat,[60] könnte hier noch eine Rolle spielen. Stellvertretend für eine solche Positionierung in der Gegenwart sei hier eine *NOZ*-Leserin zitiert, die sich im Februar 2016 folgendermaßen äußerte:

> Wir haben in Deutschland kein Problem mit den Migranten aus den südlichen Ländern! Aber ein gewaltiges Problem mit allen aus Osteuropa usw. Allen voran die sog. Russlanddeutschen – z. T. seit Jahrzehnten hier aber Integration = NULL![61]

Die Daten in Tabelle 3 zeigen deutlich, dass die abgefragten Items, die sich auf in den 1990er Jahren entstandene Vorurteile gegen die Gruppe der Russlanddeutschen beziehen, nach wie vor relevant sind. Dabei ist noch einmal zu betonen, dass diese Werte im Wintersemester 2014/15 erhoben wurden und somit lange vor dem „Fall Lisa“, der die Russlanddeutschen nach längerer Zeit wieder in den Fokus der Öffentlichkeit brachte. Vorher waren sie jahrelang kaum mehr ein Thema gewesen – die Vorurteile gegen diese Gruppe blieben aber offensichtlich subkutan in der Gesellschaft präsent und waren sowohl im Rahmen unserer Studie als auch im Zuge des „Falls Lisa“ in der Öffentlichkeit sofort abrufbar.

Im mit diesem „Fall“ zusammenhängenden Mediendiskurs zeigte sich zugleich, dass alte Vorurteile zum Teil mit neuen Bedeutungen aufgeladen werden, die der veränderten internationalen Lage und den verschlechterten deutsch-russischen Beziehungen geschuldet sind. Stark betont wurde in der medialen Berichterstattung der Gebrauch der russischen Sprache auf den Demonstrationen zum „Fall Lisa“.[62] Verschiedene Kommentatoren empfanden es als paradox, dass Menschen, die sich selber nicht der deutschen Sprache bedienten oder sie mit fremdem Akzent sprachen, für den „Erhalt deutscher Kultur“ und gegen Zuwanderung bzw. „Ausländergewalt“ demonstrierten.[63] In ‚klassischer‘ Manier wurde dieser Sprachgebrauch zum Anlass genommen, die Selbstbezeichnung der Russlanddeutschen als Deutsche zu negieren, wenn etwa in Berichten vielfach von „Deutschrussen“ oder einfach „Russen“ die Rede war.[64]

---

60 Zick, Küpper, Heitmeyer: Prejudices (Anm. 35).

61 Nutzerin Nadine Simon im NOZ-Kommentarforum zu Stephanie Kriege: Russlanddeutscher aus dem Südkreis meldete Demo in Osnabrück an. In: NOZ, 25.1.2016 <http://www.noz.de/lokales/osnabrueck/artikel/662479/russlanddeutscher-aus-dem-sudkreis-meldete-demo-in-osnabruck-an#gallery&0&0&662479>.

62 Siehe z. B.: Russlanddeutsche gegen „Ausländergewalt“. In: n-tv.de, 25.1.2016 <http://www.n-tv.de/politik/Russlanddeutsche-gegen-Auslaendergewalt-article16842831.html>. Dieser Bericht basierte auf einer DPA-Meldung, die in ähnlicher Form in verschiedenen Presseorganen reproduziert wurde.

63 Siehe z. B.: Russlanddeutsche von russischen Medien beeinflusst? In: deutschlandfunk.de, 25.1.2016 <http://www.deutschlandfunk.de/proteste-gegen-fluechtlinge-russlanddeutsche-von-russischen.1818.de.html?dram:article_id=343592>; Markus Wehner: Unser Mädchen Lisa. In: Frankfurter Allgemeine Zeitung, 31.1.2016 <http://www.faz.net/aktuell/politik/russlands-informationskrieg-hat-angela-merkel-als-ziel-14043618.html#/elections>; Tim Neshitov: Geschmack des Ostens. In: Süddeutsche Zeitung, 2.2.2016.

64 Zu „Deutschrussen“ siehe Bergmann, Borufka, Metag: Propaganda (Anm. 3); zu „Russen“ siehe Jörn Hasselmann: Neonazis und Russen: Gemeinsame Demo vor dem Kanzleramt. In: Tagesspiegel 23.1.2016 <http://www.tagesspiegel.de/berlin/13-jaehrige-angeblich-entfuehrt-und-

Neu ist allerdings die Implikation, dass aus dieser Bevorzugung einer anderen Sprache und dem damit verbundenen Konsum von anderssprachigen Medien – etwa dem russischen Staatsfernsehen, dessen Bericht vom 16. Januar 2016 über Lisas angebliche Entführung und Vergewaltigung die Mobilisierung von Teilen der Community überhaupt erst anstieß – auch stärkere Loyalität zu einem anderen Land und Illoyalität zu Deutschland hervorgehen könnte. Hier erkennen wir durchaus auch Verbindungslinien zum Antisemitismusdiskurs, im Rahmen dessen deutschen Juden gegenüber Israel eine weitaus stärkere Loyalität zugeschrieben wird als zu Deutschland.[65] So überschrieb der Bayerische Rundfunk schon am 25. Januar 2016 – dem Montag nach den ersten Demonstrationen – auf seiner Website einen Artikel über die Ereignisse des vorangegangenen Wochenendes und ihren Zusammenhang mit der Propaganda der russischen Medien mit dem reißerischen Titel: „Russlanddeutsche als Putins Fünfte Kolonne".[66] Dieses Szenario wurde in der *Welt* vom 31. Januar noch weiter getrieben:

> Öffentlich legen die Russlanddeutschen Wert darauf, Deutsche zu sein. Aber in diesen Tagen fühlen sie sich von Russland besser informiert, besser vertreten, besser verstanden als von deutscher Politik und Polizei. Und Deutschland? Das Land hat diese Woche gelernt, dass es Teile seiner Bevölkerung gibt, deren Loyalität nicht unbedingt diesem Staat gilt, sondern im Zweifel einem anderen. Wenn es schlecht läuft, einem feindseligen Staat. Und wenn es ganz schlecht läuft, gelingt es einer feindseligen Regierung sogar, Deutsche gegen den deutschen Staat zu mobilisieren. [...] So absurd das ist – es gelingt dem russischen Fernsehen, die sonst eher stillen deutschen Spätaussiedler aufzuwiegeln. Sie glauben der deutschen Polizei nicht. Sie glauben dem russischen Fernsehen.[67]

In seiner Pauschalisierung über *die* Russlanddeutschen und ihre durch russische Propaganda induzierte Illoyalität ging dieser Beitrag weiter als die meisten anderen Berichte in der Folge des „Falls Lisa". Die in den folgenden Wochen erschienenen Berichte ‚aus dem Feld' – aus einschlägig bekannten „Ghettos" wie Lahr im Schwarzwald, Berlin-Marzahn oder auch aus verschiedenen Orten in Bayern – reproduzierten aber den Tenor einer weitgehend abgeschlossenen „Parallelgesellschaft" (in den Worten des Berliner Boulevardblattes *B.Z.*: „Deutschrussland").[68]

Ein zentrales Motiv in diesem Zusammenhang war neben dem Konsum russischer Medien der wiederkehrende Verweis auf russische Läden und Supermärkte, welche

---

vergewaltigt-neonazis-und-russen-gemeinsame-demo-vor-dem-kanzleramt/12870386.html>.

65 Werner Bergmann: Anti-Semitic Attitudes in Europe: A Comparative Perspective. In: Journal of Social Issues 64, 2 (2008), S. 343–362.

66 Bastian Girg, Roana Brogsitter u. a.: Russlanddeutsche als Putins Fünfte Kolonne. In: br.de, 25.1.2016 <http://www.br.de/nachrichten/demos-russlanddeutsche-bayern-100.html>.

67 Dirk Banse, Michael Ginsburg: „Man hat die reingelassen. Und uns gibt man nichts!" In: Die Welt, 31.1.2016 <http://www.welt.de/politik/deutschland/article151685379/Man-hat-die-reingelassen-Und-uns-gibt-man-nichts.html>.

68 Bergmann, Borufka, Metag: Propaganda (Anm. 3); Banse, Ginsburg: Man hat die reingelassen (Anm. 67); Rüdiger Soldt: Die Wut der Russlanddeutschen. In: FAZ, 11.2.2016 <http://www.faz.net/aktuell/politik/fluechtlingskrise/fluechtlingskrise-die-wut-der-russlanddeutschen-14061209.html?printPagedArticle=true#pageIndex_2>.

offenbar fortbestehende Fremdheit repräsentieren sollen, insbesondere wenn sie kyrillische Aufschriften tragen.[69] Tim Neshitov schrieb in der *Süddeutschen Zeitung* etwa plakativ vom „Geschmack des Ostens".[70] In der *FAZ* betrieb Rüdiger Soldt noch expliziteres konsumbezogenes Othering in seiner Schilderung des russischen „Mini-Markts" in Lahr:

> Eine Pizzeria gibt es hier und einen Imbiss, der „Schaschlik mit Brot, Zwiebel und Essiggurke" für 2,80 Euro anbietet. Ein Essen, das nicht gerade eine badische Spezialität ist.[71]

Differenzkonstruktion über stereotype Konsumgewohnheiten ist freilich nichts Neues und wurde z. B. bereits den als „Spaghettifresser" oder „Kümmeltürken" titulierten Gastarbeitern zuteil – wie auch den als „Krauts" titulierten Deutschen.[72] In diesem Sinne werden die Russlanddeutschen durch die Konstruktion des „russischen Supermarktes" als Sinnbild ihrer fremden Essgewohnheiten zu einem festen Bestandteil der bundesdeutschen Stereotypenlandschaft, ganz dem Otheringkonzept[73] gemäß als Außenseiter zwangsverpflichtet.

---

69 Andreas Glas: Warum Russlanddeutsche gegen Flüchtlinge wettern. In: Süddeutsche Zeitung, 8.2.2016 <http://www.sueddeutsche.de/bayern/ingolstadt-warum-russlanddeutsche-gegen-fluechtlinge-wettern-1.2853336>.

70 Neshitov: Geschmack (Anm. 63).

71 Soldt: Wut (Anm. 68).

72 Hans Henning Hahn, Eva Hahn: Nationale Stereotypen. Plädoyer für eine historische Stereotypenforschung. In: Hans Henning Hahn (Hg.): Stereotyp, Identität und Geschichte. Die Funktion von Stereotypen in gesellschaftlichen Diskursen. Frankfurt a. M. u. a. 2002 (Mitteleuropa – Osteuropa 5), S. 17 – 56, hier S. 34.

73 Elias, Scotson: The Established and the Outsiders (Anm. 17).

Cristian Cercel

Romanian Germans after the Second World War: Transnational History, Transnational Memory

1. Introduction

In the second half of the 20th century, Romanian Germans left Romania *en masse*, migrating in the main part to their imagined homeland, the Federal Republic of Germany. Together with similar processes touching on the fate of Germans (or, as Rogers Brubaker and Jaeeun Kim put it, of "people who might in some contexts identify as Germans")[1] in other Central and Eastern European countries, the phenomenon can be regarded as part of the so-called "migrations of ethnic 'unmixing'".[2] Numbers demonstrate the phenomenon more clearly: there were around 800,000 Germans in Romania in the interwar period, while at the last census, conducted in 2011, only about 36,000 Romanian citizens declared their ethnicity as German.[3] Against this background, research on Romanian Germans after the Second World War tends to focus on phenomena taking place in the two main societies, and on the interactions occurring between the two main societies involved in the migration process, i.e. Romania as the sending country and the Federal Republic of Germany as the receiving country.[4]

Exceptions to this trend are minimal; however they do suggest that a broadening of the geographical horizon associated with research on Romanian Germans would be fruitful. Smaranda Vultur looked at the Banat Swabians who, in the immediate aftermath of the Second World War, migrated to France via Austria, settling down in La-Roque-sur-Pernes, a village in Provence. She elaborated upon the intricate

1 Rogers Brubaker, Jaeeun Kim: Transborder Membership Politics in Germany and Korea. In: European Journal of Sociology / Archives Européennes de Sociologie 52 (2011), pp. 21–75, here p. 33.

2 Rogers Brubaker: Migrations of Ethnic 'Unmixing' in the New Europe. In: International Migration Review 32 (1998), pp. 1047–1065.

3 Institutul Național de Statistică: Rezultate definitive ale Recensământului Populației și Locuințelor – 2011 (caracteristici demografice ale populației) [Final results of the Census of Population and Dwellings – 2011 (demographic characteristics of the population)], p. 5, <http://www.recensamantromania.ro/wp-content/uploads/2013/07/REZULTATE-DEFINITIVE-RPL_2011.pdf> (accessed 5 June 2015).

4 Georg Weber, Armin Nassehi, Renate Weber-Schlenther, Oliver Sill, Georg Kneer, Gerd Nollmann, Irmhild Saake: Emigration der Siebenbürger Sachsen. Studien zu Ost-West-Wanderungen im 20. Jahrhundert. Wiesbaden 2003; Bénédicte Michalon: Circuler entre Roumanie et Allemagne. Les Saxons de Transylvanie, de l'émigration ethnique au va-et-vient. In: Balkanologie 7 (2003), pp. 19–42; James Koranyi, Ruth Wittlinger: From Diaspora to Diaspora. The Case of Transylvanian Saxons in Romania and Germany. In: Nationalism and Ethnic Politics 17 (2011), pp. 96–115; Monica Iorio, Andrea Corsale: Diaspora and Tourism. Transylvanian Saxons Visiting the Homeland. In: Tourism Geographies 15 (2013), pp. 198–232.

self-identification issues occurring through this particular migration process.[5] Recent scholarship on Entre Rios, a village founded in Brazil by Danube Swabians in the early 1950s, emphasised the relevance of victimhood discourses related to the Second World War for the configuration of collective memories and collective identities in the settlement.[6] James Koranyi indicated that the interactions of Romanian Germans with the GDR have been under-researched, and that further investigation on this topic would likely lead to interesting findings.[7] Furthermore, the GDR was also an immigration country for Germans from Poland and the Soviet Union during the Cold War, thus breaking with the commonly accepted assumption that only West Germany should be considered in this respect.[8] The presence of German 'expellees' in Austria, including groups of Romanian Germans, is also a less-researched topic whose investigation could (and should) be an integral part of the research agenda concerning 'flight and expulsion' and its memory, and also a core component in the research agenda on Austrian social and political history.[9] Moreover, scholarship on the post-war integration of German 'expellees' (including Transylvanian Saxons and Danube Swabians) in Canada, as compared to the similar, albeit much larger, phenomenon taking place in West Germany, indicates that studies on the history of German migration from Central and Eastern Europe at the end of the Second World War should also include its transatlantic dimensions.[10]

Against this background, without relying solely on new research, the present article makes a plea in favour of integrating research on Romanian Germans in a transnational methodological and empirical framework. Fundamentally, it shows that Romanian Germans can be conceptualised as a transnational community, both before, but especially after, the end of the Second World War and also that Romanian German identity and memory discourses from the 1950s onwards have been implicitly and explicitly informed by this rather novel situation. The article starts with an overview of the history of Romanian Germans up until the Second World War. The post-war processes of Romanian German migration are then taken into consideration, with an elaboration on the related identity and memory discourses and practices, emphasising their transnational character.

5 Smaranda Vultur: Francezi în Banat, bănățeni în Franța [French in Banat, Banaters in France]. Timișoara 2012.

6 Méri Frotscher: A Lost Homeland, a Reinvented Homeland. Diaspora and the 'Culture of Memory' in the Colony of Danube Swabians of Entre Rios. In: German History 33 (2015), pp. 439–461.

7 James Koranyi: Voyages of Socialist Discovery. German-German Exchanges between the GDR and Romania. In: The Slavonic & East European Review 92 (2014), pp. 479–506, here p. 505.

8 Jannis Panagiotidis: What is the German's Fatherland? The GDR and the Resettlement of Ethnic Germans from Socialist Countries (1949–1989). In: East European Politics and Societies and Cultures 29 (2015), pp. 120–146.

9 Tara Zahra: 'Prisoners of the Postwar'. Expellees, Displaced Persons, and Jews in Austria after World War II. In: Austrian History Yearbook 41 (2010), pp. 191–215.

10 Pascal Maeder: Forging a New Heimat. Expellees in Post-War West Germany and Canada. Göttingen 2011 (Transkulturelle Perspektiven 10).

2. Romanian Germans up to the Second World War

The umbrella-denomination of 'Romanian Germans' is, in itself, a rather recent construct, only making sense as such after 1918, when Transylvania and Banat became part of Romania. The term then gained pre-eminence after the Second World War.[11] In this article, I will focus my elaborations on Transylvanian Saxons ("Siebenbürger Sachsen") and Banat Swabians ("Banater Schwaben"), even though a transnationally-oriented research paradigm can also be useful in the analysis of the other German-speaking groups in Romania – e. g. Bukovina Germans ("Bukowinadeutsche"), Dobruja Germans ("Dobrudschadeutsche"), Satu Mare Swabians ("Sathmarer Schwaben"), or Zipser.

The oldest German-speaking group within the territory of present-day Romania is the Transylvanian Saxons, whose ancestors came to the region in the 12th century, at the behest of the Hungarian Crown, as part of the process of 'German' colonisation of the East.[12] Many of them arrived from the Moselle and Rhine region, Flanders, and Luxembourg.[13] The origin of the denomination 'Saxons' can be traced to documents from the Hungarian Crown, which made use of the Latin designation *saxones*.[14] On the basis of the religious and legislative privileges granted to the settlers, a Transylvanian Saxon group identity emerged over time, in an environment that was quintessentially multi-ethnic and multi-religious, with Saxons living alongside Romanians, Hungarians, Szeklers, Jews, Roma, Armenians and others.

Saxon links with the 'German' economic, cultural, and academic space have constantly been very important for their burgher and religious elites. For example, Lutheranism was implemented in Transylvania thanks to the efforts of Johannes Honterus, who had previously studied and worked in Vienna, Regensburg, Krakow and Basel.[15] Consequently, Transylvanian Saxons have been *post factum* conceptualised as a prime example of a 'German diaspora'.[16] Nevertheless, such conceptualisations should be taken *cum grano salis*, as the use of the term "'German diaspora' as an analytic tool requires a critical acknowledgment of that concept's 20th-century derivation from the related concept of the territorial nation-state."[17]

---

11 Annemarie Weber: Rumäniendeutsche? Diskurse zur Gruppenidentität einer Minderheit (1944–1971). Köln et al. 2010 (Studia Transylvanica 40).

12 Thomas Nägler: Die Ansiedlung der Siebenbürger Sachsen. 2nd edition. Bukarest 1992; Charles Higounet: Les Allemands en Europe centrale et orientale au Moyen Âge. Paris 1989, pp. 199–201.

13 Nägler: Die Ansiedlung (footnote 12), pp. 89–114.

14 Ibid., pp. 206–209.

15 Konrad Gündisch, with the collaboration of Mathias Beer: Siebenbürgen und die Siebenbürger Sachsen. München 1998 (Vertreibungsgebiete und vertriebene Deutsche 8), pp. 81–87; Glynn Custred: Dual Ethnic Identity of Transylvanian Saxons. In: East European Quarterly 25 (1992), pp. 483–491, here p. 484.

16 Custred: Dual Ethnic Identity (footnote 15), p. 483; R[obert] J[ohn] W[eston] Evans: The Transylvanian Saxons: A German Diaspora. In: R. J. W. E.: Austria, Hungary, and the Habsburgs. Essays on Central Europe, c. 1683–1687. Oxford 2006, pp. 209–227.

17 Pieter Judson: When Is a Diaspora Not a Diaspora? Rethinking Nation-Centered Narratives about Germans in Habsburg East Central Europe. In: Krista O'Donnell, Renate Bridenthal, Nancy

From the end of the 18th century, Saxon medieval privileges were gradually withdrawn by central authorities in Vienna. In addition, in 1867, as a consequence of the imposition of Dualism within the Habsburg Empire, Transylvania fell under Hungarian authority. Faced with modernisation and Magyarisation pressures, some Saxon elites strived to find a *modus vivendi* with the authorities in Budapest, while others attempted to garner support from Vienna or from Bismarck's Germany.[18] Furthermore, in the second half of the 19th century, a new social phenomenon began taking place within the Transylvanian Saxon community, namely migration to Austria, Germany, the Romanian Principalities, and to the United States of America.[19]

Following the First World War and Transylvania's incorporation into Romania (1918/1919), and faced with the resultant economic crisis and the Romanian state's assimilationist policies, migration to North America continued to be a viable option, with new waves of Saxons packing their suitcases for the 'New World' in the 1920s, settling in the United States, and to a lesser extent also in Canada.[20] This led to the development of communication processes between Saxons in Transylvania and the newly established communities of Transylvanian Saxons on the other side of the Atlantic. On the one hand, the former saw in the latter a potential source for alleviation of their financial hardships, as the 1920 fundraising trip in the United States of the Zips/Spiš/Szepesség-born Transylvanian Lutheran priest Berthold Buchalla shows.[21] On the other hand, the transatlantic migration of Saxons also brought forth new questions regarding Transylvanian Saxon self-identification, with the co-ethnics in

Reagin (eds.): The Heimat Abroad. The Boundaries of Germanness. Ann Arbor 2005, pp. 219–247, here pp. 219f.

18 Andreas Möckel: Kleinsächsisch oder Alldeutsch? Zum Selbstverständnis der Siebenbürger Sachsen von 1867 bis 1933. In: Walter König (ed.): Siebenbürgen zwischen den beiden Weltkriegen. Köln et al. 1994 (Siebenbürgisches Archiv 28), pp. 129–148; Jonathan Kwan: Transylvanian Saxon Politics, Hungarian State Building and the Case of the Allgemeiner Deutscher Schulverein (1881–82). In: English Historical Review 127 (2012), pp. 592–624.

19 Oskar Wittstock: Unsere Volksgenossen in Amerika. Bericht über eine Studienreise zu den in die Vereinigten Staaten ausgewanderten Siebenbürger Sachsen. Hermannstadt 1910; Michael Kroner: Siebenbürger Sachsen außerhalb Siebenbürgens in Deutschland, Österreich, den rumänischen Fürstentümern bzw. in Altrumänien, in den United States, Kanada und in anderen Ländern. Nürnberg 2001 (Schriftenreihe Geschichte der Siebenbürger Sachsen und ihrer wirtschaftlich-kulturellen Leistungen 10), pp. 12f.; Sacha E. Davis: Reflecting on the Diaspora. The Transylvanian Saxon Self-Image and the Saxons Abroad. In: Zeitschrift für Siebenbürgische Landeskunde 35 (2012), pp. 150–170, here p. 151; Ulrich Andreas Wien: Anfänge der Diaspora-Seelsorge an evangelischen Siebenbürger Sachsen im In- und Ausland – als Einleitung zum Tagebuch der Kollektenreise in die United States 1920. In: U. A. W.: Resonanz und Widerspruch. Von der siebenbürgischen Diaspora-Volkskirche zur Diaspora in Rumänien. Erlangen 2014, p. 126; Harald Roth: Von der Nachbarschaftshilfe zum Versicherungsunternehmen. Siebenbürger Sachsen in den USA. In: Deutsches Kulturforum östliches Europa (ed.): Nach Übersee. Deutschsprachige Auswanderer aus dem östlichen Europa um 1900. Potsdam 2015, pp. 160–171, here p. 161.

20 Fritz Wieden: Kanadas Siebenbürger Sachsen. Stuttgart 1986 (Materialien zum internationalen Kulturaustausch 26), p. 12.

21 Tagebuch der Amerikareise von Pfarrer Berthold Buchalla (Hermannstadt) im Jahr 1920. In: Wien: Resonanz und Widerspruch (footnote 19), pp. 145–223.

the United States being, to a certain degree, perceived as a Transylvanian Saxon diaspora in need of pastoral care.[22]

The highly important role of the Lutheran Church, a so-called "Volkskirche", in the production and reproduction of Transylvanian Saxon identity, should be considered when accounting for the religious component of the processes of communication between Saxons in Transylvania and those who migrated to the United States.[23] At the same time, it has to be emphasised that relationships between Saxons in Transylvania and Saxons in the United States developed against the background of the Lutheran Church in Transylvania's strong anti-migration stance.[24] Furthermore, the fact that Buchalla was born outside of Transylvania shows that Transylvanian Saxon Lutheranism was firmly established within transnational networks. Subsequently, Bielitz-Biala/Bielsko-Biała-born Viktor Glondys, who actually converted from Catholicism to Lutheranism, would become Bishop of the Lutheran Church in Transylvania (1932–1941), after serving as a pastor in Bukovina.

In the interwar period, in the absence of opportunities for German-language university education in Romania, German and Austrian universities were the main destinations for Transylvanian Saxon students. However, nearly all of the Saxons receiving education abroad returned to Transylvania at the end of their studies. Links like these with the German-language space are amongst the explanations for the success of National-Socialist ideology amongst Saxons in Transylvania, visible in the radicalisation of a significant part of the community, especially from the younger generation.

When considering the Banat Swabians, taking into account their transnational tenets and outlook, it is clear that their history displays a number of similarities with the history of Transylvanian Saxons. Banat Swabians are also descendants of colonisers, yet they only came to the region in the 18th century, encouraged by the Habsburgs, after the latter had gained possession of Banat from the Ottomans through the Treaty of Passarowitz/Pozarevác (1718). Like the Saxons, they came from a variety of regions, including Alsace-Lorraine, Bavaria, and Franconia. The denomination 'Swabians' seems to originate from the fact that the colonisers' journey started in the Swabian town of Ulm. Furthermore, this migration to Banat was, in effect, part of a larger colonisation process, which included the settlement of new German-speaking populations in Batschka and in Swabian Turkey. Hence, Banat Swabians are also considered to be a sub-group of the so-called 'Danube Swabians', an umbrella-term referring to all these populations colonised in the Habsburg

22 Wittstock: Unsere Volksgenossen (footnote 19); Davis: Reflecting on the Diaspora (footnote 19).

23 On the Lutheran Church in Transylvania as a "Volkskirche", see Krista Zach: Religiöse Toleranz und Stereotypenbildung in einer multikulturellen Region. Volkskirchen in Siebenbürgen. In: Konrad Gündisch, Wolfgang Höpken, Michael Markel (eds.): Das Bild des Anderen in Siebenbürgen. Stereotype in einer multiethnischen Region. Köln et al. 1998 (Siebenbürgisches Archiv 33), pp. 129–154.

24 Davis: Reflecting on the Diaspora (footnote 19), p. 153.

Empire in the 18th century.[25] This latter denomination, coined in 1922 by the geographer Robert Sieger,[26] is in itself an indicator of transnationalism: What could be more transnational than Europe's second longest river?

Typically, Banat Swabians were a rural population, lacking identity-producing institutions comparable to the Saxon groups.[27] Thus, they have been historically more prone to succumbing to the Hungarian authorities' assimilationist pressures. Pressures like these occurred particularly in the second half of the 19th century, reinforced by the Catholic Church. Hence, links with the German cultural space were weaker, with the Hungarian language and culture playing a more important role in the shaping of Banat Swabian identities than in the Transylvanian Saxon case. The agrarian crisis at the end of the 19th century and beginning of the 20th century also resulted in the first cases of migration to the United States.[28]

Following the First World War, the region of Banat was divided in three: the largest part fell under Romanian authority, another part was integrated into the Kingdom of Serbs, Croats and Slovenes (from 1929, the Kingdom of Yugoslavia), and only some villages near Szeged remained in Hungary. In interwar Romania, despite the existence of a relatively strong (as compared to the Transylvanian Saxon case) left-wing movement in Banat, with Swabians playing an active role, National-Socialism emerged as the victor of the internecine conflicts within the community, also involving the Catholic Church.[29] Furthermore, the interwar period was also a period of intensification of pan-German activities inside Romania. The existence of a German Party ("Deutsche Volkspartei"), aiming to represent the interests of all ethnic Germans in Romania, stands as proof of the efforts to crystallise a broader Romanian German (political) identity.

3. Transylvanian Saxons and Banat Swabians during and after the Second World War

During the Second World War, as a consequence of the Second Vienna Award (1940), Southern Transylvania remained under Romanian jurisdiction, while Northern Transylvania was granted to Hungary. Thus, Saxons living in Transylvania were, for the first time in history, citizens of two different states. Furthermore, with Romania and Hungary both being allies of Nazi Germany, young Saxons from Southern

25 Ingomar Senz: Die Donauschwaben. 2nd ed. München 2005 (Vertreibungsgebiete und vertriebene Deutsche 5).

26 Mariana Hausleitner: Die Donauschwaben 1868–1948. Stuttgart 2014 (Schriftenreihe des Instituts für donauschwäbische Geschichte und Landeskunde 18, Quellen und Forschungen 2), p. 18.

27 Balázs A. Szelényi: From Minority to Übermensch. The Social Roots of Ethnic Conflict in the German Diaspora of Hungary, Romania and Slovakia. In: Past and Present 196 (2007), pp. 215–251, here pp. 226f.

28 Hausleitner: Die Donauschwaben (footnote 26), p. 32.

29 Ibid., pp. 92–240; Mihai A. Panu: Filiere şi mecanisme de propagandă nazistă în Banat 1933–1945 [Channels and mechanisms of Nazi propaganda in Banat 1933–1945]. Cluj-Napoca 2014.

and Northern Transylvania, together with Banat Swabians, actually enrolled *en masse* in the Waffen-SS and in the Wehrmacht. Around 63,000 Saxons and Swabians from Romania became members of the Waffen-SS.[30]

In the autumn of 1944, following Romania's change of sides and the westward advancement of the Red Army, around 50,000 Saxons in Northern Transylvania fled, or were evacuated by the Wehrmacht, and subsequently ended up settling, temporarily or permanently, in Austria and Southern Germany.[31] The fate of Saxons in Southern Transylvania and of Swabians in Banat was partially different: men aged between 17 and 45 years, and women aged between 18 and 30 years, were deported to the Soviet Union (mostly to the Donets Basin) for the 'reconstruction of the country'. Some of them were released in 1946 and 1947; however, they were not sent back to Romania, but to Frankfurt/Oder, in the Soviet occupation zone. From there, most of these returnees attempted either to go back to Transylvania, or to reach the Allied-occupation zones in the west. The majority of survivors (around 15 per cent of the deportees died during the deportation) were released in 1949, and sent back to Romania.[32]

Therefore, in the late 1940s and early 1950s, Transylvanian Saxons in (West) Germany could be divided into four categories: some intellectuals who had already settled in the Reich during the interwar period; the former Wehrmacht and Waffen-SS soldiers, for whom returning to Romania was clearly out of the question; the deportees to the Soviet Union who were released in Frankfurt/Oder and then managed to move to the Allied-occupation zones in the west; and, the Northern Transylvanian Saxons who fled in 1944,[33] and were largely divided between Austria and Southern Germany.

The Banat Swabian presence in Austria and (West) Germany in the aftermath of the Second World War is traceable to processes similar to those taking place in the Transylvanian Saxon case. The incorporation of Banat Swabians into the Wehrmacht and into the Waffen-SS effectively made their return to Romania impossible. Albeit to a much lesser extent, Banat Swabians also fled westwards in 1944 before the advancing Red Army, with some of them subsequently attempting to return in the late 1940s. Banat Swabians were also deported to the Soviet Union.

Nevertheless, at the end of the 1940s and during the entire period of the Cold War, most Saxons and Swabians continued to live in Transylvania and Banat. Following a period of discrimination and exclusion in the immediate aftermath of the war, the Romanian state started to have its own integration policies towards the German minority in the country, including primary and secondary school education in

30 Paul Milata: Zwischen Hitler, Stalin und Antonescu. Rumäniendeutsche in der Waffen-SS. Köln et al. 2009 (Studia Transylvanica 34).

31 Hans-Werner Schuster: Grundzüge der Entwicklung der Landsmannschaft der Siebenbürger Sachsen in Deutschland. In: H.-W. S. (ed.): 60 Jahre Verband der Siebenbürger Sachsen in Deutschland. Grundzüge seiner Geschichte. München 2009, pp. 9–69, here p. 9.

32 Georg Weber, Renate Weber-Schlenther, Armin Nassehi, Oliver Sill, Georg Kneer: Die Deportation von Siebenbürger Sachsen in die Sowjetunion. 3 vols. Köln et al. 1995.

33 Schuster: Grundzüge (footnote 31), p. 9.

German and the creation of a German-language cultural scene (theatres, newspapers in German etc.). As a result, the second half of the 20th century is also the period in which a 'Romanian German' ("rumäniendeutsch") identity started to gain leverage in Romania.[34]

The Cold War was also marked by the slow process of migration from Romania to West Germany. This process initially took place under the auspices of 'family reunification', and was largely managed through secret agreements between the two states.[35] Subsequently, after the fall of Ceaușescu's regime in Romania in 1990/1991 the large majority of Germans still in the country also packed their suitcases for the Federal Republic of Germany. The migration of the German minority from Romania is best illustrated by statistics: from a population of around 630,000 Germans (within the territory of contemporary Romania) in the interwar period, to about 380,000 in the 1950s and the 1960s, then to slightly more than 100,000 in 1992, to less than 60,000 according to the census conducted in 2002, and finally to about 36,000 according to the results of the 2011 census.[36]

Yet post-war processes of Saxon and Swabian migration have actually been more complex than existing scholarship tends to suggest. The trajectory of the migration was indeed, first and foremost, from Romania to West Germany, but sometimes going westwards was preceded by movement in the opposite direction. There are cases of Saxons and Swabians who fled Transylvania and Banat at the end of the war, only to make their way, legally or illegally, back to Romania after the end of the war. During the Cold War, many of these people then left Romania again, settling down for good in West Germany. Such cases of German migration back to Romania in the first post-war years have not yet been thoroughly researched.

Moreover, important cases of both individual and organized Transylvanian Saxon migration from Austria to West Germany were also registered, as seen in the example of the so-called "Kohlenaktion" in 1953, which led to the establishment of mining settlements in Oberhausen-Osterfeld, Herten-Langenbochum and in Setterich-

---

34 Weber: Rumäniendeutsche? (footnote 11).

35 Florica Dobre, Florian Banu, Luminița Banu, Laura Stancu (eds.): Acțiunea 'Recuperarea'. Securitatea și emigrarea germanilor din România [Action "Recovery". The Securitate and the Emigration of Germans from Romania]. București 2011.

36 For official German numbers on German migration from Eastern Europe to Germany, from the 1950s to 2000, divided by countries, see Daniel Levy: Integrating Ethnic Germans in West Germany. The Early Postwar Period. In: David Rock, Stefan Wolff (eds.): Coming Home to Germany? The Integration of Ethnic Germans from Central and Eastern Europe in the Federal Republic. New York 2002, pp. 19–37, here pp. 33f., tables 1.3, 1.4). For the results of the Romanian censuses conducted between 1930 and 2002, see Institutul Național de Statistică: Populatia dupa etnie la recensamintele din perioada 1930–2002, pe judete [Population according to ethnicity at the censuses in the period 1930–2002, divided by counties], <http://www.insse.ro/cms/files/RPL2002INS/vol4/tabele/t1.pdf> (accessed 5 June 2015). The data in this file do not take into account Bessarabia, Northern Bukovina, and Southern Dobruja. For the results of the Romanian official census in 2011, see Institutul Național de Statistică: Rezultate definitive (footnote 3).

Baesweiler.[37] At the end of the 1940s and in the early 1950s, Canada and the United States were also destination countries for some Saxons, especially Northern Transylvanian Saxons, and Banat Swabians, travelling to a large extent via Austria.[38] In the early 1950s, Saxons also migrated from West Germany to Latin America: those who settled in Argentina frequently joined an already existing Transylvanian Saxon association in Buenos Aires. Setting up links with Swabians overseas, and the dissemination of information about transatlantic migration, were some of the self-imposed tasks of the newly founded Swabian institutions in Allied-occupied Germany.[39] In the same period, on the basis of their Alsatian or Lorrainian ancestry, some Danube Swabians (hence not only from Romania) ended up settling in France, in the village of La-Roque-sur-Pernes, in Aix-en-Provence.[40] Others, at the same time, migrated to Brazil, founding a Danube Swabian close-knit settlement in Entre Rios, in Guarapuava.[41]

In West Germany, both Saxons and Swabians founded community institutions in the late 1940s. The most important of these institutions include the Munich-based Homeland Association of Transylvanian Saxons in Germany ("Landsmannschaft der Siebenbürger Sachsen in Deutschland") and Homeland Association of Banat Swabians from Romania in Germany ("Landsmannschaft der Banater Schwaben aus Rumänien in Deutschland"). In West Germany, the Aid Committee for Transylvanian Saxons and Lutheran Banat Swabians ("Hilfskomitee der Siebenbürger Sachsen und evangelischen Banater Schwaben") also played a significant role in the shaping of identity and memory discourses, often at odds with those disseminated by the Transylvanian Saxon Homeland Association.[42] Furthermore, these West Germany-based institutions actually claimed to speak on behalf of all Saxons and Swabians, including those still in Romania.

Transylvanian Saxon and Banat Swabian institutions were also founded or revived in the aftermath of the Second World War in Austria, Canada, and in the United

37 Katrin Ingenhoven: 'Ghetto' oder gelungene Integration? Untersuchung sozialräumlicher Entwicklungsprozesse in der bedeutendsten Siedlungskonzentration von Aussiedlern aus Rumänien, der Siebenbürger-Sachsen-Siedlung in Wiehl-Drabenderhöhe (NRW). Münster 2003 (Geographie 13), pp. 73f.

38 Kroner: Siebenbürger Sachsen (footnote 19), pp. 21, 25; Wieden: Kanadas Siebenbürger Sachsen (footnote 20), p. 9; Senz: Die Donauschwaben (footnote 25), pp. 150–152.

39 Hans Diplich: Die Kirchlichen Hilfsstellen (1945–1950). In: Landsmannschaft der Banater Schwaben (ed.): 40 Jahre Landsmannschaft 1949/50–1989/90. Eine Dokumentation. München 1990 (Schriftenreihe der Landsmannschaft der Banater Schwaben aus Rumänien in Deutschland 15), pp. 26–33, here p. 29; Horst Geyer: Die Bundesvorsitzenden unserer Landsmannschaft 1950–2000. In: Barbara Gaug, Peter-Dietmar Leber (eds.): Neue Heimat in Deutschland. 50 Jahre Wirken für die Gemeinschaft. München 2000, pp. 22–30, here pp. 23, 25; Walter Wolf: 50 Jahre Landsmannschaft im Spiegel der „Banater Post". In: Gaug, Leber (eds.): Neue Heimat in Deutschland, pp. 9–21, here p. 9.

40 Senz: Die Donauschwaben (footnote 25), pp. 148–150; Vultur: Francezi în Banat (footnote 5).

41 Senz: Die Donauschwaben (footnote 25), pp. 142–148; Stefan Teppert: Die donauschwäbische Siedlung Entre Rios in Brasilien. In: Spiegelungen. Zeitschrift für deutsche Kultur und Geschichte Südosteuropas 60 (2011), pp. 384–399.

42 Weber et al.: Emigration (footnote 4), pp. 517–625.

States.[43] These institutions constantly communicated with each other. As a result, since 1983, a Worldwide Federation of Transylvanian Saxon has existed, reuniting the representative fora of Saxons in the Federal Republic of Germany, Austria, the United States, and Canada. Since 1993, the Democratic Forum of Germans in Transylvania, founded in Romania after the fall of Communism, has also been a member of the Federation.[44] An International Umbrella Organisation of Danube Swabians ("Weltdachverband der Donauschwaben") has also existed since 1983.[45]

The worldwide geographic dispersion of Transylvanian Saxons and Banat Swabians was, to a great extent, a novel situation for the two groups, bound to lead to the production of identity and memory discourses accounting for the new context. The reconfiguration of Transylvanian Saxon and Banat Swabian identity and memory discourses, steered from West Germany, came together with the implicit and explicit support of the homeland associations for the migration to the Federal Republic by the Romanian Germans still in Romania. Attempting to establish themselves as producers and reproducers of Transylvanian Saxon and Banat Swabian identities, the two homeland associations and the Aid Committee set up their own publications, which represent fascinating sources for research into the transnationalisation of Saxon and Swabian identity and memory discourses and practices. In the *Siebenbürgische Zeitung* (founded in 1950), *Banater Post* (founded in 1956), *Licht der Heimat* (founded in 1953) or *Siebenbürgisch-Sächsischer Hauskalender* (founded in 1955), in addition to the main focus on co-ethnics living in the old "Heimat" in Romania or in West Germany, numerous implicit and explicit sources about Romanian Germans all over the world are to be found.

4. Transnationalism at Work: Memory and Identity Discourses

The key question is how can we integrate the transnationalism sketched above, and produced from the history of recent migrations, into research without falling into the trap of advocating for the existence of something similar to *de facto* pan-Saxonism and pan-Swabianism? As Brubaker persuasively demonstrated, ethnic groups and diasporas should be understood as idioms, stances, and claims, and not as fixed entities.[46] The issue, therefore, is not one of finding and describing a putative, fixed

43 Kroner: Siebenbürger Sachsen (footnote 19), pp. 28, 32–35, 61f.; Franz Klein: Verband der Banater Schwaben in Österreich. In: Landsmannschaft der Banater Schwaben (ed.): 40 Jahre Landsmannschaft (footnote 39), pp. 176–187, here p. 178; Sepp Komanschek, Alfred Huth: Die Landsleute in Übersee. In: Landsmannschaft der Banater Schwaben: 40 Jahre Landsmannschaft (footnote 39), pp. 191–197, here p. 193.

44 Weltweite Gemeinschaft der Siebenbürger Sachsen, <http://siebenbuergenforum.ro/siebenburgen/forderation/> (accessed 5 June 2015) (para. 1 of 3).

45 Christian Ludwig Brücker: Der Weltdachverband donauschwäbischer Landsmannschaften. In: Landsmannschaft der Banater Schwaben: 40 Jahre Landsmannschaft (footnote 39), pp. 258–262, here p. 261.

46 Rogers Brubaker: Ethnicity without Groups. Cambridge, MA 2006; Rogers Brubaker: The 'diaspora' diaspora. In: Ethnic and Racial Studies 28 (2005), pp. 1–19.

Saxon or Swabian identity. Instead, research should focus on the processes, strategies, acts of communication and transfer taking place at a transnational level between 'Saxons' and 'Swabians' in different national contexts, and on the ways in which 'Saxon' and 'Swabian' identity and memory discourses are mobilised in the name of a putative Saxonness or Swabianness. Therefore, I will analyse the transnationalisation of Transylvanian Saxon and Banat Swabian identity and memory discourses and practices, and consider Romanian German memory/memories as having developed within a 'multidirectional' and 'transcultural' context and, implicitly or explicitly, communicating with other memory discourses and other memory claims.[47]

From its first issue, published in June 1950, *Siebenbürgische Zeitung* demonstrated an interest in the Transylvanian Saxons in the United States, reporting about Josef Trischler's United States visit, a Batschka German who was a member of the German Bundestag, and about the readiness indicated by 'American Germans' ("Deutschamerikaner") to offer help. The report included Trischler's comments on the 'strong sense of community' ("starkes Gemeinschaftsgefühl") among the Transylvanian Saxons in the United States, and on their involvement through sending money and parcels to their fellow ethnic landsmen in Germany and Austria.[48] Financial links and contacts would be a constant feature of the post-war relationships between Saxons and Swabians in different countries.

Visits of Saxons from the United States to West Germany were registered and reported on, while members of the leadership of the Transylvanian Saxon Homeland Association in Germany repeatedly went to North America, visiting their ethnic landsmen there and, presumably, also in order to garner support from American politicians for their political objectives. Such visits were meant to reinforce the perception of a diasporic Transylvanian Saxon community.[49] Similar processes took place with regard to the Banat Swabians.[50] Moreover, in the Cold War context, having connections in the United States was also relevant, considering the aims and objectives of ethnic politics promoted by the Homeland Associations, i.e. the facilitation of Romanian Germans' migration from Romania to West Germany.

In the January issue from 1965 of *Siebenbürgische Zeitung*, almost the entire first page was dedicated to a meeting of the Transylvanian Saxon Association in the United States and its support for family reunification. Particular emphasis was placed on the cooperation of Saxon organisations in the United States and Canada, and a photo was published of the then American president, Lyndon B. Johnson, shaking

47 Michael Rothberg: Multidirectional Memory. Remembering the Holocaust in the Age of Decolonization. Stanford 2009 (Cultural Memory in the Present); Lucy Bond, Jessica Rapson (eds.): The Transcultural Turn. Interrogating Memory between and beyond Borders. Berlin 2014 (Media and Cultural Memory / Medien und kulturelle Erinnerung 15).

48 Die Hilfsbereitschaft der Deutschamerikaner ist groß. In: Siebenbürgische Zeitung, June 1950, p. 1.

49 Heinrich Zillich: Die Siebenbürger Sachsen in Nordamerika. In: Siebenbürgische Zeitung, 15 January 1963, p. 4; Das Heimattreffen in Salem/Ohio. In: Siebenbürgische Zeitung, 15 August 1965, pp. 1f.

50 Komanschek, Huth: Die Landsleute (footnote 43), p. 197.

hands with Fred Theiss, the president of the Central Association of Transylvanian Saxons in North America ("Zentralverband der Siebenbürger Sachsen").[51] The description of the meeting explicitly mentioned the lobbying undertaken by Saxons in the United States of the representatives of the Congress in Washington promoting the cause of family reunification.[52] Saxon institutions in the United States were also directly addressing their requests to the Romanian ambassador in Washington, for example when protesting against the measures opposing German migration by the Romanian government.[53]

The *Siebenbürgische Zeitung* and the other Transylvanian Saxon publications in West Germany also demonstrated their great interest in the Transylvanian Saxons in Austria. In addition to articles dealing mainly or tangentially with the Saxons' situation in Austria, the Saxon Homeland Association in Austria had its own page in the *Siebenbürgische Zeitung* from the second half of the 1950s. Constructing a worldwide Transylvanian Saxon community meant attempting to include Saxons from everywhere: news about the new building of the Transylvanian Saxon club in Buenos Aires, already 23 years old in 1951 (!) reached the readers of the *Siebenbürgische Zeitung*, confirming the 'sense of community' ("Gemeinschaftssinn") associated with Saxonness:

> Die Mittel zum Bau wurden durch Beiträge und Spenden aufgebracht, der Bau selbst erstand in Gemeinschaftsarbeit. Männer und Frauen, voran die Mitglieder des rührigen Vorstandes, haben Monate hindurch ihre Freizeit geopfert, um den Bau zu fügen. Sie haben damit den Beweis erbracht, daß der Gemeinschaftssinn, der in dem Land der sieben Burgen in 800 Jahren wirksam war, auch in ihrer jetzigen Wahlheimat noch lebendig ist.[54]

References to the Transylvanian Saxon community in Buenos Aires would continue to appear sporadically in the *Siebenbürgische Zeitung* up until the 1980s.[55]

Letters published by Saxons living outside the four important receiving countries (West Germany, Austria, United States, Canada) were also published. Walter Grün, a Transylvanian Saxon living in Sweden, had a letter printed in the January 1951 issue of the *Siebenbürgische Zeitung*. His introduction tells of the quest for a Transylvanian Saxon diasporic identity in the aftermath of the Second World War:

> Sie werden erstaunt sein, einen Brief aus Schweden zu bekommen, oder vielleicht auch nicht, denn unsere Landsleute leben ja heute über den ganzen Kontinent verstreut.[56]

---

51 Unsere Landsmannschaft in Nordamerika für die Familienzusammenführung. In: Siebenbürgische Zeitung, 15 January 1965, pp. 1f.

52 Resolution. In: Siebenbürgische Zeitung, 15 January 1965, pp. 1f.

53 E. B.: Schlag gegen fundamentale Menschenrechte. In: Siebenbürgische Zeitung, 15 January 1983, p. 1.

54 R.: Lebendiger Gemeinschaftssinn. In: Siebenbürgische Zeitung, 20 February 1952, p. 4.

55 G. A. Seraphin: Landsmannschaft in Argentinien. In: Siebenbürgische Zeitung, 15 July 1965, p. 3; see also Ernst Wagner: Geschichte der Siebenbürger Sachsen in Nordamerika. In: Siebenbürgische Zeitung, 15 June 1980, p. 4. The latter article is actually the fourth and last part of a series of articles on Transylvanian Saxons in North America.

56 Walter Grün: Leserbriefe. Die Siebenbürger in Schweden. In: Siebenbürgische Zeitung, January 1951, p. 4.

Confirming the role of the *Siebenbürgische Zeitung* as a channel for the production and reproduction of Transylvanian Saxon identity, Grün reported about the 25 Saxons living in Sweden, most of them young Transylvanian women hired as housemaids within Swedish families, emphasising both their allegiance to the Saxon "Heimat" and the danger of isolation:

> Jeder unserer Volksgenossen trägt noch das Bild der Heimat im Herzen, doch darf man nicht daran vorbeisehen, daß insbesondere für die jungen Mädchen eine Gefahr droht, von ständigem Alleinsein in fremder Umgebung.[57]

In 1971, a group of five Saxons living in South Africa also wrote to the *Siebenbürgische Zeitung*, reporting on their meeting and pinpointing the Saxon 'sense of belonging together' ("Zusammengehörigkeitsgefühl") as the incentive leading to their reunion.[58] Such reports about small groups of Transylvanian Saxons in various countries or about 'uprooted' singular Saxons suggest that Saxon identity is now understood as a diasporic identity of a people scattered all over the world.

The construction of a transnational diasporic Transylvanian Saxon community also made use of another strategy, namely that of pinpointing the successful integration and the significant contributions of Transylvanian Saxons to the countries and societies whose members they had become. Saxon celebrities, such as Hermann Oberth, are brought to the fore, presented as individuals with a strong attachment to their "Heimat", who remained a 'good Transylvanian Saxon'.[59] The fact that the very first biographer of Oberth was another Transylvanian Saxon, journalist Hans Hartl, incidentally also a very active member of the Homeland Association, was seen as a 'satisfaction'.[60] The role played by Transylvanian Saxons in the history of the Lutheran Church in Austria was presented in *Licht der Heimat* and the *Siebenbürgisch-Sächsischer Kalender*.[61] Rotraut Sutter's 1976 book, *Siebenbürger Sachsen in Österreichs Vergangenheit und Gegenwart* had a similar purpose, although it was broader in scope.[62]

A deliberate emphasis on the existence of pre-1945 Saxon and Swabian institutions in Austria was another way of discursively reconciling the new diasporic identities within the particular Austrian national context.[63] Moreover, in addition to referring to the historical or contemporary contributions of Transylvanian Saxons to

57 Ibid.

58 Siebenbürger Sachsen auch in Südafrika. In: Siebenbürgische Zeitung, 25 June 1971, p. 5.

59 A. H.: Unser Hermann Oberth. In: Siebenbürgische Zeitung, 25 February 1958, p. 1.

60 Ibid.

61 Otto Folberth: Siebenbürgische Gestalten in der evangelischen Kirche Österreichs. In: Siebenbürgisch-sächsischer Hauskalender 1962, pp. 81–86. The text makes reference to the fact that the same article had been published in the September 1961 issue of *Licht der Heimat*.

62 Rotraut Sutter: Siebenbürger Sachsen in Österreichs Vergangenheit und Gegenwart. Eine Auswahl. Innsbruck 1976.

63 Oswald Teutsch: Die Siebenbürger Sachsen in Österreich. In: Wilhelm Bruckner, Alfred Hönig (eds.): Siebenbürger Sachsen heute. Troisdorf 1967 (Schriftenreihe für die Ost-West-Begegnung, Kulturheft 60), pp. 19–30, here p. 20; Klein: Verband der Banater Schwaben (footnote 43), p. 176.

the countries whose citizens they had become (or to mankind in general, as in the case of Hermann Oberth), the transnational character of the Transylvanian Saxon identity was also promoted by means of inventing traditions and building connections with the past, i.e. finding ancestors whose feats in the receiving countries could be celebrated. Thus, in 1963, on the occasion of the first "Heimattreffen" (homeland meeting) organised in Cleveland/Ohio, the memorial stone of Johannes Kelpius, a Pietist born in Schässburg/Sighişoara/Segesvár, who migrated to Pennsylvania at the end of the 17th century, was inaugurated, in an attempt to create a physical memorial site for Transylvanian Saxons in the United States.[64]

In effect, memorials provide some of the best instances of the transnational turn taken by Romanian German identity discourses in the second half of the 20th century. In 1966, a competition was announced for the erection of a memorial in Dinkelsbühl, the traditional location of the annual "Heimattag" for Transylvanian Saxons, dedicated to the Saxon dead 'in the entire world'. The short text explaining the rationale behind the decision to commission such a memorial, signed by the Homeland Association of Transylvanian Saxons, referred explicitly to the fact that Saxons, both living and dead, could be found everywhere across the world:

> Unsere Glocke der Heimat wird das Land durchklingen, die ferne alte Heimat und die einsamen Gräber unserer Toten in aller Welt grüßen, wenn unsere Gemeinschaft sich zusammenfindet.
>
> Ihr Brüder und Schwestern Siebenbürgens, gleich wo Ihr neue Heimat gefunden habt, in Deutschland, Österreich, Nordamerika und Kanada, wo Ihr auch lebt in der weiten Welt:
>
> So wie die einzelnen Steine des Denkmals, dem Ganzen dienend, sich bleibend zusammenfügen werden, so wollen auch wir in landsmännischer Verbundenheit uns vereinen, das Werk beginnen und vollenden.[65]

The winning project, the work of architect Hans-Wolfram Theil and sculptress Hanne Schorp-Pflumm, was selected in November of that same year. The transnational character of the Transylvanian Saxon identity was once again reinforced:

> Wie viele unserer Landsleute, die heute fern der siebenbürgischen Heimat leben, haben kein Grab ihrer verstorbenen Angehörigen, das sie schmücken könnten, keinen Ort, an sie allein oder gemeinschaftlich mit ihren Schicksalsgefährten um die vom schwersten Schicksal Betroffenen trauern könnten. Für unsere Landsleute in Österreich, Deutschland, Nordamerika und sonstwo in der weiten Welt konnte hierfür wohl kaum ein geeigneter Ort gefunden werden als Dinkelsbühl, die Stadt, in der sich jeder Siebenbürger Sachse heimisch fühlt.[66]

Furthermore, the inauguration of the memorial took place on the occasion of the 1967 "Heimattag", which was, effectively, the first such event jointly organised by

64 Kroner: Siebenbürger Sachsen (footnote 19), p. 20; Hans Foisel: Gemeinschaftsleben in Amerika. In: Bruckner, Hönig (eds.): Siebenbürger Sachsen heute (footnote 63), pp. 51–64, here p. 51.

65 Unseren Toten in aller Welt. In: Siebenbürgische Zeitung, 31 July 1966, p. 1.

66 Die siebenbürgische Gedenkstätte in Dinkelsbühl. In: Siebenbürgische Zeitung, 30 November 1966, pp. 1f., here p. 1.

the four homeland associations of Transylvanian Saxons, namely those in Germany, Austria, the United States, and Canada.[67] Messages from representatives of the latter two institutions emphasised the geographical dispersion of the Transylvanian Saxon people and the need for cooperation between Saxon institutions all over the world, under the moral leadership of the associations in Germany and Austria.[68]

The semantics of the memorial can also be interpreted as an explicit reference to the transnationalisation of Saxon history and identity. Seven granite blocks stand symbolically to represent the location of Saxon dead, bearing the following inscriptions: "im Norden", "im Süden", "im Westen", "im Osten", "auf der Flucht", "in der Heimat", and "hinter Stacheldraht" [in the North, in the South, in the West, in the East, during the flight, in the homeland and behind barbed wire]. As a consequence of the two world wars, Saxon dead are everywhere and the memorial pays tribute and homage to these dead.

The memorial, as such, is also an example of a 'multidirectional' memory discourse, showing signs of borrowing from other memory discourses and points of overlap with other memory discourses.[69] The geographical ubiquity of the Saxon dead and the two terms "Flucht"/"Heimat" can be interpreted as a means through which Transylvanian Saxon memory discourses could be integrated and gain recognition within the broader discourses on German victimhood and also within the wider 'expellee' community, which are each dominated by the experiences of Germans in Czechoslovakia and Poland.[70] Within the Romanian German context, "hinter Stacheldraht" [behind barbed wire] also referred to the 1945 deportees to the Soviet Union, for the 'reconstruction of the country'. Resorting to the image of the barbed wire confirmed the conflation of the figure of the prisoner of war in the Soviet Union and that of the Romanian German forced labour deportees.[71]

Yet there is more to the 'barbed wire' imagery, as this was also one of the 'common motifs and themes' that 'run through all categories of Holocaust-related art'.[72] In this context, one of the questions which arises is whether it is in any way legitimate to think of the memory discourses on the Shoah and those on 'Germans as victims' as a

---

67 Dinkelsbühler Heimattag mit harmonischem Dreiklang. In: Siebenbürgische Zeitung, 20 May 1967, pp. 1f.

68 Ibid.

69 Rothberg: Multidirectional Memory (footnote 47).

70 See also Cristian Cercel: The Deportation of Romanian Germans to the Soviet Union and its Place within Transylvanian Saxon Memory Discourses in Germany in the 1950s and the 1960s. In: Irina Vainovski-Mihai (ed.): New Europe College "Ştefan Odobleja" Program Yearbook 2012–2013. Bucharest 2014, pp. 49–82, here pp. 56–60.

71 Elke Scherstjanoi: Einleitung. In: E. S. (ed.): Russlandheimkehrer. Die sowjetische Kriegsgefangenschaft im Gedächtnis der Deutschen. München 2012 (Schriftenreihe der Vierteljahrshefte für Zeitgeschichte, Sondernr.), pp. 1–17, here p. 1; Andrea von Hegel: Der Sinnlosigkeit einen Sinn geben. Zur Kriegsgefangenenausstellung des Verbandes der Heimkehrer, 1951–1962. In: Scherstjanoi (ed.): Russlandheimkehrer, pp. 71–90, here p. 81.

72 Ziva Amishai-Maisels: Art Influenced by the Holocaust. In: Fred Skolnik, Michael Berenbaum (eds.): Encyclopaedia Judaica. Vol. 2: ALR–AZ. 2nd ed. Detroit 2006, pp. 520–522, here p. 522.

case of 'multidirectional memory'.[73] Michael Rothberg, who coined the latter term, pleads for an understanding of memory beyond the model of the 'zero-sum game', which focuses on the competition ensuing between different discourses for pre-eminence in the public sphere. He proposed instead a model emphasising the implicit and explicit interconnections between memory discourses on the global scene, with the memory of the Shoah occupying a central place within this landscape.[74]

Whether such a zero-sum model can be applied in other contexts is debatable. The interaction between the memory of German victimhood and the memory of the Shoah is, in Bill Niven's words, "a questionable adaptation in a clamour for attention", "problematic not just because of historical inaccuracy", but also because "it serves to erode German guilt by placing Germans on an equivalent level with Jewish victims of Nazism".[75] Implicitly or explicitly linking the Shoah and the anti-German measures at the end of the Second World War undoubtedly raises significant ethical questions. Nevertheless, it is specifically the transnational references within Romanian German memory discourses that are important in the context of the present article, as they beg for appropriate insertion into research and scholarship.

Furthermore, the memory practices centring on the Dinkelsbühl memorial are also a sign of transnationalisation. They take place during the Transylvanian Saxon "Heimattag", i.e. the annual Whitsuntide gathering of Transylvanian Saxons, a tradition dating back to 1951. Saxons from all corners of the world attend the "Heimattag" in the small Bavarian town, pledging their allegiance to 'Saxonness'. Nevertheless, in two cases (1958 and 1966), the location of Dinkelsbühl was replaced with the Austrian town of Wels as the setting for the celebration.[76] Every now and again, Wels has also hosted other large Transylvanian Saxon events similar in scope to the annual Whitsuntide "Heimattag" in Dinkelsbühl: another 'Austrian' "Heimattag" in August 1960, a "Trachtenfest" in August 1969, a commemorative reunion in August 1975 marking the flight from Northern Transylvania, and 'Austrian' "Heimattage" in August 1981, August/September 1991, September 1994, August/September 2001.[77] After 1989, Saxons living in Transylvania could also attend such celebrations

73 Bill Niven (ed.): Germans as Victims. Remembering the Past in Contemporary Germany. Basingstoke et al. 2006; Rothberg: Multidirectional Memory (footnote 47).

74 Rothberg: Multidirectional Memory (footnote 47).

75 Bill Niven: Multidirectional or Multidimensional? The Future of German Memory. In: Jahrbuch für Politik und Geschichte 4 (2013), pp. 195–202, here pp. 198f.

76 Heimattag in Österreich. In: Siebenbürgische Zeitung, 25 July 1958, pp. 1f.; Heimattag und Trachtenfest in Wels. In: Siebenbürgische Zeitung, 10 June 1966, pp. 1–4.

77 Heimattag in Österreich. In: Siebenbürgische Zeitung, 29 August 1960, pp. 1–3; Brückenschlag zwischen West und Ost. In: Siebenbürgische Zeitung, 15 September 1969, pp. 1–6; Wels 1975: Überzeugende Geschlossenheit. Gedenktreffen begeisterte Tausende. In: Siebenbürgische Zeitung, 15 September 1975, pp. 1, 5; Siebenbürgisch-sächsische Einheit in der Vielfalt. In: Siebenbürgische Zeitung, 15 September 1981, pp. 1, 6; Hannes Schuster: Siebenbürgen – Heimat in Europa. In: Siebenbürgische Zeitung, 15 September 1991, pp. 1, 3; Hannes Schuster: Heimat ist dort, wo wir gemeinsam unterwegs sind. In: Siebenbürgische Zeitung, 15 October 1994, pp. 1, 3; Siegbert Bruss: Beredtes Zeugnis eines neuen Selbstbewusstseins. In: Siebenbürgische Zeitung, 15 September 2001, pp. 1, 4.

much more easily. Furthermore, the fall of state socialism and the ensuing simplification of East-West communication also led to the establishment of another all-Saxon annual meeting, the so-called "Sachsentreffen", which first took place in 1991 in Birthälm/Biertan/Berethalom, marking the 850th anniversary of the Saxon colonisation of Transylvania.[78] In the meantime, the event, taking place under the auspices of the Democratic Forum of Germans in Romania, the organisation founded in late 1989 and representing the interests of the German minority in Romania since then, took place for the twenty-fifth time.[79]

In conjunction with such identity and memory discourses, and practices aiming to construct a worldwide Transylvanian Saxon community, one can also witness another phenomenon whose goal is to place Transylvanian Saxon identity in a transnational context. In 2007, in an act to mark Romania's admission to the European Union, the town of Hermannstadt/Sibiu/Nagyszeben in Transylvania was named the European Capital of Culture for 2007. It was not on its own, however: Luxembourg (more precisely, the Greater Region consisting of Saarland, Lorraine, Luxembourg, Rhineland-Palatinate, Wallonia and the German community of Belgium) was named as the other European city to bear the title. The symbolic rationale behind the joint venture was the 'myth of common origins', which transforms Luxembourg into the original homeland of the colonists who then moved to Transylvania and became Saxons.[80] The putative links between Luxembourg and Hermannstadt going back all the way to the Middle Ages were the "strongest argument to justify the joint application" and, subsequently, they were also a quintessential part of the public branding of the latter city in the context of the 2007 European Capital of Culture events.[81]

The Banat Swabian situation bears similarities to that of the Transylvanian Saxon example, but, at the same time, the 'Danube Swabian' connection allows for the elaboration of somewhat different considerations. In a parallel (and also interconnected) development with the Transylvanian Saxons, Banat Swabians also founded their own homeland association in 1950.[82] The lack of a common Romanian German homeland association can reasonably be interpreted as a way of distanc-

78 Martin Ohnweiler: Und dennoch bröckelt der Stein. In: Siebenbürgische Zeitung, 15 October 1991, p. 3.

79 'Schule – gestern, heute, morgen.' – Das 25. Sachsentreffen, am 19. September 2015 in Mediasch, <http://siebenbuergenforum.ro/sachsentreffen/> (accessed 26 April 2016).

80 Florica Vasiliu, Dragoș Dragoman: Politici culturale și afirmarea identității. Luxemburg și Marea Regiune – Sibiu. Capitale Culturale Europene în 2007 [Cultural Policies and the Affirmation of Identity. Luxembourg and the Greater Region – Sibiu. European Cultural Capitals in 2007]. In: Sociologie Românească 6 (2008), pp. 30–39, here pp. 33f., <http://www.arsociologie.ro/images/stories/sr/articles/sr_2008_2/SR_2008(2)_30-39_Vasiliu.pdf> (accessed 5 June 2015).

81 Monica Stroe: Sibiu, European Capital of Culture. Saxonness as a Romanian Cultural Brand. In: Susanne Küchler, László Kürti, Hisham Elkadi (eds.): Every Day's a Festival! Diversity on Show. Wantage 2011, pp. 83–112, here pp. 92f.

82 Josef Wolf: Identität und Institutionen im Wandel. 50 Jahre Landsmannschaft der Banater Schwaben in Deutschland. In: Gaug, Leber (eds.): Neue Heimat in Deutschland (footnote 39), pp. 136–199, here p. 171.

ing themselves from the Nazi-imposed organisational model of the German Ethnic Group ("Deutsche Volksgruppe"), which was active in Romania during the Second World War.[83] At the same time, it can also be seen as an indicator that a Romanian German identity mainly gained traction in post-war Romania.

Banat Swabian post-war memory practices and memory discourses acquired a distinct transnational flair, also offered by the symbolic and concrete connections with Swabians in/from Hungary and in/from the former Yugoslavia. Every two years, Banat Swabians celebrate their own "Heimattag" in Ulm, a symbolic choice reaching back to the fact that Ulm was the location from which their ancestors embarked on the so-called "Ulmer Schachteln" and started their journey down the Danube. As with the Transylvanian Saxons, events at the "Heimattag" centre on a memorial, the Ancestral Emigrants Monument ("Ahnen-Auswanderer-Denkmal"). Erected in 1958, this is dedicated to emigrants, thus transforming the transnational migration of Swabians into a discursive identity-endowing element.

When it was inaugurated, the memorial was seen primarily as a Yugoslav German affair.[84] Josef Wolf also noted the initial reservations towards the creation of a common Danube Swabian umbrella organisation in West Germany.[85] An overarching Danube Swabian ethnic consciousness was not fully embraced by Banat Swabian activists (nor by Hungarian Germans), and this also contributed to the deepening of conflicts between representatives of the three German ethnic groups in West Germany, with the Banat Swabians and the Hungarian Germans keeping their distance from the competition surrounding the commissioning of the memorial.[86]

Nevertheless, after several Banat Swabian "Heimattage" commemorations had been organised in the 1960s in places such as Donauwörth, Schwäbisch Gmünd and Homburg/Saar, Ulm became the traditional location in 1974 for the biennial Banat Swabian "Heimattag".[87] The reasons behind this are connected with the fact that the town on the Danube was the symbolic point of departure of the Swabian colonisation of Banat.[88] The goal of establishing links and the desire to represent the interests of Banat Swabians living in Austria and overseas were each explicitly mentioned from the very beginning of the "Heimattag" tradition in Ulm.[89] Constant references to the 'community of Danube Swabians in the East and West' and to the activities of Danube Swabian associations outside West Germany make the attempts to construct or

83 Ibid., p. 172.

84 Márta Fata, Klaus J. Loderer: Gedenkkreuz und Ulmer Schachtel. Monumentalisierung der Auswanderung und Ansiedlung der Donauschwaben. In: M. F. (ed.), in collaboration with Katharina Drobac: Migration im Gedächtnis. Auswanderung und Ansiedlung im 18. Jahrhundert in der Identitätsbildung der Donauschwaben. Stuttgart 2013 (Schriftenreihe des Instituts für donauschwäbische Geschichte und Landeskunde 16), pp. 187–220, here pp. 210f.

85 Wolf: Identität und Institutionen (footnote 82), p. 173.

86 Fata, Loderer: Gedenkkreuz und Ulmer Schachtel (footnote 84), p. 211.

87 Wolf: 50 Jahre Landsmannschaft (footnote 39), p. 13.

88 Michael Stocker: Herzlich willkommen in Ulm. In: Banater Post, 15 May 1974, p. 1.

89 Ibid.

reinforce the Banat Swabian identity as part of a larger, overarching and transnational Danube Swabian identity clearly apparent.[90]

In Ulm, the "Heimattag" is centred on the festive procession to the emigration memorial, including a commemorative service and a wreath-laying ceremony.[91] Hence, the monument that was initially perceived as being primarily a 'Yugoslav German' memorial, and that was rejected to a certain extent by the Homeland Association of Banat Swabians, became the most important memorial site for the latter over time, and the central site for the social memory practices contributing or aiming to contribute to the reproduction of Banat Swabian identity. At the same time, the monument continues to function as a memorial site for the communities of Germans from former Yugoslavia, from Hungary, and for the Satu Mare Swabians, while "commemorative plates of different communities" of Danube Swabians originating from all three countries "can be found along the Danube bank on the city walls", thus demonstrating how identity is constructed at the junction of the local and the transnational.[92]

Another example of identity discourses connecting the experiences of Danube Swabians in Yugoslavia and in Romania at the end of the Second World War comes from the mid-1990s. At this time, the ethnic conflicts taking place in Yugoslavia provided an excellent opportunity for highlighting the plight of Germans in the same country half a century before. In November 1994, on the first page of the *Banater Post*, the newspaper of the Homeland Association of Banat Swabians in Germany, an article was published marking the commemoration of 50 years since the expulsions and massacres of Danube Swabians in Tito's Yugoslavia. The event was, thus, primarily a Yugoslav German one, but the list of high-ranking guests also included, among others, the Consul General of Hungary. Peter Krier, the executive president of the Banat Swabian Homeland Association, also attended the commemoration.[93] The significance of the events for the newspaper's readership, i.e. for Banat Swabians, is also indicated by the decision to place the article covering the event on the front page of the publication. The article's opening paragraph emphasised the transnational character of the Danube Swabian community, referring to similar commemorative events taking place in Canada (Toronto) and in the United States (Cleveland).[94] In subsequent paragraphs, a parallel to the 'war and genocide' taking place yet again in former Yugoslavia, was drawn in order to trigger the interest of the international community in "das totgeschwiegene Schicksal der Donauschwaben" [the hushed-up fate of the Danube Swabians].[95]

---

90 E. g. Michael Stocker: Willkommen zum Heimattag in Ulm. In: Banater Post, 15 May 1976, p. 1.

91 Fata, Loderer: Gedenkkreuz und Ulmer Schachtel (footnote 84), p. 215.

92 Emigrant Memorial on the Danube Swabian Bank, <http://www.danube-places.eu/index.php?option=com_content&view=article&id=169&catid=38&lang=en&Itemid=346> (accessed 6 June 2015) (para. 5 of 5).

93 Stefan Teppert: Gegen Krieg, Vertreibung und Völkermord. In: Banater Post, 5 November 1994, pp. 1f., here p. 1.

94 Ibid.

95 Ibid.

In effect, "events in former Yugoslavia in the early 1990s, and in particular during the Kosovo crisis at the end of that decade" played a 'catalytic role' in bringing the fate of the German 'expellees' at the end of the Second World War back to the fore.[96] The 1999 Kosovo crisis was undeniably a hot topic for the Banat Swabian publication: in April that year, an article addressing the issue with respect to the expulsion of Germans at the end of the Second World War, taken from *Deutscher Ostdienst*, the monthly magazine of the Federation of Expellees (Bund der Vertriebenen, BdV), was published on the first page of *Banater Post*.[97] On following pages, news dealing with the presence of refugees from Kosovo in the Romanian Banat was to be found, and one article, also taken from *Deutscher Ostdienst*, announced the publication of a new book about the crimes committed against Germans in Yugoslavia between 1944 and 1948.[98]

Memory and identity discourses and practices emphasising the transnational character of the Danube Swabian ethnic group, and merging together the Swabians' post-war experiences in several countries have also been present in the United States. In 1990, the Danube Swabian German-American Cultural Centre in Olmsted Falls, Ohio, unveiled a memorial plaque "in remembrance of our loved ones here and abroad". The text is bilingual, yet the German version bears a subtle difference when compared to the English one: "Zum Gedenken unserer Toten in der alten und neuen Heimat" [in remembrance of our dead in the old and in the new homeland]. The experiences of several Danube Swabian groups are discursively coalesced:

> Zum Gedenken der Opfer der Kriege und der Unschuldigen die ihr Leben lassen mussten nur weil sie Deutsche waren – auf der Flucht, in den Lagern: Valpovo, Molidorf, Gakowo, Jarek, Mitrovica, Krndija, Rudolfsgnad, Kruschiwl und anderen sowie in der Baragan und in Russland.[99]

[In remembrance of the victims of wars and innocent victims who lost their lives simply because they were German – while fleeing, in the camps: Valpovo, Molidorf, Gakowo, Jarek, Mitrovica, Krndija, Rudolfsgnad, Kruschiwl and others in the Baragan and in Russia]. If mentioning their flight alludes to the Danube Swabians from all three countries, who decided to flee before the advancing Red Army at the end of the Second World War, the enumeration of camps is a straightforward reference to the fate of Germans in former Yugoslavia. The subsequent reference to "Bărăgan" alludes to the 1951 deportation of the inhabitants of villages from the Romanian

---

96 Karoline von Oppen, Stefan Wolff: From the Margins to the Centre? The Discourse on Expellees and Victimhood in Germany. In: Niven (ed.): Germans as Victims (footnote 73), pp. 194–209, here p. 195.

97 Walter Strattmann: Vertreibung darf sich nicht lohnen. In: Banater Post, 20 April 1999, pp. 1f.

98 Flüchtlinge aus Jugoslawien im Banat. In: Banater Post, 20 April 1999, p. 2; Erschütternde Informationen. In: Banater Post, 20 April 1999, p. 3. It is worth noting that although the piece of news on the Yugoslav refugees in Banat was part of a larger set of news, the overall headline was "Kosovo-Flüchtlinge auch im Banat".

99 Bund der Vertriebenen: Mahn- und Gedenkstätten außerhalb der Bundesrepublik Deutschland, p. 42, <http://www.bund-der-vertriebenen.de/fileadmin/programmierung/bilder/mahnmale-pdf/ausland.pdf> (accessed 6 June 2015).

Banat, on the border with Tito's Yugoslavia, to Bărăgan, in the South-East of the country.[100] Yet this was no purely anti-German measure, as inhabitants of the border villages were deported, irrespective of their ethnicity, in the context of the Stalin-Tito conflict. Finally, the reference to Russia probably stands for the events taking place at the end of 1944 and at the beginning of 1945, when Germans from South-East Europe considered fit for work were deported *en masse* to the Soviet Union for the "reconstruction of the country".[101]

The particular emphasis on the processes of ethnic cleansing taking place in the Yugoslav context in the 1990s can also be understood as an illustration of Rothberg's thesis on the multi-directionality of memory. Similar to the way in which the memory of colonialism is presented in the context of the decolonisation, and the memory of the Shoah inspired (fruitful) interaction and conversation, memory discourses on Danube Swabian suffering in Tito's Yugoslavia entered, or attempted to enter, into such an interaction with the discourses on the massacres in Bosnia and Kosovo. It is valuable in this context to refer to Elie Wiesel's intervention during the early 1990s, which raised awareness regarding the processes of ethnic cleansing taking place in Bosnia.[102] Wiesel's argumentation at the time brought the memory of the Holocaust and to the slogan 'Never again!' once again into clear and sharp focus.[103] The memory of the Holocaust was thus used as an antidote against new similar phenomena, which were, in fact, tragically taking place in former Yugoslavia in the mid-1990s.

At the same time, German 'expellees',[104] including Danube Swabians, were highlighting the events in Yugoslavia, in order to bring their own cause to the fore and to draw attention to their own memory claims. In this case, the relationship between Elie Wiesel's interventions and the memory discourses of Romanian Germans was staged via proxy. Nevertheless, a more recent example provides us with an explicit instance of the multidirectional character of the memory of Romanian German victimhood, this time making direct use of Wiesel's name. A recent initiative concerning the erection of a memorial to the Transylvanian Saxon deportees in the Soviet Union overtly refers to Elie Wiesel and to the Holocaust, drawing parallels between the memorialisation of the latter and the attempt to memorialise the deportation. Peter Jacobi is the author of the initiative, a Transylvanian Saxon sculptor living in Germany, who, incidentally, is also the person behind the memorial to the victims of the Holocaust in Bucharest. In his call, Jacobi refers explicitly to the Holocaust memorial project, which was also supported then by the so-called 'Elly [sic!] Wiesel Commission'. He sees a parallel between this project and his own idea, and he calls for Herta Müller's participation, on account of her "exceptional work" which

100 Viorel Marineasa, Daniel Vighi: Rusalii '51. Deportarea în Bărăgan [Pentecost '51. The Deportation to Bărăgan]. Timișoara 2014.

101 Pavel Polian: Against Their Will. The History and Geography of Forced Migrations in the USSR. Budapest 2004, pp. 249–260.

102 Mark Chmiel: Elie Wiesel and the Politics of Moral Leadership. Philadelphia 2001, pp. 141–144.

103 Ibid., p. 144.

104 Von Oppen, Wolff: From the Margins (footnote 96).

"is based to a large extent on the literary adaptation of the deportation of Germans in the Soviet Union", just like the work of 'Elly Wiesel' is based "auf der Erforschung und dem Kampf gegen eine Wiederholung des Holocausts" [on research and the fight against a repetition of the Holocaust].[105] The reference to Herta Müller's work, specifically to her novel *Atemschaukel*, directly dealing with the deportation of Romanian Germans to the Soviet Union, suggests that the memorial would be, in essence, one dedicated to all Romanian Germans, not only to the Transylvanian Saxon ones,[106] although Jacobi also refers to the fact that such a memorial already exists in the Banat town of Reșița/Reschitza/Resicabánya.[107]

Yet the transnationalism of the memory of the deportation is not something new. In 1949, the very first book on the deportation was initially published in French (!). In the 1950s, it was translated into languages such as English and Portuguese, and was only published in the German language in 1995.[108] Moreover, the memory of the deportation has already entered into what Marianne Hirsch would call the 'post memory' phase, as the case of Herta Müller demonstrates. 'Post memory' is, *par excellence*, transnational.[109] Lastly, but undoubtedly not least, one of the most recent books in which the deportation plays an important role was written by a Romanian-born Swiss author Cătălin Dorian Florescu, who also received the Swiss Book Prize for his novel *Jacob beschließt zu lieben*.[110]

Müller's international recognition, Florescu's literary addressing of the deportation, Jacobi's public appeal making direct reference to the memory of the Holocaust, or the small scale memorialisation attempts of former deportees in the places to which they were deported, such as in Ukraine, are all evidence of the fact that Romanian German memory is, one way or another, part of a broad memory landscape, evolving in direct relationship with it.[111] At the same time, they stand as evidence that the 20th century history of both Transylvanian Saxons and Banat Swabians brought forth a reconfiguration of identities at the junction of the local, the national,

---

105 Peter Jacobi: Öffentlicher Aufruf. Konzept für die Errichtung eines Denkmals für die Deportierten Siebenbürger Sachen [sic], 1945–50 in die Sowjetunion, <http://www.siebenbuerger.de/forum/integration/2471-denkmal-fuer-die-deportierten/#forumid132072> (accessed 6 June 2015) (para. 4 of 5).

106 Herta Müller: Atemschaukel. Roman. München 2009.

107 Jacobi: Öffentlicher Aufruf (footnote 105).

108 Jean Rounault: Mon ami Vassia. Paris 1949; Jean Rounault: My Friend Vassia. Experiences of a Deportee in a Russian Mining Camp. London 1952; Jean Rounault: No país dos escravos. Recordações de Donetz. Lisbon 1951; Rainer Biemel: Mein Freund Wassja. Köln et al. 1995.

109 Marianne Hirsch: The Generation of Postmemory. Writing and Visual Culture after the Holocaust. New York 2012.

110 Cătălin Dorian Florescu: Jacob beschließt zu lieben. Roman. München 2011.

111 As regards memorialization initiatives of the deportation set in the Ukraine, see for example Sigrun Jäger: Den Verstorbenen in der Deportation ein Kreuz errichtet. In: Banater Post, 5 August 1994, p. 3. Jäger writes about the memory trip of twenty-five people, eighteen of which were former deportees, to the places where they were deported. They erected a cross with a commemorative plaque. The site was to be looked after by 'Wiedergeburt', the organisation of the Russian Germans in Donetsk.

and the transnational. Romanian German memorial sites are no longer confined to Romania and not even to Romania and Germany, but are to be found in numerous other places, such as Austria, the United States, Brazil, and Ukraine, thus emphasising the fact that transnational migration has turned into the underlying tenet of Romanian German memory and identity discourses.

5. Conclusions

In this article, I have shown that the (recent) history of Transylvanian Saxons and Banat Swabians can be conceptualised as a case of transnational history. Such a conceptualisation can contribute to better understanding of discourses and processes pertaining to the two communities. Both methodologically and empirically, the scope of research on Romanian Germans in particular, but also on Germans from Central and Eastern Europe in general, should be broadened, moving away from national or bi-national frameworks. The latter, albeit undoubtedly valuable, can also function as methodological and conceptual straightjackets.

The bi-national Romanian-West German paradigm is not sufficient to account for the complexity of post-war Romanian German history and for the identity and memory discourses which are a quintessential part of it. In other words, this paradigm allows us to tell an important part of the story, but it does not suffice if we want to tell the whole story. Histories of Romanian Germans, Russian Germans, and Sudeten Germans etc. have been marked by migration and, thus, by broader national and transnational contexts that have not been sufficiently taken into account.[112] Austria, Canada, the United States and various Latin American countries were destination countries for German-speakers from Central and Eastern Europe.[113] Nevertheless, little attention, if any, has been granted to the embedded transnationalism of the memory and identity discourses and practices which stand in direct relationship with such processes of migration.

Since 2001, a memorial plaque has stood at the entrance of the cultural museum in Pretoria: "Zur Erinnerung an die Enteignung und Vertreibung aus unserer deutschen Heimat und als Dank an Südafrika für eine neue Heimat und Zukunft. Ost- und Westpreußen, Pommern, Ost-Brandenburg, Schlesien und Sudetenland." [In memory of the dispossession and expulsion from our German homeland and in gratitude to South Africa for a new homeland and future. East and West Prussia, Pomerania, East Brandenburg, Silesia and Sudetenland.][114] This and so many other cases of transnationalism related to Germans in Central and Eastern Europe need to be researched. In this context, the Romanian German case is by no means unique.

112 J. Otto Pohl: "Volk auf dem Weg". The Migration of the Russian-Germans from 1763 to the Present Day. In: Studies in Ethnicity and Nationalism 9 (2009), pp. 267–286.

113 Deutsches Kulturforum östliches Europa: Nach Übersee (footnote 19); Maeder: Forging a New Heimat (footnote 10).

114 Bund der Vertriebenen: Mahn- und Gedenkstätten (footnote 99), p. 42.

Uta Bretschneider, Piotr Małochwiej, Nick Wetschel

Tagungsbericht: „Normalfall Migration? Kulturelle, historische und aktuelle Dimensionen", 7.–9. Juni 2016, Dresden und Breslau/Wrocław

Die Tagung wurde vom Willy Brandt Zentrum für Deutschland- und Europastudien der Universität Breslau/Wrocław (WBZ) und dem Bundesinstitut für Kultur und Geschichte der Deutschen im östlichen Europa in Oldenburg (BKGE) in Kooperation mit den beiden Partnerstädten Dresden und Breslau/Wrocław sowie mit dem Institut für Migrationsforschung und Interkulturelle Studien der Universität Osnabrück (IMIS) und dem Institut für Sächsische Geschichte und Volkskunde e.V., Dresden, veranstaltet. Gefördert wurde die Tagung durch die Beauftragte der Bundesregierung für Kultur und Medien, den Deutschen Akademischen Austauschdienst, die Universität Wrocław und die Stadt Dresden. Das Deutsche Hygiene-Museum in Dresden unterstützte die Veranstaltung.

Die am ersten Tag in Dresden und am Folgetag in Breslau/Wrocław stattfindende Tagung behandelte die aktuellen, kulturellen und historischen Dimensionen von Flucht und Migration in vergleichender Perspektive und bezog Vertreter unterschiedlicher Disziplinen und Experten aus der Praxis ein. Auf diese Weise trug die Veranstaltung dazu bei, theoretisches Wissen in die Praxis zu vermitteln. Das Besondere des Vorhabens war die ‚Migration' der Tagung selbst, die in zwei Städten und damit in zwei Ländern stattfand, deren Diskurse über Migration und Flüchtlingsfragen sich in vielen Punkten unterscheiden. Diese Perspektiverweiterung sollte Anregungen und Einsichten für die spezifisch nationalen Debatten ermöglichen und idealerweise eine Sensibilität für das europäische Phänomen „Migration" generieren, wie Burkhard Olschowsky (BKGE) in der Dresdner Einführung umriss. Die Struktur der Tagung sah jeweils eine Podiumsdiskussion sowie drei mit den Etappen von Migration konnotierte Panels – „Migrieren", „Aufnehmen", „Ankommen" – mitsamt Impulsreferaten und Kommentaren vor.

Im Namen der Stadt Dresden eröffnete die zweite Bürgermeisterin Annekatrin Klepsch die abendliche Podiumsdiskussion im dortigen Deutschen Hygiene-Museum. Sie unterstrich die langjährige Stadtepartnerschaft zwischen Dresden und Wrocław und schlug einen Bogen von den Flüchtlingen und Vertriebenen der Nachkriegszeit zu den gegenwärtigen Migranten. Sie bezog sich dabei auf Christoph Heins Roman *Landnahme*, in dem das Schicksal einer zwangsausgesiedelten niederschlesischen Familie in einer sächsischen Kleinstadt und die Unwägbarkeiten in den Jahrzehnten des Lebens in der DDR dargestellt werden. Matthias Weber, Direktor des BKGE, betonte in seiner Begrüßung, dass Fragen des Transfers von Menschen und Ideen, von Sprachen, Kulturen und von materiellen Gütern die Geschichte und Kultur Europas seit dem Mittelalter prägten.

In der von Caterina Lobenstein (*Die Zeit*) moderierten Diskussion erinnerte Sachsens Landesbischof a. D. Jochen Bohl daran, dass das Thema Migration bereits im Alten Testament allgegenwärtig ist: beginnend mit Adam und Eva, die das Paradies verlassen müssen und eine neue Heimat finden. Bohl konzedierte das lange Nachwirken der DDR mit ihren spezifischen Prägungen: Aus Mangel an Kontakten mit Fremden seien es die Menschen nicht gewohnt, mit Migranten umzugehen. Der Streit über Flüchtlinge und die „Pegida"-Bewegung führe in Sachsen zu Rissen durch Familien, Kirchengemeinden und Arbeitskollegien. Jedoch sei die Gewalt gegen Flüchtlinge ein Phänomen, das gesamtdeutsch zutage tritt. Bohl empfahl die Lektüre des Buches *Die Große Wanderung*, in dem Hans Magnus Enzensberger bereits 1992 auf Asylpolitik, Ein- und Auswanderung sowie auf das Phänomen des Fremdenhasses einging.

Der Politikwissenschaftler Hans Vorländer (Dresden), Mitautor einer empirischen Umfrage über „Pegida", legte dar, wie heterogen die sich jeden Montag treffenden „Pegida"-Demonstranten sind. Es gebe einen Teil mit fester politisch rechtsgerichteter ideologischer Gesinnung, der zum Kern dieser Bewegung gehöre. Viele Teilnehmer stammen aus den ökonomisch benachteiligten Regionen Ostsachsens und des Erzgebirges und artikulieren ihre Verunsicherung und Unzufriedenheit, die mit Enttäuschungen und Entfremdungserfahrungen auch 25 Jahre nach der deutschen Einheit zu tun haben. Diese Menschen seien für einen Dialog erreichbar und in ihren Ansichten nicht ideologisch eingenommen.

Letzteres bestätigte Khaldun Al Saadi (Leipzig, Dresden), der als Mitglied des Islamischen Zentrums e. V. mehrfach mit „Pegida"-Demonstranten diskutierte und erlebte, wie virulent, aber auch hinterfragbar Vorurteile gegen Migranten sein können. Er plädierte dafür, Muslime in ihrer Unterschiedlichkeit differenziert wahrzunehmen und medial transportierten Pauschalisierungen zu misstrauen. Das Ankommen und Aufnehmen von Flüchtlingen sei ein Prozess voller Tücken, aber auch Perspektiven. Das Islamische Zentrum in Dresden ist als kleiner Verein durch den Zuzug von Muslimen in bislang ungekannter Weise gefordert und nicht selten materiell und logistisch auch überfordert.

In seinem einleitenden Impulsreferat zum ersten Panel „Migrieren" verglich Jochen Oltmer (Osnabrück) historische und aktuelle Migrationen in Europa und weltweit. Dabei beleuchtete er die Motive für Mobilität (Chancen, Gewalt, Katastrophen) ebenso wie die Strukturmerkmale von Migration (überwiegend junge Menschen migrierten, es handele sich um einen ergebnisoffenen Prozess, Netzwerke spielten eine entscheidende Rolle, weil sie selbst Migration anregen). Oltmer verdeutlichte, dass sich der Umfang von Migrationen weltweit seit den 1960er Jahren kaum verändert habe und vornehmlich als Binnenwanderung innerhalb der Kontinente stattfinde. So stammte 2014 der überwiegende Teil der nach Deutschland Zuwandernden aus europäischen Staaten. Die Bereitschaft zur Aufnahme von Geflüchteten werde dabei von diversen Aushandlungsprozessen geleitet und begleitet.

Das von Johannes Schulz (Dresden) moderierte Panel rückte dann den Migrationsprozess in den Fokus. Krzysztof Ruchniewicz (Wrocław) untersuchte in seinem Beitrag die Zwangsmigrationen auf polnischem Territorium, von denen in den

1940er Jahren über 20 Millionen Menschen verschiedener Nationalität, darunter über sechs Millionen Polinnen und Polen, betroffen waren. Dabei konnten im und nach dem Zweiten Weltkrieg infolge von Gewalt und Grenzverschiebungen durchaus Aussiedelnde zu Ausgesiedelten werden. Ruchniewicz schloss mit der Einschätzung, dass in Polen die Be- und Verarbeitung der Erfahrungen der erzwungenen Migration zum Teil bis heute andauern.

Boris Nieswand (Tübingen) eröffnete eine soziologische Perspektive auf Fluchtmigration am Beispiel der medialen Berichterstattung, die unter dem Eindruck von vielen Migranten und empfundener Unsicherheit vielfach eine Bedrohungssituation kommuniziere. Durch diese Kommunikation würden komplexe soziale Umstände eine Reduktion erfahren, wobei Fluchtmigration in Diskussionen um die Situation der Bundesrepublik Deutschland häufig als etwas Bedrohliches instrumentell angeführt wird. Migrationsphänomene stellten, so Nieswand, eine Herausforderung für bestehende politische Systeme dar. Sie lassen sich daher sowohl als Normal- als auch als Problemfall betrachten.

Das erste Panel beschloss Justus Ulbricht (Dresden) mit einem Blick auf die spezifische Gemengelage, in der sich ostdeutsche Ressentiments gegen Migrantinnen und Migranten entwickeln. Faktoren seien etwa die Überforderung durch mediale Berichterstattungen, ein Misstrauen gegen Eliten und diffuse Ängste sowie insbesondere das Empfinden, die Lebenswelt verändere sich abrupt und zum eigenen Nachteil – ähnlich wie dies schon auf der Podiumsdiskussion konstatiert wurde.

In seinem Kommentar griff Dirk Hoerder (Salzburg) die politische Dimension von Migration und ihre historischen Bezüge auf. Er stellte die Frage, wie nur eine Million Geflüchtete, wie so oft behauptet, die Selbstverortungen von 88 Millionen Menschen in Österreich und Deutschland gefährden könnten. Hoerder wies darauf hin, dass in Europa durch gängige Begriffe wie Integration und Identität vor allem von den Ankommenden eine rasche Anpassung erwartet werde, während das in den USA übliche Begriffspaar „belonging and embeddedness“ auch die Aufnahmegesellschaft in die Pflicht nehme und daher vorzuziehen sei. In der folgenden Diskussion wurden Versäumnisse insbesondere bei der raschen Transformation der ostdeutschen Gesellschaft unmittelbar nach 1989/90 konstatiert. Die heutigen Verhaltensweisen und Einstellungen, so Ulbricht, seien die „soziale und mentale Quittung“ für die damaligen Prozesse.

Das zweite Panel, das den Prozess des Ankommens in den Blick nahm, moderierte Matthias Weber (Oldenburg). Im ersten Referat zeigte Ira Spieker (Dresden) vergleichbare Dimensionen aktueller und historischer Migrationsphänomene auf. Diese bezogen sich vor allem auf die Ebene der Erfahrung: den Verlust der Heimat, Konkurrenzsituationen, das Ausgegrenztwerden und Abgrenzen, aber auch auf Narrative der ‚Vermassung‘ und Polarisierungen in „Wir“ und „die Anderen“. Spieker führte dazu Beispiele aus ihren empirischen Forschungen zur Aufnahme von Flüchtlingen und Vertriebenen am Ende des Zweiten Weltkriegs an, wobei sie hervorhob, dass sogenannte Aufnahmegesellschaften nicht als statische Konstrukte zu deuten seien.

Im Anschluss machte Khaldun Al Saadi (Dresden) am Beispiel von häuslicher Gewalt unter Migranten auf die Bedeutung von kulturellem und sozialem Hintergrundwissen für Beratungsprozesse im Kontext des „Ankommens“ aufmerksam. Er vertrat dabei die Grundannahme, dass viele Migrantinnen und Migranten aus dem Nahen Osten aus „kollektivistisch geprägten Gesellschaften“ stammen, während in Europa eine „individualistische Sicht“ das Selbstbild dominiere und somit andere Methoden in der Beratungspraxis erforderlich seien, wobei sich derartige Beratungsansätze in Kanada bereits bewährt hätten.

„Ankommen und willkommen?“ fragte Albrecht Engelmann (Dresden) und ging den Bedeutungen des Begriffs „Ankommen“ nach. Ankommen sei ein Prozess, der weit über das bloße Anwesendsein hinausreiche. Engelmann betonte, dass die Phase des Ankommens etwa durch Erfahrungen mit Rassismus und Gewalt erheblich verlängert würde, und fasste drei Punkte zusammen, die das Ankommen befördern könnten: strukturelle Aufnahmebedingungen, eine positive Einstellung der Gesellschaft gegenüber Einwandernden sowie Kommunikation und Austausch.

Im Kommentar führte Jochen Oltmer (Osnabrück) an, dass das deutsche Zuwanderungsrecht nicht weniger als 84 verschiedene Aufenthaltszwecke erfasse und allein dies schon verdeutliche, wie heterogen das Feld der Migration sei. Oltmer wies zudem auf die Dichotomie hin, dass Deutschland schon lange ein Einwanderungsland, aber keine Einwanderungsgesellschaft sei. So sei das Thema Migration bis in die 1990er Jahre eher Gegenstand von Fachdebatten als von breiten medialen Diskursen gewesen. Dies begründete Oltmer mit der Existenz von drei als Konstanten wirkenden Befürchtungen, die eine öffentliche Beschäftigung mit dem Thema Migration verhindert hätten: erstens, dass Wählerstimmen verloren gingen, zweitens, dass rassistische Tendenzen zunehmen würden, und drittens, dass Migrationsprozesse angeregt würden.

Die Diskussion zielte vor allem auf die aktuellen Diskursfelder in Bezug auf Zuwanderung nach Deutschland ab und zeigte, dass einerseits institutionelle Ausprägungen von Rassismus ausgeblendet würden und andererseits das historisch basierte Verständnis beschränkt sei. Grenzen in den Diskussionen dürfe es jedoch nicht geben, und daher seien vielfältige Übersetzungsleistungen nötig, um Migration zum Normalfall werden zu lassen.

Unter Moderation von Beate Störtkuhl (BKGE) schloss das dritte und letzte Panel, das das Aufnehmen thematisierte, den zweiten Veranstaltungstag. Zunächst präsentierte Stefan Luft (Bremen) drei verschiedene Dimensionen des Aufnahmeprozesses: erstens auf das Herkunftsland bezogene Aspekte, etwa religiöse Orientierungen oder Gruppengrößen, zweitens auf das Aufnahmeland bezogene Aspekte, z. B. rechtlicher Rahmen oder sozialräumliche Merkmale, und drittens Gruppeneffekte im Aufnahmeland, wozu Luft etwa sogenannte Kettenwanderungsprozesse zählte, die zu Segregationen führten.

Jürgen Micksch (Darmstadt) referierte über das Zusammenleben mit Muslimen in Deutschland. Anders als die sogenannten Gastarbeiter aus Italien, deren Wahrnehmung sich seit Anfang der 1970er Jahre merklich zum Positiven verändert habe, sei mit einem Fortbestehen der Ablehnung gegenüber Muslimen über Generationen hinweg zu rechnen. Micksch führte als Begründung hierfür einerseits historische „Traditionen“ der Islamkritik an, andererseits Kampagnen und populistische Tendenzen sowie mediale Praktiken in Bezug auf dem Islam zugeschriebene Terrorakte. Vor diesem Hintergrund sei kaum ein nachhaltiger Einstellungswandel möglich.

Das Panel beschloss Heidrun Friese (Chemnitz) mit ihrem Referat zum Thema Gastfreundschaft. Sie zeigte die historische Genese des Konzepts der Gastfreundschaft auf: von der religiösen Pflicht zum in der Aufklärung philanthropisch eingeforderten Recht jedes Menschen. Dabei betonte sie, dass Gastfreundschaft die Ambivalenzen zwischen Freund und Feind einbeziehe und auch für heutige Migrationsphänomene tragfähig sei. Kritisch bleibe, so Friese, dabei freilich, dass dies auch in der Demokratie diejenigen ausschließe, die einer „politischen, kulturellen bzw. religiösen Gemeinschaft" nicht angehörten, womit die Grenzen von Gastfreundschaft gezogen seien.

In der abschließenden Diskussion wurde die Frage erörtert, ob das Wissen um frühere Migrationen bei der Analyse und Bewertung gegenwärtiger Migrationsbewegungen von Belang sein könnte. Während in der Wissenschaft, etwa am Institut für Migrationsforschung (IMIS), dieses Wissen auch für die Politikberatung genutzt werde, spiele es in der Politik selbst und noch mehr in der veröffentlichten und öffentlichen Meinung kaum eine Rolle.

Ferner wurde in der Diskussion das Konzept der Integration hinterfragt und verdeutlicht, dass viele Fragen des Miteinanders im Rahmen von Aushandlungsprozessen zu lösen seien, damit Migration zum „Normalfall" werden könne. Für diese Aushandlungsprozesse sei schließlich bemerkenswert, dass Migration also einerseits empirisch schon längst „Normalfall" sei, während sie in der gesellschaftlichen Selbstverständigung noch nicht als „normal" gelten könne. Für Diskussion sorgte der ebenso seit vielen Jahren im Migrationsdiskurs umkämpfte Begriff des Multikulturalismus beziehungsweise der multikulturellen Gesellschaft. Offen blieb, wie die eingeforderte Bildungsarbeit zur Übersetzung der wissenschaftlichen Kenntnisse um den „Normalfall Migration" angegangen werden müsse. Die Frage stellte sich besonders in Hinsicht auf das historische Lernen. Eine Teilantwort war, dass sich konkrete biografische Bezüge hierzu am besten eignen würden.

Den Breslauer Teil der Konferenz eröffnete Krzysztof Ruchniewicz, Direktor des Willy Brandt Zentrums. Jochen Roose (Berlin, Wrocław) stellte in seinem Impulsvortrag soziologische Theorien vor, die die Frage der Migration im Hinblick auf ihre Ursachen und Wirkungen sowie bezüglich der Integration von Migranten in verschiedenen Generationen berücksichtigen. Er wies darauf hin, dass eigene Migrationserfahrung nicht unbedingt eine positive Haltung gegenüber ‚neuen' Migranten zur Folge habe. Roose teilte nicht die Ansicht, dass jeder Kontakt mit einer drangsalierten Migrantengruppe Sympathie für diese Gruppe hervorrufe. Eine Regulierung von Migrationswellen sollte in Anbetracht der verschiedenen nationalen Politiken in erster Linie über eine wirksame Grenzkontrolle auf der Ebene der Europäischen Union geschehen. Ein Schlüsselfaktor für den Erfolg von Integration sei die Verständigung zwischen den Absichten der Ankommenden und denen der Aufnahmegesellschaft. Ferner stellte er fest, dass Migrationen Ängste und Emotionen hervorrufen, was sich etwa in dem Schließen von nationalen Grenzen vor Migranten als globalem Phänomen zeigt. Der direkte Kontakt mit Einwanderern reduziere die Angst, auch wenn sich dadurch nicht alle Zweifel im Zusammenhang mit Migrationen nehmen lassen.

Das Panel „Migrieren" eröffnete hier Peter Oliver Loew (Darmstadt). Er stellte Migrationsphänomene am Beispiel der deutsch-polnischen Beziehungsgeschichte vor. Es gebe zwar eine Migrationskontinuität vom 19. Jahrhundert bis in die Gegenwart, aber keine polnische Minderheit in Deutschland als geschlossene nationale Gruppe. Dabei sei nach Schätzungen etwa die Hälfte der in Deutschland lebenden Polen Schlesier. Loew konstatierte, dass insbesondere die zweite Generation der Auswanderer aus den 1980er Jahren häufig komplexe, mehrfache Identitäten habe.

Dirk Hoerder (Salzburg) ging auf die Definition des Begriffes Migration ein und betonte, dass Menschen, indem sie sich zur Migration entschließen, eine hohe Risiko- und Leistungsbereitschaft an den Tag legen und Leistungen intergenerationell weiterzugeben vermögen. Migranten der zweiten Generation in den USA standen häufig vor dem Dilemma, sich in der Obhut der eigenen Gruppe im ländlichen Umfeld langsam zu akkulturieren, ohne die nationale und sprachliche Identität aufzugeben, oder aber dem Fortschrittwunsch über die englische Sprache und den Umzug in größere Städte zu folgen. Entscheidend für ein entstehendes Zugehörigkeitsgefühl waren Ombudsleute/Mittler zwischen den Einheimischen und den Ankommenden. Bei der Beurteilung von Einwanderern im heutigen Europa sollten nicht primär ethnische Kriterien angewandt werden. Unabhängig vom Herkunftsland werde die Hauptmotivation der Flüchtlinge aus der Erwartung gespeist, dass sie aufgenommen werden und sich zur Gemeinschaft des Ziellandes zugehörig betrachten können.

Romuald Jończy (Wrocław) referierte über Erwerbsmigration in und aus Oberschlesien. In den 1980er Jahren lag der reale Einkommensunterschied zwischen Polen und der Bundesrepublik Deutschland etwa bei 1 zu 65, während er gegenwärtig etwa bei 1 zu 3 liegt. Trotz des Rückgangs des Lohngefälles seien ökonomische Motive unverändert wichtig für eine Migration. Hinzu kommt als zunehmend relevanter Faktor der uneingeschränkte Zugang zu Bildung. Jończy hinterfragte die Glaubwürdigkeit statistischer Daten über das Migrationsverhalten der Bewohner einiger oberschlesischer Orte und Regionen, in denen die Mehrheit der Bewohner die doppelte Staatsbürgerschaft besitzt und häufig in Gänze oder zeitweilig in Deutschland arbeitet, ohne den Hauptwohnsitz zu verlegen. Er verwies zudem auf Wahllisten der Woiwodschaft Oppeln/Opole, in denen unverändert Menschen aufgelistet sind, die de facto seit vielen Jahren in Deutschland wohnen.

Im zweiten Panel stellte Michał Garapich (Roehampton) eine Definition von Gesellschaften anhand von Gruppen vor, bei denen sich bestimmte Werte und Interessen überlappen, und ging auf soziale Ursachen für Islamophobie ein. Auf Grundlage eigener Untersuchungen stellte er fest, dass in London mit seinem hohen Migrantenanteil polnische Frauen im guten Einvernehmen mit Musliminnen stehen. Als förderlich für derartige Kontakte erwiesen sich der Respekt gegenüber ähnlichen Werten, die traditionelle Hinwendung zur Familie und die Rolle der Frauen in der Gesellschaft, ohne freilich die kulturellen Unterschiede zu negieren.

Magdalena Czyż (Warszawa) vom Verein gegen Antisemitismus und Fremdenfeindlichkeit „Otwarta Rzeczpospolita" [Offene Republik] stellte die Ergebnisse einer Untersuchung zum Gebrauch fremdenfeindlicher Äußerungen auf polnischsprachigen Internetseiten vor. Obgleich dieses Phänomen seit längerem existiert, ist ein signifikanter Anstieg von Kommentaren mit fremdenfeindlichem und rassistischem Hintergrund zu beobachten, seitdem sich Polen durch die Vorgängerregierung zur Aufnahme von Flüchtlingen bereiterklärt hat. Der Verein hat über 500 Beschwerden auf Grundlage von § 32 des Strafgesetzbuches „Straftaten gegen die öffentliche Ordnung“ an die Staatsanwaltschaft gerichtet, wobei es um Vorfälle ging, die den Straftatbestand der Anstiftung zum Hass auf nationale, ethnische und rassische Gruppen erfüllen. Die bisherigen Erfahrungen zeigten, dass einzelne Staatsanwälte diesen Hinweisen nicht oder nicht ernsthaft nachgingen oder gewisse Interneteinträge zu verharmlosen suchten. Daher, so Czyż, sei zu befürchten, dass die Zahl der Interneteinträge, die zum Rassenhass animieren und fremdenfeindliche Haltungen stimulieren, weiter zunehmen werden.

Anna Kurpiel (Wrocław) präsentierte ihre Forschungsergebnisse über die Migration von Mazedoniern nach Polen nach dem Ende des Zweiten Weltkriegs, welche von Gerüchten, existentiellen Ängsten und eher diffusen Erwartungen bezüglich des Aufnahmelandes begleitet war. Sie konstatierte, dass bei jenen Mazedoniern, bei denen sich die Akklimatisierung in der neuen Umgebung konfliktärmer gestaltete, der Assimilationsprozess häufiger erfolgreich verlief.

Jürgen Micksch (Darmstadt) berichtete im dritten Panel „Aufnehmen“ über die Gründung von „Pro Asyl“ 1986 in der Bundesrepublik und machte deutlich, wie sich die Bereitschaft zur Aufnahme von Flüchtlingen innerhalb von 30 Jahren in Deutschland geändert hat. Weder waren die Muslime auf das Zusammenleben in einem westlichen Land vorbereitet, noch wusste die deutsche Bevölkerung viel über Muslime. Heute sind etwa die Hälfte der fünf Millionen Muslime in der Bundesrepublik deutsche Staatsbürger. Insgesamt, so Micksch, könne man das Miteinander als zufriedenstellend bezeichnen, auch wenn es immer wieder manche Konflikte gibt. Polen könne sich auf ein Miteinander mit einer größeren Zahl von Muslimen vorbereiten. Dabei könnten die etwa 25.000 bereits in Polen lebenden Muslime hilfreich sein, von denen 5.000 von den Tartaren abstammen und schon lange in Polen leben. Es sei zu erwarten, dass weitere Muslime durch Flüchtlingsbewegungen und im Rahmen der Globalisierung auch nach Polen kommen werden.

Małgorzata Ruchniewicz (Wrocław) sprach über die Integrations- und Assimilationsprozesse von Polen, die nach dem Zweiten Weltkrieg aus den an die Sowjetunion verlorenen polnischen Gebieten nach Niederschlesien kamen. Sie hatten ihre ostpolnische Heimat verlassen müssen und sahen sich einer ungewissen Zukunft in einer fremden, häufig zerstörten Umgebung ausgesetzt. Zugleich wurden höher gebildete Ansiedler mit dem staatlichen Anspruch konfrontiert, „urpolnische“ Gebiete wiederzugewinnen, was die Verunsicherung kaum minderte.

Joanna Janiszewska (Bydgoszcz) ging in ihrem Referat auf die Aufnahme von Roma in Niederschlesien nach dem Zweiten Weltkrieg ein. Ruchniewicz und Janiszewska wiesen auf die mentalen Einstellungen sowie die administrativen und organisatorischen Herausforderungen hin, die mit dem Ankommen und der Aufnahme von Migranten verbunden waren. Sie betonten die Wichtigkeit der Hilfe vor Ort für die

Neuankömmlinge, die häufig den Ausschlag dafür gab, ob sie später heimisch wurden. Zugleich verwiesen sie darauf, dass Polen in vielen Phasen ihrer Geschichte auf die Unterstützung und die Gastfreundschaft anderer Länder rechnen konnten, als sie gezwungen waren, ihre Heimat zu verlassen. Janiszewska berichtete abschließend, dass die Stadt Breslau/Wrocław kaum Interesse an einer Koordinierung und Unterstützung städtischer Initiativen und NGOs zugunsten von Flüchtlingen, die in der Stadt sind, zeige. Beide Referentinnen erinnerten daran, dass ein ethnisch homogenes Polen bereits vor, aber vor allem nach dem Zweiten Weltkrieg mit einigem Erfolg propagiert wurde. Multiethnizität hingegen wurde und wird nach wie vor als Gefahr für die polnische Staatlichkeit und einen eng verstandenen Katholizismus angesehen.

Die Podiumsdiskussion im historischen Oratorium Marianum der Universität Breslau/Wrocław wurde durch den Prorektor der Universität Robert Olkiewicz eröffnet. In seinem Grußwort wies Grzegorz Roman als Vertreter der Stadt Breslau auf die mentale Befindlichkeit der polnischen Gesellschaft als Folge der als „Normalfall" empfundenen ethnischen Homogenität des Landes hin. Zudem sei Migration an sich durch Erfahrungen des Zweiten Weltkrieges und nicht zuletzt aufgrund des brain drains durch die Abwanderung junger Polen ins westliche Ausland im kollektiven Gedächtnis der Polen negativ konnotiert. Daher sei Polen, so Grzegorz Roman, mental schlecht auf die Aufnahme von Migranten vorbereitet.

Teilnehmer der von Aureliusz Marek Pędziwol moderierten Diskussion waren der aus Polen stammende Schriftsteller Artur Becker (Bremen), der Bischof der Evangelisch-Augsburgischen Kirche Waldemar Pytel (Wrocław), der Historiker Jarosław Syrnyk und der Politikwissenschaftler Ireneusz Paweł Karolewski (beide Wrocław). Gegenstand des Gesprächs waren die Herausforderungen der gegenwärtigen Migration aus dem Nahen Osten und aus Afrika, vor der alle Länder der Europäischen Union stehen, die jedoch die Flüchtlinge jeweils sehr unterschiedlich durch das Prisma ihrer nationalen Erfahrungen und Traditionen wahrnehmen. Migration, so der Tenor, lasse sich daher länderübergreifend nicht als „Normalfall" beschreiben, und der Umgang mit Migranten erfordere neben dem Wissen um die humanitäre Katastrophe und einem christlichen Verständnis der Nächstenliebe auch den Respekt vor den jeweils national konnotierten Befindlichkeiten. Wichtig sei es, die vorhandenen Ängste und Emotionen einzelner Gesellschaften und Gruppen ernst zu nehmen, sich mit diesen auseinanderzusetzen und zu versuchen, sofern sie auf Stereotypen beruhen, diese im jeweils eigenen Land abzubauen.

Trotz der Vielzahl an aufgeworfenen Fragen und gerade wegen der unterschiedlichen Sichtweisen auf Teilaspekte kann die Tagung als ein wertvoller Beitrag zur Versachlichung der Migrationsdebatte gelten, und das umso mehr, als in einem deutsch-polnischen Austausch nicht nur zwei ohnehin eng verknüpfte Erfahrungsbestände von Migration in den Blick rücken, sondern auch weil in den beiden Gesellschaften gegenwärtig ganz unterschiedliche Perspektiven auf dieses aktuelle Thema bestehen. Krzysztof Ruchniewicz resümierte, dass die Beteiligung von Wissenschaftlern sowie Vertretern der Praxis und der Kirchen dazu beigetragen habe, sozialpolitische, historische und kulturelle Dimensionen von Migrationen ebenso zu analysieren wie Fremdheitsdiskurse und Mechanismen der Abgrenzung gegenüber Migranten. Dieses Wissen in die Praxis umzusetzen, sei die eigentliche Aufgabe, um angemessene Lösungen für die gegenwärtige Herausforderung durch Flüchtlinge in Europa zu finden.

Übersetzung und Redaktion: Burkhard Olschowsky, Dariusz Wojtaszyn

Beiträgerinnen und Beiträger

Ass. Prof. Dr. Monika E. Adamska, Politechnika Opolska / Opole University of Technology, Wydział Budownictwa i Architektury / Faculty of Civil Engineering and Architecture, Opole, Polen;
mo.adamska@po.opole.pl

Prof. Dr. João Claudio Arendt, Universidade de Caxias do Sul, Programa de Pós-Graduação em Letras, Cultura e Regionalidade, Caxias do Sul, Rio Grande do Sul, Brasilien;
jcarendt@ucs.br

Prof. Dr. Matthias Asche, Eberhard Karls Universität Tübingen, Fachbereich Geschichtswissenschaft, Seminar für Neuere Geschichte (Frühe Neuzeit);
matthias.asche@uni-tuebingen.de

Dr. Uta Bretschneider, Institut für Sächsische Geschichte und Volkskunde e. V., Dresden;
bretschneider@isgv.de

Dr. Cristian Cercel, Ruhr-Universität Bochum, Institut für soziale Bewegungen;
cristian.cercel@ruhr-uni-bochum.de

Ass. Prof. Chen Hongyan, 上海外国语大学德语系 / Shanghai International Studies University, Germanistische Fakultät, Shanghai, China;
chenhongyan@shisu.edu.cn

Anna Flack, M. A., Universität Osnabrück, Institut für Migrationsforschung und Interkulturelle Studien (IMIS);
anna.flack@uni-osnabrueck.de

Dr. Florian Gassner, PhD, The University of British Columbia, Department of Central, Eastern and Northern European Studies, Vancouver, British Columbia, Kanada;
florian.gassner@ubc.ca

Patricia Heller, M. A., Universität Osnabrück, Institut für Erziehungswissenschaft, Fachgebiet Sozialisation;
patricia.heller@uni-osnabrueck.de

Dr. Stephanie Jug, Sveučilište Josipa Jurja Strossmayera [Josip-Juraj-Strossmayer-Universität] u Osijeku, Filozofski fakultet, Osijek, Kroatien;
sjug@ffos.hr

Prof. Dr. Wassilis Kassis, Universität Osnabrück, Institut für Erziehungswissenschaft, Fachgebiet Sozialisation;
wassilis.kassis@uni-osnabrueck.de

Piotr Małochwiej, Uniwersytet Wrocławski, Centrum im. Willy'ego Brandta Studiów Niemieckich i Europejskich / Willy Brandt Zentrum für Deutschland- und Europastudien, Wrocław, Polen;
piotr.malochwiej@gmail.com

Prof. Dr. Gerson Roberto Neumann, Universidade Federal do Rio Grande do Sul, Instituto de Letras, Literatura e Língua Alemã, Porto Alegre, Rio Grande do Sul, Brasilien;
gerson.neumann@gmail.com

Dr. Burkhard Olschowsky, Bundesinstitut für Kultur und Geschichte der Deutschen im östlichen Europa, Oldenburg;
burkhard.olschowsky@bkge.uni-oldenburg.de

Jun.-Prof. Dr. Jannis Panagiotidis, Universität Osnabrück, Institut für Migrationsforschung und Interkulturelle Studien (IMIS);
jannis.panagiotidis@uni-osnabrueck.de

PD Dr. Hans-Christian Petersen, Bundesinstitut für Kultur und Geschichte der Deutschen im östlichen Europa, Oldenburg;
hans-christian.petersen@bkge.uni-oldenburg.de

Prof. Dr. hab. Krystyna Radziszewska, Uniwersytet Łódzki, Instytut Filologii germańskiej, Zakład Niemcoznawstwa, Łódź, Polen;
krystyna.rad@wp.pl

Prof. Dr. hab. Isabel Röskau-Rydel, Uniwersytet Pedagogiczny im. Komisji Edukacji Narodowej w Krakowie, Instytut Neofilologii – Filologia Germańska, Kraków, Polen;
roeskaurydel@gmail.com

Dr. Sascha Schießl, Göttingen;
saschaschiessl@web.de

Václav Smyčka, Ph.D, Akademie věd České republiky, Ústav pro českou literaturu, Praha, Tschechische Republik;
vsmycka@volny.cz

Sarah Steidl, M. A., Universität Hamburg, Doktorandenkolleg Geisteswissenschaften;
sarah.steidl@uni-hamburg.de

Jule C. A. Thiemann, M. Ed., Universität Hamburg / Macquarie University, Sydney, Australien;
jule.thiemann@uni-hamburg.de

Prof. Dr. Manfred Weinberg, Univerzita Karlova, Ústav germánských studií, Kurt Krolop Forschungsstelle für deutsch-böhmische Literatur, Praha, Tschechische Republik;
manfred.weinberg@ff.cuni.cz

Nick Wetschel, B. Ed., Technische Universität Dresden;
nick.wetschel@mailbox.tu-dresden.de

Dr. hab. Dariusz Wojtaszyn, Uniwersytet Wrocławski, Centrum im. Willy'ego Brandta Studiów Niemieckich i Europejskich / Willy Brandt Zentrum für Deutschland- und Europastudien, Wrocław, Polen;
wojtaszyn@wbz.uni.wroc.pl

Martin Wünsche, M. A., Université de Fribourg / Universität Freiburg, Sciences historiques, Projekt „Fragmentarium“, Fribourg/Freiburg, Schweiz;
martin.wuensche@unifr.ch

Dr. Katarina Žeravica, Sveučilište Josipa Jurja Strossmayera [Josip-Juraj-Strossmayer-Universität] u Osijeku, Umjetnička akademija, Osijek, Kroatien;
katarina.zeravica@uaos.hr